文一 著

科学革命的
密码

——枪炮、战争
与西方崛起之谜

东方出版中心有限公司

图书在版编目（CIP）数据

科学革命的密码：枪炮、战争与西方崛起之谜 / 文
一著. 一上海：东方出版中心, 2021.12（2024.5重印）
ISBN 978-7-5473-1926-0

Ⅰ. ①科… Ⅱ. ①文… Ⅲ. ①欧洲－近代史－研究
Ⅳ. ①K504.07

中国版本图书馆CIP数据核字（2021）第236251号

科学革命的密码——枪炮、战争与西方崛起之谜

著　者　文　一
策　划　李　琳
责任编辑　李　琳
装帧设计　在　白

出版发行　东方出版中心
地　　址　上海市仙霞路345号
邮政编码　200336
电　　话　021-62417400
印　刷　者　山东韵杰文化科技有限公司

开　　本　710mm×1000mm　1/16
印　　张　33
字　　数　471千字
版　　次　2022年1月第1版
印　　次　2024年5月第5次印刷
定　　价　79.80元

岁月静好，是因有人替我们负重前行

——感谢金宝丽和文又对此书的默默付出

序

在西方文艺复兴……从希腊的抽象数理科学转变为近代机械的、物理的科学过程中，中国在技术上的贡献——指南针、火药、纸和印刷术——曾起了作用，而且也许是有**决定意义**的作用。要了解这在中国本身为什么没有起相同的作用，仍然是历史上的大问题。去发现这个滞缓现象的根本性的社会上和经济上的原因，将是中国未来的科学史家的任务。

约翰·德斯蒙德·贝尔纳《历史上的科学》

本书通过一个独特视角切入、剖析西方近代史，以回答"为什么科学革命发生在西方而不是东方"这个著名的"李约瑟之谜"。[1]

马克斯·韦伯和道格拉斯·诺斯等思想家对"李约瑟之谜"的经典解释，是"资本主义制度诞生在西方而不是东方"；言下之意是"科学革命是资本主义制度的必然产物"。

---

1 李约瑟之谜包含"科学革命"和"工业革命"两层含义。本书聚焦于科学革命，将工业革命留给另一本书探讨。

那么为什么资本主义制度会诞生在西方而不是东方？而且为什么资本主义制度就必然会导致一场以牛顿力学和拉瓦锡化学为代表的科学革命？

西方传统理论对这两个问题的回答，当然是寻找西方文明独特的"自由、民主"制度基因。但无论是韦伯强调的法治精神还是诺斯强调的产权与契约精神，其实都是资本主义发展的产物，而非原因。

正如研究资本主义的经济学大师熊彼特所说：**"所谓'资本主义的新精神'这样的东西是根本不存在的……一旦我们认识到纯粹的封建主义和纯粹的资本主义是我们自己头脑凭空捏造出来的东西，那么，是什么把封建经济转变成了资本主义经济这样的问题也就不复存在了。封建社会包含着资本主义社会的所有胚芽。"** [2]

既然封建社会包含了资本主义的所有胚芽，那为什么这个胚芽没有在东方破土而出？换句话说，是什么样的"气候条件"让资本主义胚芽在欧洲苗壮成长呢？

一旦我们意识到欧洲历史上的资本主义国家，在早期都毫无例外是一部遵循丛林法则的"战争⇄商业"循环加速器，以上问题就迎刃而解了。正如著名经济史学家布罗代尔精辟指出的："**战争制造资本主义。**" [3] 也正如哈佛大学历史学家斯文·贝克尔特（Sven Beckert）在《棉花帝国》一书中所揭露的，西方早期的资本主义形态就是战争资本主义，即用战争攫取商业利润，再以商业利润支付战争这样一种循环扩张模式。而服务于这一扩张模式的资本主义政治、金融、财政、司法制度，也都是这个"战争⇄商业"循环加速器所刺激和倒逼的产物。

也就是说，资本主义是一个历史演化过程。资本主义的今天不等于它的昨天。不能把它长期发展演化的结果（比如法治、民主、大工业与福利社会）当成它萌芽的原因和先决条件。

因此阅读本书需要思考以下相关问题：（1）如果资本主义的昨天十分邪恶和丑

2　约瑟夫·熊彼特著，朱泱、孙鸿敞、李宏、陈锡龄译：《经济分析史》第一卷，商务印书馆1996年，第132页。

3　弗尔南·布罗代尔著，顾良、施康强译：《15至18世纪的物质文明、经济和资本主义》第三卷，生活·读书·新知三联书店1993年，第45页。

陋，今天的西方应该如何对待资本主义才刚刚起步的发展中国家？（2）如果发展资本主义的代价十分巨大，西方是否还有理由和底气要求发展中国家必须采纳资本主义方式来发展经济？（3）如果发展中国家只有用西方当年的战争与掠夺模式才能发展出资本主义，今天的西方国家有权阻拦吗？（4）今天的发展中国家有没有可能不重蹈西方资本主义的覆辙来开启和完成自己的科技与工业革命？

人们通常提及的"西方文明"，其实也是一个很不准确的地理和文化概念。通常所指的"西方文明"，实际上是"古地中海文明"和"近代欧洲文明"的集合。而这两个文明在时空关系上极为不同，却被流行历史观有意无意地混淆了。"古地中海文明"泛指最早的古埃及、古巴比伦、古苏美尔、古黎凡特、古安纳托利亚这类中东和北非地区的文明（包括尼罗河三角洲和美索不达米亚两河流域），以及后来的古希腊文明和古罗马文明。这个"古地中海文明"体系，是由肤色较深、头发偏黑、个子较矮的南高加索人种创造的（古希腊人并非今天的白种人）。而"近代欧洲文明"是由北高加索人（以阿尔卑斯山以北的法兰克人、日耳曼人、盎格鲁-撒克逊人为主体）在古希腊、古罗马灭亡后发展出来的，他们与创造古地中海文明的南高加索人属于不同人种。北高加索人（白人）代表的"近代欧洲文明"，也可以统称为"基督教文明"，虽然基督教本身也发源于中东地区，之后才传入欧洲。但是，正如接受了佛教并将其发扬光大的中国人不能自喻为古印度文明的后裔和天然继承者一样，接受了基督教并将其发扬光大的北欧人也不能自喻为古地中海文明的后裔和天然继承者。其实阿拉伯文明对古地中海文明的继承关系胜过基督教文明。阿拉伯人所代表的伊斯兰文明，曾经覆盖过整个地中海海域。日耳曼人、法兰克人、盎格鲁-撒克逊人所代表的基督教欧洲文明，是在后来才覆盖了古希腊和古罗马文明曾经拥有过的地域。但这不意味着代表近代基督教欧洲文明的北高加索人，是古地中海文明的天然后裔与继承者。他们如果这样认为，便与代表伊斯兰文明的阿拉伯人（南高加索人）宣称自己是古地中海文明的天然后裔与继承者一样大言不惭。况且自十字军东征以来的西方文明，在其萌芽过程中从东方文明（阿拉伯、中国、印度）所直接吸收的养料，一点也不亚于（甚至超过）它从古希腊、古罗马文明所吸收的养料。[4]

因此本书讨论的"西方文明",是指近代西方进入中世纪后的"基督教欧洲文明"。所谓"西方崛起之谜",是指以西欧白人国家为主体的"近代基督教世界崛起之谜"。这是为什么本书将中世纪末期的十字军东征,看成近代基督教西方文明真正开始崛起的起跑线。不过,由于古希腊和古罗马文明已经灭亡,为了不必要的冗长定语,本书姑且沿袭流行的错误概念,将古地中海文明和近代欧洲文明统称为"西方文明"。所幸的是,由于本书探讨的是近代西方文明的崛起之谜,而非古代西方文明的崛起之谜,这一概念混淆并无大碍。

本书的核心论点是:社会需求才是推动科学革命和技术变革的最大动力。而没有任何社会需求比得上人类在集体性死亡面前产生的求生欲望和由此导致的集体行动。欧洲近代史上自文艺复兴后造成经常性大规模国破家亡的最大原因就是绵延500年的热兵器战争。

本书勾画的历史主线是,延续了近200年的十字军东征运动(11—13世纪),在破坏了丝绸之路的阿拉伯贸易网络并扫清了整个欧洲通往东地中海贸易枢纽的"路障"以后,由于火药的传入和基于火器的热兵器战争,点燃了欧洲版"春秋战国"时代的野火,导致了欧洲中世纪封建秩序的瓦解和近代欧洲国家竞争体系的形成。

这个"国家竞争体系"下一个政权的生存能力,由于火药—火炮大规模战争的引入,完全取决于它的运行效率:无论是行政管理效率、战争动员效率、武器研发效率,还是经济效率。这个"国家竞争体系"最初萌芽于文艺复兴时期的意大利城邦国家,然后通过葡萄牙和西班牙的大航海和全球殖民竞赛,扩展到西欧和北欧。

这个国家竞争体系之下的激烈军备竞赛,导致中央集权的形成与国家力量对科学技术和热兵器研发的大规模投入,使得与热兵器相关的科技人力资本和知识积累由量变到质变,最终引爆了一场"科学革命"——包括基于炮弹力学原理的伽利

---

4 参见John M. Hobson. (2004) *The Eastern origins of Western civilisation*. Cambridge university press(中文译本:约翰·霍布森著,孙建党译:《西方文明的东方起源》,山东画报出版社2009年)。

略——牛顿物理学革命，和基于火药爆炸的氧化燃烧原理的拉瓦锡化学革命。同理，也是通过这个国家竞争体系内高压强下的激烈商业竞争、殖民竞赛，以及相伴随的贸易战、金融战、间谍战、技术剽窃、全球市场开拓和由产业政策带动的产业链急剧升级，引爆了工业革命。

这是一条社会动力学演化之路。这个社会动力学的历史视角，把欧洲近代在力学理论和化学理论方面的突破，看作一条历史的因果链，即火药传入欧洲以后引发的热兵器战争，最终导致欧洲民族国家的诞生和规模化国家竞争体系的形成；这个体系内几百年的激烈军备竞赛，又导致了国家力量对科学技术的长期投资并形成强大的"战争需求"拉动力量，从而不仅促成了伐木、采煤、炼铁、冶金等工业的迅猛发展，而且更为关键的是促成了"炮弹力学"与"火药化学"这两场科学革命的爆发——就像20世纪的计算机、互联网与航天科学的突飞猛进，是冷战期间美苏两大阵营"太空与核武"军备竞赛与地缘政治争霸的产物一样。

本书揭示，大家熟悉的20世纪冷战期间的激励军备竞赛模式，其雏形早在十字军东征结束后的文艺复兴时期就已经诞生和萌芽了。而爆发在17世纪的经典力学革命和18世纪的化学革命，不过是欧洲这场延续发育好几百年的跨国军备竞赛的自然产物与硕果。

目前学术界对于科学革命为什么爆发在西方而非东方的解释，有好几种相互关联的流行"理论"。一种理论认为，"东方专制主义"妨碍了中国古代出现科学思维与科学理论。对于这个典型的韦伯式西方中心主义观点，我将在书中进行较为系统的质疑和反驳，在此不再赘述。

另一种理论认为，古希腊公理体系在文艺复兴后与中世纪欧洲一神教经院哲学刨根问底的理性思维相结合，产生了17世纪的牛顿力学革命。按照这个理论，中国因为自古就没有产生古希腊数学那样的公理体系和一神教那样的宗教信仰，以及中世纪那样的亚里士多德经院哲学传统，因此不可能产生科学革命。这个理论面对的巨大挑战之一是：同样是继承和吸收了古希腊数学知识和"犹太—基督"一神论传统的拜占庭文明和伊斯兰文明，却并没有能够产生牛顿经典力学革命和拉瓦锡化学革命。为什么？[5]

另一种流行理论认为，虽然天主教和伊斯兰教都具备一神论的理性思维传统，但是由于它们都不像路德和加尔文宗教改革以后的"新教"那样支持"思想自由"，因此不可能产生科学革命。这个理论也面临至少两大挑战：挑战之一是路德和加尔文的新教都是排斥科学的，他们都激烈反对当时的意大利科学家伽利略的新思维和哥白尼的日心说理论（详见本书第三章）。挑战之二是，无论是伽利略的经典力学理论还是拉瓦锡的氧气燃烧理论，都恰好分别诞生在天主教占统治地位的意大利和路易十五统治下的法国，而不是新教占统治地位的荷兰、瑞典或德国北部的城邦国家。

还有一种流行的解释科学革命的理论，基于著名科学家爱因斯坦在1953年提出的一个观点："**西方科学的发展以两个伟大的成就为基础：希腊哲学家发明形式逻辑体系（在欧几里得几何学中），以及发现通过系统的实验有可能找出因果关系（文艺复兴）。在我看来，人们不必对中国的贤哲没有走出这两步感到惊奇。人类居然作出了这些发现，才是令人惊奇的。**"[6]

这是目前为止"西方中心论"解释科学革命较为客观公正的"非西方中心论"视角。不过爱因斯坦这个观点所提供的理由仍然很不充分，面临诸多问题和挑战。首先，18世纪的化学革命虽然与实验方法密切相关，但与古希腊数学无关。况且物理学巨匠牛顿本人，也曾经企图通过实验去理解化学现象，但一事无成、铩羽而归，白白耗费了后半生精力，徒有卓越的逻辑思维头脑和微积分这个极其先进的数学工具。而化学革命恰恰是由法国火药局局长和杰出的炼金术士拉瓦锡引爆的，而且比牛顿的经典力学革命晚了整整一个世纪。为什么？

其次，究竟什么是文艺复兴以后才开启的科学实验传统？人们喜欢引用弗朗西斯·培根的一句话："知识就是力量。"那么伽利略通过反复测量铁球在斜面滚动的

---

5 与基督教一样，伊斯兰教也出自犹太教，都是一神教。而且伊斯兰教教徒比天主教教徒更早学习和继承古希腊经典。天主教是十字军东征以后才从伊斯兰教那里获得古希腊知识的。

6 引自袁岚峰：《对中国来说，真正的自信是什么？》（https://mp.weixin.qq.com/s/EXcfuUWPzMRo2C3LASeMWg）

实验，究竟想要获得何种力量？是想获得上帝造人（亚当与夏娃）的力量，还是想获得别的力量，比如精确预测炮弹在重力作用下何时何地按何种路径准确命中目标的力量？而且问题在于，虽然培根提出了系统观察和实验的方法论，近代物理学的实验传统并不是由培根所在的新教国家（英国）开启的，反而是在天主教统治下的意大利开启的，是由伽利略和他的前辈（比如塔塔格利亚）这些天主教徒开启的。那么为什么伽利略们会开启这样一个科学实验传统呢？这个实验传统背后的动机究竟是什么呢？是企图用数学与实验证明上帝的存在，还是有某种更加世俗的实用主义动机？

再次，古希腊文化和数学古籍被拜占庭帝国保存得好好的，那为什么延续上千年的拜占庭希腊文明（公元330—1453）却没有发展出近代科学，而要等到伽利略的出现？伽利略所处的时代究竟为科学发展和科学革命的爆发提供了哪些**古希腊所不具备的社会条件**？

答案显然不在于"文艺复兴"时期的翻译运动本身——因为它不外乎将阿拉伯文献中的古希腊知识翻译成拉丁文而已，而拜占庭的希腊人却不需要通过这种翻译就能阅读古希腊数学文献。答案也不在于北欧的宗教改革运动——因为伽利略并没有受到新教的影响，而且一直是在天主教占统治地位的意大利生活、工作、学习和研究。

最后，还有一个重要问题是爱因斯坦关于科学革命为什么爆发在西方的观点需要回答的，即无论在古中国、古印度、古罗马、古希腊、古埃及、古巴比伦，还是亚里士多德自然哲学占统治地位的中世纪欧洲，人们对大自然的认识都更加着重于理解与人们日常生活、生产劳动、气候变化、繁衍生息密切相关的五彩缤纷的大千生命世界，比如鲜花为什么在春天盛开，虫鸟为什么在夏天啾鸣，枫叶为什么在秋天变红，雪花为什么在冬天飘零；天气为什么有四季变换周而复始，人生为什么有喜怒哀乐生老病死；以及"我是谁？从哪里来？往那里去？"诸如此类的人生哲学问题。当面对如此多无法回答的自然哲学与伦理哲学问题时，哲学家和神学家都不可能像伽利略那样太过于关注两个不同大小的铁球如何在斜面滚动，或从高空下坠时的加速度问题。即便是矿物学家和炼金术士，也只关注岩石的性质、成色和纹路，而不是它们从高空下落时的运动力学问题。

但是伽利略这位卓越的自然哲学家和天主教徒所毕生关注的焦点之一，恰好是计算和理解不同重量的球体如何在不同倾角的斜面按不同速度滚动，以及铁球如何在地球重力作用下做抛物线运动的弹道学问题，以便从中获得抛射物体运动规律的认识突破。为什么？

这就迫使我们回到战争，回到伽利略所处的充满战火的文艺复兴时代。

事实上，伽利略在其经典名著《关于两门新科学的对话》的第一页就开宗明义昭示了"科学革命"的"战争密码"："……**威尼斯人在著名的兵工厂里进行的经常性活动，特别是包含力学的那部分工作，对好学的人提出了一个广阔的研究领域。……生性好奇的我，常常访问这些地方，纯粹是为了观察那部分人的工作而带来的愉悦。**"[7]伽利略创立的这两门"新科学"，一门是材料力学——它是基于威尼斯兵工厂军舰设计上几十门重炮对船体结构和建筑材料的受力情况所进行的静力学几何原理分析，另一门是铁球的运动力学——它是基于炮弹飞行的抛物线轨迹在惯性作用下的匀速运动和重力作用下的匀加速运动所进行的数学分析。伽利略通过在威尼斯兵工厂大量实验，为这两门新科学奠定了数学基础。他因此成为最早把严格的数学分析与物理学结合的第一人，成为经典力学革命之父。他系统地借鉴了他那个时代的阿拉伯—古希腊数学知识去解决战争中遇到的物理学问题，并发现和论证了新的物理学定律，即炮弹飞行的惯性定律和炮弹自由落体的匀加速定律，从而打开了通向现代精密物理科学和变量数学分析的大门。而且伽利略这本经典名著，除了感谢威尼斯兵工厂的大量长期支撑和协助外，是专门题献给他科研活动的赞助人——陆军元帅、总司令、鲁埃格地方长官诺阿耶伯爵的。

可见，如果没有火药传入并点燃战火纷飞的欧洲，伽利略不会去思考装载几十门沉重火炮的战舰受力（静力学）问题，更别说炮弹飞行的弹道学与动力学问题；

7　伽利略著，武际可译：《关于两门新科学的对话》，北京大学出版社2006年。

拉瓦锡也不会去思考火药燃烧和爆炸背后的化学机制问题；从而科学革命也就不可能发生。

那为什么科学革命却没有爆发在火药的发源地——中国？而且历史上各国各族都打仗，为什么偏偏是欧洲人发明了"数、理、化"？

答案并不单单是古希腊数学知识的缺乏——因为拉瓦锡的化学革命不需要古希腊数学；也并不是实验归纳方法的缺乏——因为中医理论、中药配方、针灸原理、《本草纲目》和《天工开物》都体现了实验归纳法在古代中国知识体系中的系统应用；相反，实验方法论鼻祖培根通过采用系统性罗列现象来找出背后原因的归纳法，不仅自己在科学发现上毫无建树、一事无成，[8]而且这种方法论的哲学表述也是由阿拉伯传入的。

因此问题的根本答案，是中国基于火药—火炮的高烈度、高频率战争和围绕这种新型战争而展开的"国家竞争体系"的缺乏——只有处在这样一种高烈度、高强度、高频率的热兵器战争和国家竞争体系中，才能激发出社会精英和国家力量对数学、物理、炼金术和其他科学知识的巨大渴望、需求、扶持和投入：因为精确描述炮弹的变速轨迹，需要代数和平面几何；全面理解火药爆炸和物质燃烧的机理，需要非常丰富的炼金术知识和大量耗时、耗钱、耗人工的化学实验，需要国家扶持的专门实验室（与今天见到的大规模化学实验室诸如著名的贝尔实验室没有本质不同）。这是为什么企图统一欧洲的路易十四国王早在17世纪初斥巨资成立法国科学院的原因，和为什么路易十五国王斥巨资成立"法国火药局""拉瓦锡国家实验室"和巴黎高等军事学院的原因。中国明朝和清朝都没有这样做，所以在科技上落后了；然而明治维新时期的日本这样做了，因此赶上了欧洲列强。

任何文明都具有兼收并蓄其他文明的能力；一旦社会需要，就会向别的文明

8　R.J.弗伯斯、E.J.狄克斯特霍伊斯著，刘珺珺等译：《科学技术史》第十章，求实出版社1985年，第145—146页。

学习和借鉴。正如中国古人不怕千难万险前往"西天"取经，也正如意大利人不怕千辛万苦将阿拉伯数学翻译成拉丁文一样。既然所有文明都具备向别的文明学习的拿来主义精神，中华文明也就不需要自己独立发明佛教或古希腊数学——当年如果需要的话，完全可以通过丝绸之路向阿拉伯文明学习、引进更加先进的数学。可中国早期历史上向西方学习和从事文化交流的社会精英，比如张骞、玄奘、班超以及后来的宋明理学大师们，并没有这样做。为什么？难道是流行历史观所说的"东方专制主义"造成的思想束缚或缺乏"学术自由"的缘故？或难道是因为中国人特别不擅长数学思维，以至于根本没有能力吸收西方的数学？

问题的实质恰好在于，出产《周髀算经》《九章算术》《本草纲目》和《天工开物》的古代中国，没有产生对"变速运动中的炮弹轨迹"进行精确数学描述的社会需求，没有产生对火药及其相关化学成分实行规模化大生产和集中研发的需求。而近代中国经过鸦片战争的屈辱和西方列强坚船利炮的无情打击，才终于激发出了这种意识和需求，因此才提出用精密科学——"赛先生"——拯救中国的口号。因此中国的国家力量才开始筹建兵工厂、西南联大、军事学院、科学院，并公派大批留学生赴日、赴欧、赴美学习数学和科学，与17世纪的法国和英国派学生去意大利拜访伽利略一样。

其实法兰克人、日耳曼人、盎格鲁-撒克逊人、俄罗斯人、斯拉夫人、日本人、埃及人和印度人，并不太追问自己的祖先为什么没有发明古希腊数学（错把古希腊人当成自己的祖先又另当别论），也没有因此而妄自菲薄自己的文化传统。今天的中国人喜欢朝自己的老祖宗追问这样的问题，其实是反映了当下中国对科学与数学的巨大社会需求——因为意识到落后就要挨打，意识到科学与军事技术的密切关系。其实文艺复兴时期的意大利城邦国家，也是在尝够了炮弹的滋味以后才懂得"落后就要挨打"的道理，否则但丁和马基雅维利便不会强烈呼吁实现国家统一和中央集权，达·芬奇和伽利略也不会如饥似渴地学习军事工程技术和数学了（详见第三章和第六章）。

既然达·芬奇和伽利略所掌握的数学知识是从阿拉伯引进的，因而中华文明既不需要也不可能把所有其他古老文明拥有的东西（比如欧氏几何）都通通发明、包办了，才能发展出科学。[9]

所以，问题的关键不是谁先发明了欧氏几何，而是谁先产生了把数学应用于军事和枪炮工业、应用于描述炮弹轨迹的社会需求。正是因为这种巨大社会需求的缺乏，使得最先发明火药的中国没有产生科学革命。

明治维新以后才建立了亚洲第一个海军与炮兵学院的日本（数学、物理是其基本课程），没有像中国人那样因为自己祖上没有发明平面几何，就大肆惋惜或者否定自己的文明。拜占庭人坐在古希腊数学和哲学的故纸堆里上千年，不是也没有发展出牛顿力学和拉瓦锡化学吗？

其实，中国历史上战争最频繁的春秋战国时期，恰好也是中国历史上科技飞速进步的时期。但是，那个冷兵器时代的战争对科技进步的推动作用，在进入了热兵器时代的文艺复兴时期已经过时，因此远远比不上基于"火药—火炮"的热兵器战争对科技进步的刺激与推动作用来得大。近代火药—火炮与古代弓箭的差别，相当于今天的核弹—反导技术与当年的火炮—城堡技术的差别。

而火药与火炮技术是在中世纪末期和文艺复兴初期才传入欧洲的。恰好是火器的传入，使得欧洲在十字军东征和文艺复兴以后，进入了一个类似于中国历史上的欧洲版"春秋战国"时代，因此才能够引起一系列深刻的社会、政治、军事、经济制度变革，把与火药和火炮相关的制造技术和物理化学原理推向极致，从而爆发一场"军事革命"和"科学革命"，为丛林法则下适者生存的欧洲国家，赢得一场远比"春秋战国"时代还要惨烈百倍的国家暴力竞赛和军备竞赛，提供源源不断的激励与推力。正如生物进化史上亿万年的生存竞争，造成了物种演化、智人的横空出

9　正如中国科技大学袁岚峰教授在《对中国来说，真正的自信是什么？》一文中指出的："**放下历史的包袱，实事求是，轻装上阵，面向未来，自信地学习科学，发展科学，这才是真正的自信！我们应该有这样的自信：当中国这个源远流长的伟大文明拥抱科学的时候，人类的命运都将改变！我们以前错过了地球上的大航海，现在绝不会错过宇宙的大航海！星辰大海，才是我们的征途！**"（https：//mp.weixin.qq.com/s/EXcfuUWPzMRo2C3LASeMWg）

世一样，在近代的欧洲历史舞台上，以热兵器为基础的国与国竞争，导致了掌握乾坤翻覆的"上帝之手"——牛顿经典力学体系和拉瓦锡化学体系——的诞生。

基础科学与艺术一样，都具有很强的公共品性质，需要国家力量有意识地投入并为其创造平台——包括类似科举制度和科学院体制在内的科学人才吸纳机制，以及政府采购、军工产业政策和一系列崇尚征服大自然的意识形态的推动。文艺复兴时期的艺术繁荣是这种"政府赞助"活动刺激的产物（详见第三章）；法国和英国16—17世纪的煤炭革命也是这种"政府采购"活动刺激的产物（详见第五章）；伽利略对物理学和天文学的研究，也离不开威尼斯兵工厂这个试验基地和酷爱战争的罗马教皇、意大利宫廷和欧洲贵族的长期赞助（详见第六章）。这是为什么哪怕苏联计划经济时期根本没有所谓"民主、自由、法治"的资本主义市场经济可言，但是因为有斯大林国家意志的投入，苏联时期的科学和数学成就不仅超越俄国历史上的彼得大帝时期，而且超越同时代的自由欧洲，与同时代的超级大国美国并驾齐驱。

本书分析框架所采用的"国家竞争体系"概念，借鉴了以下参考文献：经济史学家埃里克·琼斯（Eric L Jones）在1981年的《欧洲奇迹》中首先提出了欧洲"国家体系"这一概念。按照这个理念，虽然欧洲分裂成多个相互竞争的国家的成本是巨大的——它们包括几乎不间断的战争、贸易保护主义航海条例、撕毁协议和其他协作失灵；但是从长远来看，当时国家间竞争的收益可能远大于其代价，尤其是当欧洲以外的国家作为殖民地还没有觉醒并有能力加入这场血腥竞赛中来的时候。查尔斯·蒂利（Charles Tilly，1992）在其名著《强制、资本和欧洲国家：公元990—1992年》中，用欧洲中世纪以来的频繁战争解释欧洲近代民族国家和中央财政制度的兴起。杰弗里·帕克和他关于欧洲"军事革命"理论的支持者们，认为战争型国家之间的竞争，在促进军事技术改进的同时也促进了欧洲国家财政体系的现代化。保罗·肯尼迪在《大国的兴衰》中，也强调了欧洲的分裂状态有利于国家间的军备竞赛和商业竞争。贾雷德·戴蒙德的《枪炮、病菌与钢铁》也体现了类似观点。欧阳泰（Tonio Andrade）的《从丹药到枪炮》和菲利浦·霍夫曼的《为什么欧洲能够征服世界？》也都继承了琼斯、蒂利、帕克等人的思想，认为中世纪后期到近现代欧洲崛起最关键的因素，是欧洲比中国更加频繁的战争和激烈军备竞赛，这种竞赛将欧洲军事技术和军事组织能力不断提高，从而可以征服世界。

但是为什么频繁的战争和欧洲国家竞争体系必定朝着科学革命的方向演化？牛顿经典力学理论和拉瓦锡的化学理论与火药和炮弹之间，究竟有什么必然逻辑联系？琼斯、蒂利、肯尼迪、帕克、霍夫曼、欧阳泰和"军事革命"理论的支持者们，包括主张科学革命是工业革命的必要条件的莫基尔（Joel Mokyr）都没有给出解释，或者没有给出令人信服的解释。

本书将沿着琼斯、蒂利、肯尼迪和"军事革命"理论家们开创的思路，拓展他们的理论，首先通过对十字军东征、文艺复兴和大航海时代的重新剖析，揭示它们的战争资本主义属性，以及欧洲军事重商主义发展模式的产生；然后通过"战争⇄商业"循环加速器下的军备竞赛，在"国家竞争体系"这个框架内解释科学革命的爆发，解释它为什么发生在西方而不是东方。

西方国家的政治制度（包括行政管理制度、法律制度、私有产权制度与社会福利制度）的演变，也是受这个国家竞争体系推动和倒逼出来的。

同理，贾雷德·戴蒙德在《枪炮、病菌与钢铁》中提出的，欧洲自古以来就因为不利地理条件而四分五裂，和中国自古以来就因为有利地理条件高度统一的观点，也不足以解释为什么欧洲的崛起和它对中华文明的超越，只是近代500年才发生的事情，而不是2 000多年前或更久以前就已经发生的事情，因为欧洲和中国的地理条件在过去几万年以来就一直没有变化过。被戴蒙德的深刻洞见所忽视的欧洲近代崛起背后的社会动力和战争逻辑，恰好是本书分析的内容。

采纳"国家竞争体系"这个概念框架，而不是韦伯和诺斯的文化与制度决定论，也可以帮助一大批"反西方中心论"学者解脱他们所面临的一个逻辑困境，即如何在充分承认东方文明对近代西方崛起不可或缺的贡献，以及中国的商品生产与交换能力直到19世纪初仍然大大领先于欧洲这一历史事实时，同时解释近代欧洲为什么有能力实现对东方文明的全面反超和碾压，尤其是解释"科学革命"为什么发生在西方而不是东方这个李约瑟之谜。[10]

本书的结构与安排如下：第一章（《导论》）指出流行历史观在回答"科学革命为什么发生在西方而不是东方"这个李约瑟之问时遇到的挑战和逻辑自洽问题。第二章（《十字军东征——欧洲现代文明的起点》）指出近代西方崛起的原动力（第一推动力）肇始于十字军东征，而非宗教改革与文艺复兴。第三章（《文艺复兴（1300—1600）的另一副面孔》）揭示文艺复兴作为十字军东征的副产品所鲜为人知的另一面，即由十字军东征的"打砸抢掠"精神孕育出的黑社会商业精神。第四章（《大航海（1492）与新十字军东征》）指出15—16世纪爆发的远洋探险与全球殖民运动，不外乎十字军圣战精神和文艺复兴黑社会资本主义精神在国家暴力机器推动下的自然延伸。第五章（《海权时代与"战争⇄商业"循环加速器》）进一步揭示欧洲军事能力（尤其是海战能力）如何通过欧洲国家竞争体系下的跨国军备竞赛和海外殖民地争夺而大踏步提升，逐步形成对发达亚洲贸易秩序的支配与垄断地位，完成对东方文明肌体的蚕食、碾压和超越。第六章（《科学革命的战争密码——破解李约瑟之谜》）揭示欧洲国家竞争体系下的激烈军备竞赛，究竟是如何一步一步地导致牛顿经典力学革命和拉瓦锡的化学革命爆发的。

换句话说，本书不打算探讨"火药是如何传入欧洲以及火炮技术的具体改进路

---

10 批评西方中心主义的著名历史学家，包括詹姆斯·布劳特（J.M. Blaut）、唐纳德·拉赫（Donald Lach）、爱德华·萨义德（Edward W. Said）、马丁·贝尔纳（Martin Bernal）、贡德·弗兰克（Andre Gunder Frank）、约翰·霍布森（John Hobson）、阿布·卢格霍德（Janet Abu-Lughod）、彭慕兰（Kenneth Pomeranz）、王国斌（R. Bin Wong）、杰克·戈德斯通（Jack Goldstone）、丹尼斯·弗莱恩（Dennis Flynn）、马立博（Robert Marks）、伊恩·莫里斯（Ian Morris）、杰克·古迪（Jack Goody）、彼得·弗兰科潘（Peter Frankopan）、欧阳泰（Tonio Andrade）等。这批学者的代表作，包括马丁·贝尔纳《黑色雅典娜》（1987）、布劳特《殖民者的世界模式：地理传播主义与欧洲中心主义史观》（1993）、贡德·弗兰克《白银资本》（1998）、约翰·霍布斯《西方文明的东方起源》（2004）和彭慕兰《大分流》（2004）等都受到萨依德《东方主义》的影响。

线是什么"这类问题；[11] 而是揭示资本主义胚芽是如何通过十字军东征的"打砸抢掠"、文艺复兴的"去道德化"运动和"一切皆可交换"的商业原则，以及地理大发现所开启的殖民主义运动而诞生和发育的，并揭示战争资本主义推动下形成的欧洲"国家竞争体系"和军备竞赛为什么是科学革命爆发的根本原因。

本书也不深入探讨热兵器战争对西方工业技术的影响和推进作用（第六章第四节除外），而是将科学与技术暂时分开，在第六章的大部分篇幅中直接探讨牛顿经典力学理论和拉瓦锡化学理论与火药—火炮之间的天然逻辑关系，揭示"科学革命的胚芽"，如何通过对炮弹飞行轨迹的动力学描述和对火药燃烧机制的解释破土而出的历史演化逻辑。但将科学与技术分开讨论，不代表作者认同这种区分，只是为了讨论方便和缩短本书篇幅。

为了快速进入本书主题，建议对欧洲近代战争史比较熟悉的读者在阅读完第一章之后，只需阅读第二至第五章每章开头概述部分，然后直接进入第六章；之后再回头阅读前面几章中提供的历史细节。但如果有耐心从头到尾按顺序阅读，会有另一番知识享受和思想乐趣。

11　对火药发源和中西方火炮技术发展史有兴趣的读者，可以参见冯家昇著：《火药的发明和西传》，上海人民出版社1978年；欧阳泰著，张孝铎译：《从丹药到枪炮：世界史上的中国军事格局》，中信出版社2019年；常征著：《火药改变世界》，华龄出版社2021年；以及Jack Kelly, 2004, *Gunpowder: alchemy, bombards, and pyrotechnics: the history of the explosive that changed the world*. Basic Books (AZ). Partington, J. R. (1999). *A history of Greek fire and gunpowder*. JHU Press. Lorge, P. A. (2008). *The Asian military revolution: from gunpowder to the bomb* (Vol. 167). Cambridge: Cambridge University Press.

目录
Contents

序　001

第一章　导论　001

第二章　十字军东征——欧洲现代文明的起点　031

   第一节　第一次东征（1096—1099）　041

      历史资料1　乌尔班教皇的演讲和第一次东征路线图　050

   第二节　其他各次东征简史　063

      历史资料2　第二次东征（1147—1149）　065

      历史资料3　第三次东征（1189—1192）　068

      历史资料4　第四次东征（1202—1204）　073

      历史资料5　第五至十次东征（1217—1272）　077

   第三节　小结　079

第三章 文艺复兴（1300—1600）的另一副面孔 081

第一节 文艺复兴推动的"去道德化"运动 091

卖淫成为"必要的邪恶" 091

私生子泛滥现象 098

梅毒与性病传播 102

谋杀、行贿受贿和贪污腐败 110

第二节 马基雅维利和诗人但丁 113

第三节 艺术繁荣背后的国家力量——"赞助商" 130

第四节 文艺复兴跨国比较
——艺术上暗淡无光的葡萄牙和西班牙 144

第五节 教皇和教皇国的战争 150

第六节 宗教改革与欧洲地缘政治权力的重新洗牌 152

第四章 大航海（1492）与"新十字军东征" 165

第一节 马可·波罗 177

第二节 亨利王子 181

历史资料 1 殖民非洲 182

历史资料 2 西方史学家对亨利王子的评价 190

第三节 "葡—西"殖民争霸赛 195

历史资料 3 葡萄牙航海史 201

历史资料 4 西班牙航海史 221

第四节　基督教西方武力征服中国的意志源远流长　230

历史资料 5　葡萄牙征服中国的野心　231

历史资料 6　西班牙征服中国的计划　233

小结　《鲁滨逊漂流记》所透露出的征服欲　245

第五章　海权时代与"战争⇄商业"循环加速器　249

第一节　威尼斯海军史　256

第二节　葡萄牙海军史　264

第三节　西班牙海军史　271

第四节　法国海军史　278

第五节　荷兰海军史　281

第六节　英国海军史　290

历史资料 1　三次英荷战争——英国崛起之战　298

历史资料 2　英国"光荣革命"的本来面目　312

第七节　战争的经济基础
　　　　——中央财政和"特许公司"的兴起　318

第六章　科学革命的战争密码——破解李约瑟之谜　341

第一节　炮弹与物理学革命　354

伽利略研究纲领　379

伽利略弹道学的数学证明　386

第二节　火药与化学革命　**390**

　　硝石与国家安全　*394*

　　"燃素理论"与拉瓦锡的国家实验室　*400*

　　培根实验哲学与拉瓦锡化学革命　*413*

　　化学革命使得欧洲的战争能力进入新时代　*429*

第三节　国家赞助、科学家团体与军备竞赛　**434**

第四节　军火贸易与"战争⇄商业"循环加速器　**452**

第五节　李约瑟之谜的答案找到了　**465**

结束语　*483*

致谢　*503*

CHAPTER ONE

第一章

导　论

我们需要历史，为了生活和行动。……只有在历史服务于生活的前提下，我们才服务于历史。

德国哲学家弗里德里希·尼采

中国人必须有勇气承认西方近代的辉煌崛起和对东方文明的超越。但是，只有在真正搞懂西方为什么能够崛起和超越时，才能真正读透西方并找到反超的道路。

本书第六章"科学革命的战争密码"

近代西方前所未有的科技和经济繁荣究竟是何时开始的，以及为什么开始的？曾以"四大发明"馈赠欧洲，并以郑和舰队七下西洋之壮举傲视天下的东方，又是何时衰落的，以及为什么衰落的？

历史学家、经济学家、政治学家为此提供的各种解释充满了书架，其核心不外乎试图解释为什么"科学革命"和"工业革命"都发生在西方而不是东方。一个显而易见的共识是：正是这两场革命，彻底改变了欧洲和人类的历史命运，成为近代"东—西方大分流"的分水岭。

但究竟是什么因素促成了这两场革命的爆发？当前国内外十分流行的历史观（包括强调"路径依赖"的新制度经济学）认为，关键是制度。[12]

按照这种历史观，正是古希腊独有的民主制度与理性思维传统，以及古罗马和日耳曼部落遗留的独特法律制度，一同奠定了近代西方科学与工业文明赖以产生的制度基础，从而在文艺复兴以后演变成一种不同于"东方专制主义"（Oriental Despotism）的民主议会制度和法治社会。这种包容性议会政治制度和法治社会，决定了包容性资本主义经济制度的产生——比如契约精神、人性解放、对私有产权的保护和对专制王权的限制，因而有效降低了各种市场交易成本（包括思想市场和商品市场的交易成本），激励了国民财富的积累和科学技术的创新发明，导致了

---

12 参见North and Thomas (1973) "The Rise of the Western World"；道格拉斯·诺斯著，杭行译：《制度、制度变迁与经济绩效》，格致出版社2008年。阿西莫格鲁、罗宾逊著，李增刚译：《国家为什么会失败》，湖南科学技术出版社2015年。

"科学革命"和"工业革命"这两场革命的爆发。

这种历史观如今在全世界每一个角落都如此流行和"不证自明",以至于需要我们对西方近代史从头到尾、从里到外、从下到上、从微到著去重新审视和批判,才能发现它的破绽。

历史观,无论正确与否,对学界、商界和政界的影响远比人们想象的要强大。正是因为这种"西方中心主义"历史观统治着世界,才造成落后国家的知识精英、企业家和政治家对当今世界的变化迷惑不解,以至于在面对来自"先进发达"的西方世界的意识形态压力时,在思想和行动上显得苍白无力、无所适从、爱恨交加。而那些误以为自己不受任何历史观影响的精英集团,实际上都是某种历史观的奴隶,并每天都在以西方灌输的历史观理解和创造着自己国家的历史。

但是,经过西方上百年打造形成的这一流行历史观,却与几千年来人类文明的真实发展史严重不符。

首先,与流行历史观所肯定的古希腊文明和古罗马文明至少同样辉煌的,还有同时期的中华文明和印度文明,以及稍后的阿拉伯文明。[13]如果古希腊"民主"和古罗马"法制"一直是西方经济与科技繁荣的根基,而衡量经济与科技繁荣的最佳标准,不外乎人们衣食住行所反映出来的生活水平——因为它直接反映了一个文明体系的生产力和服务于这个生产力的深层制度,那么古希腊和古罗马的生活水平就不应该低于而是应该远远高于同时代的中国。为什么?因为按照西方中心论和新制度经济学的逻辑,只有比同时代中国更高的生活水平才能折射出比中国更加发达的生产力和更加优秀的政治与经济制度。

但事实是,古希腊和古罗马的生产力通常都比中国低下,更不用说欧洲中世纪

---

13 历史学家保罗·肯尼迪说道:"同亚洲的伟大文明相比,也不能说欧洲在文化、数学、工程学或航海和其他技术领域占据优势。欧洲很大一部分文化和科学遗产是从伊斯兰国家'借来'的,同穆斯林社会通过几个世纪的相互贸易、征服和殖民从中国'借来'一样。"(保罗·肯尼迪著,陈景彪等译:《大国的兴衰:1500—2000年的经济变迁与军事冲突》,国际文化出版公司2006年,第4页)

甚至整个文艺复兴时期的生产力。

比如以煤炭作为替代木材的新型能源，在欧洲是中世纪后期和文艺复兴初期才发生的事情。相比之下，煤炭在中国的使用和开采已经有4 000多年的历史，而用于炼铁也可以至少追溯到公元前5世纪，也就是2 500多年前。[14]对此，18世纪启蒙思想先驱，卓越的历史学家、哲学家和文学家，欧洲近代史上最才华横溢的既精通古希腊又通晓18世纪自然科学的思想大师伏尔泰，在论述煤炭、炼铁和中国古代的其他科技成就时说道：**"早在四千年前，我们还不知道读书写字的时候，他们就已经知道我们今日拿来自己夸口的那些非常有用的事物了"**。[15]

对此，法国当代著名历史学家、年鉴学派领袖人物布罗代尔惋惜道：**"中国烧煤（和炼铁）的历史虽然如此之早，……强盛的中国本来具有打开工业革命大门的条件，而它偏偏没有这样做！它把这个特权让给了十八世纪末年的英国**"。[16]

伏尔泰和布罗代尔都不是唯独这样对西方与东方早期的巨大"逆向"差距感到

14　我们通常说的"铁"分"生铁"和"熟铁"两种，包括"钢"在内，都是以铁（Fe）和碳（C）两种元素为主的一种合金。人类早期炼得的熟铁通常叫"块炼铁"，它是铁矿石在800—1 000℃的条件下，用木炭直接还原得到的。出炉产品是一种含有大量非金属夹杂的海绵状固体块。块炼铁不能从炉里流出，取出铁块时，炉膛要受到不同程度的破坏，不能连续生产，生产率比较低，产量比较小，而且所含非金属杂质比较多，含碳量比较低，因而很软。生铁的冶炼温度需要达到1 150—1 300℃，出炉产品呈液态，可以连续生产，可以浇铸成型，非金属夹杂比较少，质地比较硬，冶炼和成型率比较高，从而产量和质量都大大提高。由熟铁到生铁是炼铁技术史上的一次飞跃。西方直到公元14世纪才有生铁，而中国早在西周时期就出现了生铁，是世界上最早发明并使用生铁的国家。生铁的下一步发展是"可锻铸铁"，它有两种：一种称作"白心可锻铸铁"，是1722年由法国人发明的；另一种称为"黑心可锻铸铁"，是1826年由美国人发明的。但是这两种可锻铸铁早在2 000多年前都已经被中国人发明了。类似地，西方要到18世纪中叶才由英国人发明了炒钢工艺，而中国早在西汉时期就已经知道炒钢技术了。参见自然科学史研究所集体创作：《中国古代科技成就》第十一章，中国青年出版社2005年。

15　伏尔泰著，王燕生译：《哲学词典》，商务印书馆1991年，第331页。也参考伏尔泰著，梁守锵译：《风俗论》（上）第二章，商务印书馆2000年。

16　弗尔南·布罗代尔著，顾良、施康强译：《15至18世纪的物质文明、经济和资本主义》第一卷，生活·读书·新知三联书店2002年，第434—437页。

疑惑的西方历史学家。[17]公元前5世纪的古希腊历史学家希罗多德，曾经同样追问："是什么将欧洲和亚洲区别开来？"希罗多德想知道的，是为什么西方落后而东方先进。他所知悉的东方，位于地中海和印度恒河之间，这里居住着许多不同的民族。他认为亚洲土地肥沃，城市繁荣，人民丰衣足食、举止文雅；而贫穷的希腊和希腊人完全无法与其相提并论。[18]

比如古希腊人穿的衣服，普遍由粗麻织成，是很少染色的没有领口和袖子的简陋披肩和裹身粗布；而同时代中国人穿的衣服，却是由细得不可思议、轻得不可比拟的蚕丝，通过木制织机细密织成，再用五颜六色的有机染料层层上色，经过千针万线裁缝而成的绫罗绸缎。缝制衣服需要金属针和剪刀，没有发明铁或者金属冶炼技术的文明很难用木材、石料或者骨头做成剪刀或细小的刺绣针，而中国的丝绸技术可追溯到公元前4 000多年的仰韶文化时期。如果那个时代有什么精密工艺能够形象地体现公元17世纪牛顿和莱布尼茨的微积分运算之精妙的话，非中国丝绸的制作过程莫属。

丝绸产业所体现的生产力和文明程度可不简单，它涉及原材料产业（桑树的栽种、蚕卵的储存、幼蚕的哺育、蚕茧的保管与漂白），纺织业（抽丝剥茧、纺丝织布），染色业（染料的萃取、化工制作和对大批量丝绸的均匀上色），成衣制作业（剪裁、缝制、上扣、打边、刺绣），原始的市场营销业（服装样式设计、订单、发货、统购、零售），等等。[19]而且这样精细的工艺流程与分工环节只有统一的大市

17　由于今天的人们习惯于西方比东方发达这个既成事实，我们把西方近代崛起之前的中西方差异姑且称作"逆向"差异。但严格说来，今天的东西方差异才是真正的逆向差异，而且这个差异正在由于中国的重新崛起而扭转。

18　安东尼·帕戈登著，方宇译：《两个世界的战争：2 500年来东方与西方的竞逐》，民主与建设出版社2018年，前言第2页。

19　中国古代能织造五彩缤纷的纺织品，这和提花机的发明和使用分不开。早在4 000多年前，中国人已经织出了具有几何图案的斜纹织品。在河南安阳殷墟的大司空村的殷商王族墓葬中，就发现了几何回纹提花织品痕迹。到了周代，已经能织造多色提花的锦了。有学者认为，在先秦的史籍中已经有关于提花机的文字记载，如《周易·系辞下》中有："叁伍以变，错综其数，（转下页）

场和信用体系才能支撑，丝绸制造业不是任何古希腊城邦小农经济轻易能够拓展与承担的产业。难怪中国也是世界上最早创造运河体系和最早发明造纸、印刷、陶瓷、火药、指南针、现代官僚制度和发行纸币的国家。只有高度发达的大一统市场经济与信用体系才可能流通纸币。而欧洲国家要等到18世纪才开始出现纸币。

即便到了辉煌的古罗马帝国时期，全球财富的主要创造中心也仍然在东方。这从当时的东—西方商品进出口结构中可以看出。古罗马时期没有任何商品（除了黄金）值得出口到遥远的东方，而古罗马最珍贵的进口商品却一定来自远东，这包括比黄金还要贵重的中国丝绸。在古罗马，只有皇帝和最富有的官员才能偶尔穿得起丝绸。比如罗马皇帝埃拉加巴卢斯（Elagabalus），尽管也会穿当地亚麻做的简陋粗布衣服，但却是西方历史上第一位有钱在全身上下都穿得起来自东方的绫罗绸缎的西方人。

罗马人称中国人为赛里斯（Sērēs）人，也就是丝国人。古罗马与秦汉时期的中国商人，通过"丝绸之路"与意大利半岛、巴尔干半岛、地中海海域以及中东的希腊人、罗马人、波斯人、阿拉伯人展开贸易。也正是这些地区对中国商品的巨大而持久的需求，形成了横贯欧亚大陆和印度洋的古丝绸之路。经由丝绸之路，不仅是丝绸，其他商品诸如光滑如玉、细腻如肌的彩釉陶瓷也被源源不断运出亚洲。斯里兰卡曾经是连接东亚和地中海的一个重要贸易据点。拜占庭编年史作家科斯马斯·印第科普莱特斯写道：**"许多船从印度、波斯和埃塞俄比亚汇集到这座岛屿（即斯里兰卡）……还有从更远的地方来的，我指的是秦尼斯达（Tsinista，即中国）。"** [20]

（接上页）通其变而成天下文也。"这说明当时已经有比较复杂的提花机器，可以按照"叁伍以变"的规律，织出比较复杂的花纹来。秦汉之际，丝绸业更加繁荣发达。朝廷设置了东西织室和服官，出现了拥有几千名织工规模的手工作坊，丝绸提花技术达到了相当高的水平。长沙马王堆汉墓出土物中有对鸟纹绮、花卉、水波纹、夔龙、游豹纹锦，以及绒圈锦，它们是现代漳绒、天鹅绒等绒类织物的先驱，体现了提花纹锦的重要发展。参见自然科学史研究所集体创作：《中国古代科技成就》第十章，中国青年出版社2005年。

20　David Whitehouse and A. Williamson, 'Sasanian maritime trade', *Iran*, 11（1973）,（转下页）

英国历史学家和古丝绸之路专家弗兰科潘指出，为了购买东方奢侈品，尤其是丝绸，古罗马每年有多达1亿赛斯特斯（sesterce，古罗马货币单位）的金币从罗马帝国流出，进入东方贸易市场。**"这一惊人数字相当于帝国每年造币总数的近一半。""丝绸作为一种奢侈品的同时，还成了一种国际货币。""从某种意义上讲，丝绸是一种最值得信赖的货币。"**[21]

即便从公元1492年哥伦布发现美洲时算起，直到大约1800年工业革命爆发时（也就是直到中国清朝开始由盛而衰的时期）为止，全球最大商品交换和工艺品制造中心仍然在东方，尤其是中国。在那个欧洲开始发生巨变的300年（1500—1800）间，全球货币的流向仍然是中国。每年欧洲人从美洲盗取的天量白银，大约一半流向了中国，为的是购买中国的商品。比如17世纪一位葡萄牙商人在一篇关于白银的论文中指出：**"白银在全世界到处游荡，最后都流入中国。它留在那里好像回到了它的天然引力中心。"**[22]

布罗代尔对此感叹道：**"贵金属不断从西方流向印度和中国。远在罗马时期已经出现这种情况。必须用银子或金子购买远东的丝绸、胡椒、香料、药物和珍珠，否则西方得不到这些货物。西方与远东的贸易因此一直有逆差，就西方与中国的贸易而言，这一逆差维持到19世纪20年代**（也就是工业革命爆发半个世纪以后——作者注）。**这是一种经久不息的结构性流失：贵金属通过地中海东岸地区，通过好望角航路，甚至穿过太平洋，自动流向远东。"**[23]就连因与远东保持紧密商业往来，

（接上页）29—49.安东尼·帕戈登著，方宇译：《两个世界的战争：2 500年来东方与西方的竞逐》，民主与建设出版社2018年，第4页。

21 彼得·弗兰科潘著，邵旭东、孙芳译：《丝绸之路：一部全新的世界史》第一章，浙江大学出版社2016年。李约瑟在《中国科学技术史》第一卷第189页也提到："总的说来，罗马对东方的国外贸易，严重入超，不足以平衡贸易额，必须用金银锭或特殊支付来补偿。"

22 贡德·弗兰克著，刘北成译：《白银资本：重视经济全球化中的东方》第三章，中央编译出版社2008年。

23 弗尔南·布罗代尔著，顾良、施康强译：《15至18世纪的物质文明、经济和资本主义》第一卷，生活·读书·新知三联书店2002年，第548页。

主导丝路贸易的广大中亚与阿拉伯地区，也由此经历着长期的繁荣。

为什么？因为即便在牛顿科学革命爆发以后很长时间而且直到英国工业革命初期，"**中国在世界市场上（仍然）具有异乎寻常的巨大的和不断增长的生产能力、技术、生产效率、竞争力和出口能力，这是世界其他地区都望尘莫及的**"。"**中国凭借着在丝绸、瓷器等方面无以匹敌的制造业和出口和任何国家的贸易都是顺差。中国制造业在世界市场上具有高产出、低成本的竞争力，所以中国能够有效地给世界市场提供商品供给**"。[24]

相比之下，号称继承了古希腊与古罗马文明的近代基督教欧洲，在工业革命之前其生产力的低下和日常用品的匮乏程度，远超今天人们的想象。就拿穿衣、吃饭和如厕来说。在中华文明经历好多轮盛极而衰、衰极而盛的长周期之后，普通欧洲人穿的仍然主要是由粗羊毛编织的裹身披衫。这种粗羊毛布料容易藏污纳垢，很难用水清洗，因此欧洲人一辈子很少换洗衣服。由于非常粗糙并刺激皮肤，这种布料无法用来制作内衣，所以普通欧洲人自古以来直到工业革命前都几乎不穿内衣，也不知道什么是内衣。与此相比，丝绸非常贴身，既可做外衣也可以做内衣，还可以做手绢、扇子、画布、屏风、蚊帐、桌布、窗帘、床单等日常用品，因此受到万里之外的古罗马皇帝的青睐。

由于没有发明纸张、丝绸和棉布，直到工业革命前，欧洲无论男女、老少、贵贱，一辈子如厕时都没有条件清洁下体。而且吃饭都是用手抓；吃饭用的叉子要到17世纪才开始在欧洲家庭普及（美国白人甚至直到19世纪初才开始用叉子吃饭）。[25]因此

---

24 贡德·弗兰克著，刘北成译：《白银资本：重视经济全球化中的东方》中文版前言和第二章，中央编译出版社2008年。

25 叉子的使用是意大利文艺复兴时期才开始在上层社会流行的。凯瑟琳·德·美第奇（Catherine de Medici）于1533年将叉子引入法国宫廷，于是逐渐开始在法国贵族中占有一席之地。必须指出的是，虽然早在14世纪，许多欧洲宫廷的确都使用过叉子，但只有在食用那些带有异味的异国食物时才使用叉子，以防止难闻的味道留在手上不好清洗，多数时候贵族吃饭仍然用手抓。到17世纪初，来自欧洲各地的旅行者才在全欧洲范围内广泛传播了这种餐饮工具，使得叉子很快在欧洲旧大陆变得司空见惯。然而，直到19世纪初，北美殖民地一直拒绝在饮食中使用叉子，而是直接用五指进食，与今天的印度文化一样。

著名历史学家兰德斯（1999）对于欧洲人在工业革命前的卫生与生活水平有如下描述：

> 长期以来，欧洲人最大的杀手是胃肠道感染，病菌从人体排泄物传播到手，再到食物，再回到消化道。霍乱病菌等流行性微生物不时加强了这类看不见却致命的敌人的存在。这些细菌最好的传播途径是公共排泄地：在那里，由于缺乏厕纸和可换洗的内衣而促进了人体与排泄物的接触。由于长年累月都裹在一辈子都没有洗过的粗羊毛布中，而粗羊毛布料很难清洗，即便洗也洗不干净，因此欧洲人的皮肤常会发痒并不得不用手抓挠。所以他们的手很脏，而最大的错误是欧洲人在进食前都不洗手。……而工业革命改变了这一切。工业革命的主要产品是东方传来的既便宜又可用水清洗的棉布，以及靠规模化大生产方式从植物油中提炼出来的肥皂。普通人第一次买得起内衣……个人卫生状况的巨大变化，使得十九世纪末和二十世纪初的欧洲平民可以生活得比一百年前的国王和皇后还干净。[26]

难怪即便到了英国工业革命初期的1776年，亚当·斯密也还承认"中国比欧洲任何地方都富有"。[27]

美国历史学家戈德斯通也说："**中国是很多产品在全世界最早的生产国，包括纸张、火药、带有船尾柱舵轮和水密隔舱的航海船只、指南针、三角帆船、铸铁工具以及精美的瓷器等等。印度也为世界提供了色彩绚烂的奢华的棉织品。中国和波斯还是世界上丝绸工艺首屈一指的地区。当印度人和中国人穿着柔软舒适的棉织衣**

26　参见Landes, David S. 1999. "Wealth and poverty of nations: Why some are so rich and some so poor." New York: W.W. Norton, 1999, p.xviii.（中文译本：戴维·兰德斯著，门洪华译：《穷国富国》，新华出版社2010年。）西方科学史专家学者也承认文艺复兴以后造纸和亚麻布在欧洲的普及**"标志着个人卫生的明显进步"**（参见弗伯斯、克斯特霍伊斯著，刘珺珺、柯礼文、王勤民、秦幼云等译：《科学技术史》，求实出版社1985年，第114页）。

27　贡德·弗兰克著，刘北成译：《白银资本：重视经济全球化中的东方》第一章，中央编译出版社2008年。

物时，欧洲人还裹在粗糙的亚麻和羊毛衣物里。"[28]

著名历史学家保罗·肯尼迪也承认："**在中古时期的所有文明中，没有一个国家的文明比中国的更先进和更优越**。"[29]

因此，一个毋庸置疑的历史事实是，从古希腊直到第一次工业革命爆发初期，中西方在生产力和国家治理能力方面的早期差异一直十分突出；一直要到近代18—19世纪才开始逆转，那时候欧洲的科学、技术、国家治理和国家动员战争的能力才开始全面崛起，从而超越东方文明。

由此可见，流行历史观强调的古希腊包容性民主自由传统和日耳曼部落的法律文化，并没有如新制度经济学理论所预言的那样，为古希腊、古罗马、欧洲中世纪、文艺复兴以后的意大利，直到工业革命爆发前夕的整个西方世界带来超越东方的生产力水平与经济繁荣。

为什么？

因为流行历史观和新制度经济学对科学革命与工业革命为什么发生在西方的解释，不仅采用了错误的制度衡量标准，而且颠倒了政治制度与经济基础之间的因果关系。

比如新制度经济学理论认为，政治制度决定了市场交易成本的大小，交易成本依次决定了经济的绩效和增长速度；因而经济越发达的国家，其政治制度也越先进；而政治制度的核心是公权力与法律制度。

这种理论至少可以追溯到著名德国社会学家马克斯·韦伯（Max Weber）。比如韦伯从对法律程序的形式正义（formal justice）和实质正义（substantive justice）的概念区分出发，阐述了资本主义为什么诞生在西方而不是东方的根本原因。

韦伯认为，在"形式正义"下，当发生私人间的法律纠纷时，法律裁定及其程序均依照一系列普遍的、事先明确规定的规则和程序来进行；与之相对，在"实

28　杰克·戈德斯通著，关永强译：《为什么是欧洲？世界史视角下的西方崛起（1500—1850）》第一章，浙江大学出版社2010年。注意，波斯的丝绸是从中国传过去的。

29　保罗·肯尼迪著，陈景彪等译：《大国的兴衰：1500—2000年的经济变迁与军事冲突》，国际文化出版公司2006年，第4页。

质正义"下，人们对每一个个案都追求实现最大公正和平等，而且要考虑到法律、道德、政治与各种综合因素。形式正义可提供高预期性和可计算（predictable and calculable）的法律结局，尽管对某些个案的裁决可能会与实质正义者所根据的宗教与伦理原则或者政治权宜相冲突。由于形式正义减少了个人对统治者的恩惠与权力的依赖，它扼制了独裁或暴民政治的滋长；而形式正义恰好是欧洲的法律传统所独具的。欧洲的法律机构是高度分工的且与政治权力分离的，其特征是存在自治的、专业化的法律职业阶层。法规是运用理性制定的，不受来自宗教或其他传统价值观的直接干涉。因此在韦伯看来，脱胎于古罗马法律传统的这种程序正义，提供了法律实施过程中的"可计算性"和"可预见性"，因而是作为资本主义文明基石的私有产权保护制度得以在西方而非其他文明中产生的根本原因。

韦伯的观点渗透到人文学科的所有领域并影响了好几代西方历史学家、经济学家、政治学家、法学家和他们关于东西方文化差异的理论，包括今天流行的新制度经济学理论和西方中心主义历史观。哪怕那些长期研究东方古代历史文化的西方专家也不能免疫。比如东亚与中国史专家埃德温·雷绍尔（Edwin O. Reischauer）和费正清（John King Fairbank）在谈到东西方文明的制度差异时曾经说道：

> 法律的概念是西方文明的荣耀，但是在中国，两千多年来所有法律都被视为可鄙的名词。这是因为中国法家的法律概念远远落后于罗马。在西方，法律被视为上帝或自然更高秩序在人类世界的具体表现，而在中国，法律仅仅代表统治者的意志。中国几乎没有发展出民法来保护平民，法律大部分是行政性的和惩罚性的，也是人们竭力避而远之的。西方民众认为比起由容易犯错的个人来判决，被非人格化的法律管理更加安全。而中国人可能是出于孟子人性本善的观点，认为被高尚的管理者来统治比被独断的非人格化的法律来统治更加安全。[30]

---

30 参见Edwin O. Reischauer and John K. Fairbank (1960), East Asia the Great Tradition — A History of East Asian Civilization (Volume One).

即便我们暂先接受雷绍尔和费正清的说法，那么他们描述的这种东西方之间法律制度的差异究竟是怎么产生的？这种差异如果存在的话，真的是"科学革命"和"工业革命"爆发在西方而不是东方的原因吗？

首先，姑且不谈古罗马的法律体制究竟是否比中国古代的法律体制更先进和优越，即便是文艺复兴以后任何一个欧洲国家的法治，虽然表面上依靠法庭和律师制度来维系，但实际上都是由军队和国家暴力来维持的。欧洲国家的专业警察制度，是工业革命很久以后才成熟起来的。因此，工业革命前的欧洲国家，无论是形式还是实质上都是靠军队来捍卫法律和社会秩序。

这是为什么文艺复兴时期的政治思想家马基雅维利，在谈到他亲身经历的资本主义萌芽与文艺复兴时期的意大利法律制度时就精辟地指出过："**没有优良的军队，就不可能有良好的法律；有优良的军队，就一定会有良好的法律。**"[31]而且，马基雅维利在研究古罗马时期的法治和社会秩序时也敏锐地观察到："**在有优良军队的地方肯定有良好的秩序**。"[32]

因此，可以设想即便是今天以法治著称的美国，表面上它的法治是依靠美国宪法和大法官制度来维持的，但实际上，要是没有强大的美国军队和专业警察系统（包括联邦调查局），美国根本无法捍卫它的宪法和法庭的尊严。[33]反过来，已经在20世纪90年代就采纳了西方民主制度的乌克兰，无论其新宪法如何强调三权分立和法治，这个国家一直到目前为止都很少有法治可言——因为它的国家机器和国家能力已经在执行华盛顿共识市场化改革的过程中彻底瓦解；没有了优良的军队和警察部队，它的民选总统一个比一个贪腐违法，却根本得不到法律应有的追究和制

---

31 尼科洛·马基雅维利著，刘训练译：《君主论（拿破仑批注版）》，中央编译出版社2017年，第152页。

32 同上，或者参见尼科洛·马基雅维利著，冯克利译：《论李维》第一卷第四章，上海人民出版社2005年。

33 作者写作此书时，美国的大批国民警卫队已经全副武装入驻华盛顿，以保障新选总统与上一届总统的顺利交接。

裁，使得乌克兰宪法沦为一个摆设。

正如政治理论家阿尔加罗蒂所说，马基雅维利"对政治和国家事务正如牛顿在物理学和自然奥秘上那样具有深刻的洞见"。[34]可悲的是，马基雅维利这位政治科学大师虽然早在500年前就已经对西方法治与国家暴力的关系做出了精辟分析，而19世纪以后直到今天的欧洲中心主义学者们（包括韦伯）却依然无法看清历史的真相。

其次，韦伯的先辈——18世纪德国思想家、历史学家和文豪——弗里德里希·席勒，早就针对日耳曼人在17世纪所拥有的所谓古罗马法治传统的任意不公时精辟地指出过："**在帝国最高法院，德意志诸等级是自行其是的，因为它们自行聘任法官。他们自行审判，能产生同样的公正，这也是创办者的意图所在。**""**由天主教法官和皇帝走狗操纵的法庭维护的当然是天主教和皇帝的利益，牺牲了公正。**"[35]

恰如马克思指出的："**对'神圣的所有权'进行最无耻的凌辱，对人身施加最粗暴的暴力，只要这是为建立资本主义生产方式的基础所需要的，政治经济学家就会以斯多葛派的平静的心情来加以观察。**"[36]韦伯正是这样一位善于以斯多葛派心情来思考政治经济学问题的社会学家。

再次，深谙欧洲历史的启蒙主义时期思想家，比如伏尔泰和安克蒂尔-杜伯龙，坚决否认欧洲这种杜撰出来的东西方制度差异。伏尔泰很不耐烦地对那些争论说古代中国没有法律的欧洲知识分子说道："**不管你们怎样争辩伏羲以前的十四位君王，你们的动人争论只能证实中国在当时人口很多，法律已经盛行。现在我问你们，如果一个聚族而居的民族，有法律、有国君，难道就不需要有过一个灿烂的古老文化吗？请想一直需要多少时间、若干场合的凑巧才能在矿石里发现铁，才能把铁用在农业上，才能发明织梭和其他一些技艺呢？**"[37]

34　参见艾梅·吉永：《1816年拿破仑批注版编者前言》。

35　弗里德里希·席勒著，沈国琴、丁建弘译：《三十年战争史》第一章，商务印书馆2009年，第10、25页。

36　马克思著：《资本论》第一卷第二十四章第二节，人民出版社2004年。

37　伏尔泰著，王燕生译：《哲学词典》，商务印书馆1991年，第329页。

在伏尔泰看来，欧洲历史上的封建时代（包括他所处的欧洲启蒙时代），其专制程度和亚洲的统治者相比有过之而无不及。他一次又一次问道，东方的编年史作者又会如何看待欧洲的封建体系？它看起来难道比我们描述的东方普遍存在的人身依附程度更低吗？伏尔泰说，认为东方国家的臣民都是皇帝的奴隶，他们一无所有，他们的财产和他们自身都是属于主人并可被任意剥夺的，这样的假设是非常荒谬的；这样的统治方式只会导致自身的毁灭。而中华文明已经生生不息延续了好几千年。[38]

安克蒂尔-杜伯龙还专门在1778年（工业革命初期）写了一篇名为《东方法制》的论文，以此证明西方那个时代刚因全球殖民扩张而获得一点自信后产生的大量以东方为主题的文字和观点，不仅充满了对东方的误解，而且还存在着某种倾向，将某种全世界普遍存在的缺陷，甚至是自然因素造成的结果，归咎于东方国家的"法律制度"和"政府"，以从理论上证明东方文明天生就应该成为欧洲殖民主义者统治或治理的地方。他讥讽地写道：

> 亚洲所有的错误总是政府造成的。蝗虫使一个地区受灾；战争使另一个地区的人口减少；缺雨导致的饥馑逼迫一个父亲卖掉自己的孩子（1755年我在孟加拉亲眼见过）。下一次发生时，还是政府造成的。旅行家在巴黎、伦敦或阿姆斯特丹写下自己的作品，他们可以随心所欲地说出任何批评东方的话。而当他们自己的国家发生同样的灾难时，他们将其归于天气或人们的恶意。[39]

遗憾的是，这个240年前的评论对今天的西方中心主义者和新制度经济学家们

---

38 伏尔泰著，王燕生译：《哲学词典》，商务印书馆1991年，第329页。

39 安东尼·帕戈登著，方宇译：《两个世界的战争：2 500年来东方与西方的竞逐》第九章，民主与建设出版社2018年。

仍然适用。[40]

哲学家莱布尼茨也与杜伯龙和伏尔泰持同样的观点。"**对莱布尼茨而言，中国人不仅是伟大的匠人和天才的设计师，他们也是一个非常重视道德的民族。伦理学是他们真正的力量源泉，他们的伦理学中几乎不包含形而上学和神学的空想，而是坚持教育和对话。**"伏尔泰也坚持认为，"**中国人是欧洲人反复尝试却一直无法成为的那种人，即真正的道德主义者和斯多葛主义者：'他们的道德准则非常纯粹和严厉，但同时又和爱比克泰德宣扬的准则同等仁慈。'**"[41]

不过，莱布尼兹和伏尔泰这些西方启蒙思想家也对中国人在逻辑学、几何学、形而上学和自然科学理论方面与17—18世纪同时代西方相比的严重落后，都一直感到遗憾和迷惑不解。而且这两位思想家被很多长期生活在中国的天主教传教士反复告知，中国人对西方自然科学、数学和传教士带去的各种科学仪器根本不感兴趣——如果中国人自己不能发明演绎数学也就罢了，可是为什么即便在欧洲人愿意传授的情况下他们居然也不感兴趣？

就像印度文明一样，中国古代的确没有发展出古希腊的平面几何数学体系；而且即便到了明朝与西方传教士紧密接触的时代，似乎除了徐光启和以他为代表的少数个别人，中国朝野普遍都对西方的演绎数学知识不感兴趣。[42]

---

40 历史学家詹姆斯·布劳特指出，"西方中心主义"是关于世界历史和世界地理的"一种强而有力的信仰"，这种信仰认定"欧洲文明——即'西方'——具有某种独特的历史优越性，某种种族的、文化的、环境的、心灵上的或精神上的特质。这一特质使欧洲人群在所有历史时代直至当今时代，永远比其他人群优越"。(引自周宁《"反写"即"正写"："西方中心主义"批判的思想陷阱——以〈欧洲形成中的亚洲〉为例》，《文艺理论研究》2014年第1期)反西方中心论历史学家马丁·伯尔纳在《黑色的雅典娜》一书中指出，作为19世纪欧洲殖民主义的一个组成部分，欧洲人发明了一个所谓起源于"民主"希腊和"法治"罗马的纯粹欧洲传统的历史神话，其实希腊也实行奴隶制而罗马也搞独裁专制。

41 引自安东尼·帕戈登著，方宇译：《两个世界的战争：2 500年来东方与西方的竞逐》第九章，民主与建设出版社2018年。爱比克泰德是活跃于公元1—2世纪时期的希腊斯多葛主义者。

42 徐光启翻译了欧几里得《几何原本》的前六卷和哥白尼的著作，主持编撰了包括当时欧洲最前沿的天文学、数学、工程学经典在内的《崇祯历书》。那个时候，牛顿还没有出生（牛顿生于1642年12月）。清军1644年入关，明朝灭亡。

可为什么会这样？是什么因素导致近代中国对形式化的数学不感兴趣？流行历史观认为，这也反映了"东方专制主义"和"封建注经传统"下思想自由的缺乏。

真的吗？其实，古罗马人也对演绎数学不感兴趣。中世纪欧洲人也对演绎数学不感兴趣。为什么？

而且对演绎数学不感兴趣的何止中国人、罗马人和中世纪欧洲人。法国人直到公元17世纪以前也对演绎数学普遍不感兴趣，但是却在专制暴君路易十四为提高法国的国家竞争力而花巨资打造法国科学院以后开始感兴趣了；俄国人直到18世纪以前也普遍对演绎数学和科学不感兴趣，但是却在独裁者彼得大帝创立了俄国皇家科学院以后开始感兴趣了；日本人直到1868年决定直接面对并参与到欧洲列强"打砸抢掠"的军备竞赛和商业竞争之前，对科学与演绎数学也像中国人一样不感兴趣，但是却在明治维新以后在作为绝对君主的日本天皇统治下开始对这东西感兴趣了。[43]同理，中国人一旦意识到民族存亡实质上是国家间军事力量和科技力量的竞争，意识到"科学就是生产力"以后，也同样才开始对这些东西感兴趣了。

即便在莱布尼茨和伏尔泰所处的启蒙时代的欧洲，更不要说文艺复兴时期的意大利，普通人对科学与数学其实也是根本不感兴趣的。连16世纪的宗教改革大师，路德和加尔文都蔑视和嘲笑数学和科学。文艺复兴时期的大多数人文主义者蔑视科学，却喜欢把在古希腊受到维护的那些迷信、魔法、巫术继承和发扬光大。正如罗素指出的："**文艺复兴时期的意大利人，除达·芬奇及其他几个人外，都不尊重科学。**"[44]

但是，通过本书我们将会看到，自从"火药—火炮"技术传入欧洲以后，由于各国王室和国家精英意识到科学与数学对于研发这种热兵器和对于国家存亡的重要

---

43 日本于明治维新开启的当年（1868年12月）决定在沼津城内建立日本第一所西式军事学校。该学院的课程包括英语、法语、物理、化学、地理、天文学、世界历史和经济理论。该学校的课程侧重于数学，特别是几何和三角函数，这是由于它们在导航、炮兵瞄准和测量中的巨大实用性，因而成为必不可少的军事学科。

44 伯特兰·罗素著，马元德译：《西方哲学史》下卷，商务印书馆1976年，第7页。

性，因此就产生了国家力量对这类科学知识和科技人才的巨大需求、投资、扶持和推动，从而才有了这些公共知识的繁荣（虽然早期的繁荣仍仅局限于精英阶层）。

比如达·芬奇在年轻时写给米兰统治者卢多维科·斯福尔扎的一封求职信（详见第六章），便反映了文艺复兴时期各个城邦国家统治者对科学技术的巨大兴趣与需求。在这封求职信中，达·芬奇列出了自己熟练掌握的许多技能中的九类军事工程技术，都与基于火炮这种新型战争模式密切相关，而他的艺术才华并没有在信中被重点强调。这反映了达·芬奇所处的时代，国家力量对人力资本的最大需求并不是艺术才能，而是军事才能和与此相关的数学知识。而且别忘了，赞助达·芬奇和米开朗基罗艺术创作的主要雇主，是罗马天主教会与王室宫廷；满足艺术家素描和油画所需要的纸张与颜料，是他们出生之前不久才从东方传入欧洲的。[45]

因此，达·芬奇的求职信所反映出的意大利文艺复兴，并不是一个西方流行历史观所描述的、独立于东方文明影响的、源于古希腊和古罗马自身传统的历史运动，并不是一个所谓宗教改革与思想解放下艺术家个性自由与人文主义精神的复兴运动。真实的历史并没有这么高大上。

文艺复兴时期的"艺术繁荣"，不过是罗马天主教会、意大利城邦宫廷以及王公贵族为"炫耀社会地位"而大兴土木的结果，是他们动用几乎全部国家资源从事"艺术采购"活动所撬动起来的社会需求的产物——就像16—18世纪欧洲各国王室对火药、火炮、战舰等军工产品的巨大采购需求，极大地刺激了欧洲木材加工和冶金工业的迅猛发展一样，也像中国历朝历代宫廷对文官的需求和科举考试的发明，极大地刺激了民间的读书风气和诗人画家的涌现一样。

本书通过对欧洲近代史的重新剖析，揭示出这样一个真相：文艺复兴对于欧

---

45 比如油画所用的颜料主要是来自威尼斯与亚洲的贸易进出港。这些颜料通常被称为"海外来的威尼斯产品"，包括铜绿、朱红、葫芦巴、铅锡黄、骨黑。最著名最独特的颜色是从中亚开采的青金石中提取的纯蓝。因此欧洲艺术的黄金时期的艺术大师们，包括安吉里科、弗朗西斯卡、米开朗基罗、达·芬奇、拉斐尔和提香等，都是依靠地中海与亚洲的贸易才使得他们能够接触到这么多样化的颜料。（参见彼得·弗兰科潘著，邵旭东、孙芳译：《丝绸之路：一部全新的世界史》第十章，浙江大学出版社2016年。）

洲崛起的真正历史意义不在于艺术，而在于火药与商业的普及——它使得四分五裂的意大利通过一系列惨烈的热兵器战争和商业利益争夺，形成了一个由许多城邦国家构成的微型"国家竞争体系"。这个国家竞争体系是未来欧洲更大规模国家竞争体系的雏形。与这个国家竞争体系下的军备竞赛和商业竞争相比，罗马天主教教廷和各城邦宫廷为"炫耀社会地位"而采取的"艺术采购"活动，和由这个活动的刺激所产生的艺术繁荣，对于欧洲崛起的历史意义其实并没有流行历史观渲染的那么大，只不过对于欧洲中心主义者宣扬近代西方基督教文明相对于东方文明的独特性和优越性来说，却显得意义重大（详见第三章）。

同理，本书将以大量史料揭示，17—18世纪的**科学革命，是国家竞争体系下长期军备竞赛的产物**。因此欧洲近代的崛起，和它对东方文明在科技方面的超越，是各个欧洲王室在延续几百年亡国灭种的热兵器战争压力下，相互竞争的结果。这个生存竞争压力，导致了欧洲王室对科学技术的巨大热情和对科学家的重金投入。

恰如恩格斯所精辟指出的那样："**社会一旦有技术上的需要，这种需要就会比十所大学更能把科学推向前进**。"[46]而自文艺复兴以来的各种政府采购、赞助活动与战争需求，尤其是规模化制造火药、铸造火炮、提高火药威力和炮弹打击精度的迫切需求，一直就是近代西方经典力学、炼金术实验化学、冶金工业、煤炭工业和大学—科学院制度发展的强大原动力。资本主义市场经济体制本身的诞生，也是这种国家竞争与国家生存需求的产物。

只有在中世纪末期和文艺复兴时期的新型城邦战争中高速飞行的炮弹，和为赢得这种战争对炮弹落点精度进行精确计算的极高要求，才如此急迫地促使意大利人向阿拉伯和古希腊学习平面几何与代数知识，以便透彻理解变速运动物体（炮弹）的飞行轨迹和背后的动力学机制。只有大规模杀伤性火药在爆炸中所产生的震撼威力，和对进一步提高火药效率的要求，才如此需要新的炼金术化学理论，以便超越

46　恩格斯致瓦尔特·博尔吉乌斯的一封信（1894年1月25日），引自马克思、恩格斯著：《马克思恩格斯选集》第四卷，人民出版社2012年，第648页。

传统炼金术知识水平的限制来帮助系统地提炼硝石、硫磺并解释物质的燃烧和爆炸现象。只有对赢得这种新型热兵器战争和对国家安全的不懈追求，才能极大地刺激一个国家的重工业（木材加工、炼铁、冶金和采矿业）的高速发展，导致文艺复兴以后欧洲森林面积的急速下降和煤炭资源的大力开采，生态环境被严重破坏，从而刺激了深井挖煤技术以及煤矿铁轨和蒸汽机的发明、改进和广泛使用。同时，也只有通过对海外资源和市场份额的激烈竞争，才如此需要建设一支拥有强大火力的远洋海军，并通过规模化大生产方式来提高各种产品的生产速度和降低生产成本，压低销售价格，从而导致了以劳动分工为基础的流水线工厂体制（包括大型兵工厂）和珍妮纺织机与蒸汽机的诞生和普及。[47]

而且，国家间激烈的军备竞赛，和为支撑和支付这个竞赛而展开的激励商业竞争，在催生"科学革命"和"工业革命"这两场革命的同时，也催生了服务于这种国家竞争力的法律制度。也就是说，西方的法律制度，无论是国际法、海洋法、商业法、会计法、刑法、税法、财产法，还是知识专利和私有产权保护法，都是国家力量竞争中为了不断提高本国对他国在军火工业、材料工业、制造业和商业方面的竞争力，而发展出来的制度化的"产业政策"和国家竞争手段。而这些政策和手段也是在实践中被不断完善的。

这种国家间的军备竞赛和商业竞争，以及为赢得这种竞争所需的大批量人力资本积累，都需要国家意志与国家力量对相关人才选拔机制与产业政策的巨大而长期的构建。所以，离开了十字军东征以后，欧洲民族国家之间基于"火药—火炮"的新型热兵器战争这个时代条件，离开了在这个基础上，欧洲几百年的残酷军备竞赛和你死我活的"战争资本主义"工商业竞争模式，离开了国家意志和国家力量对

47　蒸汽机最早的发明、采用和改进，是为了替代人力从几百米深的地下矿井中往地面大批量输送煤炭。早在第一次工业革命爆发之前一二百年，英国的煤炭工业就由于战争对森林资源的大批量消耗和火炮冶金工业的需求而蓬勃发展（参见本书第五章第九节）；直到第一次工业革命爆发很长时间以后，蒸汽机和铁轨技术才由于规模化运输轻工业产品的巨大需求被用来作为一般交通工具和运输动力普遍使用。

赢得这种竞争的人力资本的长期投资，不可能产生科学革命与工业革命，也不可能产生服务于这种国家竞争力和战争资本主义模式的法律体制。

事实上，欧洲历代君主为了赢得这种国家间的竞争，摸索和出台过很多政策与制度建设试验。有利和有效的则被继承，无利和无效的则被淘汰；创新改革能力强的王室则生存，创新改革能力弱的王室则灭亡。比如古希腊和古罗马的雇佣兵制度曾经在意大利各个城邦国家和后来的欧洲大国战争中非常流行，但是因无法适应迅速扩大的专业化热兵器战争的需要而被废除，演变为职业化的国家兵役制度。又比如为了维持专业化的更大规模的军队，就必须增加新税种和创立永久性的政府借款管理体系，税收体系于是发生了转变，从临时性的、封建性的和去中心化的体系变成更加标准化的和中央集权化的体系——包括中央银行与国债发行模式；这是支付不断扩大的军费开支的唯一方法。

又比如前面提到的法国"太阳王"路易十四，为提高法国在欧洲大国争雄中的竞争力，在1667年建立了国家科学院制度；从此以后，法国才在科学领域方面崭露头角。而法国从此涌现出来的一大批数学家、物理学家、化学家、工程师，都为欧洲科学革命与科学繁荣立下汗马功劳。接任路易十四的路易十五国王，又在18世纪为培育军队将领专门拨款成立了巴黎高等军事学院，学院的课程设置以数学、地形测量、射程计算为主，为统一欧洲的拿破仑战争提供了杰出军事人才。

因此，以中国的"造纸、印刷、火药、指南针"四大发明和其他制造业技术为基础的欧洲文艺复兴运动，尤其是这个时期形成的国家竞争体系，和这个体系下欧洲各国为赢得新型热兵器战争的军备竞赛和商业竞争，才是科学革命和工业革命爆发在欧洲而不是亚洲的秘密。

对此，一些日本政治家和学者远比韦伯主义者显得"诚实"——他们认为，如果日本19世纪不摆脱中国儒家的"温良恭俭让"道德主义意识形态，果断采纳欧洲列强的战争资本主义、殖民主义和军事重商主义发展模式，日本必然无法成功实现从农业文明向工业文明、从弱国向强国的转型。而发动殖民主义战争和对全国实行军国主义管理，则是保障这种大规模社会转型所需要的政治手段。[48]这一方面体现了部分日本学者对当年日本走军国主义道路的狡辩，另一方面也间接地揭示韦伯主义者对欧洲当年依靠战争资本主义崛起这个历史"主脉络"的掩盖和文过饰非。[49]

换句话说，不仅是17—18世纪的这场科学革命，而且是18—19世纪的工业革命，都与流行历史观强调的"英国大宪章运动"和"英国光荣革命"没有必然的因果关系，也与韦伯的所谓"西方法治、理性、正义，东方专制、迷信、任意"没有必然关系。

欧洲国家力量对科学与数学的长期重视，也并非源自基督教的"一神教"教义与亚里士多德经院哲学传统，或者源自古希腊的"科学精神"和古罗马的"法制习惯"，更不是源自路德和加尔文的宗教改革。[50]

古希腊的数学知识对于中世纪欧洲人来说，是一种来自阿拉伯文明的外来品。它既没有为古希腊自身，也没有为（古希腊灭亡之后）全面继承了古希腊文明遗产长达一千多年的拜占庭帝国（330—1453）带来科学革命。而文艺复兴时期的意大利精英和之后的欧洲精英们，之所以对大量阿拉伯和古希腊数学手稿感兴趣，是因为在这个时期所面临的新型热兵器战争与维持这种战争的巨大财政压力，刺激了通过扶持科学、扶持军工业、扶持商业来提高国家竞争力的钢铁般国家意志的产生，哪怕民间长期充斥着各种迷信和对科学与数学理性的巨大排斥。比如伽利略在为威尼斯兵工厂计算一枚高速飞行的炮弹如何能够精确击中遥远行驶中的战舰时，他迫切需要用到平面几何和代数，因此才对数学如此着迷。他也

48　日本明治维新和20世纪针对中国蚕丝产业的打压、掠夺和武力摧毁，参见顾国达、王昭荣莉：《日本侵华时期对中国蚕丝业的统制与资源掠夺》，浙江大学出版社2010年。

49　参见野村浩一著，张学锋译：《近代日本的中国认识》，江苏人民出版社2014年。

50　事实上路德和加尔文都是反科学的神学家。因此恩格斯说："值得注意的是，新教徒在迫害自然科学的自由研究上超过了天主教徒。"（《马克思恩格斯全集》第20卷"恩格斯《自然辩证法》"，人民出版社2016年，第362页。）

需要解释为什么炮弹沿仰角45度发射能够飞得最远，因此才对亚里士多德的物理学如此感兴趣。

火药对于欧洲实现从中世纪向现代世界转型的极端重要性，很好地体现在美国总统杜鲁门1946年在美国海军纪念日的讲话中：**"原子弹肯定是向新时代转变的信号，火药恰恰是中世纪向现代转变的重要信号。"**[51]

如果说中国古代物理学的运动时空观是由弓箭发射的速度和飞行距离规定的，那么欧洲近代物理学的运动时空观，则是由炮弹发射的速度和飞行距离规定的。弓箭飞行以米为单位，炮弹飞行则以千米为单位。弓箭发射时的推力不过几十千克，而火药爆炸时周围空气体积可膨胀好几千倍，以至于产生的压力超过每平方厘米将近3 000千克；这个压力下产生的膨胀系数相当于将一米的绳子突然拉伸到2千米长；火药爆燃瞬间温度可达1 000摄氏度以上；因此破坏力极强，从而对物理学理论、数学计算以及军队作战能力所提出的挑战是划时代的，尤其是当这种热兵器战争的烈度、频率和延续时间都达到前所未有的历史高度的时候。

正如需要极高的温度和压力，才能将普通的碳元素变成金刚石一样，只有存在长期的亡国灭种的大规模热兵器战争和你死我活的工商业竞争（类似于冷战期间的美苏"核武器与太空竞赛"），才能在欧洲多如牛毛的成百上千个国家中筛选和锤炼出愿意长期赞助军事、科学、商业、技术和制造业的钢铁般国家意志和服务于这个竞争意志的国家能力与法律制度。

比如14世纪的欧洲发生过至少44场大规模战争，平均每两年发生一次战争，其中包括著名的长达116年的英法"百年战争"——这也是欧洲近代第一次出现火炮的战争。15世纪欧洲一共发生过60场战争，几乎每年都处于战争状态。16世纪欧洲发生过62场战争，平均每次战争的延续时间超过8年，平均每年都有超过两场战争同时展开，延续时间超过8年的战争有15次之多。从1500年开启大航海到

51　许会林著：《中国火药火器史话》，科学普及出版社1986年，第149页；转引自常征著：《火药改变世界》，华龄出版社2021年，第62页。

1700年工业革命前夜的整整200年期间，欧洲有95%的时间都处于战争状态。在整个17世纪，欧洲只有4年时间没有发生战争。即便在相对和平的19世纪，欧洲的战争频率也出奇地远远高于同时代的中国。[52]

欧洲各国为了打赢一场接一场的战争，平均每年必须将高达80%以上的财政收入用于军事开销。[53]而且，自文艺复兴以后的多数战争，都是在宽阔的海面上展开的——最早是在地中海，15世纪以后拓展到大西洋和印度洋。这是欧洲海军力量和与之相关的军事技术以及天文、航海、地理知识能够通过大量如饥似渴吸收东方先进科技而迅速崛起和进步的根本原因。

正是这一系列延续了几百年的高频率、高烈度和基于火药与枪炮的新型热兵器战争，将欧洲中世纪和文艺复兴时期的成百上千个闭关自守、愚昧落后的封建城邦国家，锤炼和荡涤成了二三十个强悍的、中央集权的、奉行军事重商主义发展战略的统一民族国家和海上强权。其中任何一个都有胆量和能力向人口和国土面积超过自己几百甚至上千倍，但是既缺乏战争意志又缺乏海战经验和现代国家组织能力的东方帝国发动攻击。[54]

战争创造国家，战争创造国家意志，战争创造国家能力。

在热兵器军备竞赛与远洋商业竞争的巨大生存压力下，以火炮和海战为新型平

---

52 参见Geoffrey Parker "The Military Revolution" (1996, p.1); Charles Tilly "Coercion, Capital, and European States, AD 990—1992" (1992)（中文译本：欧阳泰著，张孝铎译：《从丹药到枪炮：世界史上的中国军事格局》，中信出版社2019年）。

53 参见Philip Hoffman "Why Europe Conqure The World?" (2015, p.23, Figure 2.1)（中文译本：菲利普·霍夫曼，赖希倩译：《欧洲何以征服世界？》，中信出版社2017年）。

54 按照戴蒙德的统计，欧洲14世纪时仍然分裂成1 000个独立小国，公元1500年仍然有500个小国，20世纪80年代只有25个国家（参见贾雷德·戴蒙德著，谢延光译：《枪炮、病菌与钢铁：人类社会的命运》，上海译文出版社2014年，第442页。）实际数据恐怕比这个更大。比如德国在统一之前分裂为314个邦和1 475个骑士庄园领地，它们均拥有独立的主权，皇权有名无实，盛行小邦专制主义统治。在1200年，光意大利半岛就有200—300个不同的城邦国家（参见查尔斯·蒂利著，魏洪钟译：《强制、资本和欧洲国家（公元900—1992）》，上海人民出版社2007年，第44页）。关于欧洲的惨烈战争，参见本书第三、四章。

台的战争，不仅推动了意大利城邦国家和北欧国家对工程与数学人才（以及航海、地理、天文学人才）的巨大需求与选拔机制的建立，而且推动了欧洲各国的国家动员体制（政治制度）升级变革，包括新的兵役制度、财政税收制度、货币发行制度、战争决策机制、最高行政机构、公共治安管理条例、中央情报收集制度、国家监狱制度、人口管理制度、大学与科学院制度、殖民地管理制度、航海探险奖励制度、重商主义关税政策和各种产业政策等的确立。

战争也是"国家–财政"模式的催化剂。因为战争要能持续，国库必须丰盈。而只有形成了"战争⇄商业"循环加速器，国库才能充盈，国家才能以战促商、以商养战。比如英国伊丽莎白时代对国家安全的巨大需求，要求英国在全世界到处寻找硝石这种制造火药的基本原材料，以至于伊丽莎白女王的首席内政部长威廉·塞西尔向议会指出，"2万英镑的硝石比10万英镑的黄金和珠宝更有利于女王"。又比如荷兰东印度公司总督和海军将领科恩（Jan Pieterszoon Coen）在针对如何与英国争夺17世纪海上军事与贸易霸权时，向荷兰王室明明白白地指出："**陛下应该可以根据经验知道，亚洲贸易必须由您自己的强大武力来维持和保护，而这武力本身又必须用贸易获得的利润来支付；以至于我们无法不用战争来进行贸易，也无法不用贸易来支付战争。**"[55]

因此，韦伯关于古罗马或者日耳曼部落法律传统是近代资本主义得以产生在欧洲而不是亚洲的理论，颠倒了历史演化的因果关系——不是日耳曼法律传统催生了"战争资本主义"，而是"战争资本主义"催生了维系欧洲资本主义国家竞争力的一系列法律制度建设。[56]

换句话说，近代资本主义在欧洲的诞生，是热兵器战争和王室主导下的对外"打砸抢"活动的产物，是"国家—海盗"制度的产物，是为赢得这场"全球打砸

55 Stephen R. Bown, Merchant Kings: When Companies Ruled the World, 1600—1900. Macmillan, 2010, p.7.

56 "战争资本主义"一词取自斯文·贝克特著，徐轶杰、杨燕译：《棉花帝国：一部资本主义全球史》，民主与建设出版社2019年。

抢"的国家竞赛而发展出来的"战争⇄商业"财政模式。

所谓的资本主义"市场经济制度",不过是为维系和支撑这种战争资本主义而演化出来的必然制度安排。这样的历史过程打造出了欧洲现代法律体系、国民私有财产保护体系、国家情报机构、国民教育体系和重商主义产业政策。在这个"战争⇄商业"循环加速器中,欧洲国家用商业手段提升国家支付战争的能力,用战争手段扩大自己的全球殖民市场份额和海上贸易垄断,并用由此获得的巨额商业利润来支付频繁不断的对外战争,由此循环往复直到20世纪相互毁灭的两次世界大战。

因此,哈佛大学经济史学家斯文·贝克尔特(Sven Beckert)才说:"**如果没有一个强大的国家政权使其有能力在经济、法律、行政管理、基础设施和军事方面所向披靡、穿透它所想波及的领地,英国的工业化简直就是根本不可想象的。**"[57]

而20世纪一系列共产主义国家的诞生,也是欧洲全球殖民战争所倒逼的产物——它是在落后国家被西方列强的殖民政策、商品倾销政策和强加其头上的"自由贸易"骗局所倒逼出来的"战争资本主义"**对立物**,即"战时共产主义"。凡是不愿意(或者没有能力)采用"打、砸、抢、掠"的战争资本主义方式,加入欧洲列强这种"富国强兵"游戏的国家和文明,要么灭亡,要么采纳秉承"公平社会原则"的战时共产主义来推动工业化发展。**而计划经济模式则是维系这种战时共产主义的必然制度安排。**

所以,极端的计划经济这种制度安排,只有在全世界的战争资本主义和军事殖民主义压力充分缓和的情况下,才开始失去其意义,而且必然失去意义,正如20世纪下半叶全球冷战结束以后所呈现出来的状态一样——它必然体现为在社会主义国家阵营内部大规模的国家经济转型需求。[58]

57　Beckert, Sven. *Empire of cotton: A global history*. Vintage, 2015. pp.155—156.

58　正如中央党校周为民教授所指出的那样(参见https://mp.weixin.qq.com/s/ycysxjAV-p3jo6BR3QHqqw);计划经济的实质不在于有计划,不在于讲计划,而在于它是一种管制经济、命令经济,是一种类似战争体制、战时管制体制的一种国家经济组织方式。它和以人们的自主活动为基础的市场经济根本不同。计划经济的实质是对个人、对个人之间的组织方式(即企(转下页)

　　资本主义法律对于资本主义，正如交通规则对于高速公路一样：不是交通规则催生了高速公路，而是高速公路的诞生和演化催生了交通规则。茫茫原野上信马由缰，难道需要红绿灯和斑马线？所以，不是先有了交通规则（法律）才学会修路（开启战争资本主义），而是先学会修路（开启战争资本主义）才在实践中逐步设立和完善了交通规则（服务于战争和资本的立法）。

　　试问维系和推进资本主义市场经济的法治建设，在欧洲是何时被提上议事日程的？难道是催生诗人但丁和思想家马基雅维利的文艺复兴时期吗？那可是公认的资本主义萌芽时期。但那个时期却很少有韦伯意义上的法律和法治可言（详见第三章）。

　　文艺复兴时期的意大利，一方面处于"艺术与商业齐飞"的时期，另一方面也处于一个无法无天、道德堕落、妓女泛滥、梅毒流行、黑帮当道、暗杀频繁、官商勾结、寡头垄断，"教皇便是法、有奶便是娘"的时期（详见本书第三章）。这样的丛林法则时期和**"一切人反对一切人的战争"**时期，没有"程序正义"和"实质正义"可言。事实上，韦伯自己的祖国（德国）在19世纪实现统一之前的兵荒马乱与贫穷积弱，和统一之后才产生的经济奇迹，日本明治维新实行富国强兵和加入欧洲列强的打砸抢行列以后才产生的经济奇迹，以及中国在结束清末与民国的兵荒马乱以后（尤其是改革开放以后）才获得的工业化奇迹，已经一而再，再而三地反驳了韦伯把欧洲繁荣归因于古罗马日耳曼部落的法治传统的理论，以及他更加可疑地

（接上页）业）的独立性、自主性的否定。对于这个精彩观点我们还需要做如下补充：这样的计划经济是战争资本主义国际环境所倒逼出来的发展模式，是迅速在落后农业国建立军事重工业基础的秘诀，但同时也是这种经济的根本缺陷——因为它不仅牺牲了民间生产活动的自主性，而且牺牲了可用于生产消费品的资源。由于这个缺陷，我们才看到苏联计划经济模式虽然能够帮助落后国家有效地应付资本主义战争和商业围剿，但是也很难长期维持。因此一旦资本主义国际环境进入缓和阶段，这种战时计划经济体系就面临需要进行市场化改革的巨大挑战。但是问题的关键在于，正如本书（上、下集）所要揭示的，即便是市场经济，也同样需要强大国家力量的干预和协助才能取得成功。这才是西方资本主义繁荣的秘密，也是东欧社会主义国家在20世纪90年代实行改革开放引入市场经济以后，由于被错误的流行历史观和新自由主义经济学所误导，国家和政府全面退出经济领域，反而造成国家解体和国民经济大面积崩溃的根本原因。

把近代欧洲殖民主义世界体系下东方国家的衰败，归因为基督教比儒教更富有理性经商精神和勤俭节约美德的宗教决定论。[59]

而且，韦伯主义者这一"西方民主、理性、正义，东方专制、迷信、任意"才是导致科学革命和工业革命爆发在西方而不是东方的流行历史观，也无法解释为什么18—19世纪的工业革命，没有发生在西方公认其政治制度远比英国君主制先进和包容，其人民远比英格兰人勤劳，其金融制度和私有产权保护远比英国完善的荷兰共和国。荷兰早在英国光荣革命实现"君主立宪"之前，就已经采纳了更为先进的共和联邦制度，远比美国还要早一二百年，而且英国的几乎所有金融"创新"都是从荷兰学习模仿来的。在17世纪英国发动三次英荷战争使得君主制的英国超越共和制的荷兰之前，荷兰是欧洲公认的金融中心、商业中心和制造业中心。它的宗教宽容政策比同时期的英国更能吸引欧洲其他国家的异教徒与能工巧匠。**但荷兰既不是17世纪欧洲科学革命的中心，也不是18世纪工业革命的中心**。荷兰在英国爆发工业革命后100年才开始复制了这场早已普及欧洲大地的制造业革命，远远落在法国、德国等其他欧洲列强之后。为什么？

流行历史观更无法解释为什么近代史上处在类似于"东方专制主义"时期的法国、德国和苏联也能够产生大批量的卓越数学家、科学家、艺术家和工商业繁荣。[60]

如果人们承认欧洲封建制度是资本主义制度产生的前提和必经阶段，那么将中国近代没有产生资本主义归结为东方封建制度或者"东方专制主义"，显然就是

---

59 维尔纳·桑巴特在《奢侈与资本主义》和《犹太人与现代资本主义》中，甚至认为欧洲资本主义不是诞生于欧洲新教徒的勤俭勤奋，而是诞生于欧洲宫廷的奢侈腐化；不是诞生于路德新教改革后的基督教经商精神，而是诞生于古老的犹太人经商传统。

60 著名科学史专家贝尔纳在总结德国19世纪实现统一以后所爆发的巨大科学成就时说道："**德国科学的诞生是由于在腓特烈大帝的有力赞助下，从法国输入了科学……它从一开头就具有官办的性质**。""**德国的大学……在德国科学的发展过程中提供了不少目前已经推广到整个科学界的组织方法。研究院校、研究所、大量的实验室技术、专业科学刊物的出版等等全部都主要是由德国首创的。德国科学在十九世纪的大发展，主要应归功于它同德国学术传统的联系以及官方的赏识给科学家带来的巨大声望。**"（约翰·德斯蒙德·贝尔纳著，陈体芳译：《科学的社会功能》，商务印书馆1982年，第283页。）

一种套套逻辑。或许这个套套逻辑企图掩盖的，其实是西方通过最野蛮的战争、掠夺、奴役、殖民才发展出资本主义的秘密？

提出这一系列问题，并不是提倡让落后国家通过复制西方的战争资本主义或者路易十四的绝对君主制，来推动发展自己的科学技术和经济；而是希望对流行历史观提出正当的质疑，以便于我们跳出流行历史观和西方中心主义预设的话语体系，寻找出历史进步的真相；尤其是找到"为什么科学革命和工业革命都产生在西方而不是东方"这个**李约瑟之谜**的终极答案。对李约瑟之问的最终解答，也会自然而然地回答"为什么资本主义产生在欧洲而不是亚洲"的**韦伯之谜**。

历史的正确因果关系一旦被找到，这种历史知识就可以转化为**社会行动的力量**。它不仅能够帮助人们解释科学革命与工业革命为什么发生，在哪里发生，而且能够指导发展中国家如何在自身的特定政治、文化、历史条件下复制和创造出自己的科学革命与工业革命。

正如尼采所说："**我们需要历史，为了生活和行动。……只有在历史服务于生活的前提下，我们才服务于历史。**"[61]

61　Friedrich Wilhelm Nietzsche, "On the Uses and Disadvantages of History for Life", in *Untimely Meditations*, trans. R. J. Hollingdale (Cambridge: Cambridge University Press, 1983), 59.（中文译本：弗里德里希·尼采著，陈涛、周辉荣译：《历史的用途与滥用》序言，上海人民出版社2005年，第1页。）

第二章

十字军东征
——欧洲现代文明的起点

人们永远不会在作恶的时候感受到巨大而彻底的快乐，除非是出于宗教信仰的原因而这样做。

法国 17 世纪哲学家布莱斯·帕斯卡（Blaise Pascal）

只要被认为是正义的，战争、暴力、流血就无一不是光荣行动。

当代英国历史学家彼得·弗兰科潘

众所周知，资本主义是近代500年全球化的推动者，也是人类近代文明冲突的始作俑者。但是原始资本主义的诞生，的确需要一个石破天惊的"第一推动力"。

这个第一推动力既不是通常意义上讲的意大利文艺复兴，也不是通常意义上讲的路德宗教改革，更不是韦伯意义上讲的日耳曼法治传统；而是一种自从盘古开天地就被所有文明都非常熟悉的黑暗力量，即"从作恶中感受快乐"这个被所有人类文明的道德原则所谴责、压制和管控的人性阴暗面的满血复活。

对这股潜藏在所有人性中的"作恶欲望"的压抑和管控，一直是文明区别于野蛮的标志。这种古老的社会管控机制的发明，不亚于石器时代"火的发现"对于人类进步的伟大意义——它是遥远洪荒年代人吃人的野蛮社会进入协作性文明社会的分水岭。

而针对"作恶欲望"的社会管控机制就是道德意识。"**道德意识**"，而不是黑格尔"精神现象学"关于《圣经》所讲的偷吃智慧树禁果后的"**害羞意识**"，才是人类文明自我意识的"火"与"光"。将西方近代世界的道德堕落与亚当夏娃偷吃智慧之树的禁果相联系，而不是与真实历史中的十字军"打砸抢掠、烧杀奸淫"相联系，是西方中心主义哲学家们对基督教世界所犯罪恶的巧妙掩饰。亏得黑格尔还另加了一个"苦恼意识"来弥补一下基督教文明的"原罪"。

摩西十诫说道："不可杀人；不可奸淫；不可偷盗；不可贪恋别人的妻子、房屋和其他一切财产。"这样的古训是一切人类文明从集体自我意识深处所发出的康德式"绝对道德律令"。

但是欧洲人在十字军东征时期,彻底地、毫不掩饰地打碎了这个戒律,公开放弃了这个支配一切文明的古老道德主义原则。而且这个绝对的"先天道德律令"是在历任罗马教皇的怂恿与鼓励下打破和放弃的。

由此,通过十字军东征,欧洲人打开了两个潘多拉盒子。一个潘多拉盒子里装的是"无底线的宗教暴力",它体现为对所有异教徒的毫无原则底线的大规模屠杀和烧杀奸淫;它违背了所有宗教在其原教旨中规定的"善"和与其他宗教和睦相处的古训。另一个潘多拉盒子里装的是"无底线的道德堕落",它以充斥社会的性犯罪、盗窃、屠城、杀戮、下毒、欺诈、舞弊、贪污、腐败、宫廷政变为其时代特征和行为规则(详见第三章);它是整个社会的彻底"去道德化"。打开这两个潘多拉盒子的结果,便是回到英国政治学家霍布斯所讲的人类"自然状态",即"一切人攻击、谋害、掠夺、反抗一切人的战争"状态。这个状态由十字军东征运动肇始并通过文艺复兴和地理大发现达到巅峰。

第一个潘多拉盒子,是通过"一神教"圣战理念,对异教徒的"普遍仇恨"和对东方财富的"打、砸、抢、掠"和"烧、杀、奸、淫"行动而被打开的。这是一场延续了200年的"暴徒"运动。它继而在欧洲发展演化成为一种更加有组织的"国家暴力行为",一种君主国之间为争夺世界财富和贸易垄断权而展开的毫无道德底线的"国家竞争游戏"。这场由国家力量出面主导的暴力游戏,在文艺复兴中期的地理大发现(大航海)时代拉开帷幕。

因此,第二个潘多拉盒子是十字军东征运动的副产品,是在基督教世界彻底腐败下产生的一场"个体解放运动",即所谓"文艺复兴运动"。也就是说,文艺复兴时期的道德堕落是十字军东征运动的直接产物,是第一个潘多拉盒子被打开以后引发的自然连锁社会动力学反应。换句话说,两个表面上相互对立的社会运动——有组织的国家暴力和整个社会的去道德化——都是十字军东征的产物。

具体说来,国家暴力是欧洲政治权力格局在十字军东征运动下演化出来的一个政治结果,却比由教皇依靠宗教意识形态组织起来的宗教暴力,还要更具组织效应、规模效应和摧枯拉朽的力度。

而文艺复兴时期的个人自由与去道德化，也同样是这个宗教暴力的一个自然结果。文艺复兴的最大"贡献"，是为天主教的彻底世俗化和去道德化，为欧洲白人的社会行为模式从宗教暴力演变为黑社会国家暴力提供了强力催化剂。如果说宗教暴力是利用人的宗教虔诚，那么有组织的黑社会式的国家暴力则是利用人的"君主虔诚"。而这两种暴力的前提都是"彻底去道德化"。实现两者之间的"否定之否定"转化关系的，便是文艺复兴期间的愤世嫉俗、玩世不恭和极度自利的道德虚无主义，这充分体现在马基雅维利关于文艺复兴时期意大利的处世、为人和治国学说中（详见第三章）。

而所有其他不愿意放弃人类道德底线和基本行为规范约束的文明体系，无论是中华文明还是伊斯兰文明，都没有能够经过这样一种"否定之否定"历史演化逻辑，发展出原始资本主义——因为原始资本主义必须建立在无道德底线的暴力和利己主义这个行为原则基础之上，必须放弃人类所有已知的古老道德律令和社会行为管控机制。而原始资本主义的一个自然形式便是战争资本主义——它是在国家层次上对十字军东征精神的"回归、升级和发扬光大"（详见第四章）。

正如马克思所说：**"资本主义社会的经济结构是从封建社会的经济结构中产生的。后者的解体使前者的要素得到释放。""这样一种原始积累的过程……同原罪在神学中所起的作用几乎是一样的……在真正的历史上，这种原始积累的方式就是征服、奴役、劫掠、杀戮，总之，暴力起着巨大的作用。"**[62]

而借助宗教、家庭和国家，有意识地压抑和管控装在潘多拉盒子里的人性中最黑暗的"作恶"冲动，自远古洪荒时代以来一直是人类从野蛮状态进入文明状态的标志。中华文明从远古时代起就认识到这个道理，从而关于国家治理和社会行为的儒家学说被发展起来，并成为华夏文明的主流。

儒家学说的实践，需要强大的国家动员体制和群体道德意识力量与自觉。从

62　马克思著：《资本论》第一卷第二十四章，1887年英文版，第714—715页。

这个维度上讲，欧洲早期基督教文明比中华文明滞后几千年，无论是反映在国家官僚体制与社会道德意识的形成方面，还是反映在生产力方面。由于在国家形态演化方面处于滞后状态，因而基督教文明的创立者和殉道者耶稣，期待用生命和鲜血所换来的道德感化力量，远远没有通过漫长的中世纪牢固地扎根于欧洲的封建政治制度、教育体系和社会家庭细胞中，以至于建立在耶稣"道成肉身"的"牺牲与复活"和"三位一体"神话叙事基础上的道德信念，异常地脆弱，很容易地就在公元11世纪被教皇乌尔班二世所背叛，并通过十字军东征和文艺复兴被彻底击碎和放弃了。以至于人类远古历史上最野蛮、残酷、血腥、暴力的奴隶制度，在近代欧洲殖民主义者手下满血复活了。

乌尔班教皇发动十字军东征的动机很明确：他想要通过诉诸一种普遍性"仇恨原则"，把一盘散沙的欧洲重新组织起来，以树立罗马教廷在一个分裂的、各自为政的欧洲封建城邦国家体系中的绝对政治权威，并以这个权威为基础，实现基督教世界对外部精神世界和物质世界的绝对征服和统治。这一点可以从西方中心主义者、法国历史学家基佐在《欧洲文明史》一书中所表达的对于十字军运动本出于讴歌的评论中体会出来：

> 十字军运动的第一个特征是它的广泛性：整个欧洲都参加了。这是第一次全欧洲性事件。十字军运动之前，欧洲人从未被同一种感情所激动，或为同一事业而行动；这是一个不成其为欧洲的欧洲。而十字军展示了一个基督教欧洲。法国人是第一次十字军东征的先锋队，当然也有德国人、意大利人、西班牙人和英国人。再看看第二次、第三次十字军东征，所有基督教国家都参加了。这样的事情前所未有。不仅十字军运动成了全欧事件，而且在欧洲各个国家内它成了全国性事件。所有阶级都为同一种精神而鼓舞，听从同一个思想，为同一行动而舍生忘死。国王、贵族、教士、市民、农民都以同样兴趣加入十字军，展示了国家内部的民族精神团结，如同整个欧洲的团结一样新奇的事实……这是民族的英雄时代。事实上，十

字军运动构成了现代欧洲的英雄事件,这个运动是······不受规则约束的。[63]

基佐说对了:十字军东征不受任何规则的约束,尤其是传统道德规则的约束!而且,**"只要被认为是正义的,战争、暴力、流血就无一不是光荣行动"**。[64]而且别忘了,**"十字军有成千上万的妓女跟在身后,每一个营地都养着自己的大妓院"**。[65]

但是欧洲人在打开"宗教暴力"和"道德堕落"这两个潘多拉盒子的同时,也打开了一扇巨大的"窗口",这就是眺望和接触当时远比自己发达的东方文明的窗口。这个窗口向欧洲的凡夫俗子和民族国家提供了"穷则思变"的精神原动力和实施"打砸抢掠"的更具体、更宏伟的奋斗目标。这一奋斗目标不仅仅是民间和个人的,也是王室和国家的。对于个人来说,这个目标是通过掠夺,在有生之年发财致富并在死后进入天堂;对于国家来说,这个目标是通过掠夺来实现富国强军。

从十字军东征开始,欧洲人对全球财富(包括黄金、白银、资源、土地、黑奴)的掠夺和对每一个非基督文明的暴力征服,成为每一个基督徒和基督教国家(无论是天主教还是新教国家)的神圣使命。

因此,"毫无底线的宗教暴力"和"毫无底线的道德堕落"这两个潘多拉盒子,决定了十字军东征以后欧洲未来几百年的社会演化秩序与逻辑,最终表现为:(1)军事上"一切王室反对一切王室"的霍布斯国家竞争逻辑;(2)商业上"赢者通吃"和"一切人欺诈一切人"的社会达尔文主义丛林法则。法律和契约精神是作为维系欧洲社会繁荣与均衡所需要的一种否定力量而逐渐发展演化出来的。

因此这两个潘多拉盒子是解开欧洲近现代500年"战争资本主义"文明如何萌

---

63 基佐著,程洪逵译:《欧洲文明史:自罗马帝国败落起到法国革命》第八讲,商务印书馆2005年。

64 彼得·弗兰科潘著,邵旭东、孙芳译:《丝绸之路:一部全新的世界史》第十三章,浙江大学出版社2016年。

65 乔治·科斯特著,秦传安译:《文明的阴暗面:娼妓与西方社会》第二部分第四章,中央编译出版社2017年,第77页。

芽和发育，以及它所造成的反向运动——启蒙运动和共产主义运动——的基因密码，也是解开20世纪相互大规模残杀的两场世界大战的基因密码。这才是为什么近代启蒙运动和马克思主义运动皆诞生在欧洲的历史根源。

只有极度的膨胀才能导致极度的收缩。因此今日欧洲在二战以后开始的道德主义反思，其实是自己当年过度的道德堕落的一种反弹，却被西方中心主义者将其作为西方自古以来就具有的价值观念和道德制高点向全世界其他文明与落后国家兜售。

换句话说，如果早期欧洲的"打砸抢掠"与"烧杀奸淫"运动，要成为一种可长期持续的社会行为模式，它在后续发展阶段必然面临自身的社会道德重建问题或道德危机。其实这个道德重建问题与道德危机一直困扰着欧洲的神学家、哲学家和政治家，以至于17—18世纪几乎所有的欧洲哲学家都专注于道德哲学问题的研究与探索，几乎所有有良心的科学家都在接受牛顿物理学的同时仍然继续选择做一个虔诚的原教旨主义基督教徒——因为离开了基督教的道德教义，他们的良心找不到其他的道德出路。他们所面临的其他选择，不是犹太教就是伊斯兰教，而这两个同样信奉宗教力量的近亲宗教显然不可能成为他们心灵的皈依——因为它们都被当成基督教的天敌和竞争者。这也是为什么启蒙主义运动时期的许多欧洲思想家主张向东方儒家文明学习如何用道德而不是宗教治理社会的根本原因。

这反过来也是为什么法律和法哲学在18—19世纪的欧洲社会和思想界变得如此盛行的原因——因为法律是道德原则的唯一补充品和替代品。越是混乱和缺乏道德的社会，在治理上就越是需要强调法律。但是法律所需要涉及的国家力量和国家暴力，是宗教时代维持道德原则所依靠的教会权威所远远不能比拟和企及的。因此为了在道德已经彻底沦丧的欧洲发展出法制社会，就必须首先发展出远比其他文明更加强大的国家暴力（包括职业化军队与专业警察部队）来执行法律。但这种强大的国家暴力，只能诞生于绵延不绝的战争之中；而且国家暴力本身又成为更大规模和烈度的战争的制造者。正所谓"战争创造国家，国家制造战争"（查尔斯·蒂利）。这个辩证唯物主义的历史运动法则，是欧洲基督教世界决定打开两个潘多拉盒子以后的宿命。以至于黑格尔不得不承认，战争是国家这个有机体演化发育的推动力量和获得免疫力所必须时常经历的"伤风感冒"："**一国之健全，一般说来与其说是表现在和平的静止状态，还不如说是表现在战争的运动状态。和平静止是种享受状态，是种（个体）孤立活动的状态……但在战争中却显示出所有的人同整体联合在一起的力量。**"[66]

然而，贫穷落后的欧洲如果想要在道德堕落和暴力方式下走上一条经济繁荣的道路，它还必须在经济与科学技术上有一个学习、模仿的榜样和值得掠夺的对象。这个作为榜样的"先进经济体系"，能够让欧洲想象到未来的具体努力目标；这个欧洲期盼掠夺的对象，可以直接给欧洲提供原始积累时期实现其劳动价值和资本回报的利润源和商机。这个利润源和商机就像高山顶上的大湖，它的巨大势能在瀑布落下时所释放出的巨大能量，可以推动欧洲的急速致富与变革，激发出强大的致富冲动和改革力量，将欧洲从一个低能级的贫困陷阱中提拔出来，推向一个更高的能级。

在仍然处于黑暗中的11世纪，这个学习榜样和掠夺对象，当然首先就是紧靠欧洲的阿拉伯地区，其次就是通过阿拉伯连接起来的亚洲商业文明中心：它们将教会欧洲在其文明化过程中所需要的几乎一切生产技能与科技知识，包括来自中国的四大发明和来自阿拉伯世界的数学、天文、航海、大学机构与古希腊知识，以及它们高度发达的治理体系和物质文明。[67]这个先进而发达的文明板块，赋予贫穷落后的欧洲一个巨大的"后发优势"，将为欧洲人简单而繁重的海上马车夫劳作提供高额的长途运输回报。

正如历史学家霍布森所描述的：在那个时代，"**马德里、里斯本、伦敦和威尼斯**

66　阿维纳瑞著，朱学平、王兴赛译：《黑格尔的现代国家理论》第十章，知识产权出版社2016年，第253页。

67　参见John M. Hobson. (2004) *The Eastern origins of Western civilisation*. Cambridge university press（中文译本：约翰·霍布森著，孙建党译：《西方文明的东方起源》，山东画报出版社2009年）。

都只不过是远离巴格达、开罗、广东、卡利卡特这些全球贸易城市与文化中心的几个边疆小集市。与发达的中东和亚洲相比，欧洲的原始落后程度简直不可想象。[68]

换句话说，只有极度贫穷的欧洲与极度富裕的亚洲相遇时，才能产生出如此巨大的激励、推力、虹吸效应，使得亚洲的精巧产品和无限商机能够报答欧洲人不屈不挠的海盗精神，让被马克思称为"住在山洞里"的欧洲野蛮人，利用巨大后发优势，最终通过海上长途贩运和商品周转流通的滚滚利润，学会对库存与资金的管理，学会如何使用劳动而不是打砸抢去创造价值。

反过来，由于亚洲的极度富裕和欧洲的极度贫穷，同样的商机对于东方人来说并不存在，就好像今天已经富裕的欧洲人再也不屑倾巢出动到贫穷落后的非洲或者阿富汗寻求商机一样。换句话说，今天已经富裕起来的西方对于贫穷的阿富汗人来说，是充满财富与商机的天堂；恰如当年富裕的东方对于野蛮落后的西方来说，是充满财富与商机的天堂一样。[69]

欧洲人为了开启这一与"东方天堂"接轨的远征，发动了持续近200年的十字军东征运动，首先用宗教组织起来的暴力向阿拉伯地区横冲直撞，然后通过300年（1300—1600）文艺复兴与大航海运动，和印度洋200年（1600—1800）海上战争的孵化，欧洲国家才终于发展出一种强大的海上国家暴力和一支攻无不克、战无不胜的"海上铁骑"——比如葡萄牙、西班牙、荷兰和英国的"无敌舰队"。这支经历了军事革命和科学革命洗礼的"海上铁骑"，可以轻易击垮一切游牧文明和农耕文明，绕过当年阻挡欧洲人进入亚洲贸易中心的奥斯曼帝国，从广阔的大西洋和印度洋上迂回东进，像从后门闯入瓷器店的公牛一样，杀进了毫不设防的亚洲商业贸

68　John M. Hobson. (2004) *The Eastern origins of Western civilisation*. Cambridge university press, "Preface and acknowledgement," p.2（中文译本：约翰·霍布森著，孙建党译：《西方文明的东方起源》，山东画报出版社2009年）。

69　因此，20世纪80年代在中国改革开放以后所观察到的无数中国人争先恐后从西方承接转口贸易以获得利润差价，以及这种几乎一切商机、信息和先进知识都从西方流入东方的现象，在500年前完全是颠倒过来的。

易中心。而这个行动本身却切断了穆斯林的财路，导致了阿拉伯文明的衰落。

而向东方这个全球财富发源地挺进的宏大东征战略，是由教皇乌尔班通过十字军东征运动开启的，其最终结果——欧洲崛起、阿拉伯衰落、亚洲被征服——也是乌尔班教皇没有预料到的。为了表彰乌尔班对开启欧洲这个长达700年的崛起历程的伟大历史功绩，罗马天主教教廷于19世纪（1881年7月29日），在乌尔班死后782年，将乌尔班教皇隆重封圣并授予他进入天堂与耶稣相会的资格证。[70]

因此，如果欧洲历史具有黑格尔式"绝对精神"自我设定的"目的"的话，那么宗教暴力和国家暴力便是这个绝对精神赖以实现自身的手段。借助"军事化重商主义国家"这个强大的组织载体，通过国家间的军备竞赛和商业竞争，欧洲引爆了"科学革命"和"工业革命"，实现了对所有其他文明的掠夺、碾压和超越，以及最终的降维打击。难怪"国家"这个精神现象学"概念"，是黑格尔的"绝对精神"在自我意识发展的路上所达到的一个高级发展阶段和境界。

而欧洲"绝对精神"的这个宏大目标的实现，需要分为两步走：第一步是掠夺、碾压、学习和超越伊斯兰文明；第二步才是掠夺、碾压、学习和超越整个东方（中华与印度）文明。

以下历史资料显示，十字军东征运动耗时将近200年，于1095年开始，1291年结束，其间总共发动了十余次十字军远征。这场耗时近200年的十字军运动的结束，也同时宣告了文艺复兴时代（1300—1600）的来临。

第一节　第一次东征（1096—1099）

正义战争或神圣战争的概念是古老的。犹太人使用过这个概念，基督徒和穆斯林作为犹太教的近亲从《旧约》那里继承了这个概念。对犹太人来说，这叫"圣地

70　基督徒能否进入天堂需要死后若干年由罗马教廷来评估其资格和颁发资格证。

之旅";对穆斯林而言,这叫"圣战";对基督徒而言,这叫"十字军东征"。

然而,在十字军东征之前,无论是犹太人的"圣地之旅",还是穆斯林的"圣战",或是基督教发动过的战争,都是有道德底线与道德限制条件的战争,即仅用于对外来暴力的抵抗,以及有针对性的、有道德条件的复仇行动。[71]

而十字军东征改变了这一切,改变了古老宗教战争的游戏规则。

其中最大的改变就是欧洲文明从今以后总是将对外战争当成解决内部问题的一个手段,而且为达目的可以制造借口和不择手段。这一行为模式后来在文艺复兴时期的马基雅维利政治哲学体系中成为不证自明的公理,也是未来所有欧洲国家的处世原则,包括20世纪两次惨绝人寰的世界大战中所有欧洲参战国和(效仿欧洲的)日本军国主义处世原则。

因此,自十字军东征以后,一旦需要解决内部问题,无论是贫穷问题还是内政问题,诉诸对外仇恨和对外战争以获得内部凝聚力,包括基督教国家相互间的仇恨和战争,便成为欧洲基督教国家(无论是天主教还是新教)的一个首先选项。

第一次十字军东征由教皇乌尔班二世和克莱蒙议会的200多位主教策划,并由乌尔班教皇在1095年至1099年之间宣讲。他向全欧洲基督徒保证,上帝亲自发出号召要他们动员各阶层的富人和穷人一起去消灭穆斯林。他说,即使是强盗和罪犯也应该在这场圣战中成为基督的士兵。

在克莱蒙议会会议上,乌尔班宣布这场战争不仅是一场正义之战,而且是一场来自上帝意旨的圣战。教皇没有任命世俗的军事最高统帅,而只是任命了精神上的最高统帅。最初出发的十字军部队由两位神父率领。他们向追随者们保证,十字军东征中的牺牲与死亡自动提供了通向天堂的免费资格证。

文艺复兴时期的思想家和历史学家马基雅维利在《佛罗伦萨史》第一卷第四章中写道:

---

[71] 安东尼·帕戈登著,方宇译:《两个世界的战争:2 500年来东方与西方的竞逐》第六章,民主与建设出版社2018年。

这时乌尔班二世当了教皇，他激起罗马人的仇恨。由于当时意大利处处都是纷争，他认为他自己在意大利甚至都不安全，于是就把思想集中在办一桩宏伟的事业上。他带领他的全体圣职人员到法国，在安特卫普召集众多的群众，发表了反对异教徒的演说。听众大受鼓动，大家下定决心征服亚洲，把它从萨拉森（穆斯林）人的统治之下解救出来。这一壮举以及后来那些类似的群众行动，后来被称为十字军运动，因为参加行动的人们的盔甲和衣服上带有十字架的标志。……由于那时各地的首要教长的模范行为的激发，宗教对人们思想产生极大的影响。这一壮举在一开始时就取得极其伟大的成功：整个小亚细亚、叙利亚和埃及的一部分都落入基督教徒手中。

十字军在1096年春天开始聚集时，北欧地区刚刚在过去的一年经历了一场大饥荒。"毫无疑问，十字军的冲动从绝望的经济压力下解救了许多农奴和地主。"[72] 历史学家安东尼·帕戈登在《两个世界的战争》第六章开头部分，描写了第一次十字军东征是如何启动的。

1095年11月27日，在法国克莱蒙，教皇乌尔班二世坐在高台的宝座上，对着在场的一大群主教、骑士和平民基督徒发表演说。他呼吁西方世界集合起一支浩浩荡荡的军队前往东方的巴尔干半岛和中东地区，去解放那里遭到伊斯兰异教徒欺负的基督教会和基督圣地耶路撒冷。他说，这不是一场普通的战争，而是一次空前绝后的"朝圣之旅"，是响应"神的召唤"，是"背负十字架"的行军与远征。换句话说，这是一场"圣战"，一场为了信仰而展开的流血牺牲和决一死战。

乌尔班的讲演极富激情，感染力十足。他的演说刚一结束，一个叫阿德马尔的主教就走上前来，拜倒在教皇脚下发誓，要把十字架带到耶路撒冷。人群中爆发出阵阵喊声，响应教皇发出的命令。在教皇讲演的激励下，他们高呼那句充满意志与

72　Susan Jacoby "The First Victims of the First Crusade"（Feb. 13, 2015）. https://www.nytimes.com/2015/02/15/opinion/sunday/the-first-victims-of-the-first-crusade.html。

激情的口号——"如上帝所愿!"十字军在从今以后几百年的屠城杀戮中,一直高喊这句使基督徒血脉偾张的口号。一位红衣主教甚至激动地浑身颤抖、瘫倒在地,然后开始带领人群朗诵忏悔祈祷文,准备不惜为这场圣战"马革裹尸还"。在场的人争先恐后地报名参加了十字军,很多人甚至发誓将带领全家男女老少参与远征。[73]

在这场演讲获得巨大成功之后,乌尔班开始在欧洲各地巡游,以便让他的东征讲话传遍欧洲的大江南北。他穿梭于法国南部,鼓吹人们踊跃应征入伍,加入十字军运动。他给那些无法亲自前来的人寄去了不计其数的亲笔信件,鼓励他们参加十字军。教皇对欧洲基督徒毫无证据地蛊惑道:"野蛮的穆斯林人已经陷入疯狂之中,他们已经侵入并且践踏了东部地区的基督教会。更糟糕的是,他们已经占领了基督耶稣受苦和复活的圣城,他们已经让基督和基督的教会变成了可悲的奴隶。"[74]

虽然此前已经有多位教皇主张发起十字军东征运动讨伐富得流油的伊斯兰世界,但还从来没有任何一位教皇宣布过要对异教徒发动"圣战",或以基督的名义发起流血的"上帝之战"。乌尔班宣布参加这场战争的部队都是"上帝的军队",它的战士是"基督的士兵",挥洒的鲜血是为主而流淌的。

自基督教诞生之日起,之前的教皇从未清楚地说过参与战争可以被视为一种美德并可以用来赎罪。而乌尔班教皇却称它是"正确的牺牲方式",参战者的灵魂无论曾经犯过什么罪行都可以因此得到救赎。每一个战士都将会是一名"朝圣者",都会发誓"为了上帝的爱而杀戮"。十字军战士的胸前将佩戴十字架,暗示了上帝的召唤:"如果有任何人愿意跟随我,让他舍弃自我,带上他的十字架跟着我",那么他将无须经过彼得的审查而进入天堂,无论曾经犯过什么罪行。

正如伏尔泰描述的,一个犯了杀人罪的法国国王被"**人们毫不费力地说服加入了十字军,是因为只有到巴勒斯坦去才能补赎这一罪行,而这本来是只要在法国施**

---

[73] 安东尼·帕戈登著,方宇译:《两个世界的战争:2 500年来东方与西方的竞逐》第六章,民主与建设出版社2018年。

[74] 安东尼·帕戈登著,方宇译:《两个世界的战争:2 500年来东方与西方的竞逐》第六章,民主与建设出版社2018年。

行德政就可以更好地弥补的。于是他愿意去屠杀几百万人以补赎烧死四五百个香槟人的罪过。" [75]

因此和之前完全不同，乌尔班教皇完全背离了耶稣基督的原教旨，即"原谅你的敌人并对打你左脸的人决不还手，而是转过右脸给他继续打"的教义。也完全背弃了基督教原先规定的异常苛刻的进入天堂的行善条件。现在变成了"杀戮、掠夺和强奸也可以进天堂"，只要它是针对异教徒的——事实上十字军也在君士坦丁堡杀戮和奸淫了无数基督徒。这样的反人类罪行后来直接体现在白人种族主义者对非洲黑奴、对美洲印第安人、对德国犹太人的种族灭绝活动中。二十世纪的日本天皇军国主义是这种十字军精神在亚洲的体现。

十字军东征之前，正是各种宗教中那些古老教义和道德原教旨主义，曾使基督教自创立之日起变得如此具有感染力，获得了如此多的虔诚教徒，维持了欧洲内部的长期和平。同理，也正是伊斯兰教主张的"行善高过行恶"的道德原教旨主义，在过去几百年的时间里和实践中，创造了巴尔干半岛、中东地区、非洲和地中海海域的经济与文化繁荣，以至于犹太教徒、天主教徒和伊斯兰教徒可以在欧洲、非洲和中东地区长期和平相处，在巴尔干半岛和包括伊比利亚与北部非洲在内的地中海海域，发展出自古希腊和古罗马消亡以后最伟大的伊斯兰商业、艺术、哲学与科技繁荣。以至于就连拿破仑都不得不嫉妒地赞叹道：

> 穆罕默德是一位王子，他团结了周围的同胞。几年之内，穆斯林征服了世界的一半。他在15年中从假神中拯救的灵魂，击倒的偶像，夷平的异教神庙，超过了摩西和耶稣的追随者们在十五个世纪中所做到的。穆罕默德是一位伟人。如果他所进行的宗教革命不是由当时的情况所限的话，那么他的确会成为上帝。
>
> 我希望不远的将来我能够团结所有国家的智者，建立一个基于古兰经原

75　伏尔泰著，梁守锵译：《风俗论》（中），商务印书馆2000年，第22页。

则的统一政权，这个政权是唯一真实的和唯一能够使人民幸福的政权。[76]

但是由穆罕默德开创的这一伊斯兰"太平盛世"被乌尔班的演讲和十字军东征打破了。一股人性中最邪恶的黑烟、毒液与脓水流出了潘多拉盒子，从此使得整个地中海地区阴云密布，人类将目睹整个中东地区以及欧洲大陆、非洲大陆和美洲大陆的人头落地。没有任何战争比"宗教战争"更加恐怖，因为"**人们永远不会在作恶的时候感受到巨大而彻底的快乐，除非是出于宗教信仰的原因而这样做**"。[77]

可是对于基督徒和白人种族主义者来说，乌尔班演讲和十字军启程那一天，是光明再次降临地球的一天，是欧洲结束"黑暗的中世纪"、迎来近代西方文明曙光冉冉升起的一天。从此以后，欧洲任何一个国家，无论他们之间如何相互厮杀，都把他们的对外殖民战争和种族大屠杀叫作"十字军东征"，都把这种对外扩张精神叫作十字军精神。

比如西班牙把对美洲印第安人的屠杀叫作十字军东征，而1588年对英国的海战则是基督教世界的内部纠纷；葡萄牙把对非洲人的屠杀叫作十字军东征，而在印度洋与西班牙争霸的战争则是基督教世界的内部纠纷；英国把对印度人和中国人的战争叫作十字军东征，而17世纪与荷兰争霸的三次英荷战争则是基督教世界的内部纠纷；德国把对犹太人的屠杀叫作十字军东征，而20世纪对欧洲发动的世界大

76　拿破仑的原话是："Muhammad was a prince; he rallied his compatriots around him. In a few years, the Muslims conquered half of the world. They plucked more souls from false gods, knocked down more idols, razed more pagan temples in fifteen years than the followers of Moses and Jesus did in fifteen centuries. Muhammad was a great man. He would indeed have been a god, if the revolution that he had performed had not been prepared by the circumstances." " I hope the time is not far off when I shall be able to unite all the wise and educated men of all the countries and establish a uniform regime based on the principles of the Quran which alone are true and which alone can lead men to happiness."（引自https：//www.azquotes.com/author/1621-Napoleon_Bonaparte/tag/muhammad）

77　这句话源于法国17世纪哲学家布莱斯·帕斯卡（Blaise Pascal），参见http：//www.badnewsaboutchristianity.com/gh2_crusades.htm

战则是基督教世界的内部纠纷；美国把对伊拉克的战争叫作十字军东征，而与苏联的冷战则是基督教世界的内部纠纷。

十字军东征是欧洲人在历史上第一次正式向所有异教徒和异族文明发起"圣战"。在这之前，基督教世界从没有过从事圣战的战士。它只有殉道者。殉道者在面临凌辱时选择死亡，全无抵抗，以此来证明自己的信仰是真理。这也是耶稣甘愿被钉上十字架的象征意义。

现在，乌尔班演讲以后，消极抵抗的殉道者将变成积极的杀戮者。这些杀戮者也将因此而直接升入天堂，再也不需要死后接受长期的审查和做义工才能进入天堂。一名在围攻尼西亚时失去同伴的十字军战士充满热血地写道，圣战者们**"身披殉道者的长袍，发出同一种声音：'复仇吧！主啊，我们的血为你而流！'"** [78]

乌尔班教皇的呼吁标志着基督教世界对宗教战争的理解发生了巨大的变化。以前教会总是视宗教战争为一种不得已的自卫手段，它本身总是有罪的，只有在某些特定的环境下是被允许的，因为自然世界、堕落的人类居住的世界必然是不完美的、混乱的，有时只能通过暴力来拨乱反正。《新约》的福音书多次记载耶稣似乎拒绝或禁止使用暴力：他曾警告说实施武力者必死于武力，也曾劝诫弟子们在遭到别人扇耳光时不要还手且应该送上另一边面颊体现浩然正气。而《旧约》的"摩西十诫"中也对使用暴力的问题给出了明确的指引："不可杀人！"

哪怕到了中世纪，那些将自身信仰与军事化罗马帝国合一的基督教神学家虽然质疑是否需要如此坚决地谴责暴力，但也对极端暴力有一定保留。比如中世纪神学家奥古斯丁（Augustine）写下的一段话，直到十字军之前一直是整个中世纪对战争最权威、最有说服力的定义："（战争）只有在必要时才能发起，只有当上帝可以通过它使人们摆脱危机、维护和平时才能发动。寻求和平不是为了点燃战火，战争是

78　安东尼·帕戈登著，方宇译：《两个世界的战争：2 500年来东方与西方的竞逐》第六章，民主与建设出版社2018年。

为了维护和平……因此，在战场上消灭敌人，应该是出于必要，而非欲望。"[79]

即便是正义战争（即被上帝认可的必须使用的暴力），依然被奥古斯丁认为天然是有罪的。但是教皇乌尔班的演讲彻底改变了基督教世界对战争的理解。战争和反人类暴力不仅无罪，而且成了基督徒赎罪的手段。从此以后，天主教徒将可以肆无忌惮地屠杀犹太人、穆斯林人、印第安人、非洲人、亚洲人，甚至同属基督教的东正教徒和新教改革以后的清教徒，而清教徒也可以反过来屠杀天主教徒，他们还会联合起来一起屠杀外族人和所有不信基督教的人。其目的不再是为了收复失去的土地，也不是为了报复受到的不公待遇，甚至不是因为单纯的土地扩张。他们之所以这样做，是因为他们相信，上帝希望他们这么做；如十字军战士常说的那样，他们是"如上帝所愿"，是以上帝之名在杀戮、强奸、掠夺、抢劫和犯罪。暴力、贪婪和肉体的欲望完全取代了基督教原教旨关于道德和正义战争的必要性的概念。

欧洲那些善于蛊惑人心的主教和牧师甚至比乌尔班教皇走得更远；他们让十字军运动更加野蛮和残暴，更加歇斯底里。十字军运动将会是一场恐怖的永不停息的战争，是对几个世纪以来所谓穆斯林对基督教西方造成的"破坏"的报复。而从此以后超过800年的欧洲殖民主义战争，都是十字军精神的一而再，再而三的体现。希特勒针对犹太人的种族主义大屠杀，也不过是十字军精神的体现。

在罗马教廷眼中，十字军东征是一场最终决战。从不列颠到意大利，整个欧洲"基督家庭的成员"被召集起来向穆斯林复仇。然而事实上十字军在征途中首先杀戮的对象是犹太人和君士坦丁堡的基督徒。正因为如此，十字军所开启的是一场对全人类道德文明底线的终极挑战与背叛。

历史学家帕戈登说道，虽然血仇一直是中世纪欧洲生活的一个核心部分，不过古罗马灭亡以后的几个世纪以来，教会对其大力压制。现在，它突然成了基督教正

---

[79] 安东尼·帕戈登著，方宇译：《两个世界的战争：2 500年来东方与西方的竞逐》第六章，民主与建设出版社2018年。

义战争概念的核心，为其赋予这样地位的并非普通人，而是教皇自己。[80]

十字军东征的号召给正处在内部冲突和贫困危机状态中的欧洲社会带来了"革命性"的影响。封建时代的欧洲，特别是法兰西，是一个不稳定、难以管理的地方。在加洛林帝国缓慢消亡之后，曾经护卫帝国的地方武装集团、骑士和封建贵族转而开始奴役自己的附庸人口，强迫他们像牛马一样劳动，加上天灾人祸使这些人长期陷入贫困，很多人不得不落草为寇。当时的法兰西国王控制的领土只是现代法国的一小部分。伯爵、公爵和加洛林帝国的官吏们的子孙成了他们自己领地的实际统治者。十字军运动的目的之一，是让教会取代这些封建国王的权威，将封建诸侯中较难驾驭的因素吸走，从而带来"上帝的和平"。目的之二，是罗马教廷希望十字军运动能够为欧洲各地大量年轻人提供一个发泄被压制的精力和受限制的野心的渠道。

后来的圣本笃修道院的编年史作者吉伯特写道："在我们的时代发动圣战，骑士团和大众紧随其后，他们效仿古代异教徒彼此屠戮的先例，希望以此找到获得救赎的新方法。"[81]

乌尔班教皇的讲演利用了所谓伊斯兰教徒非礼耶路撒冷基督徒的谎言，因为在耶路撒冷各种宗教和睦相处，以至于当十字军抵达时还有大批基督徒帮助保护犹太人和穆斯林。寻求冒险、征服和掠夺财富的欲望对吸引基督徒加入十字军来说，至少起着与所谓光复耶路撒冷圣地同样巨大的影响力。[82]

80　安东尼·帕戈登著，方宇译：《两个世界的战争：2 500年来东方与西方的竞逐》第六章，民主与建设出版社2018年。

81　安东尼·帕戈登著，方宇译：《两个世界的战争：2 500年来东方与西方的竞逐》第六章，民主与建设出版社2018年。

82　有很多所谓历史传说，认为乌尔班教皇是出于响应拜占庭帝国向罗马教廷发出的请求，让其派人援助被土耳其穆斯林欺负的拜占庭基督徒。但是这些说法都停留在表象而没有切中要害。第一，拜占庭帝国与罗马天主教教廷从1054年开始决裂以后势不两立，向罗马教皇求救无异于引狼入室。第二，就连启蒙运动思想家伏尔泰，也提供史料否认了乌尔班的这种简单动机。伏尔泰认为乌尔班二世狡猾地利用了当时民间的传言，刻意夸大事实、编造谎言以实现他前面好几（转下页）

换句话说，十字军东征之前欧洲其实处于一种长期的内部混战状态，教皇把这种内卷化力量变成了一致向外的暴力而获得了宣泄。欧洲的所有教堂将十字军视为"武装朝圣者"。他们出发前向上帝发誓，并因此在家中的财产享有被教会保护的特权。对他们所犯罪行的任何法律诉讼与责任追究都被暂停。另一个主要诱因是放纵提供减轻罪恶的意愿。骑士特别被教皇颁发的"脱离地狱的解放卡"（Get-Out-Of-Hell-Free cards）所吸引，这使他们可以在自己的余生中犯下任何罪行而不会在这个世界或来世引起教会和政府的任何追责。参与十字军东征的信男信女被称为"圣战武士"（holy warrior）。他们包括军事化僧侣，比如骑士僧侣和骑士圣殿团等，从字面上讲既是士兵又是僧侣，并在这两方面都发誓通过血溅杀戮"上帝的敌人"来履行其神圣职责（即作为僧侣和作为战士的双重职责）。而这些所谓上帝的敌人包括其他民族的妇女、小孩与老弱病残，以及拜占庭的基督徒。

第一次东征运动虽然耗费近4年时间占领了耶路撒冷，但是后续冲突一直延续了将近半个世纪，直到1147年罗马教廷正式发动第二次十字军东征为止。

历史资料1 乌尔班教皇的演讲和第一次东征路线图

教皇乌尔班二世（Urban Ⅱ）在克莱蒙议会（Council of Clermont）会议上发表的讲话没有留下确切的原件抄写本，因为当时中国的造纸和印刷术都还没有传入欧洲，欧洲人书写记事主要是靠昂贵而不便于携带的羊皮纸，而且普通百姓和教徒都是文盲。

乌尔班的演讲有五个版本在民间流传，都是那次演讲一段时间后由神父们依靠回忆和传说而记录下来的，因此彼此之间有很大差异。[83]演讲的所有版本，除了

（接上页）任教皇入侵伊斯兰世界和占领地中海贸易通道的夙愿（参见伏尔泰《风俗论》（中）关于十字军东征历史事件的记载与论述）。事实是最好的证明：参与十字军东征的基督徒士兵和骑士不仅沿途屠杀和掠夺犹太人，而且也洗劫了君士坦丁堡，掠夺和屠杀了拜占庭的东正教基督徒。因此，所谓土耳其人进攻拜占庭不过是为乌尔班找到了去东方掠夺财富并扩大罗马教廷政治势力的借口。

83 参见《中世纪资料库：乌尔班二世（1088—1099）在1095年克莱蒙市议会上的讲话的五个版本》：https://sourcebooks.fordham.edu/source/urban2-5vers.asp。

弗尔彻（Fulcher）的版本之外，可能都受到第一次十字军东征的编年史，即盖斯塔·弗朗哥伦（Gesta Francorum）写于1101年的编年史记载的影响，其中包括了教皇讲话的一个版本。弗尔彻本人出席了乌尔班演讲的会议，但直到1101年他才开始写下自己所知道的乌尔班演讲和十字军东征史。罗伯特修道士也可能曾在场，但他的版本最早只能追溯到1106年。五个版本的演讲很可能更反映了后来的记录者理解的教皇所说过的话或者讲话精神，而不一定是教皇的原话。

除了乌尔班教皇的演讲之外，还有在发表演讲之后教皇乌尔班本人的四封亲笔信：一封给佛兰芒人（1095年12月）；一封写给博洛涅塞人（1096年9月）；一封给佛罗伦萨的Vallombrosa（日期为1096年10月）；还有一封是给加泰罗尼亚伯爵（1089或者1096—1099期间）。然而，尽管前三封信都涉及集结民众对十字军东征的支持并确定了目标，但他给加泰罗尼亚君主的信却恳求他们继续与西班牙的摩尔人作战，确保他们这样做会获得与十字军其他行动同样神圣的奖励。乌尔班二世的亲笔信揭示了他对十字军东征大战略的实际想法。他是想通过十字军东征将整个欧洲团结起来，并通过掠夺和攻打整个伊斯兰世界让欧洲获得整个地中海海域和连接东方贸易圈的通道。这一远大战略目标在400年之后终于被葡萄牙和西班牙的航海家们实现了。但是罗马教廷通过西班牙制订的入侵中国计划，则要等到1840年的鸦片战争和1900年的八国联军才得以实现，这离第一次十字军东征已经过了800年。这800年，是现代欧洲文明诞生、崛起、碾压、超越东方文明的800年，虽有光明的一面，但也无不在世界范围制造着苦难、奴役、杀戮与毁灭，并自始至终贯穿着十字军东征精神。

以下是乌尔班演讲的不同版本。[84]

在弗尔彻（Fulcher）的版本中，乌尔班二世说：

> 我，或者更确切地说，是耶和华，恳求你们作为基督的使者，将我的

84　参见https：//en.wikipedia.org/wiki/Pope_Urban_II。

讲话传布到世界各地，并说服所有阶层的人民以及士兵和骑士，立即向东方（特指巴尔干半岛）的基督徒送去援助，并摧毁那些邪恶的占领我们基督教朋友土地的种族。我这话既是对在场的人说的，也是对不在场的人说的。更为重要的，这是来自主耶和华的命令。

无论通过陆路还是海上，所有死在征程上或牺牲在与异教徒战斗中的人，都可以立即获得其平生所犯罪恶的豁免。我借着我所拥有的上帝的大能赐予他们这个福分。多么卑鄙的崇拜魔鬼的种族，胆敢欺负一个拥有全能上帝的信仰并因基督的名而荣耀的人民！如果你们不援助那些与我们一起信奉基督的人民，主会以怎样的口吻责备我们！

现在让那些习惯于自相残杀的基督徒与异教徒对抗并获得这场本应在很久以前就开始的战争的胜利吧！让那些曾经长期当强盗的欧洲人现在变成出征的骑士吧！让那些一直在与兄弟和亲人互相残杀的人民找到一种与异教徒展开正义之战的方式吧！让那些曾经为了低薪而成为雇佣军的人去获得永恒的奖励吧！让那些为了生活而身心疲惫的人去争取双重的荣誉吧！

看哪！做出你们的选择吧：在西边是悲伤和贫穷，在东边却是富裕；在一边是主讨厌的仇敌，在另一边却是他的朋友。让那些希望出发的人不要拖延，租出你们的土地并用获得的租金当作路费，冬天一过就让他们热切地出发吧，上帝将是你们的向导。

在编年史家罗伯特修道士（Robert the Monk）的版本中，乌尔班二世说：

……你们居住的这片土地，四面被大海所包围，被群山所环抱，对你们的人口来说太狭小了，而且太过于贫瘠；它几乎不能为耕种者提供足够的食物，因而导致你们彼此残杀，彼此发动战争，并经常因这样的内斗而消耗和灭亡。因此，让仇恨远离你们，让争吵结束，让内战停止，让所有分歧和争议沉睡。踏上通向基督圣墓的征途吧；从邪恶的种族手中夺回土地并将其掌握在你们自己的手中……上帝已将万国的荣耀与万物赐给你们手中。因此，为减轻你们自己的罪孽而踏上这一伟大而神圣的征程吧！愿天国不朽的荣耀保护你们！

罗伯特修道士继续说，当教皇乌尔班说了这些……话时，他如此强烈地影响了所有在场者的亢奋情绪与欲望，以至于他们大声疾呼："这是上帝的旨意！这是上帝的旨意！"当尊敬的罗马教皇听见这同声呐喊时，他说：

最敬爱的弟兄们，今天在你身上彰显了主在福音中所说的话："任何有两三人以我的名义聚集在一起的地方，我都与他们同在。"除非主已经驻入你们的灵魂中，否则你们所有人都不会发出这般相同的呐喊，因为尽管这吼声从无数人的嘴里发出，但却是同一个源泉发出的。因此，我对你们说，最早将这个声音植入你们胸中的上帝，又将它从你们胸中喷出。让这个声音成为你们战斗的号角，因为这是上帝所赐给你们的心声。当武装暴力降临敌人头上的时候，让这一声呐喊从属神的所有士兵的口中爆发出来吧："这是上帝的旨意！""这是上帝的旨意！"[85]

在盖斯塔（Gesta）的版本中，教皇乌尔班说：

凡是希望拯救自己灵魂的人都应该毅然决然地走上主指引的这条道路。如果他没有足够的钱出发上路，上帝的怜悯将给他足够的钱。

弟兄们，我们应该为基督的名承受更多的苦难——痛苦、贫穷、赤身裸体、虐待、欲望、疾病、饥饿、干渴和其他各种苦难，正如主向他的门徒

85　Robert the Monk's account of Urban's speech, Urban II：Speech at Council of Clermont, 1095, Five versions of the Speech (available as part of the Internet Medieval Sourcebook).

所说的："你们必须奉我的名受苦。"

在多尔波德莱（Balderic of Dol）的版本中，乌尔班二世说：

　　亲爱的弟兄们，你们可以作为我的讲话的见证人。我们东方的基督教弟兄们的苦难和教堂的毁灭简直无法用语言来形容，因为我们被眼泪、呻吟、悲哀、叹息和哭泣所压迫得喘不过气来。我们的心在流泪。上帝啊，你的圣殿被玷污了；异教徒让耶路撒冷的地上堆满你仆人的尸体，让他们的尸体变成了鸟食；他们的鲜血如河水一样在耶路撒冷四处流淌；他们的尸体无人埋葬。

　　你们过去带着骑士的头衔，自傲自大，向你们自己的弟兄挥刀，将他们砍成肉泥。这不是基督的真正战士。神圣的教会为自己保留了一支军队来帮助她的人民，但你的邪恶却使她受了伤害。让我们认罪并承认真相，我们应该成为真相的使者；实际上，你们并没有固守通往生命的道路。你们是孩子的压迫者，寡妇的掠夺者；你们对自己的兄妹犯有杀人罪、谋杀罪、抢夺他人权利的罪。……如果你们希望管控自己的灵魂，要么放下这种骑士的头衔，要么像基督的骑士那样大胆地奔向东方，赶快去保卫东方的教会。

　　弟兄们，我们这样说，是为了使你们克制自己那双杀戮自己人的魔掌，免得降祸于你们的兄弟，……在我们的领袖耶稣基督的统治下，愿您在耶路撒冷战役中，在最无敌的战线中为耶路撒冷而战，比老雅各布的儿子们更成功地战斗，使你们可以攻击并赶走土耳其人，……希望你们会意识到在基督为我们而死的那个城市为基督而死是一件美丽的事情。你们如果愿意为这样的目的而献身，如果基督在他的军队中发现你，请认识到你们无论是死在去耶路撒冷的征途中还是死在耶路撒冷的战场上都具有同等的价值。

　　为上帝献身不分先后，上帝都给以同样的奖赏。弟兄们，你们应该为向基督徒举起暴力之手而颤抖；但是如果挥舞你们的剑来对抗撒拉逊人，就不会有那么邪恶了。这是唯一正义的战争，为你们的兄弟而冒生命的风险是一种善举。……敌人的财产也将归你们所有，……献出自己的鲜血，你们将获得永恒的荣耀。

乌尔班二世给佛兰芒人的亲笔信中，证实了他对凡加入十字军的人"减免所有罪恶"的许诺。不过，与罗伯特修道士、神学家吉伯特和神父鲍德瑞克所记录的讲话形成鲜明对比的是，这封信中并没有太强调进军耶路撒冷，耶路撒冷只在信中被提到过一次："他们土耳其人占领了基督的圣城，……并将她和她的教会拍卖给了可憎的奴隶制。"这或许间接证实了阿拉伯人在自己的编年史记录中对十字军东征运动的分析。

穆斯林并不认为欧洲基督教世界对阿拉伯世界的入侵始于十字军东征，而认为十字军东征不过是法兰克人（阿拉伯人对欧洲人的称呼）对阿拉伯文明的长期威胁的一个组成部分；这个威胁遍及整个地中海，并不只是耶路撒冷。法兰克人入侵耶路撒冷，只坚持了87年之久而被驱逐，但是他们对穆斯林文明的核心——地中海——的威胁与占领才是最终目的。而在这个基督教世界的大战略中，法兰克人对地中海边缘最裸露的地区，即西班牙、西西里岛、北非以及现在的土耳其，进行了长达数百年的长期而持续的野蛮军事入侵行动。换句话说，在穆斯林看来，欧洲野蛮人是想摧毁被阿拉伯文明所重建和振兴了的古老地中海文明。在阿拉伯人眼里，所谓的近代欧洲文明并不是"古巴比伦—古埃及—古希腊—古罗马"构成的地中海文明的继承者，而是它们的终结者和毁灭者。[86]

在穆斯林看来，恰好是阿拉伯文明大规模地、创造性地参与了古典"希腊—罗马—拜占庭"传统的科学和哲学继承活动，并重新审视和反思了这些思想。穆斯林

86　参见"历史频道"对两位著名伊斯兰历史学家的专题采访：《为什么穆斯林和基督徒对十字军东征的看法如此大相径庭？》（https：//www.history.com/news/why-muslims-see-the-crusades-so-differently-from-christians）。

学者对于几乎所有的科学，包括数学和逻辑，都对希腊罗马传统进行了发扬光大和修正。而且伊斯兰拥有的版图远比中世纪的拉丁基督教世界更大，而且更城市化，拥有更多的财富和对文化的赞助活动，以及具有更多的种族多样性和语言多样性。西部的基督教世界的城市人口只以数千来计算，巴黎和伦敦的人口可能分别达到2万，但是巴格达则可能有数十万人口。

因此，在穆斯林看来，十字军东征是来自欠发达地区的野蛮人从文明世界的边缘对地球上城市化程度最高、文化程度最精致的文明中心之一的野蛮入侵。这是伊斯兰世界永远不能释怀的伤痛。一个来自世界边缘的民族如何入侵并摧毁了一个文化上更复杂且军事上更强大的地区？伊斯兰世界对此一直想不通，至今仍然在寻求答案。

在给博洛涅塞人和佛罗伦萨人的信中，乌尔班二世指的是解放整个教会或整个东部的教会，而不只是征服耶路撒冷本身。在这几封信中所用的短语是"东部地区的上帝教堂"和"东部教堂"（佛兰芒语）、"教会的解放"（波洛尼亚语）、"解放基督教世界"（佛罗伦萨）、"亚洲教堂"（加泰罗尼亚语）。而且弗尔切版本的乌尔班演讲也没有明确提及耶路撒冷。

仍然有争议的是，教皇乌尔班二世的动机是由后人记录的不同演说版本所证明的，而且所有版本互不相同。一些历史学家认为，乌尔班希望统一东西方基督教教会，这是由1054年的大分裂主义造成的。还有一种理论是，乌尔班感受到穆斯林入侵欧洲的威胁，因此希望将十字军东征视为将基督教世界团结起来统一防御的一种方式。

乌尔班还支持针对西班牙摩尔人的十字军东征。教皇乌尔班担心，对东方和耶路撒冷的关注会忽略西班牙的战斗。他把在东部和西班牙的战斗视为同一次十字军东征，因此，他许诺将为在西班牙作战的那些人和希望从西班牙向东方旅行的那些人提供同样的罪恶减免和天堂资格证。

首先对乌尔班教皇演讲做出回应的，是由彼得隐士（Peter the Hermit）率领的成千上万主要是由贫穷的"暴徒"（伏尔泰语）组成的十字军。这支男男女女组成的所谓"人民十字军"东征部队，在穿越德国时沉迷于广泛的针对犹太人的打砸抢掠和集体屠杀。

十字军东征的借口是从穆斯林手中夺回圣城耶路撒冷，但是欧洲犹太人和东方基督徒（即所谓主动要求乌尔班教皇派兵来援助自己的东正教教徒）却是十字军东征的第一批受害者。

一支从莱茵河谷出发的德国特遣队首先来到斯皮尔的犹太居民区，屠杀了那里的居民。在沃尔姆斯（Worms）、美因兹（Mainz）、梅斯（Metz）、布拉格、拉蒂斯邦（Ratisbon）和其他城市也发生了类似的大屠杀。

在途中，他们还屠杀了泽蒙市（Zemun，今塞尔维亚）的4 000名东正教基督徒，掠夺了贝尔格莱德，并纵火焚烧了附近的城镇。他们在通往君士坦丁堡的行军途中一路都在偷窃和谋杀。

法国的一支特遣队肆虐了位于安纳托利亚西北部的古希腊城市尼加（Nicæa）郊外，他们一路抢劫、掠夺、拷打、强奸和谋杀了一大批该国的基督教居民，据报道他们还将婴儿放在火上烤来吃。[87]

另外一支响应乌尔班教皇呼吁的，是一个由西欧一些著名王子和封建领主亲自率领的骑士部队：包括图卢兹的雷蒙德和勒皮的阿德马尔领导下的法国南部军队；来自荷兰地区布洛永的戈弗雷和他的兄弟布洛涅的鲍德温领导的部队（上洛林和下洛林人）；来自塔兰托的波赫蒙德（Bohemond）和他的侄子坦克里德（Tancred）领导的部队；以及由诺曼底罗伯特二世领导的法国北部和佛兰芒部队；等等。包括非战斗人员在内，军队总数达十万人。

这批骑士团十字军根本不像"骑士精神"所描绘的那样必须尊重敌人，而是喜欢将穆斯林战士残酷斩首以后将头颅投向被围困的城市。在一次安提阿（Antioch）城附近的胜利之后，十字军将被割下的一批头颅带回了这座被围困的城市面前，将数百个这样的头颅抛入城墙里面，还有数百个被刺穿挂在城墙前的木桩上。一位十

87　参见http://www.badnewsaboutchristianity.com/gh2_crusades.htm。

字军主教称这是上帝给予子民的盛大欢乐景象。当半夜三更穆斯林死者家属出城埋葬死者时，基督徒有意不惊动他们，等他们将随葬品一起埋下。然后在早晨，十字军基督徒们返回来把尸体挖出来偷窃随葬品和金银首饰。

更有甚者，十字军还吃人肉。他们将成人异教徒放在大锅里煮来吃，将小孩放在火上烤来吃。事后还通过指挥官在一封给罗马教皇的信件中解释说是因为他们太饥饿了。在穆斯林的眼中，这帮法兰克欧洲人简直就是凶猛的禽兽，除了是一种"更加富有进攻性和勇猛体力"的人种以外"什么也不是"，更谈不上文化修养和骑士精神。[88]

当十字军在1098年占领安提阿时，他们大规模屠杀了那里的居民。基督教编年史作者弗尔彻很自豪地记录到，这次事件中没有发生任何性侵行为，尽管穆斯林妇女被大批杀害在她们的房屋中，统统被长矛刺穿了腹部。这种待遇被用于所有穆斯林战斗人员和家属：妇女、儿童、老人、弱者。在阿尔巴拉（Albara），居民被彻底杀光，然后基督徒移民重新定居，清真寺被改建为教堂。

十字军基督徒常常许诺会宽恕那些投降的人，但是这种承诺事后被证明是假的。十字军一种惯用的伎俩是承诺保护所有那些被围困城市里面避难的人；然后在投降之后基督徒便可以轻松地开启大屠杀：男人被杀光，妇女和儿童则被当成奴隶出售。基督教士们通过宣称基督徒可以不受对异教徒的承诺的约束，即使以上帝的名义宣过誓也可以不承认。在叙利亚的马阿拉特-努曼（Maaratan-Numan），这种模式被重复，那里的屠杀持续了三天三夜。基督教徒的目击者描述了十字军对穆斯林的肢体是如何肢解的，其中一些尸体被切开以寻找隐藏在体内的珠宝，而另一些被切开以供食用。穆斯林编年史记录有十多万穆斯林被屠杀。

势不可挡的十字军征服了埃雷兹，并于1099年到达耶路撒冷。到达那里后，他们将耶路撒冷的所有犹太人聚集到中央犹太教堂，并纵火烧死了里面所有的男女

88　Abu-Lughod, Janet L. *Before European hegemony: the world system AD 1250—1350.* p. 107. Oxford University Press, USA, 1989.

老少。一些犹太人爬上圣殿山的艾克萨清真寺的屋顶避难，但是全部被活捉和斩首。十字军首领戈弗雷（Godfrey）给教皇的信中写道："如果你想知道我们是如何处置耶路撒冷的敌人的……十字军让他们身上流出的腥腥的血河漫过了马腿。"[89] 穆斯林躲到阿克萨清真寺避难，十字军强行闯入后屠杀了所有人（大约7万人），其中包括大量穆斯林学者。一位基督教牧师描述：

> 现在，既然我们的人已经占领了城墙和塔楼，就可以看到奇妙的景象。我们的一些士兵（这算比较仁慈的了）割断了敌人的头颅，其他人用箭射死他们，使他们从高楼上摔下来；其他人则将穆斯林抛入火中烧死，这样可以折磨他们更长的时间。在城市的街道上可以看到用头颅、手掌和脚掌堆砌成的一座座小山头。战士们从人和马的尸体上踏过。但是，与所罗门圣殿发生的事情相比，这些都是小巫见大巫。那里发生了什么？如果告诉你真相，你会不敢相信自己的耳朵。至少这么提一下就够了：在所罗门的圣殿内和门廊前，敌人的鲜血流成河，以至于淹到了十字军战士的膝盖和马嘴上套的缰绳。确实，正是上帝公正和壮观的审判使得这个地方充满了异教徒的鲜血，因为上帝遭受他们亵渎神灵的困扰已久，因此才使得这个城市被尸体和鲜血所充满。[90]

甚至在杀戮还没有结束之前，十字军战士们就涌向圣墓教堂对耶稣发出欢呼和喜悦地哭泣，感谢上帝的帮助让他们获得如此的成功。

这样的屠杀不是一个孤立的事件，只不过是一个普遍的具有典型性的案例而已。1101年，在十字军占领凯撒利亚时，许多公民躲进大清真寺，并向基督徒求饶

89　参见https：//www.chabad.org/library/article_cdo/aid/2617029/jewish/The-Bloody-Crusades.htm。

90　参见http：//www.badnewsaboutchristianity.com/gh2_crusades.htm。

放过一命。但是屠宰结束时，据说"整个寺庙内是一片齐膝的血湖"[91]。在整个城市只有少数女孩和婴儿幸存下来。不久之后，类似的大屠杀发生在叙利亚的贝鲁特。这种野蛮行径震惊了阿拉伯和拜占庭所控制的东方世界，给人留下了对西方基督教的印象。这种印象在今天仍然没有被犹太人和伊斯兰世界遗忘。

黑格尔在《历史哲学讲演录》中描写道：

> 十字军东征的第一次和开幕式是从西部拉开的，成千上万的犹太人被屠杀，他们的财产被掠夺。在这可怕的开幕式之后，基督教世界开始了它前进的步伐。修道士彼得带领了黑压压一大群乌合之众，以前所未有的混乱穿过匈牙利，一路上打砸抢掠。……他们完全失去了理性，他们中的绝大多数相信上帝是他们的向导和保护者。宗教狂热使几乎所有欧洲国家失去了理智，这最惊人的证据来自这样一个事实，即许多儿童也对父母不辞而别、离家出走参加了十字军，他们前往法国马赛，然后乘船前往耶路撒冷。但很少几个抵达目的地，其余的被商人作为奴隶卖给了穆斯林人。[92]

十字军东征演变成由大大小小的贵族和平民组成的复杂社会机器，包含了各个统治阶级和底层人民。恰好是这最后一个因素（底层人民），特别容易接受反犹口号和排犹主义热情在其各行各业中迅速传播，并且不易受到罗马教廷的管控和惩戒。

尽管一些主教和著名的贵族反对这种排犹主义思想，但他们不希望看到基督徒之间为犹太人而战，因此对屠杀犹太人睁只眼闭只眼，对那些被袭击的犹太人的保护往往也是很被动的。

91　参见"十字军东征"：http：//www.badnewsaboutchristianity.com/gh2_crusades.htm。

92　Hengel's Philosophy of History, Part 5, Section 2, Chapter 3.（中译本：黑格尔著，刘立群、沈真、张东辉、姚燕译：《历史哲学讲演录》第五部第三章第二节"十字军"，商务印书馆2015年。）

比如在1096年5月3日，十字军包围了施派尔的犹太教堂。由于无法破门进入，他们袭击了犹太教堂外可能找到的所有犹太人。传说其中一名犹太女性宁死也不愿意皈依基督教，而这往往是十字军所能给敌人留下活口的唯一选择。在1096年5月18日，另外一个城市沃尔姆斯遭受了类似的命运。

十字军首先屠杀了留在他们自己的房屋中的犹太人，然后在八天后屠杀了那些希望在城堡内的基督教教堂中寻求庇护的人。只有少数人在接受了皈依基督教的要求后得以幸存，大多数人选择被杀或自杀。

听到惨案的消息以后，美因茨的犹太人要求那里的天主教主教保护他们，为此向他支付了巨额白银。当十字军在埃米乔（Emicho）牧师的率领下于1096年5月27日到达城外时，城内居民犹豫地打开了城门。禁食使他们变得虚弱，因为他们希望通过宗教虔诚来避免灾难，所以犹太人不得不撤退到天主教主教控制的城堡寻求庇护。然而，主教无力保护他们，因为他本人在十字军进攻之前逃离了。短暂的抗争后发生了大屠杀。一千多名犹太人死于敌人手中或为了避免虐待致死而选择自杀。那些设法逃脱的人也被抓回来了，几乎没有幸存者。

在科隆发生了类似的灾难，该社区在1096年5月30日遭到袭击。主教分散了该镇的犹太人以将他们分藏在附近的几个地区。但十字军找到了他们，随后进行了一轮大屠杀。在特里尔，主教无法保护自己教区的犹太人，因为就连他本人也不得不躲藏起来，因此他建议他们皈依成为基督徒以避免一死。绝大多数犹太人由于拒绝改变宗教信仰而选择自杀。在雷根斯堡，所有犹太人都被拖到多瑙河，在那里他们被抛入水中并被迫接受洗礼。在梅斯、布拉格以及整个波西米亚，一场场屠杀接踵而至。

一个叫阿尔伯特的基督徒见证者，描述了十字军在美因茨（Mainz）的暴行。一个天主教的主教艾米科最初向犹太人许诺如果交出一笔"大得不可思议的金钱"便可以获得性命保护。但是艾米科和他的基督徒士兵闯入了关押犹太人的大堂，"他们冲破大门，杀死了里面约700名犹太人，这些犹太人徒劳地抵抗成千上万的基督十字军的攻击。十字军屠杀了所有人，包括妇女，用利剑刺穿了所有年龄和性别的温顺的孩子……可怕的是，母亲们用刀割断了她们怀里哺乳期婴儿的喉咙，希望他们更快地死在自己手里而不是更为痛苦地死在十字军屠夫的屠刀下"。阿尔伯特报告说，少数犹太人逃脱是因为他们同意接受洗礼成为基督徒。"艾米科牧师和所有十字军在杀光了大厅里面的犹太人并拿走了他们所有的钱财以后，继续前往耶路撒冷。"[93]

十字军对耶路撒冷的围攻发生在1099年6月7日至7月15日。这次围困由于基督教十字军对穆斯林和犹太人的大规模屠杀而载入史册。1099年7月15日，十字军通过大卫塔进入城市，历史见证了最血腥的一刻。十字军屠杀了耶路撒冷的每个居民，穆斯林和犹太人都未能幸免。据目击者称，耶路撒冷的街道上血流成河。到底有多少人被杀是一个有争议的问题，穆斯林历史学家伊本·阿特希尔（Ibn al-Athir）（写于约1200年）给出的数字是7万；其他人估计至少有4万。

耶路撒冷在基督教徒手中保持了近一个世纪，直到十字军在1187年的哈廷战役中被萨拉丁领导的伊斯兰军队击败为止。

在古代和中世纪的战争中，基督徒和穆斯林在攻破被围城市后对城市居民施暴是经常发生的事情。但是，十字军在耶路撒冷对穆斯林和犹太人的屠杀远远超过了这些历史标准，达到登峰造极的程度。

第一次东征高潮过后的1101年，在米兰大主教的指挥下，来自意大利的增援部队开始支援已经夺取圣地耶路撒冷的法兰克十字军。新部队主要是伦巴第人，他们追平了法国和德国十字军前任所创造的纪录，在途中抢劫并杀害大批东正教基督徒，并责怪说这是拜占庭帝国皇帝的所作所为所带来的后果。在与十字军敌人的第一次交战中，拜占庭男人们惊慌失措，仓皇出逃，将一大批行动缓慢的妇女和儿童抛在身后，结果被十字军追杀、强奸或者被逮住后放在奴隶市场上出售。正如著名历史学家史蒂文·朗西曼爵士所说：基督教拜占庭被"十字军的野蛮、无知和谎言

93　Susan Jacoby "The First Victims of the First Crusade"（Feb. 13, 2015）, https：//www.nytimes.com/2015/02/15/opinion/sunday/the-first-victims-of-the-first-crusade.html。

感到震惊和愤怒"，他们还质疑十字军对他们拜占庭基督徒盟友的忠诚，质疑乌尔班教皇的许诺。这些基督徒号称是去帮助拜占庭，并宣誓将他们被伊斯兰重新占领的领土全部归还给拜占庭，但没有一个基督徒这样做过。事实上，东方基督徒与穆斯林一样被视为了西方基督徒的敌人和杀戮对象。

在十字军东征所取得的成功的激励下，教皇乌尔班二世的继任者教皇帕夏尔二世在1105年公开祝福和鼓励十字军与东方拜占庭的基督徒"同盟"也进行一场圣战。也就是说，在罗马教皇和天主教传教士的鼓动下，耶路撒冷之外还有更加宏伟的目标，那就是让同属于基督教的东方拜占庭帝国从属于罗马教廷的统治。这是史无前例的叛变，从而进一步暴露和证实了乌尔班教皇在十年前发起十字军东征的动机：不是帮助东方基督徒夺回耶路撒冷那么简单，而是一盘拉丁基督教世界征服整个东方世界的大棋。

由于第一次十字军东征，到11世纪末，西欧开始崛起成为一支重要的政治力量，尽管它仍然落后于其他地中海文明，例如拜占庭帝国（以前是罗马帝国的东半部）和伊斯兰教控制下的中东和北非帝国。

第二节　其他各次东征简史

回过头看，其实乌尔班的战略考量很明确，他想要通过十字军东征一箭双雕。一方面，他想通过十字军东征让罗马教廷从欧洲四分五裂的封建地方豪强势力中实现政治集权，从而攫取整个欧洲至高无上的意识形态和政治权力。另一方面，他想让贫穷落后的欧洲通过掠夺中东地区、巴尔干半岛和伊比利亚半岛的伊斯兰财富而摆脱贫困。因此十字军东征也可以看作欧洲中世纪的"改革开放"运动，只不过是一场以杀戮为手段、以掠夺为目的的"改革开放"而已。

这是为什么18—19世纪的欧洲思想家康德和黑格尔异口同声承认"恶推动历史"是人类社会的普遍演化法则。这比20世纪冷战结束以后的西方中心主义者和

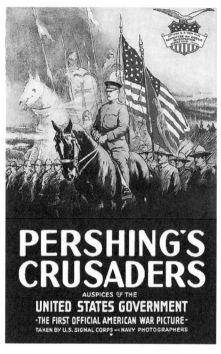

20世纪初第一次世界大战期间美国政府的一张海报，展示当时的美国陆军司令约翰·潘兴将军（General John Pershing）的十字军东征宣传图。注意图中幽灵般的中世纪十字军，与潘兴将军的现代十字军同行。（来源：https://www.badnewsaboutchristianity.com/gh2_crusades.htm#_edn21a）

新自由主义思想家们要诚实得多。但是这个"法则"却只是基于欧洲或者西方历史演化中总结出来的。

十字军东征精神源远流长。许多中东人都熟悉法国将军亨利·古洛（Henri Gouraud）的故事：1920年7月，第一次世界大战结束时，他在胜利攻占大马士革后，用军靴踢了踢萨拉丁的坟墓说："**十字军东征现在正式结束！醒来吧萨拉丁，我们回来了！我在这里出现，意味着十字架对新月的胜利。**"[94]

在第一次世界大战美国对德国宣战100周年纪念活动时，"美国革命研究所"在自己的网站以《**伟大的十字军东征：第一次世界大战和美国革命的遗产**》为题发表了一篇纪念文章。文章说：

美国革命阐明了普遍自由的理想，但革命发生一个多世纪以来，美国极少介入其他国家的政治或外交。在一个到处由君主专制统治的世界中，美国避免了在整个19世纪大部分时间里消耗欧洲国家体系的王朝争执、领土争端和外交运作。美国向世界证明，建立在大众意志基础上，致力于普通百姓利益的政府体制是有效的，但它并没有努力输出美国独立战争的理想或

94　参见https：//www.badnewsaboutchristianity.com/gh2_crusades.htm#_edn21a。

促进共和制在全球的传播。

在美国革命的理想和对独立战争的记忆的启发下，美国参加了第一次世界大战，以捍卫自由和民主，反对专制和压迫。这场战争改变了美国与欧洲的政治和文化关系，并塑造了在世界范围内传播美国革命原则的新决心。战争还改变了美国人对美国革命的想象和记忆。

美国革命是一个开始，而不是结束，而开始时赋予我们的责任是将美国革命的使命与责任进行到底。今天，在**美国踏上了这条十字军远征之路**的一个世纪之后，美国革命战争的遗产继续影响着我们在世界范围内的关系。威尔逊总统提醒我们："美国有一个伟大的使命，它不应局限于美洲大陆，它是整个人类的事业。"[95]

有意思的是，近代西方文明有一种传统，那就是每一个西方国家都把自己视为当年十字军东征精神的继承者——无论是新教国家还是天主教国家，无论是它们向别的种族或者文明宣战时，还是彼此之间宣战时（比如三次英荷战争和两次世界大战），都是这样。它们都喜欢打着正义的旗号发动侵略战争，就像当年的十字军将士打着耶稣基督的旗号屠杀"同父异母"的犹太人和穆斯林异教徒一样。

历史资料2　第二次东征（1147—1149）

教皇尤金三世在1145年宣布启动第二次十字军东征。东征圣旨由西多会著名神学家伯纳德（St Bernard）宣讲。他宣称"基督徒在异教徒的死亡中获得荣耀，基督耶稣也因此而获得了荣耀"。他还指出，任何杀死不信耶稣基督的人，不是在杀人，而是在杀野兽。换句话说，十字军不必为杀人在良心上感到不安，因为被杀的是邪恶的异教徒。

95　参见https：//www.americanrevolutioninstitute.org/exhibition/the-great-crusade/。

这种背叛了所有人类道德底线的一神教"普遍仇恨"善恶观，是东方文明所根本不具备的。它是一种赤裸裸的种族灭绝主义。可它被十字军东征运动发扬光大，并一直延续到19世纪美国白人对印第安人的大屠杀，比利时人对刚果黑人的大屠杀，和20世纪希特勒对犹太人的大屠杀。

这次十字军出征之前，著名神学家伯纳德在《新骑士的颂扬》布道讲话中写道："基督的骑士可能会满怀信心地发起进攻，而且会更加自信地死去；因为他进攻时在事奉基督，死亡时在拯救自己。……当他将死亡降临于敌人头上时，这是基督耶稣的一份收获，而当他自己遭受死亡厄运时，则是他自己的一份收获。"

这位神学家看来很善于给信徒们洗脑，因为他还用世俗的商业交换规则鼓动十字军战士说："对于你们中间那些有买卖经验的商人来说，都知道市场上必须很快地抓住商机以讨得个好价钱；现在让我指出东征这个巨大机会对你们的好处：不要错过它，举起十字架出发，你就会发现自己过去所有的罪孽都会获得宽恕；这是一个很划得来的买卖：花费很小，回报却很大。"[96]

第二次十字军东征由西欧最强大的力量领导：法国国王路易七世和德国皇帝康拉德三世。第二次十字军东征比第一个十字军更具组织性和中央集权计划性，并且事先设计好了行军路线。不过由于穆斯林的强大抵抗，这场东征最终以失败告终。

教会在这次东征中再次倡导反犹主义。因此十字军在西多会修士的启发下，屠杀了整个莱茵兰州的犹太人，尤其是在科隆、美因茨、沃尔姆斯、史匹堡和史特拉斯堡。比如一位名叫鲁道夫的狂热的法国牧师，在莱茵兰、科隆、美因茨、沃尔姆斯和施派尔州煽动对犹太人的大屠杀，鲁道夫声称犹太人没有为拯救耶路撒冷圣地做出财政上的贡献，意思是他们没有将自己的财富捐出来资助第一次十字军东征，因而导致了那次东征的失败。

第二次十字军东征的最初目的是夺回1144年落入穆斯林的埃德萨（Edessa）

96　参见http://www.badnewsaboutchristianity.com/gh2_crusades.htm#_edn12。

（在现在的土耳其东部）。许多南德意志人自愿参加了前往圣地的十字军东征。北部德国的撒克逊人不太情愿前往圣地。他们告诉伯纳德，他们希望与身边的异教徒斯拉夫人作斗争。4月13日，教皇尤金三世批准了撒克逊人的计划，并为此颁布了教皇圣旨。这个圣旨说，不同十字军的精神奖励之间没有区别。自愿参加针对斯拉夫异教徒的战斗的主要是丹麦人、撒克逊人和波兰人，尽管也有一些波希米亚人。教皇的使节，哈维尔伯格的安塞姆被任命为总指挥。伯纳德认为，十字军东征的目的是与"斯拉夫异教徒"作斗争，直到"在上帝的帮助下，他们要么皈依基督教，要么被灭绝"。

1147年春，教皇还批准将十字军东征扩大到伊比利亚半岛（葡萄牙和西班牙）。他授权莱昂和卡斯蒂利亚的阿方索七世将针对摩尔人的战役和屠杀等同于第二次十字军东征的一部分。1147年5月，第一批十字军从英格兰的达特茅斯出发，经欧洲西部的大西洋海岸南下，企图由西向东横穿地中海前往巴勒斯坦。1147年6月16日，恶劣的天气迫使这些船只停在葡萄牙海岸的北部城市波尔图。在那里，他们会见了葡萄牙国王阿方索一世并同意与其一道攻打里斯本，以抢劫城里的财富和索取穆斯林为活命所愿意支付的赎金。十字军对里斯本的围困持续了整整四个月，之后由于长时间断粮和饥饿，摩尔人同意投降。十字军向穆斯林许诺生命和财产安全，结果他们一投降就全部被屠杀了。沿这条海上路线进军的十字军，多数在沿途选择了作为殖民者移民留了下来，霸占了摩尔人的财富与土地，剩下的只有大约五分之一继续前进，到达了出发时制定的真正目的地叙利亚。由于十字军内部领袖对于最终目的的意见不统一，直到这次东征运动在1149年瓦解时，都没有夺取属于古代美索不达米亚的埃德萨（Edessa）或者附近的大马士革，其间还被土耳其的穆斯林部队追杀。因此基督教徒在第二次十字军东征中取得的唯一重大成功，是攻占了葡萄牙的里斯本，驱逐了那里的摩尔人。

第二次东征失败后，来自欧洲的增援大大减少。不过鲍德温三世的十字军最终在1153年占领了阿斯卡隆，将埃及卷进了冲突。耶路撒冷的基督徒得以进军埃及，在12世纪60年代短暂占领了开罗。十字军在所占领的城市宣称，如果交出了财富或者交够了赎金，那些被俘的穆斯林可以在皈依基督教和被处死之间选择。可是当开罗向圣殿骑士提供了6万第纳尔以获得被虚假许诺的皈依基督教的回报时，他的权利随即被取消，然后被用铁链拴起来囚禁在开罗，最后被绞死、肢解和屠杀。[97]

此类事件没有给基督教带来一点尊严。因此可以公平地说，在整个十字军东征运动中，穆斯林王子在"保家卫国战争"中的行为举止所具有的"骑士精神"、契约精神、宽宏武士精神，是那些号称"骑士"的十字军基督徒十分缺乏的。

后来耶路撒冷国王阿玛里克一世与拜占庭人结盟，参加了1169年对埃及的联合入侵，但这次探险最终失败了。1171年，穆斯林将领萨尔丁（Nur ad-Din）的侄子萨拉丁被宣布为埃及苏丹，他团结埃及和叙利亚，完成了对中东十字军国家的战略包围。与此同时，拜占庭的曼努埃尔一世皇帝于1180年去世，拜占庭联盟解散，1187年，耶路撒冷向穆斯林投降，被萨拉丁的军队占领。然后，萨拉丁的部队向北扩张，占领了十字军在巴勒斯坦地区的各国首府，所有这些都因此导致了两年后第三次十字军东征的爆发。

历史资料3　第三次东征（1189—1192）

1187年，耶路撒冷在被第一次十字军东征军占领将近90年后，被著名的穆斯林军事战略家萨拉丁收复。萨拉丁（Salatin，1137—1193）来自今天位于伊拉克的提克里特（Tikrit），最初在12世纪60年代巴勒斯坦反抗十字军的运动中展示了自己的军事才能。在继承他的叔叔获得埃及的统治权之后，他于1175年征服了整个埃及，然后着手改善该国的经济和军事实力。经过在叙利亚和美索不达米亚的进一步战役，他于1186年宣布了对基督教的圣战，第二年就为穆斯林夺回了耶路撒冷。

除了作为军事领导人的才能外，萨拉丁还以其骑士精神和仁慈天性而闻名。例如在与十字军的斗争中，他在战场上为双方的伤者提供医疗援助，甚至允许基督教

97　参见http：//www.badnewsaboutchristianity.com/gh2_crusades.htm#_edn12。

医师探望基督教囚犯。

在重新夺回耶路撒冷的战斗结束以后，据说没有一个基督教俘虏被杀，也没有任何建筑物被抢劫。俘虏被允许在交够赎金赎回自己以后，还可以将剩余的所有财产和金银财宝带走，而那些有能力这样做的人也可以用赎金赎回他们的所有亲朋好友或者任何他们希望帮助的同胞。这与十字军对待被攻占城市的穆斯林和犹太人的政策完全不同。当然，那些无法支付赎金的人则被当作奴隶出售。而通常发生的事情是，那些有能力利用自己的巨大财富来赎回他们的基督徒同胞免于奴役之苦的天主教僧侣们，却拒绝利用这个机会拯救自己的基督教同胞，而是带着自己多余的财富离开了耶路撒冷。比如教会的首领，族长赫拉克留斯和他的牧师们，只顾自己。他在支付了自己的赎金以后，带着他的所有财富和沉甸甸的金子以及装满其他贵重物品的手推车，在向这座城市鞠躬致敬之后便离开了。由于没有钱交付赎金的基督徒会成为奴隶，萨拉丁的弟弟马利克·阿迪尔图克（Malik al-Adiltook）感到同情，他向他哥哥索要了1 000个俘虏作为他对他兄长的服务的报酬。而当他获得这些俘虏后，立即给予了他们自由。这在获胜的穆斯林指挥官中引发了进一步的慷慨大度和善举，最终萨拉丁从自己的国库中向基督教寡妇和孤儿提供了赎金将他们全部释放。一位当代历史学家评论道："他的仁慈与道德，与第一次十字军东征的基督教征服者的行为相比，形成了鲜明奇特的对比"。[98]

与穆斯林的行为相反，基督徒很容易在宣誓时一再许下诺言遵守骑士精神，过后却常常违反诺言，而且受到基督教牧师的鼓励这样做。对诺言或誓言的承诺，历来是一个文明体系是否足够发达的标准。这才是最古老的"契约精神"。也是流行历史观的始作俑者大肆渲染的基督教品德。可是十字军所代表的欧洲人根本不具备这样的"契约精神"。

1188年，耶路撒冷的基督教国王盖伊（Guy）被萨拉丁俘虏后获得释放。盖伊庄严地宣誓在释放后会离开该国而且再也不会用武力对付穆斯林。随即，一名基督

98　参见http://www.badnewsaboutchristianity.com/gh2_crusades.htm#_edn14。

教牧师允许他反悔自己的宣誓。尽管有这种行为，穆斯林领导人通常还是信守诺言。他们因此经常被西方基督徒的两面三刀和玩世不恭的行为所欺骗而且感到困惑，因为穆斯林认可耶稣是一位伟大的先知，只不过相信在耶稣之后穆罕默德是最后一位先知。不过，基督徒不守诺言和玩世不恭的滑头行为也有时候反过来使穆斯林受益；例如，萨拉丁惊讶地发现好多意大利天主教城邦国家，随时准备向他出售用于对抗十字军的高质量武器。这种背叛、欺骗、玩世不恭的行为，后来淋漓尽致地体现在意大利文艺复兴时期的宫廷、教会和民间，被马基雅维利进行了充分研究。

最终，居住在东方巴勒斯坦地区的基督徒会接受这样一个事实，即穆斯林、犹太人和基督徒在十字军到来之前一直和睦相处；因此，与野蛮的天主教十字军基督徒相比，这些基督徒更喜欢原先的穆斯林统治者。

所以，当君士坦丁堡皇帝得知穆斯林夺回耶路撒冷的胜利后，他即刻派出使者向萨拉丁表示祝贺。东方基督徒已经普遍与穆斯林结盟，他们认为穆斯林是比天主教罗马教会的信徒更公正、更文明的统治者。因此在耶路撒冷被萨拉丁夺回以后，很多基督徒要求留下来生活在萨拉丁的耶路撒冷，而且也被允许这样做。

萨拉丁在与十字军的圣战中重树了被十字军破坏的古老道德原则，这是为什么就连被马克思和恩格斯誉为"中世纪的最后一位诗人，同时又是新时代的最初一位诗人"的文艺复兴巨匠但丁，也被萨拉丁的胸怀、气度、宗教虔诚和对圣战的宗教原则的承诺的声誉所折服，将萨拉丁置于西方古代伟人赫克托、埃涅阿斯和恺撒的行列，称其为"至善的异教徒（virtuous pagan）"。在《神曲》中，但丁将萨拉丁置于与柏拉图等善良的非基督教徒相并列的地位和层次，比先知穆罕默德高七层。

但是萨拉丁用古老的圣战原则和宗教道德原则去感化并唤醒罗马教廷和十字军基督徒的良心，使他们回归耶稣的道德原教旨主义的企图与愿望落空了。打开的潘多拉盒子再也不可能关上。在一片没有任何道德底线的、比中世纪还要黑暗的欧洲大地上，开始出现了资本主义的萌芽和"曙光"。

而固守道德原则的穆斯林社会，却没有发展出基于丛林法则的资本主义，虽然他们亲手帮助信天主教的拉丁人完成了对阿拉伯和古希腊文献的翻译运动，而且眼睁睁目睹了意大利的文艺复兴运动中涌现出来的商业繁荣。不过穆斯林并不羡慕意大利文艺复兴时期的艺术，认为那不过是幼稚的宗教行为和低档次的行为艺术。这就好像19世纪的晚清朝廷眼睁睁目睹日本的明治维新运动时，既无能为力也无动于衷一样。李鸿章无法预见和掌控中华文明面临的一场巨大危机，却试图用道德原则感化和说服日本人不要抛弃文明、过于堕落。殊不知日本人早已经决定放弃道德治国原则，而是决意脱亚入欧采纳欧洲列强"打砸抢掠"的富国强兵原则和马基雅维利的"成王败寇"丛林法则。[99]这造成了大清帝国在日本的国家暴力和国家谋略面前屡战屡败，就像阿拉伯世界在欧洲的国家暴力和国家谋略面前屡战屡败一样。

　　耶路撒冷回归穆斯林后，教皇格里高利八世宣讲了第三次十字军东征。它由年迈的德国（神圣罗马帝国）皇帝弗雷德里克·巴巴罗萨、法国国王菲利普二世和英格兰国王理查德一世（狮心王）共同领导。坎特伯雷大主教也去了。理查德国王于1189年9月3日才被加冕上任，其狂野的十字军热情便已经高高在上。第三次十字军东征对英格兰的影响最大。英格兰对前两次十字军东征几乎没有兴趣，也没有参与，但是当理查德国王决定亲自参加第三次十字军东征时，英格兰的热情变得强烈起来。还没有离开英国本土，英国基督徒就效仿欧洲大陆十字军基督徒开始谋杀犹太人，他们首先从那些前来向新国王献礼的犹太商人大开杀戒。这在全国范围内引发了进一步的对犹太人的迫害。1月份，十字军袭击了林恩（Lynn）港口，犹太社区大部分居民遭到屠杀。诺里奇（Norwich）和斯坦福（Stamford）也发生了同样的情况。在林肯，犹太人在皇室人员的干预下获得了保护。最严重的骚动发生在约克，在这里，许多对犹太人负有沉重债务的当地贵族们抓住了这一千载难逢的逃脱债务负担的机会。遭到攻击时，没有来得及躲进城堡要塞中的那些留在镇上的犹太人通通被屠杀了。3月16日，逾越节前夕，犹太人意识到所有的希望已荡然无存，

99　日本明治维新和20世纪针对中国蚕丝产业的打压、掠夺和武力摧毁，参见顾国达、王昭荣著：《日本侵华时期对中国蚕丝业的统制与资源掠夺》，浙江大学出版社2010年。

因此选择自杀，而不是皈依基督教。他们首先放火焚烧了自己的财产，然后一个接一个地自杀。超过150人以这种方式死亡，少数幸存者被暴民谋杀，暴民还摧毁了犹太人的债务登记册。在圣埃德蒙兹伯里，有57名犹太人被处死。

第三次东征取得了部分成功，重新夺回了阿克雷和贾法等重要城市，并扭转了萨拉丁取得的大好局面，但它没有意向和胆量夺回耶路撒冷。

理查德国王的部队在1191年攻占了穆斯林城市阿克里（Acre），由于萨拉丁无法足够迅速地支付赎金释放幸存者，因此理查德下令对2 700名俘虏进行屠杀，其中许多是妇女和儿童。他们排队等候被杀，每个人都看着前面的人被割喉。妻子在丈夫身边被杀，孩子在父母身边被杀，而天主教的主教们则在一旁为此祝福。十字军然后将尸体一具一具切开，希望能在尸体的肠子里面找到吞下的珠宝。

1191年9月，理查德的部队在阿尔苏夫（Arsuf）战役中击败了萨拉丁，这是第三次十字军东征的唯一真正战役和胜利。理查德从被夺回的雅法市（Jaffa）重新建立了基督教对该地区的控制权，但因为力量不足他不敢攻打耶路撒冷。1192年9月，理查德和萨拉丁签订了和平条约，重建了耶路撒冷王国（尽管没有耶路撒冷城），并结束了第三次十字军东征。

基督教和伊斯兰双方都对战争的结果不完全满意。尽管理查德的胜利剥夺了穆斯林在地中海重要沿海地区的统治权，并在巴勒斯坦重建了一个可行的法兰克国家，但许多基督徒对他选择不寻求重新占领耶路撒冷感到失望。同样，伊斯兰世界的许多人对萨拉丁未能将基督徒赶出叙利亚和巴勒斯坦感到不安。

历史学家托马斯·马登（Thomas F. Madden）总结了第三次十字军东征的成就："……第三次十字军东征几乎是一次非常成功的军事历险。萨拉丁之前所取得的大部分胜利被抹去了。基督教世界得以医治它分裂的创伤，恢复了对地中海沿海城市的控制，并与最大的敌人实现了和平。尽管理查德未能收回耶路撒冷，但他再次让黎凡特的基督徒们重新站了起来。"[100]

100　参见https：//en.wikipedia.org/wiki/Third_Crusade#cite_ref-80以及Samuel（转下页）

历史资料 4　第四次东征（1202—1204）

第四次十字军东征是由教皇英诺森三世发动的。尽管这次东征的原计划是通过埃及从穆斯林手中夺回耶路撒冷，但在威尼斯的共谋与协助下，十字军改变目标转而攻打东方基督教城市扎拉和君士坦丁堡，因为这个共同目标更加现实而且利润更加丰厚。[101]

十字军实现了这一目标。君士坦丁堡被占领，拜占庭帝国皇帝被废。即使君士坦丁堡是东方基督教世界的首都，获胜的十字军也仍然以一种往常的方式在这个基督教领地烧杀奸淫、寻欢作乐、打砸抢掠。

君士坦丁堡在当时已成为名副其实的古希腊和拜占庭艺术的博物馆，这是一个拥有多得令人难以置信的图书和财宝的天堂，但拉丁基督徒只对他们眼前的财富感到震惊，那里的古希腊藏书和艺术品对他们来说就是天书和没有任何意义的古董。他们因此对君士坦丁堡实施了整整三天的打砸抢掠，其间有许多古代和中世纪十分珍贵的罗马和希腊艺术品与藏书被烧毁、盗窃或破坏。遭受这种命运的最珍贵的作品之一是由古希腊亚历山大大帝的著名宫廷雕刻家吕西波斯（Lysippos）创作的大型大力神铜像。像许多其他无价的青铜艺术品一样，雕像被十字军摧毁了。这与后来1900年的八国联军对待北京圆明园的手法一模一样。

（接上页）Willard Crompton (2003). *The Third Crusade: Richard the Lionhearted vs. Saladin (Great battles through the ages).* p.64.

101　1198年，最近当选的新教皇英诺森三世宣布了第四次十字军东征。十字军打算从地中海进犯耶路撒冷。由于缺乏海军，因此与威尼斯共和国签约，以支付8.5万马克的价格让威尼斯用船运输3万名十字军。但是，由于许多人选择了其他登船口岸，只有约1.5万人抵达威尼斯。因为十字军无法全额支付运输费用，他们接受了两个提议。一个是威尼斯总督恩里科·丹多洛（Enrico Dandolo）提议的让十字军用未来征服的战利品来支付或者偿还威尼斯，并提议首先占领希腊基督教城市扎拉（Zara）。另外一个提议是被流放的拜占庭王子阿历克西奥斯·安杰洛斯提出的，他愿意提供1万名士兵和20万马克，以及许诺在攻下君士坦丁堡以后让希腊教会与罗马天主教教会合并。当时拜占庭的皇帝是他的叔叔阿历克西奥斯三世。

除了标准的破坏行动外，十字军还亵渎了拜占庭帝国的皇家陵墓，掠夺了教堂，偷走了圣物，毁坏了宫殿，破坏了图书馆，强奸了良家妇女和修女，摧毁了他们无法带走的任何战利品，成千上万的人被冷血杀死。尽管威尼斯人也参与了抢劫，但他们的行动受到了更大的克制。威尼斯人并没有像十字军那样肆意摧毁周围的一切，而是偷走了宗教文物和艺术品并带回到威尼斯装饰自己的教堂。十字军基督徒还将一个妓女抱上去坐在著名的圣索菲亚大教堂（Sancta Sophia）的神圣宝座上——这可是整个基督教世界最大的教堂，里面供奉的是圣父、圣子、圣灵以及圣母玛利亚的图像。直至今天，东正教教会仍然怀有对西方基督徒行为的强烈愤怒与不满。现代东正教主教就这个问题说道：

> 东部基督教世界从未忘记这三天的掠夺。同时代拜占庭历史学家尼采塔斯·乔尼茨（Nicetas Choniates）愤怒抗议道："与这些肩负着基督十字架的人相比，就连撒拉逊人都显得更加仁慈和善良"。让希腊人大为震惊的是十字军对神圣基督教堂的肆意而蓄意的大规模破坏和掠夺。那些号称专门献身于服务上帝的人怎么能这样对待上帝的事情呢？当拜占庭人观看十字军将圣智教堂的祭坛和圣像砸成碎片，并将妓女安置在神父的宝座上时，他们一定不会想到那些做这些事情的人居然与自己一样是基督徒！[102]

但是西方教会不认为自己的行为有错。被罗马教会认同的君士坦丁堡新任皇帝鲍德温（Baldwin）写信给罗马教皇，称十字军对这座城市的洗劫是"上帝创造的奇迹"。英诺森教皇看信后欢欣鼓舞，毫无保留地给予了这位新皇帝他所需要的支持。

当代英国历史学家史蒂文·朗西曼爵士就此评论说：**"历史上从未有过比这更大的反人类罪行，……有过比君士坦丁堡沦陷更大的灾难了。900年来，这座伟大的**

102　参见http：//www.badnewsaboutchristianity.com/gh2_crusades.htm#_edn16。

十字军进入君士坦丁堡。这是法国著名画家尤金·德拉克罗瓦（Eugène Delacroix）的大型油画，由路易·菲利普（Louis-Philippe）于1838年委托创作，并于1840年完成。收藏于巴黎卢浮宫博物馆。[103]

城市一直是基督教文明的首都。它充满了从古希腊遗留下来和由它自己卓越的工匠打造的艺术品。但是这些欧洲野蛮人却对这座城市充满了毁灭的欲望。他们这一群咆哮的暴民冲进建筑物和街道上，卷走一切值钱的珠宝、粉碎一切不能带走的大件物品，只有在强奸和屠杀时才稍微停下他们匆忙的脚步。没有任何基督教堂、修道院和图书馆能够幸免于被十字军焚烧和打砸抢掠的灾难。在著名的圣索菲亚大教堂，喝醉了的十字军战士们将所有窗户上的丝质绒布和圣坛上的银质装饰品捣毁成碎片，并将所有书籍和圣像踩在脚下。修女们被强奸。无论是宫殿还是民房都被付

103　德拉克罗瓦的油画描绘了将成为君士坦丁堡新皇帝的鲍德温一世率领十字军先头部队穿过市区街道，周围到处都是求饶的城市居民。

之一炬。大街上躺满了正在死去的妇女和小孩。**这个杀戮、焚烧和打砸抢掠的场景延续了三天三夜，直到这座雄伟而美丽的历史名城化为灰烬。**"[104]研究拜占庭历史的美国希腊裔历史学家Speros Vryonis对此事这样评论道：**"拉丁十字军对欧洲最伟大的城市进行了难以形容的毁灭性攻击。他们在三天的时间中用甚至连洗劫古代罗马的野蛮日耳曼人都感到汗颜和难以置信的规模，杀戮、强奸、抢劫和摧毁了君士坦丁堡。**"[105]

君士坦丁堡沦陷之后的1208年，教皇英诺森三世宣布对法国南部的卡特尔人发起十字军东征，并在1211年再次发起对西班牙穆斯林的十字军东征。不过，他已经很难再引起欧洲人对更遥远、更危险的圣地耶路撒冷进行远征的兴趣了。因为通过多次十字军东征，贵族和社会底层的基督徒们都更愿意安居乐业、享受过去几次东征带来的经济与商业成果：这几次东征用战争打通了欧洲与地中海的贸易通道，从东方人那里获得了从未想象过的财富和珠宝，并目睹了东方文明的富裕程度和财富创造力。这帮野蛮落后的日耳曼人一旦自己变成有点小钱的人，就很难继续做"舍得一身剐"的圣战战士了。

同时，在耶路撒冷圣地，当地的基督徒变得越来越习惯东方生活。他们穿着长袍和头巾，吃着东方食物，娶东方妇女为妻，学习东方医学。强大的统治者之间结盟，常常与宗教无关。只要日子过得好，基督徒安心接受穆斯林作为他们的主人，而穆斯林也反过来接受基督徒作为他们的主人。在君士坦丁堡沦陷以后，大部分拜占庭帝国的领土被划分给了十字军。剩下的由拜占庭贵族瓜分建立了一些分裂的小型独立国家，其中一个就是尼西亚帝国，它最终在1261年夺回君士坦丁堡并宣布恢复拜占庭帝国。然而，恢复的帝国从未恢复其先前的领土和经济实力，并最终在1453年被崛起的奥斯曼帝国苏丹帝国所

104　参见Runciman, *A History of the Crusades*, vol. 3, p 123。史蒂文·朗西曼（Steven Runciman）以他的三大卷巨著《十字军东征》而著称。他的这套专著对十字军东征史的研究产生了深远影响。

105　参见https：//en.wikipedia.org/wiki/Fourth_Crusade#cite_note-Speros-52。

征服。

君士坦丁堡的沦陷是中世纪历史上的一个重要转折点。东罗马帝国从此变得更加贫穷和弱小，最终无法抵抗奥斯曼帝国的征服。因此，十字军的行动直接加速了基督教世界在东方的崩溃，从长远来看，有助于后来的奥斯曼帝国对欧洲的征服。

800年后，教皇约翰·保罗二世两次对第四次十字军东征的野蛮事件表示哀悼。2004年4月，在君士坦丁堡沦陷800周年时，君士坦丁堡东正教大主教巴塞洛缪一世（Bartholomew I）在演讲中正式接受了罗马教皇的道歉。[106]

历史资料5　第五至十次东征（1217—1272）

第五次十字军东征（1217—1221）是由教皇英诺森三世宣讲的，但是是在教皇奥诺留三世治下进行的。它由主教佩拉吉乌斯（Pelagius）领导，历时4年（1217—1221）。尽管打算攻打耶路撒冷，但最初的主攻方向是征服埃及。在达米埃塔（尼罗河三角洲上的地中海港口）被围困之后，萨拉丁提出了一笔交易：如果十字军愿意放弃达米埃塔的话，他愿意割让耶路撒冷、整个巴勒斯坦中部和加利利，以与基督教达成永久和平。佩拉吉乌斯拒绝了这项提议。

达米埃塔很快落入了十字军手中。城里幸存的居民被当成奴隶拍卖，他们的孩子都被交给基督教牧师，强迫洗礼后接受教会的训练变成为教会服务的孤儿。但萨拉丁很快就用武力收复了达米埃塔。当被打败的十字军基督徒撤退以后，他们在占领期间实施的暴行在埃及引发了对本地基督徒社区的迫害浪潮。其实直到十字军到来之前，这些本地基督徒一直与穆斯林愉快地共存了几个世纪。

第六次十字军东征（1222—1229）是由教皇格里高利九世提出的，但响应者很少。以前的十字军东征多次证明了这种野蛮军事行为是得不偿失的。结果神圣罗马

106　*"In Pascha messages, Patriarchs address question of violence". Archived from the original on 13 May 2009. Retrieved 18 May 2009*（https：//web.archive.org/web/20090513061611/http：//incommunion.org/articles/issue-33/news-issue-33）

帝国皇帝弗雷德里克二世组织了自己的十字军东征，在1222年至1229年之间付诸施行并取得很大成功，使得拿撒勒（Nazareth）、伯利恒（Bethlehem）和耶路撒冷都落到基督徒手中。

第七次十字军东征（1248—1254）由教皇英诺森四世发起，这是因为耶路撒冷在1244年再次被穆斯林夺回。这次东征由法国国王路易九世领导，他这次又决定从埃及开刀，结果达米埃塔再次沦陷。为了维持和平，苏丹再次主动提出用耶路撒冷作为交换条件让十字军放弃这个港口城市。这个交易再次遭到十字军拒绝，穆斯林再次不得不用武力夺回了达米埃塔。路易国王本人被捕，交了40万枚金币的赎金以后被释放。之后他又亲自率兵攻打耶路撒冷，但失败了，不得不放弃耶路撒冷回到法国。

英诺森教皇的继任者亚历山大四世试图组织另一次十字军东征，这次是针对蒙古人，但没有成功。西方历史学家认为如果教皇亚历山大四世是一位更好的战略家，他应该反而与这个亚洲强权结盟共同打击穆斯林，这种西方和东方力量的结合本可以克服伊斯兰力量。而且内斯特基督教（Nestorian Christianity）在亚洲具有一定影响力，其中一些领导人已经受洗，因此蒙古人很可能成为拉丁基督教世界的盟友。

第八次十字军东征（1270—1271）是由教皇格雷戈里十世提出的，但直到下一任教皇才被组织动员起来。不过它只持续了一年时间，从1270年到1271年，而且最初仍然由法国国王路易领导。这次东征也以失败告终，国王路易在袭击迦太基（现代突尼斯）时因病去世。

第九次十字军东征（1271—1272）继续了法国国王路易的第八次十字军东征。它由英国未来的国王爱德华一世在1271年至1272年间领导发起。

爱德华到达圣地耶路撒冷后，为他所看见的东西感到迷惑：这是一个商业气氛浓郁的穆斯林和基督教混合世界，威尼斯人居然向苏丹提供制造武器所需的所有木材和金属，而热那亚人控制了埃及的奴隶贸易。像爱德华一样，参加十字军的北欧人普遍对东方的现实生活感到惊讶：意大利城邦国家彼此争先恐后与东方基督徒和穆斯林进行贸易而不加区别；高级教廷人员放弃了十字军军事战略计划；身在天主教首都罗马的贵族家庭为利益彼此争辩和彼此背叛。常驻罗马的欧洲人也是如此，不停地为金钱彼此争辩和彼此背叛。东西方基督教会的成员不断争吵不休；用军事手段互相威胁，并且一旦自己的商业利益受到损害时便随时放弃自己承诺的十字军东征事业。商业的力量已经战胜了宗教的狂热，对金钱的信仰已经替代了对上帝的信仰。

圣殿骑士团还创办了第一个真正的跨国银行，为基督徒和穆斯林提供金融借贷服务，而伊斯兰刺客组织继续向骑士团鞠躬致敬。当地基督徒对前来保护他们的西方十字军救世主们表示不满，他们更喜欢在拜占庭或穆斯林的统治下过上更美好的世俗生活。爱德华在这样的环境中无所适从，与他先入为主的想象大相径庭。十字军东征运动看来无法继续下去了。

而雪上加霜的是，东部地区其余基督教领地的内战纷争，也使得延续了将近200年的对圣地耶路撒冷的东征难以为继。那里的基督教王子焚烧彼此的城堡，并在据点相互围困冲突。巴勒斯坦地区的几乎每个人都将西方基督徒视为野蛮人，争强好斗，没有文化。他们可以一时兴起杀死任何人，无论是穆斯林、犹太人还是基督徒。在1290年，新来的意大利十字军在阿克（Acre）进行了一次杀害穆斯林的大狂欢，但由于他们假设任何留着胡须的人都是穆斯林，因此他们也杀害了许多基督徒。而意大利其他城邦国家的基督徒似乎比他们的大多数十字军欧洲同伴还糟糕。

第三节 小 结

……意大利人的傲慢自大、彼此背叛、虚伪的信用和国家政策，对十字军运动造成了无法弥补的伤害。他们与十字军战略背道而驰，公开体现出基督教世界内部的不团结。他们会为了金钱和商业利益向穆斯林提供必要的战争物资。他们也会在城市的街道上互相打架斗殴并发生暴乱。[107]

对于这个中世纪末期的混乱状态，恩格斯也说道："……**这时掠夺是自由的男子唯一值得干的行业；因此，才发生无穷无尽的、接连不断的一大串背叛、暗杀、毒害、阴谋和各种简直无法想象的卑鄙勾当，这些勾当又都隐藏在骑士精神的美妙名义后面，也没有妨碍无休止地大谈荣誉和忠诚。**"[108]

中世纪末期和文艺复兴初期的伟大诗人但丁，对这一时期的意大利社会现象有更入木三分的刻画。他在《神曲》中反复揭露当时意大利的道德败坏和政坛腐败，哀叹"意大利式奴隶社会"是"苦难的旅舍"，是"暴风雨中没有舵手的船"，"是一个妓院"。指出意大利各个城市共和国"都充满了暴君"，意大利人"无时无刻不处于战争状态，同一城墙、同一城壕的圈子里，人们都自相残杀"，"看一看沿海，再看一看内地，哪有一处享有和平"。"在记忆犹新的时间内，曾有多少次（任意）改变法律、币值、官职和风俗，更换成员"，"犹如躺在床上不能安息的病人，辗转反侧以减轻自己的痛苦一样"；"暴发户和突然发的横财，在那里滋长了骄傲和放荡无度之风"，"骄傲、嫉妒和贪婪是三颗火星，使人心燃烧起来"。《神曲》中还对教廷和教会的腐败予以尖锐的揭露和批判，愤怒地斥责教皇买卖圣职的罪行："你们的贪婪使世界陷入悲惨的境地，把好人踩在脚下，把坏人提拔起来"；"你们把金银作为自己的上帝，试问你们和偶像崇拜有什么不同？"主教和枢机主教们都贪腐成风，变成"充斥于一切牧场的、穿着牧人衣服的贪婪的狼"。[109]

这样的"马基雅维利"市侩与腐败堕落景象，预示着意大利文艺复兴的来临。

107　参见https：//www.badnewsaboutchristianity.com/gh2_crusades.htm#_edn20。也参见 Runciman, *A History of the Crusades*, vol. 3, p 128, citing Innocent III, letters VII, 153, 154, 203 and 208 (M. P. L. vol. ccxv, cols. 454—461, 512—516 and 521—523).

108　《马克思恩格斯全集》第21卷，恩格斯《论封建制度的瓦解和民族国家的产生》，人民出版社1965年，第453页。

109　但丁著，田德望译：《神曲·地狱篇》"译本序——但丁和他的《神曲》"，人民文学出版社1990年。

第三章

文艺复兴（1300—1600）的
另一副面孔

十五世纪的意大利在道德上和政治上的混乱无主实在骇人听闻，因此产生了马基雅维利的学说。……文艺复兴时期的政治条件利于个人发展，然而不稳定；……为获得文艺复兴时期的那种伟大成就，我们准备忍受多少凶杀和混乱？

罗素《西方哲学史》

　　所谓"资本主义的新精神"这样的东西是根本不存在的……一旦我们认识到纯粹的封建主义和纯粹的资本主义是我们自己头脑凭空捏造出来的东西，那么，是什么把封建经济转变成了资本主义经济这样的问题也就不复存在了。封建社会包含着资本主义社会的所有胚芽。

约瑟夫·熊彼特《经济分析史》

　　资产阶级在它取得统治地位的地方，把一切封建的、宗法的和田园诗般的关系都破坏了。……它使人和人之间除了赤裸裸的利害关系，除了冷酷无情的现金交易，就再也没有任何别的其他联系了。……它把人的尊严变成了交换价值。……我们的资产者不以他们的无产者的妻子和女儿受他们支配为满足，正式的卖淫更不必说了，他们还以互相诱奸妻子为最大的享乐。资产阶级的婚姻实际上是公妻制。

马克思、恩格斯《共产党宣言》

文艺复兴（大约1300—1600）被后来的西方流行教科书和主流西方历史观公认为是欧洲近现代历史的伟大发端，不仅是因为它产生了近代资本主义的萌芽，而且是因为它产生了一批杰出艺术家，开启了近代欧洲的所谓"人本主义"和"人性解放"的潮流。

鲜为人知的是，为诞生这个资本主义萌芽所需要付出的社会历史代价，却是沉重而巨大的。这个**巨大的社会历史代价**，或者说隐藏在文艺复兴光环背后的另一副面孔，却长期被垄断话语权的西方史学界以及西方媒体教科书忽略，或轻描淡写，或有意掩盖了。

本章提供的历史材料显示，这场延续了300年的文艺复兴运动，实际上是一个非常复杂的多面体。文艺复兴时代一方面是让少数艺术天才涌现的时代，另一方面又是道德沦丧、人性堕落、教廷腐败、宫廷政变频繁、黑帮豪强争霸、暗杀盛行、妓女泛滥、私生子遍地、梅毒流行的无法无天的时代。这个时代没有任何"法治"和道德可言。

文艺复兴的确是对"黑暗"中世纪的一种否定与"反叛"，是某种"人性"的"自由解放"。但必须注意和深究的是，究竟是哪种"人性"的哪种"解放"？其实这个"人性的自由解放"，并不仅是后来的西方历史观所刻意呈现的那种富有人本主义情怀的高尚道德情操的人性解放，那种对"荒淫腐败等黑暗势力"的叛逆与抗争所体现的人性解放；反而是与腐败天主教教廷的同流合污，而且是更加"性本恶"的人类天性，在一种"彻底去道德化"的社会环境中，最肆无忌惮的自由释放与发泄，恰好就像这个历史时期的诗人但丁和政治学家马基雅维利向世人所充分揭示的那样（参见本章第二节）。

换句话说，文艺复兴的确启动了欧洲近代史上的一场"精神解放"运动，是"穷则思变，禁则思欲"的一种内在反抗力量的爆发。但它不是东方人理解的人类某种"愚公移山"和"战天斗地"精神或者"性本善"的能量的爆发，而是在背叛"摩西十诫"原教旨后的一种道德缺失下向蛮荒的"马基雅维利-霍布斯"自然状态的回归，是"道德败坏到极致"的结果，是人类历史上非常独特的一次巨大的"道德虚无化"运动，是十字军东征以后基督教世界对耶稣的原教旨——"大爱"主义——的另一种形式的反动。

因此，如果我们追问："文艺复兴时期的资本主义萌芽究竟体现在哪里？"那么答案很简单：体现在将封建时代受道德律令限制的各种金钱"买卖关系"发扬光大、推向极端，形成"一切皆可以买卖和等价交换"的世俗精神，包括婚姻、爱情、配偶、友谊、肉体、国土、爵位、功名、信仰、罪行、豁免、宽恕、忏悔、尊严和人际关系，以及红衣大主教和教皇的职位等，都可以买卖，都有明码标价的"市场价格"。这个时期罗马教廷大批量出售的赎罪券就是这个彻底去道德化后的资本主义商业精神的体现。

所以资本主义的萌芽并不神秘，它是一种彻底去道德化后的商业行为模式。商业交换自古有之，但是将其极端化到"一切人际与社会关系皆可买卖"的行为模式，无论是个人、教会、国王、教皇、艺人、工匠、占星术士都参与其中，却是文艺复兴的最大"创新"与"发明"。

因此，提出"创造性毁灭"原理的著名经济学家熊彼特才说："**所谓'资本主义的新精神'这样的东西是根本不存在的……一旦我们认识到纯粹的封建主义和纯粹的资本主义是我们自己头脑凭空捏造出来的东西，那么，是什么把封建经济转变成了资本主义经济这样的问题也就不复存在了。封建社会包含着资本主义社会的所有胚芽。**"[110]

110　约瑟夫·熊彼特著，朱泱、孙鸿敞、李宏、陈锡龄译：《经济分析史》第一卷，商务印书馆2007年，第132页。

正是十字军开启的这种彻底的去道德化运动，才能解释人类文明史上空前绝后的大规模奴隶贩卖、种族灭绝、社会达尔文主义和殖民主义意识形态，为什么会在文艺复兴时期萌芽、开花、结果，并由此在整个西方世界盛行好几百年。

换句话说，**文艺复兴起源于基督教世界的宗教堕落，而不是宗教自由；起源于人性泯灭，而不是人性升华。**

文艺复兴也是商业权力开始崛起并公开介入政治权力的过程。因此这个时期的艺术繁荣，是腐化的教会与宫廷权力开始利用"政府采购"方式来大兴土木的结果。著名哲学家尼采指出，**"文艺复兴证明了什么呢？证明了'个体'的国王只可能是短暂的，浪费太大了；连积累、资本化的可能性都没有，接踵而来是衰竭。那是这样一些时代，在那里，一切都被挥霍掉了，连人们借以积累、资本化、积聚财富的力量本身也被挥霍掉了。"**[111]

因此，流行教科书所谓"文艺复兴重视人的价值，反对以神为中心；提倡人权，反对君权；推崇个性自由和解放，摆脱基督教神学的束缚从而使得科学精神得以复兴"的说法，是片面的、偏颇的、扭曲的和不客观的；因为这种历史观没有显示意大利这个民族为获得这个吹起来的"成就"所实际付出的巨大代价，以及这个时期的"资本主义萌芽"背后所掩盖的许多历史真相。

首先，文艺复兴是天主教罗马教廷自上而下亲自主导和参与的结果。其次，人们的确因为历任教皇的腐败而对教会失去信心，但是文艺复兴时期的普通意大利人并不尊重科学。文艺复兴时期的大多数人文主义者把在古希腊受到维护的那些迷信、魔法、巫术继承和发扬光大。占星术特别受到自由主义思想家们的重视，达到了古代以来未有过的风行。因此罗素感叹道："**文艺复兴时期的意大利人，除达·芬奇及其他几个人外，都不尊重科学。**"[112]

事实上意大利文艺复兴时期的所有重大科学成果和科学思想都与战争有关，而

111　弗里德里希·尼采著，孙周兴译：《权力的意志》下卷，商务印书馆2007年，第1165页。

112　罗素著，马元德译：《西方哲学史》下卷，商务印书馆2008年，第7页。

与文艺复兴本身和宗教改革无关。这也可以从达·芬奇年轻时递交给米兰公爵的那封求职信中看出端倪（详见第六章）。马基雅维利《君主论》中最欣赏的文艺复兴时期政客，教皇亚历山大的私生子切萨雷·波吉亚（Cesare Borgia，1475—1507），在帮助法国占领了米兰和那不勒斯之后，在意大利中部为自己建立了一个独立王国，并于1502年至1503年期间聘请达·芬奇为他的军事建筑师和工程师。他为达·芬奇提供了一个无限制多次往返的特殊通行证，以检查和指挥其统治领地中所有正在进行的和计划中的军事建筑设施。在罗马涅期间，达·芬奇还设计了具有军事战略意义的从切塞纳到切塞纳蒂科港的运河。[113]

与达·芬奇一样，文艺复兴时期的艺术家都是传统的工匠转化而来，他们的技艺和艺术作品主要是为满足"政府采购"这个庞大需求应运而生的。而且艺术往往不是他们的主要技能，比如为佛罗伦萨城墙设计做出贡献的米开朗基罗写道："**我对绘画和雕塑知识不多，但是我拥有丰富的军事防御工事建筑经验。**"[114]

又比如文艺复兴时期的科学巨匠伽利略，长期与威尼斯兵工厂有合作关系，并于1593年正式成为兵工厂的私人科技顾问，专门负责对兵器和军舰的技术革新，因此对军事工程学做出了许多贡献。伽利略长期在兵工厂观察和试验炮弹运动，并帮助炮兵们改进炮弹射程。"炮弹以45度仰角发射时所跨越的距离最大"这样的经验规律和"力的平行四边形"法则是伽利略在威尼斯兵工厂时期与火炮长期打交道的过程中领会掌握的。

腐化堕落的道德风气，无政府主义的社会秩序，"一切皆可以成为商品"的市场交换原则，小城邦国家之间频繁的战争、军备竞赛和商业竞争，以及赢得这种战争和商业竞争的国家意志，一方面催生了意大利的艺术繁荣和资本主义市场经济，另一方面也催生了近代欧洲的国家竞争体系和来自王室对科学与宗教艺术的赞助

113　参见Rafael Sabatini, *The Life of Cesare Borgia*, 3rd edn (London: Stanley Paul, n.d.), p.291。

114　参见Kelly, Jack. *Gunpowder: alchemy, bombards, and pyrotechnics: the history of the explosive that changed the world.* (2004, p.74)

热情。[115]

意大利文艺复兴时期那些不断相互厮杀和相互吞并的大大小小的上百个城邦公国，就是一个未来欧洲国家竞争体系的雏形。他们之上虽然有一个统一的宗教信仰和教皇权威，但是这些城邦国家间的竞争是不承认任何道德规范和人本主义原则的。它唯一服从的国家竞争原则就是马基雅维利主义，即"成王败寇、一切皆可待价而沽"的实用主义原则。

但与此同时，得天独厚的地中海丝绸之路贸易枢纽的地缘政治位置，决定了意大利城邦国家之间的竞争也必然体现在商业上，也必然建立在重商主义原则上，也必然将商业利益作为统治精英追求的国家核心利益。正因为如此，这就决定了意大利文艺复兴时期的一切宗教权力和国家利益都可以用来出售和交换的商业主义行事原则。教皇任命充满了腐败和权色交易，红衣主教的任命充满了裙带贿赂关系，共和国长老和议会的选举充满了暗杀与金钱交换。这个无视一切道德的"一切皆可买卖"的原则是资本主义萌芽的种子，它也注定了意大利整个民族的政治命运：它很难实现统一，而且也预示了未来资本主义欧洲的大一统同样是不可能的。

秦始皇当年在春秋战国时期之所以能够吞并六国实现大一统，正是因为秦国用强大的法律杜绝了在国家利益面前"一切皆可交换"的商业原则。[116]换句话说，商业深深介入政治，意味着意大利很难出现一个能靠"卧薪尝胆"的自律精神使其强大、稳定到能够灭掉其他邦国而完成统一意大利这个历史使命的"秦国"。因此，四分五裂、各自为政、腐败盛行、一切权力和国家利益皆可出卖的意大利国家竞争体系，葬送了意大利的国家统一和长远经济前途，使得意大利城邦国家基于得天独厚的地中海和东方通商贸易所获得的商业、艺术、制造业、金融、军事技术繁荣，

---

115 事实上，资本主义市场经济与传统市场经济的唯一区别不是法律，而是前者对"商品"的定义没有了任何限制，可以包括婚姻、家庭、爱情、人格、官位、国土、宗教信仰（比如赎罪券）、奴隶、劳动力（比如卖身契）和土地。

116 许田波著，徐进译：《战争与国家形成：春秋战国与近代早期欧洲之比较》，上海人民出版社2009年。

都是昙花一现。

而如果不能实现统一，意大利每一个城邦国家的微小经济规模和人口规模，使得它们其中任何一个都无法与未来的欧洲大国竞争。这就注定了作为欧洲近代艺术、近代科学、近代商业、近代制造业、近代金融发源地和摇篮的意大利，成为其他欧洲列强屡屡入侵的对象，并导致意大利与十八世纪的工业革命无缘，以至于直到19世纪的1861年才实现国家统一，而且直到20世纪第二次世界大战时仍然是欧洲最贫穷的国家之一。

而后来崛起的欧洲民族国家，都恰好是因为吸取了文艺复兴时期意大利城邦国家的混乱无主、暗杀成风、小邦林立、黑社会笼罩的无政府主义所导致的沉痛教训才繁荣强大起来的。比如后来崛起的欧洲国家，都强化中央集权君主统治，弱化共和制和地方封建势力；强化职业军队和国家纪律，弱化局部商业利益；充分利用宗教意识形态和军事实力实现民族国家的统一；强调基督徒回归简朴节约的清教徒生活；从而实现了国家主导的重商主义发展战略和国家主导的市场经济原则。因此马基雅维利在《君主论》中基于意大利惨痛教训对欧洲君主提出的告诫和对统治术的歌颂，才在欧洲国王和君主中如此有市场。

这也就解释了为什么作为文艺复兴发源地的意大利，与后来18—19世纪的工业革命无缘了；解释了为什么直到第二次世界大战以后，首先开启资本主义的意大利却依然是欧洲最穷的国家之一。因为正如本书所要揭示的，工业革命是统一的国家意志恒久作用的产物。一个缺乏统一规模和与其他民族国家在战争、军事、财政以及商业争霸中决一雌雄的竞争能力的国家，谈何工业革命？

另外，文艺复兴期间路德新教在北欧盛行的原因，不是因为罗马天主教阻碍了科学的发展，而是因为已经堕落的天主教政权阻碍了自十字军东征和地理大发现以来全球殖民财富的"公平"分配，和各个参与打砸抢的欧洲国家的"正当"商业利益的获取。换句话说，新教在北欧国家成为一种国教，表面上是出于思想解放和宗教自由，而实际上是因为国家权力分配和经济利益斗争所致。

意大利罗马教廷的宗教堕落，使得"**君王们不久就看出来，如果他们自己领土**

上的教会完全变成为本民族的，他们便可以控制教会；这样，他们在本土上就要比以往和教皇分享统治权的时候更加强而有力。由于这一切的原因，所以路德的神学改革在北欧的大部分地区，既受统治者欢迎，也受人们欢迎"。[117]

反过来，处于文艺复兴中心（发源地）的意大利本土之所以没有产生宗教改革运动，也是因为同样的道理：因为意大利利用天主教垄断了整个欧洲的土地收益，宗教改革会极大地危及意大利的地租收入，从而严重打击意大利经济。

因此罗马的财富不仅靠教皇领地的岁收，而且靠整个天主教世界在欧洲和美洲殖民地敛集的献金。哪个意大利人对这个掌握着通向天国钥匙的神学体系表示异议而导致教会分裂，就难保不引起意大利的贫困化和经济坍塌，使它丧失在整个西方世界的地位。因此文艺复兴时期意大利的异端势力（人文主义者），并没有酿成罗马教会分裂，也没有引起任何要发起脱离教会的民众性运动，以至于梵蒂冈的权威能够维持到21世纪的今天。

然而，文艺复兴时期的城邦国家之间无法实现统一，并不意味着国家力量不在每一个城邦国家内部的艺术与经济繁荣中发挥巨大关键性作用。事实上，意大利文艺复兴时期的艺术繁荣，是城邦国家间统治精英在"大兴土木"方面相互攀比和竞赛的结果，因而同时也是每一个城邦国家内部两种强大力量（即"市场"力量和"政府"力量）共同作用的结果。

这两种力量决定了文艺复兴时期的"艺术市场"供求关系的基本模式。在"市场"力量的作用下，一大批艺术家之间激烈竞争来自同一个赞助商的项目，优胜劣汰，竞相获得那些代表"权力和金钱"的罗马教皇、王公贵族、寡头财团的青睐和雇佣，从而有机会奉献自己的劳动，通过创作出"权力和金钱所喜好和需要"的艺术作品而获得报酬。

换句话说，文艺复兴时期的艺术大师和艺术作品，都是通过"政府采购"的方式被拉动起来的，是为这个巨大的"宏观需求力量"应运而生的。因此文艺复兴时

117　罗素著，何兆武、李约瑟译：《西方哲学史》上卷，商务印书馆2008年，第19页。

期意大利艺术家的艺术作品，并不代表艺术家个人的自由意志，而是代表赞助商的他者意志和天主教廷的审美意向。这也是为什么文艺复兴时期的所谓"人本主义"绘画，体现的主要是宗教题材，而且主要是画在代表宗教最高权力的天主教大教堂的天顶和墙壁上的。

这也是为什么同时期作为意大利邻国的葡萄牙与西班牙，没有产生天才艺术家与流芳百世的艺术品的根本原因——因为这些地方缺乏国家力量对艺术产业的"竞争性"投入。哪怕作为开创大航海时代的葡萄牙和西班牙王室，纵然拥有发达的"商品市场"经济与全球贸易垄断力量，也不可能生产出超越自身"需求"的艺术家和艺术作品；除非还有"政府力量"的主动介入以及这些"国家力量"之间在艺术方面的有意识竞争。葡萄牙和西班牙王室没有这样做，它们聪明地将国家力量投向了航海事业，而不是华而不实的宫廷与宗教艺术。

因此，在文艺复兴时期意大利的"艺术市场"中，来自"政府采购方"的需求力量是主动方，来自艺术家的供给力量是被动方。需求产生供给，而不是相反。这也决定了意大利文艺复兴时期艺术作品的内容和形式必然是以宗教题材和宫廷生活为主。

通过这样的历史视角就即刻可以理解，艺术究竟是如何以及为什么在意大利历史上繁荣的根本原因了——它是某种国家力量提携、扶持和竞争的结果。其实，这种国家力量也正是"油画、雕塑、建筑、交响音乐"等艺术形式在17世纪路易十四时代的法国出现大繁荣的秘密（参见伏尔泰《路易十四的时代》）。因此，在那些缺乏同等程度的艺术繁荣的欧洲国家，比如文艺复兴时期的葡萄牙、西班牙、荷兰、英国，我们看到的其实应该是这种对艺术进行"扶持"的国家力量的缺位，而不是某种"专制主义"作怪或者古希腊文化传统的缺乏。

只有从这个角度，我们才能真正理解所谓中国近代长期的科学"缺位"背后的秘密。

这一重要启示，将会在本书第六章里指导我们去发现为什么一场"科学革命"会在17—18世纪的欧洲（而不是中国）爆发的原因；而且也同时揭示了为什么

"琴棋书画、诗词戏曲"等艺术形式在中国几千年历史上大繁荣的秘密。

以下就让我们来一层一层揭开流行历史观笼罩在文艺复兴这幅"蒙娜丽莎"肖像上的面纱，展示她迷人微笑背后的另一面真容，准确回答**罗素之问：为获得文艺复兴时期的那种伟大成就，意大利准备付出多少代价，忍受多少暴力、凶杀、战争、欺诈和混乱？**[118]

第一节　文艺复兴推动的"去道德化"运动

前面反复提到，文艺复兴是十字军东征运动的自然产物。十字军东征破坏了维系中世纪欧洲统一意识形态与政治秩序的道德原则。古代世界任何文明的社会秩序，主要是依靠体现道德原则的宗教信仰和官僚体系维系的。黑格尔说："**国家的核心原则，即组织和动员构成国家的个体的核心原则，是道德。**"[119]一旦道德原则遭到破坏，社会就处于动乱之中。按照人性的规律，"打砸抢掠"必然发展成为"烧杀奸淫"和无政府主义的"无法无天"，由此发展成为秉承"道德虚无主义"的个人主义和彻头彻尾的利己主义。

这种世俗主义的玩世不恭，是意大利文艺复兴时期的典型社会特征之一。

卖淫成为"必要的邪恶"

在天主教统治下的欧洲中世纪早期，因为遵从了《圣经》和摩西十诫里面提出的道德原则，人们的家庭关系和两性关系是检点和保守的。但是11世纪开启的十

118　罗素著，马元德译：《西方哲学史》下卷，商务印书馆2008年，第7页。

119　黑格尔著，刘立群、沈真、张东辉、姚燕译：《历史哲学讲演录》第二节"理性的基本命运"第56段，商务印书馆2015年。(https://www.marxists.org/reference/archive/hegel/works/hi/history4.htm#（3）)

字军东征运动放弃了这些道德原则，不仅打砸抢掠，而且烧杀奸淫，继而在商业投机精神的陪衬下开启了一个整个罗马和意大利民间都"肆无忌惮、荒淫无度"的文艺复兴时期。别忘了早在十字军东征时期就"**有成千上万的妓女跟在身后，每一个营地都养着自己的大妓院**"。[120]

因此在文艺复兴时期，意大利的卖淫活动变得十分普遍和猖獗，以至于卖淫成了意大利文艺复兴时期的普遍社会现象。这个现象迅速遍及所有主要的欧洲城市，从罗马到佛罗伦萨，从巴黎到伦敦，从阿姆斯特丹到里斯本，以至于整个欧洲都有大量的卖淫活动，高级妓女也逐渐发展成为一种特殊产业深深渗透进皇室和贵族的宫廷生活。

个别对此看不惯的统治者也无法阻止这个时代浪潮。事实上，当法国国王路易九世试图在民间制止它时，巴黎市民愤愤不平地抱怨说，如果没有妓女让男人们发泄，他们这些普通市民的妻子和女儿将在大街上不再感到安全，因为放荡不羁的粗野的性开放早已成为当时巴黎的社会风气。

这是为什么后来通过地理大发现和殖民运动遍布全球的白人殖民者们给殖民地人民的印象，总是伦理道德败坏、夫妻不忠、乱伦和性开放。欧洲殖民主义者把性病传播到了全世界，包括非洲、美洲、亚洲甚至那些鸟不拉屎的荒芜地区。可以说哪里有欧洲殖民者，哪里就有性病的传播。

因此，所谓"黑暗的中世纪"这个说法，是性解放之后的18世纪欧洲启蒙运动发明的，用于对中世纪天主教统治时期的禁欲主义生活的描述。然而今天的多数历史研究和历史学家已经倾向于认为中世纪并不"黑暗"，而是一个在科学、技术、建筑艺术等方面都颇有建树和伟大创新的时期。比如13—14世纪就是一个建筑艺术和科学取得长足发展的时期，直接奠定了意大利文艺复兴时期科学与建筑繁荣的基础。古希腊文献的拉丁文本在12世纪就已经在十字军东征期间通过与阿拉伯人

120　乔治·科斯特著，秦传安译：《文明的阴暗面：娼妓与西方社会》第二部分第四章，中央编译出版社2017年，第77—78页。

的接触而开始出现了。

　　那么文艺复兴以后，尤其是19世纪欧洲崛起以后的学者，认为中世纪是黑暗的，一定有其理由。这就是中世纪的家庭生活和社会生活太过于循规蹈矩，而文艺复兴是一次人的"天性"的大解放。但是在这个传颂了多年的故事背后却掩盖着这样一个历史事实，即文艺复兴是一次人类"物欲"的大解放和"肉欲"的"大放荡"。这不仅是一个犯罪率飙升的时代，而且是强奸、兽交、鸡奸、拐骗、妓女和多种性病（尤其是梅毒）开始在欧洲爆发和流行的时期。人体艺术（包括裸体油画和雕塑）在这个时期的广泛流行就不足为奇了，因为就连教皇和红衣主教都带头出钱赞助这种艺术活动。

　　也就是说文艺复兴这个"人欲解放"运动，在很大程度上也是由梵蒂冈带头的。事实上，欧洲近代史上第一部"色情作品"是梵蒂冈制造的。当时欧洲社会上流传一本由16幅非常裸露的色情画构成的画集，在整个大陆非常流行。而这个小画册里面的色情画不过是梵蒂冈卧室里浴室墙上的壁画的复制品而已。[121]

　　任何前往梵蒂冈的朝圣者都会在拉斐尔客房度过一段时光。这些梵蒂冈宫廷的接待室装饰着拉斐尔的标志性壁画和在他的工作室工作过的艺术家的作品。据传说，在这些梵蒂冈的陈列室以及教皇的公寓内，曾经陈列了现在丢失的西方世界第一批色情艺术品。其中有一间最大的客房，它现在的墙壁上描绘的是君士坦丁大帝的生活场景，这是第一位皈依基督教的罗马皇帝。可一些艺术史学家认为墙壁上曾经装饰过其他更加淫秽的壁画。[122]

　　然而这并不像听起来那么疯狂。事实上整个文艺复兴时期的"性""艺术"和

121　参见"Europe's First Pornographic Blockbuster Was Made in the Vatican"（https：//www.atlasobscura.com/articles/europes-first-pornographic-blockbuster-was-made-in-the-vatican）

122　参见"Europe's First Pornographic Blockbuster Was Made in the Vatican"（https：//www.atlasobscura.com/articles/europes-first-pornographic-blockbuster-was-made-in-the-vatican）

"宗教"总是紧密缠绕在一起的。

有传言称，著名画家拉斐尔曾经有机会成为教皇利奥十世的一名红衣主教，但在教皇任命他上任之前，却与年轻情妇过夜染上梅毒后因高烧而死。记录显示，罗马红衣主教们和神父们在罗马教堂周边拥有大量的"情妇房间"：那些房屋经常被没有姓氏的年轻女性所占据，她们都是一些被神父们圈养的匿名情妇。

在1431年至1449年之间举行的巴塞尔神父议会上，约有1 500名妓女为前来开会的神父服务。

在英格兰，温彻斯特主教在南沃克（Southwark）以他开办的大批妓院而闻名，以至于在他的22个妓院里的妓女被称为"温彻斯特鹅"（Winchester Geese）；任何被她们咬过的人都会染上梅毒。住在伦敦附近的英国人也光顾南沃克的妓院，因为他们知道这个区域是在坎特伯雷大主教和温彻斯特主教的管辖之下，因此可以放心嫖妓。

在1516年，某位红衣主教委托拉斐尔亲自装饰了一个墙上画有裸露仙女沐浴的浴室，画面中同时还有解剖学上露骨的山神在偷窥她们。[123]

早在13—15世纪，罗马以及阿维尼翁等地就都已经有大量妓院。先后在教皇英诺森八世（1484—1492）、教皇亚历山大六世（1492—1503）、教皇庇护三世（1503）和教皇朱利叶斯二世的早期担任司仪的伯查德，在1501年写下关于教皇亚历山大六世统治下的罗马：

> 在罗马社会上和教皇的屋子里，没有任何犯罪或可耻的行为不会在那里发生。……谁还可能对教皇在自己屋子里公开犯下的可憎的、恐怖的、淫荡的行为而惊恐不已呢？这些行为不仅仅是对上帝而且是对人的极端不尊重。强奸和乱伦行为不计其数，他的儿女们全然堕落，到处都是大批妓女，

123　参见"Europe's First Pornographic Blockbuster Was Made in the Vatican"（https：//www.atlasobscura.com/articles/europes-first-pornographic-blockbuster-was-made-in-the-vatican）

皮条客、卖淫和妓院充满了城市，这简直是可耻到了极点！[124]

不知道是先有民间的堕落才导致了教廷的堕落，还是先有教廷的腐化才导致了民间的腐化，反正文艺复兴时期的意大利社会，从上到下都烂透了。

前面提到的那本色情小册子有很多不同的书名，其中"时尚"这个书名是最受欢迎的一个。这本小册子也被称为《做爱的16种姿势》。无论它叫什么名字，人们都喜欢和传播它。后来在印刷术帮助下，罗马诺、雷蒙迪和阿雷蒂诺（Romano, Raimondi, and Aretino）这个艺术圈有名的三巨头制作了第一本被大批量印刷出来的色情画集。这些作品先是被广泛传播，最后是被广泛复制和翻印，然后是被广泛模仿。欧洲人的性开放由此而来。

文艺复兴时期的意大利还流行"鸡奸、兽奸"（sodomites），即除了同性恋之外，成年男人还强迫动物或男童与其发生性关系。这种公然违背人伦道德的行为在意大利流行到如此的程度，以至于当时的传教士贝纳迪诺（Bernardino）抨击说：**"即使是魔鬼，在看到这种罪恶时也会惊恐万状。"**

为了遏制在民间普遍流行的鸡奸、兽奸与同性恋行为，教皇、红衣主教和意大利城市政府的反应是"以毒攻毒"，即公开鼓励妇女卖淫，逼良为娼。他们的理由是：既然嫖妓、婚外情、通奸、同性恋、恋童癖、与动物通奸等现象到处流行，为什么不能在这所有恶行中选择一个相对"最轻"的罪恶并将其合法化呢？

124　参见http：//www.badnewsaboutchristianity.com/gfg_prostitution.htm#_edn4。Johannes Burckard. *Dietari secret*. Catalan translation, Valencia 2004, pp.418—422. cited by the CATALAN HISTORICAL REVIEW, 1: 63—79 (2008). Institut d'Estudis Catalans, Barcelona. DOI: 10.2436/20.1000.01.5 · ISSN: 2013-407X. http：//revistes.iec.cat/chr. 原文是："There is no longer any crime or shameful act that does not take place in public in Rome and in the house of the pontiff. [...] Who could fail to be horrified by the account of the terrible, monstrous acts of lechery that are committed openly in his house, with no respect for God or man? Rapes and acts of incest are countless, his sons and daughters are utterly depraved, great throngs of courtesans frequent Saint Peter's Palace, pimps, brothels and whorehouses are to be found everywhere, a most shameful situation!"

1403年，佛罗伦萨政府开办了一个促进卖淫的官方机构，以防止更严重的鸡奸和强奸幼童罪行的大肆流行。威尼斯政府于文艺复兴初期的1358年就已经使卖淫合法化，并在该市的商业中心里亚托（Rialto）创建了一个妓院区。

教会甚至宣称卖淫是一种"必要的罪恶"，借鉴了哲圣奥古斯丁的名言：**"如果你废除妓女，整个世界将被欲望所吞噬。"** 托马斯·阿奎那在13世纪同样宣称：**"如果卖淫被压制，人类的淫欲将会推翻整个社会。如果把世界上的妓女驱除走，那这个世界就会充满鸡奸罪行。"**

阿奎那将妓女比喻为王宫宫殿的下水道——如果没有它，那么这座建筑的污水会因无法排污而溢出来。因此，文艺复兴时期的意大利各个城邦国家政府都鼓励妇女经营妓院。比如教会在阿维尼翁建立了一座教堂妓院，里面的女孩们将一部分时间用于履行宗教职责，其余时间则用于帮助嫖客"看见上帝"。教皇朱利叶斯二世对这一安排印象深刻，以至于他在梵蒂冈也建立了一个类似的机构。[125]

这也是为什么当法国国王路易九世试图制止妓女现象时，巴黎的王公贵族会抱怨说如果没有妓女让男人发泄，他们的妻子和女儿走在街上将不再安全。

1490年罗马这个只有几万人口的城市，妓女就约有7 000人，这反映了教皇所在地对于这门"职业"的需求之大这个事实。这些妓女公开住在修道院和教会拥有的房子中，人们经常看到她们与祭司们一起走在街上。根据编年史家萨努多的说法，在威尼斯这个十多万人口的城市共有11 654个妓女。[126]

教皇们都如此，王公贵戚们就更加肆无忌惮了。为此，专门研究西方妓女史的英国历史学家科斯特说道：

　　自有妓女以来的历史上——这一职业得到公开的承认，并厚着脸皮按

125　参见Garn LeBaron Jr., "Sexual Relations In Renaissance Europe"（https：//garnlebaron.wordpress.com/sexual_relations_in_renaissance_europe/）

126　参见Garn LeBaron Jr., "Sexual Relations In Renaissance Europe"（https：//garnlebaron.wordpress.com/sexual_relations_in_renaissance_europe/）

照它真正的名号来描述它——其地位最高的时期，大概莫过于 14 和 15 世纪。隶属于皇家宫廷的妓院都是陈设奢华的套房，被挑选来给这些妓院增光添彩的女人，只要她们依然受到宠幸，都衣着讲究。负责管理皇家妓院的官员，其职责跟现代的皮条客别无二致，人们非但不把他看作可鄙而有罪的浪荡子、宵小之徒而避之唯恐不及，反而置于相当高的地位上，称之为"妓女之王"。他的女性助手——相当于现代妓院的鸨母——同样是视为宫廷官员，被赋予很高的权威和尊贵。……每一支移动的军队，通常有成群结队的妓女紧随其后。[127]

文艺复兴时期，婚姻关系通常始于暴力诱惑，这在法律上本来应该归类为强奸；但是如果男人强奸适婚年龄的年轻女孩后与她结婚，便是被认可和接受的，如果有惩罚也很轻。另一方面，从法律上讲，对未成年儿童、老人或亲戚的性暴力行为应该会受到更为严厉的惩罚。强奸是不平等的：平民对贵族妇女的强奸，或者普通妇女对贵族男性的勾引，这些都反而会得到法律最高的处罚，因为掌控与实施法律的贵族们对信奉基督教道德并不感兴趣，但对于捍卫贵族荣誉和家庭血统却很尽职。[128]

受过教育的妓女也能够利用自己的社交地位来提高她们在经济上的独立性。比如 16 世纪的罗马名妓图利亚·德·阿拉贡（Tullia d'Aragona）不仅出版了多本书，而且拥有许多房产。另一位威尼斯的名妓维罗妮卡·弗兰科（Veronica Franco），还是一位颇受大众欢迎的诗人。当法国的亨利三世国王在 1574 年访问威尼斯时，这个城市雇了名妓弗兰科来招待他。另一位名叫安吉拉·德尔·摩洛（Angela del Moro）的威尼斯名妓，成为著名画家提香笔下的维纳斯模特。这就解释了文艺复

127　乔治·科斯特著，秦传安译：《文明的阴暗面：娼妓与西方社会》第二部分第四章，中央编译出版社 2017 年，第 77—78 页。

128　参见 Garn LeBaron Jr., "Sexual Relations In Renaissance Europe"（ https：//garnlebaron. wordpress.com/sexual_relations_in_renaissance_europe/ ）。

兴时期那么多裸体油画和裸体雕塑的来历，里面的著名古希腊女神或性感人物都是由当时街上的妓女或男妓担任"价廉物美"的模特。

根据鲁格里奥（Ruggerio，1985）的说法，14世纪和15世纪，出现了两个性世界：一个是婚姻和生育的世界，另一个是强奸妇女、追逐妓女、诱惑修女和与男童进行性交的力比多世界。[129]在鲁格里奥描述的放荡世界中，卖淫在文艺复兴时期非常普遍，在所有主要城市中都可以找到，到处都有妓女、性犯罪者、性变态者和鸡奸者。

在中世纪和中世纪后期的法国，肛交也变得非常普遍，就像在古典希腊时期那样；按照历史学家的说法，丈夫们用妻子"后方多于前方，只利用前方生孩子"。[130]

在文艺复兴时期，金钱、妓女和宫廷艺术齐头并进。妓女的大批量供给使得画家能够以极其低廉的价格雇佣到人体模特，艺术家则用视觉艺术充分满足教皇和王公贵族对裸体女性的幻想，使自己完全能够依靠这些有权有势的雇主来生活；而反过来这些雇主或者"艺术赞助商"则通过提供大笔金钱来采购或创造这种艺术"需求"。

因此，文艺复兴时期油画的最大"消费群体"是教皇、红衣主教、公爵、贵族和政客商人，而不是普通百姓。一个从妓女到艺术家再到艺术赞助商的产业链自然而然地形成了，构成了意大利文艺复兴的一道独特风景线，与之相陪衬的是频繁的城邦国家战争和军阀政客们争权夺利的暗杀活动。

私生子泛滥现象

文艺复兴时期混乱的性生活和性暴力导致了大量私生子现象。19世纪研究意

129　Ruggerio, Guido. 1985. *The boundaries of Eros: Sex crime and sexuality in Renaissance Venice*. Oxford: Oxford University Press.

130　参见Garn LeBaron Jr., "Sexual Relations In Renaissance Europe"（https：//garnlebaron. wordpress.com/sexual_relations_in_renaissance_europe/）。

大利文艺复兴的第一位历史学家雅各布·布克哈特（Jacob Burckhardt），把文艺复兴时期称为 **"私生子的黄金时代"**。

有钱有势的男人（包括教皇、红衣主教、国王、共和国首脑、银行家、商人）经常带着许多情妇，与她们生下许多非法子女。这些私生子多数流落到社会，但是其中也出了一些名人，比如费德里科·达·蒙特费尔特罗（Federico da Montefeltro）、西吉斯蒙多（Sigismondo Pandolfo Malatesta）、莱昂内洛·德·埃斯特（Lionello d'Este）都是私生子，达·芬奇也是私生子。[131]

但是文艺复兴这个时期，既是名望家族的家谱被太多的婚外情产生的后代所爆满的时期，同时也是一个学者们用人文主义哲学修饰辞藻来理想化、纯洁化宫廷式爱情的时期。然而宫廷式爱情并不纯洁。欧洲王室婚外情在文艺复兴时期不仅不是秘密，而是政治力量运作和公认准则的一部分。王室婚外情不会产生任何丑闻，也许事实恰恰相反，是普通人茶余饭后普遍喜爱谈论的话题。王室成员和贵族男子拥有多个情妇是一个十分普通的、不起眼的现象。

有些有权有势的男人的情妇扮演了相当有影响力的角色，在外面呼风唤雨的能力甚至胜过原配夫人。他们的私生子中的一些人甚至最终可以继承父亲的名号。原配夫人的孩子经常与情妇所生的部分兄弟姐妹们一起抚养，多余的被送到国外接受教育。一般来说，情妇原来的家庭地位越高，其私生子的地位就越高。虽然这些后代中的一些私生子被法院所合法化，但是这并不一定为他们带来利益。情妇的"保质期"通常很短，即使在与男人发生外遇的过程中，男方并不一定专注，可能同时有好几个情人。被抛弃的情妇可能会回到他们原来的丈夫那里，或嫁给地位更低的贵族，或进入修道院当修女。但是这个关系并不对称，结了婚的贵妇人是不被有权

---

131 费德里科·达·蒙特费尔特罗（1422—1482）是意大利文艺复兴时期最成功的军事将领之一，从1444年起成为乌尔比诺勋爵（从1474年起成为杜克公爵），直至去世。西吉斯蒙多（1417—1468）是意大利文艺复兴时期的将领和贵族，从1332年起成为议员和两个封地的领主。他在1465年反奥斯曼帝国的战争中指挥威尼斯军队，也是艺术的赞助人。莱昂内洛·德·埃斯特（1407—1450）是费拉拉侯爵，摩德纳和雷焦·艾米利亚的侯爵，他是尼古拉·埃斯特三世和斯特拉·德·托洛梅的三个私生子之一。

有势的丈夫容忍在外面有外遇的。最高统治者的妻子如果被发现在外面有恋人，或者被处决，或者被投进监狱。对与之偷情的男方的惩罚也很严厉。但是王室的男人们却可以在外面任意风花雪月，私生子遍地。

因此，意大利文艺复兴时期的性开放不仅使得人口飙升，也造成了大批无家可归、无人养育的孤儿。满街流浪的孤儿大军是如此浩荡，对社会管理造成巨大压力，迫使政府和教会大办各种孤儿院来收养街上的弃婴和流浪孤儿。这使得欧洲文艺复兴时期的人口相当年轻，一半人口在十五岁以下，三分之一在八岁以下。由于儿童比例如此之高，整个社会面临巨大的生存危机、经济混乱、疾病流行，大量被遗弃的儿童和他们的生活困境成为中世纪晚期和文艺复兴初期的一个严重社会和政治问题。

教会的慈善组织早期提供小规模的住所，集中在一个收容所或一个妇女的家，但到16世纪这些安排远远无法满足需求，因此各种大型孤儿院应运而生。尽管这些机构不能提供家庭温暖和母爱，尽管许多孩子死在孤儿院城墙内，但意大利天主教城市中的善男信女、神职人员和教会机构做出了巨大的努力，拯救了许多脆弱的生命。[132]

与此同时，在文艺复兴时期的性混乱中也开始流行一种柏拉图式的爱情。这些充满激情但没有身体接触和任何幽会机会的爱情，发生在文艺复兴时期的文人墨客与上层贵族家庭的女性（妻子、女儿）之间——尤其是因为直接勾引这些女性是严重犯罪，而且她们的丈夫整天在外面厮混的情况下。另外，毕竟人的心理学规律决定了，得不到的东西才弥足珍贵。文人墨客在妓院花钱买到了肉欲，也还想同时拥有那些街上贫困卖春女子不具备的更加"高贵"的味道，而这些味道似乎在上层贵族女性身上才能够找到。反过来上层贵族女性在整天在外嫖妓的丈夫身上也得不到关怀，因此也需要寻找其他安抚的来源和心灵慰藉。这种以中世纪宫廷式浪漫来演

132　参见KATHERINE, A.L., 2005. *Abandoned Children of the Italian Renaissance: Orphan Care in Florence and Bologna*。

绎的爱情，在当时引起了知识阶层的广泛兴趣和热烈的赞同，特别是在佛罗伦萨。佛罗伦萨人使不可实现的对高贵美丽女人的热爱与倾慕，回到一种骑士与王子的理想，在这种理想中，骑士们通过对所服务的女主人或男主人夫人的热爱而巩固了对主人的忠诚，也就是后来启蒙时代卢梭在《爱弥儿》中描写的他自己和华伦夫人的关系。西方掌权者也顺便通过这种"柏拉图"式恋爱方式使得夫人或女儿获得公众爱戴，从而巩固其在社会上的民心和地位。

这种泛滥的浪漫爱情也是今天为什么西方的总统夫人和女儿会陪同总统出席各种公共与外交重大活动的缘故，也是西方人动辄逢人就轻浮地说"我爱你"的缘故。

在商业化时代，一切东西和承诺都大大贬值了，因此可以很廉价地给予和获得。

但是文艺复兴时期的现实生活却是极其丑陋的。艺术和浪漫只不过是对现实的一种掩饰、逃避和升华。在文艺复兴时期的戏剧中，私生子通常是一个非常强大和破坏性的人物。我们只需要想想英国伊丽莎白时代的私生子所遭遇到的种种社会暴力、羞辱、歧视，就可以意识到更加原始落后的意大利文艺复兴时期私生子的社会地位和待遇，及其对当时的社会道德和法律体制提出的挑战。文艺复兴时期文学和戏剧研究专家，艾莉森·芬德利（Alison Findlay）专门研究过16世纪和17世纪的私生子现象。她是《非法权力：文艺复兴戏剧中的私生子》（曼彻斯特大学出版社，1994年）和《文艺复兴时期戏剧的女性主义观点》（牛津，布莱克韦尔，1999年）的作者。她通过对文艺复兴时期戏剧文本的研究展示了非法两性关系和私生子如何威胁解构父权社会的一些基本原则。

马克思和恩格斯也在《共产党宣言》中说道：

> 意大利曾经是第一个资本主义民族。因此从意大利开始，资产阶级在它取得统治地位的地方把一切封建的、宗法的和田园诗般的关系都破坏了。……它使人和人之间除了赤裸裸的利害关系，除了冷酷无情的现金交

易，就再也没有任何别的其他联系了。……它把人的尊严变成了交换价值。……我们的资产者不以他们的无产者的妻子和女儿受他们支配为满足，正式的卖淫更不必说了，他们还以互相诱奸妻子为最大的享乐。资产阶级的婚姻实际上是公妻制。

而这正是文艺复兴时期意大利社会的特点。这一特点拉开了欧洲近代资本主义文明史的序幕。那是一个彻底"去道德化"的物欲与肉欲文明，没有封建时代田园诗般的美感可言。而且它却同时充满了罗素说的"暴力、激情与横溢的才气"。

在毫无底线的宗教暴力和毫无底线的道德堕落这两个潘多拉盒子打开以后，出现了意大利这颗欧洲文明新星的爆发，但很快也导致了它的毁灭。

意大利文艺复兴繁荣期间，欧洲的每一个君主都想用暴力"霸凌"意大利，贪图它的财富、激情和美色。1494年，法国国王查理八世踏上了征服意大利的征程。高耸的阿尔卑斯山山脉也无法阻挡法国雇佣军对意大利的"热情"。据说这次征服之后法国雇佣军把"梅毒"带回了欧洲，因此梅毒在英国和德国被称为"法国病"，而在法国则被称为"意大利病"。意大利人也找了一个替罪羊，把它称为"哥伦布病"，声称是由哥伦布从美洲印第安那里带回来的。自从法国之后意大利成为欧洲近代史上被入侵次数最多的国家和民族，连哲学家罗素都为之愤愤不平。意大利这个开启了欧洲文艺复兴时代的民族，这个被恩格斯誉为"需要天才而产生了天才"的艺术民族，由于它的荒淫无度、唯利是图、勾心斗角、相互暗杀，因而无法完成马基雅维利所期盼的国家统一，无法出现拿破仑这样的盖世雄才，最终不仅与15—16世纪的地理大发现无缘，与17—18世纪的科学革命无缘，也与18—19世纪的工业革命无缘，还在二战之前出了一个遗臭万年、沦为笑柄的傀儡总统墨索里尼。

梅毒与性病传播

也许在文艺复兴时期，没有什么东西比性病的传播那样彻底改变了欧洲，特别是梅毒的蔓延所导致的深远变化。

梅毒是一种螺旋体细菌或者由梅毒螺旋体引起的传染病，通常通过阴道、肛门或口腔的直接接触而传播。梅毒还可在怀孕期间从母亲传染给婴儿。在没有发现抗生素的年代，感染梅毒的结果或是成为长期的梅毒携带者，或者是死亡。

感染通常经历三个时期，刚被感染后往往处于一种无痛性溃疡时期，在生殖器黏膜和皮肤周围形成局部脓疮和溃疡，有时还会出现在嘴唇和口腔。溃疡可能在四到八周内消失，然后进入二期。这时全身大部分皮肤会出现皮疹和脓疮，包括手掌和脚底。通常，梅毒的继发症状除口腔、肛门、生殖器黏膜和周边皮肤的溃疡外，还伴有发烧、嗓子疼、淋巴结肿大、斑块性脱发（大面积脱发甚至体毛脱落）等。这些症状在首次出现后的几周内可能会缓解。它们可能还会在更长的时间内多次反复；未经治疗，继发性梅毒可发展到潜伏期和三期。三期梅毒可通过多种方式表现出来，它可能引起精神错乱和在人体许多组织中出现类似肿瘤的包块。三期梅毒可影响多种神经组织和内脏系统，包括大脑、中枢神经、眼睛、心脏、血管、肝脏、骨骼和关节。梅毒侵入神经系统的患者可能长时间无症状，或者症状可能会逐渐显现。这些症状包括精神状态改变、精神错乱、头痛或癫痫发作、视力丧失等。梅毒的症状取决于受影响的器官系统。而且梅毒可在感染的任何阶段侵入神经系统，病毒也可能在发展的任何一个阶段侵入眼睛视神经系统，导致永久性失明。梅毒造成的内脏器官损害通常会导致死亡。

梅毒螺旋体细菌还可以通过胎盘和分娩过程从孕妇转移到胎儿。婴儿由母体通过怀孕导致的先天性梅毒是很严重的疾病，除了各种难以忍受的先天性病变以外，还经常威胁生命。这些先天性疾病包括先天性鼻梁缺失、面部神经和肌肉溃烂、器官病变、牙龈和牙齿畸形、骨骼畸形、生殖器和皮肤溃疡等等。

欧洲人对于梅毒的起源一直没有达成共识。欧洲学者中最流行的荒唐说法是，梅毒起源于美洲，是哥伦布1493年将这个病毒从美洲印第安人那里带回意大利，然后通过法国入侵意大利的雇佣军回家后在欧洲广为流传的。少数人则认为梅毒以前是一种相对无害的生物体，但是在文艺复兴时期蜕变成了一种致命的病原体。另

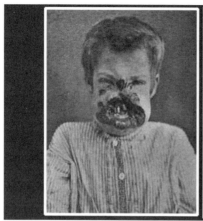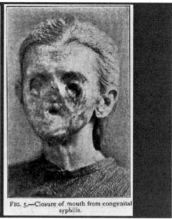

FIG. 5.—Closure of mouth from congenital syphilis.

通过母体怀孕而被感染梅毒的后代（https：//www.bizarrepedia.com/congenital-syphilis/）。

外一种说法是在15世纪以前梅毒一直存在，比如在古希腊和古罗马，只不过一直被误认为是麻风病。

而最新的证据推翻了流行的"哥伦布"假说：在2015年，奥地利科学家宣布他们已经在奥地利维也纳附近的一个古罗马城市圣波尔滕（St. Polten），掩埋于14世纪早期（公元1320年）的一堆骨骼中，发现了先天性梅毒感染的骨骼，为历史悠久的辩论增添了新的证据。[133]

请注意著名艺术大师丢勒于1496年创作的一幅关于梅毒的早期作品（下图）。作品上方的日期是1484（哥伦布航海之前）；不过这可能是指星象，而不是创作日期。按照星象学，1484年是代表不吉利的天蝎座出现的事件，该疾病被作者认为是不利的星象的产物。人物肩膀左右两副徽章分别是纽伦堡市的徽章。但是如果绘画

133　奥地利研究人员在一座掩埋于公元1320年的墓地里的儿童骨骼中发现了先天性梅毒的证据。这个证据表明并不是哥伦布把梅毒从美洲印第安人那里带回来的。参见Gaul, Johanna Sophia, et al. "A probable case of congenital syphilis from pre-Columbian Austria." *Anthropologischer Anzeiger* 72.4 (2015): 451—472. 媒体报道参见http：//www.dailymail.co.uk/sciencetech/article-3330186/Columbus-did-NOT-bring-syphilis-Europe-Disease-remains-child-died-170-years-voyage-America.html。

1496年的这个木刻描绘了两个梅毒患者，一个女人在床上，一个男人坐在一个凳子上，都覆盖着病变后的皮肤。一位医生举起了一个已经抽样分析的女人尿液瓶，另一个医生则将一个含汞的药膏涂在男人的腿上（https：//www.the-scientist.com/?articles.view/articleNo/38985/title/Syphilis--Then-and-Now/）。

表明在1496年的德国纽伦堡已经出现了这种疾病，而哥伦布航海归来是1492年底，则间接说明梅毒不是由哥伦布从美洲带回——因为不会传播如此之快抵达德国，而是早已经在欧洲开始流行，只不过当时还不知道是什么疾病而已。

　　无论梅毒起源于哪里，它是由于在文艺复兴时期欧洲的妓女和同性恋泛滥才成为欧洲一个新的瘟疫，并在16世纪初蔓延到欧洲的每一个国家和城市——这才是最需要解释的历史事实，但我目前没有发现历史文献对这个问题进行严肃探讨。而且欧洲人随后又把这种病毒带到了他们在全世界的殖民地，包括非洲、拉丁美洲和亚洲。

　　为了掩饰这个从文艺复兴开始就一直带给欧洲"文明人"的尴尬，很多后来的西方学者以讹传讹，把梅毒的起源归罪于美洲的印第安人，由哥伦布带回欧洲。但是这个假说根本不能解释为什么梅毒在欧洲的白人中爆发和流行而却没有在美洲的印第安人中爆发和流行这个事实。不管这个病毒的来源如何，其实西方医学如此发达，他们要想证明梅毒来自印第安人非常容易，就像2015年奥地利科学家对维也纳附近的古墓所进行的研究那样，可以很容易在美洲大陆印第安人古老的墓穴中发

德国文艺复兴时期的著名版画和油画家丢勒（Albrecht Dürer）于1496年描绘的一位梅毒患者，满身都是脓包和皮肤溃疡（Public Domain, https：//commons.wikimedia.org/w/index.php?curid=1819475）。

现梅毒的蛛丝马迹。退一万步说，即便病毒的确来自美洲大陆，如果没有极其混乱的性生活与广泛的性犯罪活动，这个性病不可能在欧洲如此广泛地流行开来。而且请注意，梅毒在没有被很好认识之前很容易与其他疾病混淆，而且最早是在15世纪末的意大利被记录、发现和流行开来，而同一时期的意大利正好也是文艺复兴的发源地而且处于文艺复兴的高峰时期——那可是一个强奸、通奸、鸡奸、乱伦和妓院遍地开花的地方。哥伦布返航以后首先到过西班牙，但是梅毒并没有最早在西班牙流行开来。

前面提到的那个十分流行的关于法国军队在15世纪末期攻进意大利以后将梅毒带到欧洲其他城市的说法，也很难成立。因为首先这些士兵需要光顾大量的妓院或通过大量婚外情才能使梅毒在欧洲各大城市迅速传播，而这些士兵都不过是腰无半文的是穷苦农家子弟，作为雇佣兵退役以后回到农村继续种地，哪有金钱和时间去城里光顾妓院，或与相隔几十里远的农家妇女偷情。只有商人才既有财力也有时间去各大城市游荡，由于长期离家在外，他

们最有需求逛妓院，而且"吃喝嫖赌"很符合商人的天性。因此梅毒在欧洲的爆发需要两个条件：大量的妓院和大批的商人作为传播梅毒的中间人。而这两个条件正

好是文艺复兴早期的意大利首先具备的。

商人阶级的涌现与教廷、皇室和贵族的腐朽生活很快同流合污，使整个欧洲进入了彻底"去道德化"的世俗时代，即所谓文艺复兴在欧洲的普及时代。这个时代的最大特征之一就是色情泛滥和贵族与商人阶层通过对色情的艺术升华来获得的另外一种满足。这种通过艺术对色情的间接满足比通过肮脏的妓院获得的直接满足更能够与传统宗教对贵族妇女（妻子女儿母亲）的三从四德的要求相吻合。

在梅毒爆发的早期特别具有破坏性，大概是因为人类对梅毒不具备天然的免疫力。患者的皮肤和内脏通常有开放性溃疡，伴随急性发热，严重头痛，强烈的骨关节疼痛和精神恍惚等症状。在疾病的晚期阶段，梅毒有机体会侵入大脑，导致精神错乱和疯狂。在发明抗生素以前，欧洲人用带有剧毒的汞银来治疗梅毒。汞银在欧洲宫廷之所以成为常备药物，就是这个道理。但是用汞治疗梅毒往往加重了死亡率。

目前传说中被认为感染过梅毒的西方名人包括：意大利探险家克里斯托弗·哥伦布（1451—1506）、英国国王亨利八世（1491—1547）、大文豪威廉·莎士比亚（1564—1616）、美国国父乔治·华盛顿（1732—1799）、法国皇帝拿破仑·波拿巴（1769—1821）、音乐大师贝多芬（1770—1827）、奥地利作曲家舒伯特（1797—1828）、美国总统亚伯拉罕·林肯（1809—1865）、大文豪托尔斯泰（1828—1910）、法国画家爱德华·马奈（1832—1883）、哲学家弗里德里希·尼采（1844—1900）、法国作家莫泊桑（1850—1893）、荷兰印象主义画家梵·高（1853—1890）、意大利政治家墨索里尼（1883—1945）、德国元首阿道夫·希特勒（1889—1945）、美国总统约翰·肯尼迪（1917—1963）等等。[134]

梅毒感染的另外一个后遗症就是严重脱发。文艺复兴后的近两个世纪以来，从国王到贵族，从法官到知识分子，假发在整个欧洲风靡一时，这得归功于梅毒性病的流行。由发臭的马尾和动物毛发做成的假发使人特别不舒服，不仅破坏形象，而

134　名单来自互联网讨论梅毒的多个网页。

且破坏头发卫生。因此如果不是由于梅毒导致的严重脱发，假发永远不会在欧洲流行起来。

到1580年，即文艺复兴浪潮席卷整个欧洲的阶段，梅毒已成为自黑死病以来打击欧洲社会最为严重的自然力量。根据英国医生威廉·柯洛斯（William Clowes）的说法，几乎"无限多的"梅毒病人堵塞了伦敦的所有医院，而且每天都有大批普通的性病患者被排除在外。在抗生素还没有被发现的年代，梅毒受害者面临性病各个阶段的全面冲击：局部皮肤黏膜溃疡，满身的异常恶心的皮疹，失明、痴呆、疯狂和斑片状脱发。秃顶这个特别破坏颜面的特征因此席卷了欧洲大地。

威廉·柯洛斯是英国第一位系统接触和研究梅毒的医生和病理学家。1579年他发表了第一个关于梅毒的文字记录，表达了他对梅毒患者的极大愤怒和不容忍：

> 我抗议那个促使我撰写这本书的根本原因，不是为了鼓励那些因沉迷于通奸罪和淫乱的罪恶中而烂透了的东西，而是要告诫他们迅速改变自己的生活，以免上帝在他正义的怒火中那天发威，使得这一疾病根本无法治愈。这种肮脏欲望下的瘟疫感染是一种非常可恶、麻烦、危险和令人讨厌的疾病，它蔓延到整个英格兰，并且我认为已经在全欧洲泛滥。它证明了上帝对那肮脏的淫秽罪恶的公义愤怒，这种罪恶是这种感染的最初原因，它滋生了它，哺育了它，传播了它。[135]

威廉·柯洛斯称梅毒患者为"卑鄙的动物"或"淫荡的邪恶野兽"，并指出梅毒是许多流氓和流浪汉的野兽病。他对这个问题的解决方案是提议让英格兰的地方法官对此病"定罪"，并"对他们处以侮辱性的严厉惩罚，这才能使邪恶的人，而不是我们这些旁观者，感到恐惧。"

新教徒的宗教改革思想在北欧地区的迅速普及至少也部分归功于梅毒的祸害。

135　引自Davenport-Hines，1990，p.30。

因梅毒导致的普遍脱发而流行于欧洲宫廷、贵族、法官上等阶层的假发（http：//mentalfloss.com/article/31056/why-did-people-wear-powdered-wigs）。

梅毒流行病引起的混乱、恐慌和社会焦虑可能刺激了新的道德感的增长。梅毒对卖淫产业产生了巨大影响。当梅毒在整个英国蔓延时，各地政府当局迅速关闭了当地的妓院。妓女成为欧洲社会的新式麻风病人。

由于梅毒的一个后遗症是大面积脱发，而这是在大庭广众面前极为尴尬的事情，尤其是对于国王、女皇、王后以及达官贵人们。出于对梅毒泛滥的恐惧，自然长发因此成为一个令人崇敬的优雅的荣誉和洁身自好的象征，而秃顶的男女则可以背上任何骂名。因此梅毒患者不敢向公众显示他的头部，这对于他们来说是非常可耻的。这样一来，天然头发在那个时代的欧洲便具有巨大的社会心理价值。

因此，梅毒的爆发引发了一场假发制造业的长期繁荣。受害者用假发掩盖他们的秃头，还有脸上脖子上那些血腥溃疡。假发由马鬃、马尾、猪鬃、山羊须或人发制成。为了掩盖臭味，人们将薰衣草或任何时髦的香气材料做成的香粉混在假发里，从而刺激了香水的研究和创新。虽然十分常见，假发在文艺复兴早期并非一种时尚的象征，而只是遮掩耻辱的一种必需品。多年以后经过王室和商业的努力，尤其是假发价格的疯狂飙升，才使得假发开始成为时尚、财富和社会地位的标志。

梅毒在英国的伊丽莎白女王时代泛滥成灾，据估计，伦敦有近20％的人口受到梅毒感染。以至于莎士比亚在他的戏剧中提到梅毒的次数比任何其他疾病都多，他使用的是"无尽的疾病""麻风病""肮脏疾病""西班牙痘"和"法国病"这样的词汇。也有人认为莎士比亚本人可能患有梅毒，因为他的作品中多次提到梅毒和梅毒症状的详细描述。由神经性梅毒引起的精神病症状的患者表现出妄想、幻觉、情绪不稳定和疯狂等行为。

长期以来，欧洲的战争也与梅毒的快速传播有关。比如在17世纪初的三十年战争中，来自欧洲各地的雇佣兵所到之处无恶不作，除了打砸抢掠逛妓院，还到处挨家挨户强奸良家妇女。欧洲几百年战争中士兵们的各种兽行是人类历史上极其罕见的，完全是十字军东征的延续，只不过这种兽行被施加到了信奉同一宗教的民族上。

法国国王路易十四也遇到因梅毒而脱发的尴尬局面。当路易十四的头顶开始变薄时，他才17岁。担心秃顶会伤害他的名声，路易十四雇用了48位假发制作者来拯救他的形象。五年后，英格兰国王（路易十四的堂兄）查理二世（Charles II）模仿了这一做法（两人都被怀疑染上了梅毒）。朝臣和其他贵族出于被迫或自愿立即跟着效仿。他们都戴上假发，使这一"时尚"传遍了法国和英国的中上阶层。因为来自宫廷、贵族、有钱嫖妓的商人阶层的巨大需求，假发的价格变成天价而成为一种奢侈品，使得戴假发起到类似目前拎LV包那样的炫富作用，显示欧洲最新的一种时尚就这样在梅毒的影响下诞生了。

谋杀、行贿受贿和贪污腐败

伏尔泰在长篇历史名著《风俗论》中谈到文艺复兴时期的意大利时说道：

> 迷信之外，加上毒杀、行刺，这些就是当时意大利各民族的特点。他

们擅长复仇，却不擅长打仗。下毒的人很多，士兵很少。自从奥托大帝统治意大利以来，这个美丽的国家的命运就是如此。机智、迷信、无神论、假面舞会、诗歌、背叛、宗教虔信、毒药、暗杀，几个伟大人物，无数精明强干然而都没有好下场的恶人，这就是当时的意大利。……从来没有一个时代出现这么多谋杀、毒杀、背叛和荒淫无耻的行为。[136]

罗素对此十分认同："**旧道德规律不再受人尊重；城邦邦主一大半都是通过变节背叛获得地位，靠无情的残酷手段维系统治的。枢机主教受邀请赴教皇加冕礼宴时，他们唯恐食物被投毒，自带酒和酒童。除萨万纳罗拉以外，在这时期难得有一个意大利人为公众的利益冒任何牺牲。教皇腐化的祸患有目共睹，但是毫无对策**。"[137]

的确，在文艺复兴时期的意大利，命不值钱。暗杀和谋杀不仅充满意大利民间和各国宫廷，而且渗透了罗马教会和教廷，就连红衣主教和教皇都经常参与或者被谋杀。

文艺复兴时期最臭名昭著的谋杀案是对美第奇家族两兄弟的刺杀。参与刺杀的密谋者不仅来自帕奇家族，也来自罗马教廷的最高宗教领袖。原名罗韦雷的西克斯特四世是当时的教皇。教皇西克斯特为了帮助他的侄子热罗姆·里阿里奥扩张其势力，费尽了气力和心机。教皇认为，要统治意大利就必须消灭美第奇家族。一个定居罗马名叫帕奇的佛罗伦萨银行家是美第奇家族这两兄弟的仇敌，也建议教皇暗杀他们。热罗姆·里阿里奥的兄弟拉斐尔·里阿里奥被派去佛罗伦萨指挥这个阴谋活动，并由佛罗伦萨大主教萨尔维雅蒂制订全盘计划。忠于这个大主教的教士斯提凡是杀手之一。他们选择在罗马大教堂举行隆重复活节仪式的时刻来刺杀美第奇家族的成员和他们的朋友。他们计划在牧师和教徒们举起圣餐面包的时刻行刺，因为信

136　伏尔泰著，梁守锵等译：《风俗论》（中）第一零五章，商务印书馆2000年，第401、405页。

137　罗素著，马元德译：《西方哲学史》下卷，商务印书馆2008年，第16页。

徒们这时正专心致志,并且跪着,无法及时阻止行凶。

伏尔泰为此评论道:"一个教皇、一个大主教、一个神甫策划了这样一宗谋杀,并且选择他们的上帝在教堂显现的时刻来执行。当我们看到这些,我们对于当时无神论盛行也就不会有什么怀疑了。平民百姓崇拜基督教奥义,权贵人物和政治家却把它不当回事。"[138]

被刺杀的主要对象朱利亚诺·美第奇和洛伦佐·美第奇,是科斯莫·美第奇的孙子。那个复活节的星期天在佛罗伦萨大教堂有大约1万名信男信女前来做弥撒,这两兄弟将在这1万人面前被公开刺杀。帕齐和教皇相信,采用公开暗杀手段将有利于向世人宣告他们对佛罗伦萨的无可争议的统治权,并向美第奇家族和其朋友们发出威胁信号。

当牧师和一万名教徒们举起圣餐面包的时刻,一个刺客冲上前去疯狂地用匕首刺杀朱利亚诺,朱利亚诺当场死亡而刺客还误将自己的腿刺伤了。但是被指派杀死洛伦佐的那个人仅仅因为犹豫了一刹那,结果让洛伦佐逃脱了,只是颈部受些轻伤。

洛伦佐幸存下来后为兄弟报了仇。同情美第奇家族的佛罗伦萨人把他们所抓到的所有罪犯全部处以极刑。佛罗伦萨大主教被高高吊死在高大建筑韦基奥宫的窗户外,在炽热的托斯卡纳阳光下暴晒。刺客们被剥光衣服并遭殴打,赤裸裸的身体最终成为被愤怒人群残酷虐待的对象,以至于参与谋杀的著名佛罗伦萨大主教的头颅和牙齿都陷入了他的同谋弗朗切斯科·德·帕齐的大腿肉里。斯提凡被人在佛罗伦萨大街上拖着,砍了手脚,剥了皮,最后被吊死。教皇则向佛罗伦萨宣战,对佛罗伦萨人进行了讨伐战争。最后这场战争由于美第奇家族的谨慎对待而避免了。[139]

另外一次著名谋杀发生在1516年,一群心怀不满的枢机主教策划密谋暗杀教皇。众所周知,利奥十世教皇患有肛门瘘,必须每隔几天进行治疗。红衣主教阴谋

---

138 伏尔泰著,梁守锵等译:《风俗论》(中) 第一零五章,商务印书馆2000年。

139 马基雅维利《佛罗伦萨史》第八卷第二章对美第奇家族两兄弟的刺杀案有较为详细的描述。

将毒药放进他的绷带，从而通过肠道由下而上地杀死他。

但是暗杀阴谋败露，肥胖的教皇大怒。派出一个穆斯林杀手杀死了房间中的一名枢机主教；其他人被捉拿后拴在高头大马身上拖在石头地上，飞奔穿过罗马的街道，他们的肉被磨烂并最终被烧红的炽热钳子夹出来撒满在地上。

与伏尔泰一样，罗素认为意大利文艺复兴时期统治者那种凶残和不讲信义的行为，即便在18—19世纪甚至20世纪上半叶的欧洲国家竞争体系中，也会使得统治者丧失成功的资格。因为手段太残暴、太过于赤裸裸，恐怕就连希特勒也会感到自愧不如。

读到这里，我们不妨思考一个问题：今天那些已经通过战争资本主义完成了原始积累和工业化的西方国家，强迫要求落后的非洲、美洲、亚洲、中东穆斯林国家，放弃**有道德底线**的传统文化或者社会主义道路（比如古巴、朝鲜），采纳西方的资本主义制度，那么这些落后国家是否需要模仿十字军东征的打砸抢"圣战精神"去欧洲掠夺，并经历文艺复兴一样的社会腐败？如果不通过十字军一样的打砸抢掠和文艺复兴一样的腐败堕落，落后国家是否还能够顺利发展出资本主义？恐怕结果常常是，这些国家在实施市场化改革并放弃传统的保守主义文化以后，很快具备了文艺复兴一样的腐败堕落，却没有能力走上资本主义规模化大生产的康庄大道——因为科学革命与工业革命都需要战争锤炼出来的国家能力来为本国制造业创造统一大市场，而这些落后国家根本不具备发展"战争资本主义"国家能力的国际环境和政治条件。

第二节　马基雅维利和诗人但丁

文艺复兴时期的社会混乱与道德堕落的程度堪比古希腊[140]，但却没有出产能与古希腊匹敌的思想家，也没有出产能够与后来17—19世纪欧洲齐名的思想家，而

140　罗素著，马元德译：《西方哲学史》下卷，商务印书馆2008年。

尼科洛·马基雅维利（Niccolò Machiavelli，1467—1527）或许是唯一例外。[141]

思想是时代的产物和反映。马基雅维利的思想也是如此。

文艺复兴时期意大利的道德堕落和官场腐败到了如此惊人的程度，以至于马基雅维利坚定地认为"文明人几乎一定是不择手段的利己主义者。"而且，就连未开化的英国也流行这样的谚语："一个意大利化的英国人，就是魔鬼的化身。"文艺复兴时期的意大利市民文化，使得马基雅维利相信："我们可以对所有的人性做一个一般的描述：他们忘恩负义，善变，撒谎和欺骗，他们趋利避害，贪婪地逐利。"[142]

同理，文艺复兴时期的微型国家间的残酷竞争，使得马基雅维利提出了关于如何获得国家统治权力，和如何在获得这个权力以后进行统治和治理的理论，撰写了《论李维》《佛罗伦萨史》和《君主论》等书，其中《君主论》最为出名。马基雅维利通过分析古罗马历史上和文艺复兴时期的意大利各城邦国家的统治术和政权更迭，在其著作中为想要获得权力的野心家，制定了作为一个绝对统治者应该如何获得和维持权力的指南。后来的历史学家有人称马基雅维利为现实主义的大师，也有学者称他为共和主义的杰出代表，更有人称其为一个多元自由主义者。他被一些人视作是一个极其玩世不恭的人，被另一些人视为是一个满怀激情的爱国者，还有一些人视他为强烈的民族主义者，或者一个政治阴谋家和吹捧暴君的无耻之徒。[143]

流行观点认为："马基雅维利之所以作为近世最重要的政治思想家，就是因为他从自然人性观念出发的政治学，却除了古代希腊罗马至善的德性政治学，开创了西方现代政治科学。"[144]但是人们没有意识到，恰好是十字军东征结束后的意大利文艺复兴运动本身，恰好是道德底线和道德权威在意大利社会的彻底崩溃，才呈现给

141　中世纪晚期和文艺复兴初期的诗人但丁（Dante Alighieri，1265—1321）除外。但是我们会在后面谈到但丁。

142　罗素著，马元德译：《西方哲学史》下卷，商务印书馆2018年，第25、40页。

143　参见潘子阳"马基雅维利政治现实主义思想及其局限——基于《君主论》的文本分析。"

144　参见肖欢容、李众"马基雅维利政治现实主义思想探析。"（https：//www.sohu.com/a/210878689_618422）

马基雅维利一个没有任何道德原则支配的社会形态，来观察国家和政治究竟是如何运作的。这也是为什么马基雅维利的政治学说，能够成为未来欧洲各国政治家理解欧洲社会的"显微镜"，因为欧洲的社会道德早已经被文艺复兴清除得干干净净了，**因此才成为资本主义诞生和萌芽的理想土壤**。

再说一遍，资本主义只能诞生在彻底去道德化的社会形态中。这才是资本主义产生在西方而不是东方的秘密。

因此，马基雅维利是17世纪英国政治思想家霍布斯的先驱。

15世纪的意大利乱世，为马基雅维利的政治理论提供了很多素材。马基雅维利根据当时的历史素材揭示城邦国家是如何得来的、怎样保住的、怎样失掉的。他指出城邦国家实施的共和制，其统治者（被马基雅维利称为帮主）没有几个是合法上台的，甚至在不少情况下连教皇也是凭仗贿买手段获得选任的。

马基雅维利认为统治者应该愿意不惜一切代价来维持统治，而不必担心良心和道德的谴责。他还认为，好的统治者应该懂得让人民畏惧而不是爱戴；统治者应该敏捷而果断地做出决策；统治者应该以任何必要的方式保持权力。目的是手段合理性的最佳证明。

马基雅维利的一系列著作，尤其是《君主论》，后来成为欧洲所有君主必读的统治术和治国方略，就像中国的《战国策》和《孙子兵法》一样。《君主论》也是拿破仑在南征北战军旅生涯中（包括被囚禁时期）随身携带的宝书，并留下一本《读书笔记》。[145] 然而说句实在话，《君主论》远远不能与中国的《战国策》《孙子兵法》《资治通鉴》相比。这也的确体现了欧洲文明极其短暂的历史所不可避免的肤浅。

但是马基雅维利英明地预见了欧洲未来在中央集权的君主制下，实现统一的"民族国家"时代的来临，认为这是实现国家强大和经济繁荣的最好途径。他因此呼吁意大利出现一个强悍的、能够统一意大利的、具有强大政治手腕的人物。他曾

145　尼科洛·马基雅维利著，刘训练译注：《君主论（拿破仑批注版）》，中央编译出版社2017年。

把这个希望寄托在美第奇家族身上。马基雅维利因这些思想而成为霍布斯的先驱。

马基雅维利认为，意大利如果想要崛起，就必须实现统一，就需要一个强大的中央集权——因为商业文化会产生道德堕落和巨大离心力，但是已经商业化的社会又很难再依靠宗教来纠正道德堕落，因为教皇和教会已经堕落贪污腐化了。然而如果意大利想要和任何欧洲其他大国竞争，就需要一个特别会玩弄权术的君王来完成统一大业。马基雅维利实质上是希望意大利城邦国家出现一个拿破仑或秦始皇这样的霸主来一统天下，哪怕不择手段、残忍无比、玩弄权术但能实现伟大目标，也是值得的。

1494年到1512年，马基雅维利在佛罗伦萨共和国担任第二秘书厅秘书长等职务，其间曾出使西欧国家和意大利各城邦国家。这段经历让他感慨法国中央王朝的强大和意大利的四分五裂。四分五裂的意大利无法整合资源形成统一大市场，因此根本不具备规模经济效应和规模政治效应与其他欧亚大国竞争，因而马基雅维利预感意大利民族被其他欧洲大国统治是早晚的事情。

在一个彻底失去道德和信仰的"人为财死，鸟为食亡"的商业社会，国家的分裂和沦亡是不可避免的。马基雅维利认为："**人们同我们罗马教会的宗教首脑越接近，信仰就越不虔诚。……我们意大利亏得罗马教会和它的祭司们，才成了不敬神的败类；但是我们还受它一个更大的恩惠，一个终将成为我们毁灭的根苗的恩惠，那就是这个教会一直使我们国家四分五裂，现在仍然四分五裂。**"[146]

马基雅维利的意思是，为了实现国家统一，必须有宗教虔诚和信仰，但是意大利教廷因自身的腐败破坏了人民对这个宗教信仰的虔诚。这也解释了新教在北欧地区兴起并获得国家力量支持的原因，因为北欧国家的王室可以利用新教来重新统一国家和人民的思想。这也是为什么后来的天主教涌现出了实行自我改革的运动和"耶稣教会"，这个天主教改革运动维护了天主教的权威，并用它来重新实现和维持了西班牙的统一和法国的统一与强大。

146　罗素著，马元德译：《西方哲学史》下卷，商务印书馆2008年，第21页。

马基雅维利呼吁美第奇家族将意大利从法兰西和西班牙"蛮人"手中解放出来。在20世纪哲学家罗素看来，"意大利统一的好处显而易见，但帮主们却不会联合起来。异族统治的危险近在眼前，然而每一个意大利帮主在与其他帮主的任何一次争执里，还情愿祈求任何外国强权的援助，甚至祈求于穆斯林土耳其人"。马基雅维利号召意大利城邦国家实行专业化的国民常备军，抛弃不可靠的雇佣军制度。他说："一切武装的先知胜利了，没有武装的先知失败了。"

马基雅维利直言不讳地否认一般公认的道德。做统治者的如果总是善良，就要灭亡；他必须狡猾如狐狸，凶猛像狮子。当守信有好处时，统治者应该守信，否则不要守信。统治者有时候必须不讲信义。

> 但是必须学会把这种品格掩饰好，必须习惯于当一个冒充善者、口是心非的伪君子。人民头脑那么简单、那么容易顺从眼前需要，因此欺骗人的人总会找到愿意受骗的人。我只举一个近代的实例。教皇亚历山大六世除骗人以外一事不干，他旁的什么事也不想，却还找得到骗人的机会。再没有谁比他更会下保证，或者比他发更大的誓来断言事情，可是再也没有谁比他更不遵守保证和誓言了。然而因为他深懂得事理的这一面，他的欺骗百发百中。所以说，为统治者的并不必要条条具备各种传统美德，但是非常有必要显得好像有这些品质。[147]

意大利邦国瓦伦蒂罗的公爵切萨雷·波吉亚（又译作博尔贾），在传统上被民间认为是邪恶和奸诈的典型代表，他为了在意大利中部建立一个独立国家，使用了非常手段而从不顾及道德与忠诚。然而《君主论》中的理想君主就是以波吉亚为原型设计的。在《君主论》的第七章，马基雅维利重点论述了切萨雷·波吉亚如何依靠父亲亚历山大六世教皇的非法庇护与偏袒成为瓦伦蒂罗公爵（他是教皇的私生

147　罗素著，马元德译：《西方哲学史》下卷，商务印书馆2008年，第22页。

子），他几乎统一了意大利全境，最终因为父亲病重而自己遭人下毒，在同新任教皇尤利乌斯二世的权力斗争中功败垂成。

由于教皇亚历山大六世的支持，波吉亚于1499年开始征服罗马尼阿，继而占领伊莫拉、富尔利、里米尼、法恩扎、乌尔比诺等邦国领地，进而窥视佛罗伦萨属地阿雷佐。马基雅维利目睹波吉亚施展阴谋诡计掠取领土，暗杀别国君主，假手司法体系斩杀权臣，建立国民军取代雇佣军，使得他认为他找到了可以统一意大利的理想统治者，因此成为《君主论》中反复吹捧和渲染的新君主典范。

马基雅维利认为君主无论通过什么方式夺权上台，利用一切手段实现国家的秩序是一种最高的善。比如他赞赏波吉亚缺乏诚信的行为：在夺取政权后，波吉亚转身就用强力手段清除了他今后执政的障碍，即使这些障碍当初是帮助他上台的友军。比如波吉亚担心扶持自己上位的奥尔西尼和法国势力会成为自己执政的障碍，上台以后即刻清洗了奥尔西尼和科隆内家族在罗马的势力。波吉亚的狡猾与勇敢使得他几乎统一了意大利全境，当时身在佛罗伦萨的马基雅维利在波吉亚的身上寄托了他对意大利新君主的期望：无论多么恶劣而残酷的手段，只要有助于秩序的恢复和意大利的统一，这样的君王无疑是"良善"的。因为目的可以为手段辩护。

马基雅维利认为君主永远不要奢望用今日的恩惠使得仇人忘记旧日的屈辱，认为这是君王最大的忌讳。比如他批评波吉亚居然支持他自己的仇敌当上教皇。事情发生在1503年，当时教皇亚历山大六世和私生子波吉亚被人在酒中下毒遭到暗算，教皇去世，波吉亚病入膏肓。老教皇死后本应该是庇护三世继承教皇的皇位，但是也很快去世，由此波吉亚作为一支重要的政治势力居然支持他往日的仇敌朱利奥二世（又称"尤里乌斯二世"）继位。按照马基雅维利的政治利益分析，西班牙人与波吉亚负有同盟义务，罗阿诺也是法兰西的支持者，波吉亚应该支持西班牙人或者罗阿诺担任教皇，而不是选择自己往日的仇敌。

马基雅维利在《君主论》（第12—13章）中阐述了他的军事制度思想：身处乱世，君主必须手握重兵才能结束纷争，实现秩序，即使是圣人也无法凭借自己的说教使得人民遵纪守法。马基雅维利还论证了雇佣军的危害，因而提出必须建立正规军制度。他尤其向统治者指出，必须将法律和军队作为国家的统治基石，而且军队比法律显得更为重要。**"如果没有良好的军队，那里就不可能有良好的法律。"**[148]

马基雅维利还阐发了一个思想，即军事应该成为君主唯一的专业。"君主除了战争及其规章制度和训练之外，不应该有其他的目标、其他任何的思想，也不应该把其他任何事情作为自己的技艺，因为这是发号施令者应当关注的唯一的技艺。"（《君主论》第14章）。他认为意大利内乱的重要原因之一就是雇佣军的横行，他们战斗力低下且毫无军事纪律。而且外国援军常常反客为主，成为外部势力趁机干预意大利政治的抓手。"如果没有自己的军队，没有哪个君主国是安全稳固的。"（《君主论》第13章）[149]

因此，当务之急是在强有力的新君主指挥下，建立一支独立的国民军，从而摆脱外部势力干预，平息国内叛乱，建立一个统一的国家。马基雅维利认为一个称职的君主，除了对自己国家的山川河流、地形地貌了如指掌之外，即便在和平时期也应该思考战争艺术。拿破仑作为征服过意大利的军事指挥家对此点评道："我不正是因为忠实地遵从了你的建议才取得了这样的成就吗？""我甚至连睡觉的时候都在思考战争，如果有时我还能睡上一会儿的话。"[150]

马基雅维利认为，君主必须明晰如何妥善地使用残酷的手段。"为了自己安全的需要，可以偶尔使用残暴手段，除非它能为臣民谋利益，其后决不再使用。"霸术可以用来统一国家，若无必要不可用来治国。而王道仁政则应该在获得政权后与日俱增，让百姓慢慢品尝君主给以的利益，使其感恩戴德。

在《君主论》（第17章）中，马基雅维利还论述了君主残酷与仁慈的本质，认为君主应该是人与兽的混合体，作为人时利用法律进行斗争，作为兽时勇敢如狮狡

148　尼科洛·马基雅维利著，刘训练译注：《君主论（拿破仑批注版）》第十二章，中央编译出版社2017年，第152页。

149　参见潘子阳"马基雅维利政治现实主义思想及其局限——基于《君主论》的文本分析"。

150　尼科洛·马基雅维利著，刘训练译注：《君主论（拿破仑批注版）》第十五章，中央编译出版社2017年，第191页。

诈如狐。法律的手段常常存在缺陷，君主必须使用野兽的手段，以此达到政治目的。"因此，君主必须是一头狐狸以便识别陷阱，同时又必须是一头狮子，以便豺狼惊骇。"君主的统治术无外乎就是法律和武力的结合，手段取决于政治利益，而不是其他。

有意思的是，当马基雅维利在论及如何征服和管理其他被征服的国家时说："任何征服这些地方的人想要保有它们，就必须关注两个方面的问题：一方面是，要灭绝它们过去君主的血脉关系（Ⅱ）；另一方面就是，不要改变它们的法律或税赋（Ⅲ）；这样，在一个非常短的时间内，它就会同他们已有的君主国浑然一体（Ⅳ）。但是，如果那些被征服的国家处于一个在语言、风俗习惯和秩序上都不同的地区，那么就会产生种种困难（Ⅴ）。"

拿破仑在一次征服意大利（马基雅维利的祖国）的路上阅读《君主论》，在以上引文里标有罗马数字的地方评论道："（Ⅱ）**我将促成此事**。""（Ⅲ）**马基雅维利真是幼稚。它能如我这般了解强大的帝国吗？很快我就会在他的家乡托斯卡给他上一课，还有皮埃蒙特、帕尔马、罗马，等等**。""（Ⅳ）**我没有采取这种软弱的措施，照样取得了相同的结果**。""（Ⅴ）**又是蠢话！用武力！**"[151]

拿破仑当然丝毫没有贬低马基雅维利的意思，因为他认为"**塔西佗写的都是小说，吉本的书冗长啰嗦，只有马基雅维利的著作才是真正值得一读**"。[152]这也是为什么《君主论》被拿破仑读过许多遍，出征时也随身携带。

马基雅维利还提出殖民主义主张，认为对外殖民是解决贫困、内斗、不团结和人口过剩等社会危机的最好手段：

在古代共和国和君主国那些早已废弃的伟大而高明的制度中，有一种制

151　尼科洛·马基雅维利著，刘训练译注：《君主论（拿破仑批注版）》第三章，中央编译出版社2017年，第20—21页。

152　尼科洛·马基雅维利著，刘训练译注：《君主论（拿破仑批注版）》"前言"，中央编译出版社2017年。

度曾经促使城市和市镇陆续建立起来。引起一位伟大的君主或治理得很好的共和国最关心的，同时也是使某一地区受益最大的事情，莫过于为了共同的便利和防御把人们吸引到一起的新殖民区的创立了。这种事情并不难办到，只要把人们送到新占领的或荒无人烟的地区去就行了。这样移民不但可以促使新城市的建立，保证新占领区的安全，而且还可以使一个行省内的居民分布合理。这样，居民由于可以得到最大限度的舒适生活，从而繁殖迅速；不但愿意应召进攻别国，而且在保卫本土方面也可靠得多。但由于一些君主和共和国的做法不明智，这种习惯早已废弛；随之而来的就是土地的衰败和破坏。因为，这种殖民制度原是使帝国安全、地区繁荣的唯一途径。王侯在新占地区建立的殖民地就如同要塞或岗哨，它可以使居民忠诚顺从，因而使国家得到安全。任何一个地区，如果没有殖民这一条规定，就不可能把这个地区完全占领，也不可能使居民保持适当的分布。因为各地有益健康的程度不同，有的地方必然人口过多，其他地方则无人居住。如果不设法把增殖太快的地方的人口抽调到人口过于稀少的地方，那么，后者将荒无一人，前者人口将拥挤不堪，从而使整个国家很快就遭破坏。而且，因为大自然不会解决这种失调现象，只有人们勤劳的努力才能解决。不利健康的地方一旦移入大量人口，就会变得有益健康。土地一经耕种就会肥沃丰产，烧火就会使空气清洁——这些救治方法是大自然无法提供的。威尼斯城就可以证明这种说法正确。该地原来是一片不利健康的沼泽地带。后来只是因为集中了大量勤奋的移民，才变成一个有益健康的所在。比萨也是这样，由于那个地方的空气原来很不卫生，因而从未拥有足够的居民；直到后来萨拉森人破坏了热那亚并使它的河流无法通航，致使热那亚人大批移居比萨，才使比萨这个城市兴旺富强起来。相反地，如果不采取殖民办法而想保有新占地区，必然十分困难。一些没有人居住的地方仍然没有人住，而人口繁殖太快的地方又无法减少。因此，在全世界特别是在意大利，和古代比较起来，有许多地方已经荒芜。究其原因，完全是由于帝王已无心于真正光辉的事业，疏忽大意；共和国也漫不经心，失去值得称赞的好制度。在古代，由于殖民制度的运用，经常有新城市出现，已有的城市则进一步扩大。佛罗伦萨的情形就是一个例子。它开始时是菲埃索莱城；后来由于不断殖民，才扩大为佛罗伦萨。[153]

值得注意的是，马基雅维利很少在他的著作（包括《佛罗伦萨史》）中对文艺复兴时期的艺术繁荣和艺术大师做任何评论，甚至没有提到过他们，也没有提及任何关于意大利艺术繁荣的事情。为什么？目前为止还没有看到任何一位历史学家对此提出过疑问。与马基雅维利（1467—1527）同时代的艺术大师是很多的，包括达·芬奇（1452—1519）、米开朗基罗（1475—1564）、拉斐尔（1483—1520）、桑德罗·波提切利（Sandro Botticelli，1445—1510）、提香（1490—1576）这些在今天如雷贯耳的名字。虽然这些人中的绝大多数都与佛罗伦萨有关，但是马基雅维利的《佛罗伦萨史》居然没有提及他们，也没有提及佛罗伦萨的艺术繁荣。[154]

为什么？这恐怕不是因为马基雅维利对艺术不感兴趣，因为他的《佛罗伦萨史》是一部百科全书式的关于佛罗伦萨这个文艺复兴时期最伟大城市的书。或许唯一可能的解释是，文艺复兴时期的所谓艺术繁荣在欧洲历史上的"重要性"，是几百年以后才被欧洲历史学家重新"发掘"出来的。比如卡尔·雅各布·克里斯托夫·伯克哈特（Carl Jacob Christoph Burckhardt，1818—1897）是19世纪欧洲著名艺术史和文化

153　尼科洛·马基雅维利著，李活译：《佛罗伦萨史》第二卷第一章，商务印书馆1982年。

154　佛罗伦萨画派在13世纪末期的意大利已经初步形成，由佛罗伦萨画家乔托（1266—1337）创建。早期的代表画家有马萨乔（1401—1428）和波提切利（1445—1510）。佛罗伦萨画派在14世纪中期到15世纪中期这100年间迎来了鼎盛时期，产生了达·芬奇（1452—1519）、米开朗基罗（1475—1564）、拉斐尔（1483—1520）文艺复兴"美术三杰"，是佛罗伦萨画派黄金时期的代表人物。其中要数达·芬奇的贡献最大，他首先发明了绘画的"焦点透视法"，接着又把医学中的解剖学融合进绘画创作里，后来又把美学中的"黄金分割法"和物理学中的"光学原理"不断吸收到油画创作里。米开朗基罗在油画和雕塑两个领域都有突出成就，对古希腊雕塑有很深研究，把雕塑技法主动吸收到油画里。拉斐尔善于从现实生活里寻找创作题材，打破了长期以来油画以宗教题材为主的局面，让油画在表现世俗化、生活化的风格上提升了一大步。

史学家。他被称为欧洲文化史之父，因为是他"发现"了意大利文艺复兴期间的艺术繁荣对于理解欧洲文明的伟大历史意义。20世纪的著名历史学家和建筑评论家吉格迪翁（Sigfried Giedion）用以下术语描述了伯克哈特的伟大成就：他是"文艺复兴时期的伟大发现者（着重号由本书作者所加），他首先展示了如何完整地对待一个时期，不仅要考虑其绘画、雕塑和建筑，还要考虑到社会。以及日常生活中的各种制度。"伯克哈特最著名的著作是《意大利文艺复兴时期的文明》（1860年）。

弗里德里希·尼采（Friedrich Nietzsche）是伯克哈特的同时代人和朋友，对伯克哈特特别敬佩。这两个人都是叔本华的崇拜者。因此，当代人之所以一谈起文艺复兴就必然谈起那个时代的艺术作品和艺术家，很可能是被这一批19世纪的欧洲思想家重新"发掘"和"塑造"出来的，因为在这之前的欧洲历史上，人们并不总是像叔本华和尼采这样对待文艺复兴时期的"艺术成就"的。

早期欧洲人对待历史的态度还可以从以下事实看出端倪。文艺复兴时期的文学能够蓬勃发展，在很大程度上归因于约翰内斯·古腾堡。1455年，古腾堡（Gutenberg）用可移动字母印刷机印刷了第一本书。可类似印刷术这样的伟大发明原先被欧洲学术界误以为是近代欧洲文明的最高荣誉，他们据此宣称，古希腊人和罗马人没有任何东西可以与之相比。

可是后来当葡萄牙水手和西班牙传教士的报道开始从东方流传回欧洲之后，人们才知道这些发明在中国已经存在了数百上千年，而且这些技术也是在几百年以前通过阿拉伯和蒙古人从中国传过来的。

实际上直到19世纪下半叶以后，西方学者才逐渐开始承认并将这些发明归功于中国。比如19世纪的传教士兼汉学家约瑟夫·埃德金斯（Joseph Edkins，1823—1905）将中国与日本进行了比较，他指出，日本所有的优秀创造中从来没有像造纸、印刷、指南针和火药这么重要的发明。埃德金斯的这些评论发表在1859年的《雅典娜》杂志上，该文比较了中国和日本的当代科学技术。[155]

155　参见https：//en.wikipedia.org/wiki/Four_Great_Inventions#cite_ref-athens_33-0。

　　最终要到20世纪，通过著名的英国生物化学家、历史学家和汉学家李约瑟（Joseph Needham，约瑟夫·尼德姆）的《中国科学技术史》的权威论证和知识普及，中国四大发明才获得西方世界的普遍承认与认知。

　　而且事实上，欧洲近代文化、科学、技术、商业等各个方面的繁荣，在很大程度上都是向东方学习的结果，包括阿拉伯文明和中国文明。比如早在十字军东征初期，欧洲人便通过对包括花刺子密（al-Khwarizmi）在内的阿拉伯穆斯林学者及其学术著作的翻译，向西方介绍阿拉伯穆斯林的学术成果。这一时期，除对阿拉伯穆斯林在科学领域，尤其是数学和化学方面所取得的成绩表现出仰慕之情外，并没有太多欧洲中心主义杂念，因为那时候的欧洲非常愚昧落后。诚如英国当代学者约翰·霍布森所言：**"达·芬奇、菲奇诺（Marsilio Ficino）和哥白尼在沙蒂尔（ibn al-Shatir）、花刺子密以及纳西尔·艾德丁·图西（Nasir al-Din al-Tusi）的类似成就面前居于下风，瓦斯科·达迦马在东方航海家面前相形见绌。"**[156]

　　这从中世纪法国国王路易九世，在第七次十字军东征（1248—1254）中败给阿拉伯军队，被俘后通过巨额赎金被释放回到法国后，说的一段话中也可看出端倪：**"显然，通过战争手段是无法战胜和制服穆斯林的。因此，必须将武力发起的战争转变为在信仰和思想领域的战争。对欧洲学者而言，除了展开对伊斯兰文化的研究以外，别无其他选择，因为，战胜伊斯兰思想的武器就是来自对伊斯兰文化的研究。"**[157]

　　这或许是为什么马基雅维利的著作中没有提及佛罗伦萨的"艺术成就"和"艺术大师"的原因，因为这些艺术成就和艺术大师对于马基雅维利所处的那个时代而言，或许并不算什么，也不重要，尤其是与当时欧洲人所仰慕和作为学习模仿对象的东方文明的成就相比。况且，文艺复兴当时的艺术家大多是一批被教皇、宫廷和

156　John M. Hobson. (2004) *The Eastern origins of Western civilisation*. Cambridge university press, "Preface and acknowledgement," p.1.

157　引自蔡伟良："对东方学研究的研究"，《阿拉伯世界研究》2013年3月第2期。

有钱有势的贵族所花钱雇佣的"御用文人"，其作品也是一些人们厌倦的《圣经》内容，而且是用凡夫俗子才喜欢的类似"小人书"绘画的形式来表达的，从而也没有什么可夸耀的。

因此就连但丁（Dante Alighieri，1265—1321）这位文艺复兴初期的第一位诗人和作家，也没有提及他同时代那些正在引领新时代"绘画革命"的画家们。这场"绘画革命"和它的"意义"或许是被19世纪的欧洲中心主义思想家们"发现"的。

关于这一点，从前面提及的达·芬奇给米兰公爵的一封求职信中也可以看出来。达·芬奇在这封信中，为了获得公爵统治者的聘用，列出了他所有的技能和才华，但中间没有专门提及或者强调他的艺术才华。相反，他在信中详细描述和重点突出的，是他关于军事和工程知识方面的才华。

事实上，但丁之后的文艺复兴时期的艺术大师们关于上帝和《圣经》故事的艺术表达是非常肤浅的，不可能受到追随奥古斯丁和亚里士多德这样的哲学大师的学者们的推崇。比如当时的艺术家们在油画中用一个衣衫单薄的有凡人肌肤的白发老头代表万能的上帝，代表这个被中世纪神学家和哲学家视为万物缔造者和超人类智慧之源的宇宙"绝对精神"，对这个哲学概念的任何具象表达——比如古希腊脸谱化的众神——都会被视为一种偶像崇拜。但是文艺复兴时期，这个抽象的"绝对精神"却被米开朗基罗等艺术家画成了一个老头，有红尘间一切不高雅的特征：头发、胡子、鼻孔、嘴巴、肚子、脚趾等肉体部位和遮羞的衣服。而另一方面，文艺复兴时期的雕塑不过是古希腊雕塑的复活而已，在艺术形式上并非什么革命性的创新。估计这些因素是导致马基雅维利和200年后的伏尔泰都没有"发现"文艺复兴时期那些宗教艺术的"伟大之处"的原因。整个文艺复兴时期，欧洲中心主义还没有流行，因为西方基督教文明毕竟还处在幼年期，离完成对东方文明的赶超还差十万八千里。

不过，马基雅维利在《佛罗伦萨史》中反复提到了但丁这位诗人、艺术家和语言大师。这不是因为他在马基雅维利看来比任何东方诗人伟大，而是因为但丁不仅仅是一位划时代诗人、文学家和语言大师，更重要的，他还是一位文艺复兴初期最杰出的政治评论家和政治活动家。

其实，作为一位才华横溢的语言大师，但丁在《神曲》中对上帝和天国的描写，本可以像达·芬奇和米开朗基罗那样非常"具象"，比如将上帝描写为一个白发苍苍的慈善老头，穿着长袍，并将天国的幸福生活描述成摆满酒肉的免费筵席，充满裸体希腊女神的陪伴。可是这样的肤浅即便不触犯宗教裁判所的法规，也是不可理喻的浅薄，就连给小孩讲解《圣经》时也不会用如此"具象"的方式来刻画造物主和天堂的幸福。只有在一个道德堕落和灵魂变得肤浅的时代，才可以想象教皇、红衣主教、神学家、艺术大师们将上帝和天国描绘成滚滚红尘中凡夫俗子的样子。人们能够设想中国历史上的画家和诗人将老子《道德经》中的"道"画成一个白发老头吗？人们可以用表象艺术体现玉皇大帝和王母娘娘，但是却不能用这个肤浅形式来体现老子的"道"。

作为对比，让我们看一看但丁在《神曲》中是如何描写天国和上帝的。但丁在《神曲》的《天国篇》中，描写了他经历了地狱、炼狱之后的天国之行的终极目标，在于见到三位一体的上帝。他在描写自己在天国所见时，并没有像他同时代和后来的艺术大师们那样，把上帝的形象描绘成有鼻子有眼的白发老人。他深知那样做势必降低上帝那至高无上的形象。为了解决这个艺术上的难题，他采用了纯粹象征的手法。《天国篇》所描写的是非物质的、纯精神的世界，因此自然界所能感知的景物，除了作为比喻外，不可能在那里出现。为了表现自己所见的超凡入圣的情景和天国里那些灵魂们的喜悦，但丁不得不广泛地利用自然界最空灵的现象——光——来描写天国的景象。这些境界的描述既真实得犹如身临其境，又抽象得只有灵魂深处的灵性才能体验。这是但丁与达·芬奇、米开朗基罗等艺术家的最大区别之一。其实，达·芬奇和米开朗基罗并非不知道用具象的白发老头来代表上帝时所体现出来的肤浅，但他们是奉教皇和赞助商之命在进行艺术创作的，那是一种金钱交易和雇佣关系，不是艺术家自由意志的自由表达；事实上他们都不是虔诚的基督徒，因此他们的宗教油画作品里是没有哲学意境和灵魂的，但却被19世纪的欧洲艺术史家和思想家们赋予了"高深"的哲学意境和灵魂。

　　而但丁不仅仅是一个虔诚的基督徒和语言大师，而且更是一位政治批评家和思想家。但丁所处的时代是13世纪末和14世纪初，当时十字军运动早已结束，意大利正在进入一个被后人定义为"文艺复兴"——即重新发现古希腊——的时期。当时的意大利在政治上处于分裂状态，北部小邦林立，名义上隶属神圣罗马帝国，实际上都是一些几千至几万（最多十几万）人口组成的独立邦国与村庄。这些小邦国之间和内部由于利益冲突，时常发生家族或村庄间的械斗和内战。意大利半岛中部是教皇领地，教皇既是教会的最高权威和精神领袖，又是拥有世俗权力的封建君主。教皇为了扩张自己的势力和领土，经常运用各种手段插手小邦国之间和它们内部的纷争。罗马教皇和他控制的教皇国之外还有一个神圣罗马帝国，这个帝国的皇帝一般从德意志诸侯中选出，但在法理上拥有对意大利的统治权。因此，教皇和皇帝之间长期存在着尖锐的领土矛盾和权力斗争。

　　诗人但丁出生在佛罗伦萨，这个城市共和国是当时意大利最大的手工业中心，以呢绒和丝绸行业著称，金融借贷业也很发达，人口6万—7万，是意大利当时最富庶的城市。由于看到意大利处于纷争混乱的状态，希望探索祸乱的根源和实现国家统一的途径，决定以写作来唤醒意大利人民和精英，给意大利指出政治上和道德上的复兴之路。因此，但丁不仅创作了《神曲》这部宗教寓意很强的政治作品，还创作了多部其他政治性作品，包括《论俗语》《筵席》《帝制论》等。

　　《帝制论》写于1310—1312年，[158]以亚里士多德三段论逻辑推理方式，系统地阐述了但丁关于为什么天下必须实现大一统的理论，论证了帝制的必要性，指出只有在皇帝的中央集权统治之下，每一个个体的正义、和平、自由、智慧才能得到实现和保障。但是由于主张政教分离，认为皇帝应该由上天的"天意"指派，激烈反对罗马教廷拥有对欧洲各国君主的任命权，《帝制论》于1585年被天主教教会列为禁书。

---

158 《帝制论》又可译为《天下一统》或《帝国》，商务印书馆翻译成《论世界帝国》（但丁著，朱虹译：《论世界帝国》，商务印书馆1985年。）

但丁指出，全人类文明的普遍一致的目标是全面地、不断地发展人类智力，使人类在一切科学和艺术方面有所作为，有所创新。要实现这一目的，需要世界和平。而要实现世界和平，就必须建立一个统一的中央集权的君主国家。只有在这样的世界帝国里，才能解决世上所有国家之间的纷争，实现和平与正义的统治，充分发挥人的智能，使其过上幸福生活。

但丁在书中主张政教分离，规定由两个权威主导人类的物质和精神事务：皇帝根据哲学原理负责引导人类走上现世幸福的道路；教皇根据基督教启示的真理引导人类走上享受天国之福的道路，这两个权威都直接受命于天，彼此独立存在。

但丁令人惊讶地阐述了中国社会的政治结构、道德秩序和"天下观"。这是为什么后来欧洲的伟大思想家莱布尼兹、伏尔泰、罗素以及其他大思想家都非常推崇中国文明的原因。令人惊讶的地方在于，但丁恐怕根本不知道中国，或者知之甚少。他尤其不知道，秦始皇在但丁生活的 1 500 年前就在一次御前会议中指出："天下共苦战斗不休，以有侯王。"意思是"天下打来打去生灵涂炭、民不聊生，就是因为有那么多诸侯和封建贵族领主"。[159]

但丁的政治思想是马基雅维利的先驱，但是后者与前者不同的地方在于，但丁并没有指出一条实现"大一统"的道路，而马基雅维利却具体指出了一个有理想的政治家应该如何通过玩弄权术和阴谋诡计实现这一政治抱负。他认为崇高的目的可以为一切卑鄙手段辩护，因为目的的正义使手段变得正义。因此在马基雅维利看来，任何个人为了实现这一崇高的"大一统"目标可以不择手段，哪怕是最卑鄙的下流手段。这是为什么马基雅维利的《君主论》深得拿破仑和欧洲历代统治者的青睐。

但丁的《帝制论》虽然影响较大，但并没有获得像《神曲》那样的历史地位。其实《神曲》也是一部政治作品，是但丁为了影响意大利人的实际政治行动而写

159　引自李子旸"中国历史上最具重量级的五大发明"。

的，因此具有强烈的政治现实主义倾向。他通过《神曲》揭露当时意大利的道德败坏和政坛腐败，哀叹"意大利式奴隶社会"，是"苦难的旅舍"，是"暴风雨中没有舵手的船"，"是一个妓院"。

但丁指出，意大利各个城市共和国"都充满了暴君"，意大利人"无时无刻不处于战争状态""看一看沿海，再看一看内地，哪有一处享有和平"[160]。

事实上，不仅但丁关于建立帝制和实行政教分离的政治理论，而且后来马基雅维利的君主论，还有再后来英国思想家霍布斯的国家理论，都一而再，再而三地预见了一个无法实现中央集权的意大利民族和欧洲大陆，是无法给百姓带来安居乐业的幸福和避免国家灭亡命运的。这种灭亡不仅仅来自外部的军事威胁，而且来自内部的暴力纷争和党争。这是为什么但丁去世之后的意大利社会，虽然商业和艺术更加繁荣，但是从市民到宫廷都变得更加腐败、更加堕落和更加混乱不堪，而且这种变化与天主教没有关系。天主教教廷的堕落，只不过是这个去道德化商业时代的堕落的一个反映、结果和表现。

正如罗素指出的，意大利为其文艺复兴时代出产几位艺术大师而付出了极其沉重的代价："**为获得文艺复兴时期的那种伟大成就，我们准备忍受多少凶杀和混乱？**"[161]

这也是为什么17世纪英国思想家霍布斯认识到，只有像但丁或者马基雅维利指出的那样，实行绝对君主制，才能制止"一切人反对一切人的战争"，因此即便是最坏的独裁者，如果能够统一意大利，也比有一大批善良软弱的城邦共和国总督要好。中国近代民国时期的兵荒马乱、军阀混战和民不聊生，与文艺复兴时期的意大利相比，恐怕是小巫见大巫。

160　但丁著，田德望译：《神曲·地狱篇》"译本序"——但丁和他的《神曲》，人民文学出版社1990年。

161　罗素著，马元德译：《西方哲学史》下卷，商务印书馆2008年，第17页。

第三节　艺术繁荣背后的国家力量 ——"赞助商"

文艺复兴中后期的艺术史作家乔治·瓦萨里（Georgio Vasari）在《艺术家生平》（1550年出版，1568年修订并扩充）一书中，对文艺复兴时期的艺术繁荣进行了总结性描述，指出这种繁荣从一开始就与来自"权力"对艺术的"采购、光顾、赞助"需求紧密联系在一起。文艺复兴时期的"赞助"一词就是"出资""雇佣""采购""委托"的意思。意大利城邦国家得益于地中海得天独厚的贸易枢纽地位，在丝绸之路与东方的转口贸易中获得了空前商业繁荣。在这个过程中，教皇、宫廷、商业与金融寡头积累了大量财富，从而能够竞相出台以"委托、采购、赞助"为商业模式的各种各样的"大兴土木"活动，包括建筑富丽堂皇的教堂和宫殿，采购大型壁画、雕像、油画和大量奢侈品。国王、教皇、王子、红衣主教、寡头银行家为了炫耀自己的财富和政治地位，与御用诗人和人文主义吹鼓手合作，涌现出各种各样的"出资人"和他们所雇佣的艺术家。来自"出资人"（赞助商）的巨大和不断的需求，确保了艺术家和艺术作坊的不断涌现和繁荣，以至于当雅各布·伯克哈特（Jacob Burckhardt）在1860年撰写他关于文艺复兴时期的社会历史时，也特别强调了扮演"采购方"的"赞助人"，作为文艺复兴时期艺术繁荣的"始作俑者"的作用。代表权力与金钱的赞助（出资）人，借助艺术这个形式和背后的宗教题材与古希腊神话来为自己歌功颂德，炫耀和提高自己的社会与历史地位。这是为什么文艺复兴时期的各种壁画里面的人物，表面上是《圣经》或者古希腊神话里面的故事，实际上却是当时的"采购商与赞助人"自己的面孔和肖像。甚至艺术家自己有时也借机偷偷把自己的面孔与肖像融入了这些大型壁画中。这是一个典型的商业化社会，一切都可以交换，一切皆由钱来决定。

因此，文艺复兴时期的艺术家们，仅仅是代表权力的教皇、教会势力、王公贵族、土豪劣绅、寡头家族等豪强势力，通过"采购"（commission）与"赞助"（patronage）来重申其显赫社会地位与经济力量的手段和被雇佣对象。"赞助"一词本身就包含有通过金钱（出资）来指定职务和任命特权的权力。然而，作为被"采购与赞助"的对象，文艺复兴时期的艺术大师在艺术创作活动中实际上并没有自己的"思想自由"与"意志自由"，因为无论从艺术品的形式还是到艺术品的内容，都是由出资方严格规定和设计好了的，并且严格写进了委托雇佣合同。因此文艺复兴时期的艺术创作实际上是一个按照规定"做作业"的机械流程，而不是后来的流行历史观所吹捧的体现艺术家"自由与个性"的创作活动。这与体现东方艺术家自由意识与心境的"书法、绘画、唐诗、宋词、元曲、戏剧"有巨大区别。

而且，文艺复兴时期的艺术家不具备创作自由这一特征，还体现在他们是被权力与金钱"聘用、雇佣"这一事实上。根据历史学家理查德·戈德怀特（Richard Goldthwaite）的说法，乔治·瓦萨里（Georgio Vasari）是在《艺术家生平》中最早从经济意义上使用"竞争"一词的作者。他在书中反复使用这一词汇，并用这一概念解释了佛罗伦萨艺术之所以卓越的原因。在瓦萨里（Vasari）看来，佛罗伦萨的艺术家之所以出色是"因为他们饥饿贫穷，而他们之所以饥饿贫穷是因为他们之间激烈的竞争大大压低了来自赞助商的佣金，从而迫使他们为接受更加低档次的劳务费和工资而工作，以至于竞争是维持意大利艺术家的生存手段"。[162]想一想今天在欧洲各大城市到处看到的流落街头的艺人，就可以理解这一点。赞助现象作为强化赞助商的权力和作为他们意识形态的宣传工具这一观点，与后来的马克思主义阶级分析历史观是一致的。这一阶级分析观点加深了人们对欧洲文艺复兴时期艺术家的经济地位和所处社会结构更加细致的理解。

来自"权力"对艺术品的大量采购合同与"赞助"现象，从佛罗伦萨到米兰，遍布意大利中部和外围的各个意大利宫廷、教会和罗马梵蒂冈教廷，并于16世纪达到顶峰。这个"国家需求"力量的拉动，也解释了为什么16世纪是意大利艺术家辈出的世纪。

从古代世界开始，宗教和政治"权力"对艺术的赞助在艺术史上就一直很重

162　Richard Goldthwaite, *The Economy of Renaissance Florence*, 2009, p.390.

要。比如在所有文明中都可以追溯到艺术赞助者的身影。艺术赞助都起源或兴起于那些控制了大量社会资源的政治权力，比如由皇家、王朝专制制度和贵族统治的任何地方。只不过这个现象在文艺复兴时期由于教皇和罗马教廷以及像美第奇家族这样的寡头者的主导而登峰造极，同时被彻底商业化了，成为一种独特的权力、金钱与商品的"主奴"交换关系。这种有权力介入的金钱交换关系，就是文艺复兴时期的资本主义萌芽。它既不神秘，也不稀罕。但是这种"权—钱"交换和"雇佣"关系，一旦被国家力量推广到所有政治事务和商业事务的运作中，并被国家力量利用来作为鼓励对全世界打砸抢掠的海盗行为的激励机制，就可以爆发出惊人的资本主义物质力量和创造力量，也即被新制度经济学美化的、像东印度公司这样的"企业家精神"。

统治者、贵族和非常富有的商人利用对艺术的"赞助"来体现他们的政治抱负、显耀社会地位和名誉声望。就是说，所谓"赞助人"就是作为资金出资人（采购商）而行动，对所要采购或赞助的商品提出具体要求。欧洲除英语以外的大多数语言仍使用"资助"（Maecenate）一词，它源于古罗马帝国时期的奥古斯都皇帝的商人朋友兼政治顾问盖乌斯·梅塞纳斯（Gaius Maecenas）的名字。一些赞助商，例如佛罗伦萨的美第奇家族，利用对艺术的赞助来"清洗、洗白掉"大量通过非法高利贷而获得的不义之财。在宗教艺术创作中，来自罗马教皇与教会的采购与赞助的作用尤其重要。罗马天主教会和后来的新教教会出资"赞助"了教会艺术和宗教建筑的大繁荣，体现在各种教堂、壁画、绘画、雕塑和各种手工艺品的创作中。

这样一种"国家采购力量"是文艺复兴时期的艺术繁荣中最关键的需求力量。其他"思想活动"也从这种赞助风气中受益，其中包括"国家力量"对自然哲学（前现代科学）、音乐家、作家、哲学家、炼金术士、占星家和其他学者的赞助。不仅特鲁瓦、达·芬奇和米开朗基罗都是这个赞助体制下的产物，而且莎士比亚和本·琼森等多位重要的艺术家和作家都寻求并享受过来自贵族或教会赞助人的支持。莫扎特和贝多芬等人物也都在某种程度上受惠于这一制度。直到19世纪中叶资产阶级和资本主义社会形式的兴起，欧洲文化才从这种来自特权阶层的"国家力量"赞助制度切换到当代世界所熟悉的赞助制度，包括艺术科学院、博物馆、剧院等有普通观众和大众消费参与的"公共品"市场制度。

达·芬奇的主顾和赞助商都是一些有权有势有钱的政治人物，包括法国国王弗朗西斯一世、美第奇家族、米兰公爵卢多维科·斯福尔扎和亚历山大六世教皇的私生子切萨雷·波吉亚（Cesare Borgia，又译为博尔贾，是马基雅维利《君主论》中理想君主的雏形，曾任雇佣军领袖、枢机主教、法国国王路易十二的行长等职）。

在由教皇、王室、贵族和富裕商人银行家们构成的统治精英集团的社会权力结构中，艺术赞助是文艺复兴时期的意大利人在等级制度严格的社会中获得和维持社会地位与政治权力的一种手段。艺术家的作品作为流行的时尚和吸人眼球的昂贵展览物，就是为了满足教皇与权贵的审美和炫耀需求。

在佛罗伦萨，城市的经济繁荣使得像美第奇这样的商人银行大家族可以控制政府。这些新一代权贵非常渴望证明他们在国王、王子和教皇控制的世界中也属于统治阶级的一员。此外，文艺复兴时期产生的一代"墨客"和"御用文人"也强调精英阶层应该受过良好教育并参与到对艺术的投资和赞助活动中来。由于这些原因，在文艺复兴时期，宗教权贵、宫廷和上层阶级成了艺术家、雕刻家、音乐家和知识分子的狂热赞助人。在广场展示被赞助的各种雕塑作品，不仅可以美化宫廷和城市市容，还可以提高赞助者的声誉。以美第奇家族为例，他们花费巨资通过绘画和雕塑来美化自己在佛罗伦萨的宫殿。

意大利文艺复兴时期有两种主要的艺术赞助系统。赞助商可以将艺术家带到自己的住地（包括教堂）为自己创作，满足赞助商的艺术需求（包括用艺术形式宣传宗教意识形态的需求）。或者赞助商可以将一个单幅作品委托给艺术家，通过合同形式为艺术家提供工资（佣金），直到作品完成为止。如果委托的作品特别复杂，则该艺术家可能会在赞助商的支付名单上存在多年。除了教皇和美第奇家族这样的大手笔"个体"赞助商外，还有"团体"赞助商。比如教会机构和城市议会经常出钱雇佣艺术家和雕塑家。例如，佛罗伦萨市议会（city council）委托米开朗基罗雕刻了著名的大卫雕像，然后将其放置在市政厅门前的西奥尼亚广场上。

因此，在文艺复兴时期，一小群受过教育的人文主义者和艺术家作为"御用文人"为统治精英创造了一种只为统治精英服务的精英文化。但正如哲学家罗素所批评的，这些艺术却很少服务于平民百姓，并不反映他们的生活与疾苦，因而这个精英文化不属于平民百姓。比如对芭蕾舞艺术的赞助纯属出于宫廷对女人大腿的喜好，是为宫廷和王公贵戚的业余消遣而产生的一种舞蹈艺术。而平民百姓喜闻乐见的文化艺术要等到法国大革命以后，尤其是后来的无产阶级工人运动，才开始被创造出来。比如由俄国、墨西哥、古巴、中国等暴发人民革命的国家创造出来的大众艺术、剪纸、木刻、街道墙画等等。这些大众艺术所承载的意识形态与教皇和统治精英的意识形态大相径庭。

为文艺复兴时期佛罗伦萨的雕塑和油画繁荣做出巨大贡献的美第奇家族，从1434年开始发迹。美第奇家族的财富和影响力最初源于与东方的纺织品贸易，往后转入高利贷的银行金融业。由于经济上的巨大优势，美第奇家族收买和统治了他们所在城市的政府。在统治佛罗伦萨期间，来自美第奇家族的"采购需求"是拉动佛罗伦萨艺术繁荣的最大需求力量，因为艺术家通常仅在能够事先获得佣金的情况下才能开始按照合约制作作品，所以只有非常富有的财团才有能力长期支付和雇佣著名艺术家。

科西莫·德·美第奇（Cosimo de Medici）是这个家族发迹的最早一代。作为欧洲最大银行之一的负责人，他挥金如土，利用积累的大量财富来控制了佛罗伦萨的政治、经济与文化。即使他本人从未担任过正式的政治职务，他还是通过与教廷和市议会的商业"客户"关系来施加强大影响。这些人因银行贷款或其他好处而欠他大把人情。科西莫知道，由于佛罗伦萨是共和制，他的家族没有通过君主世袭制度进入或延续权力的机会。因此，他利用金钱获得了所想要获得的政治权力和影响力。意大利共和制表面上使得政治上的世袭制成为不可能，但是商人家族可以世世代代控制政治，虽然名义上不能称帝。

科西莫赞助了许多绘画、雕塑和建筑作品。例如，他资助了在圣马可修道院建造欧洲第一个公共图书馆，是佛罗伦萨大教堂的后期工程的主要赞助者之一。死后，科西莫被佛罗伦萨誉为"祖国之父"。

事实上，美第奇家族里通过金钱和政治运作产生了四个教皇：

教皇利奥十世（1475—1521），本名叫乔万尼·迪·洛伦佐·德·美第奇，是佛罗伦萨共和国统治者洛伦佐·德·美第奇的次子，于1489年被提升为枢机主教。教皇朱利叶斯二世去世后，乔万尼于1513年当选为教皇，改名为利奥十世。利奥十世挥金如土，也是艺术的重要赞助人。在他的统治下，圣彼得大教堂的重建工作取得了进展，他雇佣拉斐尔等艺术家对梵蒂冈的房间进行了豪华装修。

教皇克莱门特七世（1478—1534），本名叫朱利奥·迪朱利亚诺·德·美第奇，他的父亲朱利亚诺·德·美第奇（Giuliano de Medici）是上一任教皇利奥十世的父亲洛伦佐的兄弟（被暗杀）。朱利奥曾担任教皇利奥十世和其继任者教皇阿德里安六世（1522—1523）的首席顾问，并于1523年当选为教皇，改名为教皇克莱门特七世。

教皇庇护四世（1499—1565），本名叫乔凡尼·安吉洛·美第奇，1559年至1565年期间担任罗马教皇。庇护四世统治期间雇佣米开朗基罗重建了圣母玛利亚·德利·安吉利大教堂和梵蒂冈城的著名贵族别墅（比亚别墅），后者目前是罗马教皇科学院所在地。

教皇利奥十一世（1535—1605），出生名叫亚历山德罗·奥塔维亚诺·德·美第奇，1605年4月1日至同年4月27日担任罗马教皇。教皇利奥十一世是历史上最短的教皇，持续了不到一个月。当他当选时，已经将近70岁，在当选27天后便去世。

美第奇家族产生的前两位教皇都曾是罗马、佛罗伦萨和意大利大片教皇国的事实上的统治者。他们是文艺复兴时期的意大利艺术产业繁荣背后最大的"政府采购商"，他们手里的大笔金钱成为养活意大利艺术家的"铁饭碗"。利奥十世对奢华排场与奢侈生活的追求花光了梵蒂冈的金库并积累了大量债务。他们的统治时期与梵蒂冈的各种麻烦同时发生，包括马丁·路德的新教改革运动和1527年的罗马大洗劫。

从1523年克莱门特成为教皇开始，佛罗伦萨就一直在他的权力运作下由美第奇家族统治，包括年轻的伊波利托·德·美第奇（罗马教会的红衣主教和佛罗伦萨副总督），亚历山德罗·德·美第奇（佛罗伦萨公爵）。1530年，教皇克莱门特七世通过与神圣罗马帝国的皇帝查理五世结盟，成功地使查理五世的女儿奥地利玛格丽特与他的私生子亚历山德罗·德·美第奇订婚。克莱门特还说服查理五世将亚历山德罗任命为佛罗伦萨公爵。于是便开启了美第奇家族对佛罗伦萨长达两个世纪的统治。

在确保了亚历山德罗在佛罗伦萨的公爵位置后，教皇克莱门特七世又将自己的表妹，凯瑟琳·德·美第奇，嫁给了查理五世的大敌——法国国王弗朗西斯一世的儿子，即未来的亨利二世。这使得美第奇家族的血统能够通过凯瑟琳的后代远传到欧洲其他列强。

1534年，教皇克莱门特七世去世，美第奇家族失去了最强有力的靠山。1535年，红衣主教伊波利托·美第奇也神秘地去世。1536年，亚历山德罗·德·美第奇与查理五世的女儿奥地利玛格丽特结婚；然而在婚后第二年，他被其堂兄洛伦齐诺·德·美第奇（Lorenzino de Medici）暗杀。

16世纪美第奇家族的另一个杰出人物是科西莫一世（Cosimo I），他从相对较不起眼的地位崛起，通过一系列战争获得了整个托斯卡纳地区的最高统治权。而佛罗伦萨市就属于这个地区。科西莫从热那亚共和国购买了厄尔巴岛的一部分，并在那里建立了托斯卡纳海军。他于1574年去世，王位由大儿子弗朗切斯科（Francesco）继承。

弗朗切斯科与奥地利的大公爵夫人乔安娜（Johanna）结婚。乔安娜（1547—1578）结婚后成为托斯卡纳的大公爵夫人。他们的女儿之一玛丽·德·美第奇后来成为法国国王亨利四世的第二任妻子。通过玛丽，所有继任的法国君主（包括拿破仑一世）都是弗朗切斯科的后裔。由于没有儿子，弗朗切斯科于1587年去世时将王位传给了他的弟弟费迪南多（Ferdinando）。

多年来，被美第奇家族赞助（雇佣）的艺术家名单中，最重要的成员是米开朗基罗（1475—1564），他为美第奇家族创作了许多壁画和雕塑作品。科西莫的孙子

贤士之旅（壁画作者：贝诺佐·古佐利，Benozzo Gozzoli，1459）。美第奇家族的成员被含蓄地安插在有三位智者国王陪同出游的大型壁画中。

洛伦佐·美第奇还曾担任达·芬奇的赞助人达七年之久。实际上，洛伦佐本身也是一名艺术爱好者，并且喜好诗歌和歌曲的写作。他对艺术的资助被视为美第奇整个家族在艺术赞助活动方面的顶点。

在建筑方面，美第奇家族是佛罗伦萨的一些著名城市地标的赞助商，包括乌菲兹美术馆、波波里花园、丽城、美第奇教堂和美第奇宫殿。美第奇家族出来的罗马教皇，也通过长期雇佣罗马的艺术家延续了家族的"艺术赞助"传统。比如教皇利奥十世（Leo X）主要负责雇佣拉斐尔创作作品。教皇克莱门特七世（Clement VII）雇佣米开朗基罗为西斯廷教堂的祭坛创作宗教壁画。西班牙公主（也是科西莫一世的妻子）埃莉诺于1550年购买了皮蒂宫。科西莫赞助了瓦萨里（Vasari），他于1560年建立了乌菲齐美术馆，并于1563年成立了艺术学院。玛丽·德·美第奇，法国亨利四世的遗孀和路易十三国王的母亲，是一系列油画作品的主题，被称为玛丽·德·美第奇系列，由宫廷画家彼得·保罗·鲁本斯在1622—1623年为卢森堡宫殿创作。[163]

在欧洲，中世纪的艺术家被视为工匠，类似于泥瓦匠和木匠。文艺复兴时期的艺术家也是如此，不过最有才华的工匠由于来自权贵阶层的雇佣和御用，成了可以领取很高年薪的名人。

在今天，好些人都想当然地认为文艺复兴时期的艺术家是按照自己的自由意志在从事创作活动。但是实际上并非如此。1959年，著名的艺术史学家伯纳德·贝伦森将文艺复兴时期艺术家和赞助人之间的关系比喻为木匠、裁缝或鞋匠与"下订单的顾客"之间的关系。[164]顾客（赞助商）在一幅油画或者壁画的艺术创作之前就指定了他们想要的是什么作品，即主题是什么，画中要包括哪些人物，并对新作品与现存作品之间的改进与超越关系提供具体的要求和指导。艺术赞助商甚至指定作品应该使用什么材料（例如，画布和颜料），以及多少用量。赞助商都是超级大人物，他们对他们所需要的艺术作品施加了很大的控制权。

换句话说，赞助商是那些对艺术家提出要求、付款并赋予艺术作品所体现的目的和意境的人或机构。而被赞助方是受委托（雇佣）的艺术家或由艺术家合伙的工作室。雇主根据事先设计与制定的规格对一件作品提出要求，而艺术家则按合同约定来生产所需的作品，就像工匠或泥瓦匠完成所布置的建筑工作一样。无论是绘画、雕塑、建筑还是壁画，实际上都是一个被定制的项目，唯一不同之处是完成这个项目的地点不是在工厂，而是在某个随时变换的场地（宫廷、教堂、广场）。因此，文艺复兴时期的艺术作品并非艺术家的自由创造，而是一种黑格尔式"主奴关

163　以上材料参见"艺术与赞助"一文，发表在https：//courses.lumenlearning.com/suny-hccc-worldhistory/chapter/art-and-patronage/。

164　伯纳德·贝伦森（Bernard Berenson）是美国艺术史学家，专门研究文艺复兴时期的艺术。他的代表作为《佛罗伦萨画家的绘画》。

系"的典型体现。[165]这种具有商业性质的奴仆递属关系意味着权力是艺术品生产中的重要因素，这一特征贯穿整个文艺复兴艺术史的大部分。例如，费拉拉公爵鲍索·德·埃斯特（Borso d'Este）根据绘画的平方尺来雇佣艺术家和付款，而其他主顾则按照艺术家的劳动时间、材料和其他交易费用提供付款。在这样一种雇佣劳动关系中，艺术家就像后来工业革命中的工人，按照雇主的意志生产产品，这个生产过程毫无个体自由意志的创造性可言。一件艺术品因此成为按照雇主的使用目的而设计并制作出来的物质和精神产品，体现的是权力（雇主）而非艺术家的创作意志与自由。

受到赞助（雇用）的艺术家通常意味着生存和认可。但是赞助商欣赏风格的变化因此可能使曾经受欢迎的艺术家的生计蒙上阴影，因为艺术家改变创作（制作）风格不是一天两天能够做到的，就像餐馆很容易因顾客口味的变化而破产一样。例如，佩鲁吉诺（Perugino）的风格曾一度被视为"老式"而受到谴责并被很多赞助商辞退。对于桑德罗·波提切利（Sandro Botticelli）而言，情况也与此类似，他来自美迪奇家族的支持者由于政权更迭下台而导致他失去了佣金。乔瓦尼·迪·科西莫·德·美第奇（Giovanni di Cosimo de'S Medici）赞助的另一位艺术家是菲利波·利皮（Filippo Lippi），而年轻的米开朗基罗则是在洛伦佐·德·美第奇（Lorenzo de'Medici）的庇荫下生存的。无论个体还是团体赞助商，作为赞助者他

165　参见黑格尔《精神现象学》。社会（或者人类）的自我意识是黑格尔《精神现象学》的中心论题，而主奴关系构成了这个自我意识演化论的核心。黑格尔认为，人群在历史辩证法作用下分化为两个主体，而这两个主体之间的斗争、压迫和相互"承认"是自我意识发展的一个历程。"承认"的历程开始于构成自我意识两个分化主体之间的生死斗争，这种斗争导致自我意识分化为主动的意识与依附的意识，即主人和奴隶。主人占有和支配奴隶，但正由于对奴隶的依赖，主人只是获得片面的承认；而奴隶虽然处在被支配的状态，但借助劳动这个环节，同样意识到了自己掌握劳动工具的自主性和创造性。主奴关系最终发展到两个主体之间的相互承认的阶段，意识到相互的依存而不是外在的对立，决定了各自的自由。因此主奴关系发展的结果不是主奴关系的颠倒，而是超越主奴关系的自由意识。在自由意识中，相互承认得以实现。黑格尔关于主奴关系及其超越的思想为我们理解文艺复兴时期的艺术赞助商与艺术家之间的"主奴关系"辩证法提供了一个思路，有助于我们理解资本主义初期"赞助制度"的本质与演化模式。

| 创世纪：亚当的诞生（米开朗基罗）

们都控制着艺术家的命运。因此，艺术家与主顾之间的关系是一种主奴关系。主人（雇主）产生计划，选择了奴隶（艺术家）。主人关注艺术品的设计和整个创作过程直至完成。雇主首先要规定颜料的内容、主题、数量和质量，以及告诉艺术家和其助手关于这个作品的哪些部分由艺术家完成、哪些部分由助手完成（以节省人工成本）。所以那些文艺复兴时期的"伟大"作品，比如《最后的晚餐》，反映的其实不是达·芬奇的思想，而是教皇的需求、设计和思想。

《创世纪》这幅所谓具有"传奇色彩"的画作，是装饰西斯廷教堂的巨组油画的一部分。画中的亚当是一个肌肉发达但缺乏生气的古典裸体，斜倚在右手臂上，将右手伸向穿白色紧身长袍的上帝，带着祈求的神情。上帝长得像个年长而健壮的智者，他在腾云驾雾中急匆匆地向亚当伸出左手，上帝的急促心情，通过他飘起的白色的长袍和他充满活力的身体来传达。上帝被一群裸体天使所包围和簇拥，所有天使都被红色的云霞包裹着，而上帝的身后有一个被认为是夏娃的裸体女性形象，象征着智慧（实在看不出来），好奇而陌生地凝视着亚当。亚当身后所依躺的绿色大地和多山的背景，与一片白色天穹形成了强烈的对角线，体现了尘世与天堂之间的阴阳分隔。结果，欣赏画面的观众的眼睛，被吸引在中央空间那个上帝与亚当相互试图触碰到一起的手指部分。有一种解释说红云的形状类似于人脑的形状，仿佛是暗示上帝的意图不仅是向亚当注入生命，而且是注入道德良心和思想——讽刺的是，这恰好是一个没有道德与良心的时代！

虽然后人对这幅名画有各种不同的解释，但是基于前面的分析，它的主题设计应该出自教皇而非米开朗基罗。教皇想要以世俗的通俗易懂的方式，向没有文化的基督徒讲述《圣经》里面的"创世纪"故事，就像大人们企图用通俗易懂的胡编乱造，向小孩讲述他们是如何从母亲肚子里出生来到世上一样。大人们通常告诉小孩，他们是爸爸妈妈从河边捡回来的，而不是从母亲阴道排出来的。

文艺复兴时期的教皇和神父们早已腐败堕落，肯定是不相信《圣经》故事，也是不畏惧地狱的（参见但丁在《神曲》里对罗马教皇的猛烈抨击），但是仍然希望利用宗教统治世界。因此，估计是教皇看到了油画对《圣经》故事的强大感官普及作用，才大胆使用拟人手法，将中世纪神学中创造万物的、神圣的、看不见摸不着的上帝，描述成一个有肉身的白发老头的形象（注意这个形象与受苦受难的耶稣形象完全不同）。如果胆敢在文艺复兴之前的中世纪这样描绘上帝，那估计是会被宗教裁判所烧死的。但是文艺复兴时期的教皇和教廷，早已经在道德上堕落了，因此开始随心所欲地，用带有古希腊世俗色情裸体的油画来描绘《圣经》故事。要知道基督教是排斥古希腊多神教的，认为古希腊人是不信神的异教徒（但丁在《神曲》里把古希腊智者们都放在地狱的最上面一层）。但是这幅画恰好用了古希腊多神教的裸体画面来传达基督教的"一神教"故事。因此不知道当年身处淫乱风波中腐败透顶的教皇们让米开朗基罗这样描写《圣经》故事，究竟是想获得普及基督教还是嘲讽基督教的目的？

这件作品是文艺复兴时期颇具特色的绝妙样本。先前的基督教艺术中，裸体人物是与耻辱和罪恶联系起来的，只有在描绘恶魔或亚当和夏娃犯罪被驱逐出伊甸园时才使用裸体绘画。但是在这里，在这个妓女与同性恋都十分横行的时代，裸体被用来描绘天堂里的人物和突出表达男性身材的健美。

这就引出了文艺复兴时期被雇佣赞助的艺术家（御用文人）的信誉问题。在某些方面，他们表现为被"劫持"或被金钱收买的人。受赞助的艺术家在合同中受到很大范围的限制，特别是来自那些非常严格的雇主的限制。当然，尽管有赞助方的限制，艺术的伟大之处还是会常常出现在艺术家们的作品中。

赞助人与金钱、影响力和权力密不可分。至少从原则上讲，意大利文艺复兴时期各城邦国家的土豪劣绅与金融大亨都是权力的附庸：在米兰和曼托瓦他们是神圣罗马皇帝的附庸，在乌尔比诺、那不勒斯和费拉拉他们是教皇的附庸。然而在实际上，这些寡头家族在其统治范围内可以因为山高皇帝远而拥有绝对的专制权。他们之间也通过"跨国"联姻而有着非常密切的相互联系，与欧洲后来的王室间关系一模一样。例如，米兰公爵卢多维科·斯福尔扎（Ludovico Sforza）是费拉拉的统治者（Ercole d'Este）和阿拉贡统治者（Eleanora）的女婿；埃莉诺拉（Eleanora）是那不勒斯国王的女儿，他的另一个女儿，伊莎贝拉·德·埃斯特（Isabella d'Este），嫁给了曼托瓦（Mantua）的弗朗切斯科·冈萨加（Francesco Gonzaga）。伊莎贝拉的丈夫的姐姐是乌尔比诺公爵夫人。

这些统治家族的宫殿都十分豪华，尤其是在接待和宴会场所，这是家族担任公共角色和进行公关的场所。奢华娱乐在意大利是一种赢得尊重的媒介，也是一种著名的外交工具，即使需要付出一些经济上的牺牲。例如，在1459年，卢多维科·冈萨加（Ludovico Gonzaga）接待了教皇庇护二世（Pius II），后者在曼托瓦（Mantua）发起了一次新的针对土耳其人的十字军东征。庞大的教皇随行人员花了八九个月的奢侈时光，在卢多维科为他们准备的酒店中定居下来。当阿拉贡的埃莉诺拉（Eleanora）前往费拉拉举行婚礼庆典时，沿途参观的每个城市的王公贵戚都为她付出了沉重的代价；在一次晚餐中，她和她的大随从们享用了五十六种不同的菜肴。[166]

文艺复兴时期各大大小小的意大利城邦国家都圈养了一大批宫廷艺术家。宫廷艺术家被以多种方式随时使唤来支持这种奢华场面的展示。他们负责制作建筑物、大广场和主要室内装饰的设计，负责绘画（尤其是肖像画）和雕塑，甚至为餐桌与

166　这种奢华风气与大清王朝没有区别。

宴会制作家居用品和奢侈装饰品。他们也监督主人服装、宫廷横幅和临时建筑物的设计，以供重要宾客凯旋进入，甚至将舞蹈和音乐表演编排成令人兴奋的视觉画面。为满足这类奢华排场和家族与城市间的相互攀比之风，文艺复兴时期的宫廷画家的工作不可或缺。

来自教皇和贵族的赞助活动显然会带来有关成本与经费支出的问题。在意大利，许多最富有的文艺复兴时期的国家和城市都维持着自己的度量衡系统，并发行自己的金属货币，这些货币因为实行金本位而可以跨国流通。其中两种最广受各国信赖的货币，是佛罗伦萨弗罗林和威尼斯杜卡特，其中每种都含约3.5克黄金。威尼斯共和国从1284年直到18世纪晚期灭国之前，一直在铸造威尼斯杜卡特。[167]

在1500年，朝圣者从意大利到耶路撒冷圣地的为期数月的旅行支出大约为150杜卡特。典型的数学家庭教师的年薪为100杜卡特，与熟练的手工艺者差不多，而雇佣兵一年的薪水只有15杜卡特。那不勒斯国王的年收入估计超过80万杜卡特，他向宫廷历史学家支付的年薪为500杜卡特，向其首席辩护律师支付的年薪为400杜卡特，但为宫殿建筑设计师支付的年薪仅为144杜卡特。富裕的佛罗伦萨商人的家族宫殿可能花费约4万弗罗林才能建成。在佛罗伦萨，一个真人大小的青铜雕像要约1 000弗罗林，大约是相同大小的大理石雕塑的5倍。在雕刻和镀金框架中绘制的油画可能要花费约200弗罗林，相比之下一个大型壁画场景只花25个弗罗林。

最有才华的文艺复兴时期艺术家成了高薪名人。洛伦佐·吉伯蒂（Lorenzo Ghiberti）每年建造洗礼池的天堂之门的工资为200弗罗林。而且，在一个人每年可以以300杜卡特享受贵族式生活的时候，达·芬奇的年收入是2 000杜卡特。米开朗基罗因为西斯廷大教堂的天花板绘画而获得了3 000杜卡特的年薪合同。[168]

意大利各个城邦国家在宫廷艺术与生活奢华的相互竞争中，虽然极大地刺激了

167　杜卡特是威尼斯的金币，弗洛林是佛罗伦萨的金币。两者都有3.5克黄金，并被整个欧洲接受。在格林童话中，它们被称为"金币"。

168　参见 "Social Change and Continuity in Renaissance Europe." https：//www.bolles.org/uploaded/PDFs/academics/AP_AP/APEuro7._Social_Change_and_Continuity.pdf。

宗教艺术和奢侈品经济的繁荣，但最终耗尽了国家资源；而且由于这种攀比竞赛并不能提升意大利经济与政治的统一性和民族国家凝聚力，结果无法实现国家统一，被法国轻而易举多次入侵。就像大清王朝花钱修建圆明园，虽然刺激了民间工匠和艺术家的收入，但使得国家财政亏空，军备海防乏力。而且国家间军备竞赛的关键是制造业竞赛，民间财富的涌流依靠商业竞赛。换句话说，文艺复兴时期的意大利，除了少数几个城市（比如威尼斯、热那亚）以外，没有发现和形成"战争—商业"循环加速器这个增长型竞争机制。这个教训被后来的欧洲大国和国家竞争体系所吸收了。但是这并非等于说欧洲大国一定能够找到工业革命的秘诀，只是说它们发现，通过制造业方面的更加长远的竞争和崛起之道才是正道。找到这条制造业兴国的道路还需要许多尝试与失败。葡萄牙、西班牙、荷兰都是垫脚石——它们的作用是发现和开辟世界市场，英国、法国、德国成为胜利者胜出，尤其是英国。这是后话。

文艺复兴时期的文化繁荣仅限于权贵阶层和城市里面文化程度较高的人。居住在小村庄的广大农民没有受到文艺复兴的任何影响，而他们平均占欧洲人口的85%。群众文化继续以宗教、传统和迷信为中心。因此，重要的是要区分文艺复兴时期的贵族文化和大众文化。

第四节　文艺复兴跨国比较
——艺术上暗淡无光的葡萄牙和西班牙

综上所述，文艺复兴时期的意大利出产了一大批被19世纪的欧洲学者大肆吹捧的天才艺术家和艺术作品，包括达·芬奇的油画和米开朗基罗的雕塑。但是常常被西方历史学家、经济学家、政治学家、自由媒体忽视的一点是，这些意大利艺术家和艺术作品不是市场经济的产物，而是国家力量的产物，是在罗马教皇、教廷、有权有势的贵族和地方政府（比如掌管行政和金融大权的美第奇家族）支持下涌现出来的。

达·芬奇的油画《最后的晚餐》，在当时的意大利可以说不具备市场价值，如果达·芬奇想要按照市场经济原则从事艺术活动，他一辈子靠卖油画的收入绝对无法养活自己。因此他的艺术生涯和作品只有依靠国家力量的支持才会持续和有生命力。这从意大利的艺术主要是宗教和宫廷艺术这一点可以看出来。那些宗教题材和古希腊神话的巨幅油画是不可能拿去市场出售的，而是出现在罗马教堂庄严雄伟的天顶和高壁上；它们绝不是普通基督徒因为自由而觉醒了的世俗精神的体现，而是罗马教皇和官方教会觉醒了的世俗精神的体现，是某种国家意志的体现。

作为对比，文艺复兴时期的葡萄牙和西班牙，因为大航海和地理大发现而称霸世界，却没有出产什么艺术大师。这既不是因为这两个国家的市场经济不够发达，也不是因为它们的政治与经济制度没有意大利包容和自由——它们都因为创造了非洲奴隶市场、全球货币（美洲白银）流通市场、欧亚海上香料市场而富得流油。但是，由于缺乏国家力量对艺术的扶持，葡萄牙和西班牙在文艺复兴期间很少出产艺术大师和流芳千古的作品[169]。同样的道理适用于后来的荷兰和英国，那里没有出产多少艺术大师。然而法国的17—18世纪却在路易十四的坚定支持下，出产了同时代欧洲最伟大的艺术家、艺术建筑和上流阶层对艺术的无比热情[170]。

数学和科学领域的道理也是一样。欧洲科学革命爆发的16—17世纪，没有一个数学家可以仅仅依靠对一个定理的证明从劳动力市场上获得足够的工资养活自己。反而是英国和法国的国家力量都支持数学和科学研究，因此产生了一大批杰出的科学家和数学家。然而比英国开明富裕的荷兰却没有产生多少杰出科学家和数学家，地理大发现时代的葡萄牙和西班牙也没有产生多少杰出科学家和数学家，不过却产生了不少杰出的航海家，这也是由于国家力量对航海的支持和有意识扶持航海家的结果。同理，北欧的丹麦和瑞士由于采矿业是国家的经济命脉，国家力量特别

169　西班牙的《堂吉诃德》是个例外。

170　参见启蒙思想家伏尔泰《路易十四的时代》。

关注，因此出产了一大批炼金术士和化学家。德国统一以后才开始把国家力量投入到了化学领域，因此出产了一大批著名化学家。

科学和艺术在很大程度上都是公共产品，只有通过国家力量的扶持才能繁荣昌盛。而一旦国家力量把科学和艺术的民族氛围创造出来，形成全民族的风气和大众运动，科学与艺术的"市场"才会出现，民间才会开始"自发"产生科学家和艺术家。

因此，西方近代产生了科学而东方没有产生科学，不是因为东方专制而西方民主，不是因为东方保守而西方自由，不是因为东方制度压制思想自由而西方制度鼓励思想自由，而是因为东方没有国家力量对科学活动的巨大投入，而西方自文艺复兴以后就一直有强大国家力量的巨大投入。这是因为欧洲国家间残酷的生存竞争需要国家力量这样做，而且一旦某一个欧洲国家通过这样做获得了生存竞争优势，周边的欧洲国家（尤其是敌对国家）也一定会这样做。这就在欧洲四分五裂的国家之间产生了一个特有的国家科技竞争体系，就像冷战时期的美苏太空竞赛一样，500年来不断推动欧洲科学的发展和突破，最终导致科学革命的爆发。因此，中国几千年历史与地理大发现时代的葡萄牙和西班牙一样，仅仅依靠自发的市场力量所能产生的科学家和数学家的数目是有限的，按照人均数目比不上有国家力量长期刻意扶持的意大利、法国、英国、德国、苏联和美国。但是国家力量扶持科学技术不仅需要赢得军备竞赛的国家意志，而且需要巨额资金，因此国家间的竞争不仅仅体现在军事上，也体现在商业上。而正是欧洲国家间残酷的商业竞赛，引爆了18—19世纪的工业革命。

葡萄牙文艺复兴时期是指15和16世纪葡萄牙的文化和艺术运动。尽管该运动与西班牙和意大利的文艺复兴时期相吻合，但葡萄牙文艺复兴与欧洲其他国家文艺复兴在很大程度上是分离的。

作为地理大发现时代的先驱，葡萄牙在15、16和17世纪通过远赴印度、美洲和非洲获得了前所未有的财富与经济繁荣。葡萄牙开创的这个庞大的贸易网络为葡萄牙贵族和王室创造了极大的财富收入。这些巨额财富如果用于艺术采购，本可以使葡萄牙创造出比意大利都更令人难以置信的艺术繁荣。但是葡萄牙的国家力量并没有这样做，而是将财富重新投入了资本再积累。因为葡萄牙王室知道，艺术是挥霍财富的方式而不是创造财富的方式。因此葡萄牙选择利用这个财富为葡萄牙打造了一支在全世界所向披靡的海上军事力量，从而形成了财富与军事的"战争—商业"循环加速器。这个加速器使得葡萄牙这个地中海西边的边陲小国迅速发展成为欧洲最强大、最富裕的全球霸主。

作为航海殖民时代的先锋，葡萄牙文艺复兴时期用高薪吸引了欧洲天文学、数学和海军技术方面的专家，使葡萄牙成了欧洲的科技之都；还创作了许多与航海探险有关的科技产品与图书资料，包括航海图、地球仪、帆船远航艺术、沉船研究报告、出海远洋行程单和热带医学研究。

比如佩德罗·纳内斯（Pedro Nunes）是最早将数学应用于制图的欧洲人之一，他发现了菱形线条的概念，后来将其应用于墨卡托投影，该投影在1569年彻底改变了制图学。他还是包括度数在内的几种测量仪器的发明者，用于测量度的分数。

随着瓦斯科·达·伽马（Vasco da Gama）到达印度和葡萄牙帝国向该国扩张，许多科学家被派往东方，研究和编辑药用植物的新药。植物学家Tomé Pires和医生Garcia de Orta、Cristóvãoda Costa收集并出版了有关新植物和当地药物的作品。

1475年，葡萄牙第一次印刷了托勒密的世界地图并加以修正。葡萄牙人的探索和研究很快就揭示了古代知识的许多谬误并填补了空白，例如1488年，巴托洛缪·迪亚斯（Bartolomeu Dias）基于对好望角的知识证明托勒密是错误的，因为托勒密地图中没有通往印度洋的通道。1492年，马丁·贝海姆（Martin Behaim）在葡萄牙接受培训后，为葡萄牙国王服务，建造了第一个地球仪。

葡萄牙制作的航海地图因其更丰富的知识和准确性而在欧洲备受青睐。尽管作为国家机密受到保护，但这些知识最终还是被欧洲其他国家秘密盗窃。

如果说国家力量在意大利的文艺复兴时期创造了人体油画艺术并恢复了古希腊雕塑的话，那么国家力量在葡萄牙的文艺复兴时期创造了航海技术。

然而除了发现美洲的金矿和银矿以外，西班牙文艺复兴时期的国家力量则在艺术和科技方面乏善可陈。

起源于14世纪的意大利文艺复兴在15和16世纪蔓延到西班牙。与葡萄牙一样，由于缺乏国家力量对艺术的大力投资，西班牙文艺复兴毫无建树。西班牙文艺复兴时期兴建了一些教堂和宫廷建筑。因为舍不得出高价，西班牙只从意大利引进了一批二流艺术家，或者将学徒送到了意大利学习，他们带回来了一些关于设计与建筑的知识和书籍、版画、绘画等。

伏尔泰对此评论到：西班牙缺乏"正宗的哲学"，对"数学没有什么研究""他们只有几个二流的画家，从来不成画派。建筑没有多大进步，爱斯古利亚尔宫是按照一个法国人的设计建成的"。[171]

查理一世国王直接赞助了一些具有特殊和独特西班牙文艺复兴时期风格的艺术作品：包括对阿隆索·德·科瓦鲁比亚（Alonso de Covarrubias，1488—1570）的赞助，他是西班牙文艺复兴时期的建筑师和雕塑家，主要活跃于托莱多。查理一世国王还赞助过著名油画大师提香，可惜提香从未同意移居到西班牙生活。西班牙出产（或者在西班牙充实艺术创作）的比较知名的画家包括佩德罗·贝鲁格特（Pedro Berruguete，1450—1504），胡安·德·胡安内斯（Juan de Juanes，1507—1579），保罗·圣莱奥卡迪奥（Paolo da San Leocadio，1447—1520），费尔南多·亚涅斯·德拉阿尔梅迪纳（Yáñezde la Almazan，1475—1536），和杰拉尔·德洛斯·拉诺斯（Gerardo de los Llanos）。这些艺术家创作的艺术品与意大利艺术家的作品大同小异，主要是关于《圣经》里面的故事，比如最后的晚餐，圣母玛利亚怀抱耶稣幼儿等，要不就是一些国王或者女王的肖像。

由于耶稣基督的最后晚餐是《圣经》中最著名的故事，因此成为在意大利文艺复兴时期绘画中非常受欢迎的一个主题，很多赞助商都要求艺术家在指定地点描绘这同一个宗教主题。其中最著名的版本当然是达·芬奇在1495年至1498年期间奉米兰公爵卢多维科·斯福尔扎（Ludovico Sforza）的旨意为米兰的多米尼加教会的圣玛丽亚修道院（Santa Maria delle Grazie）创作的。这幅画出现在修道院的厨房墙

171　伏尔泰著，谢戍申等译：《风俗论》（下）第一百七十七章，商务印书馆2000年，第352页。

《最后的晚餐》，胡安·德·胡安内斯（Juan de Juanes）创作于1562年，普拉多博物馆（https：//commons.wikimedia.org/w/index.php?curid=23065137）。

壁上。在15世纪的意大利，修道院的食堂围墙是"最后的晚餐"这个主题的热门选择地点，因为那样可以使修女和修士在耶稣最后的晚餐面前用餐。达·芬奇很可能在1495年开始从事这幅画的创作，并按照他的方式缓慢地工作，直到1498年才完成。由于达·芬奇的完美主义，真正的壁画并不理想，因为该过程要求画家在石膏干燥之前，将油漆快速涂在每天新鲜的石膏上，然后将颜料黏结到墙上。相反，达·芬奇在两层干燥的预备地面上尝试了使用蛋彩或油漆的实验技术。他的折中工艺意味着颜料不会永久附着在墙上，并且绘画在几年内开始剥落。外加受到修道院厨房的蒸汽和烟雾、食堂蜡烛的烟尘以及该地点潮湿的影响，达·芬奇的《最后的晚餐》这幅画远没有其他艺术家的《最后的晚餐》保护得好。

达·芬奇并非第一个以"最后的晚餐"为主题绘画的艺术家。米开朗基罗的师父多米尼克·吉兰达约（Domenico Ghirlandaio）十多年前曾经在佛罗伦萨的圣马可修道院也创作过这样的壁画，而且他几年前还在佛罗伦萨的诸圣堂绘制了几乎相同的画。

与葡萄牙一样，文艺复兴时期西班牙王室关心的重点不是艺术，而是海外殖民地的黄金白银。虽然如此，由于西班牙王室也并不重视一般科学和航海科学，西班牙并没有出产什么了不起的数学家、航海家和远洋探险技术。哥伦布是意大利航海家，虽然他的航海事业是由西班牙王室赞助的。但是，西班牙出产了一批淘金专家和采矿专家，为西班牙在美洲的黄金和白银探测做出了重大贡献。

第五节　教皇和教皇国的战争

从中世纪直到19世纪意大利完成统一成为现代民族国家为止，担任天主教领袖的教皇们不仅拥有精神和宗教权威，而且还拥有像国王那样非常现实的政治和军事力量，并掌管着一个被称为"教皇国"（Papal States）的独特欧洲国家。教皇作为教皇国的当然统治者，拥有自己的正规军队，并参与欧洲国家间的各种地缘政治和军事纠纷，建立各种军事与政治联盟，介入各种外交谈判和国际条约的签订，而且还常常主动发动战争，并参加当时欧洲诸侯与国王的几乎所有阴谋与暗杀活动。

比如中世纪末期和文艺复兴时期，教皇和教皇国所涉及的欧洲战争，包括十三世纪的两场与神圣罗马帝国的战争（1228—1241，1243—1250），塞克斯图斯四世教皇与威尼斯结盟对抗费拉拉公国的战争（1482—1484），教皇西克斯图斯四世对抗佛罗伦萨的战争（1485—1486），亚历山大六世教皇与威尼斯、米兰、神圣罗马帝国和卡斯蒂利亚-阿拉贡结盟反对法国入侵意大利那不勒斯的战争（1494—1495），反对法国和西班牙争夺那不勒斯的战争（1499—1504），康布雷同盟战争（1508—1509），神圣联盟战争（1510—1516），1512年的费拉拉教皇战争（神圣联盟战争的一部分），教皇克莱门特七世统治时期的罗马沦陷（1527），卡拉法战争（1556—1557），勒潘托海战（作为与奥斯曼帝国联盟的一部分）（1571），以及其他战争。[172]

172　参见http：//www.zum.de/whkmla/military/italy/milxpapalstate.html。

在16世纪最初的20年里，教皇国至少参与了三场战争，被称为"好战教皇"的朱利叶斯二世代表教皇国参战。历史上，教皇国维持着由志愿者和雇佣军组成的国家军队，这个教皇国军队包括炮兵和骑兵。

在欧洲历史上，不仅教皇经常参与热兵器战争，而且罗马教廷也有很多"文武双全"的红衣主教，他们既是基督教世界的精神基层领袖，也是精通火药—火炮技术的武士和将军。这也是为什么罗马教廷和天主教会对军事技术和与之有关的数学、物理、天文和工程技术人才非常重视，并愿意大力赞助的原因。20世纪德国希特勒的军国主义，之所以在欧洲具有非常深厚的历史传统，与文艺复兴以后的一系列基于火药—火炮的密集战争有关。仅仅威尼斯共和国一个不到十万人口的小国，就在13—16世纪的四百年期间介入过至少56场战争，平均不到10年就介入一场战争。而

身着戎装的19世纪教皇祖瓦斯（左），摄于1869年（Papal Zouaves pose in 1869. https://en.wikipedia.org/wiki/Papal_States#/media/File:I_fratelli_de_charette_de_la_contrie_detti_i_moschettieri_del_papa.jpg ）。

进入17世纪后，威尼斯介入过至少24场欧洲战争。[173]这也是为什么威尼斯炮兵和海军兵工厂名扬四海的原因。达·芬奇和伽利略都是在这样的环境和时代中成长的。

因此可以说，文艺复兴时期的每一个意大利艺术家，都是一辈子在战争年代中度过的，他们所掌握的知识与技巧中，最重要的通常并不是绘画和雕塑，而是与战争工具相关的设计知识——那可是一门收入非常可观的手艺。

第六节　宗教改革与欧洲地缘政治权力的重新洗牌

进入文艺复兴之后的15世纪，宗教在塑造欧洲文化中继续发挥着最强大作用。一方面，每个普通人都相信上帝和来世，无论他们是罗马天主教徒、东正教徒、犹太教徒还是穆斯林教徒。实际上，15世纪的人们不可能理解无神论的概念，因为欧洲远没有中华文明发达和先进。宗教为生活中最深层的问题提供了所有答案。关于世界如何运转，我们来自哪里，我们为什么来这里，以及我们死后会发生什么等问题都没有任何其他解释。一个人生活中的每一个阶段都以宗教信仰为指南。宗教仪式标志着一个人的出生、青春期、婚姻和死亡。

所谓宗教改革，绝不是对这些红尘信仰与精神需求的废除。

宗教代表着欧洲的政治秩序。因此宗教改革，是由于教廷腐败、商业繁荣和无政府主义泛滥所导致的欧洲政治秩序的衰落下欧洲政治权力格局的重新洗牌。也正是这种政治权力格局的洗牌需要，导致了国家力量对民间宗教改革运动的选择性支持（或者维护）。

欧洲文艺复兴进入十六世纪发生在北欧地区的一场宗教改革运动，主要由路德和加尔文领衔。其初衷与目的，并不是传统历史观鼓吹的让欧洲人获得宗教解放和思想自由，而是重建在意大利文艺复兴期间被道德堕落所彻底摧毁的基督教信仰，

173　参见https：//en.wikipedia.org/wiki/List_of_battles_involving_the_Republic_of_Venice。

使这个信仰重新成为统一北欧思想界的新的"精神鸦片"。

对于路德宗教改革的局限性、不彻底性和欺骗性，马克思一针见血地讽刺道："**他破除了对权威的信仰，是因为他恢复了信仰的权威。他把僧侣变成了世俗人，是因为他把世俗人变成了僧侣。他把人从外在的宗教笃信解放出来，是因为他把宗教笃信变成了人的内在世界。他把肉体从锁链中解放出来，是因为他给人的心灵套上了锁链。**"[174]

尼采更为直截了当，在他眼中路德不过是"**一个粗野的、不地道的农民，他用'新教的自由'把所有积累起来的粗暴需要都发泄出来了**"。新教不过是"**再度想成为主人，再度掠夺、压服、咒骂，还考虑到感官想要获得清算：首要地，人们看到了对巨大的教会财富的渴望**"。因此在尼采看来，"宗教改革"不过是"**世俗本能的最具欺骗性的爆发之一：一些强大的、变得不可遏制的、彻底庸俗的欲望想要爆发出来；所急需的无非是一些托词，尤其是要虚构一些大话，有了此类大话，这些野蛮动物就可以得到解放了**"。[175]

如果说南欧地区的文艺复兴运动不过是十字军东征之后在商业繁荣的意大利所展开的一场"彻底的去道德化运动"和人性的极度奢华、腐败、堕落、凶残的体现，那么北欧地区的宗教改革运动不过是文艺复兴运动在保守和贫困潦倒的北方地区的一种扭曲的折射。正如尼采所说："**在宗教改革中，我们找到了意大利文艺复兴运动的一个混乱而粗俗的对立面，起于类似的原动力，只不过（它）在落后、粗野的北方不得不披上宗教的外衣。**"[176]

因此一方面，重建宗教对人的思想统治权威以拾回人民对上帝的虔诚，另一方面与天主教会争夺对世俗财富的控制权，才是路德和加尔文的宗教改革运动的出发点和最终目的。正因为如此，这场宗教改革运动也满足了北欧地区君主统治者们的

174　马克思、恩格斯著：《马克思恩格斯文集》第一卷《黑格尔法哲学批判导言》，人民出版社2009年，第12页。

175　弗里德里希·尼采著，孙周兴译：《权力意志》上卷，商务印书馆2007年，第312页。

176　弗里德里希·尼采著，孙周兴译：《权力意志》下卷，商务印书馆2007年，第1165页。

需要，因而新教很快成为北欧重商主义国家的国教。正如18世纪德国大文豪兼历史学家席勒一针见血指出的："**一些君主急欲实行宗教改革是为了谋求独立，指望从教会创立者那里获取丰厚的猎获品。**"[177]

所以欧洲这场宗教改革运动，是源于罗马天主教内部的分裂，以及欧洲各国王室利用这个分裂展开的对主导欧洲政治秩序的教会权力的争夺，尤其是附属于宗教的政治和商业利益的争夺。

在一个只有宗教才能掌握民心的年代，谁掌握了宗教，谁就掌握了真正的政治统治权。所以人类历史上，如果没有国家力量的支持，任何宗教或者宗教流派都很难长期流行开来。

总的说来，16世纪的欧洲对宗教改革的巨大社会与政治需求主要来自三个方面：

（1）十字军东征导致的道德堕落、教廷腐败，以及民间和黑社会不择手段的商业致富行为，包括天主教教会滥发赎罪券，教皇公开利用赎罪券搜刮民脂民膏，导致北欧人借此希望脱离南欧天主教对财富的控制而另立"中央"，获得对巨额教会财产和自身财产的独立自主控制权。

（2）文艺复兴时期的道德堕落所引发的梅毒泛滥，成了比黑死病（鼠疫）更加威胁欧洲社会结构和人与人之间关系的可怕瘟疫。梅毒的流行破坏了整个社会（包括上层贵族阶级）的家庭生活和社会细胞；因而北欧宗教精英提出了向基督教"道德原教旨主义"与"禁欲主义"回归的必要性，从而促成了清教徒运动的产生。

（3）对葡萄牙、西班牙的地理大发现和海外殖民地主权"分一杯羹"的强烈渴望。由于地理大发现和全球殖民运动的拉动，以及欧洲热兵器战争对木材砍伐业和冶金采矿业的拉动，导致了波罗的海北欧国家经济圈的经济振兴——经济繁荣必然导致北欧王室脱离罗马天主教控制的企图；而寻求经济独立的最好保障除了军队就

177　弗里德里希·席勒著，沈国琴、丁建弘译：《三十年战争史》第一章，商务印书馆2009年，第2页。

是意识形态——它们都是新的政治秩序的脊梁。

首先，文艺复兴末期在北欧地区所引发的宗教改革，不是流行历史观所粉饰的"思想解放"——事实上，新教比天主教还更加仇视科学，更加强调宗教专制；而是由于罗马教廷的权力腐败和道德堕落到了极端之后，从欧洲基督教世界内部所必然产生的一种独立抗衡力量。这个反抗力量要求重建宗教的道德权威，以重树基督教在欧洲人心目中的统治地位。从这个意义上，这场宗教改革运动是极其成功的。但是，从真正意义上的"思想解放"和冲破宗教对人们思想的终极束缚来说，这场宗教改革运动是反其道而行之的——是"反动"的。这也是为什么即便到了19世纪下半叶，基督教（无论是天主教还是新教）仍然统治着人们的精神和思想，以至于尼采还需要公开站出来呼吁"上帝已死！"以至于马克思和恩格斯还需要在《共产党宣言》中宣布"宗教是麻醉人民的精神鸦片！"这个时候离路德发起的宗教改革运动已经整整过去了400多年。

其次，方兴未艾的地理大发现和殖民运动给南欧国家带来的巨大商业和政治利益，使得北欧国家强烈要求改革罗马教皇们为了自身利益而赋予南欧国家的这种对全球资源的垄断秩序。因此，北部欧洲的国家力量之所以愿意支持新教改革，不是出于道德的考量（事实上同情新教的英国国王亨利八世，毫无道德可言，是一个公认的道德败坏的专制暴君）[178]，而是出于强大的经济和政治动机——新大陆的发现和亚洲新航线的开通，为富有十字军东征强盗精神的所有北欧野蛮国家，注入了参与这场"打砸抢掠"游戏的强心针，因而推动了北欧国家摆脱罗马教廷的控制而独立的政治诉求。这个政治诉求体现的是北欧民族的国家利益的觉醒。如果不能参与全球殖民并形成自己新的意识形态，北欧国家无法与南欧国家竞争。国家竞争需要独立自主的国家政策和意识形态，需要独立自主的税收体制和职业军队，需要独立自主的外交关系和地缘政治。

178　比如参见John, Judith. 2014. Dark History of the Tudors: Murder, adultery, incest, witchcraft, wars, religious persecution, piracy. Amber Books Ltd。

换句话说，北欧的国家力量借机于民间的宗教改革呼声，发动了一场对罗马天主教统治和财富垄断势力的反叛。因此在英国，引发宗教改革的不是路德，而是亨利八世。虽然亨利八世表面上是出于反抗罗马教廷对他重婚的阻拦而宣布脱离天主教和接受新教，但是那只不过是一个催化剂而已，而不是出于天主教道德堕落这个原因。

实际上文艺复兴时期天主教教廷的腐败和意大利政治的混乱失序，给欧洲其他国家后来的统治者提供了几点教训。第一，宗教是必须的，否则无法维持社会秩序；因此英国国王亨利八世搞了政教合一，形成了强大的中央集权。第二，必须从罗马天主教的政治控制下独立出来，获得管理自己国家宗教的主权，才能实现在经济利益上的独立，尤其是葡萄牙和西班牙在罗马教皇的祖护下，通过对美洲和亚洲的巧取豪夺获得的天量财富，使得北欧国家垂涎欲滴。因此北欧王室的经济利益诉求，就是努力实现在葡萄牙和西班牙发动的全球殖民征服中分一杯羹，以在自己统治下的国土上实现国富兵强的目的。

凡是企图摆脱罗马天主教控制的北欧国家，都看到了支持新教的好处。于是，英国王室决定充分利用宗教改革这场分裂天主教的政治运动，为此不惜与土耳其穆斯林结成统一战线，向罗马教廷以及支持者（比如西班牙和法国）宣战。自强型的英国都铎王朝，决意不惜一切代价（包括动用皇室特许的海盗）跻身于这场地理大发现和全球殖民运动之中，因为英国人身上照样流淌着十字军东征的热血，不可能眼睁睁看着葡萄牙和西班牙把整个地球给瓜分了；来自东方的财富——金银、香料、丝绸、陶瓷——不能仅仅属于受到罗马教皇庇护的南欧海盗。

所以，北欧国家宗教改革的动机是对欧洲财富的再分配意志的体现，其成果得益于国家力量的介入。它所充分体现的，是通过血缘联系的碎片化的欧洲民族（国家）之间的经济与地缘政治利益的冲突与斗争。

在大航海开启以后的时代，欧洲各国获得了越来越多的商业利益，但是每个国家由于地理位置的不同，获得商业利益的机缘也就有巨大差别。这导致了地缘政治冲突和战争。然而在罗马教皇垄断宗教的时代，要想夺权就必须创立新的教派，或

夺取对《圣经》的新的解释权。路德和加尔文宗教改革，正是在这样一个政治背景
下诞生并及时获得了北欧国家力量的支持和欢迎。

基督教本身的诞生历史就清楚地说明了国家力量的作用。基督教从创立直到古
罗马皇帝皈依基督教之前，一直都是一个很小的东方教派。但是312年，君士坦丁
大帝在经历了一次"异象"后决心皈依基督教，基督教因此才突然登上了西方世界
历史舞台。不到一个世纪，基督教已经取代各种异教成为古罗马帝国的官方信仰，
并以罗马的影响力为中介，将"基督的启示"传遍欧洲。欧洲新一代"蛮族"首领
纷纷皈依，很快，他们开始提出主张，认为自己拥有作为国王统治部落的神授权
利。强大的统一者查理曼自封"神圣的"统治者，他有权并有责任捍卫和支持基督
教信仰。到了11世纪的十字军东征运动前夜，拉丁基督教（因为其经文及宗教礼
仪采用拉丁语而得名）几乎已经渗透至西方的各个角落。因此，古罗马帝国最重要
而持久的遗产便是欧洲的基督教化。

1588年西班牙无敌舰队与英国的海战，也反映了在国家力量的崛起下，文艺
复兴时期基督教世界内部权力的再分配过程。1618—1648年的"三十年战争"也继
续了这个权力分配过程。在这个过程中，天主教与新教之间的教派冲突是次要的，
而地缘政治的考量、国家利益和国家霸业的图谋才是主要的。

自15世纪开始，欧洲各国皇室对民间通过海外掠夺来追求物质财富的欲望的
鼓励，导致了比人类历史上任何一次远征还要热情百倍的全民"大殖民"运动。为
了皇室与国民的财富收入，国家出面对本国海盗进行公开鼓励、"合法化"和"国
有化"，鼓励他们对邻国商队进行掠夺和抢劫。路德宗教改革强调，信徒可以通过
私人财富积累而进入天堂，因此不过是宗教意识和国家权力对这个掠夺时代背景
的一个反映而已。所谓宗教的"世俗化"，其实也是为了贪图商业利益实施的彻底
"去道德化"。

比如，荷兰和英国这两个北欧偏远国家要想崛起，以便在葡萄牙和西班牙全球
殖民的盛宴中分一杯羹，就必须凝聚民心，寻求独立，并以某种方式松动或摆脱罗
马教皇的控制，把民心从对罗马教皇的忠诚和对以西班牙天主教势力为核心的权力

结构的服从，引导到对本国政府的忠诚与服从，从而形成以国家而不是以教皇为向心力的新的权力中心和主心骨。这样上下一心组织起来的国家，才有能力出去竞争打天下。这就拉开了荷兰与英国对天主教公开的宗教背叛和宗教改革的序幕。

英格兰1534年的"最高法令"，宣布英格兰国王亨利八世是"英格兰教会在地球上唯一的最高领导人"，代替了教皇的权威。任何效忠罗马教皇的行为都被认为是欺君叛国，并将以"叛国罪"论处。正是在这个法令下，英国著名大法官、社会哲学家、作家、政治家、文艺复兴时期的人文主义斗士托马斯·莫尔，和英国天主教主教、红衣主教、神学家、著名学者和剑桥大学校长约翰·费希尔，因坚持对天主教罗马教皇的忠诚和不赞同这个"最高法令"而被处死。因此两人都被罗马天主教廷追认为"圣徒"和为天主教献身的"殉道者"。[179]"最高法令"颁布之后，爱尔兰从1536年开始被英国王室直接控制，而苏格兰也在1560年的宗教改革后宣布取消天主教并使天主教活动在苏格兰变得非法。

因此亨利八世脱离罗马天主教的决定，是经过精心策划和计算的：脱离罗马控制以后，英格兰可以不用向罗马捐税，可以获得罗马教皇在英格兰控制的土地，从而大大增加国家财政收入。亨利八世用这笔节约出来的财富大兴土木和国家军事防御工事，一方面拉动内需，另一方面应对来自法国和哈布斯堡帝国的军事威胁。

荷兰1568年向西班牙哈布斯堡王朝发起的独立革命和"八十年战争"（1568—1648），又称"荷兰起义"，不过是紧步英国的后尘而已。

在国家崛起的过程中，除了宗教残杀和迫害以外，杀戮和掠夺成性的海盗也成为欧洲各国王室认可的职业，从而受到王室特许甚至直接成为建立皇家海军的人事基础和前身。在这个过程中，欧洲人把十字军东征中对伊斯兰教徒的宗教迫害、种族屠杀、土地掠夺，转化为欧洲各国之间和各国向欧洲以外整个世界的战争、掠夺

179　托马斯·莫尔爵士（Sir Thomas More，1478—1535）是英国著名律师、社会哲学家、作家、政治家、文艺复兴时期的人文主义斗士。1532年他还是亨利八世的议员，英格兰高级大法官。他在1516年出版了《乌托邦》一书，描写了一个想象中的岛国的理想政治体系。约翰·费希尔（1469—1535）是英国天主教主教、红衣主教、神学家、著名学者和剑桥大学校长。

和征服。

同蒙古帝国西征和奥斯曼帝国北征的以往历史不同，这个新时代的战争和征服，主要是以控制商业通道和贸易利润为目的的。在这个过程中，欧洲人发现物质财富的真正的永不枯竭的源泉，不一定是金银财宝和土地本身，而是奴役劳动这个能够创造一切财富的源泉。通过控制种植园奴隶和殖民地人民的劳动成果和商品贸易，欧洲人能够获得远比金银和土地本身还要多得多的财富。因此欧洲人改造和发扬光大了古希腊—古罗马的奴隶制度，发明了各种形式的"三角贸易"模式，比如把黑人从非洲贩卖到美洲，让他们种植甘蔗、棉花和咖啡，再把产品贩卖回欧洲大陆赚取不菲的巨额利润。他们也从事亚洲的三角贸易，用美洲掠夺来的金银换取中国人和印度人生产的纺织品、丝绸、陶瓷、茶叶，再将这些商品运回欧洲换成美洲殖民地所需要的生产资料。这一切都需要强大军事力量的威慑和保护。

美国历史学家马克·小山（2017）指出，宗教自由在16世纪上半叶的欧洲根本就行不通，因为宗教在维持16世纪的政治秩序时发挥着极其强大的作用。因此，欧洲创新精神在这个时期的解放（释放），并不是由路德或加尔文宗教改革所推动，而是由战争中形成的国家机器为了抗衡外部征服力量而采取的军备竞赛和重商主义国家发展战略所推动。为了行政管理和战争而筹集资源的需要，推动了国家权力的崛起。庞大的军备开支需要广泛严格的财政预算和资源调动。这个巨大的财政支出，只有依靠商业和远距离贸易所获得的暴利才能够负担。这个历史性的、在皇室主导下的，从统治臣民内心的灵魂世界，向征服广大的外部物质世界和贸易通道的转变，由于地理大发现和对美洲资源的掠夺而一发不可收拾。[180]

于是在1500年到1800年的300年期间，欧洲国家的经济基础和国家能力发生了根本性的改变（Tilly，1992）。第一个改变是欧洲国家规模的转变。在中世纪末期，天主教统治者为了赢得与伊斯兰教派和城邦国家间的血腥竞争，开始努力提

180　马克·小山，2017，《仅仅靠思想无法推动宗教自由》，观察者网。（https：//www.guancha.cn/MarkKoyama/2017_10_26_432289.shtml?web）

高行政管理能力，更频繁地增加税收。但是，最戏剧性地发展出现在1500年之后，那是被历史学家称为军事革命的军事技术发展的结果。这场遍及整个欧洲的军备竞赛是火药的传入和引进带来的，迫使统治者通过大力增加财政和行政管理能力来适应新技术下的军备竞赛，开发大规模杀伤性武器，供养大规模的军队。为了维持专业化的更大规模的军队，必须增加新税种和创立永久性的政府借款管理体系。税收体系于是发生了转变，从临时性的、封建性的和去中心化的税收体系变成更加标准化的和中央集权化体系（马克·小山，2017）。这是支付不断扩大的军费开支的唯一方法。欧洲军队规模的扩大对国家财政能力和税收能力提出了新的要求。英法百年战争中每次军事对抗的军队人数不过是数千人。但是在1415年阿金库尔战役（Battle of Agincourt）中，法国集结的军队已经超过万人。1600年，西班牙军队达到20万人，占西班牙总人口的2.5%。法国军队在路易十四时期达到40万人。如果按照这个比例，中国清朝得有800万至1 000万军队才能全方位对抗欧洲并加入欧洲海外殖民扩张的战争游戏。然而清朝即便具有这样的意图也根本不具备这样的财政能力，因为它没有执行类似欧洲的"战争—贸易"的重商主义国家发展战略，和欧洲那样的通过海外殖民掠夺来支付的"战争—财政"体制。为了赢得欧洲国家间的军备竞赛和商业竞争，财政税收在18世纪初的英国达到了国民总收入的9%，而且在1820年上升为23%。相比之下，被新制度经济学家阿西莫格鲁称为"榨取性"制度的大清王朝的每年平均财政税收在整个18和19世纪一直仅占国民总收入的百分之四左右。[181]

欧洲早期现代国家可怕的军事力量和行政管理能力的形成，也意味着它们有能力比中世纪前辈更有效地镇压异端分子和异议人士。比如荷兰哈布斯堡王朝的菲利普二世（Habsburg Philip II）和英国的玛丽一世（Mary I）等统治者，都因为宗教信仰问题而烧死了数百天主教徒。而且由于战争可以决定国家存亡以及君王代表国家，因投敌或背叛、伤害、欺骗、谋杀君王而被定的"叛国罪"，才越来越成为

181　参见Peer Vries (2015) "State, Economy and the Great Divergence", p.71, 100, 102。

文艺复兴以后欧洲国家最为严重的罪行，受到惩罚的残酷程度胜过黑暗中世纪对异教徒的迫害。但是，这些变化的长远影响破坏了宗教作为维护社会政治稳定的必要性，促成了用更加普遍的法律取代从前依靠宗教实行社会管理的老做法（马克·小山，2017）。

因此，1500年之后欧洲的第二个改变，是1600年后欧洲出现的一种新现象——国家的权力源头不再是贵族和教会，而是君主权威所代表的国家。国家意味着权力向君主的集中和新型官僚体系的壮大，这个过程带来了其他重要后果。它意味着教会治国管理模式被逐步抛弃，取而代之的是国家推行更普遍的法律法规。法律体系变得越来越标准化，税收变得更加规范。一旦发生这样的机构改变，统治精英的意见开始更倾向于支持宗教自由。

但是宗教自由并不是不信教的自由，并不是取缔宗教迫害。路德和加尔文的宗教改革运动以后，新教与天主教，基督教与伊斯兰教之间的相互仇恨、杀戮与流血冲突并没有因"宗教自由"而减轻。比如加尔文对西班牙医生、自然科学家米歇尔·塞尔维特（Michael Servetus）的迫害就是一例。塞尔维特在医学史上以发现肺循环的功能而闻名，他也否认三位一体，这让他成为天主教徒和新教徒的共同敌人。加尔文与天主教宗教裁判所的人密谋，以其提出异端邪说的罪名迫害塞尔维特。当塞尔维特因背叛宗教理念被烧死在火刑柱上时，引起了欧洲新教们的欢呼（马克·小山，2017）。

信奉新教的宗教改革家们并不尊重科学和当时的科学发现。比如当路德获悉哥白尼将自己的日心说到处私下传播时，感到极为震怒。路德说："**大家都要听这么一个突然发迹的星相术士讲话，他处心积虑要证明天空或苍穹、太阳和月亮不转，而是地球转。……这蠢材想要把天文这门学科全部颠倒；但是《圣经》里告诉我们，约书亚命令大地静止下来，没有命令太阳。**"同样，加尔文也大骂哥白尼，他向门徒叫喊道："**有谁胆敢将哥白尼的威信高驾在圣灵的威信之上？**"因此，新教国家比旧教国家有了大得多的思想自由，不是因为新教更加令人思想解放，而是因为新教国家中的牧师的权力比国王小的缘故。所以罗素指出："**新教的重要性不在于**

树立异端，而在于分裂教派；因为教派分裂造成国家教会，而国家教会的力量够不上控制世俗政权。"[182]

路德仇视科学和加尔文迫害异教徒的例子，说明新教本身并非指向宗教自由的道路。美国的清教徒也只相信清教徒的宗教自由；在确保宗教一致性和对异教徒以及无神论者的迫害方面，他们比很多信奉天主教的欧洲国家更加严厉和残酷。

因此，**欧洲近代的科学精神并不是由宗教改革所推动的**。文艺复兴的历史提醒我们，真正的思想解放和言论自由，要求相应的经济基础的推动。这个经济基础就是国家主导的重商主义，或"重商国家主义"。而推动欧洲国家重商主义建立的物质力量，来自中国商品的诱人倒手贸易所提供的超额利润，和来自中国的火药所引发的热兵器战争。

火药带来的新型战争模式消灭了封建贵族和保护他们的城堡，巩固了中央集权政治。所以，是国家竞争体系下的跨国军备竞赛、商业竞争和贸易扩张，反过来强化了欧洲各国的自由主义趋向。

任何有实践意义的宗教自由，既不是来自哲学家的论证也不是来自新教信仰的性质本身，而是来自17世纪之后由于工商业的跨国竞争和百姓生活的世俗化，使得欧洲国家在政治上根本做不到要求民间维持宗教信仰的一致性了，因为新教也变得越来越派别林立。

因此历史学家马克·小山（2017）才指出，即便到了17—18世纪的启蒙运动时期，欧洲各国王室对于宗教自由的宽容态度，也不是由于启蒙运动本身，而是由于国家权力的崛起才发生改变的。因此，"**不是培尔、斯宾诺莎、洛克的观点推动了国家权力的崛起，而是为了行政管理和战争而筹集资源的需要。对于越来越强大的财政和军事国家而言，宗教一致性和迫害只是变得代价过于高昂和效率过于低下而已**"。

来自北欧的国家力量和新教的冲击，南欧的西班牙和法国做出了相当强烈的回

182　罗素著，马元德译：《西方哲学史》下卷，商务印书馆2008年，第47—48页。

应。天主教耶稣教会也开始崛起，实施自强型自我改革，反腐倡廉，以捍卫天主教的权威和原教旨的纯洁。

由于无政府主义和无法无天的自由主义丛林竞争原则，文艺复兴时期的政治条件有利于个人发展，然而不利于社会稳定。也像在古希腊一样，这种社会方面的高度不稳定性与个人天才的表露是密切相连的。反过来，中国自实现大一统以来，为了维持超大型天下型国家的稳定性所付出的代价，恐怕就是妨碍了艺术上或才智上的特殊天才人物的大批量涌现与发展。

但是欧洲作为一个整体，却可以从意大利的不稳定中受益。比如信奉天主教的葡萄牙和西班牙吸取了意大利挥霍无度、盛极而衰的教训，一方面坚持贯彻十字军东征精神，为传播天主教赴汤蹈火，另一方面将商业利益看成王室的最高追求目标。一方面实行重商主义发展战略鼓励民间经商，另一方面坚决实行政教合一以维护政治稳定。它们不打算为追求意大利那种艺术上的繁荣和"个性解放"而忍受"凶杀和混乱"，而是决意完成十字军东征的未竟事业，将"圣战"目标推进到地球另一端那无尽的前沿和太阳每天升起的地方。

第四章

大航海（1492）与
"新十字军东征"

西方是如何兴起的呢？严格地说，欧洲人先是买了亚洲列车上的一个座位，然后买了一节车厢。名副其实的贫穷可怜的欧洲人，怎么能买得起亚洲经济列车上哪怕是三等车厢的车票呢？欧洲人想办法找到了钱，或者是偷窃，或者是勒索，或者是挣到了钱。那么他们究竟是怎么找到钱的呢？

弗兰克《白银资本》

近代西方惊人成就的秘密在于精神武器和世俗武器的巧妙合作。

汤因比《历史研究》

旧世界到处都能自己制作冷兵器的时代已经寿终正寝，尽管这些武器曾经是希腊和罗马取胜的重炮。但是现代战争所需的材料必须基于国际贸易带来的回报——没有任何国家可以抵御侵略或者赢得一场正义和必要的战争，除非它能够拥抱国际贸易和远洋探险。

伦敦报纸（1724 年 4 月 27 日）[183]

葡萄牙和西班牙探险家的行动与郑和船队短暂出访不同，它象征着殖民者改变世界政治和经济平衡的决心。

保罗·肯尼迪《大国的兴衰》

183　参见 Jeremy Black, 2004, "Rethinking Military History", Chapter 6, in Routledge series *Warfare and History*。

如果说由乌尔班教皇发动的十字军东征，彻底改变了人类宗教战争的游戏规则，那么由亨利王子肇始的大航海与地理大发现运动，则彻底改变了人类商业活动的游戏规则；并由此创造出战争资本主义的商业模式——"战争⇄商业"循环加速器。

本章和下一章将要揭示的，是欧洲如何通过国家暴力从大西洋闯入亚洲贸易中心，用"职业海盗"式武装贸易和高度军事化的皇家特许公司，强行改变了亚洲和印度洋已经和平运作上千年的、多个文明和平共处下的贸易体系和贸易规则的。

哈耶克这位奥地利经济学家和诺奖获得者，一方面把欧洲自大航海以后基于国家暴力才建立的这套世界贸易秩序，称为"自发演化的市场秩序"，另一方面却把20世纪弱小国家为抵抗西方战争资本主义和殖民主义而兴起的社会主义救亡经济，称为"通向奴役之路"。虽然哈耶克正确地预见到100%的计划经济不可能成功，但是他却错误地认为，只有政府退出一切经济活动和产业政策，落后国家才可能实现经济繁荣；错误地认为这是英国这个老牌资本主义国家当年实现繁荣的秘诀。英国当代哲学家，哈耶克研究权威约翰·格雷，将哈耶克这种认知称为"理性主义的狂妄自大"。[184]

参与十字军东征的欧洲人，当年仅仅通过抵达君士坦丁堡这个古丝绸之路西端的贸易枢纽，就目睹了他们从来没有想象过的东方财富，因此进一步激发了他们

184　参见John Gray, 1998, Hayek on Liberty, "Postscript: Hayek and the dissolution of classical libralism"（也参见我对此书"后记"——"哈耶克与古典自由主义的消解"一文的中文翻译版：https：//xueqiu.com/6503564033/135489026 ）。

"打砸抢掠"的欲望和"穷则思变"的精神力量。但是大规模掠夺与杀戮需要实力，需要更好组织起来的强大武力，尤其是当他们掠夺的对象，是军事上和社会组织上都比野蛮落后的基督教欧洲更加先进的穆斯林文明和庞大的东方帝国——尤其是中华帝国。

因此，乌尔班教皇蛊惑下开始实施的、通过"对异教徒掠夺"来振兴基督教世界的这个宏大战略如想成功，欧洲除了必须形成由许多个好战国家构成的"接力赛"，并在接下来的几百年间做到前仆后继、不屈不挠的对外扩张以外，还必须逐渐学会如何利用组织起来的国家力量，并通过这些国家力量之间的血腥竞争，来"优胜劣汰"地推动这一宏大的全球征服运动，并在这一过程中通过学习、模仿、剽窃、山寨、掠夺等方式全面掌握东方的生产和科学技术。而这种国家力量对"打、砸、抢、掠"的有意识参与和相互竞争所带来的一系列经济与科技发展后果，并不是乌尔班在十字军东征一开始就意识到和设计好的。

十字军东征这一历史运动从1095年开始，一直持续了近200年，才发生了基督教的料想不到的世俗化转变，并在地中海发育出一个由意大利天主教城邦国家构成的微型国家竞争体系。但是罗马教廷的彻底去道德化所带来的"无法无天"和"一切人反对一切人的战争"，虽然助长了意大利文艺复兴，但仅靠意大利的艺术繁荣、商业腐败、黑社会混战，还无法成全一个强大的欧洲。因此，文艺复兴虽然是对十字军东征精神的某种"否定"，欧洲的崛起还需要再来一次"否定之否定"的社会运动，才能使得十字军东征精神在更高一个层次上获得回归，从而向前推进欧洲基督教世界的全球霸业。这个霸业需要但丁和马基雅维利所期待的那种中央集权和君主制大国的出现。

葡萄牙和西班牙恰好是天主教世界发育出来的早期中央集权大国——它们的人口和国土规模比威尼斯城邦甚至好多个意大利城邦国家的总和高出1—2个数量级。

这两个年轻的早期中央集权国家，没有太受意大利文艺复兴时期道德堕落和政治上混乱无主的影响，因此也自然没有遭受宗教改革的巨大压力；而是一直坚守十字军东征信念，通过对伊比利亚半岛摩尔人和犹太人的迫害，在欧洲文艺复兴期间保存了十字军东征的精神火种和圣战斗志，从而在时机到来时，将这种十字军东征精神转变成为一场轰轰烈烈的海外殖民运动。

因此，只有把地理大发现运动看成十字军东征运动的继续和发扬光大，才能真正理解近代欧洲的海洋扩张史和其背后的演化逻辑。正如历史学家杰克·戈德斯通所说："**正确理解这个时代的方法是将其看作很多欧洲国家为开创一个持久的、庞大的、完善的欧亚贸易体系所做的长期的、持续性的努力。在这个过程中，欧洲由外围的弱者逐渐成长为后期的主导者**。"[185]

而葡萄牙的崛起，恰好是欧洲在文艺复兴中后期发生的这样一个历史性转折点。

这个转折点的意义在于国家力量正式登上欧洲全球扩张的历史舞台。如果说乌尔班教皇开启的十字军东征还只限于是对阿拉伯地区的征服的话，那么由葡萄牙开启的新十字军东征则是把这个过程升级成为对全世界的远征，"继往开来"了十字军运动征服异教徒的未竟事业。

从15世纪初开始，海上殖民和远洋探索上升成了葡萄牙的国家政策。葡萄牙的航海探险模式，代表了欧洲暴力扩张运动的组织形态由宗教暴力向国家暴力的转化，同时也代表了罗马教廷的事务开始由宗教事务向商业事务的转化。

如果说文艺复兴时期意大利上百个微型城邦国家的崛起，让基督教欧洲初次"尝到"了"国家竞争体系"在野蛮落后的中世纪欧洲催生艺术繁荣、商业繁荣和军事繁荣的重要性，那么**葡萄牙和西班牙的崛起**，则让基督教欧洲尝到了更大规模的国家竞争体系，对于大国崛起、海洋扩张、军事组织变革、航海技术的提升、对地球资源的彻底认识与把握的极端重要性。

更何况，通过观摩13—15世纪地中海海域的频繁海战，葡萄牙是一个极其重视海军军备竞赛的国家。正是依靠这个海军力量，使得葡萄牙从一个地中海最西边

185　杰克·戈德斯通通著，关永强译：《为什么是欧洲？世界史视角下的西方崛起（1500—1850）》第四章，浙江大学出版社2010年。

沙漠是陆地的"海洋"，而海洋是水中的"大漠"。沙漠这个陆地上的"海洋"，视野广阔平坦，但是道路十分弯曲，不像真正的海洋，而且骆驼的能源远比不过季风提供的能源。虽然季风受到季节的严重影响，但是海面航行的速度远远超过沙漠，从而在速度上将全球贸易提高了一个档次。

的边陲穷国，摇身一变成为欧洲最强大的海洋帝国，它将主导欧洲的亚洲贸易100年，并与西班牙一道，为法国、荷兰、英国等海上殖民帝国的崛起，铺垫出一条宽阔海平面上直通亚洲贸易中心的"金光大道"。

人类最早的全球探险总是在陆地上进行的，尤其是在广阔无垠的相对平坦和安全的沙漠上进行的。这是为什么最早的全球贸易体系出现在欧亚大陆，因为只有欧亚大陆具有横贯东西方的大片沙漠。人的生理条件和古代交通工具的限制，不允许人类在沼泽、丛林、森林、雪山等地带从事上千公里的长距离穿梭旅行，除了避免豺狼虎豹和过于弯曲的山道与崇山峻岭之外，还需要具备能够极目眺望随时判断前进方向的条件。因此草原和沙漠是除海洋之外，人类当时在地球上能够长距离旅行的唯一的真正意义上的"平川"与"高速公路"。在沙漠上长途旅行，除了需要很强大丰富的天文与地理知识以外，还需要交通工具，那就是骆驼。为了与西方建立贸易往来和文明交流，中国古代产生过一大批类似哥伦布、达·伽马、麦哲伦那样的探险家，比如出西域的张骞、常惠、冯奉世、冯夫人（冯嫽）、蔡倍、秦景、班超等。

比如大约公元642年的夏天，从西域返程途中的玄奘，从瓦罕经大帕米尔到达塔格都木巴什帕米尔，然后辗转抵达萨里库勒的首府地什库尔干。汉代班超也曾经长期驻守这里，传说他从疏勒回洛阳时，难舍的百姓甚至以拔剑自刎相留。新疆这个地区作为古代丝绸之路核心区，诞生过维吾尔族诗人和思想家玉素甫·哈斯·哈吉甫（约1010—1092）（《福乐智慧》的作者），也是《突厥语大辞典》的作者、维吾尔族伊斯兰学者麻赫默德·喀什噶里（1008—1105）的故乡。他们的著作中留下了突厥、阿拉伯、波斯和汉文化并存、交流、重叠、融合的痕迹。他们生活的年代既是十字军东征运动萌芽的时期，也是宋代理学形成的时期。在《福乐智慧》中，维吾尔诗人这样说到丝绸之路上的交往："他们从东到西经商，给你运来需要之物；假若中国商队之旗被人砍倒，你从哪里得到千万种珍宝？！"[186]

但是与后来的欧洲殖民探险家不同，中国古代的探险家，无论是汉朝的班超还是明朝的郑和，主要是出于和平商业目的从事探险的。不过，在中国人、阿拉伯人、波斯人、印度人、拜占庭人共同平定了中亚大陆这片地球上最广袤的沙漠和陆地上最广阔的贸易"高速公路"之后，人类建立全球市场面临的最后机会就只有真正的海洋了。这个机会必须等到海上交通工具的改善和一种进攻性"物种"或者"扩张性文明"的诞生。这个新型"物种"可以通过海上迅速蔓延，蚕食古代贸易这个巨大有机体，最后鸠占鹊巢，成为新世界的主人。

在文艺复兴时期，大西洋东部沿海的欧洲民族在15世纪发明了一种新型的轻便远洋帆船，有三根桅杆和横帆装置，最初悬挂三角帆而后来悬挂纵帆，它能连续几个月留在海上而不靠岸。当这种相对低廉的造船技术与海盗精神相结合，并被国家力量加以扶持的时候，一个新的时代就会到来——这个时代体现的，是亨廷顿强调的"组织起来的暴力"。因为一旦海盗民族掌握了远洋航海技术，他们由此就能够利用比沙漠还要平坦100倍、却花比穿越沙漠少得多的力气与成本，长驱直入进入比沙漠更加浩瀚无边的海洋，像两栖动物一样自由地出入和侵蚀地球表面上任何有陆地的地方。尤其是当这种自由出入大海的远洋帆船配备了威力强大的火炮时，

186　汪晖："两洋之间的文明"，《经济导刊》2015年08、09期。

这个新时代一定是"暴力、杀戮、利润"的时代，充满了大规模种族屠杀与战争灾难。

为此，欧洲近代最博学的思辨哲学大师黑格尔说道：

> 大海给了我们茫茫无定、浩浩无际和渺茫无限的观念……大海邀请人类从事征服，从事掠夺，但是同时也鼓励人类追求利润，从事商业。平凡的土地，平凡的平原流域把人类束缚在土地上，把他卷入无穷的依赖性里边，但是大海却挟着人类超越了那些思想和行动的有限的圈子。……船——这个海上的天鹅，它以敏捷而巧妙的动作，破浪而前，凌波以行——这一工具的发明，是人类胆力和理智的最大光荣。这种超越土地限制、渡过大海的活动，是亚细亚各国所没有的，……像中国便是一个例子。[187]

这位最博学的德国思辨哲学家在这里透露出他典型的欧洲中心主义立场：他至少应该知道在欧洲崛起之前，穆斯林和印度商人对整个地中海海域和印度洋海上贸易网络的驾驭。而且正是印度洋的阿拉伯航海员，利用丰富的航海知识、季风知识和指南针技术，当年为葡萄牙探险家达·伽马领航，才使得这位颇为寒酸的海盗国探险家率领的船队，从东非顺利抵达印度卡利卡特的。更何况欧洲人的核心航海技术——指南针——最早是中国发明并通过阿拉伯传入欧洲的。

因此，亚洲人之所以不从事海上征服，不去欧洲探险，不是因为航海技术落后或者缺乏远洋探险的勇气，**而是因为没有产生去西欧探险和征服的社会需求**。阿拉伯和印度商人只需要通过红海将商品运入地中海，而只有位于大西洋边陲的贫穷西欧国家，如葡萄牙、荷兰、英国，才有兜一大圈绕过非洲好望角进入印度洋的需要——因为只有他们才需要同富裕的亚洲通商，从而才能改变自己贫穷落后的

187　黑格尔著，王造时译：《历史哲学》，上海书店出版社2006年，第134—135页。

面貌。

中国明代的郑和船队，毫无疑问是开拓海洋探险与跨大陆远距离海上航行的先驱。但是代表中国朝廷的郑和远洋舰队，与代表葡萄牙王室的伽马舰队和代表西班牙王室的哥伦布舰队，具有非常不同的行为模式和文明基因：前者是无暴力的，后者是充满暴力的；前者追求仁义礼智信，后者崇尚打砸抢掠杀。

郑和并非不知道海洋的巨大商业价值，因为他说过："**欲国家富强，不可置海洋于不顾。财富取之海洋，危险亦来自海上。**"[188] 至于明朝为什么最终放弃海洋？这是一个仍然没有很好答案的重大历史谜团。一种解释是，来自北方草原游牧民族的巨大威胁，迫使中国政府将国家力量和资源集中投入到北部边疆，而不是用于海上探险与应对南疆的海上倭寇。[189]

更为信服的一种理论由历史学家彭慕兰和托皮克提出，建造大型远洋船队需要消耗大批量上等木材；由于森林资源从明朝开始迅速枯竭，明朝政府意识到这种由国家资助的大规模远洋航行所获得的商业利益远远小于其税收成本，因此停止了对这种国家项目的支持。但是民间的远洋航行并没有因此受影响，在东南亚的海上货运路线上，中国民间贸易商其实比以往更加活跃，只是从未像郑和船队航行得那么遥远。民间远航受市场规律支配，根据市场因素决定航程，这与国家行为不同。中国民间贸易商没有建造可以远航到印度、中东、非洲的大船，而是建造小船，将陶瓷、丝绸、漆器、茶叶运到与印度、中东之间的中途站，卖出后再购买印度棉花、靛蓝染料运回中国。中国民间贸易没有必要远航，只需要将货物转卖给印度和阿拉伯中间商即可——这些中间商再通过红海和阿拉伯海将商品倒买到中东、巴尔干半岛、地中海和罗马，所以中国商人也用不上建造巨型远洋大船。讲究道德原则的中国民间贸易商为了追求利润最大化，就得和平利用南洋和印度洋的货物集散中心，

188　王义桅著：《海殇》第七章，上海人民出版社2013年，第169页。

189　参见Abu-Lughod, Janet L. *"Before European hegemony: the world system AD 1250—1350"* 和弗兰克：《白银资本》里面提出的几种假说。

它是连接中国与位于地中海的丝绸之路终端的中转站。借助这个和平的自发演化出来的亚洲贸易网络，中国民间贸易商在海外逗留不超过一季的情况下，就可以将产品源源不断地通过中间商运到日本、印度、中东和地中海沿岸。这样的民间市场行为很合乎效益，但是不利于造船业和远洋探险的发展。对此，彭慕兰和托皮克总结道：**"要让人觉得造大船、远航值得一做，需要其他驱动力，比如传教、军事竞争或独霸海洋的念头。中国人把如此浩大的事业留给了欧洲人，而欧洲人也以行动证明他们愿意蔑视市场规律和法则，从而为世界贸易开创出新的时代、新的模式。"** [190]

是的，郑和七下西洋不到一个世纪，葡萄牙国家力量派出的无敌舰队就悄悄从大西洋抵达马六甲。这个由国家暴力背书、基督教"圣战"精神武装的远洋贸易探险舰队，将成为旧有全球贸易规则的改变者和新规则的制定者。而且葡萄牙国家海上力量所制定的新规则，又不断受到后来居上、武力更加雄厚的荷兰海军和英国海军的挑战。

但是彭慕兰和托皮克没有意识到，欧洲国家力量之所以有动机和意志长期前仆后继地组织和从事远洋探险，其实是因为掠夺型意识形态、巨大的国家战略利益和欧洲的"后发优势"。

可以说自从耶稣基督降世以来直到英国工业革命为止，世界上的任何地区如果脱离了与亚洲这个财富创造中心和制造业中心的接触，都不会繁荣。因为除了中国和印度之外的其他地区，都没有能力形成自我循环的完整手工业产业链、商品贸易体系和基于其上的辐射全世界的远距离物流基础设施。因此它们都必须首先成为亚洲贸易体系的一部分，才能获得文化与商业知识交流、节省交易成本、享受长距离信用服务，从而变得繁荣昌盛，正如8—15世纪期间依靠加入丝绸之路和亚洲贸易体系而繁荣的伊斯兰文明一样。伊斯兰文明又通过自身的繁荣，反哺了亚洲贸易体系和这个体系在欧洲的扩张。

190　彭慕兰、史蒂文·托皮克著，黄中宪、吴莉苇译：《贸易打造的世界：1400年至今的社会，文化与世界经济》，上海人民出版社2018年，第67—68页。

正如历史学家肯尼迪所说："**欧洲很大一部分文化和科学遗产是（通过贸易、征服和殖民）从伊斯兰国家'借来'的，同穆斯林社会通过几个世纪的相互贸易、征服和殖民从中国'借来'一样。**"[191]

中国在这漫长的两千多年的岁月中，之所以能够成为全球的制造业和财富创造的中心，正是因为在秦始皇完成了大一统之后，消灭了国家之间频繁的战乱纠纷，消除了各种阻碍跨地区自由贸易的政治障碍，通过超大型国家力量的需求拉动和公共品投入，形成了全球最大、最完善的国内粮食与商品流通网络和交通基础设施体系，并利用这个国家力量有效地支撑起通过中亚连接地中海文明的陆上贸易体系，和通过印度洋连接地中海文明的海上贸易体系。

因此，如果亚洲这个全球生产与交换中心有朝一日会衰落的话，只可能是因为在地球某一端出现了另一个更加强大的"替代品"，也就是欧洲工业革命之后所形成的新的产业链和贸易网络。只有工业革命才能替代和摧毁亚洲的贸易体系，只有规模化大生产方式带来的规模化大交换和由规模化大市场均摊的极低成本（包括生产成本和技术研发成本），才能以更加廉价的产品价格和更加统一的质量标准摧毁中华商业帝国的万里长城，打破亚洲在全球贸易中的龙头地位，从而彻底取代和瓦解亚洲高度发达的贸易和金融体系。正如今天全球制造业中心向亚洲的转移和中国的再次崛起，正在使得文艺复兴500年来由欧洲建立的世界经济秩序开始瓦解并被亚洲取代一样。

因此当年欧洲崛起的第一步，是把穆斯林赶出地中海，并通过穆斯林切实了解到亚洲这个财富中心的存在和通往它的可能路线；第二步则是通过国家主导的武装远洋探险，绕过中东穆斯林垄断的贸易枢纽，切实找到通往亚洲财富中心的海上"高速公路"——它极其辽阔、平坦、快捷、便宜，唯一需要的东西是坚船利炮。

这些发展都不是欧洲任何教皇或者国王设计和计划出来的，而是通过欧洲社

191　保罗·肯尼迪著，陈景彪等译：《大国的兴衰：1500—2000年的经济变迁与军事冲突》，国际文化出版社2006年，第4页。

会内部的发展动力，通过热兵器战争、军备竞赛和商业竞争，一步一步展开和实现的，虽然事后看起来好像有一个黑格尔式的"绝对精神"指引似的。这个历史逻辑的展开，是由十字军东征打开第一个潘多拉盒子和文艺复兴打开第二个潘多拉盒子所肇始的。这两场社会运动，由于火药的传入，早晚会将四分五裂的欧洲带入一个欧洲版的"春秋战国"时代；并且由于穆斯林的强烈反抗，早晚会迫使欧洲走出地中海奔向更加辽阔的海洋，超越古罗马重新寻找到能够发财致富的通往亚洲贸易中心的交通要道。

正如美国海军将领和军事历史学家马汉所倡导的海权逻辑和行动"语法"一样：在马汉看来，海洋代表了一片"人们借以通向四面八方的广阔的公有地"。海上交通，或海洋公有地上的安全通道，乃是"政治或军事战略中唯一最重要的因素"。马汉宣称，一国海权的显赫地位取决于对关键海上航道和地理据点——诸如岛屿和沿海港口——的控制。港口的意义在于，从那里出发的战舰可以相机对海上交通进行保护或阻断。**因此，谁垄断了海洋，谁就垄断了全球贸易和全世界财富**。[192]

立于这个海权时代历史潮头的，是葡萄牙；是葡萄牙王室打造的远洋海军和它的印度洋无敌舰队。历史选择了葡萄牙这个欧洲西部最贫穷落后的边陲国家，作为新十字军东征的先锋——因为它最穷，从而最勇于"思变"，而且也正好处于地中海西边连接大西洋的出海口。

依靠具有强大火力的远洋载人工具，在十字军东征精神和"穷则思变"的国家意志主导下的葡萄牙王室航海家们，前仆后继，历经沧桑，于公元1420年左右发现并殖民了大西洋的马德拉群岛，并于1432年殖民了大西洋的亚速群岛，在1471年到达赤道，于1487—1488年绕过非洲好望角，在1498年登陆印度西海岸的商业重镇卡利卡特，在1511年攫取了马六甲海峡的控制地位，然后挺进中国南海，并

---

192 阿尔弗雷德·塞耶·马汉著，李少彦、董绍峰、徐朵等译：《海权对历史的影响1660—1783年》，海洋出版社2013年。

分别于1516年在广州登陆和1542—1543年在日本海岸插上了他们的国旗。

用不到一个世纪的时间，葡萄牙人就这样运用组织起来的国家暴力，"迅速"地包围了阿拉伯人在地中海南岸、北非、南非、东非和阿拉伯海的广大海岸线，并从印度和中国商人手中夺去了印度洋、马六甲和南中国海的贸易体系主导权。

第一节　马可·波罗

要讨论大航海时代的新十字军东征，不得不先提一提马可·波罗。

马可·波罗的《游记》也许是欧洲文艺复兴初期最著名、最有影响力的旅行书，因为它为欧洲未来几个世纪的海洋探险野心，和寻找从海上通往亚洲财富通道的努力，捎来了相当详细的信息并提供了远景规划图。的确，也正是从小受到《马可·波罗游记》的熏陶和鼓舞，欧洲才产生了亨利王子、哥伦布、伽马、麦哲伦这些充满海盗精神的伟大航海家，以及前仆后继支持他们探险的国王和罗马教皇们。这些航海家、国王和教皇都是熟读《马可·波罗游记》并在地理大发现运动中叱咤风云的人物。

虽然1204年入侵君士坦丁堡让西欧基督徒看见了从未想象过的财富，直到马可·波罗之前，他们并不能想象丝绸之路的东端还有远比拜占庭帝国财富丰富一百倍的财富与生产力。拜占庭帝国不过是古丝绸之路这条物流通道的终点站之一：它不过是将琳琅满目的各种亚洲商品通过丝绸之路输入欧洲以后的一个集散基地或者地中海转口贸易枢纽而已。

其实意大利早期的商业繁荣离不开成吉思汗。根据丝绸之路历史学家弗兰科潘（2016）的说法，欧洲的商业在中世纪后期之所以能够扩张，靠的是蒙古人在整个欧亚大陆打造的稳定政治平台和通商平台。除了拜占庭首都君士坦丁堡之外，13—14世纪崛起的意大利商业重镇威尼斯、热那亚、佛罗伦萨，都是依靠与东方的贸易而发财致富的，那里的商人一般都是购买中国、印度、波斯等地的香料、丝绸和布匹，通过到手转卖以后再分散流向广袤的欧洲其他地区。就连意大利中部一些不知名的小镇都开始注目东方，希望和丝绸之路发展联系，从中汲取先进文化、思想，尤其是商业利润。事实上，与东方的贸易是埃及马木留克（马穆鲁克）王朝（1250—1517）的生命线。[193]

而在地理大发现之前，获得中国商品的最短陆上通道，是从地中海东部海岸出发，经过一系列中亚国家进入中国的西部。这段漫长的旅途中只有中国管辖范围的大陆系统能够确保旅行商人的安全，其管理制度让各国到访者颇感欣慰和震惊。14世纪的著名穆斯林旅行家伊本·巴图塔（Ibn Battuta，又译为伊本·白图泰）这样写道："对于旅行者来说，中国是世界上最安全、最宜人的国家。即使一个人带着很多钱财到处单独旅行九个月都不用感到担惊受怕。"[194]

但是无论是在古希腊、古罗马时期，还是在欧洲中世纪末期，西方商人不会直接前往中国购买商品，而是经过阿拉伯商人多次转手倒卖东方商品。因此，欧洲自古以来就只是道听途说过的关于中国文明的繁荣程度的消息，要等到马可·波罗亲自游历东方以后才能传递回欧洲，传遍那个取代君士坦丁堡后成为丝绸之路西端的贸易枢纽的意大利。马可·波罗以其亲身经历和对此有些添油加醋的口述，彻底改变了欧洲人对于东方财富的想象力，从而使性欲与征服欲极其旺盛的欧洲野蛮人，再次焕发出十字军东征的"打砸抢"激情，暴力掠夺冲动和探险猎奇欲望。

《马可·波罗游记》是威尼斯商人马可·波罗（Marco Polo，约1254—1324年）于中世纪晚期（13世纪下半叶）在中亚和远东的冒险经历自述。这部制作于大约

193　关于蒙古帝国对于欧亚贸易体系的贡献，以及中世纪后期和文艺复兴初期的地中海海域与中国的贸易往来史料，参见杉山正明著，周俊宇译：《忽必烈的挑战：蒙古帝国与世界历史的大转向》第三部"忽必烈的君士与通商帝国"，社会科学文献出版社2013年。

194　原文是："*China is the safest and most agreeable country in the world for the traveler. You can travel all alone across the land for nine months without fear, even if you are carrying much wealth.*"（The Travels of Ibn Battuta, https：//orias.berkeley.edu/resources-teachers/travels-ibn-battuta/journey/through-strait-malacca-china-1345–1346）。也可参考彼得·弗兰科潘著，邵旭东、孙芳译：《丝绸之路：一部全新的世界史》第十章，浙江大学出版社2016年。

1350年的手抄本是欧洲现存最古老的抄本之一。在中国印刷术还没有传入的欧洲中世纪，马可·波罗的书完全是依靠手工抄写"出版"的，据说第一版只有5本，在欧洲王室之间流传。该书最早的一个版本也许是属于法国国王查理五世（Charles V，1364—1380年在位）的藏书，那是《马可·波罗游记》的五部手抄本之一。以后该书成为法国藏书家亚历山大·佩托（Alexandre Petau）最珍贵的图书馆馆藏之一。1650年，此书原版又被卖给了瑞典的克里斯蒂娜女王（Queen Christina，1626—1689年）。

马可·波罗的影响广大。比如15世纪著名葡萄牙航海家亨利亲王，因受马可·波罗的影响而对航海事业极其着迷。这位亨利亲王拥有一本《马可·波罗游记》的手抄本。据说这本游记是他的案头读物，时常翻阅。亨利王子可以说是15世纪西欧航海探险以及地理大发现事业的开拓者、奠基人。英国历史学家比兹利称亨利王子为著名航海家迪亚士、哥伦布、达·伽马、麦哲伦等人的导师。[195]一位英国历史学家巴克利指出，亨利王子所做的船舶设计改进、地图绘制、航海仪器完善和航海资料收集等方面的工作，改变了历史的全部进程。著名的纽伦堡地理学家，欧洲中世纪第一只地球仪的制作者马丁·贝海姆也受马可·波罗的影响而极力倡导到东方去。他的地球仪是于1492年哥伦布首航前制作成功的，这个地球仪是根据托勒密的理论和马可·波罗的《游记》绘制而成的。

15世纪末著名的佛罗伦萨地理学家，主张西渡大西洋抵达东方的热心倡导者托斯堪内里，也看过《马可·波罗游记》。他于1474年给葡萄牙主教马丁列沙写信提出了由西行到东方去的具体设想。后来哥伦布多次向他请教，互通书信。托斯堪内里在给哥伦布的信中向哥伦布重复地介绍了《马可·波罗游记》中对中国以及东亚与南亚财富的描述。他还向哥伦布提供了最新绘制的地图，他的意见和地图对哥伦布下定横渡大西洋的决心起到了重大作用。[196]

---

195 张箭："马可·波罗与地理大发现"，《世界历史》1994年第4期。

196 杨洋：《云南师范大学学报》2005年11月第37卷第6期。

哥伦布本人也有一本随身携带的1485年印行的拉丁文版《马可·波罗游记》，那时印刷术已经在欧洲普及。据说哥伦布经常翻阅这本书，并做了264处边注，共475行。[197]

在13、14世纪，横跨欧亚大陆的蒙古帝国提供了一个稳定的政治环境，使得丝绸之路的贸易得以发扬光大蓬勃发展。对东方商品的需求一直在增加，但成本却很高，这主要是由于太多的中间商参与了商品在欧亚大陆漫长丝绸之路上的运输服务。

但是随着蒙古帝国的瓦解，横跨欧亚大陆的长途贸易变得更加困难、危险甚至更加昂贵。尤其是1453年君士坦丁堡这个古丝绸之路的地中海贸易枢纽被土耳其穆斯林重新占领后，欧洲商人的情况变得更加艰难。一些穆斯林拒绝与野蛮的欧洲商人打交道，而另一些则收取高额税费。

因此，通过与中国的直接贸易来获利的想法激发了欧洲人对通往东方的海上航线的追求，从而将欧洲的注意力从通往东方的陆路转移到了西部大西洋上。但是其目标并没有改变：只要通过大西洋能够直接通往中国而无须与欧亚大陆陆地上的穆斯林打交道，那么这样的探索就是值得的，因此颇受所有欧洲国家的关注。

这是一个功用巨大的具有"公共品"性质的远洋航道，是一项值得加以大力投资的伟大事业，因为它的发现将为所有欧洲人提供发财致富的机会。但是打造这个巨大公共品却艰辛无比，所以必须动用国家力量前仆后继地积极参与，才能克服私人投资激励不足的状态。不过为了鼓励私人投资，基督教自从十字军东征以后就一直在为欧洲人对全世界的"打砸抢掠"提供宗教意识形态激励和道义支撑，并许诺对他们非法获取的不义之财只抽取部分提成。难道这就是所谓的"良好私有产权保护"？这种"保护激励机制"就连任何一个低级的黑帮社会都可以设计和做到。

克里斯托弗·哥伦布（Christopher Columbus）向未知的大西洋出发，恰好是因为他相信能够在寻找通往东方的海路上和尽头发现黄金。正如恩格斯在《论封建制

---

197 *Henry Yule. Henri Cordier. The Book of Sir Marco Polo London 1926*.尤尔、科迪埃译注：《马可·波罗游记》（第二卷），伦敦，1926.

度的瓦解和民族国家的产生》一文中指出："**葡萄牙人在非洲海岸、印度和整个远东寻找的是黄金；黄金一词是驱使西班牙人横渡大西洋到美洲去的咒语；黄金是白人刚踏上一个新发现的海岸时所要的第一件东西。**"[198]

而且从异教徒和外族人手中掠夺黄金和财富是自十字军东征以来就被历任教皇与国王们鼓励和怂恿的，是实现"上帝所愿"的行动，是一个无比"正当"和"正义"的世俗追求和英勇行为。因此3G——"上帝、黄金、荣誉（God, Gold, Glory）"——才成为西方无论是天主教徒还是新教徒的人生信念。而且别忘了欧洲好多国家的历代探险家们大多是海盗出身，多数还持有王室颁发的私掠执照。

欧洲资本主义就是这样发展起来的。十字军东征精神和文艺复兴时期彻底去道德化的商业行为，才是资本主义的第一推动力，而不是韦伯所吹嘘的日耳曼部落的法治传统。

第二节 亨利王子

前面提到，葡萄牙的崛起是欧洲开启十字军东征运动以来，继意大利商业繁荣之后的第二个历史性转折点。这个转折点的意义在于，国家力量在寻求通往东方财富的海上贸易通道的事业中正式登上欧洲历史舞台。它因此代表欧洲暴力扩张运动出现了一种新型组织方式，那就是以民族国家的构建继承和发扬光大十字军东征"打砸抢掠"行动的集体竞争。

而"航海家"亨利王子（Prince Henry the Navigator；1394—1460）便是当时欧洲国家力量从事这种竞争与海上殖民扩张的急先锋。

亨利王子的全名是唐·阿方索·恩里克，是葡萄牙国王的第三个儿子。他因把一生献给葡萄牙的海上探险、非洲殖民、黄金掠夺而被称为"航海家亨利"，虽然

---

198 《马克思恩格斯全集》第二十一卷，人民出版社1965年，第450页。

他本人并未参与葡萄牙的任何重大航海探险活动。但是在他几十年如一日的坚强领导和支持下，葡萄牙的航海事业迅猛发展，崛起成为欧洲第一个垄断欧亚海上贸易通道的海上霸权。

亨利王子从小就对航海探险产生了巨大的兴趣，而这个兴趣的来源便是《马可·波罗游记》。这本关于中国财富的历险记坚定了亨利王子通过海上抵达中国和掠夺中国的决心和野心。

葡萄牙产生这样的历史使命感有三个原因：第一，十字军东征精神，既可以以上帝的名义打砸抢掠、强奸杀戮，还可以在干尽坏事之后进天堂，何乐而不为。第二，奥斯曼帝国的土耳其人扼制了欧洲获得亚洲商品的道路，从而迫使欧洲人开始探索其他通往东方的路径。新的路径对于欧洲而言是非常重要的，因为如果没有亚洲商品，欧洲人的许多生活必需品都得不到保证，如腌制食品的香料（胡椒、肉桂、丁香及其他），药膏，祭祀或医用的油膏（乳香和没药），做衣物的棉布（欧洲本土只有亚麻和羊毛面料），以及用于绘画和印制书籍的纸张等。第三，葡萄牙是地中海地区最贫穷的国度，通往东方这个财富天堂在葡萄牙王室看来是使葡萄牙发财致富的唯一选择。

在这三重动机的驱使下，在富国强军的国家力量主导和财政支持下，葡萄牙皇家海军用一系列海上探险，发现并打通了欧洲绕道非洲大陆通往印度洋和亚洲财富中心的海上通道。从而不仅通过垄断欧洲与亚洲的海上丝绸之路而大发商业横财，而且彻底阻断了伊斯兰世界的东方财路，使得陆上丝绸之路从此萧条。因而葡萄牙成为伊斯兰商业文明和军事实力衰落的最大功臣。

历史资料1　殖民非洲

葡萄牙的这场新十字军东征运动于1415年正式启动。

那年8月，一支葡萄牙舰队驶过直布罗陀海峡，突袭了海峡对岸的穆斯林重镇——位于摩洛哥的休达（Ceuta）港口。这个商业港口是整个地中海防守最严、最具战略意义的要塞和商贸中心。那里的穆斯林财富吸引了葡萄牙王室。

葡萄牙国王亲自率领的军队在休达港进行了长达三天的洗劫和屠杀，复制了三百多年前十字军在耶路撒冷和君士坦丁堡的一幕。三天之后，这个被誉为"非洲大陆的门户与钥匙"的休达城化为了废墟。

也是在休达，葡萄牙人第一次瞥见了非洲的财富。这座城市既是从塞内加尔河跨越撒哈拉沙漠的商队输送黄金的目的地，也是伊斯兰世界与东印度的香料贸易的最西端贸易站。这里库存有大量欧洲人眼馋的胡椒、丁香、肉桂等各种来自东方的香料，以及用来交易的黄金、丝绸、陶瓷与财宝。来自全世界的商旅团队云集于此，他们来自埃塞俄比亚、亚历山大港、叙利亚、巴巴利和亚述，以及幼发拉底河另一端的远东。在这里，"葡萄牙人洗劫了据说有两万四千名商人经营的商铺，横冲直撞地闯入富商那铺着华丽地毯的豪宅，奔入拥有美丽穹顶和铺设地砖的地下蓄水池"。一位葡萄牙袭击者甚至说道："与休达的房屋相比，我们家的可怜房子简直像猪圈。"[199]

的确如此。在15世纪初，葡萄牙人口仅有100万，而且穷困潦倒，以至于它的国王们无财力自行铸造本国货币（金币）。渔业和自给自足的原始农业是葡萄牙的经济支柱。但这个穷国却不甘寂寞、雄心勃勃，深知自己在新时代的地缘优势。葡萄牙位于欧洲的边缘，却是地中海通向大西洋的咽喉。几百年来，葡萄牙羡慕地看着威尼斯和热那亚等城市的繁荣。这些城市利用在十字军东征军的淫威下被迫从巴尔干半岛转移到意大利半岛的丝绸之路贸易枢纽，垄断了来自东方的奢侈品（如香料、丝绸和珍珠）市场。他们从亚历山大港和大马士革等伊斯兰城市获取这些东方奢侈品，然后以垄断高价卖到欧洲各地。葡萄牙虽然不能染指地中海贸易，却面向更加宽阔的大西洋；通过它，既可以北抵英吉利海峡，也可以南下非洲好望角。

其实很久以来，葡萄牙国王和政治家们便根据《马可·波罗游记》提供的指南

199　引自罗杰·克劳利著，陆大鹏译：《征服者：葡萄牙帝国的崛起》序章，社会科学文献出版社2016年。

和十字军东征从伊斯兰世界带回的知识隐约体会到，假如能绕过北非伊斯兰世界的屏障，沿着大西洋的西非海岸南下，并绕过非洲南端那个传说中的"绿色世界"一直向东，或许可以进入印度洋，那将会获得不可想象的财富、黄金和荣耀。因此休达港便是葡萄牙向东方这个世界财富中心挺进的门槛，也是实现这个宏伟梦想的第一个屏障。

而突破这一屏障并实现这一梦想，将由葡萄牙若昂一世国王和他的三个儿子来付诸实践。若昂一世国王绰号"私生子若昂"，于1385年夺取王位，建立了阿维斯王朝，并通过抵御邻国西班牙（卡斯蒂利亚）的入侵，捍卫了葡萄牙的独立。若昂一世的三个儿子，杜阿尔特、佩德罗和亨利王子直接参与了攻克休达的海战并在胜利之后被封为骑士。但是他们三人中对葡萄牙的东征事业最上心和最忠心耿耿的是亨利王子。

亨利王子是葡萄牙国王若昂一世的第三个儿子，从小喜爱兵法和博览航海方面的群书。作为王子，亨利向往历险，盼望能够融合中世纪的骑士精神和十字军的圣战热情于一身。作为一个虔诚的天主教徒，他对亲自杀戮摩尔人和掠夺异教徒财富充满向往，因为教皇乌尔班许诺过这样可以去天堂。他为实现基督教理想终身未娶，性格严谨而坚定。

亨利从休达的战俘和商人口中了解到，有一条古老而繁忙的商路可以穿过撒哈拉大沙漠，经过20天就可以到达一片树林繁茂、土地肥沃的"绿色王国"，即当代的几内亚、冈比亚、塞内加尔、马里和尼日尔，从那里可以获得非洲胡椒、黄金、象牙。由于葡萄牙人对陆路穿过沙漠没有经验，亨利王子便提出从海路沿西非海岸南下到达"绿色国家"的主张。这一主张得到了国王若昂一世的赞同。

在亨利王子的亲自领导下，葡萄牙动用举国资源和罗马教廷贡献的资金，对葡萄牙未来的航海和冒险事业进行了大规模投资。虽然这个投资的风险极其高，但是潜在的回报也极其巨大。因此只有动用举国力量才行。这些国家投资项目包括：（1）创办航海学院，培养本国水手，提高他们的航海技艺；（2）设立水文与天文观察台，网罗各国的地学家、地图绘制家、数学家和天文学家共同研究，制订航海探险计划；（3）广泛收集地理、气象、信风、海流、造船、航海等种种文献资料，加以分析、整理；（4）建造海军兵工厂，培育一支强大的葡萄牙海军；（5）资助数学家和手工艺人改进、制作新的航海仪器，如改进从中国传入的指南针、象限仪（一种测量海拔高度的仪器），横标仪（一种测量纬度的星盘）。不像意大利各个城邦国家竞相把资金消耗在宫廷艺术上，葡萄牙人决意把资金花在具有长远意义的国家能力建设上。这个英明决策不仅造就了葡萄牙脱贫致富的奇迹，也为欧洲后发国家的王室提供了榜样，而且还在北欧新教国家面前做了天主教国家治国理财的表率。

　　在航海中，造船技术是最为重要的。地中海和大西洋的航行条件不同，在地中海中航行的船是不适合在大西洋中航行的。当时大多数船只还是帆桨船，更多依靠奴隶划动大桨来驱动船只，操控性很差；船舶桅杆多采用单片方形帆或三角帆，前者太依赖风向，后者显得动力不足。

　　因此，亨利王子的最大精力放在了造船上，为此他采取了许多产业政策和优惠措施鼓励葡萄牙造船业的发展：比如建造100吨以上船只的人都可以从皇家森林免费得到木材，任何其他必要的材料都可以免税进口。在当时货币不足的情况下，免税进口是要付出相当大的代价的。经过长期努力和实验，到1440年，葡萄牙海军终于造出了适宜在大西洋上航行的船舶——卡拉维尔帆船。卡拉维尔帆船用阿拉伯三角帆和欧洲方形帆混搭，长宽比为1∶3.5。这种船船体小吃水浅轻便灵活速度快，这使它可以在紧靠海岸的地方航行，不必为了躲避暗礁和沙洲而远离海岸，这一点在以探索陌生海岸为目的的航行中尤为重要。

　　为了广纳天下人才，除了基督徒之外，亨利王子还冒着争议和风险吸收了摩里斯科人和犹太人以及改信基督教的摩尔人作为自己的参谋团。因为摩尔人可以自由地往来于北非和西非地区，而且他们有很多基督教和伊斯兰教的双重知识，所以为了做到知己知彼，亨利唯才是举，吸收加泰罗尼亚、几内亚、摩尔人在内的各种族群，还资助里斯本大学开设航海学、天文学、几何学、地理学等学科，为葡萄牙培养航海的后备人才。这些国家行为和科技人才培育计划被后来的所有企图富国强军的欧洲国家的王室加以模仿和发扬光大，包括西班牙、荷兰、法国、英国、奥地利、丹麦、瑞典、俄国等。最著名的案例就是俄国的彼得大帝身先士卒去北欧造船厂当学徒以学习造船技术，设立俄国科学院，用重金吸引欧洲数学家到俄罗斯讲学。

亨利王子还支持发展手工业、捕鱼业、磨坊业、珊瑚业、制糖业、印染业，他将基督骑士团的土地租给农民并收取地租，还增开了渔业和肥皂业赚钱，他还通过王家的赏赐在阿尔维加获得捕捞金枪鱼的特权，为休达的驻军提供额外的给养。在占领了休达之后，听说摩尔人在撒哈拉以南也有很大量的贸易，于是立即穿越撒哈拉、开启新的贸易路线。

葡萄牙在休达要塞站稳脚跟之后，摩尔人主动绕开了休达港，将这个地区孤立在伊斯兰贸易网之外。当时葡萄牙人对于是进取北非还是沿着西非海岸探索有着不同的看法。贵族们主张对北非开启全面战争，大面积占领土地，商人们主张与摩尔人进行和平贸易，而政府官员们更希望沿着北非沿海探险建立条状殖民地。但是王子们力排众议，导致议会最后只好同意拨出一定数量的军费，不过对于远征本身持保留态度。

这次远征中，远征军因为距离海岸线过远而与海边的军队失去联系，最后被数目庞大的摩洛哥军队围困。在37天的包围后，亨利王子为了保住葡萄牙军队，把自己弟弟费尔南多王子作为人质送给摩尔人，并承诺会用休达交换回费尔南多王子。休达的地理位置很重要，这个要塞扼守着地中海的出口，交还给阿拉伯人，等于让他们有机会进入大西洋，也等于让自己的航海事业功亏一篑。谁都知道亨利王子是一个狠人，不过没人会想到，他连自己亲弟弟的命都可以不管。费尔南多王子多次写信给他，国王也希望纠集更多军队把费尔南多王子救回来。而亨利王子则用各种手段阻碍用休达交换费尔南多王子一事，最终费尔南多王子被囚禁至死。

随后以亨利王子保住的休达为跳板，1458年、1463年、1471年，葡萄牙三次远征丹吉尔，夺取了摩洛哥几乎所有靠近大西洋的海岸。

1441年，在处理完因进攻丹吉尔惨败以及由此引发的政治斗争后，亨利回到萨格里什，重新开始了非洲沿岸探险。这一年探险队创造了向南航行的新纪录：布朗角（今毛里塔尼亚的努瓦迪布角）。同年，派出的另一支探险队带回来十个穆斯林俘虏。这标志着欧洲人开始卷入奴隶贸易。

1442年探险队抵达了奥罗河口，1443年，葡萄牙人第一次抵达了塞内冈比亚地区。葡萄牙人在这里与黑人王国有了早期的接触，当地的黑人部落数目庞大，而且力量加强，所以难以用武力降服，因此葡萄牙人放弃了武力讨伐的企图，而是在各个部族之前挑拨离间，这些黑人部族从来都不缺乏陷害同胞的充足动力，战俘、巫术的祭品、战败者都是奴隶的绝佳人选，葡萄牙人将这片土地称为黑人的土地，而这就是几内亚（Guinea）的来历。

1443年，时任摄政王的佩德罗授予亨利王子在博哈多尔角以南的海域和陆地的航海、战争、贸易的特权，将其用于航海事业，并免除航海所得收益的一切税金。后来亨利王子还在萨格里斯前面的海角上修建了一个小镇，这里就是著名的圣维森特角，他将在这里修建教堂、烽火台和欧洲本土第一个奴隶市场，这一模式将影响后来欧洲人对于撒哈拉沙漠以南的非洲的经营模式和态度。

以上支持保证了亨利航海的资金，是航海探险迅速推进的动力。但探险不是为了探险而探险，旷日持久的探险没有带来多少收益，所以亨利遭受了越来越多的批评，认为这是在毫无意义、毫无收益地追求不可知的东西。

亨利看到了奴隶贸易是平息批评的机会，于是在1444年组织了以掠夺奴隶为目的的航行，一次带回来235名奴隶，并在拉古什郊外出售，这是罪恶的欧洲400年奴隶贸易的开始。从1455年起，每年都有800个黑奴被卖到葡萄牙本土为奴。

此后，亨利组织的航行就是探险、殖民与奴隶贸易并重了。这时，葡萄牙王室又颁发许可状给私人探险者，允许他们获得他们所发现的一切，这对私人来说意味着只要付出很小的资金，只要敢冒险就可发大财；对王室而言，不用付代价就可得到收益。这在国内掀起一股私人探险的热潮。不久以后，每年都有25艘船开往非洲海岸。当然私人探险由于其逐利性和无组织性，并不是在真正的探险，不过是在已发现的地区获得财富而已。

1446年，随着阿方索王子逐渐成年，摄政王、亨利的兄弟佩德罗被迫交出了摄政权力，并险些引发了叛乱，虽然最后叛乱被镇压，以佩德罗的丧命告终。这个最有眼光的航海贵族的去世，令全欧洲为之惋惜，但是亨利王子清晰地意识到了，他们这一代人正在逐渐退出政治舞台，所以与其继续和新一代年轻贵族争权，不如淡出不属于自己的政坛，转而专心地运营自己的航海大业，为子孙后代留下更多可以享用的技术财产和无形资源优势。

1448年，亨利王子派人在布朗角的阿尔金岛建立永久性的堡垒，以此为中心修建港口、市政厅、修道院，作为葡萄牙探险的贸易中转站，后来的葡萄牙海上帝国就是由这一个个散布在各个战略要地的贸易站和贸易站之间的海域组成的。

亨利王子在这里以黄铜、铁器、小麦、马匹交易非洲内陆的黄金、象牙和奴隶。他的理想是用几内亚湾地区的葡萄牙贸易站作为闸口，将印度洋到红海、埃及、阿拉伯等地的贸易线路穿过非洲牵引到几内亚湾，进而构建葡萄牙与东方的联系，这样不仅可以绕开威尼斯等海上共和国，还有希望减少马穆鲁克埃及的贸易量，进而削弱其实力，最后减少十字军收复埃及的阻力。以武力垄断海上贸易路线、进而削弱对手经济的思路，就是从亨利王子这里开启的，垄断印度洋贸易的思路则指引着迪亚士、达·伽马、卡布拉尔等人前赴后继，在印度洋上浴血奋战。

随着非洲贸易不断扩大，阿尔金岛成了提供黄金的重要中心。探险终于有了收益，那些批评也沉寂下来，甚至不由自主地把过去的埋怨变成了公开的赞扬。

亨利王子府库里的金沙在经过了大量开发和消耗之后，在他去世之后还能用18年，足见其数量之大。

1457年，飞速发展的经济和黄金储备使得葡萄牙在欧非贸易和欧洲贸易中的话语权提升，它开始思考主动铸造高价值货币，用于国际贸易和战略储备，减少外币兑换过程中发生的价值流失。于是当年葡萄牙人开始打造一款名叫克鲁扎多，意思是十字军的高纯度金币，由于做工精美、纯度上佳，直到1536年都没有发生贬值。

由于亨利王子的表率作用，国内的贵族和商人对于前往非洲的贸易和掠夺趋之若鹜，王室以统一颁发贸易执照的方式对其抽成。这样的做法由葡萄牙人开启先河，并被后来其他的殖民强权所效仿。

1444年，特里斯唐到达了布朗角的塞内加尔河口附近，这里的海岸变得青翠，植被繁茂，这样经过十几年的航行，葡萄牙终于到达了非洲的绿色国家。1449年以后，亨利王子组织的航海人员就不以地理发现为任务，而是要尽力勘探一些已经发现的大河，特别是冈比亚河，从而寻找基督国王约翰和黄金，但是航海人员并没有找到约翰和黄金，但却发现了一些繁荣的黑人王国，并且听说远处还有更大的王国。

晚年的亨利致力于协调葡萄牙和罗马教廷的关系，扩大葡萄牙的基督骑士团的权利，并向教廷表达自己的十字军理想。1458年，有了丰富军事经验和航海经验、财力储备的亨利王子复兴了自己的十字军理想，带着220艘船和2.5万名战士直指丹吉尔附近的要塞卡塞尔—赛格尔，在允许阿拉伯人携带家属和浮财退出之后，葡萄牙人成功地进入城内。

1460年亨利王子病逝，标志着葡萄牙海上探险一个伟大时代的结束。三十多年以后，亨利王子开创的这一征服事业将以一种全新的方式引爆欧洲的地理大发现和全球殖民时代。只有从这个辉煌的欧洲时代的角度，才能看出亨利王子的非洲探险对于欧洲崛起的重大历史意义。

亨利王子虽然一生中只有4次海上航行经历而且都是在熟悉海域的短距离航行，但他在欧洲近代史上仍无愧于“伟大航海家”的称号；因为是他组织和资助了最初持久而系统的探险，也是他将探险与殖民结合起来，使探险变成了一个有利可图的事业。在他的领导下，葡萄牙人视自己为新时代的十字军，将寻找东方财富、探索未知海域、打击穆斯林作为自己的国家大战略。

在40年的有组织的航海活动中，葡萄牙成了欧洲的航海中心，他们建立起了庞大的船队，拥有优秀的造船技术，培养了一大批专业的探险家或航海家，如果没有亨利这一切是不可能出现的。他推动葡萄牙迈出了欧洲的大门，到未知世界进行冒险。

理所当然地，当代葡萄牙以亨利王子的名字设立了"唐·阿方索·恩里克王子勋章"，表彰对葡萄牙做出贡献的本国和外国文化人士，使得亨利王子的名字永远同葡萄牙的航海事业和航海大发现联系在一起。

历史资料2　西方史学家对亨利王子的评价

为了体会后来的西方历史学家对亨利王子在葡萄牙和整个西方崛起过程中所起到过的历史作用的评价，我们不妨将20世纪初第一次世界大战前夜一位英国历史学家，查尔斯·雷蒙德·比兹利爵士，1910年在《美国历史评论》发表的一篇很有代表性的纪念亨利王子的文章的主要内容介绍如下。

这位19—20世纪交替时期的英国历史学家在这篇文章中，对亨利王子的历史功绩和历史意义进行了很好的总结。这个历史意义就在于亨利王子为欧洲完成了一项壮举：征服了非洲并挺进了亚洲贸易网络的心脏——印度洋。而且亨利王子所从事的事业包含几重历史含义：

（1）它是11世纪开启的十字军东征运动在400年后的一种延续和发扬光大，直接承先启后地启动了哥伦布地理大发现与欧洲全球殖民的新时代。

（2）它体现了有组织的民族国家力量（国家暴力）正式登上欧洲历史舞台和加入十字军东征运动，预示了代表未来欧洲基督教世界对外扩张与征服的新模式——正如比利兹爵士所说：在亨利王子的领导下，**"中央集权的君主制基督教国家这种更大规模的国家组织，现在取代了以前的城市共和国和封建公国，开始有效地参与到殖民、商业和十字军东征的扩张中"**。

（3）葡萄牙的新十字军东征一直受到罗马历任教皇的关怀、支持、鼓励和指导，因此葡萄牙的行动是整个欧洲基督教文明征服其他异教徒文明这个宏大战略的一部分，起到了一个承先启后的关键作用。

以下是文章前半部分的译文：[200]

在为中世纪的天主教文明作准备以进入标志着现代世界来临的海外扩张的人们中，葡萄牙的亨利王子起着举足轻重的作用。他是这段历史的中心人物之一。从他的事业中我们可以追溯到一些现代进步中最有价值的线索；他的个人生活、政策和成就集中体现在我们今天所珍视和赞美的大部分东西上。

他出现在西欧世界十字军东征遭受失败和变得精疲力尽的时代。他为欧洲文明未来如雨后春笋般涌现出现代进步型国家、全球贸易、自由社会以及人性化开放的智慧，做出了巨大贡献。

在十四世纪末期，已经经历了如此显著发展的天主教国家的向外扩张力量，似乎在很大程度上耗尽自身的力气并躺下了。亨利王子则是使得这个能量在 15 世纪以如此令人难忘的方式复兴的功勋人物。西方基督教世界，西方文明，一定不要忘记这位沉默、有远见、不懈努力的复兴了西方命运的领袖。是他为西方地理大发现的微弱而精疲力竭的运动赋予了连续性、持久性和最终的成功。是他再次出发，结果却是如此不同，以寻找热那亚人已经在 1292 年开启的通往印度—非洲的水路。在他的领导下，中央集权的君主制基督教国家（这些更大规模的国家组织现在取代了以前的城市共和国和封建公国）开始有效地参与到殖民、商业和十字军东征的扩张中，这种历史性负担曾经是部分地由民间力量（志愿冒险者和社区）承担的。但这位葡萄牙王子使国家力量成了欧洲最终通过海上征服外部世界的先锋。

在激励亨利王子的行动中，确实可以区分各种因素，但是没有哪个因素

200　Raymond Beazley, 1910, "Prince Henry of Portugal and the African Crusade of the Fifteenth Century", *The American Historical Review,* Vol. 16, No. 1 (Oct., 1910), pp.11—23 (13 pages).

像十字军东征一样重要[201]。经过五百年的冲突，西班牙基督教国家终于在13世纪战胜了穆斯林。现在，主要是在亨利的领导下，这一十字军东征运动挥师转移到了过去伊斯兰势力赖以从中汲取力量的非洲。对于这个时代的普通西班牙基督徒来说，除了继续进行基于信仰基础上的这场世俗斗争，以确保基督教世界更加全面彻底的胜利之外，几乎没有更高尚的职责或更有价值的特权与殊荣了。当亨利王子还是个孩子的时候，葡萄牙军舰便重新发现了加那利群岛（Canaries）的最北端，那是13世纪欧洲人在大西洋远离非洲的第一个殖民地，即兰萨罗特岛（Lanzarote Island）。

亨利王子的公共政治生涯始于1415年的那次让"天堂感到荣耀，大地获得回报"的对北非穆斯林休达港的征服；在中世纪后期欧洲国家的所有事业中，没有一个比这更显著地打上了十字军东征的烙印。为新征服的土地任命主教，将途中的大清真寺改建为大教堂，对1418年穆斯林圣战的抵抗，都是十字军东征和国家扩张的业绩。当然，同样的伟业还包括亨利王子在暴风雨中占领穆斯林直布罗陀的计划，他的战船在不同时间缴获摩尔人战利品的事迹，以及他的海军在巴巴里和格拉纳达海岸上对摩尔人造成的打击，1437年的丹吉尔灾难，以及在1457—1459期间对摩洛哥的战役的成功。

当亨利正在解放休达（Ceuta）并计划进攻直布罗陀时，当他的海员仍在沿着撒哈拉海岸向南挺进时，教皇马丁五世于1418年和教皇尤金纽斯四世于1436年也先后呼吁欧洲的君主、诸侯、贵族和基督徒们帮助葡萄牙根除异教徒，以推动葡萄牙从征服休达起就开始了的新十字军东征战略（着重号由本书作者所加）。在同一批教廷圣旨的授意下，教会的所有主教和牧师被告知应该将这个葡萄牙事业作为全欧洲的十字军东征来看待，并向参加该运动的人宣告可以获得与当年血洗耶路撒冷时的朝圣者一样的赎罪权。教皇们对整个天主教世界的这种呼吁无疑是在葡萄牙王室和亨利王子的面前做

201　着重号为本书作者所加。

出的，并且是对亨利王子在非洲的首次成功征服和对这片黑暗大陆沿岸的首次出击的正面回应。它清楚地标志着亨利亲王在摩洛哥和几内亚沿岸亲自组织和领导的这项事业的普遍的、欧洲的、超国家的特征和意义。同时，它通过宣布在这次冒险中征服的所有土地都应属于葡萄牙王室而确保了对民族国家的天然野心的充分认同与满足。[202]

再一次，在 1441 和 1442 年的胜利之后，当第一批非洲黑奴和黄金从撒哈拉沙漠海岸带回欧洲时，亨利亲王直接呼吁整个基督教世界的君主们为这一"发现和征服"活动提供帮助。这种呼吁也不是单纯的感情用事。作为合作的回报，亨利提出与盟友一道分享对外征服所缴获的利润，但是响应者寥寥无几。因此，葡萄牙必须作为一个国家单独行动，虽然也会有其他国家的基督徒自愿者参与其中。……尤金纽斯四世 1442 年 12 月颁布的著名圣旨，向所有参加对摩尔人圣战的人提供全权宽恕，授权"我们心爱的儿子和贵族男爵亨利"以维塞乌公爵和总督的身份亲自率领他的军队出征。

在接下来的几十年中，所有亨利时代的教皇们都反复强调和支持这一新十字军东征。因此，教皇尼古拉斯五世（Nicholas V）在 1452 年的圣旨中授权葡萄牙国王对异教徒发动战争，征服其土地，并奴役其人民；18 个月后，同一教皇明确禁止任何基督徒向亨利所发现或征服的土地上的异教徒出售武器以提供对异教徒的援助。1456 年，教皇卡利克图斯三世通过圣旨采取措施保卫休达以作为新十字军的堡垒，命令葡萄牙在市内建立四个军事堡垒，并在最严厉的惩罚下约束这些部队，以其全部力量的三分之一在这里每年轮流服务一次。几个星期后，教皇卡利克图斯三世又颁布另一个圣旨，根据基督的命令赋予葡萄牙从尼姑角到印度所有土地的管辖权。

在亨利亲王死前，我们看到伟大学者埃涅阿斯·西尔维乌斯·皮科洛米

---

202 本书作者注：从而也宣布了欧洲正式进入民族国家竞争时代，这种竞争将受到罗马教廷的保护、鼓励、尊重和裁判。注意，这可不是"法在上"的体现，而是"教皇在上"的体现。也就是说，鼓励欧洲国家相互竞争是罗马教廷制定的一项长期全球战略，是十字军东征运动的延续。

尼（Aeneas Sylvius Piccolomini），后来的教皇庇护二世，赞扬葡萄牙在非洲的十字军东征，其标志是占领了 Alcacer the Less。1481 年，教皇 Sixtus IV 再次确认前教皇尼古拉斯和教皇卡利克图斯向葡萄牙颁布的圣旨，总结了亨利王子的贡献。这表明拉丁基督教最高权威机构对亨利王子生前和逝世后葡萄牙的十字军运动和探索进行了多么清晰的评价。在所有这些教皇看来，这是为了与据说敬拜基督的印第安人携手结盟反对穆斯林人，捍卫亨利曾如此不屈不挠、如此成功地探索过的南方和东方的海洋。教皇尼古拉斯（Nicholas）和教皇西克斯图斯（Sixtus）提出的这样一个十字军东征计划，就像 11 世纪或 12 世纪一样真实，是 16 世纪的葡萄牙人诚心付诸行动并顽强维持的，他们终于闯入了东非和印度洋这些长期被穆斯林控制的海域。

　　……

是否有必要回顾一下在哥伦布一生的最后几年，基督教葡萄牙同伊斯兰在东非和印度洋的难忘斗争中所表现出来的十字军激情、英雄主义和惨烈之火在他的心中烧得多么高昂和旺盛。无论如何，我们绝不能忘记 15 世纪的葡萄牙探险活动是哥伦布的先驱。对哥伦布来说，十字军东征的理想永远是他生命的重要组成部分。不仅在他称之为美洲的这些新土地上建立天主教信仰的军事霸权是他始终不渝的目标，而且对叙利亚圣地的光复也并不是他不可实现的梦想。正如他的遗嘱所告诉我们的那样，当他发现美洲印第安人时，他计划将所有因他对美洲的发现而从西班牙王室所获得的收入都用于支助对耶路撒冷的征服。

这篇文章对殖民主义者亨利王子的历史功勋是推崇备至的。它也反映出在新自由主义和新制度经济学产生之前（也就是第二次世界大战和美苏冷战结束之前），主流西方意识形态是如何看待西方历史的。葡萄牙是天主教国家，而英美国家按理都是排斥天主教的新教国家。但是这从整个西方基督教世界的利益角度其实没有关系。这篇文章所体现的历史观与二战之后西方的流行历史观表面上大相径庭。不过这并非意味着西方人在二战以后完全改变了他们对西方历史的看法，而是意味着二战之后由于共产主义和反殖民主义运动的兴起，西方人把他们对西方历史的真实看法隐藏起来了，蒙上了一层"普世价值"的面纱，尽力把西方打扮成自古希腊以来就是"民主、自由、平等""普世价值观"的诞生地、实践者和捍卫者。而这篇文章却揭示了这个面纱背后所隐藏的西方学者的真实历史观。这个真实历史观是丑陋的，但却是诚实的——西方当年的确是依靠"十字军东征"的打砸抢掠精神而崛起的，而不是依靠今天的流行历史观所粉饰的"民主自由法治"而崛起的。

第三节　"葡—西"殖民争霸赛

十字军东征运动虽在13世纪进入尾声，欧洲仍然有许多人不愿放弃罗马教廷的十字军理想，其中包括教皇英诺森八世（1432—1492，1484成为教皇直到去世）。教皇英诺森希望赞助一次大型十字军东征以击败土耳其人并夺回耶路撒冷。如此巨大的冒险所需要的资金，只能寄希望于更多的海外掠夺，比如类似于哥伦布发现美洲这样的海外探险活动。

人是一种奇怪的动物，即便是邪恶的本性，也需要通过精神力量指引下的相互竞赛才能发挥得淋漓尽致。日本侵华战争中的"百人斩"竞赛就是一例。这样的竞赛也充分体现在葡萄牙和西班牙的全球探险与殖民运动里面。换句话说，如果没有"十字军"精神和对所从事的事业的宗教般虔诚和热诚，纵然有很大的经济回报，葡萄牙和西班牙的航海探险事业也不可能那么成功。

正如历史学家斯坦利·G.佩恩（Stanley G. Payne）所言：**"信仰的输出运动很难在军事荣耀和经济利益之间做一个明显的切割。因此，经常问葡萄牙探索者和西班牙征服者在海外探险中究竟是出于宗教狂热还是经济贪婪，是没有意义的。因为在**

葡萄牙和西班牙的十字军意识形态中，两者是合而为一的。"[203]

14世纪以后的历任罗马教皇，为了重新激起欧洲王室对十字军东征的热情，开始有意在葡萄牙和西班牙之间鼓励殖民竞争。不过后来崛起的北欧国家，认为教皇对欧洲基督教世界在海外获得的巨大利益分赃不均，因而支持宗教改革和宗教独立运动，不惜公开与罗马教皇分庭抗礼，甚至在军事上与穆斯林土耳其联合，在战争中对抗天主教南欧国家，这一点是罗马教皇们没有料到的——北方基督教国家居然与不信耶稣的穆斯林结盟打击信仰耶稣的天主教国家。看来为了利益，一切皆可交换和出卖。其实这个背叛是天主教教皇自己开创的。

15世纪中叶，当继续反抗十字军东征的伊斯兰势力开始形成对意大利和中欧地区的严重军事威胁时，教皇尼古拉五世（Pope Nicholas V）试图团结基督教世界再次发动十字军东征，但没有成功。然后，他于1452年颁布谕旨授予葡萄牙征服甚至奴役穆斯林以及其他异教徒的特权。换句话说，在这道圣旨中，教皇尼古拉斯五世赋予葡萄牙的阿方索五世国王拥有通过征服得来的所有穆斯林和异教徒土地的所属权，以及"永久奴役"当地人民的特权，而无须顾忌任何道德原则。而穆斯林土地除了地中海东部的叙利亚、伊拉克、以色列地区以外，还有地中海南岸的整个非洲大陆，包括突尼斯和埃及等地。这些地区的物质繁荣是欧洲不能比的，因此自然早晚成为欧洲人打劫的目标。

历史学家保罗·肯尼迪在《大国的兴衰》中，提到郑和下西洋以及奥斯曼帝国海军同欧洲远洋探险的区别时说："**令人吃惊的是，中世纪末期欧洲西北部、伊斯兰世界和远东在造船和海军力量方面，情况不相上下。如果说郑和伟大的远航以及土耳其舰队在黑海和地中海的迅速发展，给予公元1400年左右的观察家一种预感的话，那么这就是航海发展的未来是属于这两个国家的**。"

但是历史的发展与此预感相反——是欧洲人征服了海洋，而不是中华帝国或伊斯兰奥斯曼帝国。那么原因何在？肯尼迪认为答案在于欧洲能够"**持续组织**

203　Payne, Samuel G., *A History of Spain and Portugal*, Vol.1, Chapt. 10.

航海事业"。[204]而明朝在郑和七下西洋以后彻底停止了远洋探险活动，奥斯曼土耳其缺乏直接进入大西洋和印度洋的海岸线，欧洲基督教世界却在葡萄牙亨利王子的表率作用下前仆后继，将航海事业不断推向高峰，而且拥有罗马教廷的全力支持。

肯尼迪没有问为什么欧洲有积极性这样做。那是因为欧洲当年极其贫穷而且掠夺成性，从而需要绕过穆斯林控制的中东地区找到通向亚洲贸易中心的海上通道，需要对外探险找到黄金，以便去东方购买利润丰厚的各种商品。郑和船队却没有这样的需求。换句话说，欧洲当年相对于东方文明拥有巨大的"后发优势"，除了军事能力之外。这与今天大批量的发展中国家人口冒着生命危险偷渡去美国和欧洲打黑工是一个道理，而不是如流行历史观所说的欧洲人天生具有"自由贸易精神"。当年的欧洲知道东方帝国军事力量远比美洲土著强大，不能贸然前往掠夺，只能先去交往建立贸易联系，然后再等待时机随机而动。

与今天的落后国家不同的是，欧洲当年在频繁热兵器战争中锤炼出来的战争能力、航海能力和国家组织能力，使其能够充分利用它的这种"后发优势"，通过远洋转口贸易、两头在外的"海上马车夫"精神、殖民主义三角贸易、非洲黑奴贩卖、美洲白银采掘、重商主义产业政策以及军事化特许公司融资模式，利用蚕食入侵东方贸易体系和剽窃复制亚洲制造业技术——包括养蚕、缫丝、纺纱、织布、烧陶、炼铁、制茶、印刷、造纸、航海等技术——而迅速崛起。[205]

1455年的教皇谕旨授予葡萄牙在博哈多尔角（Cape Bojador）的统治权，并允许葡萄牙将当地异教徒沦为永久奴隶。之后，教皇卡利克图斯三世在1456年的另外一道圣旨中重申了葡萄牙的这个特权，而且这个特权又分别在1481年由教皇西克斯图斯四世和1541年由教皇利奥十世获得再次保障。比如1481年教皇铅

204　保罗·肯尼迪著，陈景彪等译：《大国的兴衰：1500—2000年的经济变迁与军事冲突》，国际文化出版公司2006年，第28页。

205　约翰·霍布森著，孙建党译：《西方文明的东方起源》，山东画报出版社2009年。

封的谕旨（Papal Bull Aeterni regis）将加那利群岛以南的所有土地归属权授予葡萄牙。

而1493年5月，西班牙出生的教皇亚历山大六世，在铅封的谕旨"国际联盟"中颁布法令，规定所有位于开普以西仅100个网点的子午线以西的土地，应属于西班牙；而在该路线以东发现的新土地，应属于葡萄牙。另一个谕旨对西班牙作出了一些让步，随后，西班牙和葡萄牙之间通过了1494年《托德西利亚斯条约》（Treaty of Tordesillas），接受了教皇的安排。梵蒂冈教皇实施的这种鼓励欧洲民族国家参与十字军东征运动的激励机制，是封建社会的分封制度的延续，也是封建王朝的典型特征。

这种由罗马教廷颁布的，旨在保护葡萄牙王国通过打砸抢掠获得海外权益的圣旨，促进了欧洲民族国家海外利益观的形成，终止了过去实行的一切财产归罗马教廷所有的天主教原则。1493年，教皇亚历山大六世将这种把专属势力范围授权给某些民族国家的理念，扩展到了西班牙发现的美洲大陆。这样，教皇亚历山大六世将哥伦布之后大多数新发现土地的殖民权，授予了西班牙和葡萄牙。这意味着民族国家的统治者，而非梵蒂冈，控制着新殖民地的所有地方行政权力运行和文书任命。因此，随着这种游戏规则下的欧洲国家竞争体系的形成，在国家利益驱使下脱离罗马教廷控制的政治和军事力量，必然会有朝一日在欧洲爆发，导致欧洲白人之间的血腥战争。

因此，哥伦布、伽马、麦哲伦的环球探险行动，与中国的郑和下西洋相比，根本不是流行历史观所谓"东方专制主义"与"西方自由主义"的区别，而是两种文明所代表的价值观的区别，是"海盗、掠夺、征服"价值观与"穷则独善其身、富则兼济天下"价值观的区别，是"宗教圣战"与"己所不欲勿施于人"的道德哲学的区别。

以近代欧洲的大西洋三角贸易为例。欧洲人将量化生产的军火和纺织品运到非洲换取黑奴，然后将大批量健壮黑奴运往美洲，然后将奴隶种植的甘蔗、咖啡等经济作物连带抢劫的黄金和白银一道运回欧洲，如此循环往复并在这个过程中产生巨大的利润和剩余价值。郑和舰队有能力做这样的三角贸易吗？当然有！因为明朝的造船技术远远胜过同时代的欧洲。可郑和舰队有这样的动机和目标吗？当然没有！为什么？因为文明价值观不一样。好比今天的美国向中国打贸易战、科技战、金融战和话语权战的方式，就是继承了欧洲殖民主义祖宗的“西方文明”传统，可是这样的传统在中华文明实现大一统后的基因里是找不到的。没有这样的“野蛮基因”，如何发展出资本主义？明治维新后的日本从西方移植了这个“野蛮基因”，因此率先在亚洲发展出了资本主义。资本主义从它诞生的第一天起，就是去道德化的弱肉强食的“战争资本主义”商业模式。明朝做不到，清朝也做不到，因此输掉了鸦片战争，败给了八国联军。

中华文明早已在意大利文艺复兴2 000年前就迈过了“战国争雄”那道槛，在面向草原游牧民族的斗争和地缘政治扩张中逐步发展到了极限，因此越来越不具备“打砸抢掠”和对外殖民奴役的宗教式狂热和野蛮文化基因，从而在郑和舰队的海洋探险活动中，不可能表现出西方人在十字军东征和大航海时代的那些野蛮行为来，哪怕郑和舰队具有比哥伦布—伽马—麦哲伦远洋船队更加强大的航海技术与军事实力。15世纪明朝政府为海军建造的“宝船”，吨位数高达7800吨，而同时期的欧洲远洋战舰，大的也就100多吨。15世纪中国最大的远洋战船比工业革命之前雄霸海洋的英国海军最大的船只还要大上两倍。

为此，英国历史学家罗杰·克劳利（Roger Crowley）在《征服者：葡萄牙帝国的崛起》（序章）中写道：

> 明朝震撼人心的下西洋船队就像登月行动一样先进，代价也同样高昂。每一次航行要消耗全国年赋税收入的一半，而且留下的影响极小，就像月球尘土中的脚印一样。1433年，在第七次下西洋的远航途中，郑和去世了，地点可能是印度海岸的卡利卡特。他的葬礼极可能是海葬。在他身故后，星槎再也没有出过海……留下了一个等待填充的权力真空。1498年，瓦斯科·达·伽马抵达印度海岸时，当地人只能告诉他一些模糊不清的故事，讲

到蓄着奇怪胡须的神秘访客和令人难以置信的大船曾经拜访他们的海岸。郑和的远航只留下一座重要的纪念碑：用汉语、泰米尔语和阿拉伯语写的纪念碑铭，分别向佛祖、湿婆和安拉表达感激和赞颂："比者遣使诏谕诸番，海道之开，深赖慈佑，人舟安利，来往无虞。"这是非常大方的宗教宽容姿态。碑铭竖立在锡兰（今斯里兰卡）西南角附近的加勒，中国船队在那里转向印度西海岸，然后进入阿拉伯海。

葡萄牙人的到来没有带来这样的祝福，也不像中国船队那样威武雄壮。郑和的一艘平底船就可以容纳达·伽马的那几艘小船和约 150 名船员。达·伽马向一位印度国王呈上的礼物寒酸得可怜，国王甚至拒绝查看。但是，葡萄牙人用自己船帆上的红色十字和铜炮宣示了自己的意图。与中国人不同的是，葡萄牙人先发制人地开炮，并且再也不会离开。征服是一项滚滚前进的国家大业，一年年地巩固他们的地位，直到他们扎下根来，当地人根本无法驱逐他们。

在宗教圣战与放弃一切道德原则下的竞争性对外扩张，将对异教徒"打砸抢掠"的"效率"当成竞赛目标的行为模式，是基督教教皇（教宗）们成功为欧洲各国设计的激励机制和游戏规则。

这种打砸抢掠的"比武"和"圣战"竞赛，也成为葡萄牙和西班牙之间为探索海外殖民地与通往东方贸易通道时的相互竞争模式。

因此欧洲的国家竞争体系的形成，有罗马教廷和历任教皇的巨大功劳。葡萄牙与西班牙竞争的结果，不仅是促成了哥伦布对美洲的发现，而且促成了达·伽马对亚洲航道的开通以及麦哲伦环球航行的实现。这为欧洲彻底切断穆斯林世界与亚洲贸易中心之间的联系和实现对亚洲贸易的垄断，获得了一种高屋建瓴的战略优势，从而为获得三百年后的工业革命所需要的世界统一大市场，创造了条件，也使得欧洲列强可以在三百多年后的鸦片战争中开始对中华帝国和中国农业文明实行降维打击。

历史资料 3 葡萄牙航海史 [206]

"知识就是财富和权力。"英国历史学家克劳利在评论葡萄牙航海家达·伽马的发现对于葡萄牙和整个欧洲崛起的意义时如是说。他这里指的"知识"是航海知识。

它说明什么？说明当时的欧洲如果离开了亚洲这个全球财富和制造业中心的存在，根本不可能变得富有。这种知识之所以能够转化为财富和权力，是因为欧洲当时太贫穷，需要与富裕的亚洲建立直接的联系。

也就是说，贫穷的葡萄牙和整个欧洲在开始崛起的初期，能够带来财富和权力的知识，并非先进生产技术和科学理论，而仅仅是限于航海地图和关于季风的知识。而且事实上仅这种知识就足以让葡萄牙人和欧洲人发财致富，就像一个落后国家的非法移民偷渡到了发达国家，哪怕在餐馆打黑工也比在国内混得好一样，毕竟富裕国家提供的劳动回报率太高，以至于不需要什么特殊技能和高等学位也能实现"小康"水平的生活。葡萄牙和欧洲当时的处境就是这样。用今天的话说，欧洲人拥有"后发优势"，就看谁最先找到实现这个后发优势的机会。

欧洲人利用了他们与东方文明之间巨大的贫富悬殊和科技知识差距以及这种差距所带来的巨大"后发优势"，通过学习和模仿东方，通过从事对东方产品的转口贸易，通过与东方通商通航，从十字军东征和第一次大翻译运动开始，长期坚持四百年（1100—1500）以后，才开始懂得如何通过造纸和印刷传播与分享知识，才有能力运用指南针从事远洋探险和地理大发现运动，才用火药与火炮开启了一个属于欧洲自己的殖民主义新时代。而这之后另一个四百年（1500—1900）的进一步发展历程中，欧洲人还需要通过无数次地打砸抢掠运动，掠夺美洲的财富，剥削非洲的黑奴，开拓无数的殖民地，犯下一个又一个反人类罪行，发动一次又一次血腥战

206　本节主要史料和引文（除非特别注明外）都出自罗杰·克劳利著，陆大鹏译：《征服者：葡萄牙帝国的崛起》，社会科学文献出版社2016年。

争，通过建立和垄断全球市场，才能在这个世界统一大市场的基础上，利用战争资本主义，开启以规模化大生产方式为特征的工业革命，并将其廉价产品倾销回印度和中国，摧毁他们曾经傲视全球的民族手工业体系，从而才完成这一场持续了800年（1100—1900）的十字军远征。欧洲的彻底崛起和亚洲的彻底衰落才在1800年工业革命以后成为一个冷酷的现实。

拉丁美洲历史学家加莱亚诺写道：

> 美洲原始印第安人中间什么样的人都有，既有天文学家，又有食人肉者；既有工程师，又有石器时代的原始人。但是，没有一种土著文化懂得使用铁器、犁、玻璃和火药，也不会使用轮子。而从大洋彼岸降临到这块土地上的文明却正在经历文艺复兴富有创造力的爆炸时期。美洲大陆的出现，作为又一项新的发现，连同火药、印刷术、纸张和指南针一道参与了近代时期沸腾的诞生。两个世界的差异在很大程度上解释了土著文明相对容易被征服。[207]

然而欧洲人掌握的这些超越印第安人的知识都来自东方。哥伦布和达·伽马的船上安装的火炮的知识来自东方；哥伦布和达·伽马随身携带的廉价版《圣经》的印刷知识来自东方；哥伦布和达·伽马航海使用的指南针知识也来自东方。正是东方的四大发明使得欧洲人的文化和科技实力提升了一个维度，以至于他们可以用这些知识对印第安土著文明实行降维打击。

但是为什么中国人没有这样做呢？难道是因为中国人不懂得航海？不是，正因为是航海专家，他们才发明了指南针。难道是因为中国人不懂得依靠印刷术传播交流思想？不是，正因为是杰出的书画大师，他们才是科举考试制度的发明者。难道

---

207 爱德华多·加莱亚诺著，王玫等译：《拉丁美洲被切开的血管》第一部第一章"黄金和白银热"，人民文学出版社2009年。

是因为中国人不懂得打仗？不是，正因为是军事专家，他们才写作了《孙子兵法》和发明了炼铁技术和火药。但是中国人自从确立了大一统的"天下"文明观之后，立国的政治原则（或者政治制度与价值观）便早已抛弃了用这些知识作为对外打砸抢掠和实行种族屠杀的工具；郑和不是土匪和海盗，而是朝廷信任的饱学之士和卫道士官员。这才是东西方文明的根本区别。

欧洲人通过两次大翻译运动和文艺复兴，很快吸收了东方文明和古希腊文明的一切有用的知识并加以提升——却是朝向作恶的方向提升的。欧洲人的伟大科学成就，是建立在一个国家竞争体系的基础上才实现的。这个国家竞争体系之树，在文艺复兴时期的意大利城邦国家间的频繁战争中开始孕育，它结出的第一颗"大国竞争"果实，就是葡萄牙和西班牙。葡萄牙和西班牙的出现，和他们之间对海外殖民与远洋探险的竞争，是欧洲大国竞争体系正式诞生的标志。

葡萄牙为了崛起，以举国之力投资于航海知识这个领域，一心寻找"西天取经"——与东方直接贸易——的直接通道。而不是像意大利城邦国家统治者那样（威尼斯除外），将大量国家资源投资于兴建雄伟教堂和赞助宗教油画艺术。

建设葡萄牙海军、培育航海专家、收集全世界航海地图、学习和掌握来自阿拉伯和中国的航海技术（尤其是指南针罗盘仪技术），是葡萄牙从亨利王子时代开始就坚定执行的国策和产业政策。这一政策使得葡萄牙这个只有大约100万人口规模、位于地中海贫瘠西部的边陲小国，迅速成为一个欧洲最强大的全球帝国。

而葡萄牙不需要懂得纺纱织布、制陶炼铁的技术，仅靠航海这样的知识就能够致富。这不仅是因为欧洲的极度贫穷和亚洲的极度富裕，为欧洲任何愿意成为"海上马车夫"的国家都提供了转口贸易和倒买倒卖的巨大商机；而且是因为在欧洲人闯进亚洲贸易圈之前，以丝绸之路为中枢的世界贸易体系，是一个不设防的自由贸易体系，从而允许欧洲人在不需要支付任何高昂成本——比如战争成本、美国19世纪的高关税成本，和WTO这样的国际机构要求——的情况下就可以加入进来，只要拥有航海工具。比如卡利卡特这个印度洋的亚洲贸易中心城市，根本没有意大利和欧洲各国那样的坚固城堡和军事设施，不需要惧怕来自中国航海家郑和的浩荡船队。是葡萄牙人、西班牙人、荷兰人、英国人、法国人、德国人、俄国人，还有后来的日本人和美国人，破坏了这一全球贸易体系，将世界带入了一个战火纷飞的时代。这个时代从11世纪末的十字军东征开始，到20世纪第二次世界大战和冷战结束，总共800多年。其间伊斯兰文明、印度文明、中华文明逐步衰落。

当然还有第三个原因：葡萄牙的军舰和商船上安装有无论在火力、射程和精确度方面都远超印度洋亚洲国家的大炮。关于欧洲国家如何在中国火药——火炮知识的基础上获得这种优越军事技术的具体原因，我们会在下一章探讨。[208]

因此，如果没有亚洲贸易中心的存在和阿拉伯与东方文明的存在，中世纪以后欧洲的崛起简直是不可想象的。那些认为仅仅是古希腊和古罗马文化传统就能够在宗教改革后的"民主、自由、人权"下导致欧洲崛起的流行历史观，可以说是无稽之谈。

由于极度贫穷，国库空虚，尤其出于对穆斯林地区和地中海东部商业繁华的妒忌，葡萄牙王室从15世纪初开始，就一直寻求在国家力量主导下探索和掠夺西部非洲海岸穆斯林世界的财富，并渴望绕过非洲大陆寻找到直接通往亚洲财富的贸易路线，而不是通过层层中东穆斯林中间商的盘剥获得所想要的东方商品。马可·波罗早已经告诉欧洲人遥远东方所蕴藏的巨大财富，问题是如何找到去东方的路？

为此，葡萄牙于1415年开始实施王室制订的掠夺与长远发展计划，并通过发动一场闪电战，突击占领了休达（Ceuta）这个北非最重要和繁华的通商口岸。葡萄牙决定与穆斯林在撒哈拉沙漠争夺资源，因为后者垄断了西非的黄金和象牙。1418年，葡萄牙开始鼓励定居马德拉群岛，这个群岛起初因其木材和后来的蔗糖而备受推崇。到1427年，葡萄牙王室特许的商人已经到达亚速尔群岛。而且葡萄牙继续与西班牙争夺对加那利群岛的控制权。[209]

208　更多补充材料可参考常征《火药改变世界》；欧阳泰《从丹药到枪炮》。

209　本节主要史料来源为罗杰·克劳利著，陆大鹏译：《征服者：葡萄牙帝国的崛起》，社会科学文献出版社2016年。

同时，西班牙也没有闲着，于1402年开始了对西部非洲岛屿的征服。在亨利三世的资助下，让·德·贝恩科特（Jean de Béthencourt）和加迪弗·德·拉萨尔（Gadifer de la Salle）进行了远征。他们的探险队包括两个方济各会修道士，在十字军精神的鼓舞下先后占领了北非海岸大西洋中的兰萨罗特（Lanzarote）、富埃特文图拉（Fuerteventura）和埃耶罗（El Hierro）岛。[210]

1434年，葡萄牙亨利王子试图入侵大加那利群岛，被原住民击退以后，转而掠夺了西班牙人占领的兰萨罗特岛和富埃特文图拉岛。

前面讨论亨利王子时已经提到，从15世纪初期开始，由航海家亨利王子组织的葡萄牙探险队一直沿非洲海岸线航行，主要是寻找西非财富（黄金和奴隶）。他们极大地扩展了葡萄牙的海上知识，但为此获得的经济回报却微不足道。因此1460年在亨利王子去世后，葡萄牙王室对继续进行这项努力失去了兴趣，并在1469年将王室在非洲的事务特许授权给了由费尔南·戈麦斯（Fernão Gomes）领导的里斯本商人团体。几年之内，戈麦斯领导的船长们在几内亚湾发展，打进穆斯林的贸易网络，经营着淘金、黑胡椒、象牙和撒哈拉沙漠以南的奴隶。1474年，当戈麦斯的租约到期时，约翰亲王（未来的约翰二世）要求他父亲阿方索五世国王将非洲事务的特权交给他打理。

在1481年成为葡萄牙国王之后，雄心勃勃的约翰二世开始了许多长期的改革。为了打破君主对封建贵族的依赖，约翰二世需要建立皇家国库。他认为皇家贸易是实现这一目标的关键。在约翰二世的领导下，西非的黄金和奴隶贸易得到了极大的扩展。为了获得更多商机，他渴望进入一直主要通过陆路进行的高利润回报的香料贸易。当时，这个香料贸易实际上是由威尼斯共和国垄断的，威尼斯经营着经由黎

210　兰萨罗特岛面积845.94平方公里，位于北非沿岸大西洋中的加那利群岛的最北端和最东端，距非洲北海岸约125公里，距西班牙大约1 000公里，在2019年初有15.228 9万名居民。富埃特文图拉也是加那利群岛之一，占地1 660平方公里，是加那利群岛的第二大岛屿，仅次于特内里费岛，在2019年初有11.688 6万名居民。埃耶罗（绰号"子午线岛"），位于加那利群岛最南端和最西端，面积为268.51平方公里，2019年人口1.096 8万人。

凡特和埃及港口、再通过红海进入印度次大陆的陆上香料贸易路线。为了摆脱威尼斯的垄断，约翰二世为他手下的船长们设定了一个新的目标：通过沿非洲大陆航行找到通往亚洲的海上航线。

当瓦斯科·达·伽马（Vasco da Gama，1460—1524，以下简称"伽马"）才20多岁时，约翰二世国王的计划就开始显得颇有眉目了。1487年，约翰二世不仅派遣了商业间谍，通过埃及陆路到达东非和印度，以探究香料市场和贸易路线的细节；而且派遣探险员沿大西洋非洲西海岸南下探索进入印度洋之路。突破很快就出现了，约翰二世手下的船长巴托洛缪·迪亚斯（Bartolomeu Dias）于1488年从非洲好望角兜了一圈后胜利返回，他在南非一直航行到著名的大鱼河，并证实了以前未知的非洲海岸可以向东转弯延伸到非洲东北部。

葡萄牙国王将这些独立分段的情报和发现之间的线索连接起来，便形成了一个关于大西洋、阿拉伯海和印度洋的海上贸易路线图。这时他迫切需要找一位航海探险家来证明这一路线图的正确性，将所有收集到的知识付诸实践。海盗出身、秉性凶残的伽马成了担当这一历史重任的人选。伽马身上充满了吃苦耐劳和冷血海盗的凶残的个性。这个海盗性格或许也正是国王所需要的。

1497年7月8日，30多岁的伽马率领一支由四艘武装帆船组成的舰队，其中两艘是为远航而专门建造的军舰，另外有一艘轻快艇和一艘补给船，由来自里斯本的170名船员组成。这支队伍包括葡萄牙航海经验最丰富的导航员。从里斯本出发南下大西洋，经非洲好望角到达印度后再返回里斯本的距离，大于在赤道绕地球一周的距离。但探险结束时，船队总共大约只有55人和两艘船安全返回里斯本，其余的都葬身海底。

该探险队于1497年7月8日从里斯本起航。它遵循了早期探险家首创的通过特内里费岛和佛得角群岛沿非洲海岸南下的路线：即到达当今的塞拉利昂海岸后，探险船队进入开阔大西洋，穿过赤道，寻找探险家巴托洛缪·迪亚斯之前在1487年发现的南大西洋季风。这条路线被证明是成功的：1497年11月4日，探险队在非洲南部海岸登陆。在三个多月的时间里，他们航行了一万多公里，是当时在看不见任何陆地海岸的情况下最长的旅程，比哥伦布的旅程长几倍。

12月16日，舰队已经越过了位于南非东开普省的大鱼河，那是当年迪亚斯停靠的地方，并驶入了欧洲人以前从不知道的水域。次年3月2日，伽马舰队在莫桑比克岛附近安营扎寨。东非海岸的穆斯林控制区是印度洋贸易网络的组成部分。达·伽马担心当地居民会敌视基督徒，因此假扮成了穆斯林并赢得了莫桑比克苏丹的好感。但是伽马无法向苏丹提供有价值的交换礼物，被当地民众怀疑为海盗，结果他们在当地人的敌意下被迫逃离莫桑比克，并在海港出发时向加沙城开炮，证明他们的确是海盗，不过是穆斯林从来没有见过的新型海盗。

1498年4月7日，伽马的探险队抵达肯尼亚附近的蒙巴萨，他们采取海盗行动抢劫了阿拉伯商船，这些商船通常是缺乏重型大炮武装的贸易船只。葡萄牙人成为访问蒙巴萨港口的第一批欧洲人。

伽马沿东非海岸继续北上，于1498年4月14日抵达比较友好的马林迪港口，因为这里的统治者与蒙巴萨的统治者有矛盾。葡萄牙探险队注意到这里有印度商人来往的痕迹，说明离开他们要去的目的地——印度——已经不远。为了找到一名领航员带他去印度，伽马又抓了一次人质，利用人质作为谈判筹码从当地苏丹那里得到了自己需要的领航员。苏丹派遣了一名熟悉海路的领航员，此人愿意带领葡萄牙远征队跨越印度洋，去往他们渴望的目的地。这个穆斯林领航员拥有一幅印度洋西海岸的航海图，并且熟悉四分仪，懂得观测天文和季风流的方向。他答应带领探险队前往印度西南海岸的卡利卡特（Calcut）。

500年后，阿拉伯世界还会咒骂这个穆斯林领航员，因为就是他最早向欧洲人泄露了印度洋航道的秘密，将欧洲这股千年未有的祸水从后门一望无际的宽阔海上“高速公路”引进了东方财富的心脏。从这里也可以看出，早在欧洲人从事地理大发现之前，阿拉伯人已经具备同样的知识和航海技术，只不过他们不需要通过非洲好望角和大西洋进入地中海，而是可以直接通过红海、黑海、埃及、君士坦丁堡进入地中海。只有处于欧洲边陲地区的落后国家，包括葡萄牙、西班牙、法国、荷兰、英国等，才认为找到一条从大西洋绕道非洲好望角进入印度洋贸易中心的海上通道是具有重大经济和军事战略意义的事情，从而才被欧洲中心主义的历史观大书特书，作为近代欧洲文明崛起的标志性事件来歌颂。

伽马于4月24日离开马林迪前往印度，5月20日抵达卡利卡特（又叫科泽科德）附近的卡帕杜。卡利卡特国王扎莫林（又翻译为萨穆迪里）在听到外国舰队抵达的消息后从他所在的第二首府返回卡利卡特。伽马探险队受到了传统的款待。伽马送给扎莫林国王的礼物是四个猩红色的斗篷、六顶帽子、四个珊瑚、十二个海藻、一个装有七个黄铜器皿的盒子、一箱糖、两桶油和一桶蜂蜜。这对于地处亚洲贸易网络中心之一的当地国王来说，简直太微不足道，不过是用来取悦一位小小非洲酋长的，而不是富得冒油的印度洋贸易网络中的一位国王。当地官吏看着这些礼物捧腹大笑，说即便是来自麦加或者印度其他地区的最穷的商贩，拿出来的东西也比这阔气得多。他们对伽马说如果想送礼，应当送黄金或者黄金做的东西。而且他们想知道为什么伽马没有携带黄金和白银这样的世界通行货币。当地穆斯林商人暗示扎莫林国王，伽马探险队只是普通海盗而不是一个国家的皇家大使。国王因此拒绝了伽马提出的在此地建立一个永久性贸易商品储藏仓库的请求，而且坚决要求伽马像其他贸易商一样支付关税，最好是黄金。

出于愤怒和海盗本性，伽马绑架了几个当地人和16名渔民，上船离开了卡利卡特。

卡利卡特凭借地理位置和对商人友好公正的信誉，已经确立了自己在当地沿海一带香料贸易的中心地位。15世纪的一位访客写道："不管一艘船从何处来、到何处去，只要在卡利卡特停泊，都会受到不偏不倚的公正待遇，被征收的关税与其他船只并无二致。"[211]这里的所有穆斯林都与高种姓的印度教统治者和睦相处，两个群体之间互惠互利。

但葡萄牙人的到来则注定要扰乱南亚这种和谐共存的市场经济秩序。换句话

211　罗杰·克劳利著，陆大鹏译：《征服者：葡萄牙帝国的崛起》第五章，社会科学文献出版社2016年。

说，欧洲人自从十字军东征和文艺复兴以来，就一直是当时欧亚大陆贸易体系和全球自发市场秩序的破坏者，而不是哈耶克所认为的自发市场演化秩序的发明者和构建者。

与哥伦布抵达原始的美洲不同，葡萄牙人闯入的这片海域并非沉寂的海域。数千年来，印度洋一直是世界贸易的十字路口，将货物运过遥远的距离，从广州到开罗，从缅甸到巴格达，借助了一个由诸多贸易体系、航海风格、文化类型与宗教信仰，以及一系列中心交织而成的复杂交换网络。这些中心包括：马来半岛上的马六甲，它比威尼斯更大，是来自中国与更遥远的香料群岛的商品的集散地；印度西海岸的卡利卡特，它是胡椒市场；霍尔木兹，它是通往波斯湾与巴格达的门户；亚丁，它是红海的出入口和通往开罗的路径，也是伊斯兰世界的神经中枢。印度洋沿岸还有其他数十座小城邦。自古以来，印度洋输送着来自非洲的黄金、黑奴和红树枝干，阿拉伯半岛的熏香和海枣，欧洲的金银，波斯的骏马，埃及的鸦片，中国的瓷器，锡兰的战象，孟加拉国的大米，苏门答腊岛的硫黄，摩鹿加群岛的肉豆蔻，德干高原的钻石，以及古吉拉特的棉布。在印度洋，没人能够形成垄断，因为它没有国家暴力的干预，所以亚洲大陆的各个国家都把海洋留给商人。印度洋有小规模的海盗，但没有奉行贸易保护主义的武装船队，也几乎没有领海的概念；曾经的海上超级大国——明朝郑和船队——只是到访查看，而不是前来掠夺或者执行军警的任务。因此，印度洋一直是一个硕大无比而相对安定的自由贸易区：全世界财富的一半以上要通过它的海域。但是这个好日子就要结束了，因为欧洲"十字军"的到来。

当地方当局官员问伽马舰队"是什么让你到这里来的"时候，他们回答说是来"寻找基督徒和香料的"。这回答本身并没有引起当地人和穆斯林商人的警觉，因为这里长期以来都一直与来自不同宗教的人民和谐相处，包括中东的穆斯林、基督徒和犹太教徒。虽然十字军东征在阿拉伯半岛恶迹斑斑的遥远故事也在这里流传，但是他们做梦也没有想到怀揣十字军理想的葡萄牙人居然能够不远万里直接从浩瀚大西洋上，绕过茫茫非洲大陆的好望角从海上抵达印度。

这条海上高速公路的发现，将为一波又一波依靠新型国家力量组织起来的欧洲强盗们前仆后继的到来，埋下祸根。就像刺探情报的蚂蚁发现了食物一样，后面很快将会紧跟一串串黑压压的蚂蚁群。人类未来500年的历史将从此改写，从一个真正具有哈耶克意义上的"自发演化的市场秩序"转变成一个由宗教暴力和国家暴力所塑造出来的"新型市场秩序"。这是对哈耶克的绝大讽刺，而且正是出于对这个资本主义暴力秩序的反抗，400年后才诞生了被哈耶克所批评的共产主义运动和计划经济体制。

伽马舰队于1498年8月29日离开卡利卡特，踏上返回里斯本的航程。他们渴望返回家乡，却忽略了当地人关于季风的知识。舰队最初沿着印度东海岸向北（东非方向）航行，终于在1498年10月3日进入印度洋。但由于冬季季风尚未到来，使这成为一段痛苦的旅程。之前在从葡萄牙前往印度的旅程中，伽马船队是乘着夏季季风航行的，当时仅用23天就越过印度洋。但在这次回程中，逆风航行花了他们132天，是原来时间的6倍。

伽马于一年后的1499年8月29日或9月初终于回到里斯本，受到了英雄般的欢迎。葡萄牙国王对他进行了一系列的分封行赏，包括土地、金钱、贵族头衔，一笔30万雷亚尔的丰厚世袭皇家养老金，他本人、他的兄弟姐妹及其后代被授予永久贵族的称号，以及印度波斯的阿拉伯酋长国头衔和"东方印度海军上将"的头衔。曼努埃尔一世命令在全国各地举行宗教游行和弥撒，并向罗马教廷与欧洲各国朝廷宣扬葡萄牙的辉煌成功。作为西班牙的竞争者，这位葡萄牙国王暗自窃喜地通知西班牙的斐迪南国王和伊莎贝拉女王，说他的船队确实抵达并发现了印度，而不是哥伦布那个号称"印度"的美洲大陆，还带回了大量只有印度才有的"肉桂、丁香、姜、肉豆蔻和胡椒……以及许多精美宝石，如红宝石等"。他当然知道作为葡萄牙竞争者的斐迪南和伊莎贝拉肯定不会开心，但却虚伪地说道："我知道两位陛下听闻此事，必定心花怒放、满心欢喜"。他写信给教皇亚历山大·博吉亚及其红衣主教们，大肆宣扬发现了信奉基督教的印度的重要性（葡萄牙人以后才发现印度人并不信奉基督教）："教皇与各位大人一定要公开地表达喜悦，并向上帝感恩。……上帝的旨意和意愿是让葡萄牙成为一个大国，因为葡萄牙发现了一大奥秘，为上帝做出了贡献，并提升了神圣的信仰"。

在这次对于欧洲文明来说是史诗般的远航中，伽马船队离家两年，行驶了2.4万英里（将近4万公里），其中大约300天是在海上度过的，他最初的170名探险队员中只有54人随他返回，大多数人（包括伽马的兄弟保罗）死于坏血病等疾病。这彰显了他们一行人的忍耐力、勇气与极好的运气。不过他们也为此付出了沉重的代价，而且也没有完成与卡利卡特签订商业条约的主要任务。尽管如此，从剩下的两艘船上带回的少量香料和其他贸易商品，显示出了未来贸易的巨大潜力。

这些商机对于葡萄牙这个贫穷的欧洲边陲小国来说，其意义大得不可思议——它预示葡萄牙将取代威尼斯、热那亚、拜占庭帝国、奥斯曼帝国成为古丝绸之路在西方的桥头堡。一个新的全球帝国——葡萄牙海上帝国——从此诞生了。

因此，伽马因开通通往亚洲的直接海上航线而为葡萄牙崛起立下汗马功劳，并受到了国王应有的褒奖。他开辟的新航线，将在未来漫长的岁月中，由葡萄牙每一年启航的葡萄牙舰队忠实地跟随，引领欧洲基督教世界崛起的步伐。

与教皇乌尔班二世发起的更加劳民伤财的十字军东征相比，葡萄牙开启的是一场新十字军东征，它的商业意义远远大于宗教意义。但是其背后的"征服精神"是一致的。

其实自古以来，欧洲地中海文明圈的人都知道如何抵达印度；比如亚历山大大帝通过战争控制整个希腊后，于公元前335年东征波斯，战败大流士三世，南侵埃及，建亚历山大城，然后远征印度，公元前325年从印度败退，死于巴比伦。这充分说明古代地中海文明与东方文明的交往源远流长。只不过地中海人不知道的是，居然可以从地中海往相反的西边大西洋出海口（直布罗陀），进入茫茫大西洋，然后挥师南下，反时针绕一大圈经过非洲好望角后，沿东非海岸北上，再朝太阳升起的东方沿阿拉伯海岸东行，也可以抵达印度。而且虽然路程更长风险更高，但是所用时间更短而且能耗更低——船是由风力驱动，不像步行或者骆驼商队那样需要消耗大量体能。

葡萄牙愿意做这样的探险，而且居然做到了；因为它与威尼斯、米兰、佛罗伦萨、热那亚等城邦小国相比，实在太穷了，穷了上千年。穷则思变！

而且关键葡萄牙抵达的地方，是全球财富的中心，是古希腊和古罗马都向往和羡慕的地方，在那里讨饭都比待在家里强。只不过令葡萄牙没有想到的是，那是一个不设防的财富中心，没有国家暴力在那里捍卫市场秩序，或者搞贸易保护主义，它向全世界所有的宗教、民族、文化开放。凭借欧洲战争锤炼出来的热兵器和舰载火炮，葡萄牙人发现自己居然可以在那里横冲直撞，不过刚开始仍然得小心翼翼，因为马可·波罗带回的消息说那里的东方帝国武力强大，科技发达，虽然人民不好战。

香料贸易将被证明是葡萄牙皇家国库的主要资金来源，而且其他回报也随之而来。例如，伽马的航行清楚地表明，非洲东海岸的孔特拉·科斯塔（Contra Costa）对葡萄牙的利益至关重要。它的港口不仅能够提供淡水、食物、木材，而且可以作为避难所让船只得到维修和在不利的天气中等待。还有一个重大回报是葡萄牙王室对莫桑比克的殖民。

葡萄牙人发现了印度，这个消息火速传遍已经处于文艺复兴末期的欧洲。伽马的第一艘船在里斯本靠岸时，就已经有窃窃私语传到了威尼斯。来年8月8日，威尼斯日记作者吉罗拉莫·普留利记载了一条来自开罗的传闻："属于葡萄牙国王的三艘卡拉维尔帆船已经抵达亚丁和印度的卡利卡特，它们是被派去寻找香料群岛的，指挥官是伽马……这消息如果是真的，将对我们影响很大；但我并不相信。"在里斯本，意大利商人很快开始从回国的葡萄牙水手那里收集第一手信息和情报，以证实此次远航的真实性以及指挥官的真实身份。大家立刻认识到，亚洲和东印度的财富就在野蛮落后的欧洲人触手可及的范围内，这必将带来商业上的优势，并威胁阿拉伯世界和意大利半岛的商业利益和地缘政治利益。

可惜不仅阿拉伯人，而且印度人和中国人都没有做好抵抗的准备，因为他们所属的帝国根本不具备组织这种抵抗的"国家意志"或"国家能力"。为什么？因为这种国家意志和国家能力只能经过频繁的热兵器战争锤炼才能诞生，而印度洋和太平洋地区根本就缺乏产生这种海上战争的"国家竞争体系"。这个体系，是在十字军东征以后位于地中海丝绸之路末端的无数个意大利微小城邦国家中间孕育的，然后扩展到整个碎片化的欧洲大陆。罗马教廷的腐败、意大利民族的争强好斗和四分五裂，适合于形成这样的竞争体系。诗人但丁和思想家马基雅维利为此状态感到悲哀，但也无能为力。不过意大利的分裂却成全了欧洲的崛起。

佛罗伦萨人吉罗拉莫·塞尔尼基指出：

> 当前通过红海的商路的税赋和运输成本使得东方商品的购买价格为原来的6倍。商品价格的大部分都是用来支付陆运费、船运费和给苏丹的税赋的。所以，如果走达·伽马的新航路，就能砍掉所有这些成本与中间商。所以，我相信，苏丹、这些国王和穆斯林会在此事上不遗余力地阻挠葡萄牙国王。若国王……继续这样操作，在比萨销售香料的价格就能比在开罗低廉很多，因为能通过里斯本以便宜得多的价格获取香料。

其实，不仅仅是阿拉伯人，而且包括威尼斯人和热那亚人，都将丧失他们长期以来基于对东方产品（香料、丝绸、陶瓷）的贸易垄断而获得的经济基础，以及建立在这个经济基础之上的金融体系、文化和军事实力。

因此，伽马的远航令所有欧洲人和阿拉伯人惊讶。它很快将迫使全球很大范围内的各利益相关方——基督徒、穆斯林和印度教徒——进行全新的战略筹划，并将不可避免地导致一轮全球商业冲突与战争。

只是他们没有料到，这场战争一打就是500年，最终就连全球贸易的心脏——东方的天朝帝国——都将被八国联军打翻在地，拉下神坛。

在这场欧洲崛起的千年马拉松竞赛中，十字军迈出了第一步；文艺复兴期间西班牙发现美洲和葡萄牙打通亚洲海上通道是其第二步；接下来北欧国家通过全球特许垄断大公司与西—葡两国争夺亚洲贸易主导权，从而导致的一系列海战和"军事革命"是第三步；由此引爆的"科学革命"和"工业革命"是第四步。

在这个过程中，西方国家开始完全是一群丛林中相互争食的粗俗野兽，一方面互相残杀，一方面相互学习传承，前仆后继500年，终于成长为森林之王，在1900年打进紫禁城，火烧圆明园，结束了这场800年之久（1100—1900）的"打砸抢掠"竞标赛。可是这场欧洲版"春秋战国"争霸赛中的每一步，都处于地球另一边的大清帝国的战略视野之外。

伽马舰队成功从印度返航一事，使得曼努埃尔一世的自信心因此而大涨。他现有的头衔是"大海此岸的葡萄牙与阿尔加维国王，大海彼岸的非洲之王，几内亚领主"，如今又加上了"埃塞俄比亚、阿拉伯半岛、波斯与印度的征服、航海与贸易之王"。这些头衔表达了葡萄牙对全球贸易垄断权的野心和大胆主张。

国王下令对伽马远航的所有航海图严格保密，泄露机密者一律处死。的确，在地理大发现时代，航海图才是国家最高机密，谁拥有地图，谁就拥有通向亚洲商业网络的通行证和滚滚商机。

国王懂得这是一盘大棋，他必须具有战略定力和连续作战的恒心。因此在伽马返回之前，国王就已经在为下一次远航铺设龙骨、建造新船了。

伽马回国仅仅六个月后，葡萄牙的下一支比先前庞大得多的远洋舰队，在总司令佩德罗·卡布拉尔（Pedro Cabral）的指挥下从贝伦海岸起航。这支舰队共有13艘武装商船、1 200名船员和水兵，以及佛罗伦萨与热那亚银行家注入的雄厚资本。这支葡萄牙远征舰队的任务之一是与卡利卡特的萨莫林王朝缔结经商条约，并在该市建立一个永久性葡萄牙商品采集与存储基地。只有这样，葡萄牙才能保证将采购到的亚洲商品源源不断运回里斯本后分销到欧洲各地赚大钱。从做转口贸易开始，是自古以来落后国家发迹的初始套路。

在接下来短短五年里，曼努埃尔一世派出许多支舰队远征亚洲，规模越来越大，一共81艘船（有的船只参加了不止一次远航），意图在与西班牙这个潜在竞争者争夺印度洋永久性立足点的生死斗争中确保胜利。这是举国上下的努力，动员了葡萄牙这个欧洲小国全部可动用的人力、物力、后勤供给、造船工业，以一种百年未有之变局的战略眼光，抢在西班牙人做出反应之前，把握和利用了这个上帝赋予葡萄牙的历史机遇。

这第二支远征舰队的路线是按照1497年伽马远航时采纳的季风知识，进入大西洋以后先向西绕圈，然后在茫茫大西洋中一直向南再向东抵达并绕过非洲好望角进入阿拉伯海和印度洋。

直接进入亚洲贸易圈的巨大商机，使得整个欧洲几乎所有王室的目光投向了葡萄牙首都里斯本，包括罗马教皇。根据罗马教皇的旨意，一个方济各会修士代表团也伴随此次远航，以便"印度人……能更全面地接受我们的信仰的指导，能够接受我们的教义，得到相关的教诲，正确地侍奉上帝，救赎他们的灵魂"。

商业方面的使命当然更加重要。船队带上了在卡利卡特开设贸易据点所需的人员、文书资源和商品。他们吸取了上一次远航的教训，精心准备了有可能吸引印度人的商品，包括珊瑚、黄铜、朱红色染料、水银、精制和粗制布匹、天鹅绒、五颜六色的绸缎与锦缎，以及金币。一位经验极其丰富、会说阿拉伯语的商人艾雷斯·科雷亚负责领导商业活动，有一群文书人员支持他，帮助记录资料和记账。这些文书人员将通过日记记述远征队的壮举和葡萄牙海军一路上扣人心弦的事迹。

舰队司令卡布拉尔本人并非海员，而是一位外交官。这是因为国王希望吸取上次伽马鲁莽对待印度卡利卡特国王的教训。与上次探险不一样，这次卡布拉尔怀揣一套王室为其精心准备的外交指令，其中一部分是达·伽马帮助设计的。这套指令文件中规定了在遇到形形色色情况时的各种选择。还指示他对有可能制造麻烦的敌人要实施强制性的、专横的暴力行动。

1500年3月9日，船队从贝伦出发。船队利用达·伽马提供的经验，选择在穿过佛得角群岛时没有停留，而且向西绕一个大圈，等背后有风吹来之后再转向南方，坚持航行直到非洲好望角出现在遥远的正东方为止才掉头向东。他们的圆圈比上次更大，结果居然看到了美洲大陆的巴西海岸。他们决定靠岸休整和考察，然后派了一艘船回葡萄牙向国王报告这片新土地的发现。5月2日他们离开巴西后迎头撞上了一阵狂风，结果四艘船倾覆沉没，船上人员全部丧生。剩余船队散成三群，被风暴驱赶着漂流了二十天，一直没有敢升帆。

剩下的七艘船终于在6月20日汇集在莫桑比克。第八艘船失散后看到了马达加斯加岛,但没有找到船队主力,只好只身返回了里斯本。船队在东非海岸的莫桑比克靠岸后,补充了淡水并找到了本地愿意带他们前往东非海岸最重要的贸易城市基尔瓦的领航员。他们在绕过蒙巴萨抵达马林迪后,又雇了一名新的领航员准备渡海前往印度的卡利卡特。

船队出发之前接受的任务之一,是竭尽全力破坏卡利卡特周边的阿拉伯航运,以便今后能够垄断印度贸易网络。指令书上写着:"如果你在海上遇到上述的麦加穆斯林的船只,必须尽可能地将其俘获,扣押其商品、财产和船上的穆斯林,以增进你的收益。攻击他们,尽可能损害他们,因为自古以来他们就是我们的不共戴天之敌。"

葡萄牙人完全了解他们的火炮所具有的绝对优势,使得他们可以在远距离炮击阿拉伯船只而不需要近距离交战。但他们需要活捉阿拉伯船的领航员和船长,因为这些人是有情报价值的。船队司令在出发前接受的指示是"你应将所有穆斯林乘客转移到缴获的状态最差的一艘船上,让他们全都上船,然后击沉或烧毁其他所有缴获的船只"。这些最高指示为葡萄牙人此后在印度洋的行动确立了基调,并触发了一系列不可逆转的武装冲突事件。

葡萄牙舰队在安贾迪普群岛守株待兔15天,等待袭击阿拉伯商船,然而没有一艘船露面,只好决定直接前往卡利卡特。抵达后发现老扎莫林已经驾崩,如今是他的侄儿统治这个王国。葡萄牙人和上次一样,登陆之前先咄咄逼人地抓捕岸边渔船上的渔民作为人质,以获得谈判筹码。焦躁的谈判和僵持了好几天之后,才安排好了舰队司令的登陆。

这些海盗行为都是欧洲人对现存全球贸易体系带来的新的游戏规则——(1)他们有先进的枪炮,因为有科学家和工程师帮助他们提升火炮射程、精度和威力;(2)他们有战争意志,因为有来自王室的国家力量为他们背书;(3)他们有经济实力,因为有整个欧洲的金融市场为等着分享他们的猎物而投资;(4)他们拥有必胜的信念,因为有十字军的"圣战"理念为他们的"打砸抢掠"和"烧杀奸淫"行为提供心安理得的伦理支撑,甚至即便因为无恶不作而受到了良心谴责的时候还有赎罪券可以购买。

　　如果阿拉伯人和亚洲人不能适应并采纳同样一种行为规则与欧洲人竞赛，那就将永远退出历史舞台。事实证明如此，而且亚洲唯一深刻理解并愿意接受这种游戏规则的国家是19世纪下半叶崛起的日本。

　　葡萄牙舰队仗着有更加先进的大炮，并相信他们是奉行上帝的意志来控制印度贸易的。舰队司令卡布拉尔在觐见扎莫林并呈上贵重精美礼物的同时，也提出了强硬的要求。他要求扎莫林为伽马当初留下或丢失的货物提供赔偿，并为葡萄牙人在这里的贸易往来提供优惠的关税待遇、价格低廉的香料、安全的贸易站，并对葡萄牙人豁免当地的一项普遍规矩——按照这个规矩，外来商人死后，其商品变为当地统治者的财产。卡布拉尔希望扎莫林明白，葡萄牙人必须对不在扎莫林国土上的穆

由弗朗斯·休斯（Frans Huys）于1555年雕刻的葡萄牙卡拉克舰船，平台下面两侧的长排双层火炮炮筒清晰可见（https：//commons.wikimedia.org/w/index.php?curid=60877877）。

斯林开展圣战，"因为我们继承了圣战事业"。他还要求扎莫林驱逐在卡利卡特的穆斯林。作为回报，扎莫林将得到"目前为止他从穆斯林那里获得的全部利润，以及比那多得多的收益"。另外，方济各会修士将帮助印度人纠正他们在信仰方面的不幸谬误，"以正确地侍奉上帝，救赎他们的灵魂"。

接下来的两个半月内，双方的谈判陷入僵持，最后谈判破裂。当地人十分不满欧洲白人这样的霸道行径，开始冲击葡萄牙人，葡萄牙货物仓库也在暴乱中被夷为平地，多达70名葡萄牙人在冲突中被杀。为了报复，舰队司令卡布拉尔命令手下俘获了港内的十艘阿拉伯船只，挨个屠杀了船上的所有人，仅在白天就屠杀了五六百人。岸上的市民目睹这从未见过的惨状，不禁毛骨悚然。

卡布拉尔还不肯罢休，在夜幕降临之后，他从军舰上对卡利卡特进行了猛烈炮击。葡萄牙人的炮火如排山倒海般猛烈，炮弹雨点般落入城镇，摧毁了许多建筑。

在里斯本，曼努埃尔一世相信，他托舰队司令赠给扎莫林的贵重礼物一定能确保友好贸易协议的达成，因此还未等卡布拉尔返航就已经派出了第三批远征队前往印度。

1501年夏季，卡布拉尔的船队分几批返回了里斯本。国内的人们热切地期待他们返回里斯本。出发的十三艘船只有七艘返回了，其中五艘满载香料，两艘是空的。其余六艘都已经在海上损失掉了。

然而，曼努埃尔一世确保将正面的消息大肆传扬到全欧洲。对此关注最密切的是威尼斯人。这个航海共和国到15世纪末之前几乎在地中海垄断了欧洲的香料贸易，对它来讲，香料贸易就是生命线。威尼斯人在地中海东端四面受敌的环境中，想方设法与埃及的马穆鲁克王朝维持关系，确保他们的船只每年能在亚历山大港购买并装运香料。因此葡萄牙人成功地绕过了这些中间商的消息令威尼斯人瞠目结舌。这威胁到了威尼斯城的生存，因此急需调查。葡萄牙远航船队返回里斯本的时候，威尼斯大使就在城里，他报告说："他们带回了大量香料，价格低得我都不敢说……如果葡萄牙继续这样的远航……葡萄牙国王就可以自称金钱之王，因为所有人都会跑到葡萄牙去购买香料。"

在威尼斯，商人们预言道，假如葡萄牙人能从供货源头直接购买香料、绕过伊斯兰国家的中间商，威尼斯的末日就到了。曼努埃尔一世得意地向威尼斯大使提议道："从此刻起，你们应当派遣船只从葡萄牙购买香料了。"

威尼斯与葡萄牙之间的贸易战就这样打响了。在这场战争中，航海信息是重中之重。"完全没有办法搞到那次远航的航海图，"威尼斯间谍报告称，"葡萄牙国王宣布，谁要是泄露航海图，格杀勿论"。

不过，葡萄牙人在卡利卡特蒙受了损失，他们必然将加倍复仇。在葡萄牙人看来，他们需要动用更加专业的武力，去争夺东印度的贸易控制权。

在第四次印度远征中，国王决定再次启用伽马领导1502年的远征，其明确目的是报复萨莫林，并迫使他服从葡萄牙。1502年，由全副武装的15艘舰队和800名士兵组成的远洋舰队离开里斯本。4月，他的堂兄率领的另外五艘战舰在印度洋与他们汇合。第四印度舰队是名副其实的伽马家族舰队。他的两个叔叔被预先指定负责印度洋海军巡逻，而他的两个表兄弟则在主要舰队中担任船长。

在1502年10月进入印度洋后，伽马舰队开始在海上拦截和抓捕在印度水域遇到的任何阿拉伯船只，其中包括去麦加朝圣的米里号轮船，这艘穆斯林朝圣者船上的乘客在开阔的水域中被伽马全部杀害。伽马在船上劫掠了400多名朝圣者，其中包括50名妇女，船东和一名来自埃及的大使。伽马透过舷窗看到这些朝圣的妇女抱着婴儿拿出自己的黄金和珠宝乞求怜悯。但是伽马点燃轮船将其全部烧死了。

然后他出现在卡利卡特，要求对上一次冲突事件进行处理。当萨莫林表示愿意签署一项新条约时，伽马在开始谈判之前就要求这位印度国王将所有穆斯林商人赶出卡利卡特。伽马的蛮横无理要求自然遭到拒绝。伽马命令手下将对方谈判官员的嘴唇和耳朵割了下来，并在他的头部缝上一对狗耳朵后将他送回到国王萨莫林面前。伽马还命令葡萄牙舰队从海边连续两天不停炮轰这座历史悠久的印度洋贸易中心，严重破坏了这座未设防的商贸城市。伽马还在临走之前捕获了几艘当地运输大米的海船，挥刀切掉了所有船员的手、耳朵和鼻子，并让他们带给萨莫林一封极具

高耸在南非好望角的达·伽马十字架纪念碑。

侮辱性的便条。[212]

对比一下军事实力，如果几十年前当郑和舰队下西洋时，若想动用手上掌握的国家暴力垄断印度洋的贸易，那岂不是易如反掌？为什么郑和舰队没有这样做？

伽马的野蛮暴力行为使卡利卡特赖以生存的海岸贸易迅速陷入停顿。但是即便这样，卡利卡特国王仍然拒绝服从葡萄牙人的霸王条款，甚至不惜专门雇用了一支海军来挑战达·伽马的舰队，但是被伽马击败。

伽马于1503年9月载了一些香料回到葡萄牙，实际上他未能完成控制卡利卡特并在那里建立贸易据点的任务。这次失败也使得伽马失去了被国王曼努埃尔于1505年任命为葡萄牙印度第一任总督的机会，而是将该职位给了弗朗西斯科·德·阿尔梅达（Francisco de Almeida）。

这几次印度之旅中葡萄牙人对穆斯林商人和当地居民施加的残酷暴行，使得葡萄牙人在印度洋贸易圈声名狼藉。但是阿拉伯世界和整个亚洲都缺乏国家力量站出来捍卫民间商人的利益和印度洋的古老自由贸易规则，因为根本没有充分意识到，伽马只不过是将贫穷、落后、野蛮的欧洲豺狼引入通往亚洲贸易中心这条海上航线的第一只狼，更加凶残的虎豹还在后面。

到16世纪末，葡萄牙商人在国家力量扶持下，通过武力完全垄断了阿拉伯海和印度洋上自发演化出来的海上自由贸易市场，取代了世世代代在那里自由经营的

212　引自https：//en.wikipedia.org/wiki/Vasco_da_Gama#cite_note-M.G.S._Narayanan,_Calicut_2006-36。也参见M. G. S. Narayanan, Calicut: The City of Truth (2006) Calicut University Publications.

阿拉伯商人、印度商人和中国商人。"通过伟大的精力、异常的冒险和极度的残忍，他们……成功了。在16世纪葡萄牙的军商两用大帆船支配着大部分印度洋，通过海上运送了抵达欧洲和土耳其帝国的所有香料的几乎一半。"[213]

葡萄牙用"十字军圣战精神"和国家暴力的血盆大口对亚洲贸易体系所撕咬出来的血雨腥风和滚滚商机，很快就勾引了嗅觉灵敏的其他欧洲野蛮国家。在接下来的17世纪，组织力量和融资能力更加雄厚的荷兰海军和武装商人集团（荷兰东印度公司）将会取代葡萄牙人，变成亚洲贸易规则的新的制定者和主人；而荷兰的这一垄断地位又很快被国家力量更加强大的英国远洋海军和武装商人集团（英国东印度公司）取代——英国将通过17世纪三场英荷战争咬断荷兰国民经济的喉咙，并在18世纪的第四次英荷战争中打断荷兰的脊梁骨。荷兰衰落以后的18、19世纪，将会有更多的欧洲列强加入印度洋的打砸抢掠行列，包括大英帝国、美利坚合众国、法兰西第三共和国、德意志帝国、俄罗斯帝国、意大利王国、奥匈帝国和亚洲的日本，直至两次世界大战爆发，全世界进入美苏冷战和美国主导的全球贸易秩序为止。也是在这个历史过程中，中国龙这个伟大东方文明的心脏以及它支撑的东方贸易体系进入休眠期。

历史资料4 西班牙航海史[214]

与葡萄牙一样，西班牙对开辟属于自己的东方贸易通道的兴趣也始于贫穷和十字军"穷则思变"的打砸抢精神。1492年，本来就贫穷的西班牙通过好几个世纪的宗教战争，终于完成了"光复运动"，将穆斯林和犹太人全部赶出了西班牙，但同时也彻底耗尽了皇家的财富。这是西班牙皇室大胆赞助哥伦布的远洋探险计划的

---

213 查尔斯·蒂利著，魏洪钟译：《强制、资本和欧洲国家（公元900—1992）》，上海人民出版社2007年，第102页。

214 除非另加注明，本节资料和引文主要来自弗兰科潘《丝绸之路》，尤其是第十一章。

根本原因——因为世界财富的中心在东方。

另外，西班牙没有能力用自己生产的商品拿去与东方交换，因此千方百计寻找"世界货币"——黄金与白银，希望用此购买到来自东方的所有产品。这个动力促使西班牙王室走上了航海探险之路，其目的很明确，就是寻找换取东方商品所需要的大量黄金和白银。

帮助西班牙寻找到美洲金银宝库的西班牙冒险家中，最著名的是克里斯托弗·哥伦布（Christopher Columbus），赫尔南·科尔特斯（Hernán Cortés）和弗朗西斯科·皮萨罗（Francisco Pizarro）。尽管哥伦布是意大利人，但他是在急需钱用的西班牙王室的赞助下，代表西班牙君主进行的远洋探险。

西班牙探险的历史可以说始于西班牙本身的历史。在15世纪，阿拉贡的费迪南德（Ferdinand of Aragon）和卡斯蒂利亚（Castile）的伊莎贝拉（Isabella）于1469年结婚，统一了西班牙，并开始了建立可以与欧洲强国葡萄牙和意大利城邦国家竞争的民族国家的进程。他们的目标是扩大天主教地盘并赢得超过葡萄牙的商业优势。为此，费迪南德和伊莎贝拉赞助了广泛的大西洋探险活动，并通过教皇获得了罗马教廷对西班牙海外殖民地主权的认可。

但是这个远洋探险活动，不是那种"战天斗地"、改变贫穷落后面貌的"愚公移山"活动，而是一场不折不扣的由国家力量和宗教价值观主导的对外"打砸抢掠"活动；它惊世骇俗，空前绝后。因为它唯一的目的就是掠夺异教徒手中的"黄金"，但却是以"上帝"的名义。哥伦布在航海日记中写道：**"黄金成为财富，谁拥有它，谁就可以在地球上随心所欲，甚至可以使有罪的灵魂进入天堂。"** [215]

这种在国家力量和宗教意识形态主导下不择手段、不顾一切人间道德发财致富的行动，才是资本主义诞生在西方而不是东方的原因。

自公元700年以来，西班牙大部分地区都处于伊斯兰统治之下。反对伊斯兰教

---

215 爱德华多·加莱亚诺著，王玫等译：《拉丁美洲被切开的血管》第一部第一章"黄金和白银热"，人民文学出版社2009年。

的天主教捍卫者费迪南德二世国王和伊莎贝拉一世女王，利用三百多年来十字军东征光复伊比利亚半岛的一系列胜利，决心给伊斯兰在西班牙的最后一个据点格拉纳达以最后一击。1492 年，他们完成了光复（Reconquista）伟业，实现了几百年来基督教徒对伊比利亚半岛的征服。光复标志着西班牙在成为帝国强国的进程中又向前迈进了一步，费迪南德和伊莎贝拉现在准备向更高的目标进军。

当意大利探险家哥伦布为他自己的探险项目寻求葡萄牙王室的赞助时，他计划找到一条向东方相反方向穿越大西洋抵达亚洲的替代路线，但他大胆而不靠谱的计划被葡萄牙宫廷和航海专家拒绝了。几年后，他获得了一心与葡萄牙竞争的西班牙国王费迪南德和女王伊莎贝拉的赞助。由于哥伦布 1492 年的探险结果对于欧洲崛起具有划时代的意义，因此在现代西方世界中，哥伦布通常被称为“文艺复兴时代的人”。但实际上，哥伦布也是中世纪晚期的重要人物。那是一个被十字军东征的意识形态笼罩的时代。

哥伦布的生活反映了中世纪晚期意大利开始出现的新的社会流动性。十字军东征运动下产生的意大利商业繁荣给哥伦布的家庭在热那亚提供了发展机会。热那亚是重要的贸易中心，他的家人与商人的联系可能帮助哥伦布找到了船上的工作。但是像许多中世纪的人一样，哥伦布是支持中世纪基督教世界观和十字军东征意识形态的虔诚信徒。哥伦布对十字军东征中表现出的好战精神感到钦佩，以至于他在他的探险活动开始时建议西班牙王室，他的探险事业中获得的所有利润都应被用来资助对穆斯林世界和耶路撒冷的重新征服。他认为自己对美洲（印度）的发现是使世界基督教化的过程的一部分，他认为这一过程将加速耶稣基督的第二次降临。哥伦布拥有《马可·波罗游记》，他在书中的注解表明他仔细阅读了这本书，并可能从中收集了大量对亚洲的了解；他也从葡萄牙人最近的航海发现中收集信息，并且显然从亚速尔群岛的居民那里了解到大西洋西部可能存在陆地。他的航行计划是基于意大利保罗（Paolo dal dal Pozzo Toscanelli）和法国皮埃尔·达利（Pierre d'Ailly）等地理学家对世界尺寸的错误计算做出的，因此将地球的实际大小低估了三分之一。

从 1485 年开始，哥伦布与热那亚、威尼斯、葡萄牙、英国和西班牙的君主接触，希望他们为他提供船只和资金来探索这条向西的路线。他寻求资金资助的所有人，包括起初的费迪南德和伊莎贝拉，都拒绝了他。他们的航海专家都认为，哥伦布大大低估了大西洋的宽度。然而，经过三年的努力，更重要的是，在完成光复之后，费迪南德和伊莎贝拉同意为哥伦布提供资金，并向他提供了三艘战船。那个时候西班牙君主知道葡萄牙水手已经到达过非洲的最南端并从那里进入了印度洋。他们估计葡萄牙人将很快到达亚洲，因此决定在这场另辟新径抵达远东的竞赛中采取更加冒险的行动。

哥伦布的错误地理知识影响了他对大西洋情况的思考。他不仅误认为地球要比实际尺寸小得多，并且由于不知道美洲的存在而完全相信能横渡大西洋直接登陆亚洲。这个错误事实上帮助了哥伦布，他因此才信心十足地踏上万里波涛的无边征途。1492 年 10 月 12 日，当他经过不到一个月的航程在巴哈马的一个岛上登陆，并航行到了属于今天的多米尼加共和国和海地的岛屿时，哥伦布相信他已抵达印度东海岸，因此称他在当地发现的泰诺斯人为"印第安人"。从此，新世界的任何土著人都将被称为"印第安人"。哥伦布返回西班牙后，西班牙国王授予他"海军上将"的头衔，并任命他为美洲新大陆的总督。

对比之下，明朝对郑和没有给予这样的奖励计划和意图。为什么？明朝并没有去海外发现和掠夺财富的打算，也没有通过圣战输出宗教价值观的"十字军"理想。因此没有发动民间力量和鼓励海盗外出征服世界的欲望。但是西班牙是极度贫穷落后的地方，而且知道世界的财富在东方，那里不仅有发财的机会而且有需要被皈依和杀戮的异教徒。何况西班牙坚信通过掠夺和杀戮异教徒，可以在死后进天堂。倘若明朝知道外面有一个远比中国还富裕的大陆，即便没有输出价值观的宗教狂热，有什么理由不去与之建立贸易联系呢？因此问题不在于明朝是否闭关锁国，而是当时的世界上根本不存在比中国还要富裕的地方值得明朝朝廷花费巨资去争取经济回报。印度是当时唯一可以与中国文明媲美的次大陆，因此中国历朝历代（包括明朝）都有派人前往印度学习交流，但是却没有对印度实施打砸抢掠的动机。

因此即便当时的欧洲比中国富裕，明朝可能的态度也是前往学习交流，而不是去打砸抢掠。这是为什么我们说欧洲近代文明的基因密码不是什么"宗教自由""契约精神"和"法治传统"，而是毫无道德底线的"暴力征服与掠夺"。这种暴力掠夺之所以胜过普通海盗，是因为普通海盗缺乏宗教意识形态的支撑和国家力量的支持。

哥伦布（Columbus）1493年写给西班牙王室的信，或称"功绩证明"（probanza demérito），描述了他对"新世界"的"发现"记录，极大地激发了欧洲人的热情和想象力。"功绩证明"是海外西班牙人写给西班牙王室的报道和信件，旨在赢得王室的资金支持与赞助。虽然"证明信"中充满了扭曲和虚构，但它告诉欧洲人一些基本事实，这些事实非常有利于欧洲殖民者：比如美洲土著毫无反抗能力，不会对西班牙殖民者构成威胁。往后我们将会看到，所有欧洲殖民者包括传教士从外部世界发回的报告，都注重提供当地是否具有足够武力反抗欧洲殖民者的进犯的信息，以至于人们不得不怀疑欧洲每一个去国外的旅行者和传教士都是情报间谍。其实日本明治维新以后便是通过向欧洲学习这样做的，以至于日本派去中国学习与生活的每一个日本人，都自觉或不自觉地充当日本政府的间谍，在中国为日本提供大量非常详细和精确的各类情报，包括风土人情、地理、地方官僚机构、百姓的精神面貌和对时事的看法等，这些情报并非含有直接军事目的，而是可以以此作为今后殖民中国时的治理依据。一个满怀殖民理念的国家的国民，与一个与世无争的国家的国民，在大脑的专注力方面是很不一样的。一个殖民者每到一个地方首先想到的是"我或者我的国家该如何统治这里的人民？""我如何为实现这一目标贡献自己的微薄之力？"而不仅仅是"我如何过好自己的小日子"。

1493年返回欧洲之后，哥伦布向西班牙国王和王后及其财政大臣路易斯·德·桑坦格尔（Luis deSantángel）发送了两份"功绩证明"。财政大臣曾经支持过哥伦布的航行，帮助他从费迪南德和伊莎贝拉那里获得过资金。这封信的副本很快在欧洲各地流传，传播着哥伦布"发现新大陆"的消息。哥伦布将在接下来的十年中再进行三次远洋航行，并在新世界建立西班牙的第一个定居点。许多其他欧洲人追随哥伦布的脚步，希望通过向新大陆航行来实现赢得财富的梦想。

通过撰写"功绩证明"（相当于今天的"科研经费使用汇报书"），探险者可以获得王室的嘉奖和进一步的赞助。以下是哥伦布1493年给西班牙王室的"功绩证明"信的节选，该信阐明了当时欧洲探险家们流行的"科研经费使用汇报书"是如何通过精彩报道来引起皇室和国内媒体注意的，同时也创造了关于新大陆的许多神话。

哥伦布的"功绩证明"信中将土著人描述为胆小害羞的，不具有攻击性，而且没有武器的人种：

      像所有其他岛屿一样，这个岛屿是非常广阔的。在沿海地区有许多港口，每一个都比欧洲的港口要好；有许多大大小小的河流。那里的海拔很高，有很多高山和山峰。它们是最美丽的，有成千上万种不同的形式，易于取用，到处都是无尽变种的树木，它们高得看上去像是要碰到天空，而我却被告知他们永不会掉叶子……这里有蜂蜜，有很多种鸟，还有各种各样的水果。内陆有许多矿藏和无数人口。伊斯帕尼奥拉这个岛屿是一个大自然的奇迹。它的丘陵和山脉，优美的平原和开阔的乡村，很富饶和肥沃，适用于种植和牧草，以及用于建造城镇和乡村。那里的海港非常好，还有宏伟的河流，其中大部分河流的河床都有黄金。那里的树木、水果和草与胡安那都有很大不同。这个岛上有许多香料、大量金矿和其他金属矿。这里的人没有铁，没有钢，也没有武器，也不适合他们，因为尽管他们身材高大，但他们显得非常害羞。他们唯一的武器是甘蔗棒，末端锋利，他们害怕使用这些武器。我经常派两三个人到岸上与他们交谈，当地人大量涌出，他们一看到我们的人到来，就立刻逃跑了，尽管我们保护他们不受伤害。

哥伦布将他首先抵达的地方，以基督救世主的名字命名为圣·萨尔瓦多，即"救世主耶稣"或者"耶稣再次降临"的意思。

哥伦布在首次航海抵达美洲大陆时就领教过美洲当地人的天真、不设防和对欧洲殖民者的轻信。"他们愿意服从命令，去干活，去种地，去干任何事情，也愿意建设城镇并学习我们的习俗。"1513年在古巴群岛上，村民们给西班牙人敬上粮食、炖鱼和面包作为礼物。哥伦布说他们如此好客以至于"他们已经是倾其所有"，但是还是被欧洲殖民者"毫无怜悯之心"地杀死——一位目击者写道。而这只是冰山一角。一位西班牙修士巴托洛海·德拉斯·卡萨斯在一份报告中写道："我看到过……任何人都不忍看到的情景。"

哥伦布的发现打开了西班牙探险的闸门。西班牙民间被"洒满黄金的河床和胆小而容易被操纵的土著人"的传说所煽动和激励，从而对美洲土地和黄金的渴望变得不可遏制，掀起了一股远洋探险的热潮。

"在中世纪，一小袋胡椒的价格超过一条人命的价值，但黄金和白银则是文艺复兴时期用来打开天堂之门和人间资本主义的重商主义大门的钥匙。西班牙人和葡萄牙人在美洲大陆上的丰功伟绩是把传播基督教教义同掠夺当地的财富结合在一起。"[216]这样他们既可以在生前发财致富又可以在死后去天堂。

埃尔南·科尔特斯（Hernán Cortés）就是一个典型代表。科尔特斯怀着为自己的家人获得世袭特权，从土著人那里搜刮朝贡和劳作成果，以及他为王室服务而得到年度退休金的期望，于1504年扬帆出征并抵达伊斯帕尼奥拉（Ispaniola）岛，开启了对美洲的征服和打砸抢掠行动。为了获得自己的荣誉和财富，科尔特斯探索了尤卡坦半岛。1519年，他进入阿兹台克（今墨西哥）帝国的首都特诺奇蒂特兰（Tenochtitlán）。他和他的手下为这个四面环水的城市中令人难以置信的复杂堤道、花园和庙宇感到惊讶，但也同时被阿兹台克人宗教中以活人献祭的习俗而感到震

---

216 爱德华多·加莱亚诺著，王玫等译：《拉丁美洲被切开的血管》第一部第一章，人民文学出版社2009年。

惊，找到了一个杀戮、掠夺和种族灭绝土著印第安人的理由。最关键的是，阿兹台克人的大量黄金吸引了这个西班牙冒险家的注意。

为了获得对这座财富之城的控制权，科尔特斯劫持了阿兹台克统治者蒙克祖玛作为人质。随后，西班牙人屠杀数百名上层土著人士。这激怒了特诺奇蒂特兰市民，他们奋起反抗这些闯入者。科尔特斯和他手下沿着一条堤道逃到了岸上。

科尔特斯从在阿兹台克人手下的失败中振作起来，慢慢与阿兹台克人在当地的土著敌人结盟，花了将近一年的时间击败了阿兹台克帝国。只有利用阿兹台克帝国内部各族之间的不团结，西班牙才能占领特诺奇蒂特兰。1521年8月，科尔特斯宣称特诺奇蒂特兰为西班牙领土，并更名为墨西哥城。

科尔特斯本人为了组织对墨西哥的远征，抵押了他自己的全部私人财产。除哥伦布或麦哲伦这样少数幸运者之外，西班牙几乎所有的探险都没有国家的资助，而是由征服者本人承担费用，或者由商人银行家出钱资助。这不光是因为西班牙王室不愿意花钱，而且因为这些探险家都相信它们是外出打劫"银行"，因此可以做到"自负盈亏"。

为了发财致富和获得贵族头衔，另外一位探险家弗朗西斯科·皮萨罗（Francisco Pizarro）于1509年前往加勒比海。墨西哥和安第斯高原确实蕴藏着数量可观的黄金和白银。1519年，科尔特斯向西班牙披露了阿兹特克金库令人震惊的规模。在听到印加财富的传闻之前，皮萨罗参加了对巴拿马的成功探险。尽管他在16世纪20年代对印加帝国的首次努力失败了，但皮萨罗在1532年抓住了阿慈特克印加帝国的皇帝阿塔瓦尔帕，并在一年后将他处决。皮萨罗在绞死印加帝国国王阿塔瓦尔帕之前，骗其缴纳了一笔巨额赎金，那是一间装满黄金和两间装满白银的屋子。末了，这位国王仍然逃脱不了被绞死的命运。

而且不久之后，这个国土上的所有居民都不再纳税，因为这些印第安人最后都死于西班牙人的奴役劳动中，包括淘金和种地。淘金是一种令人恐惧的劳动，半个身子浸泡在水中，淘洗含金的沙子。或者弯腰背负来自西班牙的笨重的农具开垦农田，直至精疲力竭地死去。许多印第安人在提前完成了白人强加于他们的使命后，先杀死自己的子女，然后集体自杀。这不仅体现了这些原始人的真正的"契约精神"，而且因为他们无法想象自己的子女今后承担如此的重负，做出了就像当年耶路撒冷一大批犹太人母亲在十字军砍刀面前做出的"无私举动"。[217]

像科尔特斯一样，皮萨罗不仅要与新世界的土著人作战，而且还要与来自西班牙本国的竞争对手作战。1541年，他被一个西班牙竞争对手暗杀了。

西班牙扩大帝国的努力鼓励其他西班牙征服者进一步进军美洲，希望复制科尔特斯和皮萨罗的成功。埃尔南多·德·索托（Hernando de Soto）曾参加过皮萨罗（Pizarro）对印加人的征服，从1539年至1542年，他率领探险队前往今天的美国东南部寻找黄金。他和他的追随者们探索了现在的佛罗里达州、乔治亚州、卡罗来纳州、田纳西州、阿拉巴马州、密西西比州、阿肯色州、俄克拉荷马州、路易斯安那州和得克萨斯州。他们到处打砸抢掠，将欧洲病毒（包括天花和梅毒）传遍了美国。1542年，德·索托本人在远征中去世。幸存的西班牙人（三百多人）回到墨西哥城，却没有找到人们期待已久的金银山。

地理大发现时代的天主教会为在新世界极力传播基督教，采用一切手段改造美洲土著人的信仰，让其皈依基督教。传福音是葡萄牙、西班牙和法国等欧洲大国对美洲军事征服的重要组成部分，也是他们为其野蛮掠夺行径辩护的理由。基督教对土著人的传教活动与欧洲天主教国家的殖民计划并驾齐驱。在美洲以及亚洲和非洲，大多数殖民任务都是由教会颁布的宗教命令执行的，例如方济教会、多米尼加教会、奥古斯丁教会和耶稣会士。在墨西哥，早期的由宗教自愿服役人员进行的系统性传福音被称为"对墨西哥的精神征服"，或"精神上的十字军东征"。

---

217 爱德华多·加莱亚诺著，王玫等译：《拉丁美洲被切开的血管》第一部第一章，人民文学出版社2009年。

第四节　基督教西方武力征服中国的意志源远流长

以"十字军圣战"意识形态为出发点的宗教暴力，通过对犹太人、穆斯林、拜占庭基督教财富的打砸抢掠，自然而然地演化成以攫取商业利益为出发点的国家暴力。文艺复兴开启了这个欧洲近代史上最为著名的、从"以圣战为中心的宗教暴力"向"以经济掠夺和财富积累为中心的国家暴力"的转化。处于地中海这个商业摇篮的意大利，孕育了欧洲近代国家竞争体系的胚胎，而这个胚胎呱呱坠地的第一个婴儿就是葡萄牙。它首先接过意大利传递的这个国家竞争模式的接力棒，正式拉开了欧洲民族国家间血腥的商业和军备竞争的序幕。

随着对非洲的征服和印度洋航线的发现，葡萄牙的胃口和野心也越来越大。它不仅仅是想参与到庞大的亚洲贸易体系中来，而且想用武力的方式垄断亚洲贸易并像它殖民非洲那样殖民中国。葡萄牙这个"蛇吞象"的野心在当年当然不可能实现，但是就像"征服耶路撒冷"虽然失败一样，它从此成为欧洲各个新兴民族国家继往开来的梦想。"征服中华帝国"这个梦想最终由大英帝国在19世纪中叶的两次鸦片战争和1900年的八国联军实现。因此，西方征服中国的理想，萌芽于葡萄牙，实现于鸦片战争和八国联军攻占紫禁城，耗时300多年。

十字军东征运动的要害，是灌输一种宗教圣战理想，使得欧洲的每一个基督徒都以这种"圣战"的思想为人生理想和生活目标。当宗教暴力转化成国家暴力以后，欧洲人不仅仅是忠于上帝，而且忠于君王和金钱——即所谓的三个G：God, Gold, Glory（上帝，黄金，荣耀）。荣耀是指为国王而死，为女皇而战。这样一来，一个欧洲人即便是在犯罪、屠杀、强奸、掠夺、寻欢作乐、追求女人与财富的时候，他们都在心中装着"上帝"与"君主"，而"上帝的意旨"和"君王的意志"如果是征服东方，那对东方实行打砸抢掠就是他们个人生活的意义和目标。这样一来，每一个欧洲基督徒都同时是一个狂热的圣战战士和民族主义者，无论他走到哪里，身陷何处，都是基督和国王的士兵，都应该不择手段为上帝和国王而奋斗。这种精神信仰非常可怕，就如日本兵在二战中的表现一样，他们都是在为天皇而战，宁死不屈，视死如归。

因此，当时随葡萄牙武装船队到中国沿海经商和传教的人，绝非等闲之辈。他们的头脑早已经被十字军东征精神所洗礼，是一批由圣战精神武装起来的传教士和富有献身精神的基督战士。以下这个平凡的历史故事，体现了一个普通葡萄牙商人身上的十字军东征精神。[218]

历史资料 5　葡萄牙征服中国的野心

瓦斯科·卡尔沃（Vasco Calvo）是一个葡萄牙人，他由于在中国经商时触犯中国法律而在广州的监狱中服刑十多年。在这段时间里他似乎把中文学得很好。他也从狱友和看守那里获得了好多中文书籍，其中包括一张来源不明的地图集，其中提供了有关南方沿海地理和海防的信息。他认为葡萄牙国王应该启动征服中国的战争计划。他认为按照他掌握的信息，如果能将自己的计划送出监狱，其中所包含的中国沿海地理知识将使葡萄牙军方获得充分发挥其海上军事优势的机会。他不是唯一早在16世纪初就提出征服中国计划的欧洲人，但他的提议是最详尽和信息量最大的，而且充分体现了罗马教廷和天主教世界的野心。

他的计划中的第一步依赖于葡萄牙加农炮的优势，他认为葡萄牙的加农炮可以很容易地占领中国在珠江上的一系列阵地，最终占领广州商业大都会："只需一艘军舰沿珠江进入广州就可以迫使广州投降，因为它将使这座城市处于它的火力之下，而在猛烈炮火下不会有一个中国军人胆敢出来反抗。"如果一艘加农舰便能实现这一目标，请想象一支小型舰队可以做什么："只需有六艘战舰……一切都可以

218　参见 Andrade, Tonio. *The gunpowder age: China, military innovation, and the rise of the West in world history*. Princeton University Press, 2017, Chapter 8。

搞定。"[219]

这听起来可能很荒谬，但是在16世纪初期，装满火炮自由狂奔的葡萄牙战舰使葡萄牙人能够轻易统治印度洋，击败强大的穆斯林并占领关键港口，包括果阿这样的重镇，这些被穆斯林经营几百年的港口在一天之内就被征服了。而在1511年，同样强大的火力战舰帮助葡萄牙征服了马六甲，这是世界上最重要的港口之一。

葡萄牙海军取得成功的秘诀在于舰载火炮。亚洲船只能够携带枪支或者轻型火炮——洪武皇帝曾用这样的战舰打败进犯中国和越南的敌人，而他儿子永乐皇帝则在葡萄牙抵达印度之前近一个世纪就将携带枪支的船只开进印度洋和阿拉伯海。但是葡萄牙的军舰有更好的武器。比如对达·伽马（Vasco Da Gama）的战船有这样的描述："每艘战舰载有30名水兵，甲板下方有4架重型火炮，上方有6架中型猎鹰火炮，还有10架可旋转的火炮安置在甲板和船头，其中两个猎鹰火炮安置在船尾。更大的运货商船在甲板上下方各装有六门炮，在船尾装有两门较小的火炮，在上方有八门猎鹰火炮，并装有几门旋转炮，在桅杆前装有两门较小的向前射击的火炮；担负重担的商船（最大的船只）配备了更多的火炮。"[220]

卡尔沃认为这些战舰既然能够打遍非洲、印度、中东、南洋无敌手，为什么在中国就不行呢？正如卡尔沃所说："整个世界都无法俘获我们的哪怕一艘战舰，如果两艘战舰进入中国露出它们的獠牙又会怎样呢？"有了武装战舰，葡萄牙人可以摧毁珠江沿岸的任何中国防御工事，而且没有理由担心会遭到重大抵抗，因为他认

219　Letters of Vasco Calvo, October and November 1536, Guangzhou, China, to unknown recipients, translated in Ferguson, *Letters*, 158—166, quote on 157—160. 转引自Andrade, Tonio. *The gunpowder age: China, military innovation, and the rise of the West in world history*. Princeton University Press, 2017, Chapter 8。

220　Letters of Vasco Calvo, October and November 1536, Guangzhou, China, to unknown recipients, translated in Ferguson, *Letters*, 158—166, quote on 157—160. 转引自Andrade, Tonio. *The gunpowder age: China, military innovation, and the rise of the West in world history*. Princeton University Press, 2017, Chapter 8。

为中国人没有先进的火炮可以对付葡萄牙战舰。卡尔沃的一个监狱同胞在给他自己的一封密信中证实了这一观点："在葡萄牙人到来之前，他们中国人根本没有威力炸弹，只有一些是按照徒劳的蒙特·莫尔罐子的方式制造的土炸弹。"[221]

如果这个历史故事只不过反映了还出于发展初期的欧洲人的一种普遍的狂妄自负的野心的话，那么下面这个故事就非常令人深思了。这些故事深刻反映了欧洲人的价值观、行为模式、思维方式和对于东方世界的态度。这种十字军西方文明的"基因密码"，一直在西方民族的骨子里面保存到20世纪的两次世界大战，甚至体现在21世纪今天的美利坚合众国和西方媒体身上。

历史资料6　西班牙征服中国的计划

如果葡萄牙一个弹丸小国才刚刚起步就有征服中国的野心，那西班牙又如何呢？事实上，西班牙更是如此。它仅仅在16世纪下半叶，就由王室、教会、军方和在中国的传教士一起，密谋出台了一个完整的征服中国计划。这个计划的核心要点，是西班牙在中国的传教士发现"中国人文明好客，不好战，不能打仗，对西方缺少足够戒备心理"，"普遍没有，也不使用武器。一伙两百人的海盗就能劫掠有三万居民的大镇。他们是很糟糕的射手，他们的火绳钩枪也没什么用"。

以下我们翻译一篇历史文献，作者是萨缪尔·霍利（Samuel Hawley），题目是"西班牙征服中国的计划"（"The Spainish Plan to Conqure China" by Samuel Hawley）。这个翻译也参照了深圳大学外国语学院陈早的翻译。[222]

221　Letters of Vasco Calvo, October and November 1536, Guangzhou, China, to unknown recipients, translated in Ferguson, *Letters*, 158—166, quote on 157—160. 转引自Andrade, Tonio. *The gunpowder age: China, military innovation, and the rise of the West in world history*. Princeton University Press, 2017, Chapter 8。

222　英文原文刊登在http：//samuelhawley.com/imjinarticle3.html（免费网）。陈早的译文刊登在https：//mp.weixin.qq.com/s/mpMwU5qPM54vKLeYS1SiLg。

1586年4月29日，在菲律宾殖民地马尼拉（Manila），分别代表西班牙教会、军方、王室的人聚在一起开会，商讨如何征服中国。出席者对此事并无异议，一致认为这事势在必行。需要讨论的只是如何动手和各种细节问题。与会者讨论和筹划了进攻中国需要多少士兵、军舰、火炮、枪支；哪里可以买到最便宜的炮弹和子弹；需要多少资金；应携带什么礼物；以及十多个为确保计划成功的其他事宜。与会者在呈报给西班牙国王菲利普二世（King Philip II）的信中说，这将是"**一切人类心智可欲可求的财富和不朽荣誉……**"

征服中国并非西班牙一时的心血来潮，而是差不多60年前在征服墨西哥时就开始萌芽的念头。虽然当时对东方的情况还模糊不清，只是隐约知道它地处巴尔博亚（Balboa）刚发现的"南海"（Southern Sea）彼岸。1526年，新大陆的征服者埃尔南·科尔特斯（Hernana Cortes）上书给皇帝查理五世（Emperor Charles V），请求批准他领导一次横跨太平洋的远征，"去发现一条通往香料群岛以及可能存在于马六甲和中国之间其他岛屿的道路，使香料成为陛下的私人合法财产，而无须像葡萄牙那样只能通过贸易渠道获得；使您成为岛上土著人的真正国王和主人"。虽然科尔特斯并未特别提及征服中国，但在他的意识深处，这应该就是西班牙帝国扩张至亚洲的最后一步。正如在入侵美洲大陆之前要首先征服古巴和海地一样，攫取亚洲诸岛将会为进攻亚洲大陆本身打下基础。

为控制美洲新大陆以外9 000英里的大洋，并在亚洲建立武装贸易根据地，西班牙人花了30年时间。1564年，由米格尔·洛佩兹·德·雷加斯比（Miguel Lopez de Legazpi）领导的5艘战舰和500水兵从墨西哥出发西行横渡太平洋。但是饱受觊觎的香料群岛早已落入葡萄牙之手，雷加斯比只好前往没有葡萄牙冲突的菲律宾群岛。他的舰队在群岛中心的宿务岛（the island of Cebu）建立了首个殖民点，然后于1570年前往地位更为有利的马尼拉。由于菲律宾土著的农耕仅限于自给自足，食物很难获得，使得开初几年这些不劳而获的西班牙殖民者处境艰难。同时葡萄牙人也对他们构成威胁，比如1568年他们袭击了宿务岛的西班牙殖民点，又在1570年卷土重来、捣毁了西班牙的防御工事。此外还有中国海盗，他们人多势众，船队阵容达70艘战船。1574年这些中国海盗袭击了西班牙的马尼拉据点，大部分建筑被烧毁，许多人被杀。

尽管有这些困难，可西班牙殖民者在菲律宾落脚还不到五年，就开始极力主张入侵中国。第一个提出这个主张的是天主教会士马丁·德·拉达（Martin de Rada），他在1569年给新西班牙殖民总督的一封信中议及此事。德·拉达写道，菲律宾如此贫瘠，以至于人们总陷于饥荒与饿死的边缘。但殖民菲律宾的努力是值得的，因为"如果陛下想要征服中国——我们知道那是一个辽阔、富有、高度文明的国家，比起欧洲，它的城市、堡垒和城墙恢宏得多——就必须首先在这些菲律宾岛屿站住脚……"在德·拉达看来，征服中国的雄心壮志虽然表面上显得无比艰难，却大有成功的希望，因为"中国人根本不好战。他们全靠人多和城墙坚固来保卫自己的和平。一旦任何一堵城墙被攻破，他们就都会束手待毙。因此，我相信（上帝保佑），不需要多少兵力就能制服他们"。

四年之后，上尉舰长狄戈·德·阿提达（Diego de Artieda）在一份直接递呈给马德里西班牙国王菲利普二世的报告中再次提及征服中国一事。他重复了德·拉达牧师的判断，认定中国是囊中之物，并请缨率领一支先遣远征队考察中国海岸，以确定"如何在那里展开贸易和征服"（着重点是作者所加）。他仅需要两艘各250吨的战舰，以及80名精兵。至于菲律宾，阿提达上尉建议放弃这个贫瘠的殖民地："看到陛下大笔钱财被浪费在一片没有利润回报的土地上，我很揪心。"

在这两个完全不同职业的人身上，我们看到西班牙征服中国的两大动机：宗教和财富。对于牧师德·拉达和其他投身于传教的人士来说，精神征服必须以武力征服为后盾而且被看作改变中国人信仰、拯救他们灵魂的唯一途径。中国官方不允许传教士入境到处随便传教，因此唯一被允许进入中国的西方基督教人士是葡属澳门的耶稣会士，他们答应了中国政府的条件，愿意遵守中国法律，而且不想因激怒中国而危及自己在中国的商机和财路。葡萄牙耶稣会士普遍接受现实，在工作中小心谨慎。对于他们来说，渗透和改造中国是一件需要历时数十载的任务：要花费数十年去学习语言和风俗，去结交权贵、培养影响力，去对中国人灌输对西方科学背后的上帝的好奇，也许有朝一日这就会转变为对基督教本身的接受。但是德·拉达一类的奥古斯丁会士不认可这种缓慢的、几乎是地老天荒的方式。多明我会士也不赞同。对于他们来说，中国这片教区前途太好，绝不应放任自流。他们论证说，中国文明高度发达，因此基督教必将被欣然接受，获得迅速传播。如果中国政府决意抵制，显然就应该用武力推翻它，因为他们阻碍了基督教教会历史上千载难逢的一场最伟大的皈依活动。在这些人为征服中国而施压之时，澳门的葡萄牙耶稣会士开始担忧西班牙人会夺走这个庞大的国家和他们在这个国家的教区，从而使得他们自己一无所获，因此有些葡萄牙人也加入这股力量，开始力主入侵中国。

作为一名16世纪的基督教徒，阿提达上尉一方面很可能认同德·拉达会士对中国人信仰的关切；但是另一方面他作为西班牙对新世界武力征服传统的继承人，中国的巨额财富也让他念念不忘。这是一种西班牙人从未见识过的财富。首先，这片土地如此广阔，广阔得使人眼花缭乱和垂涎欲滴。有情报称，"哪怕她百分之一的土地……就有世界的一半那么大"。其次，她还是一片肥美丰腴之地，而非沼泽、丛林或沙漠，足以分割成上千块博大繁荣的封地（encomiendas），不仅能使拥有它们的领主殷实富足，更能让西班牙国库充盈。第三，那里的人民似乎应有尽有、丰衣足食；他们对西班牙提供的货真价实的商品都没有兴趣，更别说我们那些用来骗取印第安人黄金的破烂儿。当时美洲的新西班牙总督在1573年向菲利普二世报告说，每一种能想到的在欧洲、新世界和亚洲市场出口和交换的诱人商品，中国人都在生产和对外交换，从丝绸、蔗糖到棉花和蜂蜡。"长话短说，想要与中国做贸易，就必须拥有白银这个价值高于其他所有商品的商品……"

概括起来，阿提达这类人的想法就是：当只需再向西北航行数日就有一份无限丰厚的战利品摆在眼前——她看似无法征服、实则手到擒来——的时候，西班牙人又何必屈居在菲律宾这个蛮荒之地苦苦挣扎？

德·拉达和阿提达这帮人出征中国的恳请，并未得到国王菲利普二世的批准。但是对这项计划的热情继续在马尼拉的西班牙殖民者群体中高涨。到1576年，当菲律宾总督弗朗西斯科·德·桑德（Fransisco de Sande）接任时，发兵远征中国的压力已增至白热，并催生出一个详尽的、更现实——虽然在今天看来依旧荒唐——的计划。

在一份6月7日发往首都马德里的信函中，桑德总督估计，完成这项任务需4 000—6 000西班牙精兵，外加一些日本和中国的海盗，他们许会受到丰厚战利品诱惑，也想从打砸抢掠中分一杯羹。征服军将航行至中国南部海岸，从吕宋岛北部出发全程只需两日，岛上繁茂的树木则可用来就地建造一批大船。一旦到达中国海岸，一支两三千人的部队就能强行登陆、占领中国沿海的一个省。“这将易如反掌”，桑德总督向国王保证，因为中国人“普遍没有武器，也不使用武器。一伙两百人的海盗就能劫掠有三万居民的大镇。他们也是很糟糕的射击手，他们的火绳钩枪也没什么用”。然后，所有省份都向入侵者投降，因为中国人惨遭当局欺负，将会利用西班牙人入侵的机会造反，推翻明朝。“最后，”桑德总结说，“我们展现出的怀柔手段、军事实力和伟大宗教，定会使他们对我们死心塌地。”

桑德也许嗅到了高层的吝啬和犹豫，因此他在给国王菲利普的另一封信中指出，入侵中国的计划不会让马德里损失什么，“因为西班牙人民愿意无偿出征，并自费武装……国家需要付出的唯一成本仅有办事官员的开销，他们要负责造船，指挥炮兵、铁匠、工程师，置办弹药和军火。粮草可在此地供给，士兵们年轻、健康而且斗志昂扬。这是留给您这位全球主宰的最空前绝后的荣誉、最辽阔的帝国、最丰厚的利润，是对上帝最伟大的效力”。

像拉达和阿提达一样，总督桑德并没有得到马德里的批准去实施他的征服计划。是什么因素让菲利普二世和他的政府止步不前呢？尤其是考虑到西班牙曾从她对新世界的征服中获得过如此高的暴利和回报。

首先，马德里不信任地球另一端的殖民地官员。这种谨慎仅仅因为距离太远：信息从马尼拉到达西班牙就要花上两年，答复再返回去还要再需两年。这种信息传递的极度延时意味着菲利普对亚洲事务得不到及时的信息反馈和指令传达，从而也不可能掌控事件的进程。因此，对于贸然入侵中国，不论有无克制，都如同触发山崩地裂：一旦开始就再也无法叫停或控制。因此这太危险了。考虑到此事涉及的遥远距离，严格控制住桑德这类人的冲动是明智的。

第二个让菲利普国王反对征服中国计划的现实因素是钱。他没有足够的钱。事实上，他在位的大部分时间都濒临破产，由于战争，国库有三次几乎彻底崩溃。很多时候，在新世界掠夺的财富根本没有抵达西班牙，而是一整船一整船地直接流向西班牙在欧洲其他地方的债主。1598年菲利普去世时，单是急剧增长的国债利息就耗费掉他政府收入的40%。桑德总督在谈及这个问题时强调，入侵中国所需要的成本极低，回报极高。然而，倘若此次入侵难于预期并不得不后续增援，又该怎么办？即便征服轻而易举，如果不得不动用长达十年甚至更久的财务透支，才能把这个国家整合入西班牙帝国，使之成为能为西班牙创造财富的殖民地，那又该怎么办？和距离的问题一样，这风险太高了，这种风险西班牙国库无法承担。

最后，也最重要的是，征服中国的政策对国王菲利普没有吸引力。1586年他写道，"我没有理由贪得无厌，求取更多的领土或国家，……因为我主已赐我良多，我应该满足。"菲利普如此陈词无疑是真心的。因为他的心事已经不在征服，而是要捍卫和保护好他父亲（皇帝查理五世）留给他的这么一摊帝国遗产。这也是马德里那些掌管帝国的老臣们共同关注的事情。他们对帝国疆土的防守方式无疑是侵略性的，有时候在西班牙的敌人看来完全是一种进攻而非防守。然而，本质是守。西班牙没有足够的人力和资金在所有遥远的疆域和港口派驻大批军队，在那里闲着待命抵御敌人可能的攻击。为确保领土安全，有时候先下手为强，以避免对手获得进攻或制造麻烦的机会。纵观整个16世纪的60、70和80年代，几乎所有牵涉西班牙的冲突都可以这样去看，无论是防守还是先发制人的战争——至少国王菲利普是以这样的角度来看问题的。而征服中国的计划，既非防守也非先发制人的进攻，两者都不是。中国并未威胁到西班牙帝国或西班牙的利益。菲利普因此看不到进攻它的理由。这样做反而会扰乱现状，打破他极力维护的脆弱的世界力量平衡。

随着1580年西班牙吞并葡萄牙，菲利普及其内阁要维系现状的意图愈发明确，特别是亚洲的现状。保住里斯本的王位之后，菲利普试图安抚葡萄牙人的恐惧，赢得他们的忠心，把他们拉拢过来。他通过怀柔慷慨做到这点，并特别许诺维护葡萄牙帝国，允许它独立于西班牙。批准入侵中国就是对葡萄牙的亚洲利益言而无信，因为那将会危及葡萄牙在澳门的利益，破坏其与日本获利颇丰的贸易，挑衅葡萄牙在亚洲久已确立的势力范围。那就将自绝于葡萄牙人，逼迫他们与他疏远。对于国王菲利普来说，中国虽然广袤，也不值得如此操作。确保他对葡萄牙的掌控更为重要。因此国王菲利普二世没有批准桑德的提案。国王对这个计划的抗拒在他对桑德请愿书上的口头批示就能看到，马德里一位匿名的宫廷书记员在请愿书的空白处写道：

> 关于征服中国，目前讨论此事不合时宜。相反，他（总督桑德）必须极力维护与中国人的友谊，一定不能和那些与中国人为敌的海盗勾结，也不能让那个国家有任何正当理由对我们不满。他必须上报一举一动，待有朝一日全局更为明朗之时再图新机为妥，那时他会得到必须服从的相应命令和计划。在此期间他应尽力管好分内之事，效力上帝和陛下；在涉及征伐或新的探险方面，他应该、也必须严格遵旨。

但是总督桑德在接下来的任期里始终力主出征中国。1579年，他在离任菲律宾返回新西班牙之前一年的5月30日，在给菲利普二世的信中最后一次提出入侵中国请求。王室档案文件空白处记载了这封信在马德里被圈阅的日期——1581年6月4日，国王批文为："已阅，无须回复。"

来自马尼拉向国王施加的入侵中国的舆论压力和热情，在桑德总督离任之后持续存在于新任的两个总督期间，即贡扎罗·龙基略（Gonzalo Ronquillo，1580—1583）和圣地亚哥·德·维拉（Santiago de Vera，1584—1590）。1586年4月20日，总督维拉在马尼拉召开大会，提出一个更宏大也更详尽的入侵中国计划，该计划的产生把征服中国计划推向了高潮。此次出征部队将由好几百名驻扎在菲律宾的西班牙士兵、直接从西班牙派出的1万至1.2万增援部队、或许还有5 000—6 000印度士兵以及耶稣会传教士在日本募集到的同等数量的日本雇佣军组成——共计2万至2.5万人。

此外还提议邀请葡萄牙人加入，这将使侵略军更加势不可挡，不战而屈人之兵，"仅仅是它的出现和震慑力，就足以让中国人投降，而无须血流成河"。否则中国人会因"人数众多……而执迷不悟、发起抵抗；由于西班牙人勇武好战，血腥和屠杀将无休无止，这将给这个国家带来极大损害"。（这样说当然并不高明，可是让葡萄牙人参与进来并与他们一同"分享"中国，的确会同时避免冲突，因为西班牙和葡萄牙在界定亚洲势力范围一事上仍然存在争议。1494年，西葡两国势力范围的界限划定在佛得角群岛以西370里格的大西洋中，1529年这条经线绕全球延长了出去，但由于地理知识所限，它在亚洲位于何处尚不明确。）

对远征军领导人的选择要慎而又慎，"如果用错了人，那么很可能——不，几乎一定会——重蹈西班牙在古巴及其他美洲国家的覆辙，那些地方昔日人烟稠密，如今却一片荒凉。如果西班牙人以其征服美洲的行为方式入主中国，他们就会让这个有史以来最兴旺、最富有的国家变得凄凉和地荒民散……"

总督圣地亚哥·德·维拉被推荐出来领导这场远征，辅佐他的官员将从"这些岛上的西班牙和葡萄牙居民"中选出，他们"因他们的忠诚、勤劳和奉献而获得重用，不仅因为他们打下这片土地并守住了它，而且他们对于该地的风土人情拥有丰富的经验和了解。此外他们已经适应、习惯了这个地方的生活，它的炎热和多雨的气候；因此他们的帮助和建议将极富价值，不论如何他们都应该得到优先录用"。

马尼拉计划详细列举了所需的军事装备。除每个士兵的武器，还需要西班牙送来大量物资"以防万一"：包括五百杆滑膛枪，四千支长矛，一千套胸甲，"一千顶来自新西班牙的勃艮第头盔"，和不定数的火绳钩枪。需要四位铸炮工匠现场造炮，外加"一两个设计军械和投火机的工程师，以及若干扎营的技工……"

无须火药和子弹，因为这些都能在中国廉价获得。大中型火炮所需的铸铁弹亦是如此，因为中国市场上的售价每枚只要"2—3雷阿尔，而在马尼拉生产一枚却要花费8—10雷阿尔"。

入侵计划需要大笔现金，用于支付日本雇佣兵和杂项开支，预计共需要20万比索。还需要从美洲新西班牙送来毛毯和制造军装的布匹，另需从西班牙运来丰富的礼品，"去拉拢某些中国官吏和显要人物"，包括西班牙的天鹅绒、猩红布料、镜子、玻璃制品、珊瑚、翎饰、油画、羽毛织物、地球仪及其他收藏品，为了同样的目的还需要一些红白葡萄酒。

进军中国的中转站位于吕宋岛北岸的卡格扬河（Cagayan River）河口。他们向国王菲利普保证说，从此地前往中国只需两日航程（犹如10年前的桑德，这个估算有些乐观。从吕宋岛北部到中国大陆海岸的最近距离也是700公里，至少需4日航行。距离更长但风险较小的越岛路线途经巴丹群岛和台湾岛，甚至要航行更久）。所需的航船是"侧舷较高的大帆船或护卫舰，它们是最适于这个目的的船型"。这些船只可以在卡格扬河的中转地区使用当地木材建造。西班牙的造船大师需要前来监督造船过程，另需配备经验丰富的船员来驾驶。也需要一批缆绳、锚和滑钩索具。这些东西可以从印度海岸的果阿（Goa）殖民地派送。

从卡格扬河基地登船出发后，西班牙军队将驶向离澳门东北方几百公里的福建省海岸。葡萄牙军队则可同时从澳门进攻广东省。由常驻澳门的耶稣会士充当翻译和向导，两支军队将分别突击北上，杀向北京，并在那里确立他们的最高权力——但是要注意维系现有的明朝政府官僚机构，因为它才能有效地维持这个拥有庞大人口的国家秩序。

至于发起攻击的时间，他们强烈建议要么尽快出击，要么干脆放弃，因为中国人的警惕性越来越高了。几年前，大概在桑德总督提交最早的方案时，中国这个庞然大物本来不堪一击，"无需一点成本和伤亡；如今，一点伤亡都没有是不可能的了，但要有所得就必有所失；而且如果再拖延一会，无论多大的损失都不可能征服中国了"。因此，国王陛下需要立即批准该行动计划，这至关重要，因为它"给陛下提供了人间君王所能获得的最伟大的历史机会和最壮丽的历史开端。展现在国王眼前的，是一切人类心智可欲可求的极致财富和不朽荣誉……"

50名与会代表起草、签署了这份文件后，它被该计划最激进的倡导者、西班牙耶稣会士阿隆佐·桑切斯（Alonzo Sanchez）亲自送往首都马德里。由于前面论述过的原因，当传教士桑切斯耗时一年半到达马德里后，菲利普二世决定驳回。尤其是在收到一封来自罗马的耶稣会首脑的信函后，他反对的理由变得更加强烈，因为罗马耶稣会首脑强烈谴责这个阴谋，并对涉身其中的桑切斯大加斥责。倘若此时此刻这种征服中国的念头还尚存一线生机的话，那么1588年夏天西班牙无敌舰队在与英格兰的海战中全面溃败的现实，则彻底扼杀了它。

西班牙征服中国的计划就这样流产夭折了。但这提出了一个问题：如果国王菲利普二世批准了这个计划，马尼拉的西班牙征服军会走多远？他们愚蠢地以为中国能在1576年被桑德总督预计的几千人，或1586年计划的2.5万人征服？或者他们真有可能成功？

这里的确有自以为是的嚣张，有16世纪西班牙人惊人的狂妄。但正是受到这种狂妄的驱策，弗朗西斯科·皮萨罗在1530年仅凭不到200人便征服了印加帝国，一如16世纪20年代科尔特斯以略多的兵力征服了阿兹台克一样。然而，阿兹台克和印加帝国是青铜时代的文明。他们没有铁制的剑和矛，更别说滑膛枪和十字弓，他们甚至从未见过战马。他们从未经历过欧洲人发动过的残暴战争，常常因他们自己的轻信和好客的信条而被西班牙人搞不知所措。与之相反，明朝（1368—1644）的中国人在军事技术上与西班牙人旗鼓相当，他们精通战争艺术，对南海直至欧洲的外部世界了若指掌，而且不论陆上海上都在时刻防范着异族入侵。

因此印加人和阿兹台克人的相对于西班牙人的劣势不会在中国重复。然而，中国所拥有的军事力量也并不像他们希望外界所相信的那么势不可挡。明朝开国之初，洪武帝创建了一支自给自足的军队，他们通过耕种政府提供的官地来保障自己的粮食给养。采用这种方式，洪武帝为国家提供了200万亦农亦军的农民国防军，这至少使得明朝初期的国家财政分担极少。这种可以随时按照实际需要从和平期的常备军切换为战争时期的专业化军队的模式，曾在元朝的蒙古人那里卓有成效。对于游牧民族来说，从马上牧民转变为骑兵战士是一件顺理成章的事情。

可这种办法对明朝中后期已经不适用。农民军队变得只是农民，他们遗忘了军纪，荒疏了战术训练。他们也从未完全自给自足，越来越依赖于政府补贴，先是谷物补贴，因为士兵们无法为自己提供足够多的粮食，后来谷物稀缺之时就开始索要银子。最终，甚至这也无法保证士兵们吃饱。他们很少得到应得的全饷，腐败的官员们常常从中克扣。因此，士兵们普遍贿赂官员，允许他们离开军营外出打工赚钱，好多人常常一去不返。这类事情，加上没有记录在案的死亡和开小差，使16世纪中期中国的士兵数量骤减，与此同时供养军队费用却急剧上涨。据估计，在某些极端情况下，军营中实际服役数量仅有名册上兵力的二到三成。

因此，在西班牙筹划侵征中国之时，北京根本没有登记册上的200万士兵。也许只有该数目的十分之一。极度缩水的兵力不足以同时应对当时冲击帝国的多重威胁：长城外有蒙古入侵者，东北有女真人来犯，缅甸边界上纠葛不断，北方卫戍部队有内部兵变。这些危机必须一个个处理。为集中到足够兵力应对某个危机，各地分队不得不长途跋涉，通常需耗费数月的准备才能具备作战能力。因此这是一种笨拙且危险的防御手段，因为它仅在对抗同样笨拙军事体制的威胁时才有效。

尤其当中国必须做出迅速反应才能抵制神速迅猛的来犯敌人时，它这种防御上的弱点便暴露无遗。例如，16世纪50年代，一支蒙古骑兵轻而易举地攻入本应壁垒森严的北方边境，一路掳掠他们想要的一切，又继续南下洗劫了北京近郊。他们推进得如此迅猛，以至于都督府费了九牛二虎之力才从远近召集到区区5万士兵前来制敌，尽管按理首都城内的驻兵就应超过10.7万人。

更离奇的一件事发生在1555年。那年秋天，一小伙只有一两艘船的倭寇在东南海岸登陆，如入无人之境，一路洗劫了首都南京周边的城镇，未遭遇任何抵抗，而都督府的军队名录簿上却声称南京驻守有1.2万名士兵。最后，《明史》总结此事说，这些倭寇"被官军迫于杨林桥，歼之。贼不过六七十人，而经行数千里，军民死伤几四千人，历八十余日始灭"。

那么回到原来的问题上来：西班牙人能够征服中国吗？几乎不可能。然而，他们也许会像16世纪50年代的蒙古骑兵和1555年的倭寇那样，以小规模部队快速移动，深入中国内陆相当远的地方。可以想象，在都督府庞大的官僚机构动员一支可观的军队挡住他们去路之前，他们将会向北挺进相当一段距离，甚至可能直达北京城下。然而，因为行军艰辛和沿途战斗，届时西班牙军队会遭受到严重的人员耗损。此外，不像在墨西哥和秘鲁那里可以利用印第安部落之间的矛盾相互攻击，西班牙军队在中国需要穿过广大的腹地，中国人口稠密而文化均质化，西班牙人很难取得地方支持或者利用本土叛军反对朝廷。

倘若开展行动，可能的结局是，西班牙军队能够迅速北上向北京进军，其间都督府惊觉，采取应急措施，在首都以南某处展开战斗，全歼西班牙部队或至少使其惨败。倘若发生奇迹——入侵者有变戏法的能力——西班牙部队的残兵设法逃脱并退回到他们在南部海岸的阵地，那么中国人就会缓慢地追来，集聚起一支浩荡大军，将他们彻底清除。

然而西班牙入侵中国的计划，也并不仅是西班牙人想入非非的痴人说梦，事实上它最终还是在几年之后被日本人付诸实施。早在1586年，日本独裁者丰臣秀吉就曾说过，一朝完成日本统一，就入侵中国。1592年，丰臣秀吉在统一日本并结束了一个多世纪的内战后，从九州岛上的侵略基地派出一支15.88万人的军队，跨过对马海峡到达朝鲜港釜山。这支军队在半岛上长驱直入，最终停下等待增援和给养时，已距中国边境不到200公里。值得注意的是，北京用了半年多时间才向朝鲜派出一定规模的军队制敌，并最终逼退了日本侵略军。倘若丰臣秀吉的军队当时绕过朝鲜半岛，像西班牙人计划的那样直接从中国南部海岸发起进攻，结果可能就真的很不一样了。

此时，在马尼拉，征服亚洲大陆的渴望与热情并未消减。由于没有马德里的批准，入侵中国的计划被一个更温和的计划取代了：征服柬埔寨。据两个从柬埔寨到达马尼拉的探险者（一个叫布拉斯·瑞泽的西班牙人和一个叫迪奥戈·维罗索的葡萄牙人）说，这个王国很弱小，该国君主极度渴望西班牙人派兵前往支援他们抵御泰国人的入侵。该计划有许多可取之处：这个王国的富有众口一词，田地肥沃，物产丰富；地处湄公河口附近，西班牙人认为从此地可以掌控整个中南半岛；据报道当地军力疲弱；国王会张开双臂热情欢迎西班牙人。

1596年初，在未得到马德里批准的情况下，西班牙远征军从马尼拉出航入侵柬埔寨。远征军由一艘三帆护卫舰、两艘载有120名西班牙士兵的舢板船组成，外加菲律宾土著和日本雇佣军，大概总计不超过三四千人。这次行动计划不周、领导无方，屡屡受困于恶劣的天气且时运不济。结果三年后以失败告终，许多士兵死于柬埔寨的沙场。

小结 《鲁滨逊漂流记》所透露出的征服欲

欧洲人征服东方文明的意志与梦想，还体现在各种各样的文学作品中。比如英国18世纪著名的旅行家和作家笛福的《鲁滨逊漂流续记》一书中，就有一个值得注意的细节，作者幻想鲁滨逊一行人到北京参观长城时指着长城说道："这东西能抵御我们军队的连发炮火吗？我们有工程连，外加两个连的爆破兵，如果十天内不能将它轰倒、整营的军队冲进去，把长城连同底座炸飞，踪影不留，那才奇怪呢。"[223] 笛福通过鲁滨逊的口所表达出来的征服中国的渴望，预言了多年之后的鸦片战争和八国联军攻占北京事件。对此，哥伦比亚大学比较文学与社会研究所所长刘禾说道：

很多近代史学家都忽略了马嘎尼使团来华之前的大英帝国征服中国的梦想，他们常断言，中英外交的失败以及鸦片战争的隐患等等，要归咎于1793年乾隆皇帝对马嘎尼使团和英王乔治第三的无知和傲慢，这一推论不但复制了英国人（和西方）的历史叙事，而且有意或无意地遮蔽了大英帝国从笛福时期开始就急剧上升的征服世界的梦想。据最新的研究，乾隆皇帝其实对英国的海外扩张有相当的了解，并采取了积极的抵抗对策。但十九世纪的鸦片战争最终还是圆了笛福、马嘎尼之流的征服梦。英国人未能摧毁万里长城，但还是成功地抢劫和摧毁了包括圆明园在内的清朝皇家园林。

---

223 转引自刘禾"鲁滨逊的陶罐：由细节到达历史纵深的途径"，三联学术通讯，https：//mp.weixin.qq.com/s/_2DHkPybgNjMLksyhylvXQ。

说到底，圆明园是被英法联军当作文化象征物而被付之一炬的。[224]

其实，西方人的科学精神何尝不是一种"征服欲"的体现？在征服人类其他文明的同时，他们要征服大自然，将大自然臣服于自己的智力和肌肉之下。伽利略、培根、笛卡尔、牛顿那种将一切事物都要"切开、拆散、绞碎、刺破"的求真意志与实验精神，发源于"全民皆兵"的战争，发源于"去道德化"的十字军东征，发源于"一切皆可交换"的文艺复兴运动。因此，文艺复兴时期的医学，不像中医那样出于对人体这个天然造化有机体系的尊重，按照黑箱理论从"望、闻、问、切"的现象学方法切入，而是直接拿着手术刀从解剖学暴力的角度切入的。同理，西方艺术（比如绘画雕塑）也是从人体解剖学开始的——将尸体切开、撕碎之后再描绘所观察到的组织与血管。换句话说，西方医学和艺术对待人体就像对待城墙、机器和动物那样，在拆开、撕碎、破坏、处死等一系列状态中获取知识与美感。

西洋艺术注重色彩、光线、局部和细节所透露出来的自然力量，而东方艺术注重"诗是一幅画，画是一首诗"的远距离审美超脱境界。主体与客体的关系，距离太近就容易表现为征服与"进入"关系，距离足够遥远才能形成一种纯粹无欲的欣赏与审美境界。因此，西洋艺术体现的是近距离的细节刻画，东方艺术体现的是远距离的朦胧体验；所以西方艺术家喜欢刻画静态的人体肌肉和器物（一个裸体、杯子、鸡蛋、有光照的桌子），中国艺术喜欢表达流动的心绪与大自然空灵（一片云海、山水、市井、逍遥于大自然的人影）。因此，许多当代中国艺术家在西方艺术面前表现出的自卑与妄自菲薄心态，或许正是深受本书所批判的流行历史观的影响与毒害。

许多当代西方历史学家总是言不由衷地暗中庆幸，明朝庞大的郑和舰队幸亏没有抵达地中海，从而没能在哥伦布和伽马发现美洲和亚洲之前抢先奴役欧洲；出于

224　转引自刘禾"鲁滨逊的陶罐：由细节到达历史纵深的途径"，三联学术通讯，https：//mp.weixin.qq.com/s/_2DHkPybgNjMLksyhylvXQ。

同一心理，西方人担心今天崛起的中国会像西方当年那样统治和奴役世界。但是，即便当年的郑和舰队抵达地中海和英吉利海峡，恐怕也不会像十字军和亨利王子对待异教徒那样将欧洲男人沦为奴隶，女人沦为妓女，对欧洲财富实行十字军东征对君士坦丁堡陷落时那样的打砸抢掠、烧杀奸淫；因为这不符合已经在几千年文明历史上早已消灭奴隶制度的儒释道中华文明的思维与行事方式。毕竟，从弗洛伊德分析心理学的角度，郑和作为一名宦官和品学之士领衔七下西洋，并没有带着西方文明崇拜的男性生殖器出征；郑和不是武装海盗，不像哥伦布这些职业海盗是带着雄性生殖器和长期没有被满足的性饥渴登上美洲土地的。因此他们登上美洲大陆后发现温和而不带武器的裸体印第安人后的第一反应可想而知；这些殖民者不仅拥有暴力工具并且远离母国的法律束缚，而且长期被欧洲泛滥的妓院、黑社会和征服异教徒的暴力文化所熏陶，因而充分具备"烧杀奸淫、无恶不作"的动机、条件、工具和胆略。欧洲殖民者在北美洲和南美洲所干的许多丧尽天良的事情，只有天知道。

第五章

海权时代与"战争⇄商业"循环加速器

西方的崛起在很大程度上依赖于使用武力，……西方人在 1500—1750 年期间成功地创造出第一个全球帝国的要诀，恰恰在于改善了发动战争的能力，它一直被称为"军事革命"。

——Geoffrey Parker（"The Military Revolution" p.4）

陛下应该可以根据经验知道，亚洲贸易必须由您自己的强大武力来维持和保护，而这武力本身又必须用贸易获得的利润来支付；以至于我们无法不用战争来进行贸易，也无法不用贸易来支付战争。

——荷兰东印度公司总督和海军将领科恩

战争还具有更崇高的意义，通过战争，……各民族的伦理健康就由于它们对各种有限规定的凝固表示冷淡而得到保存，这好比风的吹动防止湖水腐臭一样；持续的平静会使湖水发生相反的结果，正如持续的甚或永久的和平会使民族堕落。……在和平时期，市民生活不断扩展；一切领域闭关自守，久而久之，人们堕落腐化了，他们的特异性愈来愈固定和僵化了。但是健康需要躯体的统一，如果一切部分各自变成僵硬，那就是死亡。

——黑格尔《法哲学原理》

欧洲的最终崛起，尤其是对先进亚洲文明的反超和碾压，不仅需要葡萄牙和西班牙之间的殖民竞赛，而且还需要一系列欧洲国家的加入和前仆后继的努力与积累，将这种国家竞争体系一步一步升级，从而打造出越来越先进的国家财政治理结构、军事组织能力和军事技术实力，然后将这个实力通过海洋和全球殖民体系投射到远东。

这个过程，见证了一系列欧洲军事化重商主义海洋强国的先后崛起与相互交替迭代。比如约翰二世治下的葡萄牙，被亨利八世治下的英格兰取代，然后又被路易十四治下的法国取代，然后又被威廉三世治下不列颠取代，然后又被拿破仑治下的法兰西帝国所取代，如此循环往复，直到科学革命、工业革命和两次世界大战的先后爆发。这个过程中孕育出来的高度组织起来的国家暴力，依托于重商主义的"战争⇄商业"循环加速器，实现了向全球投射其军事实力和商业触角的能力，通过垄断海上贸易汲取全球资源，并由此创造出一个能够取代亚洲贸易体系的新全球市场秩序，并继而通过这个秩序支撑起欧洲国家内部的精细劳动分工和基于对东方产品实现"全面进口替代"的产业链升级。

而用以打造这个全球统一市场和新版贸易体系的国家暴力，其工具就是用远程火炮装备起来的远洋海军。这支承载国家暴力的"海上铁骑"，是欧洲各国相互竞争和开辟全球市场的不可或缺的利剑与长矛——它的技术水平，必须而且只有通过欧洲的"国家竞争体系"和一系列战争和军火贸易竞争，才能实现不断的演进和升华。

与陆战相比，建造、维持一支远洋舰队需要更多的资金和技术的密集投入，而非更多的兵员与人力，因而需要持久而强大的国家意志和巨大商业利润才能支撑。如果说郑和下西洋所耗费的庞大开支可能是大明王朝停止资助远洋探险活动的重要原因，那么人们就不可能指望欧洲王室在远洋探险活动中不把经济与商业利益放在首位。一支庞大远洋海军舰队的存在，如果没有巨额海外贸易和市场利润作为依托，只能是无用的摆设。事实上，很多欧洲国家被战争所导致的巨额资源消耗所拖垮。

为了确保远洋探险行动的有效回报和财政上的可持续性，欧洲国家发明了在军事活动方面实行私人转包，允许民间企业与个人（包括海盗）参与国家远征活动和军需品供给的制度。英国伊丽莎白女王通过将海盗合法化和职业化，不花钱就得到了一支"游击海军"。同理，哈布斯堡王朝的地中海舰队是由私人承包商建造、投资的，他们可以打着国家安全的旗号从地主商业财团募资，让民间从事私掠活动或在战争需要时把船租给国家；更普遍也是利润最丰厚的则是遍及西欧各国的军械、弹药补给体系，热那亚、汉堡和阿姆斯特丹都是供货中心。在这种情况下，军用和商用没有明确的界限。这种军民融合模式的创新，既强大了国防，又回馈了社会资本，触发了良性循环。[225]

但是为了实现从国王和封建诸侯间的私人战争模式，向基于"国家理性"的"战争⇄商业"循环加速器模式（即战争资本主义模式）的转化与升级，欧洲必须能够长期维持一个相对稳定的国家竞争环境，让所有欧洲王室成为其中的一个博弈者，而非旁观者（比如许多穆斯林国家以及非洲和美洲的游牧民族），或者毫不相关者（比如除明治维新后的日本以外的亚洲国家）；这样一种"均势体系"是欧洲现代军事化民族国家崛起和壮大的必要条件，因而也一直是欧洲各国刻意维持的政治局势，尤其是威斯特伐利亚和平条约签订之后。只有处于这种国家竞争体系的烈火锤炼中，一个个强悍的欧洲民族国家才能够诞生、崛起、演化和突变，才能够学

---

225 更多细节参见本书第六章的"军火贸易与'战争⇄商业'循环加速器"一节。

会如何从事国家层面的军备竞赛和跨国商业竞争，倒逼演化出现代民族国家治理模式，以及"全民皆兵"和"全民皆商"的"战争⇄商业"循环加速器模式。

因此，坚如磐石的单一民族国家不是自发演化出来的，而是通过密集战争的高强度压力所打造、筛选和锤炼出来的。

在近代欧洲，这个制度演化背后的推动力是火药——火炮的广泛使用，使得战争的成本变得极为昂贵，从而使得王室之间的私人战争迅速演化为全民族之间的举国动员战争——这意味着战争的频率可能减小，但是规模却不断增大。

比如火药粉末本身就足够昂贵，只有富裕国家才打得起热兵器战争。根据一项估计，16世纪的加农炮每发一颗炮弹，其火药的成本要花费5塔拉，相当于一个步兵一个月的工资。16世纪威尼斯为了省钱，不用细粒火药只用粗粒火药，市政厅当时库存600万磅粗粒火药，仅可供要塞的400门火炮各放300响，其开支等于180万杜加（金币），这个费用已经大于威尼斯城本身的年财政收入，这还不包括火炮、火枪、军舰、士兵等其他庞大开支。[226]

对于公共财政而言，枪支和炮筒更是毁灭性的财政压力。比如西班牙无敌舰队在1588年开往英吉利海峡时，携带了2 431门火炮、7 000支火铳、1 000支火枪、12.379万发炮弹，平均每门炮50发。1683年法国舰队装有5 619门铸铁炮，而英国海军装有多达8 396门铸铁炮。这还不包括各国商船上配备的火炮。[227]而且对于陆军来说，将枪炮运输到战地需要征募数量空前的物力和人力。比如在1554年，一支拥有50门火炮的西班牙炮兵部队在开往荷兰前线时使用了近5 000匹战马。[228]而按照法国历史学家布罗代尔的估计，为了供养一支10万人的前线部队，后勤部门

---

226 布罗代尔著，顾良、施康强译：《15至18世纪的物质文明、经济和资本主义》第一卷，生活·读书·新知三联书店2002年，第464页。

227 布罗代尔著，顾良、施康强译：《15至18世纪的物质文明、经济和资本主义》第一卷，生活·读书·新知三联书店2002年，第465页。

228 参见Kelly, Jack. "*Gunpowder: alchemy, bombards, and pyrotechnics: the history of the explosive that changed the world.*" (2004, p.78). 也参见布罗代尔著，顾良、施康强译：《15至18世纪的物质文明、经济和资本主义》第一卷，生活·读书·新知三联书店2002年，第466页。

每天需要有12万份食物可供分配（因为有的军官需要双份），因而每隔4天就要准备48万份。按每辆马车运送800份计算，仅仅为了满足食物供给就必须有600辆马车和2 400匹马（按每4匹马套一辆车计算）。另外，火炮、炮弹和火药更加沉重，以至于一门火炮就需要25匹马才能移动，而一门火炮使用的炮弹与火药还单独需要12匹马。这样一来，一支拥有50门火炮的军队单是武器驮运就需要1 850匹战马。因此，为了保障一支配有炮兵的陆军部队的各项后勤需要，部队规模最好不要超过2万。[229]这种大规模后勤供应的需求也刺激了规模化大生产和分工，使得军需供应后来变得简单了，法国军队甚至为此还发明了机动铁轮大烤炉来烘制军用面包。这一类量化生产速成食品的方式在后来的工业革命时期为满足城市产业工人大军的进餐需要起到了重要作用。

火药武器及其全军装备所需要的如此高昂的成本，使得税收变得永久和繁重，这极其有利于强大的中央集权国家，而不利于分封的小型城邦公国和民主共和国。这使得加农炮成为"终极的纳税人"。[230]那些小国，例如公国和独立的城市国家，根本无力负担像西班牙查尔斯八世拥有的炮兵部队，因此意大利城邦国家和欧洲内陆的许多城堡公国，纷纷败给了可以用举国之力调动国家资源的中央王权。这使得中央王权通过几百年的热兵器战争脱颖而出——欧洲现代民族国家和职业化国家组织机构就这样在热兵器战争和军备竞赛中诞生了。这个国家竞争体系的诞生和演化，不仅仅在欧洲带来了一场军事革命，同时还将相继带来一场"科学革命"和"工业革命"。[231]

---

229 布罗代尔著，顾良、施康强译：《15至18世纪的物质文明、经济和资本主义》第一卷，生活·读书·新知三联书店2002年，第57页。布罗代尔在第413页还特别举例说："路易十三时代的一本教科书开列了一支两万人的部队转移时所需物品的清单。其中首先要有大批马匹驮运厨师的炊具、军官的行李杂物、野外铁匠炉的工具、架桥工具、外科医生的卫生包，特别需要驮运的是大炮和弹药。如果没有二十五匹马，就休想移动重炮的炮身，火药的炮弹也要十二匹马载运。"

230 布罗代尔著，顾良、施康强译：《15至18世纪的物质文明、经济和资本主义》第一卷，生活·读书·新知三联书店2002年，第57页。

231 参见下一章对科学革命和"李约瑟之谜"的深入探讨。

自古埃及和古希腊时代起，地中海海域的战争多数发生在海平面上。这与平面几何知识体系在海战频繁的古希腊的兴起有极大关系，从而使得地中海海域的军事文明与东亚大陆的军事文明不同。[232]游牧民族通过陆地战争锤炼出草原铁骑和山地游击队，渔业民族则通过海上战争训练出"海上铁骑"和职业海盗集团。有了火药火炮的武装以后，这支海上铁骑便可以征服比陆地还要广阔的海洋。但是人类在早期征服陆地比征服海洋要更为容易，因为陆地铁骑是依靠大自然赐予的机动工具——马匹、骆驼、大象。但是人类不可能驯服海豚和鲸鱼去作战，而且在登陆以后也不具备进一步作战能力。因此在技术上，远洋海战比大规模陆战对军事工程技术提出了更高的要求，所以远洋海军也比成建制陆军要发展得更晚。事实上，在热兵器发明之前，最早的水上军队是中国的水师，那是在长江与湖泊中训练出来的，但是与成建制远洋海军的要求还是不一样。因此，虽然地中海是欧洲海军的天然摇篮，但是只有舰载火炮的大规模引进才使得欧洲海军如虎添翼，突变成为集团化的"海上铁骑"。

欧洲民族国家的兴起也同时是新型海权国家的兴起，欧洲国家的对外殖民扩张

---

232 平面几何本来作为一种应用性很强的直观数学知识，最早产生于古巴比伦和古埃及，后来传入古希腊并获得继承和发展，但长时间并没有演变成一种公理体系。后来之所以能够在古希腊晚期上升成为一种公理化体系，是由于（1）为了使数学知识摆脱怀疑主义哲学的批判和束缚；（2）当时的古希腊社会强调通过"agôn（对抗或竞赛）"来展示和提高哲学家和数学家的水平与地位。这种类似于学术圈内知识分子之间的擂台赛的竞争压力——在中国古代体现为吟诗赋词的比赛——导致了平面几何知识在古希腊"脱实向虚"，向形式化、公理化发展（参见日本数学史学家佐佐木力最近发表的"数学发现和论证的两种原型：古希腊与古中国《通讯》2021年第43卷第1期）。平面几何这种从实用数学向抽象公理体系发展的轨迹，非常类似于牛顿为解决经典力学问题而发明微积分以后，微积分这门数学知识的发展轨迹——因为自从牛顿和莱布尼兹在17世纪发明微积分以后，它的逻辑基础的严格性一直受到哲学家、物理学家和数学家的批评和挑战，因此在欧洲各类科学院和学术机构的竞争性激励机制下，数学界花了150多年，分别由包括拉格朗日、欧拉、麦克劳林（Maclaurin）、柯西（Cauchy）、韦斯特拉斯（Weierstrass）和黎曼（Riemann）等人在内的很多努力下终于完成了将微积分公理化的工作。这种将某种知识系统形式化的智力游戏，在亚里士多德的三段论在中世纪的流行中，在中国古代八股文的流行中，在对古典经济学的新古典数学化潮流中，也都可以看出端倪。只不过有些学科的形式化后来被证明是误入歧途、脱实向虚（比如新古典经济学），而另一些学科的形式化则发展成为承先启后、对后人有用的知识体系（比如古希腊平面几何）。

也同时是海上扩张，地理大发现运动也同时是航海大探险运动。人类新一轮"中原逐鹿"的平台，是占地球表面70％面积的蓝色海洋。凡是没有参与这一轮海洋逐鹿的文明，无论是伊斯兰文明还是东方文明，都必然由于这个"海盗精神"的缺乏而衰落，而凡是积极参与了这场海洋"打砸抢"殖民运动逐鹿的国家和民族，无论起初多么愚昧落后，都会扶摇直上顺势崛起。欧洲的羊毛产地英格兰、美洲的棉花种植园美利坚、亚洲的火山之国日本，就是利用后发海权优势崛起的例子。

　　换句话说，海权时代不属于金戈铁马的草原文明和手工品精湛的东方农业文明，而是属于能够在每一个甲板上配备百门火炮的"海盗"文明。这个新型的由国家暴力背书的"海上马车夫"文明，由于战争的精确化打击需求和对热兵器原理的深刻理解，将成为孕育西方"科技文明"的摇篮，同时也由于商品交换半径和物流周转速度的巨大提高，将成为孕育"工业文明"的胚胎。凡是不能够用高度组织起来的国家暴力参加到这场"新游戏"的民族，无论曾经如何辉煌，都将被这个战争资本主义的历史车轮所无情碾压和淘汰。

第一节　威尼斯海军史

　　前面多次提到，国家竞争体系的雏形诞生于文艺复兴时期。比如文艺复兴初期的热那亚，人口不过区区6万—8万，但它在地中海和欧洲鹤立鸡群，因为它把经济繁荣和政治稳定建立在全民皆兵和全民皆商的战国策之上：**"当战争需要时，热那亚的全部壮丁都能登上狭窄的战船，整个城市全都动员起来。"**当商业需要时，**"它把炙手可热的财富——胡椒、香料、丝绸、金银等昂贵产品——引向自己；它撞开远方贸易的大门，开通流通渠道。请看热那亚怎样进占君士坦丁堡，怎样在黑海进行疯狂的冒险"**。[233]因此，对于热那亚的崛起，对于它在与穆斯林世界的较量

233　布罗代尔著，顾良、施康强译：《15至18世纪的物质文明、经济和资本主义》第三卷，生活·读书·新知三联书店2002年，第171—172页。

中取得的最早的成功，以及后来与威尼斯作战时拥有的众多帆桨船，历史学家们无不感到惊讶。

从这个角度再来看热那亚的天敌威尼斯，图像就更加清晰了。

威尼斯是中世纪晚期和文艺复兴初期最早崛起的欧洲城邦国家。威尼斯的巨大成功既得益于十字军东征所导致的商贸中心从伊斯兰世界控制下的巴尔干半岛向基督教世界控制下意大利半岛的转移，也得益于它能及时提供各种公共产品和服务的强大国家能力和重商主义产业政策。这个国家能力尤其体现在威尼斯"全民皆兵"和"全民皆商"的国家治理模式里面，做到10万人口10万兵，10万居民10万商。

比如为了获得和控制亚得里亚海和地中海地区的商业通道，威尼斯建立了当时欧洲和地中海地区最强大的海军。威尼斯海军成为中世纪中晚期和文艺复兴初期地中海地区最强大的海上武装力量。作为地中海首屈一指的海上力量，威尼斯海军从中世纪早期开始就统治地中海海域达数百年，它对地中海的贸易和政治所达到的控制和影响力远远超出了这个城市和人口的规模。

威尼斯当时的最大规模企业是威尼斯兵工厂，这是一个百分之百的国企。这个国企雇佣威尼斯全国的技术工人为威尼斯建造和维修军舰和商船，制造陆地和舰载火炮，以欧洲所有企业中最高的工作效率为亚得里亚海和地中海提供源源不断的专业舰队和既有商业功能也有军事功能的武装商船，也因此是欧洲近代史上最早实行军民融合的典范。兵工厂除了保障向欧洲和阿拉伯地区供应军火，以及向全国所有渔民提供商船出租和维修服务以外，还能够保证威尼斯在每一次海战中沉没和遭到破坏的舰船得到及时的维修、替换和更新。这个兵工厂还是最先发明和使用亚当·斯密后来提出的"劳动分工"原理来通过流水线作业制造军舰和商船的企业。

因此威尼斯的海上力量来自国家资源的集中投入下的"战争⇄商业"循环加速器模式。威尼斯用强大海军追求商业目标，再以商业获得的滚滚利润资助海军建设。这使得威尼斯的国防开支和海军军费能够形成良性商业循环和自负盈亏，使得威尼斯能够在同意大利其他城邦国家和周边国家的频繁战争中保持强大国力和赚钱能力。同时，通过干中学，威尼斯兵工厂可以不断提高造船工艺和企业组织能力。

威尼斯海军是第一批在船上装备火药武器的海军之一。通过政府出资建设有组织和有系统的海军船坞、武器制造和兵工厂后勤管理，威尼斯成为工业革命之前欧洲地区工业能力最集中的国家，使得威尼斯海军能够长期在海面上保持庞大的固定数量的军舰，并能够迅速补充和弥补任何战争损失。

威尼斯海军崛起初期是通过与拜占庭帝国的商业和军备竞争，后来则是与比萨和热那亚两个意大利海上城邦强国争夺勒旺的贸易地位。威尼斯海军也在遏制奥斯曼帝国超过三个世纪的海上威胁方面发挥了关键作用。

但是随着君士坦丁堡在15世纪的最后沦陷，和奥斯曼帝国尤其是葡萄牙和西班牙海军的崛起和与之伴随的丝绸之路改道，威尼斯海军开始由于经济的衰落而衰落。一个入不敷出的国家无法支撑它的军事力量，而虚弱的军事力量也意味着从海上商业霸权中退出历史舞台。这在进入16世纪以后尤其显得明显，因为此时欧洲的贸易中心已经开始由位处地中海中心的意大利转向了欧洲西部的大西洋沿岸城市。到了1796年，威尼斯这座曾经引领欧洲崛起的英雄城市向拿破仑投降，彻底结束了威尼斯这个10万级人口规模城邦国家光辉灿烂的一生。

也就是说，威尼斯海军的衰落是威尼斯经济衰落的一个结果，而威尼斯的经济衰落是因为西方贸易中心由地中海向大西洋的转移——这是葡萄牙的"功劳"。因为第一，威尼斯崛起的整个历史都是依赖于同亚洲的贸易，以至于葡萄牙商人汤姆·皮雷斯（Tomé Pires，1465—1524）说过一句名言：**"谁拥有了马六甲海峡，谁就控制了威尼斯的咽喉。"** [234]第二，自从1492年哥伦布发现美洲和1498年伽马发现通往亚洲贸易网络的非洲航道开始，欧洲与亚洲贸易的商道就越来越不经过威尼斯中转了。因此，是地缘政治背叛了威尼斯，而不是新制度经济学家阿西莫格鲁在《国家为什么失败？》中强调的所谓威尼斯政治制度的衰败导致了威尼斯经济的衰落。[235]

234　引自Hobson, John M., 2004, The Eastern origins of Western civilisation. Cambridge university press, Chapter 6, p.116。

235　参见Acemoglu and Robinson (2012), "Why Nations Fail?" Chapter 6, pp.152—158。

其实，威尼斯经济的衰落也预言了整个拜占庭帝国和阿拉伯世界的衰落，因为它们都处于古丝绸之路上西端的同一个地理位置。换句话说，使得拜占庭帝国和阿拉伯世界繁荣昌盛的丝绸之路，由于西班牙和葡萄牙发现通往亚洲贸易中心的海上贸易通道，自15世纪末和16世纪初便开始彻底改弦易辙了。

威尼斯海军起源于古罗马和拜占庭帝国的海军传统。威尼斯最初是拜占庭帝国的一个附庸国，后来成为拜占庭的盟友。它吸收利用了拜占庭海军的军事技术。当时商船队和海军舰队之间几乎没有什么区别，所有船只必须能够在需要时保卫自己。在发生战争时，商船和船员必须停止贸易以加强海军舰队，在紧急情况结束时被遣散回去继续从事商业活动。这很像陆地游击战时期的民兵组织。即便如此，仍然有两种类型的船只，一种主要是军用的，一种主要是商船。

军用战船（薄船）是一种狭窄的横梁式船只，过去几百年以来一直是地中海的主要战船。当不用作军舰时，它用来运输量少但价值极高的货物，比如丝绸、黄金、珠宝等。这是一种令乘客很不舒服的船，因为除了军官有帐篷遮风挡雨之外，船员的整个身体都不得不暴露于外。然而，这种船的速度很快，很容易转弯，可以逆风而行或在没有风的情况下前行。这样的机动功能使它成为海上作战的军舰或珍贵货物的极佳运输工具。它的长度约为45米，可以容纳约25排的划桨士兵。

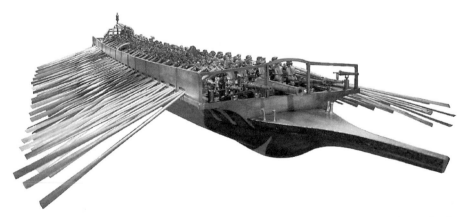

中世纪末期威尼斯式战船模型，满载全副武装的划桨士兵，正前方配置有好几门大炮。藏于斯托里科纳维尔海军博物馆（By Myriam Thyes — Own work, Public Domain, https：//commons.wikimedia.org/w/index.php?curid=4195906）。

用来装载大量货物的商用船，是从罗马式商船衍生而来的圆形船，这是一种宽横帆船，干舷高，有多层甲板，专为大量货物运输而设计。这种圆船主要靠风力驱动，因此需要自然条件且不易操纵，并且更容易受到敌人的袭击。但是，在发生战争时，它们可以用作后勤供应和支援型船只。

此外，还有许多其他类型的船。凭借这些船，威尼斯在早期与拜占庭人一起对抗阿拉伯人、法国人和诺曼人，公元1000年在亚得里亚海赢得统治地位，征服了南斯拉夫的纳伦丁（Narentines）并夺取了达尔马提亚的控制权。通过这个时期的战争，威尼斯积累了一支庞大而强大的舰队。虽然名义上仍然是拜占庭帝国的附庸，但威尼斯日益独立，并成为拜占庭在东地中海的主要劲敌。威尼斯人没有依赖拜占庭而生存，而是利用自己的舰队掌握了权力的平衡，并能够利用拜占庭和西方基督教世界的竞争从两边获利。作为协助拜占庭对抗诺曼人的战争的回报，拜占庭皇帝于1082年赋予了威尼斯商人在拜占庭帝国海域的广泛自由贸易和商业特权以及税收豁免权。

在12世纪，随着1082年贸易特权的获得和为十字军东征提供海上商业服务（在这个过程中威尼斯为十字军提供运输工具和各种物资），威尼斯人获得了巨大商业繁荣，赚的钵满盆溢，并以此促成了威尼斯海军的第一次伟大转型——威尼斯兵工厂的建立。

这个巨大的国营造船厂在威尼斯共和国的直接控制下，集中了建造和维护威尼斯海军船队所需的一切设备、人才、工匠和材料。通过这一举措，所有威尼斯的商船都被国有化，私人公民只能向国家租用商船。[236]

强大的海上力量使得威尼斯在13世纪开始了海外军事征服和商业扩张，获得通往东地中海和叙利亚的贸易路线的一系列基地、前哨和殖民地。商人随机应变和背叛朋友的特点在威尼斯身上得到充分体现，比如第四次十字军东征部队在威尼斯的配合帮助下洗劫了君士坦丁堡，威尼斯人参与了对这个伟大基督教城市的打砸

236　参见https：//en.wikipedia.org/wiki/Venetian_navy。

1204年威尼斯海军配合第四次十字军东征攻打君士坦丁堡（丁托列托1580年的油画，Public Domain, https：//commons.wikimedia.org/w/index.php?curid=9868427）。

抢掠。随着1204年君士坦丁堡的沦陷，丝绸之路在地中海的枢纽转移到了威尼斯，滚滚财源资助了威尼斯海军的崛起，使得威尼斯成为东地中海地区傲视群雄的海上力量。

也就是说，1204年君士坦丁堡的沦陷标志着西部欧洲，特别是威尼斯，对拜占庭帝国的胜利。从而开启了威尼斯的海上霸权时代。

但是为了保持对新征服的海域的控制，以及赢得日益加剧的与热那亚和比萨这两个海上共和国的冲突的胜利，威尼斯不得不提高军费开支以维持更大型的海上舰队。不过在葡萄牙和西班牙崛起之前，威尼斯有这个经济条件，因为它通过控制周边海域的海上贸易网点而垄断了欧洲与亚洲的贸易。

从1268年开始，威尼斯建立了一支常设舰队，以维持对亚得里亚海的控制，对于威尼斯人来说，这只是海湾地区的内湖。凭借这支海军部队，威尼斯将整个亚得里亚海域视为自己的内海，对所有通过的船只进行检查并攻击视为敌国的船只。然而在1298年的库尔佐拉战役中，威尼斯遭受了热那亚海军的重创，损失了95艘军舰，7 000海军官兵死亡，另有7 000水兵被俘。这对于只有10来万人口的威尼斯是个巨大的损失。不过威尼斯立即装备了第二支拥有100艘军舰的舰队，并且能够继续维持对亚德里亚海域的控制权和威尼斯海上贸易所需要的和平条件。

14世纪的造船技术发生了巨大变化，双舵桨取代了单舵桨，并从中国引入了磁罗盘指南针，这是使得欧洲人突破地中海驶向大西洋的根本性变化。这个世纪见证了威尼斯和热那亚两大海上霸权之间的战争的高潮，这场拉锯战在基奥贾战役（1378—1381）后画上了句号，此后热那亚船只在亚得里亚海再也没有出现。

基奥贾之战是欧洲战争史上的转折：这次战斗中首次使用了舰载火炮，虽然在这之前威尼斯人已经在陆地上使用火药驱动的攻城武器。这场冲突对双方来说几乎是同等的灾难，但是战后热那亚海军处于瘫痪状态，失去了这个城邦国家在战前享有的海军优势。威尼斯可能遭受同样严重的损失，但由于威尼斯国营海军兵工厂的存在，使得威尼斯能够集中全国资源，在很短的时间内就能恢复元气，弥补亏损，并重建威尼斯海军。

尽管如此，基奥贾之战所带来的严重财政压力，在战后对威尼斯造成了剧烈的经济损害，这也影响了海军。因此，尽管来自巴尔干半岛奥斯曼帝国的军事威胁不断增加以及与热那亚的持续军事对抗，威尼斯海军的规模却不断地收缩。

15世纪初期，由汉萨同盟国家开发的一种用于北海航行的新型战舰很受欢迎，随后扩展到欧洲其他地区，并被威尼斯采纳用于与欧洲北方的贸易。这种圆形船是一种专为应对北海海域的汹涌波涛而设计的，与威尼斯人自己设计的船体相比具有明显的泪滴形状，前端窄小的弓形船底上面支撑着高高的前驱，便于搏击风浪。

1453年君士坦丁堡沦陷给穆斯林以后，威尼斯开始了与奥斯曼帝国长达数百年的对抗并在这个对抗中衰落。面对奥斯曼帝国对威尼斯海洋商业利益的持续威胁，威尼斯别无选择，不得不在和平时期也维持一支较为庞大的、能够随时投入战斗的常备舰队。为了保障部队的有效供应和管理，需要进行大量的组织工作，从而专门成立了"海军部"，负责建造和维护军舰和加农炮，维护其他船上用品、武器和火药的供应，以及船员的招募和财务管理。随着枪支与火炮技术的成熟，越来越多的舰艇装上了最新式的大炮。这个时代见证了更多种海上作战船型的发展。

但是与奥斯曼帝国的长期冲突逐渐切断了威尼斯通往东方的贸易路线，并且随着地理大发现时代的到来和大西洋贸易路线的开辟，欧洲海上贸易的重点已从地中海转移到了欧洲。从此以后威尼斯商人寡头控制的政府开始呈现出将持续几个世纪的涣散状态，直至最终灭亡。与此同时，历史见证了葡萄牙和西班牙通过开辟新的通往亚洲财富中心的海上贸易通道而崛起。

正如英国历史学家弗兰科潘所说的那样：

> 这一变化敲响了意大利和亚得里亚海命运的丧钟。随着新航道的开辟，无法将商品直接卖给最富顾客的意大利城邦本就已经处于下风，如今，这些长期分裂、结怨颇深的城邦根本敌不过将资源聚合在一起的其他城市。扩张行动需要筹集大量资金，以至于一半以上的政府收入都被用于偿还国债。邻邦之间纠缠不清，总是想着在政治、商业和文化上全面压倒对方，如此势必付出高昂的代价。于是，欧洲大陆上出现了两种截然不同的景象：一个是曾经称霸东欧和南欧长达数世纪的旧欧洲，但如今已经日薄西山；一个是西北部的新欧洲，正在蓬勃发展。[237]

---

237 彼得·弗兰科潘著，邵旭东、孙芳译：《丝绸之路：一部全新的世界史》第十三章，浙江大学出版社2016年。

1600年，英国驻威尼斯大使写道："就贸易而言，这里的衰落已相当明显，不出20年，此城将完全崩溃。"威尼斯曾称霸于东方贸易，但如今却毫无竞争力；曾经有无数艘千吨级的大船来回运载货物，但如今却连"一艘都看不见"。没过多久，该城就不得不开始重塑自己，从商业中心退化成一个供人享乐的"淫逸之都"，依靠观光、古董、豪华酒店和红灯区吸引来自葡萄牙、西班牙以及北欧地区的新贵和刚成年的子女们。对此，弗兰科潘说道：

> 在失去国际贸易和政治中心的地位之后，威尼斯、佛罗伦萨和罗马成了新富们旅行观光的站点。……当时到意大利旅行被视作是购买顶级古董和高档艺术品的难得机会，甚至因为访客的剧增，它们的价格也出现了飞涨。这的确是一种成年礼，更是文化上的蜕变：南欧的果实正渐渐被欧洲北部所吞噬。随着欧洲大陆中心的改变，古代的珍珠和同时代的文化都会随之转移。[238]

第二节 葡萄牙海军史

由于具备相当于威尼斯10倍的人口规模和位于地中海西部出口这样一个得天独厚的地理位置，近代欧洲冲出地中海征服全世界的第一个"海上霸主"是葡萄牙。贫穷的葡萄牙学习富裕的威尼斯，通过卧薪尝胆和维持政治稳定，集中全国资源一心一意谋发展，首先打造出中世纪后第一支现代早期意义上的陆军和海军。

从中世纪后期开始，军舰（用于作战的军用帆船）开始携带各种口径的大炮。在英法"百年战争"开始的1338年，英国和法国之间在英吉利海峡展开的阿内米

---

238 彼得·弗兰科潘著，邵旭东、孙芳译：《丝绸之路：一部全新的世界史》第十三章，浙江大学出版社2016年。

登（Arnemuiden）战役是第一次使用大炮的欧洲海战。这一战地军事信息迅速被葡萄牙王室吸收。

到了15世纪初，大多数地中海强国利用装在船首或船尾的重炮来轰击岸上的堡垒或城堡。到15世纪中叶，一些船只还携带较小的宽边火炮，在登上敌人舰船之前的瞬间轰击对方。这些小型火炮是用来杀伤敌船海员的武器，并在近距离射击以配合手拿火枪弓箭的士兵登上敌船。

从15世纪70年代开始，葡萄牙和威尼斯海军都在试验用大炮作为海船的反舰武器。葡萄牙国王约翰二世在这方面被认为是开创性的人物。1474年他还是一位王子的时候，便发明在老式的亨利时代的轻型卡车上引进一个加固甲板来安装重炮。这些武器最初是锻铁做的后膛加载式火炮，但是到了15世纪初，地中海国家的海军普遍采用了更轻、更精确的前膛火炮，用青铜铸造，能够发射重达60磅（27公斤）的铁球或石球，它们足以打穿敌舰的甲板、船体和岸上的城门，破坏桅杆或城墙。1489年，国王约翰二世在每艘船上引入了第一批经过训练的海军炮手的标准化团队，并开发了海军战术，最大化了宽边炮弹的威力。通过组建欧洲历史上第一批标准化的训练有素的海军炮手队伍，葡萄牙成为大西洋和印度洋的统治者。而位于亚洲贸易中心的印度帝国和中华帝国，却没有进行这样的军事变革。因为那个地区没有发生像欧洲这样频繁的势均力敌的海上战争，因此对于战舰和火炮技术的改进没有产生巨大需求，导致亚洲国家的军事技术的发展开始大大滞后于欧洲。

葡萄牙王室吸收采用了欧洲当时最好的加农炮技术，特别是中欧地区开发的新型的更耐用的更精确的青铜加农炮，取代了旧的不太精确的锻铁加农炮。到1500年，葡萄牙一方面从北欧进口大批量的铜和加农炮，另一方面通过"进口替代"产业政策确立了自己作为最先进的海军火炮的主要生产国的地位。由于葡萄牙王室扶持国有军工企业来生产军工产品，从而不会因对制造成本的考虑而限制葡萄牙海军对最佳质量、最佳创新和最佳培训的追求。王室用高工资和奖金以吸引最优秀的欧洲工匠和枪炮手（主要是德国人）来推动葡萄牙军工产业的发展。以至于在欧洲其他地方出现和发明的每一项前沿创新，都能够被葡萄牙海军立即采纳，用于提高"海上铁骑"的威慑力量，这些前沿创新包括青铜加农炮、后膛加载旋转枪、载炮卡车车厢，以及在船体上切割方形炮口以便在甲板下方安装重型大炮的创意和想法。

正是这样一支超越威尼斯的最现代化海军，使葡萄牙王室和商人有能力通过环球探险开辟了通向亚洲的全球航海通道，垄断了由中国、印度、马来西亚等亚洲国家商人在自由贸易条件下和平发展出来的亚洲香料和丝绸贸易市场。

葡萄牙举国体制的效益可以从葡萄牙的远洋探险事业中看出，为了远征亚洲，葡萄牙动用国库先后派出13支远洋无敌舰队前往印度洋，从1497年开始，几乎每年远征一次。每一次派出的无敌舰队的规模各不相同，从二十几艘大型舰队到四五艘小型舰队不等。这随着时间而改变。在高峰期的第一个十年（1500—1510），当葡萄牙开始在印度洋立足的时候，无敌舰队的规模平均每年为15艘战船，这在1510—1525年下降到9—10艘，从1526年到1540年代进一步减少到7—8艘。其中一些特殊年份曾派出大型远洋舰队，例如1533、1537、1547年，由军事紧急情况引起，但也有几年派出特别小的舰队。进入16世纪下半叶，葡萄牙印度洋无敌舰队每年稳定在5—6艘战船，但有少数例外（1551年至1590年增至7艘，1594年和1597年仅4艘）。这是葡萄牙崛起的黄金100年，同时也是他为欧洲其他殖民主义大国崛起起到示范作用的100年。葡萄牙之后欧洲的每一个后起之秀，都是踏着葡萄牙的斑斑血迹，在欧洲的国家竞争体系中通过战争和相互残杀脱颖而出，承先启后，青出于蓝而胜于蓝。

葡萄牙对亚洲航线的第一次探险活动中派出的第一支无敌舰队是由探险家伽马率领的，该舰队于1497年离开葡萄牙前往印度，1498年返回。舰队一共有4艘战船，包括1艘供应船和170名水手。第二支葡萄牙印度无敌舰队于1500年按照葡萄牙国王曼努埃尔一世的命令组建，并由佩德罗·阿尔瓦雷斯·卡布拉尔指挥。舰队由13艘战舰和武装商船组成，其中10艘去印度，2艘去索法拉，1艘为补给船。共有1 500名武装人员和1 000名普通船员。第三支印度无敌舰队于1501年按照葡萄牙国王曼努埃尔一世的命令组建，并由海军司令若昂·达·诺瓦（João da Nova）指挥。诺瓦的无敌舰队相对较小，主要是商业目标。尽管如此，他们还是在印度洋进行了第一次重要的葡萄牙海战。第四支葡萄牙印度舰队于1502年根据葡萄牙国王曼努埃尔一世的命令组建，并再次由达·伽马指挥。这是伽马第二次去印度探险，它被设计为一个完全军事性的远征，目标是惩罚卡利卡特，为发生在1500年的第二次印度洋远征时对葡萄牙的军事冲突复仇。这支舰队有20艘战船，约1 800名水手。在返程的时候，无敌舰队还在印度洋留下了第一支永久性小型巡逻队。第五支葡萄牙印度无敌舰队于1503年按照葡萄牙国王曼努埃尔一世的命令组建，并由海军司令阿尔伯克基（Afonso de Albuquerque）指挥。这是阿尔伯克基首次远征印度。这不是一次特别成功的探险。导航错误使得舰队船只之间失去联系，分散远航。舰队船只花了很多时间相互在大海上寻找对方，有几艘船最终单独航行。不过舰队的先锋队及时抵达印度，在科钦建立了另外一个军事堡垒，这是葡萄牙在亚洲的第一个军事堡垒，由Duarte Pacheco Pereira上尉留守指挥。它还在Quilon建立了印度第三个贸易据点和仓库。第六支印度洋无敌舰队于1504年根据葡萄牙国王曼努埃尔一世的命令组建，并由Lopo Soares de Albergaria指挥。第6舰队由13艘战船组成，包括9艘大型营房战舰，4艘小型轻快艇和1 200名水兵与后勤人员。第七支葡萄牙印度无敌舰队于1505年根据葡萄牙国王曼努埃尔一世的命令组建，并由第一任印度群岛总督弗朗西斯科·德·阿尔梅达（D. Francisco de Almeida）指挥。第七舰队通过在关键地点（索法拉、基尔瓦、安吉迪瓦、坎南诺尔）建立一系列沿海要塞，并摧毁被视为威胁的当地城市（基尔瓦、蒙巴萨、奥诺尔），来确保葡萄牙海军在印度洋上的统治地位。第七支无敌舰队是一次与众不同的远征：它在印度洋建立一个葡萄牙政府，确立一个印度洋总督。第七支舰队的任务是维护葡萄牙在印度洋的永久性地位。这意味着采取一切必要措施来消除地区性强国对葡萄牙商业利益的威胁，特别是来自卡利卡特（印度）和基尔瓦（东非）的城邦国家。同时，舰队负责支持葡萄牙在印度洋的区域盟友（印度的科钦、卡南诺尔和基隆，以及非洲的马林迪和索法拉），并在关键的中转站（例如安格迪瓦）建立军事要塞，以确保葡萄牙海军能够在整个印度洋地区作战和开展商业活动。第七支舰队是迄今为止派往印度的最大的葡萄牙舰队，总共22艘战舰和武装商船，载有1 500名海军官兵，另外还有1 000名非军事船员和商人。而且随后又额外派出8艘武装商船作为补充。随后的6年中（1506—1511），葡萄牙继续每年派出一支无敌舰队。

难怪16世纪是葡萄牙的世纪。16世纪也是欧洲海战发展史上最关键的转折时期。在整个16世纪，装有火炮的海军是葡萄牙人在印度洋上所向无敌的最大优势，葡萄牙皇室不惜斥巨资引进和生产欧洲最先进的舰艇火炮。作为皇室的"国营"企业，成本考虑并不能遏制葡萄牙海军对最高的质量、最先进的技术和最严格的海军培训的追求。葡萄牙皇室用高工资和巨额奖金来引诱欧洲最好的工匠和枪手来葡萄牙为皇家海军的发展工作。欧洲任何其他地方的尖端创新技术和发明会立即被葡萄牙海军采用，其中包括青铜大炮（佛兰德/德国造），后部装载的旋转炮，卡车拖车炮（可能是英国造），以及法国发明的允许重型炮安装在甲板以下的方形炮床技术。

从这方面来说，葡萄牙率先发展了现代海战，从中世纪原始帆船和携带冷兵器的船员的贴身海上武装冲突，走向了现代的以海面上的移动炮台为特征的致力于以成排火炮远距离解决战斗的海战。

葡萄牙也是现代海战战术的发明者。葡萄牙海军从16世纪初开始使用长排阵（线性）战术，并用这个战术统治了印度洋。从17世纪开始，其他欧洲海军，包括荷兰海军和英国海军，也学会在英吉利海峡和北海使用这种战术。

厄兰德海战是一场在瑞典海军和丹麦—荷兰联合舰队之间的战斗。这场战斗对瑞典人来说是一个重大的失败，因为他们失去了两艘最大的战舰和1 200名水兵。

17世纪海军的发展主要体现在船只上面的火炮大小和数量上。欧洲战船当时每艘可以在三层甲板上装备多达100门火炮，每一门可以重达3 000公斤，发射的每发炮弹重达10—20公斤，射程可以达到好几公里。

经常有人认为葡萄牙帝国是因过度扩张而衰落，尤其是在1570年后大力征服莫桑比克和锡兰（斯里兰卡）领土。但军事历史学家杰弗里·帕克（Geoffrey Parker）认为，这些举措恰恰是葡萄牙在16世纪在其他崛起的欧洲大国面前，对不断失去早期所建立的全球贸易垄断地位的反应，而不是葡萄牙商业衰退的原因。同

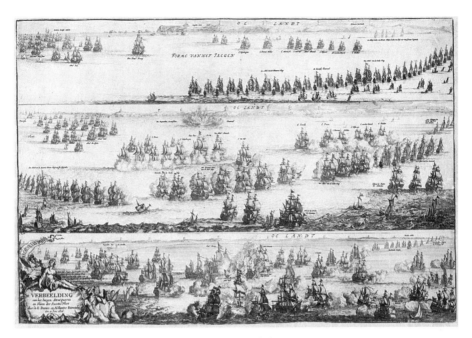

充分体现葡萄牙长排阵战术的1676年厄兰德海战（By Romeyn de Hooghe — Nederlands Scheepvaart Museum, Amsterdam., Public Domain, https：//commons.wikimedia.org/w/index.php?curid=8963523）。

时，也正是穆斯林海上力量在欧洲势力倒逼下在印度洋的复兴，引发了葡萄牙从海上贸易垄断向陆地领土征服的转变，而不是相反。然而，葡萄牙于公元1600年前后在锡兰和莫桑比克的巨大资源消耗，确实促进了英国和荷兰在印度洋的崛起。作为一个只有百万级别人口的国家，葡萄牙根本没有足够的人力、物力、战船和枪支来征服锡兰，并同时管控非洲地区来自穆斯林国家的威胁，以及同时抗衡好几个对葡萄牙全球殖民贸易的油水虎视眈眈、却比葡萄牙人口规模更加庞大的欧洲劲敌——比如西班牙、法国、荷兰与英国。

因此在印度洋海域，正是荷兰人和英国人的到来使得亚洲军事化贸易格局的权力平衡进一步朝不利于葡萄牙人的方向恶化。16世纪末发生的事情就已经预示了葡萄牙的衰落和新兴霸权的崛起：——这期间荷兰进行了15次环球航行，总共有65艘战舰参与，其中还有一艘是英国战舰。尤其是在1602年荷兰联合东印度公司成立后，葡萄牙的压力变得更加激烈和不可承受。荷兰东印度公司派出的第一支舰队包括14艘武装商船，其中9艘为400吨以上；它于1603年派出的第二支舰队，由海军上将斯特凡·范德哈根指挥，虽然只有10艘战舰，但军事装备更加充分精良。比如范德哈根的旗舰是一艘900吨位的"多德雷赫特"号，携带6门24磅重和18门8—9磅重的重炮，海军上将被明确指示要在亚洲寻求对抗葡萄牙的盟友，并尽可能地摧毁葡萄牙在那里的所有贸易据点和网络。

荷兰东印度公司1605年派出的第三支舰队有武装商船11艘，船队奉命必须首先破坏葡萄牙在亚洲的商业网络和财富，即使这意味着一时间忽略了公司自己的生意也在所不惜。最终，到1619年底，荷兰东印度公司花费了大约1 500万弗罗林（相当于150万英镑）参与同葡萄牙争夺亚洲贸易主导权的战争（累计债务再增加600万弗罗林），以便在13个地方建立军事化贸易堡垒或货物中转基地，并先后派出了246艘战舰和武装商船到亚洲。

结果是葡萄牙的亚洲贸易几乎被彻底破坏：在1602年至1619年间，只有79艘来自里斯本的商船抵达了印度，其中的一些船只还非常小；而且安全返回葡萄牙的船只就更少了。充分反映了在欧洲国家竞争体系这个前所未有的机制下，葡萄牙商业和军事帝国的衰落和欧洲其他新兴大国的崛起。[239]

为此，弗兰科潘说道：

> 通过联姻同样能获得大片土地、战略要地或大型城市。当葡萄牙公主凯瑟琳·布拉甘扎在17世纪60年代嫁给英王查理二世时，她出的嫁妆之一就是孟买。该市的葡萄牙市场准确地预见到，这一慷慨的行为意味着葡萄牙在印度统治的终结。欧洲各国寝宫里的动静、宫殿走廊里关于未来新娘的私下猜测，或者朝三暮四的统治者的故意冷落，都会对几千英里之外的地

---

239 参见Geoffrey Parker, "The Military Revolution: Military Innovation and the Rise of the West 1500—1800." Cambridge University Press, Second Edition, 1996, p.106。

区产生影响。[240]

正是这样一种权钱交易化的国家竞争体系，不断涌现出更具规模的、越来越强大的、高度组织起来的重商主义西方民族国家——它们将要按照黑格尔《精神现象学》和马克思《资本论》中所指出的历史逻辑，完成由中世纪的乌尔班教皇和地理大发现时期的葡萄牙亨利王子所承先启后的十字军远征，最终在19世纪末实现使东方文明完全从属于西方的黑格尔历史目的，并于100年后在日裔美国政治学家福山那里达到历史终结的表达。但诡异的是，这个西方崛起的历史，将会在21世纪被拿破仑所预言的"睡狮"崛起所终结。[241]

第三节　西班牙海军史

西班牙皇家海军是人类近代军事史上最早期也是战绩最辉煌的海军之一。这支皇家海军对于开启地理大发现时代和近代整个欧洲的崛起起到了不可估量的作用，其名垂史册的辉煌业绩包括环球航行和美洲的发现。西班牙海军也是人类进入海权时代以后的整个16和17世纪里最为强大的海上武装力量。在它建立以后的几个世纪中，西班牙海军对于维护西班牙帝国的全球商业霸权，尤其是大西洋两岸的欧美贸易和亚洲与美洲之间的太平洋贸易，功不可没。西班牙帝国的殖民地遍及整个南美洲、中美洲和北美南部，以及亚洲的东印度群岛（菲律宾群岛，马里亚纳群岛，加罗林群岛和部分摩鹿加群岛）。从葡萄牙和西班牙到后来的荷兰、英国、法国、奥地利、俄国、德国的一系列老牌殖民主义国家，都是在君主制下实现的经济

240　彼得·弗兰科·潘著，邵旭东、孙芳译：《丝绸之路：一部全新的世界史》第十四章，浙江大学出版社2016年。

241　关于中国是如何崛起的，参见文一《伟大的中国工业革命》。中国崛起这一话题还将在本书下集《国家与工业革命》中详细探讨。

腾飞并开启工业化进程的。新制度经济学家讴歌的私有产权并非资本主义兴起的核心要素，而是资本主义本身发展的内在需求的产物。在资本主义发展早期，无论是民间个体、团体，还是直接依靠国家出面占领和征服的海外殖民地，各国皇室对其拥有绝对主权和掌控权，虽然当事者可以对掠夺成果加以提成。而这个分赃方式和激励机制是人类所有文明最古老的传统，并非近代资本主义的发明。历史学家哈林（Haring, Clarence Henry）在谈到西班牙国王与美洲殖民地的关系时指出："（西班牙）**国王不仅拥有主权，而且拥有财产权。他是绝对的所有者，他是美洲领土的唯一政治领袖。每一种特权和地位，经济政治或宗教都来自他。正是在这个基础上实现了西班牙对新大陆的征服，占领和统治。**"[242]

因此在理解新制度经济学家们对西方国家近代政治制度的渲染时所强调的"私有产权"保护、法律和民主社会的概念时，必须随时记住在欧洲资本主义早期，皇室才是国家财富真正的终极拥有者和权威。"普天之下莫非王土"在整个西方崛起过程中也是成立的。多数西方国家的皇室是在基本完成工业化的20世纪初才退出政治舞台的。而亚洲的日本也是在天皇的统治下开启和实现工业化的。

强大的西班牙海军是西班牙在中世纪结束以后迅速成为世界霸权的中坚力量。但是西班牙海军不是在真空中横空出世的，它是欧洲中世纪、十字军东征和文艺复兴时期前后800年战争的产物。比如从公元1000年到1492年（即哥伦布航海那一年）的不到500年间，西班牙所在的伊比利亚半岛（Iberian Peninsula）和大西洋沿岸一共发生过85场延续多年的与西班牙有关的战争，其间至少有50%的时间或年份处于战争状态，也就是说平均每场战争延续30年之久，或平均每10年就有5年处于战争状态。[243]西班牙的地理位置导致了它在上千年的时间里一直是伊斯兰教和基督教之间血腥战争的前沿阵地。正因为如此，西班牙通过战争而崛起，并在15

242　参见Haring, Clarence Henry (1947). The Spanish Empire in America. New York, NY：Oxford University Press。

243　参见https：//en.wikipedia.org/wiki/List_of_wars_involving_Spain。

世纪末和16世纪初以强大海军开启大航海时代，进入西班牙帝国的黄金时期，以武力称霸欧洲和全球。

西班牙海军的建立可以追溯到西班牙统一之前的中世纪晚期。那时西班牙有两个重要王国，阿拉贡（Aragon）和卡斯蒂利亚（Castile），他们后来结合形成西班牙。这两个王国当时都在长期的攻城夺寨中发展出了强大的舰队。阿拉贡在中世纪地中海地区拥有第三大海军，尽管它的能力当时不如威尼斯舰队，但是在后来超过了它。在14世纪和15世纪，这样的海军能力使阿拉贡能够在地中海地区获得任何其他欧洲大国不可能获得的领土，包括巴利阿里群岛、撒丁岛、西西里岛、意大利南部以及雅典公国。与此同时，卡斯蒂利亚利用其海军的能力对摩尔人所在领土进行了武装征服，于1232年占领了加的斯，并在百年战争中帮助法国皇室对抗其敌人。1402年，由胡安·德·贝琴库特领导的卡斯蒂利亚远征队为卡斯蒂利亚的亨利三世征服了卡那利群岛。

在15世纪，卡斯蒂尔与后来开创了欧洲地理大发现时代的葡萄牙展开了一场探索和征服远洋未知版图的竞赛。1492年，由哥伦布指挥的三艘帆船抵达美洲大陆，开启了人类近代史上通过远距离航海而展开的海上争霸和资源掠夺时代。这个争霸和掠夺时代由西班牙和葡萄牙两个军事帝国领军，拉开了欧洲列强近代史上第一轮瓜分世界的序幕，由西班牙人从大西洋中线往西，葡萄牙人从大西洋中线往东征服世界，掠夺资源。

在16世纪与葡萄牙争霸的时期和17世纪面对荷兰与英国的竞争时期，西班牙海军都是世界上最强大的海上力量，也可能是16世纪末和17世纪初世界上规模最大的海军。到了18世纪，西班牙虽然衰落并屈居荷兰和英国皇家海军之后，但仍然拥有世界第三大海军。

16世纪全球海洋霸主葡萄牙和西班牙为获得东方财富，如黄金、白银、宝石、丝绸、瓷器、香料（丁香、豆蔻、肉桂）等，通过大西洋、太平洋、印度洋分别从西边和东边抵达亚洲贸易枢纽［包括印度、马六甲海峡、东印度群岛（菲律宾）］后，在南中国海相汇。这两个民族国家和海上强权的远洋探险，为欧洲文明的崛起拉开了序幕，为古丝绸之路被开通1500年以后的新一轮全球化奠定了基础。

在发现美洲以及古巴等加勒比海岛屿的定居点之后，西班牙征服者埃尔南·科尔特斯和弗朗西斯科·皮萨罗随西班牙海军登陆美洲大陆，分别征服了墨西哥和秘鲁。西班牙海军还向北美大陆派遣探险者，包括Juan Ponce deLeón和Álvarezde Pineda，他们分别发现了佛罗里达（1519）和得克萨斯（1521）。

1519年，西班牙派出了历史上第一次世界环球航行舰队，由投靠西班牙的葡萄牙人麦哲伦担任舰队总司令。当麦哲伦在菲律宾死亡后，远征船队于1522年在胡安·塞巴斯蒂安·埃尔卡诺（Juan Sebastián Elcano）的指挥下完成了这次考察。1565年，为了在亚洲建立西班牙的东印度群岛贸易网络，由海军总指挥米格尔·洛佩斯·雷加斯皮（MiguelLópezde Legazpi）率领的后续考察队从新西班牙（墨西哥）出发通过关岛到达菲律宾。之后的两个半世纪里，西班牙的马尼拉大帆船不断在连接马尼拉和阿卡普尔科的太平洋上忙碌。其间西班牙王室、教会、民间人士还多次讨论入侵中国的计划。但由于种种原因而流产（参见第四章第六节）。

西班牙在哈布斯堡王朝下实现统一后，保留了两个基本上独立的舰队，一个是地中海舰队、另一个是大西洋舰队，分别由阿拉贡和卡斯蒂利亚的海军组成。这种安排一直持续到17世纪。随着1492年完成对伊斯兰的再征服，随后西班牙海军在地中海扩张，夺取了塞兰尼卡西部北非海岸几乎所有重要港口的控制权，特别是梅利利亚（1497）、埃尔凯比尔（1505）、奥兰（1509）、阿尔及尔（1510）和的黎波里（1511）。

然而，这些港口的腹地仍然在穆斯林的控制之下，而且奥斯曼帝国不断扩大的海军力量带来了一场重大的伊斯兰反攻，使西班牙陷入了数十年的为控制西地中海而进行的激烈战争。16世纪后期，阿尔及尔和的黎波里又被奥斯曼帝国占领。

在西班牙、威尼斯、教皇国和其他天主教盟友组成的圣地亚哥（Lepanto）战役（1571）期间，奥斯曼帝国的海军大败，从而阻止了穆斯林军队对地中海的控制。

在16世纪80年代，荷兰地区的冲突引发了英国与西班牙的战争，进一步威胁西班牙的海上运输线。结果导致了西班牙"无敌舰队"在1588年入侵英国的灾难性尝试。这次失败预见了西班牙没落的命运和随后的海军改革。当时的海军并不是一个单一的协调行动单位，而是由各种杂牌舰队组成，主要由皇家舰艇保护的武装商人组成。

西班牙无敌舰队的失败标志着欧洲海战的一个转折点，从此舰上火炮力量变得更为重要，所以西班牙的船只往后都装备了特制的高质量海军火炮。在16世纪90年代，舰队的扩张使得西班牙海外贸易额大幅度增加，尤其是奢侈品进口和白银流入大幅度增加。尽管如此，由于港口防御力度不足，英荷军队于1596年突击加迪斯，企图夺取西班牙运送白银的商船，虽然没有成功，却给该市造成了巨大的损失。从此加迪斯的港口防御工事大为升级，在接下来的几个世纪里，所有再次袭击的企图都重蹈覆辙。

从16世纪下半叶开始，荷兰起义日益挑战西班牙海权，滋生出强大的反叛海军，不断攻击西班牙商船，并使西班牙与低地国家的联络和海上贸易往来困难重重。[244]这些袭击中最引人注目的是在1607年的直布罗陀战役中，一个荷兰中队在一个海湾摧毁了西班牙的一个大帆船舰队。这场海战具有全球性质，它涉及加勒比和远东地区，特别是菲律宾周边地区。西班牙的反应包括鼓励驻扎在西属荷兰的反荷兰私人武装和西班牙皇室授权的职业海盗袭击荷兰商船和捕捞渔船。

与此同时，西班牙船只能够加强在英吉利海峡、北海和爱尔兰水域的行动。在

244　西班牙在它所统治的低地国家所采取的高税收政策和宗教迫害激起了当地民众的反抗，并最终导致1581年"乌得勒支同盟"（Union of Utrecht）的出现：宣布七省独立，成立荷兰共和国。西班牙立即采取军事行动，并于1585年起对低地国家施行贸易禁运。这样做的目的是想切断各反叛行省的资源，迫使它们最终屈服。但经济制裁起到了相反的效果，分裂势力升级抵抗方式，与西班牙展开了80年的独立反抗运动。比如1590年当贸易禁运被迫解除时，荷兰迅速采取行动，趁着西班牙国王菲利普二世（Philip II）卷入欧洲其他战事之机，赶走了当地的西班牙军队。但是荷兰的野心远不止于此。荷兰人筹建自己的海军用于投身全球的殖民征服事业中，寻求打入葡萄牙和西班牙在美洲、非洲及亚洲所建立的贸易体系，确立自己的垄断地位，并不惜为此向强大的西班牙海军大打出手。

装有约100门火炮的西班牙战船。船上有三层甲板，每一层的两侧共装有大约30门火炮，船头船尾也有大炮。这种浑身盔甲的海上"刺猬"是欧洲热兵器战争和海洋争霸的产物（http：// www.sbhac.net/Republica/Imagenes/EntreRep/Antiguo/Trafalgar/Trafalgar.htm）。

17世纪初期，他们能够捕获很多敌国商船和军舰，向驻扎在法国和低地国家的西班牙军队和爱尔兰反叛分子提供军事物资。

　　新大陆的发现虽然为西班牙带来了巨额收入，但新大陆的财富也仅有那么多。资源毕竟有限，但西班牙人却将这笔有限的意外之财当成无底洞，把新取得的财富花费在一系列永无休止的对抗所有欧洲劲敌的军事行动中。西班牙王室有一种强烈的意识，认为自己必须担当万能的世界警察，在欧洲和全球发号施令，必要时还动辄使用武力对付不听话的欧洲人。西班牙发现，与北欧新教徒和土耳其穆斯林的军事对抗已演变成为一场新的圣战。如同早期的十字军东征一样，圣战对人力和财力的需求巨大，对皇家财政来说更是伤筋动骨。西班牙最终无法支撑军队的开销，从16世纪下半叶开始连续出现了债务拖欠的情况，至少出现四次无法偿还债款的情况。[245]

由于缺乏海外贸易足够利润的补充，和来自北欧列强的激烈竞争，西班牙在与荷兰进行的"八十年战争"（1568—1648）中又被"法—西战争"（1635—1659）和"三十年战争"（1618—1648）以及一系列相关战争的巨大投入所耗尽，开始急剧衰落。在17世纪中后期，荷兰、英国和法国利用西班牙的衰落和装备不足的西班牙海军而逐个崛起。西班牙在欧洲大陆的一系列军事冲突也意味着无法很好兼顾海军事务，使得荷兰人乘机控制了加勒比地区较小的岛屿，英格兰则征服了圣多明各西部的牙买加，法国则征服了圣多明各的西部。

而这些地区则成为法国、荷兰与英国私掠海盗和民间私人武装商队袭击西班牙港口和船队的基地。西班牙人集中精力维持古巴、波多黎各和圣多明各的大部分重要岛屿，尽管运送宝藏的海运系统大大减弱，但仍然能够安全地将白银和亚洲奢侈品横跨大西洋运送到欧洲。

其中荷兰通过八十年独立战争和三十年战争（历史上第一次全欧洲大战），一点点蚕食西班牙帝国的综合势力，不仅在海洋贸易上夺取了西班牙的份额，成为"海上马车夫"，还在唐斯海战中彻底击溃西班牙海军，最终完成对西班牙海军霸权的取代。法国和英国也在这一时期通过蚕食西班牙核心利益而崛起，并最终引发这三个国家之间的一系列狗咬狗争霸战。

不过法国18世纪启蒙运动思想家和历史学家伏尔泰，更愿意将西班牙衰落的原因之一归结为菲利普三世和四世的无能。伏尔泰说道：

> 人们看到，自从菲利普二世死后，西班牙的几代国王……却于不知不觉中丧失了他们在欧洲的威势。菲利普三世……的软弱无能，表现在他的统治的各个方面。他无法继续顾及美洲、辽阔的亚洲属地、非洲属地、意

245　彼得·弗兰科潘著，邵旭东、孙芳译：《丝绸之路：一部全新的世界史》第十三章，浙江大学出版社2016年。

大利和荷兰。他父亲过去曾经战胜这些困难，他如今拥有的墨西哥、秘鲁、巴西和东印度的财富，本应可以克服一切障碍的。玩忽职守十分严重，国库收入管理不善，以至于在反对荷兰联省共和国的战争中无力支付西班牙军队的粮饷；……（1604）尼德兰联省共和国的一个办事有条理的普通执政给军队的报酬比这位统治着几个王国的君主给得还要多。菲利普三世本来可以让他的军舰遍布各个海洋的，可是荷兰和泽兰小省份的军舰比他多，并且从他手下夺走了摩鹿加群岛的主要岛屿（1606），特别是生产最宝贵的香料的安汶岛，该岛至今仍为荷兰人的属地。总之荷兰的7个联省在陆地上使这个庞大的西班牙君主国的军队毫无用武之地，在海上，力量比西班牙更为强大。[246]

第四节　法国海军史

尽管法国海军的历史可以追溯到中世纪，但它的真正起步可以说始于枢机主教黎塞留（Richelieu）主政下的路易十三时期（1610—1643）。这比威尼斯、荷兰、英国起步都要晚，因为作为一个陆权国家，法国不是不注重海权，而是有其自身的地缘政治原因。

作为欧洲最强大的陆权帝国，法国在海军方面不得不面临三大挑战 :（1）在地理上，法国有两条大段的海岸线，被伊比利亚半岛（西班牙和葡萄牙）隔开，因此它不得不保留两个独立海军力量，在地中海和大西洋之间分配资源，这大大提高了法国的海军建设成本。（2）地缘政治战略上，法国的主要威胁来自中欧腹地，比如哈布斯堡王朝，而这就迫使法国需要一支强大的陆军而不是一支强大的海军。这与

---

246 伏尔泰著，谢戊申等译 :《风俗论》（下）第一百七十七章，商务印书馆2000年，第346—347页。

中国历朝历代的情况类似,尤其是明朝和清朝——明朝主动解散了海军,清朝直到鸦片战争后才开始重建海军。(3)为了有效发挥作用,海军需要很多基础设施,比如港口、船坞、铸造厂,这些设施必须在和平时期得到有效维护,因此成本极其高昂。同时,海军官兵在海上需要丰富的航海经验,因此需要国家对天文、航海以及海军学院的巨大投入。然而,正式海军实力的欠缺使得法国在与西班牙、荷兰以及大英帝国争夺海外商业利益和世界霸权上力不从心,多次贻误一统欧洲的战机。

法国海军的近代史可以粗略分为以下几个时期。第一个时期:在路易十三领导下(1610—1643),由于黎塞留的政治运作,法国建立了第一支真正意义上的国家海军。第二个时期:在路易十四统治下(1643—1715)获得的海军重建与辉煌时代。第三个时期:在路易十五的领导下(1715—1774)扩展了法国的海外地盘,并建立了殖民地前哨基地。但在路易十五统治时期,法国海军并未进行像英国一样的有效努力和继承发扬路易十四时期的光荣传统,结果在七年战争和法印战争中以灾难告终。不过不可否认的是,路易十五的外交大臣德·库瑟公爵(Duc de Choiseul)将军,虽然对法国在七年战争中的失败负有不可推卸的责任,但也为随后重建法国威望付出了努力。他用他所有的精力和才智准备对英国发动新的战争——1764年,他关闭了以前的耶稣会学校,并建立了新的军事预备学校,为刚成立的军事学院提供预备学生;1769年,他将海军学校提高到皇家学院的水平,为新的海军舰队训练军官;同年,他建立了军事工程学校,并为军队提供了大批量新式加农炮,数十年后的法国大革命期间和拿破仑将使用这些大炮轰平欧洲;他以普鲁士军队为模型,改革了法国的军事制度,让国家而不是地方军官负责训练和装备士兵;除了在土伦、布雷斯特和罗什福尔的海军兵工厂外,他还在马赛(1762)和洛里昂(1764)新增了两家,负责建造新的军舰。法国海军的最终衰落发生在法国大革命和拿破仑第一帝国时期(1815年结束),使得英国无可争议地控制了整个海洋尤其是亚洲的世界贸易枢纽。第四个时期:在拿破仑三世统治下(1852—1870),利用蒸汽和舰船装甲等新技术,完成了现代化海军的改造,淘汰了过时的旧舰队,建立了法兰西第二帝国。[247]

17世纪见证了西班牙海权帝国的衰落和法国作为欧洲大陆的陆权帝国的崛起。西班牙在16世纪以其泛大西洋殖民带来的大量金银财富为基础，建立了自己的雄厚实力和对欧洲的海外贸易的垄断。但是到17世纪末，法国成了新的超级大国，其语言成为欧洲的国际语言，其文化的主导地位使得两个世纪后的欧洲贵族精英们仍将法语作为外交和社交生活的高贵语言。法国的长期国家发展战略之一是与西班牙争夺对英吉利海峡的低地国家（西班牙荷兰[248]）的控制权，因为自从葡萄牙和西班牙通过开辟新的海上亚洲贸易通道迫使地中海的丝绸之路贸易枢纽衰落以后，这个包括今天的比利时、荷兰、卢森堡、法国西北部在内的沿海地区，是整个欧洲（包括大不列颠）贸易的枢纽。

然而法国作为陆权帝国的崛起和强大，不仅必须以西班牙—哈布斯堡王朝的衰落为代价，而且形成了对欧洲所有国家（包括英国）的巨大威胁；因而在三十年战争和《威斯特伐利亚和约》签订之后，法国的雄心迫使欧洲其他国家团结起来多次结成了反法统一战线。这也促进了法国历史上诞生纵横家的时代的出现，产生了一大批运筹帷幄的政治家、军事家、思想家、艺术家、工程师、数学家和科学家。

法国的崛起和经济繁荣，将欧洲的经济和政治重心从中欧的哈布斯堡王朝和神圣罗马帝国，移到了紧靠大西洋的欧洲沿海地区。但这一转变的主要受益者却是作为海洋国家的荷兰和英国。它们的工商业财富积累在随后的几个世纪中分别引领了欧洲的农业和工业革命，并使得英国在荷兰的助攻下（即"光荣革命"后）成为比路易十四的法国更加强大的全球霸主和海权帝国。

---

247 直到1870年普法战争中被普鲁士及其盟国俘虏之前，拿破仑三世一直是法兰西帝国的唯一皇帝。他致力于法国经济的现代化，重建了巴黎市中心，并扩大了法国海外帝国，参与了克里米亚战争，第二次意大利独立战争以及1870年最终灾难性的战争，在那场战争中他亲自与士兵们并肩作战，这种国家元首直接上前线参战的事例在当时已经非常罕见。

248 西班牙荷兰包括比利时和卢森堡的大部分现代省份，以及法国北部、荷兰南部和德国西部的部分地区，首都为布鲁塞尔。这一地区虎视英吉利海峡，是北欧的贸易枢纽和大西洋交通要道，因而成为近代法国、英国和欧洲各国的必争之地。

解释17世纪许多转变的重要事件是这个时期发生的大规模战争，其中主要是在欧洲大陆中心地区展开的那场三十年战争（1618—1648），其后的三次英荷战争和路易十四统一欧洲的野心所引发的三场欧洲大战。进入18世纪，荷兰衰落，使得该世纪成为主要是法英两个大国争霸欧洲与美洲殖民统治的世纪。19世纪，美国、德国、俄国和日本先后崛起，冲击守成大国，为20世纪两次世界大战埋下伏笔。

第五节　荷兰海军史

荷兰共和国的前身是尼德兰联省共和国（1581—1648），由七个大小不同的省份组成联邦，它们独立之前都是西班牙王朝属地。作为典型的海上"游牧民族"，荷兰海军与后来的英国海军一样，最初都是由海盗和政府特许的私人武装船民构成。

低地国家地处大西洋北欧地区的交通贸易枢纽，虽在西班牙统治下，但是属于山高皇帝远的地方，许多港口的富有商人和地方当局自15世纪以来就有自己的私人武装船队，专门用来从事游击、海盗袭击、打击外国商业竞争对手的活动。进攻行动常常包括武力夺取敌方船只，缴获对方商品与金银财宝。这样的行为获得荷兰地方政府的积极支持，向他们颁发"私掠证书"，领到这些"海盗牌照"的私人武装因为有国家背书，可以正大光明地对所有外国的商船发起武力攻击并掠夺他们的财产与货物，并将其带回到海军法庭进行审判（走过场的所谓正义）和进行现场拍卖出售。而当时的所谓外国商船主要是西班牙帝国的商船，后来与法国或者英国结怨时期也自然包括法国与英国商船。

随着商业财富的积累，荷兰开始争取从西班牙统治下独立，于是爆发了一场"八十年战争"（1568—1648），又称"荷兰起义"。这场起义在许多方面是由大批海盗和民间私人武装发起的；后来国家海军的建立也不例外。这些海盗船队被称为

"海上乞丐（Sea Beggars）"。荷兰武装起义由被称为荷兰国父的叛乱领袖、沉默者威廉（William the Silent）以奥兰治亲王的名义发动。

这场长达80年之久的独立战争运动的第一个重大胜利是对布瑞尔的占领，并由此导致荷兰省和西兰省向哈布斯堡王朝的统治者——西班牙的菲利普二世——宣布独立。随着叛乱向独立的政府和国家演化，武装私人船队被重组为国家海军。新成立的尼德兰联省共和国政府组建了5个分别在鹿特丹、阿姆斯特丹、米德尔堡、荷恩、恩克赫伊森和多克姆（后来的哈林根）设有办事处的海军陆战队。

荷兰军事实力的发展与它的商业和制造业的发展密不可分。到17世纪中叶，荷兰造船业实现了巨大增长，这是由于对廉价的小型远洋帆船（fluyt）的规模化批量生产而实现的——这种模式复制了威尼斯国营兵工厂的劳动分工模式，因此能够在一条人工流水线上大批量生产远洋帆船而且出口到整个欧洲。帆船对于海洋国家来说相当于今天的汽车，家庭和军队都需要，因此荷兰当年的规模化造船相当于20世纪兴起的汽车制造业。占领了这个巨大摇钱树的行业不久，荷兰成为欧洲拥有最大商业船队和远洋海军的国家，船只数量超过所有其他欧洲国家的总和。

尼德兰联省共和国于1648年（三十年战争结束时）实现了对西班牙的彻底独立并获得欧洲国家的承认。荷兰在这场战争的前后进入了一个被称为"荷兰黄金时代"的繁荣与发展时期，大致跨越了从1581年至1672年之间将近100年的时间。这个时期虽然战乱不断，荷兰的贸易和军事力量也在实践中随着造船业和捕鱼业的繁荣获得充分发展，使它成为欧洲和世界上最重要的经济和海军强国之一。尤其是"三十年战争"改变了欧洲的传统政治秩序，使得荷兰、英国、瑞典、法国等新兴列强顺势崛起，造就了欧洲大陆自意大利城邦国家竞争体系之后的新版本的（更大规模的）国家竞争体系和力量平衡。

荷兰的崛起与葡萄牙、西班牙一样，必须依赖于加入亚洲这个全球财富中心的转口贸易，也就是将亚洲的商品运回欧洲赚取高额垄断利润才能发财致富。这与二战以后的发展中国家必须通过加入美国主导的全球贸易秩序才能发财致富是一个道理，只不过工业革命之前的全球贸易中心和超级大国是中国和印度。但是地理大发现之前，通过亚洲贸易体系向欧洲发货的转口贸易利润一直由阿拉伯人获取，被十字军东征破坏以后才将大部分利润转入了意大利（尤其是威尼斯）手中，使得古老的地中海贸易在经过漫长中世纪以后重新繁荣起来。

奥斯曼帝国的崛起，断了意大利城邦国家的财路，葡萄牙和西班牙的探险家们才在《马可·波罗游记》的诱惑下开辟了欧亚大陆之外的新的海上通道，从而彻底切断了穆斯林世界的财源，成为欧洲近代史上的第一批通过海上直接的亚洲往返贸易而发财致富的暴发户。在这个过程中，位于英吉利海峡东南岸的北欧国家，尤其是包括当时作为天然港口城市的弗兰德斯和尼德兰，即后来的荷兰、比利时、卢森堡和法国北部一带的低地国家，自然而然发展成为葡萄牙和西班牙商人带回的亚洲商品和美洲金银在欧洲地区的中转贸易枢纽，也因此而慢慢变得富有。由此而崛起的著名贸易商城包括安特卫普和阿姆斯特丹。

但是北欧人不会满足于仅成为葡萄牙和西班牙的巨额不义之财在北欧的二手中间商，他们早晚会希望直接去亚洲提货，省去支付给葡萄牙、西班牙这两个一手中间商的成本，就像当年葡萄牙—西班牙通过取代丝绸之路西端的阿拉伯商人而发财一样。

荷兰其实就是一个大号的威尼斯，这个民族并不注重基础科学研究与哲学思考，而是注重实用技术和财富积累。它的200万左右的人口规模使它的经济潜力相当于15—20个威尼斯。这在欧洲可是一个了不得的力量。荷兰采纳了威尼斯"全民皆兵"和"全民皆商"的共和制政治模式和威尼斯兵工厂的流水线造船模式，一心一意发展商业和海军，所有商船都是战舰，和平时期持剑经商，战争时期保家卫国。因此，如果全民皆兵的威尼斯海军能够以一己之力在地中海对抗强大的奥斯曼帝国海军，那么可以想象相当于15—20个威尼斯人口规模与海军实力的荷兰，将会有多么强大的海上战争能力。

因此，随着北欧地区贸易的繁荣，大规模的欧洲版"南北战争"——北欧与南欧的军事冲突——不可避免，其爆发只是一个时间问题。从后往前看，八十年战争和三十年战争都只不过是这场欧洲国家竞争体系对全球资源的争夺赛的第一幕，而地理大发现运动则是拉开它的序曲，十字军东征则是吹响这场500年马拉松战斗的号角。

像法国人和英国人的野心一样，荷兰人也想凭借自己强大的造船业体系和海军实力建立一个自己控制的全球贸易网络，以蚕食伊比利亚王国（葡萄牙—西班牙联合王国）的全球殖民地利益。但是在荷兰共和国这样的松散国家组织建构下，民间虽然自由度很大，但国家层面的组织结构比较松散，导致荷兰无法匹敌在国家组织结构上更加严密的君主制大国，比如法国和英国。

这也导致荷兰黄金时代在欧洲近代的崛起史上有点属于"昙花一现"，使得荷兰这个政治上最开明的欧洲国家与科学革命和工业革命皆无缘，充当了替人做嫁衣的角色。

比如荷兰的纺织业也曾经非常发达，尤其是在寻找亚洲和欧洲之间的新贸易通道时，比英国和法国都更加成功。荷兰航海家们探索并绘制了遥远地区的图表，例如新西兰、塔斯马尼亚岛和北美东部沿海地区，并从印度的莫卧儿帝国那里获得了50%的纺织品和80%的丝绸进口（主要是从其纺织业最发达的孟加拉进口的）。[249]但是后来由于缺乏国家力量对产业政策的持续关注和对纺织业的长期扶持，当欧洲其他国家的造船业纷纷崛起之后，荷兰让过度自由化的金融繁荣与金融泡沫挤出并掏空了自己的制造业基础和实体经济，尤其是造船和纺织这两大拳头产业，从而被更能够卧薪尝胆和长期专心致志于扶持制造业和科技研究的后发国家——英国——所取代。

英国的崛起，是后发国家依靠产业政策而成功超越先行者的典范。统一以后的德国也是通过模仿早期英国产业政策和发展战略而超过先生的学生。[250]

这也是为什么科学革命和工业革命这两场革命，都先后分别爆发在法国和英国而非荷兰的原因——经典物理学革命爆发在英国（牛顿为代表），化学革命爆发在

---

249 参见https：//en.wikipedia.org/wiki/Dutch_Empire。

250 参见文一《伟大的中国工业革命》和张夏准《富国陷阱：发达国家为何踢开梯子》。

法国（拉瓦锡为代表），而规模化大生产的工厂模式首先出现在法国的印刷业和化学工业，同时也出现在英国的纺织业和采煤业。

由于纺织业拥有更加巨大的世界市场，其规模化生产与运输方式所产生源源不断的商业利润和物流运输基础设施升级的巨大需求，推动了第二次工业革命（即蒸汽机—煤炭—铁路时代）在英国的爆发。[251] 这是为什么英国成为工业革命的领头羊，当然也是为什么直到德国在19世纪下半叶崛起之前，英国的唯一真正对手是法国，而且只有法国的原因。

话说回来，荷兰的亚洲挺进战略也有西班牙的"功劳"：继1580年建立伊比利亚联盟（也就是西班牙—葡萄牙联盟）之后，葡萄牙在此期间的大部分时间里都处在哈布斯堡王朝统治下，而西班牙哈布斯堡家族的菲利普二世正在与荷兰起义者进行斗争。在葡萄牙和西班牙两个王室合并之前，葡萄牙商人以低地国家为中转站在北欧出售来自亚洲的香料和商品。但是，西班牙人控制了葡萄牙帝国之后，他们宣布对荷兰的叛乱省份的所有贸易实行禁运。为了征服叛乱的荷兰省份，西班牙国王菲利普二世切断了荷兰与葡萄牙里斯本香料市场的联系，这也意味着荷兰人失去了葡萄牙这个他们最赚钱的亚洲贸易伙伴与货源，以及他们对西班牙进行独立战争的最重要资金来源。此外，在西班牙实行禁运之后，荷兰人还将失去作为对法国、神圣罗马帝国和北欧的转口贸易分销商所享有的垄断权。而一旦失去对亚洲贸易的参与，荷兰仅仅依靠在北海的捕鱼业和在波罗的海的谷物贸易活动根本不足以维持共和国的生存。

这使荷兰人有必要向这些商品的亚洲来源地直接派遣自己的海军和武装商船以掌控印度香料贸易。因此，荷兰于1602年成立了荷兰东印度公司（VCO）。新的股份制融资模式使荷兰东印度公司在实现大规模融资上大获成功，因为这一模式大大提高了民间资本分担荷兰在探索东印度群岛方面的勘探费用，并最终重新建立荷兰自身的亚洲香料贸易网络成本的意愿。这一贸易平台也将成为新成立的尼德兰联省

251　参见文一《伟大的中国工业革命》，尤其是第三章。

共和国的重要收入来源。但是这同时意味着必须与已经先下手为强的葡萄牙帝国展开血战——遵循同样的毫无道德底线的"十字军东征"精神。

结果导致了1602年至1663年的荷兰—葡萄牙战争（Dutch-Portuguese War）。这场持续61年的战争与"八十年战争"交相辉映，可以看作荷兰与西班牙帝国之间进行的欧洲战争的延续，因为当时葡萄牙与西班牙王室属于同一个王朝联盟。但是，这场冲突与欧洲正在展开的八十年战争无关，主要是荷兰人企图从葡萄牙帝国手中获得海外贸易控制权的一种方式。英国也在战争中的某些时候协助了荷兰（尽管在随后的几十年中，英国和荷兰将彼此大打出手成为血腥的死对头）。由于冲突的重点是亚洲的香料贸易，因此这场荷—葡战争也被称为"香料战争"。[252]

海军战舰数目与远程火炮技术成为战争胜负的关键。荷兰以其高超的造船技术和制造业基础取胜——因为荷兰海军的崛起与它上百年的造船业繁荣密切相关。要想与葡萄牙和西班牙这两大帝国争夺海上霸权，必须要拥有一支"亦商亦军"、召之即来、来之能战、战之能胜的"海上铁骑"。

荷兰海军在亚洲袭击了许多葡萄牙和西班牙控制的地盘，包括中国台湾、锡兰（斯里兰卡）、菲律宾群岛，以及它们在日本、非洲和南美的商业利益。结果是，葡萄牙成功击退了荷兰夺取巴西和安哥拉的企图，而荷兰则是非洲好望角（南非）和东印度群岛的胜利者，但葡萄牙保留了中国澳门，控制了马六甲、斯里兰卡、马拉巴尔海岸和印度尼西亚东部的莫卢卡斯群岛（Molukken）。

英国的野心也在这两个主要对手之间的长期战争中受益——从18世纪末到19世纪初开始，马六甲、锡兰和马拉巴尔将成为英国的财产。

人们需要永远记住：早在西方殖民者进入亚洲贸易网络之前，中国商人、印度商人、阿拉伯商人就已经在印度洋、马六甲和中国南海地区从事海上贸易活动上

---

252 16世纪，英国的伊丽莎白一世女王组织海盗建立了自己的海军，目的是对西班牙帝国的全球利益进行远程"私掠"或海盗行动，弗朗西斯·德雷克（Francis Drake）对西班牙商船及其港口的袭击就是一个著名例子。伊丽莎白为英国不断对西班牙的敌对行动提供借口，并在1585年与寻求独立的荷兰联省签署了《诺苏克条约》，协助荷兰反对西班牙的武装起义。

千年。而这样的1.0版亚洲贸易枢纽，并不是依靠有组织的国家暴力所打造出来的。野蛮欧洲人的到来，彻底改变了亚洲贸易的格局，因为这些欧洲海盗是依靠有组织的国家暴力强行介入亚洲贸易体系的，并依靠坚船利炮对它实行了彻头彻尾的殖民主义改造，逐渐爬上了头等舱位置并最终成了亚洲贸易的主人。

而在同荷兰进行"香料战争"的同时，葡萄牙自身也在进行一场与西班牙的战争。葡萄牙对西班牙的不满情绪，来自西班牙王室总是优先考虑自己的殖民地利益，而忽略了对葡萄牙殖民地的保护，这成为葡萄牙企图摆脱西班牙统治的主要因素。因此，葡萄牙这场针对西班牙的"葡萄牙复兴战争"，与它同全球殖民游戏新手——荷兰——的香料战争同时进行。[253]

当时葡萄牙帝国的影响范围已经扩展到全球海洋中的每个主要通商要道和关节点。葡萄牙在亚洲地区的贸易也与传统上讲的"三角贸易"模式相对应，即从欧洲将小商品运到非洲，在非洲换取黄金和一些物品，然后用这些黄金和物品去印度购买香料，再运回欧洲获取巨大利润。

葡萄牙三角贸易所获得的利润将被重新投资到海军建设中，以便能够向海外派出更多的军舰。除了控制西非和东非的资源和贸易以外，葡萄牙的印度洋商贸帝国依靠三个战略基地：果阿、马六甲和澳门。第一个基地将印度国与葡萄牙连接起来，第二个基地将果阿与太平洋贸易通过从中国海延伸到大洋洲连接起来，第三个基地是与中国和日本进行贸易的枢纽。

另外两个城市很重要但并不关键：迪乌（Diu）和霍尔木兹（Hormuz）。迪乌控制着坎贝湾和阿拉伯海，而霍尔木兹则是波斯湾的基石，它链接波斯与阿拉伯之间的贸易以及美索不达米亚与阿拉伯海之间的贸易。如果迪乌和霍尔木兹均失守，将阻断葡萄牙来自中东市场的商贸税源，这将使里斯本无法从"丝绸之路"最

253　欧洲没有任何一个国家（包括法国与德国）能够实现对欧洲的统一，很可能在于鲁莽的欧洲人自古不懂得不能同时两面作战。但是近代史上的欧洲列强常常多面作战，这是兵家大忌。对于为什么欧洲历史上无法实现统一，而秦国却能够早在2 000多年前统一中国这个问题的分析，参见许田波《战争与国家形成：春秋战国与近代早期欧洲之比较》。

南端的航线上获得收入。这是一笔有利可图的商贸生意，但对葡萄牙的整个印度洋贸易网络却没有那么重要。在霍尔木兹落入英国和荷兰手中之后，葡萄牙人从马斯喀特和果阿基地突袭，发起了针对波斯海岸沿线贸易通道的破坏性运动，并与巴士拉（Basrah）的奥斯曼帝国结盟。最终，波斯与葡萄牙人达成了停火协议，以恢复贸易，并向葡萄牙提供了伊朗在孔城（Kong）的贸易站。连同重建的巴士拉（Basrah）路线，这暂时弥补了葡萄牙失去霍尔木兹所带来的损失。

但是，荷兰东印度公司承受着与葡萄牙相同的弱点：缺乏人力。这是与老牌西班牙帝国和正在崛起的其他欧洲大国相比而言。荷兰与葡萄牙都只有百万级别的人口，与千万级人口规模的西班牙、法国、英国无法相比。

因此，采纳西班牙式的殖民化统治——即对殖民地的直接占领实现资源掠夺——对于荷兰来说永远是不可行的，而只有通过控制海洋贸易通道才能使荷兰具备全球竞争力。但是葡萄牙人在东南亚地区拥有早到一个世纪的"先发优势"，已经与当地居民、黑社会和政府搞好了关系，从而通过这些人拥有与广大亚洲内陆的联系，这是海军力量无法确保的。

因此，荷兰人将他们的努力指向了葡萄牙帝国的外围。为了避开葡萄牙长期经营的印度海岸，荷兰人在印度东南方向的雅加达市（后来称为巴达维亚）建立了自己的殖民总部。这使他们能够远离果阿，但恰好靠近马六甲这个连接印度洋与太平洋的战略海道。在1604年至1645年期间荷兰对果阿的封锁切断了葡萄牙里斯本在欧洲与印度之间的安全贸易通道。

1615年，荷兰在马六甲海岸附近的卡拉克斯岛战役中摧毁了东南亚印度群岛的葡萄牙海军，导致在果阿和澳门之间的重要航线上的海上垄断优势转入荷兰手中。1621年葡萄牙在霍尔木兹与英国东印度公司的海战导致葡萄牙失去了霍尔木兹的堡垒，使葡萄牙从中东撤离。1639年日本驱逐耶稣会士，随后驱逐长崎的葡萄牙人，也决定了葡萄牙在澳门的经济生存能力的衰落。经过多次尝试以后，荷兰1641年对马六甲的围困使得这座海港城市落入荷兰及其地区盟友之手，从而严重破坏了葡萄牙在果阿和东方之间的贸易脊梁。

在接下来的44年中，葡萄牙将继续为捍卫果阿和雅加达这两个城市而继续战斗，因为它们一个是葡萄牙在印度殖民地的首府，另一个是荷兰在东南亚的贸易基地。而荷兰四度尝试占领澳门却没有成功，因为澳门是葡萄牙在利润丰厚的中日贸易中获取垄断利润的桥头堡。

由于葡萄牙在伊斯兰世界的贸易垄断地位已被英国窃取，而且还在亚洲面临来自荷兰和其他欧洲大国的直接竞争，从而大大加剧了葡萄牙的衰落。这些欧洲竞争对手的竞争力比葡萄牙更加强大，他们要么人口和军舰数量众多，要么更容易获得资本融资，从而比葡萄牙更具备经济和军事实力主宰亚洲贸易枢纽。

荷兰还决定利用葡萄牙在美洲的弱点对其进行打击和掠夺。为此，荷兰于1621年创建了西印度公司（Geoctroyeerde Westindische Compagnie，WIC），以控制南美洲的食糖贸易并殖民美洲大陆（新荷兰计划）。得益于阿姆斯特丹发达的金融业中心地位，西印度公司从大量的资本投资中受益。但是，荷兰西印度公司不如它的东印度公司那样成功，因为毕竟亚洲才是全球贸易中心。同时，荷兰人还组织了对葡萄牙在非洲殖民地的蚕食，企图控制那里的奴隶贸易并建成荷兰的大西洋三角贸易体系，以确保荷兰的北美殖民地的经济繁荣。

在17世纪，荷兰迅速的国民财富积累和海上扩张导致了整个欧洲的羡慕和嫉妒，尤其是海峡对面野心勃勃的英国。因此，当1651年英国为打击荷兰的全球商业利益而颁布的《航海条例》获得议会通过的时候，它与荷兰这个海权帝国之间决一雌雄的战争变得不可避免。局势开始升级以后，演变为17世纪跨越22年的三次英荷战争（1652—1674）。

这三次英荷战争都发生在国际关系学界公认的所谓具有里程碑意义的"彼此尊重主权和领土完整""互不侵犯""国家无论大小都一律平等"的《威斯特伐利亚和约》签订以后。这个多边条约宣称要为了"上帝的荣耀和基督教世界的安全"而"实现普天之下永久、真正和真诚的和平与友谊"。[254]这些华而不实的虚伪辞藻其实

254　亨利·基辛格著，胡利平、林华、曹爱菊译：《世界秩序》第一章，中信出版社2015年，第21页。

是对欧洲人"十字军东征"与"暴力文化"基因的绝大讽刺。按照基辛格的说法，**"威斯特伐利亚和约成了国际关系史上的一个转折点，因为它……确立了国家主权的概念，肯定了各签署国不受外来干涉选择本国制度和宗教信仰的权利"**。[255] 其实英国在《威斯特伐利亚和约》签订之后挑起与荷兰的贸易战争和军事冲突所找的借口之一，恰好是指责**"荷兰人只受金钱驱使，过于物质，而且缺乏宗教信仰"**。[256] 这与当年西班牙军队为其在美洲屠杀印第安人的行为辩护时指责他们"是同性恋者"的借口如出一辙，与1840年英国为鸦片战争辩护时指责中国"闭关自守、违反自由贸易原则"的借口如出一辙，也与目前美国为单方面挑起中美贸易战辩护时指责中国没有按照美国所期望的政治制度演变的借口如出一辙。

由于这三次英荷战争对于理解英国崛起和荷兰衰落的意义重大，我们留在下一节详细讨论。

第六节 英国海军史

美国历史学家兰德斯说道：**"荷兰人热衷于追求利润和获得广阔世界的港口。……但是英国人拥有更先进的枪炮，他们是海盗中的海盗，……这不是一个坏的策略：如果你不能在生意中赚钱，那么你可以从那些会赚钱的人那里抢到。"** [257]

美国历史学家彭慕兰和托皮克对此呼应道：**"英国水手都是从海盗角色演化出来的；没有了海盗，英国水手不可能最后成为海上霸主。""而英国海军那些赫赫有**

---

255 亨利·基辛格著，胡利平、林华、曹爱菊译：《世界秩序》第一章，中信出版社2015年，第23页。

256 彼得·弗兰科潘著，邵旭东、孙芳译：《丝绸之路：一部全新的世界史》第十四章，浙江大学出版社2016年。

257 Landes（1999, p.141）.

名的先驱，其实更类似于它现在列为罪犯而想打击的人物。"[258]

言下之意是英国的崛起和对荷兰的超越，并非像新制度经济学家们鼓吹的那样是因为英国的政治制度比荷兰政治制度更加先进、包容和开明，也不是因为英国发生了一场开启君主立宪的"光荣革命"，而是因为英国培育的国家暴力比荷兰的更加强大而且更加善于使用这个国家暴力。因此哈佛大学经济史学家斯文·贝克特才得出结论说："**当年的大英帝国，……并非是一个后来人们所描绘的自由、开明和廉政的国家。相反，它是一个军事开销庞大的、总是处于战争状态的、奉行干涉政策的、高税收的、债台高筑的、极端贸易保护主义的官僚集团和强权国家。"**[259]

作为岛国，英国自古以来就不缺乏海战经验和对武装舰队的需求。远的不说，14世纪英法百年战争期间（1337—1453）就包括频繁的跨英吉利海峡的海战。比如阿内明登战役是1338年9月23日在英格兰和法国之间的百年战争开始时进行的一场海战。这是百年战争的第一场海战，也是有记录的第一次使用大炮的欧洲海战。

1340年的斯勒伊斯（Sluys）战役也是百年战争早期英国海军的一次重大胜利，英格兰爱德华三世的160艘战船在英吉利海峡袭击了法国菲利普六世的一支武装船队，捕获了180艘法国战船。在战斗期间，菲利普六世的海军几乎全军覆没，英国舰队完全控制了这个位于法国北部与荷兰之间的入口通道。然而，在爱德华统治结束时，法国人重建了他们的舰队，并再次成为英国的海上威胁。

1350年的温切尔西海战可能是英国历史上第一次在公海上展开的主要战役。这场海战是由英国国王爱德华三世指挥的，有50艘英国战船参战，击败了西班牙的由44艘更大战船组成的舰队。14—26艘西班牙船只被俘，还有一些被击沉。英国被击沉了2艘战船，许多船只遭受重大创伤。[260]

14世纪频繁海战的需要促使英国创立了比较正式的王室海军舰队与专属职位

258　彭慕兰、史蒂文·托皮克著，黄中宪、吴莉苇译：《贸易打造的世界：1400年至今的社会、文化与世界经济》，上海人民出版社2018年，第188页。

259　Sven Beckert, 2014, *Empire of Cotton: A Global History*. Knopf, 2014, p.xv.

260　参见https://en.wikipedia.org/wiki/Clerk_of_the_Acts。

（相当于早期的海军部长）。这个机构由一百多年前创立的一个王室海军事务机构转化而来。在这之前王室的战舰都是每次战争爆发时从商人那里租借来的商船加以军事配置临时改装而成。专业海军的海军部长从1344年开始负责英国皇家海军事务，包括海军港口建设和皇家舰队的组建。在14世纪中期，爱德华三世的海军总共有700艘左右的舰艇在服役。然而海战爆发时如果需要仍然可以在民间租借商船参与战斗。

英国经济在14世纪后期的70年代开始萧条，无法供养大规模海军，以至于到理查二世统治结束时，海军只剩下4艘船，到1409年只剩下2艘。但是15世纪初期，借助于经济复苏，英格兰的亨利五世国王复兴了海军，建造了许多巴林帆船和大型战舰，将舰队从1413年的6艘增加到1417年的39艘。这导致英国征服了英吉利海峡靠法国和低地国家一边的整个海岸，几乎消除了法国对英国的任何海上威胁，使亨利国王的海军力量可以在海峡畅通无阻。

英国海军的现代化改造直到15世纪80年代（1480）才出现，那时的战船开始从头到尾安装枪炮。1487年的摄政王拥有225座蛇形炮。亨利七世（1457—1509）对于建立一支现代化英国常备海军的贡献很大，他建造了比以前吨位更大的军舰，还投资兴建海军造船厂，并于1495年在朴茨茅斯亲自督导了英国现存最古老的干船坞的建设。

都铎王朝的亨利八世（1491—1547）于1538年开始在英国南部和东部沿海地区建造一系列昂贵的现代海防设施。他还加强了现有的海防堡垒，亲自监督施工过程。正因为亨利八世大规模扩建了英国海军舰队，因此传统上，在英国实现了中央集权的亨利八世才被认为是英国皇家海军的创始人。亨利八世的主要贡献是用大型火炮彻底装备了皇家海军军舰，这个军事现代化在其他一些欧洲国家已经实现，取代了传统的小型蛇形炮。亨利八世还亲自参与军舰的设计，为英国创建了一个永久性的国家职业化海军，大型吨位战舰达到50艘，并配有支持海军的兵工造船厂和船坞。在战略战术上，亨利八世统治时期的英国海军摆脱了传统的登船肉搏格斗战术，转而采用火炮远程射击战术。这一战术极大地刺激了对数学知识和数学家的社会需求。亨利八世还负责建立了"海洋事务委员会",专门负责海军的所有运作、后勤和军舰维修,这个委员会成为后来的海军部。

虽然亨利八世发起了一场皇家海军的现代化运动,但是他的继承人爱德华六世和玛丽女王却忽略了它,使得亨利辛辛苦苦建立的皇家海军在他们手里不过是一个防御性组织而已,而不是具备出征功能的强大海军。

是后来的伊丽莎白女王(1533—1603)把海军力量放在了国家能力建设的首位,从而开启了辉煌的伊丽莎白时代。她冒着与头号军事强国西班牙交战的风险,支持英国民间海盗袭击西班牙商船(这在当时是严重违反约定俗成的国际法则和道德准则的),从西班牙商船上掠夺了大量从新世界运回的黄金和白银。她也是将火药储备量放在国家安全第一位并大力操办火药生产的女王(参见第六章第三节)。

在16世纪下半叶,作为欧洲当时的超级大国和海上绝对霸权,西班牙帝国长期以"为恢复天主教而不得不入侵英国"来威胁英格兰。西班牙的"无敌舰队"终于在1588年开始强化对英吉利海峡的控制,并从西班牙出兵入侵英格兰。由于指挥失当、后勤失误、荷兰人捣乱、恶劣天气等原因,强大的西班牙海军败给了英国海军,无敌舰队铩羽而归。这一历史性事件标志着伊丽莎白女王治下的一个辉煌顶点。但是从整个全球海洋军事实力的角度来看,英国海军在16世纪末还无法全面与西班牙抗衡。

西班牙海军继续称霸全球的历史要到17世纪下半叶因为荷兰海军的崛起才结束。而英国在全球的统治地位,首先要借助荷兰崛起的力量来瓜分西班牙和葡萄牙的殖民地和全球贸易份额,并继而利用欧洲的四分五裂和多次英荷战争才能击垮荷兰。英国对荷兰的胜利要到18世纪末的第四次英荷战争以后才开始真正确立。

因此,英国还需要在1588年的辉煌战绩之后继续卧薪尝胆200年。这期间英国不仅要经历一系列与欧洲列强的战争考验来锤炼国家能力和拓展海外殖民地利益,还要经历一系列国内动乱并完成与苏格兰和爱尔兰的国家统一,实现政治稳定与安定团结,通过一心一意谋发展和制造业优先的产业政策才能最后获得其日不落帝国的地位。

因此不难理解，英国在17世纪崛起之前一直是一个海盗国家，也没有能够建立起维持国家运转所需要的远洋贸易体系。这与英国的财政税收制度和政治制度没有关系，而与它还没有能力使用国家暴力进入亚洲利润丰厚的贸易体系密切相关——这种对亚洲商品、亚洲贸易平台、亚洲科技知识的高度依赖，一直要等到欧洲自身的生产技术和贸易平台水平超越亚洲以后才能摆脱。因此当年任何一个贫穷落后的欧洲国家想要崛起，必须首先通过与发达的亚洲经济体系对接，才能利用自己的比较优势获得强大的发展势能，通过与发达地区密集的商业交换来刺激本国的劳动分工，进而一方面促进民间草根原始手工业发展，另一方面获得提升军事力量和国家暴力所需要的滚滚商业利润，由此才能推动一系列经济发展所需的协同变革。

与此对比，葡萄牙和西班牙已经通过加入亚洲贸易体系成为财大气粗的霸主。因此，东方蕴藏的巨大财富与商机和葡萄牙与西班牙海盗式远洋探险的暴发户发财方式，都引起了北欧国家的垂涎欲滴和效仿企图。然而想要加入葡西两国对全球资源的打砸抢竞赛并在海上对抗他们的海军对亚洲贸易通道的垄断，必须首先具备起码的国家能力。而英国的国家能力，已经通过都铎王朝期间的中央集权、海军建设、对纺织业不遗余力的国家扶持而初具成效。

为了进入亚洲和美洲环球财富流通网络，英国从海盗开始做起。著名英国海盗弗朗西斯·德雷克（Francis Drake）对西班牙商船及其港口的一系列打砸抢掠就是例子；[261]1581年，伊丽莎白一世授予德雷克骑士勋章，同年，他被任命为普利茅斯市市长。以后作为英国海军高级将领率领英国舰队多次与西班牙交战。

为了打劫西班牙财富，伊丽莎白还于1581年协助了荷兰起义，并于1585年与北方荷兰联省签署了《诺苏克条约》。1592年，在一场与西班牙的冲突中，一支英国舰队在亚速尔群岛附近捕获了一艘大型葡萄牙帆船，装载着900吨来自印度和中国的商品，价值约50万英镑，相当于当时的英国财政收入的一半。

261　彭慕兰、史蒂芬·托皮克著，黄中宪、吴莉苇译：《贸易打造的世界：1400年至今的社会、文化与世界经济》第五章第三节"英格兰的海盗业之父"，上海人民出版社2018年。

进入16世纪，英国的伊丽莎白一世女王建立了自己的国家海军，目的是对西班牙帝国的全球利益进行有计划和系统的远程"私掠"或海盗行动。1600年，英国王室批准成立了著名的英国东印度公司，比荷兰于1602年成立的荷兰东印度公司（VOC）还早两年，从而允许通过这个臭名昭著的皇家特许公司用武力打进亚洲贸易网络。

为了打劫西班牙和葡萄牙开辟的美洲和亚洲新航道，英格兰不惜与穆斯林结盟，开始花大力气与奥斯曼土耳其人搞好关系。事实上，英国乐见强大的奥斯曼帝国去摧毁南欧天主教国家的国力，为自己的崛起扫清障碍。比如1571年，当其他欧洲基督教国家组成了"神圣同盟"共同攻击奥斯曼海上舰队，英格兰却并未参与。1683年，当大多数欧洲国家都在惊恐地注视土耳其军队即将叩开维也纳的城门时，英格兰人却在动其他心思。"当胜利的消息传遍欧洲，诗歌、音乐、艺术及纪念碑纷纷被用以表达获胜的喜悦时，只有英格兰无动于衷。"[262]伊丽莎白女王对待苏丹的策略是以土耳其摧毁欧洲大陆后所带来的机遇和前景为基础的。罗马教皇一直在力劝欧洲基督教各国放弃前嫌，联合起来一致对抗穆斯林以避免更多的损失，并严厉警告称"如果匈牙利被征服，德国就会是下一个；如果达尔马提亚（Dalmatia）和伊利里亚（Illyria）被征服，意大利就会遭到入侵"，可英格兰却暗下决心自己搞一套，阴险地与土耳其统治下的君士坦丁堡建立了友好关系。[263]

这样一来，随着欧洲陆权国家之间频繁的战争爆发，隔海相望的英国为自己在17世纪的真正崛起赢得了一个很好的地缘政治格局。

17世纪本是荷兰的世纪。到17世纪中叶，荷兰人建造了迄今为止欧洲最大的商业船队，船舶数量超过所有其他国家的总和，其经济主要依靠海上贸易，使它们在欧洲贸易中占据主导地位，尤其是在北海和波罗的海。此外，荷兰人占领了葡萄牙在东印度群岛和巴西大部分地区的领土和贸易据点，从而使他们能够控制全球香

---

262 彼得·弗兰科潘著，邵旭东、孙芳译：《丝绸之路：一部全新的世界史》第十三章，浙江大学出版社2016年。

263 彼得·弗兰科潘著，邵旭东、孙芳译：《丝绸之路：一部全新的世界史》第十三章，浙江大学出版社2016年。

料贸易的巨额利润。他们甚至能够在英国本土与英国自身的北美殖民地之间的贸易中获益。这导致英国与荷兰之间的贸易和运输差距日益扩大。首先，因为英国实行的贸易保护主义政策，比如航行法令、关税条例以及各种保护英国制造业的重商主义产业政策。而荷兰的商业制度以自由贸易为基础——但这仅适用于欧洲，不适用于荷兰海外殖民地；这使得荷兰转口贸易的商品价格在世界范围内更具吸引力，因为荷兰税收制度只对其本国消费者征收消费税，而不是对进出口产品征收关税——这类似于中国香港的做法。因此，与英国产品相比，荷兰产品在世界市场上更加便宜，更具竞争力。[264]其次，荷兰与西班牙之间的休战以及三十年战争结束以后，荷兰脱离西班牙赢得独立并获得西班牙王室承认，这使得西班牙解除了对荷兰的禁运，恢复了两国之间的大宗贸易往来，使得荷兰商人的运费和海上保险费率持续急剧下降，从而进一步降低了荷兰产品的价格。第三，英国内战（1642—1651）的爆发也大大损害了英国经济并提高了英国产品的价格。

这一切都帮助荷兰迅速崛起并取代葡萄牙和西班牙成为主导亚洲和欧洲贸易枢纽的力量，这同时大大增加了英国对荷兰的嫉妒与不满。于是，英国开始寻求机会制造借口打击荷兰。

但17世纪同时也是英国崛起取代荷兰商业帝国的世纪。虽然在制造业和金融业各方面都比荷兰落后，英国仗着自己比荷兰高出一个数量级的人口规模与经济体量，尤其是在中央集权和实施产业政策方面的巨大优势，决意动用培育出来的国家暴力抢占荷兰的海外殖民地，并想方设法使处于"黄金时代"的荷兰臣服于英国，成为英国的附庸。

264　说到荷兰与英国经济政策的区别，不要忘记著名经济史学家布罗代尔就"重商主义"这个问题的经济逻辑对荷兰与英国的评价："重商主义首先是保护自己的一个法门。推行重商主义政策的君主或者国王……在更大程度上是承认一种劣势需要加以弥补或缩小。荷兰难得实行重商主义（是因为）没有势均力敌的对手，……实行自由竞争……只会对它有利，不会有任何损害。英国于十八世纪不再坚持重商主义，我认为这足以证明，世界的时钟已敲响大不列颠强盛的钟声。再过一百年后（1846），英国能够开放自由贸易，不冒任何风险。"（布罗代尔著，顾良、施康强译：《15至18世纪的物质文明、经济和资本主义》第三卷，生活·读书·新知三联书店，第40—41页。）

与此同时，法国路易十四统一欧洲的野心，使得17世纪成为战争不断的世纪。葡萄牙、西班牙、荷兰、法国、英国、瑞典、丹麦以及其他欧洲大国之间的弱肉强食，使得整个100年中欧洲只有3年没有打仗。而欧洲的一场"军事革命"恰好就爆发在这个世纪。[265]

17世纪对于英国崛起最重要的战争，是在公海上展开的三次英荷战争。通过三次英荷战争，另外加上法国对荷兰的入侵和打击，造成荷兰在全球殖民地的逐步丢失，使得荷兰的经济实力和战争能力遭受重创，从而为英国取代荷兰的海洋霸主地位创造了条件。

由于路易十四也在17世纪通过一系列战争而崛起，这使得17世纪成为法国与英国同时崛起的世纪——前者崛起成为海权帝国，后者崛起成为陆权帝国；先后结束了葡萄牙、西班牙、荷兰这三大海权帝国统治海洋和亚洲贸易的黄金时代。

然而，下一个世纪以规模化大生产为特征的工业革命究竟在哪里爆发，将取决于哪个国家掌握了世界纺织品市场的支配权——因为纺织品规模化大生产才是叩开工业革命大门的钥匙。[266]因此英国比法国的战略眼光更为独到——因为它做到了对世界纺织品市场和棉花供应链的垄断，而不是对香料市场和金银市场的垄断；这才是推动第一次工业革命在18世纪的英国爆发的关键因素。[267]第一次工业革命的特征是对纺织品的规模化大生产，而规模化大生产只有依赖规模化大市场才能盈利。因此谁掌控了纺织品及其原材料——棉花——的规模化大市场和物流通道，谁就是工业革命的引爆者和领头羊。后来的蒸汽机革命、煤炭革命、铁路运输革命都是由于纺织业规模化大生产所导致的对交通基础设施的巨大物流运输需求而连环引爆的。

265　关于欧洲"军事革命"的经典文献，参见论文集 "The Military Revolution Debate," ed by Clifford J. Rogers (1995); and Geoffrey Parker "The Military Revolution: Military Innovation and the Rise of the West 1500—1800," 1988。关于17世纪的海上"军事革命"，参见 Palmer, M. A. J. "The Military Revolution'Afloat: The Era of the Anglo-Dutch Wars and the Transition to Modern Warfare at Sea." War in history 4.2 (1997): 123—149。

266　参见熊彼特《经济分析史》；文一《伟大的中国工业革命》；贝克特《棉花帝国》。

267　参见文一《伟大的中国工业革命》第三章。

然而要垄断全球纺织品和原材料市场，必须首先具备与控制亚洲贸易枢纽的葡萄牙和西班牙决一雌雄的战争意志与国家能力。荷兰与法国分别成为击败葡萄牙和西班牙的螳螂，而英国则是笑在最后的麻雀。

英国虽然在17世纪之初经历了一场残酷的内战，干扰和削弱了英国的财政，使它在一段时间内并没有足够的海上实力与崛起的荷兰并驾齐驱。但是内战结束以后，英国开始依靠都铎王朝精心培育的纺织业和长期战争中刺激发展起来的冶金重工业和军火工业，向海上霸权地位冲刺。

17世纪初的"三十年战争"所带来的新地缘政治格局对英国、荷兰和法国都极其有利。在三十年战争结束时，葡萄牙和西班牙的全球霸权大大减弱了，这也意味着葡萄牙和西班牙分布在全球的许多殖民地市场及其矿产资源都向军事力量强大的北方国家敞开了大门。随着葡萄牙和西班牙这两头雄狮的倒下而扑面而来的，是一群更加凶残的丛林法则支配下的恶狗。这场恶狗争食立刻在之前的欧洲大同盟成员国之间，演化为一系列血腥战争冲突——证明了所谓《威斯特伐利亚和约》不过是一张废纸。被十字军东征和文艺复兴所彻底摧毁了的基督教原教旨主义道德文明，使得任何欧洲国家间的契约都没有保障。如果说16世纪的欧洲国家还相信宗教的话，三十年战争之后的欧洲国家只相信实力——只有永恒的利益，没有永恒的朋友。

历史资料1 三次英荷战争——英国崛起之战[268]

正是英荷战争为英国带来了一次海上的"军事革命"，[269] 以及英国作为海权帝国

268　本节主要参考资料包括：(1) Anglo-Dutch Wars (https：//en.wikipedia.org/wiki/Anglo-Dutch_Wars). (2) Konstam, Angus. 2011. "Warships of the Anglo-Dutch Wars 1652—1674." Bloomsbury Publishing. (3) Kennedy, Paul. 2017, "The rise and fall of British naval mastery." Penguin UK. (4) Levy, Jack S., and Salvatore Ali. "From commercial competition to strategic rivalry to war: The evolution of the Anglo-Dutch rivalry, 1609—1652." in The dynamics of enduring rivalries (1998) pp.29—63. (5) Jack Levy, "The rise and decline of the Anglo-Dutch rivalry, 1609—1689." In Wlliam Thompson ed. "Great power rivalries" Columbia: University of South Carolina Press, 1999.

269　参见 Palmer, M. A. J. "The Military Revolution' Afloat: The Era of the Anglo-Dutch Wars and the Transition to Modern Warfare at Sea." War in history 4.2 (1997): 123—149。

的崛起与荷兰的衰落。事实上，美国著名军事史学家和海军将领马汉的战争艺术分析正是从英荷战争入手的。[270]

1652年，**第一次英荷战争**（1652—1654）爆发。虽然战争一开始只是一场英国针对荷兰发起的贸易战，但是却也包含了英国的长远战略图谋并且是以英国的海军实力为其背书的。战争的导火索是英国国会颁布的一项损人利己的贸易保护主义"法律"——《航海条例》。该条例规定，今后所有通过英吉利海峡进入英国的货物必须只能是由英国的船只运抵英国港口——肥水不流外人田。尽管这一条例的借口是恢复英国内战之后萧条的经济，隐藏在其背后的无疑是一个长远的、从打击荷兰经济着手的国家发展战略计划——这个计划的核心是取代荷兰成为全球贸易的主导者。英国打击荷兰经济可以从贸易战入手，这是因为，作为一个缺乏陆地纵深的远洋贸易小国，英吉利海峡的物流运输是荷兰经济的生命线。但是断人财路犹如杀人父母；英国人开启的这场贸易战肯定升级为军事热战，这一点英荷双方都心知肚明。

从新制度经济学理论的角度，当时的荷兰共和国无论在政治制度上还是在经济制度上都是资本主义世界最先进的。它的共和民主体制与自由主义经济是新制度经济学家们公认的人类国家组织楷模。可是正是对于这样一个宗教改革先驱和新兴资本主义市场经济国家，英国必欲置之死地而后快，决定对其进行摧毁性经济打击和军事打击。这个打击不仅仅发生在英国"光荣革命"之前（比如第一、二、三次英荷战争），也同样发生在"光荣革命"之后（比如第四次英荷战争）。这个历史事实是对科斯—诺斯的交易成本理论、对阿西莫格鲁与罗宾逊在《国家为什么失败？》中提出的所谓"包容—攫取"性制度决定了国家成败这一类理论的无情嘲弄。[271]

开战前，为了在国内营造向荷兰这个昔日的新教同盟国和患难兄弟开战的气

270　参见阿尔弗雷德·塞耶·马汉著，李少彦、董绍峰、徐朵等译：《海权对历史的影响（1660—1783年）》，海洋出版社2013年。

271　对新制度经济学理论的分析与批评，参见文一《伟大的中国工业革命》，尤其是第5章。

氛，英国的新兴资本利益集团开始游说国会，他们以莫须有的罪名指责荷兰人"只受金钱驱使，过于物质，而且缺乏宗教信仰"。历史学家弗兰科潘指出：这种指责背后展现了英国人的野心：正如一个世纪前他们为了制造舆论对西班牙开战而开始对西班牙人的评价越来越恶毒一样，如今对荷兰人的批判也是如此。[272] 在即将到来的战争之前，英国将军乔治·蒙克（George Monck）就如何在对新教盟友荷兰开战问题上寻找借口时说道："这个或那个原因有什么关系？我们所需要的是比现在的荷兰拥有更多的贸易。"[273] 他还说道："荷兰人有太多贸易，英国人决心从他们手里夺走它！"[274] 英国人不宣而战，挑起了一场荷兰举国上下都还没有充分准备好的战争。

战争始于英国人对荷兰商船的袭击，后来扩大到了庞大的海军舰队行动。尽管英国人赢得了大多数海战并摧毁或俘获了许多荷兰商船，但他们未能赢得战争。荷兰共和国的财政状况比英格兰联邦更好，这使荷兰不仅能够完成装备海军舰队的工作，并以比英国更快的速度弥补战争损失。但是，与当年的古希腊和意大利城邦共和国一样，荷兰的政治制度建构使得共和国政府无法将海军经费集中管理，因为五个海军大臣和三个维持海军财政的省份都保持相当大的独立性。不过荷兰使用较小的军舰和私人武装商船也俘获了众多的英国商船，使得英国方面同样损失惨重。

海战持续了两年，严重阻碍了两国的运输和长途贸易。两年后，由于没有绝对的胜利者，而且两国都精疲力竭，于是英国护国公克伦威尔（Cromwell[275]）在1653

272　彼得·弗兰科潘著，邵旭东、孙芳译：《丝绸之路：一部全新的世界史》第十四章，浙江大学出版社2016年。

273　格雷厄姆·艾利森著，陈定定、傅强译：《注定一战：中美能避免修昔底德陷阱吗？》附录1"修昔底德陷阱案例文件"；案例五、荷兰共和国与英格兰，上海人民出版社2019年。

274　参见Kennedy, Paul. *The rise and fall of British naval mastery*. Penguin UK, 2017. p.48。

275　奥利弗·克伦威尔（Oliver Cromwell）（1599—1658）是英国将军和政治家，在英国内战期间领导英格兰议会反对查尔斯一世国王，内战胜利后从1653年起作为事实上的国家元首统治大不列颠诸岛，直至去世。查尔斯一世（1600—1649）从1625年起担任英格兰、苏格兰和爱尔兰国王，在内战期间拒绝妥协，后来被捕，1649年1月被赢得内战的议会派以叛国罪起诉，（转下页）

年11月提议停战，表示愿意签订和平协议，鼓吹两个新教徒国家应该成为盟友，而非势不两立的敌人，但前提是荷兰强大的奥兰治家族必须被排除在荷兰共和国最高领导核心之外。这一要求没有被满足，因此没有体现在停战时签订的《威斯敏斯特和约》中。

原因是克伦威尔正在面临一场与西班牙的战争，因此不希望看到荷兰加入西班牙对英作战。这场英西战争（1654—1660）同样是由海外商业竞争引发的，双方以私掠海盗和国家海军等各种方式攻击对方的商业和殖民利益。英西战争爆发的原因是英国想趁西班牙衰落期间抢占西班牙在美洲的殖民地。1655年，一支英国两栖探险队入侵了加勒比海的西班牙领土。1657年，英国与法国结盟，将这场英西战争与另外一场规模较大的法西战争合并，一起打劫衰落中的西班牙帝国这只肥羊。克伦威尔于1658年去世，英国陷入政治动荡，最终导致查理家族重返英格兰，查理一世的儿子查理二世于1660年上台复辟了英国君主制，由此结束了这场英西战争。但两国之间未签署任何条约，结果加勒比海地区的紧张局势使两国之间的冲突断断续续地进行了十多年，于1667年和1670年在马德里签署正式和平条约才真正结束。而法国和西班牙之间的法西战争则以1659年10月28日签署的《比利牛斯和约》告终。

但是英国议会多数人认为荷兰才是英国的头号竞争对手。他们意识到荷兰在亚洲东印度群岛利用葡萄牙的虚弱而取得的巨大成功，使得荷兰控制了利润丰厚的亚洲香料贸易；而且荷兰造船业非常发达，造的船舶质量好、造价低，支持了荷兰快速发展的海上贸易和远洋海军，使其贸易范围从波罗的海一直延伸到远东和美洲。

因此英西战争结束不到5年，甚至在与西班牙签订正式和平条约之前，英国缓过气来之后就再次向荷兰宣战，从而在这两个新教国家之间爆发了**第二次英荷战争**（1665—1667）。

（接上页）并被送上断头台处决。君主制被废除，英格兰联邦成为共和国。克伦威尔死后，君主制在1660年得到恢复，查尔斯的儿子查尔斯二世成为大不列颠国王。

像第一次英荷战争一样，第二次英荷战争也是英国出于商业利益和长远国家战略考量而挑起的。尽管当时在位的查理二世并不特别想发动战争，但控制议会的资本集团非常激进，对荷兰在非洲和美洲的殖民地虎视眈眈，试图遏制荷兰的增长势头并取代荷兰在世界贸易中的统治地位，因而与第一次英荷战争一样，对战争进行了有预谋的设计和宣传。

为了挑起第二次英荷战争，英国政客在民间制造舆论说在1623年的安博伊纳大屠杀中，荷兰特工非法折磨并处决了英国人。另外，英国人规定荷兰船只必须在英吉利海峡向从面前经过的所有英国船只的国旗致敬。而反过来英国船只则有意不向荷兰船只回礼致敬，以此激怒荷兰人。尽管荷兰政府为了息事宁人下令继续首先向英国船只致敬，但许多荷兰指挥官却无法承受这种侮辱。[276] 为了使战争升级，英国也开始袭击西非的荷兰贸易堡垒，还武装夺取了荷兰在北美纽约地区的殖民地——新阿姆斯特丹。同时英国还鼓励私掠海盗加入海军舰艇攻击荷兰商船，将其俘虏并带到英国港口。等到荷兰向英国宣战时，大约已经有200艘荷兰商船被扣押在了英国港口。作为对英国武力挑衅的回应，荷兰派出一支舰队重新夺回了非洲的贸易站，并占领了那里的大多数英国贸易站，然后越过大西洋，对北美的英国人进行了惩罚性远征。

尽管战争初期有利于英国人，但查理二世面临的巨大财政压力以及一场鼠疫大流行和伦敦大火，严重削弱了英国的战斗力。最终英国被迫停战，再一次与荷兰签署了和平条约。

而荷兰也不愿意继续与英国恶斗。第一次英荷战争结束后，当选荷兰共和国首席执政官（Grant Pensionary）的约翰·德威特，接手全面掌控荷兰的外交政策。德威特意识到，荷兰永远无法赢得与英国或法国这两个庞然大物的战争，即使在与任何一方的军事冲突中幸免于难，荷兰也要付出巨大的代价。因此，德威特努力争取

276　下降军旗向英国国旗致敬是13世纪以来英国对经过多弗尔海峡的各国船只的一贯要求，以此表示对英国的敬意，承认英国对这片海域的主权。但是按照传统，对方敬礼以后英国应该还礼。

一种中立性，使得荷兰的全球商业利益在有足够强大的海军力量的保护下可以蓬勃发展，并有效防止这两个大国中的任何一方成为荷兰的敌人。但是，德威特不希望国内的投降派和对英软弱的奥兰治主义者（Orangists）在荷兰篡权，因此不仅对英国的战争挑衅做出了有力回击，而且在该为国家利益出手时也毫不犹豫。比如，虽然荷兰在英西战争中保持中立，但是在1655年却单独对瑞典这个北方大国采取了军事行动，并在1658年再次与丹麦结盟对抗瑞典对丹麦的入侵，尽管英国当时是瑞典的盟友。德威特介入瑞典与丹麦之间冲突的目的，是想在波罗的海维持均衡、建立和平，以协助在那里的荷兰商业发展。出于类似的目的，他试图结束与葡萄牙的长期冲突，并在荷兰国内的部分抗议声中同意急剧衰落中的葡萄牙保留了巴西殖民地。

人们普遍认为，和平条约的签署是约翰·德威特的个人胜利，也是奥兰治分子的尴尬——他们似乎不愿支持战争，并渴望接受不利于荷兰国家利益的早期和平。荷兰共和国举国上下为荷兰的胜利而欢欣鼓舞。德威特借此机会诱使荷兰的四个省份通过了一份"永久公告"（Perpetual Edict of 1667），这个公告宣布废除荷兰各自治省的总督（stadtholderate）职位，宣布承认尼德兰联省共和国的总执行长官（Captain general）为最高权威。[277]德威特还利用查理二世国王在英国的弱势地位迫使他加入了1668年的三国同盟共同对付法国，这再次迫使路易十四暂时放弃了征服荷兰南部的计划。[278]

---

277 《永久公告》是荷兰于1667年8月5日通过的一项决议，废除了荷兰省的省长或总督（Stadtholder）的职位。大约在同一时间，荷兰其他多数省同意宣布废除省长这一职务，因为与荷兰共和国的总执行长官（Captain general）（相当于共和国首相）的职务不符。这实际上是德威特为应对紧张的国际战争环境而实现中央集权的企图。即便这样，由于荷兰共和国仍然缺乏必要的中央集权，最后不敌英国和法国，与工业革命无缘，成为欧洲近代在工业革命之前昙花一现的大号威尼斯或者古代版"香港"——它们都是依靠转口贸易和零关税政策而发财致富，同时也因为缺乏国家主导的产业政策而最终失去国际竞争力。而取代荷兰的英国和法国则更像超大号的"新加坡"或者欧洲版的"日本"。

278 三国同盟于1668年5月由英格兰王国、瑞典帝国和荷兰共和国共同签署。它是为响应法国对西班牙荷兰和弗朗什—孔泰的占领而成立的。尽管西班牙和利奥波德皇帝不是签字国，但他们密切参与了谈判。

　　不久之后爆发了第三次英荷战争（1672—1674）。第三次英荷战争的爆发与路易十四当年没有能够实现其征服荷兰南部的西班牙荷兰属地这个长远战略目标有关。法国的北方与其他欧洲邻国（比如弗兰德斯、西班牙荷兰、卢森堡）没有天然边界，既无大河也无高山，而且地处大西洋和英吉利海峡交通要道，还是北欧地区最重要的出海口和贸易枢纽。因此历史上是英国、西班牙、法国等大国政治家的必图之地，对于法国的国家安全尤为重要。因此只有从法国的国家安全角度才能理解法国国王路易十四执政期间的一系列战争目标和后来的拿破仑战争。然而即便拿下南部荷兰和荷兰共和国，由于地理原因，法国必须继续推进以至于统一整个欧洲才能获得真正的地缘政治安全，就像大不列颠英国一样。而实现统一欧洲的第一步是必须首先霸占西班牙荷兰和荷兰共和国。但是法国这一历史图谋永远都没有机会实现。[279]

　　路易十四的计划遇阻以后，认为与其图谋占领连接法国北部的西班牙荷兰，不如大胆一点跳过这个西班牙属地首先消灭北方的荷兰共和国，再挥师南下拿下西班牙荷兰。因此，路易十四便开始制定外交战略孤立荷兰，以便机会成熟时一举吞下整个荷兰地区的南部（西班牙荷兰）和北部（荷兰共和国）。而第三次英荷战争（1672—1674）就是法国这盘大棋的一部分——即法荷战争（1672—1678）的一部分。

　　这样，路易十四在第二次英荷战争1667年结束后就接连发动了两场针对北方边境国家的战争：权力下放战争（1667—1668）与法荷战争（1672—1678）。前者是法国企图吞并西班牙荷兰的战争，后者是法国对荷兰共和国的战争。路易十四在权力下放战争中宣称他拥有西班牙荷兰的继承权，因此出兵占领了西班牙荷兰和法国东部边界的孔泰地区。这对荷兰共和国显然构成了严重威胁。

　　得出荷兰人永远不会自愿接受法国在荷兰南部（西班牙荷兰）的战略目标的结

279　至于为什么秦始皇能够统一中国，欧洲永远都没有能够实现统一的历史原因，可参考许田波著，徐进译：《战争与国家形成：春秋战国与近代早期欧洲之比较》，上海人民出版社2009年。

论以后，路易十四认为实现这些目标的最佳方法是消灭荷兰共和国。这意味着首先需要破坏和瓦解"英国—西班牙—荷兰"之间的三国联盟。

因此，路易十四决定利用三国之间的经济矛盾贿赂瑞典国王和英国国王退出三国联盟，以便孤立荷兰。1672年4月，法国向瑞典支付了一大笔补贴，让瑞典退出了三国联盟并答应对法国在荷兰的军事行动保持中立，同时还承诺如果勃兰登堡—普鲁士"威胁"瑞典时法国会提供军事支持。[280]

而在这之前，路易十四已经私下和查理二世通过调解于1670年达成了《多佛秘密条约》，该条约规定英法两国结成反对荷兰共和国的军事同盟，要求英国国王查理二世向路易十四提供60艘军舰和4 000名水兵，以帮助法国对荷兰共和国发动征服战争，并且在将来的某个日子改信罗马天主教，时间由查理二世决定。作为交换的条件，法国将每年向查理二世支付23万英镑的退休金，向英国海军支付100万英镑补贴，并向查理二世私下皈依天主教提供20万英镑的奖励；如果查理二世将皈依天主教的事情公开告知英国人民，他还会获得一笔额外的酬金；而且如果万一英格兰因此不满而发生叛乱，法国将派出6 000名军队前去镇压。

意识到路易十四也正在与荷兰的德威特进行谈判以分割西班牙荷兰，查理二世在秘密条约中要求获得对沃彻伦（Walcheren）、卡赞德（Cadzand）和斯勒伊斯（Sluys）这三个荷兰港口的拥有权，这将使他能够控制荷兰的海上航线。两位国王交换了批准书，并对条约的存在保密。[281]

第三次英荷战争便是《多佛秘密条约》的直接结果，它不过是更广泛的法荷战争（1672—1678）的一部分。

战争于1672年爆发，英法同盟开始对荷兰从海上和陆地上进行夹击，荷兰不得不破坏海水堤坝用海水淹没国土，以挡住法国陆军的进攻。

280　1668年1月23日，荷兰共和国、英格兰和瑞典签署了"三国同盟"，承诺在法国或西班牙发动袭击时相互支持。

281　参见https：//en.wikipedia.org/wiki/Third_Anglo-Dutch_War。

但是法国控制荷兰共和国这个欧洲最强大的商业帝国的可能性，使得利奥波德皇帝和西班牙公开站出来支持荷兰。这也增加了英格兰国内的反对力量，而且许多英国人从一开始就反对查理二世与信仰天主教的法国结盟。1672年底，荷兰人的顽强抵抗使得他们收复了5月份失去的大部分领土；而查理二世打仗的钱也用光了，英国议会也不愿提供进一步的资金支持。[282]

英国的国内矛盾反过来为荷兰提供了帮助。法国在西班牙荷兰的扩张一方面威胁和牺牲了荷兰的利益——因为通过西班牙实行亚洲转口贸易对荷兰有利，同时也损害了英国的贸易和国家安全。如果路易十四控制了作为欧洲金融和商业中心的荷兰，那么法国势力的潜在增长将威胁到其他所有欧洲国家，尤其是英国。意识到这一点之后，英国国内的反战情绪高涨。同时，荷兰在陆地上的一系列军事失败也导致自身国内民心涣散。

荷兰政府在国内的反对势力奥兰治主义者因此趁机在国内鼓动内乱，指责当政的德威特亲天主教法国而疏远新教英国，对荷兰国家利益不利，于是在新教徒占多数的荷兰发生了广泛的骚乱。奥兰治主义者夺取了市议会的控制权，并要求新教教徒威廉王子接管政府。结果荷兰最高领导人约翰·德威特在一次暗杀中受了重伤，这体现了人们对德威特的愤怒。

尽管得到了法国的大量补贴，查理还是用光了钱。由于从一开始就不受欢迎，英国民间资本对战争的支持也开始消散，人们期待快速取胜从而结束战争。外加荷兰的宣传小册子运动声称查理二世同意恢复天主教，使得英国议会拒绝继续为战争提供资金，而英国国内反对派增长的程度使查理二世开始担心自己的地位（他父亲查理一世当年在内战中被送上了断头台）。

在这种情况下，1674年查理二世感到继续与法国结盟对他的个人地位构成了严重威胁，而且议会也将不再资助战争。他因此告诉法国大使科尔伯特·德·克罗

282　注意两点：第一，即便在《威斯特伐利亚和约》以后，国王的战争仍然不等于国家的战争；第二，议会不愿意支付国王的战争开支这类事情早在1688年的光荣革命之前就在欧洲很多国家有先例。

西（Colbert de Croissy）说：十分遗憾，我不得不终止英国的战争努力。同时，他通过在伦敦的西班牙领事马克斯·德尔·弗雷斯诺（Marquess del Fresno）告诉荷兰人，他之前的主要战争目的是让他的侄子成为荷兰省总督；因为这个目的已经达到，他不再反对缔结两个新教兄弟国家之间的持久和平，如果荷兰能够支付一些小的战争"赔偿"的话。最初，荷兰不愿接受查理二世的无理要求。但是查理的侄子威廉说服了荷兰人，指出这样做可能最终有机会让查理二世加入荷兰的反法同盟。对于威廉来说，没有任何欧洲国家比法国更能够对荷兰造成亡国灭种的威胁，尽管发生过多次英荷战争。此外，西班牙尚未向法国宣战，并且只有在荷兰同英国达成和平协议以后才愿意发动反法战争，否则西班牙担心英国会袭击西班牙在美国的殖民地。

结束第三次英荷战争的《威斯敏斯特和约》于2月17日在伦敦公开签署。该条约规定，荷兰的殖民地纽约（以前是新荷兰）从此将是英国的财产，而荷兰于1667年占领的苏里南仍将是其殖民地，从而确认了1667年第二次英荷战争结束时的现状。荷兰将支付200万荷兰盾的战争"赔偿"给英国。最终，威廉迫使查理二世用他欠奥兰治家族的债务基本抵销了这些赔偿，因此英国国王实际上没有赚到多少钱。战争终于结束了，这在英荷两国都受到了公众的热情欢迎，尤其是阿姆斯特丹和伦敦的金融资本与商业利益集团。

但是法国对荷兰的战争仍在继续。两个月以后，荷兰的威廉试图说服他的叔叔（英国国王查理二世）加入对路易十四的战争，但没有获得同意。直到1678年整个法荷战争结束之前，查理二世都试图在两国之间进行谈判，有时候他假装愿意考虑与法国发生冲突，以获得荷兰的更多让利。早在1677年，他同意侄女玛丽嫁给了他侄子威廉王子（即玛丽的亲表哥）；这后来被证明是其天主教兄弟詹姆斯在10年后的光荣革命中倒台的根本原因之一。

因此第三次英荷战争是法国、英国、科隆和明斯特几个国家之间对荷兰设下的阴谋和圈套，这个圈套由路易十四设计主导。他们联合攻打荷兰这只出头鸟，摧毁了作为全球主要海上武装力量的荷兰海军。虽然荷兰舰队是当时世界上最强大的舰队，但法国和英国的联合舰队很快把荷兰人置于防御境地，最终战胜荷兰。当然，这场战争虽然对荷兰的军事和经济实力造成毁灭性打击，但并没有彻底终结荷兰的命运。

为了荷兰的命运，荷兰的威廉王子在这场战争之后运筹帷幄，于1688年利用英国国内高层政治矛盾，出动千艘战舰大兵压境，成功推翻詹姆斯二世国王（查理二世的弟弟）并获取英国王位，从此形成英—荷军事与商业联盟，共同对付路易十四治下的强大新兴帝国——法国。这就是著名的英国"光荣革命"。

这场不流血宫廷政变虽然大大缓解了来自法国、西班牙和其他周边欧洲国家对荷兰的军事压力并稳住了荷兰在亚洲的香料贸易垄断地位，然而由于全球纺织业的兴起和香料产业的急剧衰落，这场"光荣革命"也最终成就了英国的崛起，结束了在经济上严重依赖香料产业的荷兰的全球商业霸主地位。

紧接着光荣革命之后的是一场延续9年的大规模战争。这场欧洲历史上比三十年战争还要接近于世界大战的9年战争，看起来更像是威廉三世国王代表荷兰对法国的复仇之战。英国历史学家琼斯（J.R. Jones）指出：

> 威廉三世被称为整个9年战争期间英荷联盟的最高指挥。他对欧洲事务的丰富知识和经验使他成为联盟在外交和军事战略中不可或缺的统帅，而且他作为英国国王也自然获得了更多的类似皇帝的权力。威廉手下的英国政府机构（英国议会）在外交和军事事务中扮演着次要的甚至不重要的角色，仅在海上战争方面具有发言权。英国议会和整个国家必须为战争提供资金、人员和船只，而且威廉发现向议会解释他的意图是轻而易举的事情……但这并不意味着议会甚至部长们在起作用协助他制定政策和决策。[283]

283　J.R. Jones, Britain and the World, 1649—1815 (1980), p.157.

这场经常被称为大联盟战争的"九年战争"（1688—1697）是法国路易十四与欧洲联盟奥地利、神圣罗马帝国、荷兰共和国、西班牙、英格兰和萨沃伊（Savoy）之间的战争。它在欧洲和周边的海域以及爱尔兰、北美和印度殖民地地区展开。它有时被认为是真正的第一次世界大战或全球性战争。今天的美国学者常把它称为"威廉三世的战争"。[284]

这场战争劳民伤财但是没有赢家。威廉三世希望获得的结果是作为欧洲强国的法国承认他在英国的合法统治地位，即通过"英国光荣革命"这场政变上台的新教政权的合法性。这场战争之后紧接下来便是西班牙王位继承权引发的战争。

神仙打仗，凡人遭殃。"欧洲九年战争结束后，印度的一些城镇被从荷兰人手中转交给法国人；二十年后欧洲列强的一次更加激烈的交战，使得加勒比海群岛在英法之间易手；西班牙王位争议尘埃落定后，英法两国又互相交换了北美洲的殖民地。"[285]

然而正是这样连续不断的战争，倒逼欧洲国家的制度建设和改革，战争越来越把胜出的欧洲国家打造成一个拥有科学决策指挥中心和卓越情报收集能力的现代化军事强国与工业强国。这从19世纪下半叶依靠战争和军国主义崛起和实现工业化与国家现代化的日本和德国的情况就看得出来。

尤其是一场在英国"光荣革命"将近100年之后爆发的第四次英荷战争（1780—1784），对荷兰人来说更是灾难性的，它暴露了荷兰共和国日渐衰落的经济基础和由此导致的国内政治矛盾，因为荷兰没有掌握当时全球最前沿的纺织制造业

---

284 当欧洲战场的消息传到亚洲的时候，英、法、荷在当地的殖民者和商人之间迅速展开了武装冲突。1690年10月，法国海军上将Abraham Duquesne-Guitton驶入马德拉斯炮击英荷舰队，把这场战争延续到了远东。1693年，荷兰人在印度东南海岸的庞迪耶里（Pondichéry）对法国商业竞争对手展开了一次攻击，击败了那里的法国驻军。在加勒比地区，圣基茨两次易手，而牙买加、马提尼克岛和伊斯帕尼奥拉则发生零星的武装冲突。盟军在这些地区有海军优势，尽管无法阻止法国向那里增派援军。

285 彼得·弗兰科潘著，邵旭东、孙芳译：《丝绸之路：一部全新的世界史》第十四章，浙江大学出版社2016年。

和纺织技术，尤其是这个技术所必须依赖的全球纺织品市场与原材料市场，因此严重缺乏自我输血的工业化能力和与英国产业竞争的能力。按照英国历史学家埃里克·霍布斯鲍姆的话说，**荷兰更加注重商业和金融，而英国更加注重制造业**（哪怕当年不过是工厂手工业或者乡镇企业）；**在英国是"工业利益……左右政府政策，这与另一个商业大国荷兰情况不同，在荷兰，商人利益至高无上"**。[286]

原来的三次英荷战争已经给荷兰国力造成沉重打击。外加产业政策失误，荷兰共和国于18世纪初就开始走下坡路。18世纪后期，荷兰海军不再是法国的竞争对手，更不是英国海军的对手。18世纪末，荷兰的银行掌握了世界上的大部分资本，比如政府资助的银行拥有英国国债的40%。这种金融化的集中程度大大提高了荷兰的工资成本和各种交易费用（主要是人工费用），迫使荷兰制造业在英国制造业面前失去竞争能力，打击和掏空了荷兰的制造业，加剧了社会的不平等（失业工人的低收入和金融资本家的高收入），导致了底层人民和一些荷兰贵族对国民经济和政府的强烈不满。荷兰在第四次英荷战争中的失败使得荷兰经济更是雪上加霜，国内矛盾加重，政治上变得十分不稳定。战后荷兰人不得不允许整个东印度群岛自由通行，使得英国皇家海军成为新的全球海上霸主。通过这场战争，英国彻底结束了荷兰的国运，以至于荷兰完全与工业革命无缘，从此告别和退出全球大国争雄的历史舞台，成为欧洲近代史上昙花一现的一个小国。荷兰的工业化进程要等到一百多年以后才能重新开启，掉在亚洲的日本之后。

英国这个边陲岛国之所以能在欧洲一系列大战中崛起，正是因为它通过偷师学习荷兰并在这个过程中用贸易战和军事战打击荷兰，通过牢牢抓住纺织业这个全球市场规模最大、收入弹性最高、延续时间最长的新兴产业——因为纺织业才是规模化大生产的最佳切入点，从而获得了越来越大的世界市场和滚滚利润来孕育她全球独一无二的海上军事与商业霸主地位，形成强大的"战争⇄商业"循环加速器。而

286　埃里克·霍布斯鲍姆著，梅俊杰译：《工业与帝国：英国的现代化历程》第一章，中央编译出版社2017年。关于乡镇企业作为引爆工业革命的关键阶段的经济学分析，参见文一《伟大的中国工业革命》。

且英国海军重要的甚至经常是唯一的目标，就是为本国制造业产品开辟海外市场和原材料供应基地，摧毁其他欧洲国家和殖民地本土的所有竞争者，打击别人的民族工商业，从而使英国制造业产品迅速并永久地占领世界市场。

进入19世纪，英国海军更是建立了"两强标准"雄霸全球，即英国海军规模必须足够"大"，而且足够"强"，不仅能够打败世界上任何一支强大的海军，而且能打败第二和第三强大海军的联军。这种遥遥领先的海军优势，使得英国能够从19世纪开始在任何时间将武力投放到世界上任何一个角落，有力地拓展并捍卫了英国的全球商业利益。

一战前接受国王检阅的英国现代化皇家海军舰队——它的规模与技术世界第一（https：//new.qq.com/omn/20191225/20191225A0L5RS00.html）。

作为总结，可以说英荷争霸这个国家争雄历史案例，是对新制度经济学关于"国家为什么失败"这个宏大历史问题所提出的"包容—攫取"制度二分法理论的一个最好反驳。[287]

287　参见阿西莫格鲁和罗宾逊：《国家为什么会失败》一书对于经济发展规律的"新制度经济学"分析；文一《伟大的中国工业革命》一书对新制度经济学的理论性批判。

历史资料2　英国"光荣革命"的本来面目

　　三次英荷战争最终以两国之间的联盟而告终。这个联盟是由于法国的过于强大而倒逼出来的，也就是英国光荣革命爆发的背景。换句话说，光荣革命的爆发是因为路易十四的法国想要统一欧洲的宏大军事战略给荷兰带来了远比英国还要大的生存威胁，迫使荷兰的威廉王子利用历史提供的契机在英国实现了一场不流血的政变和外国入侵，一举篡夺了英国王位成为英国国王，从而引发了法国与英荷同盟之间的九年战争。

　　由于法国霸权是在光荣革命以后被英荷联手摧毁的，因此光荣革命为英国去掉了崛起之路上的最大障碍——法国。这才是光荣革命对于英国崛起的意义，而不是新制度经济学家们讴歌的"君主立宪"制度的创立。英国在光荣革命之前早就已经是君主立宪制了，只不过议会的权力没有光荣革命以后那么大而已。而这个新增加的议会权力完全是来自威廉王子作为外来的篡权君主不得不做出的妥协。只要英国议会同意放弃前嫌与荷兰结盟共同打击法国，那么威廉的这个妥协对于荷兰的国家利益而言是只赚不赔的买卖。所以，荷兰的威廉王子在英国议会配合下发动的这场不流血军事政变成全了英国，也帮助了荷兰；因为如果没有光荣革命，英国国王便会倒向法国，对法国消灭荷兰有利，从而彻底改变《威斯特伐利亚和约》以后的欧洲均衡体系。不过光荣革命只是延缓了荷兰衰落的命运，最后荷兰的经济在威廉去世以后还是被英国（通过联合已经弱小的法国）彻底摧毁了，只是没有亡国而已——这是荷兰当年发动光荣革命倒向英国的最大好处。光荣革命是一场由荷兰的威廉王子在英国导演的宫廷政变，它通过英—荷强强联手，不仅可以成功对付法国的军事挑战和遏制它统一欧洲的企图，而且可以使得英国王室彻底转向"以经济建设为中心"的长期发展战略。这场不流血革命一方面强化了英国的重商主义产业政策以及英国政府发行国债（借钱打仗）的能力，另一方面通过吸收和利用荷兰的金融资本打造了一个能够在各方面与法国匹敌的英荷联盟，尤其是对海外殖民地的统治方面，百年之后再将变得虚弱的荷兰一脚踢下悬崖（第四次英荷战争），实现独霸世界的"日不落帝国"美梦。

结果的确是这样：通过赢得对法国的竞争，英国以更快的速度迅速崛起，不到一百年之后就引爆了第一次工业革命，改变了人类历史进程。而法国和荷兰都被英国超越，尤其是荷兰从此衰落并与工业革命无缘。

但是如果荷兰当年不通过政变扭转英国倒向法国的战略取向，荷兰早就被灭了。因此荷兰并非没有在英荷同盟中获利。路易十四执政时期为1643—1715年，光荣革命发生在路易上台45年之后的1688年。由光荣革命形成的英荷联盟阻止了法国吞并荷兰的野心。记住，光荣革命之前发生过三次英荷战争，之后两国之间通过光荣革命成为盟友，从而维持了长期和平，直到第四次英荷战争爆发才导致荷兰彻底衰落。其中的每一次英荷战争都是由英国发起，动机在于打击荷兰。

然而不像法国，英国崛起以后并没有动机和能力吞并荷兰，而是可以让荷兰继续以一个独立民族国家而存在，虽然英国直接取代了荷兰的世界霸权地位。这很像美国在二战之后取代大英帝国却仍然保留了英国的余晖，而不是像二战期间的德国那样企图消灭和吞并英国。这对于荷兰来说是更为有利的结局。

荷兰当时面临的正是这样一种选择，要么在面对法国与英国的强强联合下被两国瓜分，从欧洲地图上消失，要么投靠英国共同对付法国。荷兰的人口与经济规模相对于法国和英国都太小了，早晚会落得像意大利城邦国家那样被大国吞并的命运。而且西班牙和法国都想吞并荷兰。因此，荷兰希望避免意大利城邦国家和尼德兰—比利时那样的命运。

所以，光荣革命作为一场史诗级的地缘政治事件，不是因为实现了君主立宪制度，而是因为荷兰这个正在走下坡路的全球海上霸权，通过对英国发动一场不流血的政变，阻止了法国统一欧洲的步伐，并在促成英国崛起的同时保存了自己（避免了被法国亡国灭种的命运）。二百多年后的大英帝国做了同样的选择：它通过投靠自己以前的敌人——美国——而挫败了德国统一欧洲的战略，并在促成美国崛起

（即取代英国的霸权地位）的同时，避免了被德意志帝国消灭的命运。[288]

英格兰中央银行正是在光荣革命中掌权的议会怂恿下，为了筹集海军资金强化英国海军建设而在1689年成立的。因此，光荣革命对于英国崛起的意义，并不是目前流行历史观和新制度经济学所讴歌的"君主立宪"为英国提供了私有产权保障并成为英国工业革命爆发的决定因素。[289]光荣革命的意义在于：(1)英国政府大大提高了发动战争的能力，尤其在战争筹款和国债发行上能够获得英国资本家阶级的鼎力支持；(2)英国也能够获得荷兰金融业的大量资本援助，从而在军事上能够继续与法国竞争并超越法国。但是这两个有利条件并不意味着必然导致一场工业革命。

英国工业革命爆发的根本原因，是因为英国取代荷兰成为全球海上霸权以后，由于英国对全球棉纺织品这个巨大产业链和规模化大市场的占领，在英国纺织业引爆了一场纺织业革命，即第一次工业革命。这场工业革命使得英国有经济实力和技术能力首先在经济上彻底击败和横扫欧洲的所有纺织业竞争者，摧毁全球所有国家和民族的手工纺织业和基于其上的国民经济，利用荷兰提供的金融优势和自己的海军实力，第一次将人类衣食住行的最重要可贸易商品——纺织品——转化为由一个单一民族国家"规模量化提供"的产品，将全球纺织品市场的80%以上占为己有，让英国几百万纺织工人在整个19世纪的100多年间专门为全世界提供廉价纺织品，赚的盆盈钵满。而全球纺织品和由它带动的其他产业的繁荣，包括原材料棉花的大规模生产和运输，又极大地推动了对新一代基础设施和物流运输动力的需求，从而在已有煤炭—冶金工业的基础上，引爆了以大规模量化生产铁路、蒸汽机、机床、铁甲轮船为代表的第二次工业革命（即重工业革命）。正是第二次工业革命所带来的"机器生产机器"的大生产方式对劳动力的替代，使得英国成为自罗马帝国以后

288　数据显示，光荣革命前后的1700年，法国人口2 100多万，荷兰人口190万，英国人口850多万。1940年二战前夕英国的人口不到5 000万，德国人口超过6 500万，美国人口为1.32亿。

289　参见阿西莫格鲁、罗宾逊著，李增刚译：《国家为什么会失败》，湖南科学技术出版社2015年。

首屈一指的经济、军事、政治日不落帝国。[290]

光荣革命期间通过的《权利法案》表面上是为了限制国王发动战争的权力，但事实上英国议会比国王更喜欢打仗，只不过打仗的动机有所不同：国王常常为王室名誉和土地而打仗，而议会打仗的目的非常明确——仅为国家的经济利益和资本回报而打仗，并且打得更狠。

正如我在《伟大的中国工业革命》一书（第七章）中指出的，被新制度经济学家们讴歌的1688年英国光荣革命，只是英国自亨利八世和伊丽莎白女王实施以制造业为中心的产业政策和国家能力建设100多年来的一个插曲；它对100年后英国工业革命的产生并无不可或缺的根本性意义。它并没有如制度经济学派所想象和吹嘘的那样使英国的产权制度更加完善，或使得私人财产获得更多保护。它不过是体现了英国政商强强结合的愿望，使得商人、资本家和地主阶级在议会上获得了更多权力，从而进一步保证了皇室的一切商业和国际贸易政策更能反映和保护商人阶级在海内外掠夺的利益。毕竟，他们才是大英帝国重商主义政策下财富创造的中坚力量和主要纳税人，供养着英国军队使得其能够与其他欧洲列强进行一系列无休止的殖民地争夺战争。这意味着**中央集权在1688年之前只是偶尔可得，但在此之后就是永远可得了**。[291]它不过再一次说明，正如"**威尼斯，热那亚，吕贝克，汉堡和荷兰共和国在这之前的长期经验所反复表明的那样，一个国家如何能通过向其臣民和外国投资者可靠地偿还债务来变得强大······一个能可靠借债还债的议会君主制国家就意味着有能力干预欧洲大陆军事和经济力量的平衡**"。[292]

换句话说，光荣革命并未改变英国长期坚持的重商主义传统和国策，也没有使

---

290 对于这场在纺织业引起的工业革命为什么在英国爆发而不是在其他欧洲国家或者亚洲国家爆发这一问题的详细解释，参见文一《伟大的中国工业革命》。

291 参见Julian Hoppit, "Patterns of Parliamentary Legislation, 1660—1800", History Journal, vol. 39, pp.109—131; cited in Robert Allen (2009, p.5), *The British industrial revolution in global perspective*, Cambridge University Press, 2009。

292 参见McCloskey, Deirdre N. *Bourgeois dignity: Why economics can't explain the modern world*. University of Chicago Press, 2010, p.314。

得英国政府更加"包容"。如果说它改变了什么的话，那就是它使得政府在干预国家经济和发动贸易战争方面变得更专制和强权了。例如，光荣革命后，议会开始大幅提高税率；而且，出于保护本国纺织产业的目的，对进口施加了更严格的管制和禁令。1700年，英国禁止了进口质量更好的印度棉织品（白棉布），从实质上起到了保护本国脆弱的棉纺工业的作用。[293]1701年，英国议会通过了一项法案，法案规定：在英国穿亚洲丝绸和棉布都是违法的。为了进一步保护英国的毛纺织工业，1721年的《印花棉布法案》规定"1722年12月25日之后，在大英帝国的任何人因任何原因穿戴任何进口染色棉纺布料都是违法的"。[294]但是，当英国政府意识到棉纺织工业对于贸易和国家兴旺的重大意义之后，它又改变限制，并在1736年通过了《曼彻斯特法案》。《曼彻斯特法案》对于棉纺织业的机械化和工业革命时期工厂式大规模生产都至关重要。作为另一个例子，在1688年光荣革命之前通过的各种《航海条例》，并没有因光荣革命而有丝毫削弱，甚至没有受到亚当·斯密"自由贸易"口号的冲击，仍然沿用了近两百年之久。这些条例的目的就是为了保护英国的全球贸易垄断地位，禁止外国船只向英国及其殖民地输入制造业成品。

　　总而言之，在光荣革命之后，英国的私有财产权制度并没有如制度经济学大师诺斯和他的学生们（比如阿西莫格鲁和罗宾逊在《国家为什么会失败》一书中）所臆测的那样变得更"安全和有效"，它垄断的市场并没有对国外竞争者变得更加自由，它的政治制度并没有对工人阶级变得更加包容。但是，在政府主导的重商主义政策下连续不断的、以发展制造业为核心的原始工业化和国内外市场培育，让英国变得更加富裕、强大和适合于规模化大生产的技术创新。而英国的技术创新能力与其严格的"知识产权"保护没有什么关系，却与它拼力为国内制造业打造和开辟的全球统一大市场息息相关。[295]

293　这一禁令的本意是保护国内的羊毛纺织业和其国内市场。

294　Acemoglu and Robinson, 2012, pp.197—202.

295　相反，英国当年的知识产权和专利保护制度对于英国工业化和国内技术在国内传播起到了巨大的阻碍作用和反作用。参见Boldrin, Michele and David K. Levine. *Against Intellectual Monopoly*. Cambridge University Press, 2008。

具体说来，"光荣革命"是这样展开的。1688年，正当英法联盟显得牢不可破的时候，英国迎来了一个新时代——荷兰总督威廉王子冒险进行了一场绝望的赌博：他利用英国与法国之间的宗教矛盾私下买通英国议会，带领一个庞大海军舰队悄悄前往英格兰，在德文郡的布里克瑟姆（Brixham）登陆，前往伦敦直接推翻了当时处于非常弱势地位的詹姆斯二世。詹姆斯二世是查理二世的弟弟，也是威廉三世的岳父大人，因为被认为是信奉天主教的法国的附庸而受到英国议会排斥。这场里应外合的政变成功后，威廉成为英国国王，实际上使荷兰最强大的海上对手成了盟友。这就是著名的英国"光荣革命"。在这个"光荣革命"后的25年中，荷兰人和英国人联合其他欧洲盟友一起成功地与当时欧洲最强大的陆地霸主法国进行了一系列战争，而当时的法国正值伟大的路易十四国王统治的鼎盛时期。这样一来，欧洲的海战地区就从北海和英吉利海峡转移到了法国海岸和地中海，为英吉利海峡的经济发展和商业繁荣创造了良好的和平环境。

欧洲各国君主和女王之间虽然都是近亲通婚的表兄表妹，但正是因为这样的亲戚关系使得他们之间的勾心斗角、阴谋诡计、背信弃义和残酷竞争远远胜于欧洲以外的国家之间的斗争。这种政治操练也为欧洲国家提供了政治和外交资源方面的"比较优势"，使得东方国家的王室在玩弄阴谋诡计和政治权术方面望尘莫及。

据说在1637年出版的一本小册子中，耶稣会传教士圭多·阿尔迪尼（Guido Aldeni）记录说，他的中国朋友们经常对万国林立的欧洲迷惑不解地问道："如果欧洲有那么多国王，他们如何避免战争？"这个传教士幼稚或者有欺骗性地回答道："欧洲各国国王之间都是通过联姻结成的亲戚，因此它们之间很难发生战争，因为有手足之情维持关系。万一发生争吵，罗马教皇会派出特使去调解。"[296]

如果说这段对话一方面反映了17世纪中国上层人士对欧洲的无知，另一方面也还反映了今天中国个别知识分子对欧洲历史的无知——他们天真地认为欧洲当年

296　Charles Tilly（1992），p.128.

是因为文艺复兴以后的"自由、民主、人权、法律和契约"精神才走上了一条国富民强的工业化道路，从而引领世界文明500多年；因此认为落后民族如果希望复制或赶上欧洲的文明进程，就需要主动被欧洲国家殖民几百年才有可能。

第七节　战争的经济基础
——中央财政和"特许公司"的兴起

历史学家保罗·肯尼迪说："**政治家们往往遇到那种进退两难的困境：要么在有真正危险或看到危险的时候去'购买'军事上的安全（这就会对国民经济造成负担）；要么保持低防务费用（但会发现它的利益受到其他国家的行动的威胁）。**"因此他说，"**最理想的是，'利润'和'兵力'并行不悖**"。[297]

春秋战国时期的战略家说，强兵的基础在于富国。路易十四的财政大臣，让-巴普蒂斯特·科贝尔也说："**贸易是财政之源而财政是战争的神经。**"[298] 打仗必须得有经济基础，而这个经济基础本身无法直接通过国家暴力来创造，而只能按照经济本身的规律来创造；战争的经济作用只有在为这个经济规律服务的前提条件下才能彰显。

因此恩格斯在《反杜林论》中说道：

暴力本身的"本源的东西"是什么呢？是经济力量，是占有大工业这一强大的手段。以现代军舰为基础的海上政治暴力，表明它自己完全不是"直接的"，而正是取决于经济力量，即冶金工业的高度发展，对熟练技术

297　保罗·肯尼迪著，陈景彪等译：《大国的兴衰：1500—2000年的经济变迁与军事冲突》，国际文化出版公司2006年，第654页。

298　许田波著，徐进译：《战争与国家形成：春秋战国与近代早期欧洲之比较》，上海人民出版社2009年，第115页。

人员的号令权和丰富的煤矿。

暴力本身不能铸造金钱，它最多只能夺取已经铸造出来的金钱，……因此，归根到底，金钱还必须通过经济的生产才能取得；就是说，暴力还是由经济情况来决定，经济情况供给暴力以配备和保持暴力工具的手段。

火药和火器的采用绝不是一种暴力行为，而是一种工业，……要想获得火药和火器，就要有工业和金钱，而这两者都为市民所占有。

总之，在任何地方和任何时候，都是经济的条件和资源帮助"暴力"取得胜利，没有它们，暴力就不成其为暴力。[299]

比如17世纪英国与荷兰之间发生的三场海上战争，都是为争夺全球贸易主导权和商业垄断利润的贸易战的继续和最高表现形式。而这每一场战争本身也都最终拼的是经济实力。几乎每一次具体战役或海上遭遇战，英荷双方都各自需要投入2万—3万名水兵和6 000—8 000门大炮，而且消耗火药、炮弹、战舰无数：比如第一次英荷战争期间，仅从1652年5月至1653年2月的9个月期间，双方共投入军舰566艘，其中英国307艘，荷兰259艘；1653年6月至7月的一个月内，英荷双方共投入军舰453艘，其中英国投入230艘，荷兰投入223艘；第二次英荷战争期间，从1665年3月至1666年7月，英荷双方共投入军舰507艘，其中英国235艘，荷兰272艘；第三次英荷战争期间，从1672年5月至1673年8月，双方共投入军舰684艘，其中英国346艘，荷兰338艘。[300]另外，三次英荷战争中的作战次数之多，也是人类历史上罕见；比如仅在1652年5月至1653年8月间，双方大小交战总次数相当于当时世界各海洋历次战役的总和。[301]

---

299 《马克思恩格斯全集》第二十卷，人民出版社1971年，第182、186、187、189页。

300 参见M.A.J. Palmer, "The 'Military Revolution' Afloat: The Era of the Anglo-Dutch Wars and the Transition to Modern Warfare at Sea." Table 1–4.

301 彭波、施诚著：《千年贸易战争史：贸易冲突与大国兴衰》，中国人民大学出版社2021年，第30页。

这些战争成本还不包括战争中民用船只的损失和非直接对抗中军方的船只损失。比如霍姆斯大火（Holmes's Bonfire）便是英国在1666年第二次英荷战争中对荷兰弗利港口的一次袭击，这次袭击以登陆部队司令罗伯·霍姆斯上将的名字命名，他成功地用大火摧毁了一支由140艘商船组成的大型荷兰商船队。荷兰海军后来也成功实施了一次报复，用大火摧毁英国停泊在港湾的上百艘战舰。

国家暴力本身（比如通过政府采购）可以创造对火药、火炮、木材、能源、冶金等工业的巨大市场需求，而且又反过来提供对国家经济利益的强大保护。因此战争虽然不等同于经济，但是可以刺激经济与科技的发展和制度变革。所以，"利润"和"兵力"都必须兼顾而且可以互为因果。

然而任何资源都是有限的。资源的有限性导致对战争的限制以及由此激发出来的商业竞争和突破资源瓶颈的一系列科技革命。在下一章深入探讨"科学革命"爆发的"社会动力学"机制之前，这里不妨仅以造船必须用的木材资源为例，说明战争对欧洲森林资源的大量消耗早在工业革命之前就引发了一场煤炭革命。[302]

木材对于文艺复兴以后欧洲热兵器战争的重要性，一点也不亚于钢铁对于20世纪两次世界大战的重要性。如果说第二次世界大战中一个国家的战争取胜概率是由钢铁产能决定的话，那么工业革命前欧洲的每一场海上霸权争夺战，都是由木材的产能决定的。木材既是海军军舰的建筑材料，也是冶金工业的燃料和能源，而且家庭取暖、酿造、炼糖、玻璃和砖瓦制造也都需要木材。比如一场英荷战争打下来，起码破坏和丧失成百上千艘战舰以及民用商船。而制作高质量的战舰和远航商船需要松木、栎木和胡桃木等上乘质量的大树森林。

因此，自从基于火药—火炮的热兵器海战在14世纪的欧洲爆发以来，欧洲森林的砍伐极其严重，森林面积迅速消失，以至于英国在16世纪、法国在17世纪就不得不制定森林保护法。与此同时，对木材的巨大需求也带动了森林资源丰富的北欧地区经济的发展——就像改革开放以后对煤炭资源的巨大需求带动了中国北方地

---

302 同理，参见本书第六章第三节对天量火药和硝石的需求如何引发了一场化学革命的讨论。

区（比如内蒙古）的经济发展一样。因此，整个欧洲地区对木材的天量需求，在欧洲大陆催生了一整条木材产业链，为南北欧的经济整合和水运基础设施建设带来了巨大的拉动力量。人们为了制造武器（铸铁和造船），不惜付出高昂代价从远方运来木料。从波罗的海装船的整木或大块切割木料，经过荷兰运往里斯本和塞维利亚，其中包括一些业已造好的现成船只，虽然笨重，但价格便宜，以至于西班牙人在利用这些船只把货物运到美洲以后就将船只扔在那里，或者刚一靠岸就将其拆毁作为燃料。

任何一个国家为建立一支船队就必定要大量破坏大片森林。造船业对整个上游的森林资源实行分片砍伐，利用各种通道进行运输，包括大小河流，湖泊，沿海，以及专门为此修建运河。比如大木排沿着索尔河与马恩河漂流，进入塞纳河。除了用来建造船只和住房，木材还是最重要的工业能源。木材的需求量在16世纪之前就以惊人速度增长。比如1315—1317年间，平均一座砖窑所烧的木材需要大约70名樵夫在森林专事砍伐，还要大约60名劳工从事运输。[303]

按照经济史学家魏格利估算，每冶炼1万吨生铁需要10万英亩森林作为木炭燃料，相当于404平方公里。1620年英格兰年产生铁3.5万吨，需要消耗超过1 400平方公里的森林。如此巨大的消耗量，迫使英格兰中西部矿区1559年就出台法律，禁止塞文河地区周边22公里范围内砍树炼铁。[304]

英国人打仗，其他欧洲国家也打仗。因此欧洲丰富的森林资源很快就耗尽。这才是为什么欧洲早在第二次工业革命（即以煤铁为代表的重工业革命）之前就被迫发展出煤炭工业的根本原因。按照布罗代尔的估算，**"一座森林集中燃烧所获得的能源还不如一个不很大的煤矿"**。而树木砍伐以后至少需要二三十年才能重新成林。17世纪初的三十年战争期间，瑞典人砍掉了波美拉尼的大片森林，以至于广大地

303　布罗代尔著，顾良、施康强译：《15至18世纪的物质文明、经济和资本主义》第一卷，生活·读书·新知三联书店2002年，第431页。

304　参见常征著：《火药改变世界》，华龄出版社2021年，第365—366页。

区后来遭到沙土与沙尘暴侵袭。18世纪时，法国的形势相当严重，据说一座冶炼炉烧掉的木柴等于马恩河畔整座城市的消费。愤怒的村民抱怨冶炼炉吞噬森林，甚至剥夺了面包炉的燃料。1724年以后，原本森林资源丰富的波兰，由于森林消失，以至于盐井不再用火煮盐，而是满足于采集岩盐。[305]

如果陆地运输距离超过三十公里，木材运输十分劳民伤财，除非能利用河道或者海洋自动完成，比如将砍下的树干扔进河道让其向下游漂流。布罗代尔注意到，早在14世纪，大批木排就沿波兰各个河流到达波罗的海，然后再用大船拖往各个沿海国家港口转运。木排的大小同商人的财产成比例，最长的木排长达半法里。[306]

阿拉伯地区由于缺少森林，因此必须依赖欧洲人将木材或者木炭运往北非和中东地区。**这种核心工业原材料和军工原料的天然匮乏，被布罗代尔认为是阿拉伯文明在西方进入海权时代急剧衰落的重要原因之一。**[307]比如17世纪的三次英荷战争这种大规模海上冲突，没有任何一个阿拉伯国家（包括奥斯曼帝国）消耗得起。

或许同样道理也可以用来解释17世纪之后南欧国家的衰落和北欧国家的崛起，因为南欧的森林资源远远比不上北欧。只需要一场贸易战就可以切断北欧运往南欧的木材资源。对此，布罗代尔说道："**越往南去，树木越少。西班牙人文主义者安东尼奥·德·格瓦拉说得对：坎波城的燃料比锅里煮的食物更贵。埃及没有木柴时就烧甘蔗皮。**"[308]

305　布罗代尔著，顾良、施康强译：《15至18世纪的物质文明、经济和资本主义》第一卷，生活·读书·新知三联书店2002年，第428—433页。

306　布罗代尔著，顾良、施康强译：《15至18世纪的物质文明、经济和资本主义》第一卷，生活·读书·新知三联书店2002年，第432页。

307　布罗代尔的原话是："……木材当时具有举足轻重的影响。欧洲的强盛，原因之一正是它利用了良好的林木条件。从长时段看，伊斯兰国家相对地因树木资源的匮乏和逐渐枯竭吃了大亏。"布罗代尔著，顾良、施康强译：《15至18世纪的物质文明、经济和资本主义》第一卷，生活·读书·新知三联书店2002年，第428页。

308　布罗代尔著，顾良、施康强译：《15至18世纪的物质文明、经济和资本主义》第一卷，生活·读书·新知三联书店2002年，第432页。

　　为了供应大批木材，必须组织庞大的运输队伍，木排经过的河道与港口必须经常整修维护；此外，还需要组织广大纵深的商业渠道，采取储存措施，分流和储存已经抵达的木材。即使在树木繁茂地区，木材也越用越少，因而除了合理使用外，就是对外掠夺。北美洲的巨大森林资源最早就是由欧洲商人和白人移民砍伐的。但是远水不解近渴，毕竟横跨大西洋的运费成本极其高昂。然而煤炭革命爆发以后，由于一吨煤炭所含的热能相当于几千倍同等体积的木材，这样即便是长途运输的煤炭也是合算的。这才刺激了陆地铁路运输业的发展。

　　当然，造船并非木材的唯一需求之源。在发现煤炭之前，大批量制造炮弹和炮筒的冶金工业也十分需要木材和通过对木材的无氧燃烧转化而来的木炭。比如布罗代尔还注意到，玻璃厂和炼铁厂特别浪费木材和燃料，而每当工厂的燃料供应短缺或者价格过高时，就不得不减少生产。有时燃料供应紧张时，好多工厂不得不停产几个月甚至几年。比如有的高炉每隔2—3年才工作一年，间隔时间有时长达5—7年乃至10年。"**一个中等规模的铁厂消耗的木材等于二千公顷树林的产量。**""**孚日地区的居民全部都从事木材贸易；他们争相砍伐，森林在短期内被破坏无遗。英格兰自十六世纪起就潜伏这一危机。后来终于出现了煤的革命。**"[309]

　　而且，正如查尔斯·蒂利精辟指出的那样："**由于战争变得更加复杂和资本密集，在平民百姓中越来越少有人拥有战争手段：每一个13世纪的贵族家庭都拥有剑，但没有一个20世纪的家庭拥有航空母舰。**"[310]

　　也就是说，欧洲文艺复兴以后的热兵器战争，与中国春秋战国时代的冷兵器战争之间的巨大差别之一，是战争变得越来越资本密集型，从而更加有利于中央集权化的国家和能够实现统一的资源大国；因此基于火药—火器的热兵器战争，更加迅速地导致了近代欧洲封建城邦国家的解体和统一民族国家形成。况且，战争的巨

309　布罗代尔著，顾良、施康强译：《15至18世纪的物质文明、经济和资本主义》第一卷，生活·读书·新知三联书店2002年，第433页。

310　蒂利著，魏钟洪译：《强制、资本和欧洲国家（公元900—1992年）》，上海人民出版社2007年，第94页。

大开支，有力地刺激了欧洲民族国家财政制度的改革和税收方式的变革，使得"**欧洲国家在总体上转向以货币形式收税，然后用收集来的钱支付强制手段，再用部分强制手段来增强收税的体制。……在这些条件下，任何不能直接从他的国民中夺取战争手段或者不能在其他地方获得战争手段而无须付款的统治者，是很难被迫建立起他的国家武装力量的。在1500年后，由于在战争中获胜的手段变得越来越昂贵，大多数欧洲国家的统治者把他们大部分时间用在筹集资金上**"。[311]

从历史上看，因为很少有大的国家能够从当前的财政收入中支付他们的战争开销，他们因此必须通过各种各样的形式向未来借款，以应付当下的税收短缺，从而产生了向整个欧洲商界发行政府债券的金融创新。正如保罗·肯尼迪在《大国的兴衰》一书中所说：英国能够"**把大大超过其税务收入的钱财用于战争，这样一来，它就把具有决定性优势的舰船和兵力投入同法国及其同盟国的战争，而没有这种优势，它先前所投入的人力、物力便都会付诸东流**"。保罗·肯尼迪不过是重复了蒂利的思想："**一个借钱很快的国家能够比它的敌国调动得更快，从而增加了它赢得战争的机会。**"[312]

这不仅进一步解释了欧洲民族国家在中世纪以后迅速诞生的社会动力学，而且解释了当年鼓励发动新十字军东征的罗马教皇和欧洲王室，为何愿意大力资助地理大发现和海外殖民探险活动背后的强大动机，并且也同时解释了欧洲16世纪以后各种新型的国家集资方式、金融创新和特许海外公司的涌现。

换句话说，正是在战争需求拉动下出现的这种巨大的资源压力和国家财政压力下的两难选择，自从文艺复兴时期的意大利城邦国家崛起开始，就迫使处于国家竞争体系中的大大小小欧洲国家——无论政治制度如何——纷纷走上一条"军事重商主义"发展道路，**用战争开拓商业，用商业支付战争**。这样就在欧洲逐渐孕育和催

311　蒂利著，魏钟洪译：《强制、资本和欧洲国家（公元900—1992年）》，上海人民出版社2007年。

312　蒂利著，魏钟洪译：《强制、资本和欧洲国家（公元900—1992年）》，上海人民出版社2007年，第95页。

生出以商业为导向的重商主义意识形态，和越来越公司化的重商主义国家政权，其表现形式就是"战争⇄商业"循环加速器。

这个循环加速器是在对中国的四大发明（尤其是火药—火器）和一系列生产技术的广泛吸收，及文艺复兴开启的海上"亚洲商品"直接通道的基础上建立起来的，因此才是对近代欧洲文明崛起的最大、最关键的贡献。文学艺术和哲学的繁荣只能是欧洲经济繁荣的体现而非原因。这个"战争⇄商业"循环加速器的发育壮大，最终以多种方式从各个方面体现出来，比如：（1）"战争—财政"模式；（2）"宗主国—殖民地"三角贸易大循环模式；（3）"军工复合"模式；等等。这些模式里面的基本要素早在古代东方和古代西方就已存在过，但是如何利用国家暴力将它们有效地组织起来使其系统化、制度化和效率化，成为改变全球贸易游戏规则的抓手，则是火药传入欧洲并导致西方进入欧洲版"春秋战国"时代以后的发展演化结果。

对于贫穷落后的欧洲民族国家来说，解决这个使得"黄油与枪炮"或者"利润与兵力"并行不悖的国家生存难题的突破口之一，便是建立"国有"或国家控股的"军—民融合"公司和企业，比如当年的威尼斯的国营造船兵工厂和英国的"皇家特许垄断公司"，它们才是资本主义早期的引领产业升级的真正现代化企业，是牵引欧洲落后经济体起飞的发动机之一。[313]这种规模化大企业或者大公司一般都是政府为赢得国家竞争而创造的，不是民间市场经济自发产生的。这些早期现代化企业远比自发产生的民间作坊或者工场手工业具备更强融资能力和对亚洲高度发达的市场经济的竞争优势，尤其是特许公司背后的"国家暴力"优势。它们是由欧洲民族

313　中国改革开放之前三十年建立的国有企业体系对改革开放以后的经济崛起起到了类似作用。东欧国家市场化改革的失败恰好在于没有将社会主义时期建立大批量国企转化为引导民企壮大发展的发动机，而是在新自由主义的华盛顿共识忽悠下将其解体了，自废武功。事实上，日本自从明治维新以后的每一个发展阶段，国有企业都对民企的发展壮大起到了发动机带头作用。参见高柏《高铁与中国21世纪大战略》；文一"如何正确理解国企与民企的关系？——纪念中国改革开放四十周年"，《政治经济学季刊》2018年第1卷第2期；周建军《赶超的阶梯：国企改革和产业升级的国际比较》；王绍光"国企与工业化，1949—2019（上、下）"（http：//m.aisixiang.com/data/117036.html；http：//www.aisixiang.com/data/117041.html）。

国家直接缔造的一支征服世界资源和创造世界市场的国家力量，是欧美所有现代化大型企业的雏形。它们才是欧洲各国在工业革命前期、中期和后期开辟世界市场、掠夺世界资源、打造国际贸易秩序的先锋、闯将和排头兵。[314]

正如我在《伟大的中国工业革命》一书中所指出的：无论是产生于现代早期欧洲的私有产权形式，还是为这种产权服务的法律措施，都没有在工业革命之前使欧洲自身成为明显比东方更有利于生产活动的地区。欧洲国家之间的军备竞赛和在海外的商业竞争事业才是真正重要的因素。国家暴力和运用这种暴力来为欧洲企业开拓全球市场的"新十字军东征"活动，才是理解近代西方通过强行改变丝绸之路和印度洋古老的全球自由贸易规则而崛起的钥匙。也只有从这个角度，才能理解欧洲股份公司和海外贸易特许专营垄断公司对于创造世界统一大市场所具有的独特优势。[315]

因此，王室或皇家特许的欧洲海外公司，是重商主义国家暴力和战争资本主义融资模式创新的最好体现之一。

欧洲历史上的特许公司最早主要是国家（王室）直接注资，后来为了更加有效地吸引民间资金参与大国竞争，才开始鼓励民间资本的积极参与。但是生杀大权或控股权是掌握在国家手里。为了更多吸引民间资金，特许公司一般都演化为有限责任公司，即政府向出资者保障对公司债务的最终责任，私人出资者对公司债务只有有限偿还责任。政府除了许诺民间资本对公司债务的"有限责任"以外，还提供大量私人企业无法享受的特权和"公共服务"。政府规定，皇家特许公司的终极目标就是为国家的海外商业和政治利益服务。因此，我们可以把欧洲历史上的皇家特许公司看作最早形式的海外"国企"或"半官方"企业。

为了将海外特许公司培育成王室争夺海外商业利益行之有效的国家暴力工具，

314　这并不排斥民间企业的巨大作用。解决大面积就业和创造国内市场的关键力量是民间企业，尤其是中小企业，而且大多数技术和品牌的创新与发明来自民企。

315　类似观点也可参见彭慕兰著，史建云译：《大分流：欧洲、中国及现代世界经济的发展》，江苏人民出版社2004年。

特许公司被王室授予了与主权国家类似的广泛权力，成为国中之国。这些权利包括组建殖民地、管理民事和刑事司法、铸币、收税，以及使用海上和陆地武装部队维护和扩展其商业利益的权利。特许公司还被赋予了对海外任何非白人政体展开外交、进行战争与和平谈判的权力。

这些特许海外投资公司的金融创新之处，在于不需要在完成海外投资、探险、掠夺任务以后自动解散，将所有财产清理、分发给合伙人。而它们之所以能够做到"生命永续"这一点，是因为有国家暴力为其背书，保障它们在海外殖民投资的巨大成本能够通过长期经营而获得回报。为此皇室允许它们可以拥有自己的私人武装，赋予它们采取一切手段获得投资回报的许可，必要时可以发动战争，通过武力颠覆殖民地政府，无偿掠夺当地资源，以保证投资回报率和向皇室上交所得税。比如在17世纪，荷兰东印度公司VOC在非洲东海岸和美洲之间拥有世界上最强大的海军。因此，战争资本主义的国家暴力在海外特许公司身上获得了充分体现。

具体说来，政府特许公司是欧洲各国根据国家主权由王室颁发的特别章程而获得海外贸易特权的公司。这些章程通常赋予特许公司在特定地理区域和特定贸易项目上的举国公认的贸易垄断权，以及使用武力迫使贸易国（殖民地）开放市场和维持贸易的权利。在工业革命前和工业革命后甚至直到20世纪初，多如牛毛的各种欧洲特许公司主宰着近现代欧洲600多年的重商主义、殖民主义、奴隶贩卖和帝国主义时代。在这期间，特许公司被证明是欧洲实现全球商业霸权和帝国野心的必不可少的国家工具。欧洲列强之间的商业战争和武装冲突通常直接在这些特许公司之间展开。

换句话说，作为创造国家财政收入并降低国家对海外市场开拓和远距离交易成本的一种方式，从1340年到1900年的600多年间，欧洲各国对全球的资源掠夺越来越向鼓励民间风险资本以现代公司的先驱者——王室特许公司——的形式发展，政府为特许公司的海外业务提供政治和外交支持，公司高管（总督）由国家任命，政府可以根据情况解散公司、剥夺特许权或创立新的特许公司取而代之，但经济风险和军费开支越来越变得由公司自己承担，必要时政府可以出动国家海军为他们

"保驾护航"。

这期间欧洲列强单在非洲就有1 600家大型特许公司负责掠夺非洲资源和垄断非洲市场（包括奴隶贩卖市场），比如葡萄牙几内亚公司、荷兰西印度公司、英国皇家非洲公司等。这些公司就像欧洲民族国家从事海外殖民掠夺战争的"游击部队"，它们灵活机动，拥有很大自主权，往往需要在殖民地建立永久性武装贸易据点，并与当地的统治者结成联盟才能繁荣昌盛。

以欧洲对非洲的殖民贸易为例。欧洲针对非洲的特许公司的起源至少可以追溯到13世纪30年代早期，当时西班牙的卡斯提尔（Castile）王国在非洲西海岸发现了加那利群岛，这刺激了贫困没落的西班牙贵族在民间和其他君主的资金支持下，通过王室授予的特许，多次组织对这些岛屿的入侵行动，直到1496年征服了这些岛屿，统治了上面的居民。该特许提供了皇室对入侵行动的授权，但没有花费皇室一分钱。入侵者在当地拥有统治权力，并被王室授予在当地为出资者和皇室收租纳税的特权。

葡萄牙人早在1482年就由皇室出资在伏尔塔河和尼日尔河三角洲附近的埃尔米纳（Elmina）建立了一个堡垒，开始参与非洲本地的奴隶贸易。意大利和葡萄牙投资者受到强劲的欧洲食糖市场需求的激励，获得了葡萄牙皇室授予的特许经营权，在位于热带非洲沿海的圣多美，普林西比和费尔南多岛的岛屿上发展蔗糖种植业。由于无法吸引欧洲人来做苦力，他们依靠葡萄牙人与非洲商业的联系来提供非洲奴隶。在1500年，这些岛屿成为大西洋第一个真正的奴隶制种植业社会。

到了16世纪中叶，荷兰、佛兰德斯和德国的商人打入了已经转移到巴西这个葡萄牙殖民地的糖业热潮和著名的大西洋三角贸易：欧洲将资本、手工制成品和武器出口到非洲以换取奴隶，再将奴隶卖到美洲的种植园去专门从事热带产品（蔗糖、烟草、可可、咖啡和靛蓝）的大规模生产，然后再将这些农产品高价卖回欧洲市场去换取资本、手工制成品和武器。像葡萄牙几内亚公司和荷兰西印度公司这样的皇家特许公司分别成为16世纪和17世纪新大陆主要的非洲黑奴供应商，而18世纪的奴隶贸易则由大英帝国主宰。

跟随葡萄牙的足迹和国家投资模式，英格兰和荷兰通过设立"特许股份"公司，在1600年至1800年之间承诺投资者进一步扩张海外殖民地和主导全球贸易。这些新型的特许公司通过公开出售股票能够筹集更多的资金，从而规模更大，更具海外竞争实力。他们将股权与管理层分开，投资者（股份持有者）可以自由出售股票，而不是通过定期清算公司的方式获取资产（股份回报）和利润。这样一种新兴的资本集资和公司管理方式的出现，意味着新的特许公司可以不断将商业利润重新投资到公司业务，而不是在每次航行之后将所有投入资本和利润重新分配给其股份所有者。按照早期的特许公司的传统，这些新的特许公司继续被国家授予进行垄断贸易和为开辟贸易而发动战争的特权。遵循葡萄牙在这方面的早期实践经验，荷兰和英国特许公司开始打进葡萄牙和西班牙的殖民地本土贸易网络，为欧洲的金属制品、棉纺织品和武器创造了一个日益增长的非洲市场，用以换取非洲的黄金、象牙和奴隶。

这些新的特许公司，如荷兰西印度公司（WIC，成立于1621年），拥有从非洲进口到本国的合法垄断权和在其他市场寻求垄断地位的国家许可，以及对殖民地人民、政权和一切外国势力（包括欧洲其他国家商船）使用武力和大规模杀伤性武器的权力。除了进行日常商业活动以外，他们在殖民地拥有常备军和军事堡垒。荷兰政府允许WIC通过袭击在美洲和非洲西海岸殖民地而对西班牙和葡萄牙直接发动贸易战和军事战争。国家还授权该公司垄断在美洲和非洲之间的大西洋地区贸易，并授权它拥有与殖民地地方统治者谈判贸易条约、签约战争与和平协议的权力，以及在当地立法、任命总督和侵占其领土的权力。在国家的军事和财政支持下，WIC收购了非洲西海岸的港口，源源不断为美洲的种植园提供奴隶。由于来自葡萄牙、英国和法国的激烈竞争，WIC没有能够实现对非洲奴隶贸易的垄断。[316]

欧洲特许公司的演化和发展历史表明，国家与市场力量、企业家冒险精神与

316　以上资料基于http：//what-when-how.com/western-colonialism/chartered-companies-africa-western-colonialism/。

暴力、私有产权保护与野蛮掠夺这些矛盾对立统一体，在文艺复兴后欧洲500多年的工业化历史中永远相伴、相互纠缠。新制度经济学和新自由主义所片面强调的法治、分权、私有产权、人权保护和自由贸易，并不是欧洲崛起的原因，而是对欧洲工业化历史的严重误读。虽然贸易和利润看起来是欧洲海外扩张的主要动机，但如果没有国家力量所授权、扶持、背书的暴力掠夺和对殖民地实施反产权、反人权行为，单靠民间的所谓企业家精神和自由贸易是不可能成就欧洲工业革命的。大量武装到牙齿的欧洲特许垄断公司在全球各地的长期存在本身就证明欧洲各国与世界其他地区的贸易不是"自由贸易"，而是掠夺性的、非对称的强迫性武装贸易和垄断贸易。作为亚洲第一个成功开启工业化国家的日本，也正是在学习这一"战争⇄商业"循环加速器模式下通过掠夺亚洲资源完成自己的国民财富积累和工业化的。

美国历史学家兰德斯指出：

> 被荷兰东印度公司雇佣的下属都是来自荷兰和德国社会最底层的混混，而在公司较高的位置上却是一帮世界上所有贪婪分子中最贪婪的人。……没有一个具有起码生活本事的人愿意为东印度公司在那个存活机会渺茫的充满瘟疫的土地上停留很长时间。因此大凡愿意替荷兰东印度公司干活的人都知道自己必须快速致富发一笔横财。[317]

这充分说明，被新制度经济学家诺斯当作近代资本主义公司制度创新典范的荷兰东印度公司，不过就是一群被国家力量组织起来并受国家力量保护的专业海盗和军事化准政府跨国垄断企业。这类"半国营"企业的海外商业活动和巨额垄断利润，长期是英国进出口关税和财政收入的主要来源。不仅葡萄牙、西班牙海军和环

---

[317] 兰德斯原文："The VOC recruited to its lower ranks the dregs of Dutch and German society; at the higher levels, the company got the greediest of the greedy. Batavia had a murderous reputation, and no one with a modicum of survivor instinct cared to stay long in these pestilential lands whence few returned. These men had to get rich fast." (Landes 1999, p.144)

球探险活动建立在这类国家资助的海盗公司基础之上，而且后来的荷兰共和国和英国海军也都是建立在这类专业的海盗公司基础上的。这种由国家暴力来为其背书的"专业海盗"与"风险投资"公司制度与它们所具备的毫无道德底线的"十字军东征"精神，才是西方的海洋探险运动"胜过"中国明朝郑和舰队的地方；它体现的是西方不择手段发财致富的海盗文明与东方坚守道德底线的农商文明的区别。

诺斯和阿西莫格鲁等新制度经济学家们关于资本主义创新精神起源于对王权的限制和对私有产权的尊重，是极其片面和误导性的。难怪深谙西方资本主义发展史的经济学思想大师熊彼特说：

> 所谓"资本主义的新精神"这样的东西是根本不存在的……一旦我们认识到纯粹的封建主义和纯粹的资本主义是我们自己头脑凭空捏造出来的东西，那么，是什么把封建经济转变成了资本主义经济这样的问题也就不复存在了。封建社会包含着资本主义社会的所有胚芽。……同样，所谓"自由探索的新精神"这样的东西也是根本不存在的，因而也就不需要对它的出现做出解释。[318]

而19世纪面对西方列强霸凌的亚洲国家中，只有具备与欧洲同样海盗精神的日本民族，才在日本天皇领导下心领神会地学到了欧洲崛起这个秘密，因此能够通过加入西方列强"打、砸、抢、掠"的行列而在19世纪末通过实施对亚洲国家的殖民主义战争和国家主导的重商主义军备竞赛及商业竞争而迅速崛起。[319]

318　约瑟夫·熊彼特著，朱泱、孙鸿敬、李宏、陈锡龄译：《经济分析史》第一卷，商务印书馆1996年，第132页。

319　日本民族近代崛起所具备的欧洲式"野蛮＋科学"精神，充分体现在南京大屠杀和东北细菌武器实验室里面。关于日本的工业化发展模式与英国工业化模式的相似性，参见文一《伟大的中国工业革命》，文一、乔治·佛梯尔："看得见的手：政府在命运多舛的中国工业革命中所扮演的角色"，《经济资料译丛》2017年02期。

为了体现欧洲国家竞争体系所创造出来的特许公司的数目和分布特点，下表按照字母顺序罗列70家知名欧洲特许公司的信息，比如公司名称、授权国家、成立年份、经营地域。这只是一个挂一漏万的表格，因为欧洲特许公司的数目多如牛毛，单是早年在非洲就有1 600家之多。很多特许公司有多个不同的名称，为了节省篇幅每个公司只选其中一个名称。[320]

70家知名欧洲特许公司的信息

公 司 名 称	授权国家	经营年份	主要活动地区
African Company of Merchants	英 国	1752—1821	非洲（现代加纳的黄金海岸地区）
American Trading Company of Borneo	美 国	1865—1866	亚洲太平洋（婆罗洲）
Astrolabe Company	德 国	1891—1896	伊朗
Austrian East India Company	奥地利	1775—1785	亚洲（印度）
Barbary Company	英 国	1585—1597	非洲（摩洛哥）
Bergen Greenland Company	丹 麦	1721—1727	格陵兰
Brandenburger Gold Coast	普鲁士	1682—1720	非洲（加纳）
Cacheu and Cape Verde Company	葡萄牙	1690—1707	非洲几内亚（现在几内亚比绍）
Casa da Índia	葡萄牙	1434—1755	非洲和亚洲（印度）
Company of the Occident	法 国	1664—1667	北美、南美、非洲
Compagnie de Saint-Christophe	法 国	1626—1637	美洲
Company of the American Islands	法 国	1635—1651	美洲（加勒比海地区）
Company of the Senegal	法 国	1672—1709	非洲（塞内加尔）
Company of Guinea	葡萄牙	1482—1503	亚洲（印度）

320　参考https：//en.wikipedia.org/wiki/Chartered_company。

（续表）

公 司 名 称	授权国家	经营年份	主要活动地区
Company of Merchant Adventurers of London	英 国	1407—1800	欧洲、全球
Company of Merchant Adventurers to New Lands	英 国	1555—1917	欧洲（俄国）
Company of One Hundred Associates	法 国	1627—1663	北美
Company of Scotland	苏格兰	1695—1707	亚洲（印度）
Courteen association	英 国	1635—1646	亚洲（印度）
Danish East India Company	丹 麦	1616—1729	亚洲（印度）
Danish West India Company	丹 麦	1659—1776	非洲（加纳）
Dutch East India Company (VOC)	荷 兰	1602—1799	亚洲（印度）
Dutch West India Company	荷 兰	1621—1792	西非、美洲
East India Company (EIC)	英 国	1600—1874	亚洲（中国、印度）
Eastern Archipelago Company	英 国	1847—1858	亚洲（马来西亚）
Eastland Company	英 国	1579—1672	欧洲（波罗的海）
Emden Company	普鲁士	1752—1757	亚洲（中国）
Frecn East India Company	法 国	1664—1769	亚洲（印度）
French West India Company	法 国	1664—1674	非洲、北美洲
General Trade Company	丹 麦	1749—1774	格陵兰
German East Africa Company	德 国	1884—1920	非洲（坦桑尼亚、布隆迪和卢旺达）
German New Guinea Company	德 国	1884—1914	非洲（巴布亚新几内亚）
German West African Company	德 国	1885—1903	非洲（多哥和喀麦隆）
Guinea Company of Scotland	苏格兰	1635—1639	西非

（续表）

公 司 名 称	授权国家	经营年份	主要活动地区
Hollow Sword Blades Company	英　国	1691—1832	北欧（爱尔兰、英国）
Hudson's Bay Company (HBC)	法　国	1670—目前	北美（加拿大）
Imperial Privileged Oriental Company	奥地利	1719—1740	北欧（波罗的海）
Levant Company	英　国	1581—1825	东欧、中东、中亚（奥斯曼帝国）
London and Bristol Company	英　国	1610—1616	北美（加拿大）
London Company	英　国	1606—1624	北美
Massachusetts Bay Colony	英　国	1628—1691	北美
Mississippi Company	法　国	1684—1720	北美
Mozambique Company	葡萄牙	1891—1972	非洲（葡萄牙、莫桑比克）
Muscovy Company	英　国	1551—1917	俄国
Nanto-Bordelaise Company	法　国	1839—1846	新西兰
New Netherland Company	葡萄牙	1615—1618	北美
New Zealand Company	英　国	1825—1858	新西兰
Niassa Company	葡萄牙	1890—1929	非洲（莫桑比克）
Noordsche Compagnie	荷　兰	1614—1642	东欧（俄国）
North Borneo Chartered Company (NBCC)	英　国	1881—1946	亚洲（马来西亚）
Ostend Company	比利时	1722—1731	亚洲
Plymouth Company	英　国	1606—1624	北美
Portuguese East India Company	葡萄牙	1628—1633	亚洲（印度）
Providence Company	英　国	1629—1641	美洲（尼加拉瓜）
Royal African Company (RAC)	英　国	1660—1752	非洲

（续表）

公 司 名 称	授权国家	经营年份	主要活动地区
Royal Greenland Trading Department	英 国	1774—1908	格林兰
Royal Niger Company	英 国	1879—1929	非洲（尼日利亚）
Russian-American Company	俄 国	1799—1881	亚洲（中国）、北美
Society for German Colonization	德 国	1884—1936	全球性质
Society of Berbice	荷 兰	1720—1795	南美
Somers Isles Company	英 国	1615—1684	萨默斯群岛（百慕大）
South Sea Company	英 国	1711—1748	南美
Spanish Company	英 国	1530—1605	南欧（葡萄牙、西班牙）
Swedish Africa Company	瑞 典	1649—1663	非洲
Swedish South Company	瑞 典	1626—1680	北美
Swedish West India Company	瑞 典	1786—1850	大西洋三角贸易
Van Diemen's Land Company	英 国	1825—目前	澳大利亚
Venice Company	英 国	1583—1825	地中海
Virginia Company	英 国	1606—1624	北美
United Africa Company (UAC)	英 国	1929—1987	非洲

　　在这个名单当中，大英帝国的特许公司最多，平均寿命也最长，而且历史相当悠久。比如，仅在1700年之前的知名特许大公司就有27家，这一特点已经暗示了为什么英国能够在后来成为欧洲第一个率先引爆工业革命的国家——这些特许公司的成立与海外经营绩效与英国"光荣革命"没有丝毫关系，而是与英国自都铎王朝开始就形成的重商主义和注重产业政策的皇室传统密切相关。正如法国启蒙运动思想家和历史学家伏尔泰指出的：

　　　　使英国强大的一个事实是自伊丽莎白以来，各方面在鼓励商业的必要性上达成了一致。同一个刚刚将国王斩首的议会却可以同时忙于海外贸易据点的建立，就好像什么都没有发生过一样。查理一世的鲜血还冒着热气，这个由狂热重商主义分子组成的议会就通过了1650年的臭名昭著的《航海条例》。[321]

这27家英国特许公司的成立时间都在16—17世纪。要知道在17世纪中叶英国最大的城市伦敦只有35万人，其余上万人的城市没有几个。那个期间的特许公司一般都在伦敦成立，因此估计伦敦平均每万人甚至每几千人就有一个特许公司。历史学家彭慕兰指出，这种法人性质的公司在英国国内企业中是没有的，绝大多数国内企业是家庭企业或者家族企业。而政府特许的海外公司之所以拥有法人地位并成为"永续性"的公司，是因为国家暴力的支撑。

历史学家彭慕兰和托皮克指出："**是什么因素促使公司转而必须拥有永久性生命？一言以蔽之——暴力。**"[322] "**暴力是一种竞争优势。**"拥有法人地位的欧洲皇家特许公司"**是为支付集体暴力所需的开销而诞生**"。[323]

然而特许公司不是一气呵成的。英国早在15世纪就已经开始创立特许公司来为国家王室的海外商业利益服务，并积累了很多经验。以1407年成立的"商人冒险家"（Merchant Adventurers）公司为例。这个公司从1407年到1806年的400年间一直为英国在荷兰以及后来德国的西北部地区进行贸易。该公司主要任务是为新兴的英国羊毛产业出口成品布料到欧洲市场，以帮助扶持英国的战略产业——毛纺织制造业。该公司的鼎盛时期从15世纪后期一直延伸到1564年。在此期间，它的船队每年都将众多产品送到位于西属荷兰安特卫普的年度集市展销会上出售。16世

321　Voltaire, 1963，引自David Landes, 1999, p234。

322　彭慕兰、史蒂文·托皮克著，黄中宪、吴莉苇译：《贸易打造的世界：1400年至今的社会、文化与世界经济》，上海人民出版社2018年，第196页。

323　彭慕兰、史蒂文·托皮克著，黄中宪、吴莉苇译：《贸易打造的世界：1400年至今的社会、文化与世界经济》，上海人民出版社2018年，第178页。

纪中叶，英国对外贸易的四分之三都是由该公司在伦敦的总部控制，其中许多人担任都铎王朝君主的金融家和商业顾问。1564年后，由于来自欧洲其他国家的激烈竞争，尤其是荷兰自身的崛起，"商人冒险家"公司开始在荷兰失去了市场，随后开始一个长期的寻找新的海外市场的征程。1611年后，该公司的对外贸易活动集中在德国汉堡与荷兰共和国联合省的个别城镇。因为英国众多商业公司的兴起，该公司后来在英国议会被批评为垄断企业，妨碍了英国的海外利益和竞争力，因此在17世纪失去了许多皇家特权。为了提高英国在海外的竞争力，它的特权章程在1689年被英国皇室废除，但该公司在汉堡一直经营到拿破仑战争爆发才结束其历史使命。

如下一节将要深入探讨的，这个"战争⇄商业"循环加速器的形成和发育壮大所最终指向的，是"战争⇄科技"循环加速器——它是孕育"科学革命"的摇篮。

发生在欧洲的这场科学革命，是战争的产物，是新型战争所催生的国家意志和这个意志所主导的军备竞赛的产物。而缺乏这个国家意志的农耕民族和文明不可能发生一场从经典运动力学为突破口的科学革命。正如美国第26届总统西奥多·罗斯福在19世纪末担任海军助理部长时指出：

> 备战是和平最可靠的保证，……那些希望看到一国与其他国家和平相处的人如果依赖的是一支由一流战舰组成的一流舰队，而不是靠聪明人设计出的任何仲裁条约，那才是睿智的。……所有最伟大的比赛都是战斗。那些不能或不愿为自己而战的人，必然会被那些愿意为自己而战的人所统治。一旦一个种族失去了顽强拼搏的美德，那么，无论它还能保留什么，无论它在商业、金融、科学或艺术领域多么精通，它都失去了与最优秀的人自豪地平起平坐的权利。种族的怯懦，就像个人的怯懦一样，是不可原谅的罪。[324]

324　以上引文出自格雷厄姆·艾利森著，陈定定、傅强译：《注定一战：中美能避免修昔底德陷阱吗？》第三部分第五章，上海人民出版社2019年。

1910年出版的诺曼-安杰尔的畅销书《伟大的幻想》论证了战争对胜利者和失败者都会造成经济上的灾难，但是该书却没有能够阻止欧洲各国悄悄地最后制订它们的大规模作战计划。这不仅是由于战争的爆发是一个生存与灭亡的囚徒困境和纳什均衡，而且是因为战争对国民经济的负面作用极大地取决于它是本土战争还是非本土战争。如果战争爆发在本土尤其是商业与工业重镇，那对国民经济将是摧毁性的。但是如果爆发在敌国领土、殖民地或者公共海域，主要的损失就是战争资源和军力，但是获得的不仅仅是胜利之后对自己有利的国际地缘政治和商业环境以及战败国的天价赔款，而且是来自战争本身对经济与科技的刺激与拉动，包括军工产业链、重工业产业链、科技研发、基础科学、官僚体系办事效率等方面的全面提升。换句话说，战争催生国家、国家意志和国家能力。只有组织起来的国家才能生存，从而才能赢得全球商业竞争。这是为什么深谙西方历史的黑格尔说，战争是国家强化"免疫系统"所必需的伤风感冒，不经常经历战争的国家是不具备免疫力和生命力的，会变得像一潭死水一样腐烂发臭。一般说来，连续2—3代人的和平（50—100年）就会使得一个国家失去大部分国家能力，尤其是战争能力，像死去的机体必然腐烂一样。"流水不腐"：这才是为什么拿破仑说中国是一头睡狮，让它沉睡，千万不要用战争唤醒它。

拿破仑这位欧洲近代史上最伟大的战略家、政治家和军事家的预言，其实是在19世纪初回答他爱尔兰医生的问题时说的：如果英国人进攻中国，会如何？拿破仑答道：这可不行，因为中国这个东方巨人一旦被亡国战争唤醒，凭借它的辉煌文明传统、组织能力和军事潜力，它便会组织动员广泛的国内外资源，"**会从法国、美国甚至伦敦找到工匠，他们会建起船队，花一些时间，击败你**"。[325] 对此，著名英国历史学家汤因比感叹道："**拿破仑曾说，'不要唤醒酣睡的巨人'。**（但）**英国人**

325　引自美国历史学家欧阳泰著，张孝铎译：《从丹药到枪炮》导言第一页，中信出版社2019年。

打败了拿破仑，马上就发动了鸦片战争，使中国觉醒了。" [326]

　　换句话说，中华帝国因为长期缺乏一个由相似文明构成的、多国林立的国家竞争体系环境，缺乏来自具备对等实力的、旗鼓相当的国家和文明的军备竞赛、商业竞争和相互学习机会，以及各种资源的相互流动，从而像一个缺乏对手的孤独博弈者和棋手一样，在一种相对和平的粉黛红尘和琴棋书画中安居乐业，逐渐消磨了战争意志和国家能力。不过也正是因为它长期维护大一统的能力，它的国家意志便有可能在受到外部对等力量的强大冲击下苏醒，再次产生一种进取的"时代精神"，并在这种精神的召唤下复苏醒来，进入一个需要巨人而且能够产生巨人的新时代。

　　正如布罗代尔精辟指出的：

　　　　战争制造资本主义，……战争有助于确定国家的特征。而对国家来说，战争是真理的天平，武力的较量，永不平息的疯狂的象征。战争是作战双方力量消长的指示器，是人类历史中一往无前的运动，因而把战争重新放到经济世界的范围中去考察，就能发现人与人冲突的另一种意义……

　　　　作为现代技术的缔造者，战争促进了资本主义制度的加速建立。从16世纪起，就有一种新式的战争，它猛烈地调动信贷、智慧和技巧。

　　　　但这种既是进步之母又是进步之女的战争仅在经济世界的中心存在。必须拥有充足的人力物力，才能打仗。如果离开剧场的中心，离开这个得天独厚地被大量信息和历史著作照明的舞台，如果前往贫穷的有时还很原始的边沿区，光荣的战争在那里不可能栖身，或者它会变得荒唐可笑和毫无效能。[327]

326　池田大作、汤因比著，苟春生等译：《展望21世纪——汤因比与池田大作对话录》，国际文化出版公司1985年，第291页。

327　布罗代尔著，顾良、施康强译：《15至18世纪的物质文明、经济和资本主义》第三卷，生活·读书·新知三联书店2002年，第45—46页。

有火器的国王胜利了，没有火器的失败了。火器决定国家的生死存亡，也决定财富的最终归属。而支撑火器的是资本，支撑资本的是国家，支撑国家的是科学，支撑科学的是火器。这是一个巨大的循环加速器和价值链。

CHAPTER SIX

第六章

科学革命的战争密码
——破解李约瑟之谜

对于炮弹飞行的轨迹力图达到数学的精确性描述，是军事工业技艺刺激科学理论长期发展的一个标准典范。

罗伯特·默顿《十七世纪英格兰的科学、技术与社会》

尽管伽利略、牛顿和欧拉这些科学家的名字连小学生都知道，但是我们很容易忽略，他们工作中很重要的一部分是在研究弹道抛物线、解决偏离问题、提高炮弹的精确度。这些出色的科学家使战争武器变得更加强大、更加可靠。在启蒙时代，军事与科技一道齐头并进。

彼得·弗兰科潘《丝绸之路》

社会一旦有技术上的需要，这种需要就会比十所大学更能把科学推向前进。

《弗里德里希·恩格斯选集》

不幸的是，中国文化中有个缺点：缺乏科学。中国的艺术、文学、风俗习惯绝不亚于欧洲人。在文艺复兴时期，欧洲在任何方面都不能与中国相媲美。……英国后来虽有莎士比亚、密尔顿、洛克、休谟和其他的文学家和艺术家，但这并不能使我们比中国人更优秀。使我们处于优势的是牛顿、波义耳以及后起的科学家——我们之所以胜人一筹是因为他们给了我们更熟练的杀人技艺。一个英国人杀一个中国人比一个中国人杀一个英国人要容易。

伯特兰·罗素《中国问题》

近代科学是热兵器战争的产物。正是欧洲"国家竞争体系"下基于火药—火炮的残酷而激烈的国家生存竞争，和赢得军备竞赛的巨大压力与社会需求，才导致了欧洲"科学革命"的爆发。

这是本书的关键主题和对"李约瑟之谜"的解答。[328]

近代欧洲的第一波科学革命由物理学和化学主导，即17世纪的"经典力学革命"（又称为伽利略—牛顿革命）和18世纪的"化学革命"（又称为拉瓦锡革命）。

经典力学革命是发现了在空气阻力可以忽略不计的情况下，高速运动的地面球体（炮弹）与外太空天体（也是球形）服从相同的运动规律，即牛顿三大定律和万有引力定律。化学革命则是发现了火药爆炸现象背后的一般物质燃烧机理，即氧化反应原理——氧化反应是化学世界与生命世界最普遍的运动原则。

328　本章部分内容曾经以《国家为什么繁荣？——国民财富的起源与"空想市场主义"的终结》为题发表于《东方学刊》2019年第4期。在《机器文明数学本质》和《火药改变世界》两本著作中，中国民间学者常征，也就火药作为一种新型动力能源，以及火炮作为将这种能源向机械运动转化的动力装置，和它们对于欧洲科学革命和工业革命的极端重要性，做了深入的探讨。常征侧重于从数学思维方式角度，探讨古希腊数学的定量思维方式（尤其是亚里士多德物理学）如何与火药所提供的机械运动相结合，刺激产生经典牛顿力学和蒸汽机;《国家为什么繁荣？》一文和本书侧重于从社会动力学的角度，探讨由火药—火炮导致的大规模热兵器战争，如何通过欧洲"国家竞争体系"中的军备竞赛，导致欧洲近代科技文明体系的演化和科学革命的爆发，以及如何通过商业竞赛和统一世界市场的形成，导致工业革命的爆发。这两条思路相辅相成，一个从微观角度，一个从宏观角度，既有交叉也有分野。另外，本章第三节中关于拉瓦锡化学革命与火药爆炸的密切关系的深入探讨，也是对以上理论和文献的重要补充。

火药爆炸冲力和地球重力作用下所产生的炮弹飞行轨迹，和火药爆炸本身所产生的大面积空气膨胀及高温燃烧现象背后的化学反应原理，是这两场科学革命的中心问题。

对这两大中心问题的解答，开启了人类认识大自然规律的两场革命。前者导致对宏观世界（万有引力和天体运动）规律的认识，后者导致对微观世界（分子化学键与原子结合方式）规律的认识。而这两场革命都是由于中国火药的奇特威力所带来的。[329]

火药爆炸时可以在千分之几秒内，将其所有化学能量转换为发热的膨胀气体。炽热的气体充当了炮弹背后的强大弹簧，使几十至几百公斤重的大铁球以最大的速度弹射出去。炮弹可以在不到十分之一秒的时间跑完整个炮筒的长度——而人们眨眼的时间则是这个时间的9倍。在短暂的加速过程中，炮弹获得了全部速度，它出膛后可以飞奔一二公里或更长的距离，并在地球引力作用下形成长长的抛物线轨迹。火药爆炸时周围空气的瞬间温度可达1 000℃以上，周围空气体积可膨胀好几千倍，以至于每平方厘米产生的压力将近3 000公斤；这个压力下产生的膨胀系数相当于将一米的绳子突然拉伸到两公里长。

这样神奇的自然力量向文艺复兴时期的自然哲学家发出了类似希尔伯特在19世纪末向数学界发出的挑战与号召："我们一定要知道，我们一定能够知道！"

科学革命不是古希腊数学的直接自然产物。古希腊数学古籍和哲学著作在古希腊灭亡以后，一直在拜占庭帝国的图书馆中保存得好好的，被拜占庭学者们学习、研究了上千年，却没有发展出近代科学。要知道拜占庭人都是古希腊人，讲古希腊语，拥有古希腊的神话、艺术和雕塑，延续着古希腊的风俗习惯和思维习惯。

拜占庭没有产生科学革命的原因很简单——因为古希腊数学只有通过强大而独特的战争工具——火药和大炮的刺激——才能获得用武之地，从而在应用中提升成

329　与这两场革命密切相关的"天文学革命"，则是由文艺复兴时期的航海需求与武装殖民探险刺激出来的。

适合于演绎科学的一种语言。

也就是说，如果没有火药的引进和计算变速飞行下的炮弹轨迹所刺激出来的社会需求，古希腊创造的几何公理体系便不会在17世纪与阿拉伯代数传统结合，成为物理学的新语言和新工具。因此，是火药传入欧洲以后带来的高烈度、高频率战争对于计算炮弹轨迹的数学需求，促使人们去"激活"和"发现了"古希腊知识的用途，而不是反过来。

恰如黎曼几何对于爱因斯坦的意义一样：是爱因斯坦广义相对论的内在需求"发现"了黎曼几何，而不是黎曼几何"导致"了爱因斯坦的相对论。

换句话说，是时代需求让长期被聘为**威尼斯兵工厂科技顾问**的伽利略，"发现"了古希腊数学这个知识宝库的划时代意义，虽然它在拜占庭人手里沉睡了上千年。有了整天到处横飞的炮弹，即便没有古希腊数学，人们也会重新发明古希腊数学，虽然比直接翻译《欧氏几何》需要花费更多一些时间。中国20世纪60年代的核物理学家们即便在美苏科技封锁下和缺乏先进计算机的条件下，不也照样独立研究出了氢弹模型吗？同理，难道因为古希腊没有发明微积分，就能阻止牛顿和莱布尼兹发明微积分了吗？反过来，即便古希腊不灭亡，如果没有火药—火炮的刺激，再给它一千年也很难发明微积分，因为它缺乏对变速运动物体进行精确数学描述的社会需求。只有在火药—火炮传入一个处于霍布斯"一切人反对一切人"的战争状态和国家竞争体系的欧洲以后，才能产生出对"弹道学"和"燃烧学"的巨大的社会需求与求生欲望——"落后就要挨打"这个教训是意大利城邦国家首先总结出来的。

所以，是伽利略研究纲领的内在需求"发现"了古希腊，而不是古希腊数学公理体系的"自然演化"产生了伽利略力学革命。同理，是爱因斯坦研究纲领的内在需求"发现"了黎曼几何；而不是黎曼几何本身的"自然演化"产生了爱因斯坦相对论。

而且还需要特别指出，拉瓦锡的化学革命与古希腊数学体系没有任何关系；因此更不能说没有古希腊就不会产生科学革命。科学革命不只是包括17世纪经典力学的革命，还包括18世纪的化学革命。而且化学革命的产生既不依赖于数学也不依赖于经典力学革命的产生。

但是，如果没有火药—火炮的刺激，无论是经典力学革命还是化学革命都是不可能发生的。**正是火药这种崭新的化学能源和巨大自然杀伤力的广泛使用，彻底改变和加速了文明与科学的进程，就像200万年前"火"的发明加速了人类文明的进化发育一样。**

所以，"火药"是人类进入科学与工业化时代的"火与光"。因此美国总统杜鲁门才说：**"原子弹肯定是向新时代转变的信号，火药恰恰是中世纪向现代转变的重要信号。"** [330]

难怪军事与科技史专家迈克尔·怀特毫不犹豫地说道：

> 在某一历史时期，火炮就是核武器。只要稍微提起它，即可产生足够的威慑力。从它被引入社会，到它被用于战场，在那一时期的政治斗争中，它一直扮演着关键角色，影响着各个国家的政治动向。然而，与其说它对军人的影响意义重大，莫如说它在推动技术进步方面意义更加深远。可以毫不夸张地说，如果没有火炮，工业革命和蒸汽机时代有可能迟到好些年。[331]

为此我们还可以说，如果没有基于火药与火炮的大规模杀伤性高频率战争的刺

330　笔者十分认同经济学家赵建的观点："如果战争史存在着分水岭，可以认为有两个大的转折：一个是火药的普遍使用，推动历史从冷兵器时代转为热兵器时代；另一个是核武器的发明，通过核威慑重塑了新的国际关系，缔造了脆弱而又稳固的和平（恐怖平衡）。其他的转折，比如青铜兵器取代石器，铁器取代青铜等，虽然也产生了重大深远的影响（铁制兵器为普通人参战以及大兵团步兵作战成为可能，之前的青铜时代战争主要是贵族人的游戏），但是并不足以构成历史分水岭。"引自赵建《战争离我们有多远——关于战争的起源、可能性与新范式》（https：//www.sohu.com/a/396518171_465450）。

331　迈克尔·怀特著，卢欣渝译：《战争的果实：军事冲突如何加速科技创新》，生活·读书·新知三联书店2009年，第60页。

激，经典力学革命和化学革命甚至永远都不可能发生。

伏尔泰说："**文艺复兴根本不能归功于君士坦丁堡的逃亡者。这些希腊人所能传授给意大利人的只是希腊语而已。他们对于真正的科学几乎连一点皮毛知识都没有。人们当时知晓的一点物理学和数学，是得自阿拉伯人。看来有点奇怪，这么多伟大的天才都是在纷争迭起、战火连绵的意大利，在性命没有保障、没有作品可以借鉴的情况下产生的。**"[332] 其实，一旦把握了意大利城邦国家所处时代的"春秋战国"时代特征和火药—火器的传入这个关键点，伏尔泰觉得"奇怪"的事情就一点也不奇怪了。

约瑟夫·熊彼特在解释为什么亚里士多德哲学在欧洲中世纪突然被普遍接受时也说道：

> 我并不认为亚里士多德的重新发现是十三世纪事物发展的主要原因。事物的发展从来就不仅仅是由外部的影响引起的。亚里士多德只不过是一强大的推力，帮助了事物的发展并提供了工具。而经院学者意识到自己面前的工作并决意完成这些工作，则完全与亚里士多德无关。……从因果关系上说，不能把这一现象解释为人们幸运地发现了几本（古希腊）旧书。……而是因为它提供了一件现成的东西，假如没有这件东西，就得花费力气去制作它。……人们之所以接受亚里士多德的学说，是因为这是一种最为重要的节省时间和劳动的方法，特别是在那些尚未开发的领域。[333]

同理，古希腊数学的重新发现并非欧洲爆发科学革命的关键原因。它只不过为伽利略的炮弹弹道学和动力学研究纲领提供了信手拈来的数学工具。假如没有这个

332　伏尔泰著，梁守锵等译：《风俗论》（中）第八十二章，商务印书馆2000年，第247页。

333　约瑟夫·熊彼特著，朱泱、孙鸿敬、李宏、陈锡龄译：《经济分析史》第一卷，商务印书馆1996年，第143页。

现成的工具，伽利略也会花力气去"制作"和发明它。况且伽利略所掌握的数学知识完全是从阿拉伯人那里传过去的，而且阿拉伯数学超越了古希腊，包含了对经典力学革命更加重要的代数学和三角函数理论。

比如著名穆斯林数学家赫瓦里兹米（Al Kawarizmi，又译为哈瓦兹米）是近代代数之父，他的工作被大量翻译成拉丁文。哈瓦兹米为整个近代代数奠定了基础，并最先提出了线性和二次方程的系统解。他在代数方面的主要成就之一是演示了如何通过因式分解和配置完全平方项来求解二次方程，并为此提供了几何证明。他还为三角函数做出了重要贡献，制作了精确的正弦、余弦、正切表。哈瓦兹米还在其他几个领域，特别是天文学、占星术、地理学和制图学也有杰出贡献。他的工作还包括许多科学实验，如测量地球大气层的高度，并发现了放大镜的原理。另一个穆斯林哲学家阿尔·基尔马尼（Alkirmani）也在三角函数方面做了大量工作，包括正弦函数和余弦函数，这些成果都被翻译成了拉丁文。另一个著名的伊斯兰学数学家是伊本·海瑟姆（Ibn al-Haytham），他关于"光学"的著作被翻译成多种语言。穆斯林学者还发现了衡量时间的钟摆原理。实际上，伽利略《关于两门新科学的对话》和牛顿《数学原理》中的许多知识都源于前期伊斯兰学者的科学贡献。

化学也受到穆斯林学者尤其是炼金术的影响。杰比尔·本·海因（Geber）是最受欢迎的穆斯林化学家之一，许多学者把欧洲科学革命鼻祖培根强调的"科学方法"的最早提出与杰比尔联系起来。此外，在化学中使用的很多术语，比如乙醇、酒精、碱和酏都是伊斯兰发明的。

穆斯林对欧洲现代医学的贡献也很大。中世纪的主要伊斯兰城市都有医院，当时最大的一所医院是在开罗，拥有8 000多张病床，分别有发烧、眼科、痢疾和手术病房。当时的一位著名穆斯林医生是艾尔·拉兹（Al Rhazes），他发现了天花的起源，而且发现每个人在自己一生中只可能被感染一次天花，从而显示出免疫系统的存在及其功能。他是实验医学的早期支持者，除了成为神经外科和眼科的先驱之外，他还被认为是儿科之父。著名科学史学家乔治·萨顿（George Sarton）认为

"拉兹是伊斯兰教和中世纪时代最伟大的医生"。[334]

伊斯兰文明所有的科学知识和发现都被欧洲人变成了科学革命的原料和乳汁。但是，如果没有火药传入欧洲并点燃意大利城邦国家间的热兵器军备竞赛，无论是伽利略的运动力学革命还是拉瓦锡的化学革命都很难想象。因为这两场科学革命，都是欧洲热兵器战争下国家生存竞争的产物；而火药与欧洲国家竞争体系是互为因果的。处于四分五裂和"一切人反对一切人的战争"状态下的欧洲，只有碰到火药才能变成火海，而这个火海又反过来刺激了欧洲民族国家的崛起和军事革命的爆发（参见帕克和蒂利）。[335]同样关键的，是火药—火炮激发了欧洲人对炮弹飞行机制与火药爆炸机制进行理解的渴望，以及国家力量对这种求知欲的大力支持、赞助和提携。

"火药改变了欧洲" 这个论断，至少可以追溯到弗朗西斯·培根（1561—1626），并在随后的几个世纪中被许多伟大的欧洲思想家（包括马克思）不断重复。

1620年，培根在《新工具》中写道："**印刷，火药和指南针这三大发明……已经改变了世界的面貌和状态：第一发明在文学方面；第二个在战争方面；第三个在航海方面。无穷尽的新发明又在这些发明的基础之上涌现出来，以至于有史以来还没有任何帝国、教派或星象对人类事务的影响和威力超过了这几项发明。**"[336]

在19世纪，卡尔·马克思（Karl Marx）谈到火药、指南针和印刷术的重要性时说道："**火药、指南针和印刷术是促成资产阶级崛起的三大发明。火药炸毁了骑士团，指南针发现了世界市场和殖民地，而印刷术是新教和科学复兴的工具；这些**

334　参见https：//en.wikipedia.org/wiki/Muhammad_ibn_Zakariya_al-Razi。

335　参见Clifford J. Rogers, "The Military Revolution Debate"。

336　参见Bacon, Francis. *Novum organum*. Clarendon press, 1878, Book One, Section 129, p.105。中文版译文有所不同，参见培根著，许宝骙译：《新工具》第一卷第一百二十九节，商务印书馆2008年，第103页。

是创造西方智慧的最有力手段。" [337]

当然，"机会"只属于有准备的"人"，"手段"只属于有"目的和企图"的民族。

那么欧洲人凭借什么做好了汲取中国伟大发明的准备？究竟在什么意义上，来自东方的发明为欧洲民族提供了实现自身"目的与企图"的手段？答案不在于古希腊理性和古罗马法律，而在于火药的传入导致了欧洲封建秩序的瓦解和欧洲的国家竞争体系的形成；在于身处这个竞争体系中欧洲民族国家间你死我活的军备竞赛、六亲不认的商业竞争、毫无道德底线的全球殖民争霸。

经济学鼻祖亚当·斯密在其1776年的《国富论》中也指出："**军事技术上的一次大革命，似乎只是起因于一个偶然的事件，即火药的发明。**"斯密认为，军事技术革命促进了商业革命和国民财富的增长，不仅是因为它通过刺激常备军的发展，为国家培养出有"纪律、秩序和迅速服从命令"这些工业化所需要的劳动力素质，而且因为枪炮本身是昂贵的，修建防御它们的城堡也是昂贵的，因此也刺激了国家对财富积累的更高追求，因此这场军事革命只对富裕国家有利，从而导致欧洲国家富国强军的欲望。他认为现代战争改变了文明国家与野蛮国家之间的平衡，使拥有常备军的富裕发达国家可以控制曾经威胁过它们的其他民族。为此，他写道："**火药武器的发明，初看起来似乎有害，实际上却有利于文明的延续和扩张。**" [338]

正如哲学大师罗素所说："**民族国家，由于有了火药的缘故，对人们的思想和感情获得了一种前所未有的影响，并且渐次地摧毁了罗马所遗留下来的对于文明统一性的信念。**" [339]

因此，德国古典哲学大师黑格尔也才说道："**枪炮……这种火器的发明把英勇**

337　Marx, Karl. "Division of Labour and Mechanical Workshop. Tool and Machinery". Economic Manuscripts of 1861—1863. 马克思著，中共中央编译局译：《1861—1863年经济学手稿》"劳动分工和机器作坊，工具和机械"，人民出版社2004年。马克思、恩格斯著，中共中央编译局译：《马克思恩格斯全集》第三十三卷，人民出版社2004年。也参见马克思著，中国科学院自然科学史研究所译：《机器、自然力和科学的应用》，人民出版社1978年。

338　亚当·斯密著，孙善春、李春长译：《国富论》第五篇第一章第一节，万卷出版公司2008年。

339　罗素著，何兆武、李约瑟译：《西方哲学史》上卷，商务印书馆2008年，第18页。

的个人形态转变为较抽象的（国家组织）**形态，乃非偶然。**"[340] 黑格尔是在马克思之前最早意识到火药对于欧洲文明演化的不可或缺性的哲学家之一。他在《历史哲学》（第四部第二篇第三章）中说道：火药是将欧洲"从封建政体过渡到君主政体"与"现代国家形态"的关键。只有在中央集权的君主政体中，即"（封建）诸侯们只有在团结为一个阶级之后方才有力"，因为"封建统治不知道有任何的国家"，从而缺乏一种统一的多民族组织起来的国家功能。然而"封建政体过渡为君主政体"的关键之一是"一种工具的发明——就是火药的发明，……人类需要这种发明，所以它就应运而出现了。"这是因为只有在火药面前那些封建城堡才"是可以攻破的，所以金城汤池都失掉了重要性"。因此，"火药实在使一种合理的勇敢——'精神'的勇气——成为军事胜利的必要条件。""只有透过这种工具"，才能促使欧洲发生从封建政体向中央集权和国家形态的转化。[341]

黑格尔的意思与蒂利和罗素的一样：火药创造了近代欧洲民族国家。而欧洲民族国家又通过国家竞争体系促成了"海上铁骑"和"战争⇄商业"循环加速器的形成，从而称霸世界。

但这些欧洲思想家没有意识到或者提及的是，**基于火药的军备竞赛也直接导致了牛顿经典力学革命和拉瓦锡化学革命的爆发。**

然而这两场科学革命的性质很不相同：前者需要借助炮弹力学和阿拉伯化的古希腊数学；后者根本不需要古希腊数学，而是需要借助火药燃烧爆炸现象和炼金术士对"金木水火土"元素理论进行大量系统的定量科学实验。

古代西方的炼金术知识与成就明显比不上古代中国。如果没有中国的炼金术士发明火药，就连最赞成西方中心论的西方历史学家，也很难想象单凭欧洲的炼金术士能够发明火药配方；因为西方自从古希腊以来就根本不知道硝石或者硝酸钾这种

340　黑格尔著：《法哲学原理》，商务印书馆1979年，第345页。（括号内的注释为作者根据原文的上下文语境所加。）

341　黑格尔著，王造时译：《历史哲学》，上海书店出版社2006年，第447—450页。

化学结晶体的存在，更不知道其用途，从而更谈不上发现将硝石结晶、硫磺和木炭按照特定比例研磨混合，可以制成与大自然的"电闪雷鸣"媲美的猛烈爆炸物——火药；它是"可控的雷电"，就像今天的可控热核反应堆一样，对人类进入科技文明时代具有划时代的意义。而火药构成成分中的任何一个或两个元素，都不单独具备这种爆炸和猛烈燃烧功能。正因为如此，在火药传入欧洲以后，欧洲炼金术士在国家组织下通过专业分工形成的科研团体的集体智慧，花了整整三四百年才搞清楚火药燃烧与爆炸的化学机制；这比搞清楚炮弹飞行与天体运动背后的统一动力学原理晚了整整100年（牛顿的《数学原理》发表于1687年，拉瓦锡的《化学原理》发表于1789年）。

其实，在远古时代发明火药，恐怕远比人类在20世纪发明原子弹还要困难。

而且，缺乏了中国的造纸术和印刷术所带来的低成本信息传播，法国科学院和英国皇家学会的定期刊物不会出现，从而科学革命也是很难想象的。所以，那些认为如果古希腊不被古罗马帝国灭亡，西方将会更早地爆发科学革命的想法是极其天真幼稚的。古希腊不知道火药火炮，也不知道造纸和印刷术，因此在古希腊产生现代科学的可能性微乎其微。换句话说，如果欧洲国家之间的战争仍然是基于大刀、长矛和弓箭，那么欧洲不可能产生科学革命，因为它恐怕不会取得比中国春秋战国时代的科技进步更为辉煌的军事科技和民用科技成就。

对炮弹飞行轨迹的研究，刺激了伽利略—牛顿经典力学和现代数学（笛卡尔坐标系与微积分）的诞生；对火药作用下空气热胀冷缩原理的研究，刺激了温度计、气压计、蒸汽机等装置的发明和波义耳定律的诞生；对火药燃烧和爆炸原理的研究，刺激了现代化学（氧化原理和单分子气体理论）的诞生；对外殖民和大航海的需求，刺激了大批量天文观察和现代天文学（哥白尼日心说和开普勒定律）的诞生与航海技术（指南针和远航帆船以及载炮军舰）的改进；规模化战争所导致的对枪炮的规模化生产，刺激了冶金、采矿、锻造、精密加工等行业的发展以及劳动分工原理和零部件标准化生产体制的发现；为满足军事研发而设立的各种大学机构和科学与工程学院，促进了"科学家团体"这个职业的涌现及国家对于"科技人才"选拔制度的建立，等等。这一系列科学技术成就，无一不是在火药—火器导致的欧洲国家竞争体系下，由于军备与商业双重竞赛所导致的"战争⇄商业"循环加速器所推动的产物。

这种国家间出于军事、商业与贸易垄断的需要而展开的军事技术竞争并从而导致科学大突破的社会历史现象，不仅在文艺复兴时期意大利各个城邦国家间为垄断地中海贸易而展开的军事冲突中，而且在后来17—18世纪的英国与欧洲大陆各国的出于统治亚洲贸易通道而展开的军事较量中，在19世纪德国为突破英国及法国的经济和技术封锁而实现的化学工业与火箭技术的崛起过程中，在20世纪美苏两大阵营间展开的太空争霸与计算机技术竞赛过程中，都一而再，再而三地呈现过。

恰好是基于"火药—火炮"的热兵器新型战争工具和欧洲国家面临的巨大生存压力，才向那个时代的欧洲智者们提出了"炮弹飞行的轨道为什么是抛物线"和"火药为什么在燃烧时会发生爆炸"这样基本的物理学与化学问题。

早在以珍妮纺织机和大工厂体制为特征的工业革命爆发之前，欧洲就已经诞生了一门特殊的重工业：那就是制造枪炮、弹药、军舰的冶金、采矿、炼铁、铸铁加工工业和军火工业。以流水线作业为特征的铸炮车间和兵工厂，自15世纪开始就在欧洲普及，遍布意大利城邦国家和北欧国家。不仅是哪里有城堡，哪里就有攻城的火炮；而且是哪里有战争，哪里就有制造枪炮的兵工厂。

因此任何一门具体的自然科学，都是人类某种实践活动获得大规模普及与重复下的产物。这是培根提倡的实验科学方法论的出发点。17世纪的经典力学革命是如此——它是枪炮的普遍应用和对炮弹飞行轨迹进行精确描述的战争需求下的产物；18世纪的化学革命也是如此——它是大规模使用火药和对火药燃烧与爆炸机制的理解需求的产物，也同时是大规模酿酒、制革、印染、漂白、冶炼等经济活动对大量不同于普通空气的气体（比如二氧化碳、氧气、氮气、氢气等）的发现而导致的对火药燃烧现象的进一步认识的产物。

虽然一切自然科学皆始于经验观察、现实需求和实践活动的刺激，但科学家与工匠或工程师不同的地方，在于科学家尽量追求理论的普适性和自然现象背后的

"第一性"原理，以便能够举一反三、触类旁通。这样一来，那些最早刺激科学发现和激励科学家着手研究问题的原动力和出发点，到理论成熟以后就往往被掩盖起来了，尤其是人们都喜欢采取公理化方式去呈现已经成熟的科学理论，从普通命题出发演绎推导出具体的定理。这种理论表达方式在物理学领域尤为显著。其实历史上的一切公理化演绎体系都是后人做的工作，根本不是科学早期的奠基性成果所具有的形式。比如伽利略经典力学几乎完全是炮弹力学，是建立在对炮弹运动的理解和刻画之上的，到后来才被牛顿逐渐把它加以公理化、普遍化，从而抽象成为适用于一切自然物体运动的三大定律和万有引力定律。这样一来，由于人们再也看不到炮弹的身影，因此就误以为牛顿是用演绎法和微积分坐在红苹果树下推导出牛顿三大定律和万有引力的，就再也看不出经典力学是战争与社会需求的产物了。

其实马克思在《1844年经济学哲学手稿》和《德意志意识形态》中反复说过：没有人类的大量实践活动，没有战争、商业和工业，便不可能有现代自然科学。**"如果没有工业和商业，哪里会有自然科学呢？甚至这个'纯粹的'自然科学也只是由于商业和工业，由于人们的感性活动才达到自己的目的和获得自己的材料的。""说什么生活有其基础，而自然科学则另有基础，这压根就是谎言。"** [342]

这也是为什么恩格斯说：**"社会一旦有技术上的需要，这种需要就会比十所大学更能把科学推向前进。"** [343]

第一节　炮弹与物理学革命

海平面上两船相望，一发炮弹的命中率有时可以决定整个战役的胜负。而伽利

---

342 《马克思恩格斯文集》，第一卷（1843—1848），人民出版社2009年，第193、529页。

343 恩格斯致瓦尔特·博尔吉乌斯的一封信（1894年1月25日）《马克思恩格斯选集》第四卷，人民出版社2009年，第648页。

略面临的"精确计算炮弹发射仰角与打击力度"和"刻画炮弹在重力作用下的飞行轨迹"这些军事工程学问题，需要平面几何与代数知识才能回答，这因此决定了古希腊和伊斯兰数学在伽利略时代的极端重要性和迫切性。

在火药和火炮被广泛用于海战之前，无论是亚历山大和恺撒大帝的东征，还是成吉思汗蒙古铁骑的西征，或是秦始皇完成统一大业后中国面对北方匈奴侵扰的战争，又或是中国历史上连绵不断的农民革命，从未面临对炮弹轨迹进行精确计算和对炮弹飞行的力学原理进行物理学解释的迫切社会需求。这个由现实中提出的划时代需求，极大地刺激了文艺复兴时期意大利城邦国家的所有教皇、国王、智者、工程师、数学家的兴趣与关注。

下图是伽利略理论获得突破之前，文艺复兴时期最伟大的弹道学之父，尼古拉·塔塔格利亚（1499—1557）在他的《新科学》一书中的插图。在这幅插图中央的两个圆形城堡广场上，汇集了一大群从后花园鱼贯而出并整齐排列的古希腊智者们，他们包括欧几里得（前广场大门看守者）、亚里士多德（后广场大门看守者）、柏拉图、苏格拉底、毕达哥拉斯等等。他们所有人面前的大广场中央横摆着两门正在用火药发射炮弹的大炮，一发朝天上发射并以陡峭的抛物线方式掉到地面，另一发向前平射并以更加平缓的抛物线方式掉到地面；前者飞得高，后者飞得远。塔塔格利亚这幅插图的用意，或许是为了呈现炮弹运动的轨迹与动力学方式，向众多古希腊先贤们提出了严峻挑战——他们的旧有理论根本无法解释文艺复兴时期摆在自然哲学家面前的划时代课题：如何解释炮弹的运动？如何刻画炮弹的运动轨迹？如何发射炮弹才能准确击中目标？炮弹应该以多大仰角发射才能飞行最远？塔塔格利亚认为，这些划时代问题是古希腊智者们从来没有遇到过的物理学和哲学挑战。但是他将试图在书中尽量用古希腊和阿拉伯的数学、物理和哲学知识来回答这些挑战。塔塔格利亚的研究纲领对伽利略和整个近代经典力学革命产生了巨大影响。

以下通过列举一些文艺复兴时期著名科学家的个人研究兴趣和历史事实，来体现热兵器时代的战争需求对于引爆一场科学革命所具有的不可或缺的重大意义，以及国家力量的投入对于科学家群体这个创造知识的"生态体系"的建设的推动作

塔塔格利亚1558年版《新科学》插图表现古希腊智者们在炮弹飞行轨迹面前所面临的划时代挑战（资料来源：常征《火药改变世界》第251页）。

用，并紧跟这些历史事实来初步探讨近代科学这个"知识之树"的"胚胎发育"和演化规律。[344]

---

[344] 由于篇幅限制，本文重点关注科学革命所需要的社会推动力量，不具体探讨所需要的古代基础知识储备。对于古代基础知识储备这个问题的探讨，参见常征《机器文明数学本质》和《火药改变世界》。

我们会发现，欧洲15世纪以来几乎所有重要的技术发明和科学理论的发现都与战争和出于商业利益的远洋探索有关，而这些科技发明都离不开国家财政支持，包括强大的天主教教会与教皇的支持。

具体说来，文艺复兴时期的巨匠列奥纳多·达·芬奇（1452—1519）是最早把军事工程和规范化的科学思维方式结合起来的先驱者，这可以他设计和幻想的多角城堡、蒸汽大炮、后膛炮、来福枪和转轮手枪的草图作为例证。

上图为1537年出版的《几何枪炮制造术》一书插图，反映了启迪伽利略和牛顿思考如何用数学精确描述物体在火药冲力和地面重力双重作用下的运动力学问题的炮弹发射图。炮弹在火药冲力和伽利略惯性定律作用下的向前运动，上升时由于重力的反作用导致减速运动，下落时在重力作用下形成加速运动，而且显示以45°仰角发射时炮弹落点最远（图片来源：常征《火药改变世界》第105页）。

达·芬奇当时研究并吸收了几乎所有有关军事工程的古典和当代作品。他在给米兰公爵卢多维科·斯福尔扎（Ludovico il Moro Sforza）的一封求职信中，列出了自己熟练掌握的许多技能中的九类军事工程技术。这些技术项目包括设计和制造各种新式武器、大炮、战壕、桥梁、轰炸机械和沟渠排水机械。达·芬奇的求职信如下：

最有才华的大人：

我研究了所有自称为武器发明大师和军备发明家的工作，发现他们的设备与普通使用的并没有重大差别。我特向阁下报告我自己的技艺和某些秘密发明，兹将其一一简述如下：（1）我有一套建造轻便桥梁的方法。这种桥梁便于运输，可用于追击或击溃敌军；还有建造其他比较坚固的桥梁的方法；这种桥梁不怕火烧刀砍，易于升降；我也有办法很容易地烧毁敌人的桥梁。（2）在攻城时，我知道怎样排去护城河的水流和怎样建造云梯之类的设备。（3）又：如果由于敌方阵地居高临下，十分坚固，无法加以炮击，只要敌垒的基础不是岩石构成的，我自有办法埋设地雷炸毁敌垒。（4）我还知道怎样制造轻型大炮，这种大炮便于搬运，可以射出燃烧物，燃烧物发出的烟雾可以使敌军闻风丧胆，造成破坏并引起纷乱。（5）又：我可以悄悄地挖掘狭窄而弯曲的地道，通往无法达到的地方，甚至可以通往河底。（6）又：我知道怎样建造坚固的带盖的车辆，把大炮运进敌军阵线，不论敌军如何密集都无法加以拦阻，步兵可以安全地跟随前进。（7）我能够制造大炮、臼炮和投火器等等，其外形既实用又美观，与目前使用的都有所不同。（8）在无法使用大炮的情况下，我可以改用石弩和目前还没有人知道的其他巧妙的投射武器；总之，凡是遇到这种情况，我都能不断想出攻击的办法。（9）如果进行海战，我也能设计无数用于攻守的最厉害的武器，包括防弹防火的船只，还有火药和易燃物。（10）在和平时期，我自信在建筑方面、在建筑公私纪念碑方面、在开凿运河方面，我比得上任何人；我会雕塑大理石像、铜像和泥像；

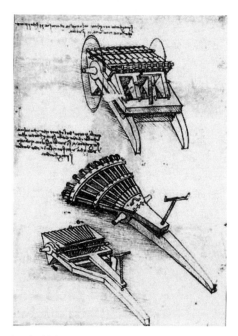

达·芬奇1481年设计的排式水平枪和机架枪。

我在绘画上也不比任何人差。我尤其愿意负责雕刻永远纪念您的父亲和十分杰出的斯福萨家族的铜马。要是您认为上述事项中有哪一些办不到或者不切实际的话，我愿意在您的花园或阁下乐于选择的任何地方当场展示。[345]

达·芬奇的求职信反映了意大利文艺复兴时期并非一派艺术繁荣的和平景象，而是处于频繁的战争状态和宫廷政变状态。"达·芬奇在笔记本中记下的大量有关军事的数据说明他的主要兴趣在于军事。"[346]因为他所生活的时代，城邦国家之间的战争就像村庄之间的械斗那样频繁。这样的分裂和战争状态给其他后发的欧洲国家君主的治国之道提供了宝贵的经验教训。

除了发明各种机械化武器和坦克、弹片这样的武器，以及为残暴好战的米兰公爵斯福尔扎效劳外，达·芬奇还作为首席军事工程师为残暴而好战的瓦伦西亚公爵切萨雷·波吉亚（Cesare Borgia）效劳和服务。达·芬奇可能曾经作为支持方或反对

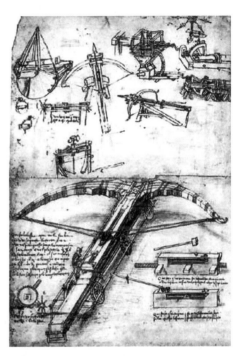

达·芬奇设计的86英尺（1英尺＝0.304 8米）长的巨型弩（弩炮）。这种武器拥有一个蜗杆和齿轮机构来拉动弓弦，并安装在倾斜的轮子上，以便在粗糙的地面上提供稳定平衡的基础。两个交替的发射机构允许通过杠杆作用释放远距离飞行的弓箭。

345　这封求职信采纳了贝尔纳《科学的社会功能》第244—245页（商务印书馆1982年）的翻译，也参考了《达·芬奇笔记》第二卷，让·保罗·里希特（Jean Paul Richter）（英文）翻译，1888年，https：//archive.org/stream/thenotebooksofle04999gut/8ldv210.txt.引自https：//en.wikipedia.org/wiki/Personal_life_of_Leonardo_da_Vinci。

346　约翰·德斯蒙德·贝尔纳著，陈体芳译：《科学的社会功能》，商务印书馆1982年，第245页。

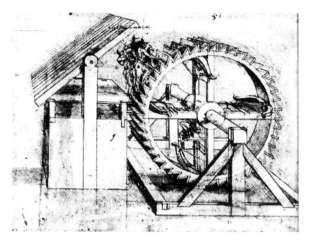

达·芬奇设计的由人力跑步机操作的能够重复发射的"机关枪"。

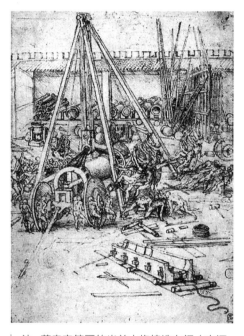

达·芬奇亲笔画的米兰大炮铸造车间（来源：常征《火药改变世界》第140页）。

派多次参加佛罗伦萨、米兰、威尼斯、法国甚至地中海东岸阿拉伯地区的战争。据说他对兵役的兴趣完全是出于自愿，而不是受到政治、经济、宗教或其他方面的压力。要知道，正是战场上无数无人认领的尸体还有大量被修道院收留的伤亡人员，为达·芬奇的人体解剖和绘画提供了无限的廉价素材。正如医学史教授罗伊–波特（Roy Porter）所描述的："**对医学来说，战争往往是好事。它让医学专业得到超多的机遇提升技艺，在实践中得到磨砺。而且，人们在战后往往渴望化利剑为手术刀。**"[347]

347　参见迈克尔·怀特著，卢欣渝译：《战争的果实：军事冲突如何加速科技创新》导言，生活·读书·新知三联书店2009年，第1页。

　　同样，欧洲后来的一系列著名物理学家和数学家，包括塔塔格利亚、比林古乔、伽利略、笛卡尔、莱布尼茨、牛顿、伯努利父子、欧拉等，大多数是从解决与当时军事技术问题直接相关的课题的过程中做出自己的学术贡献的，而一些显得与武器和战争无关的伟大发现，好多都不过是这些研究的副产品。

　　尼古拉·丰塔纳·塔塔格利亚（Niccolò Fontana Tartaglia，1499—1557）是意大利威尼斯共和国的著名数学家和工程师，其主要工作是为威尼斯设计城市的军事防御工事，也是为战争寻求最好的防御与进攻地形的一名测绘员（为此需要用到平面几何知识），同时也是当时威尼斯共和国的财政簿记员（为此需要用到财会数学知识）。作为炮弹弹道学和运动学之父，他是欧洲第一个将数学应用于炮弹（铁球）路径描述（即弹道学）的数学家和工程师；他的工作直接刺激了伽利略对运动力学的研究（他的优秀学生，奥斯蒂利亚·里奇，是伽利略的老师）。他出版了许多书籍，包括阿基米德和欧几里得的第一本意大利语译本。他在1537年和1546年出版的两本书中，试图决定炮弹飞行的最佳轨道，并且他可能是第一个断言"炮弹飞行的轨迹是抛物线"和指出"炮弹以45度仰角发射时所达到的射程最大"的人。正是塔塔格利亚关于炮弹的轨迹是抛物线的理论，促成了伽利略关于地面物体运动的经典力学理论的奠基性成果，这些成果直接为后来牛顿经典力学体系的诞生立下汗马功劳。

　　塔塔格利亚在他1537年出版的《新科学》（Nova scientia）由一封信，一封致辞和三部分组成。前两个部分是关于炮弹飞行轨迹（弹道）的数学描述，第三部分是关于如何利用相似三角形原理，以目测方法确定目标距离和炮筒仰角，这是所有炮兵的一种必要技能，因为加农炮的仰角是根据目标距离和目标所在位置的高度决定的。塔塔格利亚的原计划还包括第四、第五部分，讨论不同易燃材料的特性，不同易燃材料的制造方式以及使用机会。他还发表了一篇关于如何在未知海域寻找被炮弹击沉的沉船的论文，这对于寻求丢失的宝船和货船十分有用。[348]

348　参见塔塔格利亚《新科学》英文版：Valleriani, Matteo. *Metallurgy, ballistics and epistemic instruments: The Nova scientia of Nicolò Tartaglia*. epubli GmbH, 2013.另外，本节内容的主要参考资料是罗伯特·默顿著，范岱年译：《十七世纪英格兰的科学、技术与社会》第九章，商务印书馆2000年。

万努奇·比林古乔（Vanucci Biringuccio，1480—1539）是意大利铸造业之父，他的著作《火法技艺》（*De la Pirotechnia*）是第一部描述正确的炮筒铸造方法的书。这本书还详细介绍了采矿、多种金属的提取和精炼、黄铜等合金以及用于铸造爆破的化合物。在他的书出版之前，有关冶金和军事艺术的知识是保密的；但是对于这类知识的巨大的市场需求刺激出版商不惜花费巨资引诱工程师们将所知道的知识发表出来。他的书被认为是开创了科学和技术文献的传统。在他的职业生涯中，他负责威尼斯的铁矿开采与军火库管理，也负责为威尼斯和后来的佛罗伦萨铸造大炮。

伽利列奥·伽利略（Galileo Galilei，1564—1642）是牛顿之前欧洲16—17世纪最伟大的意大利天文学家、物理学家、数学家和工程师，是近代经典物理学之父与现代物理实验科学方法之父。伽利略1593年写过两门与军事技术有关的课程大纲，一是《军事建筑学简明教程》，二是《筑城学》。[349] 作为一名经验丰富的炮击专家，伽利略提出的关于物体运动的惯性定律和自由落体定律都是从研究炮弹的运动轨迹中提炼出来的。伽利略1638年发表的《关于两门新科学的对话》总结了前人和他自己过去多年的研究成果，其内容特别与当时那个时代对军事技术的浓厚兴趣有关。伽利略在这一著作的引言中表示了对佛罗伦萨兵工厂提供的各种帮助的感谢，而且在书的一开头就以这样的对话开始：

　　萨尔：你们威尼斯人在著名的兵工厂里进行的经常性活动，特别是包含力学的那部分工作，对好学的人提出了一个广阔的研究领域。因为在这部分工作中，各种类型的仪器和机器被许多手工艺人不断制造出来，在他们中间一定有人因为继承经验或利用自己的观察，在解释问题时变得高度熟练和非常聪明。

　　萨格：你说得对。生性好奇的我，常常访问这些地方，纯粹是为了观察那部分人的工作而带来的愉悦，由于那些人比其他技工具有较强的优势，

349　常征著：《火药改变世界》，华龄出版社2021年，第257页。

我们称之为"头等人"。同他们讨论对我的某些研究成果常常很有帮助，不仅包括那些明显的，还包括那些深奥的和几乎是不可想象的结果。有几次我由于不能解释某些事物而陷于困惑乃至绝望中，是直觉告诉我什么是对的。[350]

这一事实提示了伽利略与军事技术的密切联系和他的科学研究背后的社会力量的支持。事实上伽利略自己就是帕维亚大学的军事科学教授，而且他与威尼斯兵工厂有长期合作关系，并于1593年正式成为兵工厂的私人科技顾问，专门负责对兵器和军舰的技术革新，因此对军事工程学做出了许多贡献。比如1595年至1598年间，伽利略设计并改进了适合枪手和测量员使用的军用几何指南针和瞄准器。对于炮手来说，这种改进后的瞄准器除了提供一种更安全、更精确的升降炮筒角度的方式之外，它还提供了一种快速计算不同尺寸和重量的炮弹所需的最佳火药填充量的方法。作为一种几何仪器，它可以构建任何正多边形，计算任何多边形或圆形扇区的面积，以及满足各种其他计算用途。伽利略很有商业头脑，在伽利略的指导下，一位仪器制造商制作了100多台这样的指南针，他通过出售这些指南针（以及他写的一本指导手册）赚了不少钱；指南针50里拉一台，而指南针的使用手册则为120里拉一本。1609年，伽利略在致威尼斯总督杜纳托的信中推荐他刚刚改进后的军事望远镜："我制成了一只望远镜。这是一切海陆作战所必不可少的东西，是一件无价之宝。人们可以发现比通常远得多的地方的敌舰和敌方军队，这样我们发现敌人就能比敌人发现我们早两小时以上。我们通过辨识敌舰数量及质量对其力量做出判断，就可以决定究竟是出击、迎战还是退避。"[351]伽利略也用改进后的军事望远镜来观测天空，发现了很多前人不知道的秘密，使得他坚信行星不过是一些绕太阳飞

350　伽利略著，武际可译：《关于两门新科学的对话》，北京大学出版社2006年，第1页。

351　约翰·德斯蒙德·贝尔纳著，陈体芳译：《科学的社会功能》，商务印书馆1982年，第245页。

行的"炮弹（铁球）"，其运动规律与地面炮弹或许没有本质区别。伽利略用改进后的望远镜于1612年确定了木星卫星的轨道周期。提出通过对卫星轨道足够精确的测量，将它们的位置用来制作世界通用时钟并解决当时航海学里面最困难的地球经度的确定问题。但是对于海上航行，伽利略的解决方案没有成功，经度问题最终需要开发实用的便携式航海天文台，比如后来的约翰·哈里森使用的那种。伽利略在《关于两门新科学的对话》中有大量关于炮弹或子弹运动的描述和对背后力学原理的探讨，比如有如下对话：

> 如果一枚炮弹在空气中下落了一段4库比特的距离，并且获得了一个比方说10个单位的速度后落入水面……
>
> 难道我们没有观察到由大炮给炮弹巨大的动量，由于在水中通过几库比特的距离而减弱，以至于炮弹完全伤不到轮船而仅仅击中它而已？
>
> 如果一杆枪从一座非常高的塔向下射击，比起从只有4或6库比特的高处向下射击，对地面会产生较小的压力；显然，从塔顶发射的炮弹的动量从它离开炮筒的瞬间直到到达地面时连续变小。……类似地，在距离为20库比特处对一座墙射击所产生的破坏效果无法与同样的子弹从任何高度下落时完全一样。[352]

伊万格利斯塔·托里切利（Evangelista Torricelli，1608—1647）是一位在重要性及威望方面仅次于伽利略的意大利物理学家和数学家，是流体力学之父，以发明气压计而闻名。在1642年1月8日伽利略去世后，应大公费迪南多二世（德·美第奇）的要求，他接替伽利略成为比萨大学的数学讲席教授。托里切利研究了炮弹发射以及它们如何在空中飞行的数学和动力学原理。他在炮弹发射这个当时欧洲十分火爆的领域里最值得注意的成就，是第一次建立了一个"包络"（envelope）概念；

---

352 伽利略著，武际可译：《关于两门新科学的对话》，北京大学出版社2006年，第84—85页。

即在各个方向以相同速度发出的炮弹的路径都是抛物线，这些抛物线都与一条普通抛物线（包络）相切。这个包络被称为"抛物线的抛物线"（"包络抛物线"）。炮弹高速飞行过程中需要克服空气和风的阻力这个事实，使得当时很多科学家对空气和缺乏空气的真空感兴趣。托里切利首次对风的形成原因进行了科学描述："……风是由地球两个区域之间的气温和密度差异产生的。"托里切利的主要技术发明是水银气压计。

威廉·伯恩（William Bourne，1535—1582）是英国数学家和都铎王朝前皇家海军炮手。他是第一个设计潜艇的人，并编写了重要的导航手册。1574年，他制作了一个受欢迎的关于航海技巧的手册。他在书中描述了如何在大海航行中观察太阳和恒星，以及如何通过使用三角测量来绘制船舶的沿海地图及地形特征。他还在1583年出版了一本关于如何在海上和陆地进行远距离炮击的书，叫作《海陆远距离炮击的艺术》。

威廉·埃尔德雷德（William Eldred，1563—1646）是一名英国著名的炮击大师，被誉为"多佛城堡的神炮手"，也是欧洲流行手册《炮手》一书的作者。

罗伯特·安德森（Robert Anderson，1668—1696）是一位英国数学家。安德森来自伦敦，是英国皇家学会的早期成员之一，帮助学会管理图书资料和借还书籍，并向读者提供科学技术信息。他对改进炮弹发射的艺术特别感兴趣，并且从1671年起至少有21年时间用自己的经费从事数千次炮击实验，表明他的射击技术相当可观。他说："我可以打赌，我是这种战争工具发明有史以来，比所有靠年薪和津贴干活的炮兵工程师和炮手都更加勤奋实验和改进炮击技术的个体单干户。"[353] 他的知识为英国海军和陆军军事技术的发展提供了很大帮助。

弗朗索瓦·布隆德尔（Francois Blondel，1618—1686）是著名的法国数学家、军事土木工程师和建筑大师。他因为《建筑课程》（*Cours d'architecture*）而被人们所铭记，这本专著在一个多世纪中一直是军事城堡建筑学领域的一本核心教程。

353　参见https∶//en.wikipedia.org/wiki/Robert_Anderson_（mathematician）。

1671年12月31日，他被法国国王任命为皇家建筑学院第一任院长和教授。他另外一本最受欢迎的书是《射击迫击炮的艺术》（*Art de jetter les Bombes*）。

托马斯·滨宁（Thomas Binning）1620年发表的《火炮枪械艺术透视》，其中包括火药的本质和作用、火药的制作工艺、各种军械的制作，还有在各种天气下无论是海上还是陆地的炮击技术，以及重达1 000磅的火箭的制作工艺。作者希望提高英国炮兵的实战技术。

爱德华·萨默塞特（Edward Somerset，1601—1667），伍斯特第二侯爵，1628年至1644年被称为拉格兰勋爵，是一位参与保皇派政治的英国贵族、政治家，也是一位发明家和军事指挥官。1655年他出版了《发明的世纪》（*The Century of Inventions*），详细介绍了100多项发明，其中包括一种最早的蒸汽机雏形。这是一个被描述为"水上发动机"的装置，用大炮的炮管构成，它很明显是一个后来的蒸汽机的原型。1663年，有人参观了爱德华的工作室，看到并描述了"伍斯特侯爵发明的液压机"。它是为灌溉目的而设计的，这台机器"通过一个人的力量，在一分钟的时间内，能够将相当于四个大水桶的水升高到四十英尺的高度"。意大利的科西莫·德·美第奇公爵在1669年参观了一个类似的装置。然而，物理学家罗伯特·胡克却将其描述为"一个永动机的幻想"。但是这个装置的意义是它充分说明蒸汽机的雏形是大炮，其原理都是在封闭圆柱体内将受热膨胀的气体转化为机械动力。

塔塔格利亚、科拉多、伽利略和托里切利关于炮弹抛物线轨迹的理论工作都汇入了16—17世纪科学和军事技术的"两股洪流"，这两股洪流是（1）炮弹发射以后的运动力学的研究洪流（又称为"外部弹道学"），及（2）引起炮弹射出的火药爆炸机制的研究洪流（又称为"内部弹道学"）。接下来的两个世纪里最著名的有关炮弹轨迹的实验包括罗宾斯（Robbins）、赫顿（Hutton）、迪迪翁（Didion）、泊松（Poisson）、赫利（Helie）、巴什福斯（Bashforth）、梅耶夫斯基（Mayevski）、西阿奇（Siacci）等人的实验。

决定一个炮弹的飞行轨迹是与很多物理学和数学问题密切相连的，因此吸引了同时代无数国王、贵族、商人、哲学家、神学家、科学家和数学家最密切的关注。"火炮导致对抛射体轨道和其他弹道学问题的研究，这种研究又促进了万有引力、碰撞和其他与力学有关问题的研究。"[354]

随着对炮弹速度和打击精度的要求的提高，人们自然开始关注物体在有阻力情况下的运动规律的研究。比如关于单摆在空气和水中的运动的实验使得人们可以检验关于媒介对在其中运动的物体的阻力的假说。从伽利略时代到后来罗宾斯关于这个课题的划时代工作，空气对于在其中运动的子弹和炮弹所产生的阻力，在估计物体运行轨迹的工作中变得越来越重要。尽管伽利略知道这种阻力的影响，他只是花了较小的力气去研究它，这与后来沃利斯、牛顿、伯努利和欧拉等以越来越大的注意力去专攻这个问题形成了鲜明对照。这也是知识之树演化的特点，即"抓大放小"，小的分叉以后又"根深叶茂"变成大的研究课题。

对炮弹轨迹的研究涉及关于运动的第一定律和第二定律，即关于匀速运动物体的惯性定律和受力物体在外力作用下的加速运动，以及"作用力、加速度和物体质量"三者之间关系的定律。

而且平行发射出的炮弹在重力作用下的抛物线运动也与从一个装满液体的器皿中的一个小孔流出的射流的轨迹相似，因此刺激了流体力学的发展。卡斯特利、托里切利、默森、马略特、哈雷和牛顿都明显地把流体动力学与研究炮弹轨迹的外部弹道学相联系。

在后期人们越来越意识到炮弹的实际路线是偏离伽利略预言的标准抛物线的，尤其是在研究了飞行路程很远的炮弹的轨迹以后。科学家们意识到除了空气阻力以外，部分原因是地球本身的旋转。英国的胡克、牛顿，以及法国的默森、珀替都试图探究这种旋转对远程炮弹轨迹的影响。

英国仅次于牛顿的著名物理学家罗伯特·胡克（Robert Hooke，1635—1703），其一生中的多数科学研究明显体现出与军事技术的关联。比如胡克用若干实验设计

354　弗伯斯、狄克斯特霍伊斯著，刘珺珺等译：《科学技术史》，求实出版社1985年，第111页。

来测定空气对炮弹飞行的阻力，这些实验曾在皇家学会演示。胡克认为这种阻力可以用下述方法测定：将炮弹从一棵高大的树顶上朝与地面平行的方向发射，以及朝垂直向上的方向发射，以这两种发射方式来观察炮弹在飞行某一固定距离时所需要的时间。胡克设想垂直向上发射的试验可以确定地球自转运动对于炮弹路径的影响。

为了精确定量测定火药爆发时所产生的威力，胡克设计了一种用重量来测定火药威力的器械来进行他的实验。这样的实验引起了广泛的兴趣，所以在皇家学会的几次会议上重复表演。他花费了相当多的时间和精力来开展物体自由下落的实验并试图测定从一支毛瑟枪射出的子弹的速度。胡克在他的关于铁球下落的实验中继承了伽利略开创的关于自由落体的研究，而这是炮弹轨迹研究中必不可少的一环。胡克的研究使得军事研究与纯科学之间的紧密关系变得更加明朗，这种由于战争和军事需求所刺激的纯科学理论研究也体现在他发表的《用测量落体时间的仪器来测量子弹的速度的实验》这篇文章中。

因此，炮弹轨迹的研究引发了一系列与物体运动规律有关的科学问题，并由此派生出其他的研究分支，帮助欧洲思想界形成了今后长期支配科学价值观的"动力学—机械论"。而且这些理论研究都是与它们在战争或商业应用中的实用价值紧密联系的。这一实用主义思想后来集中体现在17世纪伟大的英国哲学家弗朗西斯·培根与20世纪美国哲学家杜威的理念和教育思想中。因此，当代科学技术史专家默顿指出：**"对于炮弹飞行的轨迹力图达到数学的精确性描述，是军事工业技艺刺激科学理论长期发展的一个标准典范。"**[355]

英国17—18世纪著名天文学家、物理学家、数学家、气象学与地球物理学家埃德蒙·哈雷（Edmond Halley，1656—1742），被认为是同一时期在英格兰天文学家中仅次于牛顿的人物，他的科学研究与实际的军事与商业活动也是紧密相连的。

---

355 罗伯特·默顿著，范岱年译：《十七世纪英格兰的科学、技术与社会》，商务印书馆2000年，第244页。

他的天文学工作在相当程度上是与当时大英帝国作为海权霸主崛起时航海和海上贸易的直接需求相联系的。他的力学研究，尤其是他对沃利斯和牛顿在这个领域的工作的热心支持与鼓励，同样是受到实用主义考虑的影响。因为哈雷熟悉他的同行的科学成果，因此能够及时地将其他人的深奥的科学理论与英国眼前的实用目标联系起来。比如当他看到了牛顿的《关于运动的命题》手稿的时候（这个手稿后来构成了牛顿《数学原理》的头两册的大部分内容），他就立刻把这些学说应用于炮弹运动的研究。其实这样做毫不奇怪，因为自从达·芬奇和伽利略开始直到牛顿，整个经典力学体系就是由于对炮弹的研究而刺激出来的，而且理论又被科学家们反复应用回实践加以检验和提炼。以至于理论的每一步微小发展都可以立即产生军事和商业应用的"群体分叉效应"，这些应用又反过来促进理论的研究。哈雷深知这些应用研究对于英国的军事、经济、技术和社会效益，宣称他应用牛顿理论的法则可以对所有炮兵都适用：不仅可以节省炮兵使用的火药，而且可以提高打击的精度。

必须知道，自从文艺复兴开始，欧洲就进入一个功利主义横行的时代，即追求知识的实用性与商业价值和军事价值，而不是像中世纪的亚里士多德经院哲学那样只追求对外部世界的"解释"和"理解"，也不是今天一些知识分子误以为的那样是出于什么康德式"仰望头上星空时所产生的对自然法则的敬畏"。

其实在那个时代这样的功利主义体现在哈雷这样伟大的科学家身上毫不奇怪。正如著名科学史学家贝尔纳指出的："**英国科学的特点是从十七世纪起就延续下来的。它……特别讲求实用和着重类比。在英格兰，人们比在任何其他国家都更是通过感觉达到科学，而不是通过思维达到科学的。**"[356]这与绝大多数受流行历史观影响，却并不真正了解西方科学史的中国学者的看法大相径庭。[357]

那个时代制造火药和冶炼炮弹（铁球）的成本十分高昂，一场战争往往需要

356　约翰·德斯蒙德·贝尔纳著，陈体芳译：《科学的社会功能》，商务印书馆1982年，第281页。

357　参见清华大学科学史教授吴国盛："没有基督教就没有近代科学"，《清华西方哲学研究》创刊号，2015年。

消耗很多的火药和炮弹。比如1375年，一磅火药的价格相当于4.938磅黄金，而1326—1700年一台重炮的价格可能相当于今天一枚导弹的价格。[358]在15世纪40年代，法国一个国家每年就需要消耗2万磅火药，即相当于每年仅火药就得花费掉10万磅黄金。而一个多世纪之后，这个数字翻了25倍，达到50万磅，按1375年的价格相当于250万磅黄金，而且还没有计算炮弹和士兵工资等其他天文数字的费用。虽然当时的炮弹就是一个铁球，不是后来的开花弹，但是造价昂贵而且需求旺盛。想要炸开一堵城墙可能需要无数发炮弹反复打击同一个地方，即便那样也就是炸出一个洞来而已，因此需要同时炮击城墙的好几个关键部位，最后才能奏效。炮弹还被用来打击移动的商船、军舰、聚集的士兵等目标。所以在那个年代欧洲的冶金和炼铁工业非常兴旺发达，除了大批量生产炮弹以外，还要大批量生产炮筒和其他枪械。为了制造炮弹，除了铁矿以外还需要很多木炭。铁的熔点远远高于金、银、铜等金属。炼一吨铁需要的木炭是铜的好几倍。这样巨大的经济成本使得在使用枪炮的热兵器战争时代，武器生产成为一个国家的巨大财政负担，因而也使得研究提高武器杀人效率（比如炮弹发射和打击的精度）成为一个国家的科研目标。为了能够支付昂贵的战争，所有欧洲国家都利用军事工业赚钱，喜欢挑拨离间利用别的国家之间的战争来大发战争横财（比如日本和美国在第一次世界大战期间），实现自身军事工业的自负盈亏。这也是为什么今天人们仍然看到落后的非洲国家用大量现代武器相互残杀，以及全球军火市场完全由发达西方国家的军事产品所垄断的根本原因，因为贩卖军火是欧洲500年来根深蒂固的"资本主义文化"传统。但是他们兜售给落后国家的军火都是自己需要淘汰的过时技术，却能用落后国家的巨大市场来补贴自己军火生产的高昂成本和吸收过剩产能。中国学者常征指出："英国（16世纪）靠大炮赚钱，土地有限，1550年代森林告急，颁布法令保护森林，依靠进口铁来制造大炮，同时保护国内铁产量维持一个合理低水平。森林告急与森林保护造成两个后果，一是煤炭代替木炭成为主要燃料（引起燃料革命），二是进口铁涨价

---

358 常征著：《机器文明数学本质》，中央编译出版社2017年，第26页。

倒逼英国探索煤炭炼铁。"[359]

因此，从伽利略到哈雷等伟大科学家的一系列物理学研究背后的关键动机之一，就是通过他们的研究来提高军事技术和武器效率，帮助节省战争成本。哈雷还在皇家学会宣读的一篇论文中提出，炮弹与炮膛之间的吻合程度决定了炮弹的飞行距离和威力；而通过炮筒制造的工艺改进来提高吻合程度，则可以节省大量的火药（这篇于1690年7月2日向皇家学会宣读的论文可以在《埃德蒙·哈雷书信文集》中找到）。这个问题的解决为今后蒸汽机的发明奠定了基础，因为蒸汽机的热能—机械能转化功率取决于活塞与气缸壁之间的吻合程度。

哈雷如此热心于科学与军事应用的结合完全是出于当时的大国争雄的时代背景，也是出于他对国家命运和前途的关怀。他指出英国作为一个岛国**必须成为海洋的主人，其海军力量必须超过任何邻国**。[360]

哈雷还利用他的天文学功底研究了如何使一艘船在极端坏天气下运载大炮的方法，从而提高英国军舰或武装商船的战争能力。同样，在英国皇家学会的鼓励下，他研究核查了西格诺尔·阿尔贝盖帝（Signor Alberghetti）的炮弹发射计算表，称赞在这些计算表中作者充分正确利用了伽利略、托里切利和其他学者的科研成果。

哈雷还特别重视流体力学与炮弹发射之间的关系。流体力学中关于流体速度的理论，与射流实验密切相关。前面已经提到，这个实验企图确立一小股流体从一个装满流体的容器中的一个小孔射出时的动力学，哈雷认为这种理论可以用来确定火药爆炸时子弹所获得的初始速度。牛顿与哈雷的通信证明牛顿对这样的问题也十分重视和感兴趣，而且还花了相当多时间来自己做实验。哈雷同样鼓励沃利斯关于空气对射弹阻力的研究，而且告诉沃利斯，牛顿也正在研究同一个问题。结果是促

359　常征著：《机器文明数学本质》，中央编译出版社2017年，第26页。

360　罗伯特·默顿著，范岱年译：《十七世纪英格兰的科学、技术与社会》，商务印书馆2000年，第247页。

成了沃利斯的论文发表在皇家学会的《哲学汇刊》上。他在这篇论文中指出，一发炮弹水平发射时画出的轨迹类似于一条变形的抛物线，他认为这种变形主要来自空气的阻力，因此有必要精确地确定这种阻力的影响。牛顿继而深入地探讨了这个问题。但是事实证明炮弹或子弹轨迹的精确数学描述几乎是不可能的，因为涉及求解复杂的偏微分方程和准确知道环境参数与其他技术变量等一系列问题。

　　沃利斯是第一个对球体碰撞理论做出正确表述的数学物理学家，这个问题由伽利略首先提出，但是被他误解。笛卡尔1644年在他的《原理》中也对这个问题做出了错误的分析。差不多同时，克里斯托弗·雷恩发现了弹性小球碰撞的经验定律，而惠更斯在不到一个月时间之内提交了他的详细得多的分析。这些碰撞实验暗含了牛顿第三定律的假设。[361]这条定律是理解炮弹发射时产生的反冲现象的关键。

　　因此可以说牛顿三大定律都是从炮弹动力学的研究中经过几代人的努力才总结出来的，而第谷和开普勒的天文观察记录不过是牛顿用来证明他的经典物理学理论的普适性的工具。而正是广泛使用火药和炮弹的战争年代，才使得人类对地面物体运动规律的理解提升到了一个新的境界，即如何用数学来精确描述可以轻易克服空气阻力的球形物体（炮弹）在很高速度下运行的规律。牛顿第一定律说明这样一个物体具有惯性，从静止到运动需要爆发力（火药）的推动，而且一旦推动就会在惯性作用下继续保持匀速运动状态，除非受到空气阻力或地心引力而改变其速度和方向。牛顿第二定律说明推动物体在空间运动的"力"的大小是如何测量的，这个力的大小等于物体的重量（质量）乘以速度的改变（即加速度）；因此火药的爆发力等同于炮弹的质量乘以它在静止状态所获得的初始加速度。而牛顿第三定律则说明这个力如果作用到另外一个物体上，会同时产生一个大小相等方向相反的反作用力，这就是炮弹发射时的反冲现象；这个第三定律暗示了安装炮筒的炮车必须具有

361　牛顿第一定律（也称惯性定律）指出，除非受到外力改变，每个物体将保持静止或均匀运动。第二定律指出一个运动中物体所能够施加或产生的力，等于质量乘以加速度，即力是速度变化的原因，其大小由物体的质量乘以加速度来测量。第三定律指出作用力与反作用力的大小相等，方向相反。

的基本重量和固定基座的牢固程度（尤其在船上），以及炮筒本身的坚固程度（取决于锻造工艺水平）。事实上在战争中经常出现炮筒炸裂现象。

牛顿还在他的《数学原理》中试图计算空气阻力对炮弹轨迹的影响。但是约翰·伯努利指出了牛顿的错误[362]，结果牛顿在《数学原理》第二版中删去了这一部分。牛顿希望通过研究受阻力最小的运动物体的规律，不仅能应用于决定子弹和炮弹的轨迹、提高命中精确度、预测敌方进攻所造成的损失，而且能用于决定军舰的船底和船身的最佳形状（因为军舰在水中航行需要克服水的摩擦阻力）。牛顿在《数学原理》第二卷中以相当大的篇幅致力于讨论不同媒介对炮弹或子弹飞行的阻力和对轨迹的影响，在第六章中它通过测定摆在空气和水中的物体的运动来检验他所假设的阻力定律，第八章提出了一些命题，从它们可以推导出空气对炮弹的阻力约等于炮弹速度的平方。

牛顿对于地面球体在万有引力作用下的运动规律与天体围绕太阳运动的规律的综合，恰好来自他对炮弹发射的一个理想实验：设想在一个很高的山顶上向与地面平行的方向发射出一枚炮弹，由于地球是圆的，那么如果炮弹被火药给定的初始速度越大，那么炮弹在地心引力作用下形成的抛物线就越来越接近地面的弧度，以至于最终当初始速度达到一定程度，这个炮弹将围绕地球做永恒圆周运动而不会回落到地面；如果初始速度超出这个速度，那么炮弹将以抛物线方式逃脱地心引力而永远离开地球。于是牛顿得出一个惊人的结果，天体围绕太阳或地球的运行服从同样的动力学规律，即牛顿三大定律和万有引力定律。

具体说来，牛顿的理论突破源自他问了一个问题：如果我们把大炮放在一个非常高的处于大气层上方的山上（因此空气阻力不存在），并且沿地面平行方向发射出一个高速飞行的炮弹，会出现什么样的局面？炮弹在第一秒钟内仍然会按照地心引力造成的重力加速度下降5米（忽略重力加速度g在离地心很远的高山上会稍

362　约翰·伯努利（Johann Bernoulli, 1667—1748）是瑞士数学家，也是伯努利整个家族中众多著名数学家之一。他因为对微积分的贡献以及作为欧拉年轻时的导师而闻名。

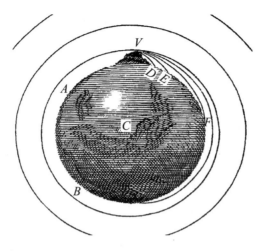

牛顿的山顶炮弹发射的理想实验（http：//galileo.
phys.virginia.edu/classes/152.mf1i.spring02/
DiscoveringGravity.pdf）。

微有点降低这个事实），但是如果它的初始速度足够快，地球表面的曲率也使得地表刚好离原始水平高度向下弯曲了5米。在这种情况下，炮弹等于没有失去任何地面高度——因为"高度"被定义为垂直于地球表面上方的距离。并且，由于没有空气阻力，炮弹不会失去任何水平速度，所以在下一秒发生的事情会与第一秒钟所发生的完全相同，再往下也是一样。炮弹因此会一直围绕地球做环形飞行而不会落向地球表面。

以上是牛顿自己的绘图，图中 VD，VE，VF，VB 线段分别代表了以不同初始速度发射出的炮弹的运行轨迹，随着速度的提高，最终炮弹就会沿着地球完成一个循环再次回到初始发射台，并继续围绕地球永远转圈下去。而这就正好是卫星（月亮）绕地球运动的根本原理，也是地球围绕太阳运动的原理。因此，牛顿通过对炮弹在万有引力下的运动规律的分析，完成了人类抽象思维的一个壮举：地面物体运动和天体运动服从同样的物理学规律。[363]

363　牛顿对天体运动规律的统一解释当然需要验证，因此他在《数学原理》中证明自己提出的经典力学理论能够很好地解释第谷和开普勒等人对行星运动的天文观察数据。

军事史学家欧阳泰指出[364]，要造更好的枪炮，就要知道弹丸的出膛速度和冲力。为了测量弹丸出膛时的初速度和动量，牛顿的学生本杰明·罗宾斯（1707—1751）利用牛顿力学原理发明了冲击摆，后来被发展为牛顿摆。这个发明在枪械科学和实验物理学里引起了一场小小的革命。冲击摆由一个一人高的三脚架构成，中间下垂一个铁球（重摆），上面固定一个靶子以便于瞄准。实验开始时摆锤悬垂中央，然后用枪炮射击靶子，弹丸击中重摆后，摆锤在冲力下荡起。通过测量摆锤荡起的高度（幅度）就能确定弹丸的动量，然后用牛顿的公式就能算出弹丸击中目标时的速度。

冲击摆不仅能够用来测量枪炮的威力，还能被用来测量空气阻力对于弹丸飞行速度的影响。伽利略在他的弹道学研究中将空气阻力的作用忽略不计，牛顿虽然很重视空气阻力的作用，但是无法通过实验验证他的理论，也不知道普通空气对飞行弹丸造成的阻力究竟有多大，以及它与弹丸飞行速度之间的关系。但是罗宾斯用他发明的冲击摆，证明了空气阻力非常重要。比如按照当时的模型测算，11公斤重的炮弹，以罗宾斯测算的出膛速度，其射程应该可以达到25公里，然而实际射程仅有5公里；所以证明空气阻力比预想的要大得多。更奇的是，这个结果并非线性：初速度越大，阻力作用就越强，而当接近音速时，阻力达到峰值。罗宾斯的研究揭示了一个空气中运动物体被肉眼看不见的临界值——音速。运动物体达到音速以后，空气阻力将显著增大。这样的神奇现象，只有小心严谨的实验可以揭示。

罗宾斯为此写了一本书，《火炮技术新原理》（ New Principles of Gunnery ）。数学家欧拉（1707—1783）在腓特烈大帝的赞助下将其翻译成德文，并且把罗宾斯原先170页的小书扩展到了700多页，还加入了更为复杂的计算公式，把火药爆炸时周围空气发生膨胀的时间、压力以及弹丸在膛管内飞行的时间都纳入考虑。最后得出了一组公式，以改进当时炮兵们熟悉的弹道表。罗宾斯又反过来响应了欧拉的著作，重新修订了自己的书，最后全欧洲的几十位科学家、数学家和炮手，都在罗宾

364　欧阳泰著，张孝铎译：《从丹药到枪炮：世界史上的中国军事格局》，中信出版社2019年。

斯和欧拉著作的基础上向前推进并有所建树，而且在奥地利王位继承战（1740—1748）中派上用场。

他们的研究多半由政府资助。因此战争不仅刺激政府为科学家团体提供科研条件和经费支持，而且给牛顿的物理学研究直接提供了无限丰富的灵感和素材。在后来的物理学教科书和历史叙事上，这些产生经典物理学的历史背景和时代条件被统统抽掉了，以至于使得很多所谓启蒙思想家和20世纪的新自由主义者们天真地（以讹传讹）认为，牛顿是因为在自由的香甜空气中、坐在秋天金色和平的草地上，被一颗硕大的象征基督教智慧之树上的苹果砸在头顶上，出于对上帝的虔诚信仰而获得了康德称为"仰望星空"时的纯洁无瑕的灵机一动，于是发现了万有引力定律并创立了经典物理学理论大厦。而且流行历史观将科学打扮成某种从它诞生的一开始，就是"纯洁无瑕"的人类理性思维自由活动的精神结晶，是用来造福于人类的；落后国家之所以没有发展出科学，是因为专制统治下科学家没有思想自由。[365]

其实近代科学从它诞生的第一天起，就是为战争和杀人工具"量身定做"的。科学革命巨匠牛顿本人就是在欧洲大地隆隆炮声中诞生，并在隆隆炮声中去世的。牛顿出生于1642年的圣诞节，1727年3月20日去世，享年85岁。其间欧洲爆发过至少44场战争，其中与英国直接有关的就至少有10场，最著名的战争包括牛顿出生那一年爆发的三场英国内战（1642—1651），法国—西班牙战争（1635—1659），英国—西班牙战争（1654—1659），法国—荷兰战争（1672—1678，在这场战争中法国获得了英格兰和瑞典的支持，而荷兰则得到了西班牙、神圣罗马帝国和丹麦的支持），土耳其大战（1683—1699，或称圣盟战争，是奥斯曼帝国和欧洲神圣同盟国之间的一系列冲突，包括哈布斯堡帝国、波兰、立陶宛、威尼斯和俄罗斯），九年战争（1688—1697，又被称为奥格斯堡联盟战争，是法国路易十四和欧洲神圣罗马帝国联盟之间的冲突，帝国联盟包括奥地利、荷兰、西班牙、英国和萨沃伊，冲

---

365 比如吴国盛在其畅销书《什么是科学》的"自序"中说："科学是一种十分稀罕的人类文化现象，起源于对自由人性的追求和涵养。中国古代没有科学，根本不是偶然的错失，而是存在的命运。"

突包括爱尔兰的威廉姆斯战争和苏格兰的雅各布派崛起，威廉三世与詹姆斯二世争夺英格兰及爱尔兰的控制权），西班牙王位继承战争（1701—1714），以及英国—西班牙战争（1727—1729），等等。

如果说对炮弹轨迹的研究刺激了经典力学与数学（包括笛卡尔坐标系和微积分）的发展的话，对火药的研究则刺激了气体力学、流体力学乃至整个化学学科的发展（包括燃烧的氧气理论、化学元素理论以及后来元素周期表的发现）。还有，对枪炮制造工艺的研究开启了整个近代西方的冶金、炼铁、铸造、锻造等工程技术的不断创新与发明，刺激了后来以气缸及活塞运动为基础的蒸汽机和内燃机技术。

因此可以说，如果没有火药从中国的传入（哪怕西方人自己能够发明造纸术、印刷术、指南针等中国技术），西方的整个近现代文明，包括17世纪的科学革命和18世纪的工业革命是不可想象的。[366] 这个观点在中国民间学者常征撰写的专著《机器文明数学本质：火药火器、科学革命、工业革命、资本主义全球体系》和《火药改变世界》中也得到了独立阐述和详细考证。常征指出："经典力学三巨头，伽利略地面力学，开普勒天空力学，牛顿万有引力，其实都是从炮弹力学开始，都受炮弹力学启发，因此经典力学就是炮弹力学。"[367]

火药通过燃烧才能够转化成气体的膨胀运动，并由此在密封管道内转化为强大的机械推力。对火药爆炸威力和空气受热后急剧膨胀现象的研究导致了后来的一系列化学理论的创立与技术应用。

约翰·伯努利在他1690年出版的书中研究了在火药作用下气体的膨胀。对火药威力的认识的一个基本点是气体的压力与体积的关系。理查德·汤纳利提出了一个假说，它假定气体的压力和体积的膨胀成反比。波义耳和胡克的实验结果证明了这个猜想，并在1662年建立了以波义耳的名字命名的"波义耳定律"。除了汤纳利以

366　参见文一："国家为什么繁荣？——国民财富的起源与'空想市场主义'的终结"，《东方学刊》2019年第4期。

367　常征著：《机器文明数学本质》，中央编译出版社2017年，第21页。

外，波义耳和胡克都明确地表现出对火药爆炸所产生的气体膨胀现象的巨大兴趣。波义耳提交英国皇家学会的最早建议之一就是要求"考察当火药爆炸时真正膨胀的是什么物质。"[368]

胡克也详细地研究了同一个问题。虽然他居住在荷兰，但他隶属于英格兰皇家学会，他向英国皇家学会提交过375篇论文。他有一篇关于火药爆炸的实验论文《爆炸产生的空气量》，发表在皇家学会的《哲学汇刊》上。这个实验引起了很广泛的兴趣，因而由帕平在皇家学会成员面前至少重复做了多次，并做了一些修正。在一次皇家学会早期的会议上，波义耳和布龙克尔两人建议做大气压力和气体膨胀的一系列实验。实验之一是探讨火药的点火与燃烧机理——这也是诺贝尔和阿贝尔关于炮弹发射内部弹道学的著名研究报告中的一个基本课题。这两个报告分别于1874和1879年在皇家学会宣读。

罗伯特·莫雷爵士向皇家学会介绍了鲁珀特王子的火药，其强度远远超过英格兰最好的火药，也介绍了同一位皇家科学家发明的新式火炮。莫雷同样建议做一系列有关枪炮的实验，这些实验结果都发表在皇家学会的《哲学汇刊》上。这些实验的目的是要测定火药的剂量、枪炮的口径和子弹的射程之间的关系。之前的沙维里天文学教授约翰·格里夫斯也进行过类似的实验。

英国皇家学会在它的科学仪器实验馆中列入了几种考察枪炮的反冲和炮架稳定性的仪器，以及几种寻求和测定大炮火力的器械，供大家使用。

佛朗西斯·豪克斯比也对气体在各种条件下的膨胀做了实验，以模拟在火药爆炸后发生的近似的膨胀现象。豪克斯比的结果被采用在本杰明·罗宾斯1742年发表的有关弹道学的基本著作中，包括他关于"决定由定量火药爆炸所产生的弹性和这种弹性流体的量"的一些定理中。

17世纪英格兰的科学家在很大程度上全神贯注于火药爆炸所产生的力学效应

368　罗伯特·默顿著，范岱年译：《十七世纪英格兰的科学、技术与社会》，商务印书馆2000年，第240页。

这一点，可以由时常在皇家学会亲自由文章作者所做的实验作为证据。当年皇家学会某些最活跃的会员参加了这些关于火药爆炸的实验演示，例如，亨肖、莫雷、布龙克尔、胡克、尼尔、查尔斯顿、鲍威、戈达德、波义耳、帕平等等。

这些研究成果会被迅速地应用到英国军队。其他欧洲国家的科学院和皇家学会也同样对这些研究课题保持浓厚兴趣及财政投入。如果说古代科学家在理解自然规律方面只是单打独斗的游击队员的话，那么由培根实验哲学和国家科学院组织起来的科学家团体，则是一支训练有素的科学大军。他们可以系统地通过更加强大的实验工具去揭开自然现象背后的客观规律，并通过国家暴力机构将他们的科学发现用于军备竞赛和商业竞争。因此文艺复兴以后，尤其是进入16—17世纪以后，整个欧洲的大学、科学院和科学研究团体就像是为殖民战争前线不断提供军事知识与军事技术的战略后勤部队，而庞大的远洋舰队和拥有私人武装的荷兰东印度公司、英国东印度公司、法国东印度公司等皇家特许公司，则是欧洲国家深入战争前线的排头兵与运输大队。

伽利略研究纲领 [369]

伽利略的研究纲领涉及如下问题，它们构成了伽利略力学革命的逻辑步骤：

1. 如何计算炮弹打击移动军舰的最佳射击方向？

这张平面几何示意图有好几个用途。（1）它显示力的平行四边形法则，或力的合成与分解原理：如果沿横轴方向的作用力的大小是矢量 A，沿纵轴方向的作用力的大小是矢量 B，那么这两个力的合力的方向就是东北方向60°，其矢量大小是

369　本节主要参考材料来自（1）https：//en.wikipedia.org/wiki/Projectile_motion；（2）https：//en.wikipedia.org/wiki/Newton%27s_law_of_universal_gravitation；（3）https：//en.wikipedia.org/wiki/Kinematics；（4）https：//www.nuffieldfoundation.org/sites/default/files/files/FSMA%20Galileo%27s%20projectile%20model%20student.pdf；（5）https：//www2.tntech.edu/leap/murdock/books/w1book.pdf。

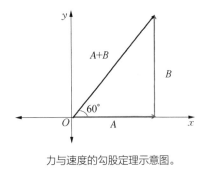

力与速度的勾股定理示意图。

$A+B$。（2）它也是速度的勾股定理示意图：如果一枚炮弹往东方的速度为v_A，往北方的速度为v_B，那么它实际往东北方向飞行的真实速度满足勾股定理，即$v = \sqrt{v_A^2 + v_B^2}$。（3）它也是炮弹发射最佳偏角计算图：假设敌舰从位置A点（离原点距离为60米）向正北方向以每秒30米的速度移动，如果炮弹在原点以每秒60米的速度从炮膛射出企图打击敌舰，那么需要什么样的偏角（θ）发射，才能使得炮弹准确命中目标？多少时间以后能够命中目标？炮弹的实际飞行距离是多少？

解法如下。首先根据相似三角形原理，用目测法可以测得战舰离火炮的水平距离为60米；根据已知条件，敌舰向正北航行的速度=52（米/秒），炮弹飞行速度=60（米/秒）。假设炮弹向东北方向发射，时间t秒以后炮弹命中目标。因此根据勾股定理，炮弹命中目标时实际飞行距离为$\sqrt{(52t)^2 + 60^2} = 60t$（米）；求解得到所需时间为$t \approx 2$秒。也就是说，炮弹在实际飞行路线上其速度在横坐标上的投影（分量）为30（米/秒），在纵坐标上的分量应该是52（米/秒）；按照三角函数，以下关系式应该成立：$\sin\theta = \frac{52}{60} \approx \frac{\sqrt{3}}{2}, \cos\theta = \frac{30}{60} = \frac{1}{2}$。由此得到偏角$\theta=60°$，而且炮弹实际飞行120米以后命中目标。

同样问题可以换一个角度来研究。如下图所示，火炮离敌舰距离（线段OR）为200米，敌舰从R点以偏角$\theta=45°$向东北方向逃逸，速度为$v_1=10$（米/秒）；打击敌舰的炮弹从炮台O点发射，炮弹飞行速度是$v_2=20$（米/秒）。伽利略面临的挑战是：计算炮弹应该以多大偏角发射才能命中敌舰？何地何时命中？

假设炮弹朝东北偏角φ发射，时间t秒钟以后炮弹与敌舰在A点相遇。利用三角函数知识，设A点离横坐标的垂直距离为AB，那么$\sin\varphi = \frac{AB}{v_2 t}$；

$\sin \theta = \dfrac{AB}{v_1 t}$; $\sin 45° = \dfrac{\sqrt{2}}{2}$。两式相除，消掉未知数 AB 后可得：$\sin \varphi = \dfrac{v_1}{v_2}\sin \theta =$

$\dfrac{10}{20} \times \dfrac{\sqrt{2}}{2} = \dfrac{\sqrt{2}}{4}$。因此炮弹发射的最佳偏角为 $\varphi \approx 20.7°$。另外按照勾股定理，

直角三角形 OAB 的边长满足：$(OR+RB)^2 + AB^2 = OA^2$；其中 AB 等于时间 t 乘以敌

舰在纵轴上的速度分量：$AB = t \times v_1 \times \sin \theta = 5\sqrt{2}\,t$（米），而且线段 $RB = AB$。

通过代入法求解，可得炮弹命中敌舰所需时间 $t = \dfrac{OR}{600} \times \left(10\sqrt{2} + \sqrt{1\,400}\right) \approx$

17. 186（秒），炮弹与敌舰相遇（ A 点）的坐标位置大约为（ x，y ）=（321.5米，

121.5米 ）。从这样的例题中，我们也可以很好地理解为什么笛卡尔（作为伽利略的

同时代人 ）能够发明坐标系——因为解决大量实际问题的需要。

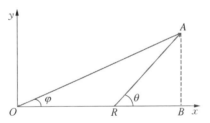

炮弹发射的最佳偏角（ φ ）可以用基于
勾股定理的三角函数精确计算。

这类数学演算对于中国古代数学家一点也不难，这可以从《九章算术》和李约

瑟的《中国科学技术史》（尤其是第三卷 ）中看出来。

但是以上计算都假设了炮弹一直是平行于海面飞行的，没有考虑炮弹在重力作

用下会在中途掉进水中；因此为了击中敌舰，炮弹除了在二维海平面上有一个最佳

东北偏角 φ 以外，还必须在向上第三个维度以一定仰角向高空发射，才有可能通过

空中抛物线准确落到战舰上面。这就涉及受力作用物体如何沿抛物线飞行和下落的

弹道学问题。

正是对这个问题的研究，使得伽利略突破阿拉伯和古希腊数学，找到了引爆经

典力学革命的突破口。西方精密科学（物理学和数学），从这里开始就与中国古代

科学分道扬镳了，进入了一个崭新的维度与平台，而且在这个基础上诞生了牛顿力

学和微积分。

2. 如何计算炮弹发射的最佳仰角和刻画炮弹飞行的抛物线轨迹？

第一步：解决自由落体的加速度问题

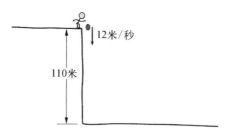

12米／秒

110米

伽利略的自由落体实验（https：//www2.tntech.
edu/leap/murdock/books/w1book.pdf）。

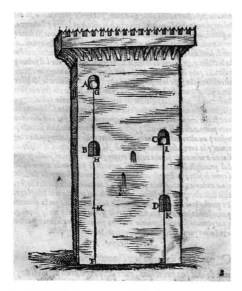

塔塔格利亚（Tartaglia）在《新科学》一书中提出的自由落体实验，旨在证明两个炮弹从不同高度的窗口下落时，其速度与所覆盖距离之间的关系（资料来源：塔塔格利亚《新科学》图2.3，1558年版，Valleriani，Matteo. *Metallurgy, ballistics and epistemic instruments: The Nova scientia of Nicolò Tartaglia*. epubli GmbH, 2013, p.15）。

伽利略基于威尼斯兵工厂炮击实验的经验和自己设计的一系列斜面滚动实验，提出了一个惊人的假说，即在空气阻力可以忽略不计的（真空）情况下，所有自由落体都以相同的"加速度"下落。换句话说，无论物体的重量如何，他们在做自由落体运动时，速度是不断增加的，但是这个速度的增量本身是恒定不变的。这就是匀加速运动。

用实验方法研究自由落体的下落速度与下降距离之间的非线性关系，早在塔塔格利亚时代（16世纪）就有很多学者考虑过（见左图）。但是发现自由落体的炮弹服从匀加速运动并测量这个加速度常数，是塔塔格利亚之后100年由伽利略解决的。

伽利略将匀加速运动定义为：**"如果一个运动由静止开始，它在相等的时间间隔中获得相等的速度增量，则说这个运动是匀加速的。"**[370] 为了发现自由落体的"匀加速度"（也同时为获得地球的引力常数）究竟有多大，伽利略利用小球在斜面上的滚动来做实验。在匀加速运动下，如果物体的初速度为 v_0，那么 t 秒之后的速度增量应该为 $v_t - v_0 = g(t - t_0)$；于是 $g = \dfrac{v_t - v_0}{t - t_0}$ 便是加速度的大小。如果初始时间和速度均为零，那么加速度 $g = \dfrac{v_t}{t}$，也就是等于物体抵达终点时的瞬间速度（v_t）除以整个过程所用时间（t）。换句话说，小球抵达终点的瞬时速度是 $v_t = gt$。如果可以测到小球落地瞬间的最终速度，那么除以所用时间，便可以获得加速度 g 的大小，或者反之亦然。但是即便在今天，测量小球在空中任何一个位置的瞬时速度也不容易。伽利略当年是如何解决这个问题的？

按照常理，路程等于速度乘以时间。但是当速度是随时间而变化的时候，应该用哪个速度来乘以时间？伽利略（与其他的前辈一样）推断，对于任何均匀变化的量，它的平均值介于起始值和最终值之间。因此对于从静止状态（初始速度为零）开始的均匀加速运动而言，小球的平均速度应该是抵达终点时的瞬时速度的一半。[371]

如果这种推理是正确的，则可以得出以下结论：一个静止物体下落一段时间 t 之后，物体通过的距离等于平均速度乘以时间：$d = \dfrac{v_t}{2}t = \dfrac{1}{2}gt^2$。也就是说，做匀加速运动的物体在一定时间内所通过的距离与这个时间本身的平方成正比。[372] 因此，如果运动是从静止开始的，并且运动被均匀地加速，那么这个加速度常数可以

370　伽利略著，武际可译：《关于两门新科学的对话》，北京大学出版社2006年，第149页。

371　伽利略著，武际可译：《关于两门新科学的对话》"定理1"，北京大学出版社2006年，第159页。

372　伽利略著，武际可译：《关于两门新科学的对话》"定理2"，北京大学出版社2006年，第160页。

通过以上公式倒推获得：$g = \dfrac{2d}{t^2}$。

比如炮弹从一个离地面为500米的高空自由下落，抵达地面时所花时间为10秒，那么自由落体运动的匀加速度就应该为$g = \dfrac{2 \times 500}{100} = 10$（米/秒^2）。因此，伽利略在不具备微积分工具的情况下找到了测量加速度的方法！

不过伽利略恐怕已经意识到，对于加速度也在不断改变的"变加速"运动物体来说，走过的距离应该是对速度的瞬时改变乘以时间的瞬时改变的加和（积分）。可惜这个问题涉及瞬时速度的概念和微积分数学工具的运用，因此这个问题的最终圆满解决，需要等待一个世纪之后的牛顿和莱布尼兹的贡献。但是这至少表明，微积分的发明完全由现实世界物理学问题推动，而不是如流行科学史观所片面强调的那样，是古希腊理性与基督教一神教结合的结果。

第二步：解决高处平射炮弹下落时的抛物线轨迹问题

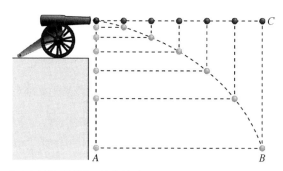

平射炮弹的运动轨迹（https：//www.texasgateway.org/resource/53-projectile-motion）。

图中炮弹的原点是炮膛口的那个黑色小球位置，往C点方向为水平运动，往A点方向为垂直运动，往B点方向为实际运动。无论是往哪个方向运动的炮弹，都是间隔同样时间（比如1秒）以后的位置。由于水平运动是由火药爆炸后产生的威力推动，因此具备一个初速度，但是这个速度一旦获得以后，在空气阻力忽略不计的情况下维持不变，因此水平运动是匀速运动，每一秒钟内移动的距离相等，所以炮弹的间隔距离相等。但是垂直运动是重力作用下的加速度运动，而且初速度为零，因此炮弹的间隔距离由小逐渐增大。炮弹的实际位置由往 B 点方向的抛物线刻画——它的水平分量的间隔距离总是相等，但垂直分量的间隔距离由小到大，从而形成抛物线。这是伽利略的伟大发现。[373]

第三步：解决在地面以仰角发射炮弹的抛物线飞行轨迹问题

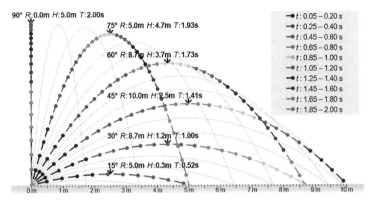

弹道学问题的现代数值表述（https：//en.wikipedia.org/wiki/Projectile_motion）。

上图是炮弹以不同的仰角发射所形成的轨迹，假设炮弹在真空中以相同的初始速度（10 m/s，每秒10米）发射，而地心引力造成的向下加速度为10 m/s²（即10米/每秒的平方）。图中每一个点的间隔为0.05秒。每一条抛物线上方都标有一行文字：黑色箭头（↓）上方的第一个数字代表炮弹发射时的仰角——由下往上的发射仰角分别是15°、30°、45°、60°、75°；第二个数字 R 为炮弹飞行的地面航程，第三个数字 H 为飞行轨迹向上所达到的最高点离地面距离，T 为从发射到着地的整个飞行所用时间。图的右上角方框里面数字 t 代表炮弹在某一点离出发时用掉的时间。

可以看出，沿45°仰角发射的炮弹飞行距离最远，达到10米，而以仰角为15°和75°发射的炮弹的飞行距离最短，都是5米。而炮弹沿90°仰角垂直向上发射所达到的高度最高，但是平行飞行距离为零。而且沿仰角45°发射的炮弹，不仅沿地面方向飞行距离最远，而且击中地面时所需时间比更大仰角抛物线所需时间更短，虽

---

373 伽利略著，武际可译：《关于两门新科学的对话》，北京大学出版社2006年，第227—228页。

然比仰角更小的路线所需时间更长。

伽利略弹道学的数学证明

在炮弹运动中，按照力的平行四边形法则，水平运动和垂直运动是相互独立的；也就是说，其中任何一个运动在速度与方向上都不会影响另一个运动，或者说炮弹速度的水平分量和垂直分量彼此独立。这是伽利略在1638年建立的复合运动（compound motion）原理，并被他用来证明炮弹飞行轨迹遵循抛物线代数方程。

假设炮弹以仰角 θ 向远方发射，初速度为 v_0，那么它在水平方向和垂直方向的初速度分量分别为 $v_{0x} = v_0\cos\theta, v_{0y} = v_0\sin\theta$。因为 $(\sin\theta)^2 + (\cos\theta)^2 = 1$，可以用勾股定理检验这两个分量满足伽利略复合运动原理：$v_0 = \sqrt{v_{0x}^2 + v_{0y}^2}$。

由于水平方向的运动遵循惯性定律，在没有空气阻力的情况下维持不变，那么任何时间点的水平速度总是 $v_x = v_{0x}$；但是它的垂直运动受到炮弹重力影响，随时随地会有一个速度增量，即加速度 g。由于加速度是常数，炮弹在时间 t 的实际垂直速度为时间的函数：$v_y = v_0\sin\theta - gt$。这样一来，炮弹在每一时间 t 的速度满足勾股定理：$v = \sqrt{v_x^2 + v_y^2}$。

由于路程等于速度乘以时间，当速度是常数的时候，炮弹在水平方向的路程（横轴离原点的距离）为

$$x = v_x t = v_0 t\cos\theta \tag{1}$$

而当速度随时间而变化时，垂直运动的路程应该由微积分方法来计算（即计算瞬时速度增量与时间增量乘积的总加和）：

$$y = \int_0^t v_y \, d\tau = v_0 t\sin\theta - \frac{1}{2}gt^2 \tag{2}$$

恰好是这个计算，刺激、启发和诱导牛顿与莱布尼兹发明了微积分。由于牛顿和莱布尼兹仅仅是为了回答实际世界中提出的问题而发明微积分的，因此其逻辑

基础并不牢靠，这激发了后来拉格朗日、欧拉和其他一大批物理学家和数学家的工作，将微积分这门纯粹由物理学问题（尤其是热兵器战争涉及的炮弹力学问题）的刺激而出现的崭新数学分支，加以完善和发扬光大。可以毫不夸张地说，人类近代数学史上几乎所有重大的数学突破，都是由于实际应用问题刺激出来的；笛卡尔坐标系是如此，微积分也是如此，线性代数还是如此。

一旦知道了炮弹的水平运动规律和垂直运动规律，我们就可以按照勾股定理求得炮弹在空中的实际位置：比如下图中炮弹离原点的实际距离为$\Delta r = \sqrt{x^2 + y^2}$。

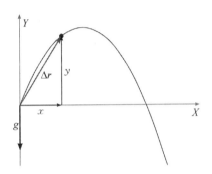

炮弹实际位置满足勾股定理（By Zátonyi Sándor, (ifj.) Fizped — Own work, CC BY-SA 3.0, https：//commons.wikimedia.org/w/index.php?curid=18893493）。

如果我们将公式（1）表达成时间$t = \dfrac{x}{v_0 \cos \theta}$，并将其代入公式（2），也就是将（2）里面的时间替换掉，可以得到

$$y = \tan \theta \cdot x - \frac{g}{2v_0^2 (\cos \theta)^2} \cdot x^2 = ax + bx^2$$

这就恰好是抛物线方程的一般代数表达式，里面的参数$\{\theta, g, v_0\}$都是给定常数。

为了计算炮弹最远射程时所需要的仰角，我们可以利用公式（2）获得任意仰角下炮弹飞行回到地面时的水平距离。炮弹回到地面时$y=0$，因此（2）式变成$0 = v_0 t \sin \theta - \dfrac{1}{2}gt^2$，或者$t = \dfrac{2v_0 \sin \theta}{g}$。将此式代入（1）得到炮弹的水平飞行距

离为

$$x = v_0 t \cos \theta = \frac{2v_0^2 \cos \theta \sin \theta}{g} = \frac{v_0^2}{g} \sin 2\theta$$

由于 $\sin 2\theta = \sin 90° = 1$ 时，等式右边达到最大值；因此仰角 $\theta = 45°$ 时，炮弹打得最远；从而严格证明了伽利略时代炮兵工程师们的经验常识。而且上式表明，除发射仰角外，炮弹飞行距离与火药威力（初速度）的平方成正比：比如初速度提高1倍，由10变成20，炮弹最远发射距离则可以提高4倍，由 $\frac{100}{g}$ 变为 $\frac{400}{g}$。因此提高火药爆炸威力才是最重要威慑力量——这是导致化学革命的主要原因（参见下一节）。

在伽利略物理学成果的指导下，200年后的英国炮舰，可以在中国沿海与内河横冲直撞，稳准狠地摧毁清军战舰与炮台，也就不足为奇了——这是掌握了大自然物体运动原理以后的一种巨大优势。利用这个优势，欧洲列强可以对东方文明实行降维打击。

难怪20世纪著名数学家和哲学家罗素说道：

> 不幸的是，中国文化中有个缺点：缺乏科学。中国的艺术、文学、风俗习惯绝不亚于欧洲人。……英国后来虽有莎士比亚、密尔顿、洛克、休谟和其他的文学家和艺术家，但这并不能使我们比中国人更优秀。使我们处于优势的是牛顿、波义耳以及后起的科学家……**因为他们给了我们更熟练的杀人技艺。** 一个英国人杀一个中国人比一个中国人杀一个英国人要容易。[374]

罗素道出了近代科学在西方出现的根本原因和它诞生的时代条件：它从一开

---

[374] 伯特兰·罗素著，秦悦译：《中国问题》，学林出版社1999年，第39页。

始萌芽时，就是为杀人武器服务的，为提高武器的杀人效率服务的，从而是热兵器战争与国家间军备竞赛的产物。因此，科学作为近代西方文明最辉煌的代表，与其说是"法治、人权、自由、理性"的体现，不如说是十字军"圣战"精神的体现，是去道德化的征服精神和战争资本主义的体现。

这种出于战争和军事技术竞争而导致的科学大突破的社会历史现象，不仅在中国古代的春秋战国时期，在达·芬奇和伽利略所处的文艺复兴时期，而且在20世纪美苏核武器与太空竞赛期间，都反复出现过，在今后的国家竞争中也一定会继续出现。

当然，推动科学发展的功利主义也体现在西方征服全球市场的商业动机方面。比如美国历史学家米德承认，英国近代在植物学方面也异常发达的根本原因，是因为**"培养有用的植物是英国的特性之一，也的确是大英帝国通向成功的关键"**。[375]

比如蔗糖是18世纪大英帝国及其殖民地繁荣兴旺的伟大动力，其重要性超过烟草。生产甘蔗的殖民地种植园对于宗主国赢得军事与经济霸权的重要性，决定了葡萄牙、西班牙、荷兰、英国和法国为争夺南美洲与亚洲而展开大规模海战的全球战略。英国植物园中培育的另一种植物——罂粟，也对帝国崛起发挥了巨大作用：由于对海权的掌握而拥有的全球眼光和军事投射能力，英国人在无法用机器生产的纺织品打开中国市场时，转而决定用鸦片这种消费品抽干大清国的血液与白银，用印度鸦片种植园取代了土耳其鸦片种植园的地位。英国植物学家还发现生长于缅甸和印度边境的野生茶树可以通过培植改良成为中国茶叶在全球市场上的有力竞争者，从而把斯里兰卡变成了英国巨大的茶叶种植园。英国植物学家也通过研究发现橡胶树可以从南美洲移植到亚洲，从而使得亚洲种植园最终成为全球90%以上的天然橡胶来源。在橡胶还是巴西经济命脉的那个时代，受命于伦敦政府印度事务部的英国植物学家们，把橡胶种子带出了巴西，一开始在英国皇家植物园培植，随后

375　沃尔特·米德著，涂怡超、罗怡清译：《上帝与黄金：英国、美国与现代世界的形成》，社会科学文献出版社2014年，第161页。

被运到斯里兰卡、新加坡、马来西亚的种植园，以至于直到1963年获得民族独立为止，马来西亚橡胶都一直是英国化学工业走向繁荣的核心战略资源。

英国官方对植物学的功利主义热爱和有意识的扶持，为英国培育了一大批优秀植物学家，包括博物学者查尔斯·达尔文，他通过跟随英国皇家海军进行的环球动植物考察资料，提出了关于物种起源的进化论。

因此，将科学革命简单地归功于西方的"理性、民主、人权、自由"，而忽视科学产生背后的功利主义动机与治国之道，恰好是西方流行历史观制造出来的神话和"话语权"，与哲学家罗素的诚实和他的人类命运共同体良心形成鲜明对照。遗憾的是，发展中国家的很多知识分子不自觉地成为西方这种流行历史观和科学史观的奴隶。[376]

第二节　火药与化学革命

前面已经指出，伽利略的经典力学思想是基于对炮弹运动这个宏观物理现象背后的力学原理的认识，因此需要火炮这种特殊热兵器在战争中的广泛使用和军备竞赛作为激励和时代需求。而化学革命，则是火药猛烈燃烧机制背后的微观物质原理的革命，因此也需要火药这种战略物资在国家竞争中的广泛使用作为刺激和时代需求。

376　清华大学西方科学技术史专家吴国盛教授说："近代科学是希腊文明和基督教文明相融合的产物。希腊科学在天主教统治的欧洲，被大规模地翻译引进，并形成欧洲中世纪后半叶的第一次学术复兴。欧洲的这场学术复兴，稳扎稳打、缓慢推进，成功地实现了希腊文明与基督教文明之间的融合，为三百年后的下一次文艺复兴以及近代科学的最终诞生，奠定了制度基础和观念基础。""如果说缺少为学术而学术的自由的精神，使中国人错失了希腊理性科学的话，那么，对基督教与近代科学之关系的无知和误解，使我们也无法真正理解近代科学。近代科学是希腊文明和基督教文明相融合的产物。我们可以说，没有希腊科学的复兴就没有近代科学，我们也可以说，没有基督教就没有近代科学。"引自吴国盛"没有基督教就没有近代科学"（《清华西方哲学研究》创刊号，2015年，第279—280页）。

在18世纪末爆发的化学革命，将彻底改变人们对大自然化学现象背后微观世界物质运动规律的认识。它与17世纪的经典物理学革命改变人们对宏观世界物质运动规律的认识一样伟大和深远。

人类近代史上很少有科技发明能像火药那样，对人类事务产生如此重大而决定性的影响。开发利用化学反应所释放出的化学能，它将巨大而沉重的铁球（或子弹）以雷鸣闪电般的声音和速度射向远方并以巨大动能摧毁目标，这个自然威力的发现（火药在公元9世纪的中国唐朝被发现，13世纪传入欧洲），标志着人类利用大自然隐藏的自然力在满足自身需求方面的历史性分水岭——其意义与200万年前"火"的发明和1 000年后原子能的发现与利用一样重大——可以回想弗朗西斯·培根1620年在《新工具》中就火药发明的历史意义说过的话。

在使用火药之前的冷兵器时代，武器是根据人类战士的肌肉力量的极限发挥而设计的。火药发明以后，武器的设计更多是为了战术的需求，而不是人体体力的需求。而对火药爆炸时空气膨胀的发现和对这种空气压力弹性的研究，将导致18—19世纪蒸汽机的发明。[377]

自从火药传入欧洲以后，一代又一代炼金术士和自然哲学家试图理解火药是如何在燃烧时发出"超过五雷轰顶的响声和最明亮闪电的火光"的，它的神秘力量居然可以将几十至几百公斤重的铁球以迅雷不及掩耳的速度射出几公里甚至几十公里之外。尤其是火药中的一个关键成分——硝石，它似乎既不是矿物也不是植物和动物，在文艺复兴时期的欧洲人看来，好像具有"土、气、火、水"这些古希腊智者认为构成大自然的所有四大要素。但硝石究竟是天然产生的物质，还是需要人工培育？是可以通过耕种、养殖或者矿物开采而获得的东西吗？为什么会存在于人畜的粪便和尿液中？从文艺复兴时期到启蒙运动的自然哲学家和军械专家都知道硝石的用途，但他们根本无法解释为什么。欧洲的智者被这个来自中国的"礼物"所折

377　约翰·霍布森在《西方文明的东方起源》（英文原著第210页）一书中说道："大炮实质上就是单气缸内燃机，而且所有的当代的内燃机和摩托引擎都是大炮原理的延伸"。常征的专著《火药改变世界》更加系统深入地讨论了这个问题。

服，比古罗马对丝绸的惊奇和崇拜还要有过之而无不及。

或许由于历史太久远，今天的人们很难想象火药当时对于欧洲民族国家生存和欧洲近代科技文明诞生的极端重要性。

人类自古以来就以"自然之火"伴随自己的生活——篝火、烛光、火种、炊烟一直是人类的密友。火药却是"人造之火与雷电"——它在自然界中根本不存在。在"自然之火"中，火焰被空气中的氧气滋养，一旦空气中的氧气耗尽，火焰随之熄灭。在"人造之火"中，氧气来自火药（硝石）本身，因此火药燃烧不需要空气。最初的一点火花就可以把火药引爆，初始热量将火药物质内部无数的分子撕裂开，碳和氢原子与氧结合，产生更多的热，点燃更多的燃料，形成连锁反应。这个连锁反应以惊人的速度加速，以至于在自然之火中需要几天乃至几年才能释放的能量，在"人造之火"中仅需千分之一秒。

在欧洲历史的早期，火药被称为"魔鬼的馏出物"。围观者常被它的电闪雷鸣所震惊和吓破胆，认为它的发明者是盗取了地狱秘密的恶魔，他的神迹会遭天谴。的确，作为火药成分之一的硫磺，在欧洲中世纪被认为是与撒旦有关的燃烧石。硝石才是火药中最为关键的成分，它通过阿拉伯传入欧洲。阿拉伯人将硝石称为"中国雪"或"来自中国的白雪"。火药的行为像恶魔般神秘——它一旦被点燃，就在地上疯狂地打滚燃烧，并在爆炸中产生强烈的冲击波，留下浓烈的硫磺味和股股青烟。

在火药发明后整整1 000年的时间里，它是人类唯一拥有过的人造爆炸物，它被视为凝聚了天上的电闪雷鸣与地狱的疯狂怒火。因此毫不奇怪，西方的"撒旦们"和战争狂人对这个神奇的人造破坏力非常感兴趣。

自火药—火炮传入欧洲以后，地中海地区和欧洲大陆就变成了一个巨大的"无政府主义"火海和坟场，这是一个无法无天的"一切国王反对一切国王"的地狱——到处是城堡，遍地都是攻城的大炮。军火工业繁荣兴旺，森林面积迅速缩小。欧洲因此成为一切阴谋家和战争狂人实现个人野心的地方，就像一个巨大而干燥的海绵——如饥似渴地吸收一切能够转化成绞肉机（杀人武器）的军事技术与知识，也像一堆等待燃烧的干柴一样疯狂地簇拥着东方文明送来的火花。

早在1326年（也就是伽利略发表《关于两门新科学的对话》300多年前），佛罗伦萨政府便下令举国制造火药、大炮和炮弹。其他城邦国家如法炮制。产自意大利的火药和军火很快蔓延到其他欧洲国家，包括穆斯林地区。到了14世纪50年代，火炮已成为战场上的有效武器，迅速在英法两国军队中普及。在1453年对君士坦丁堡的战争中，奥斯曼帝国也使用了火药大炮。因此达·芬奇在给米兰公爵的求职信中重点强调的，是他的军事知识和制造武器的过人能力与超凡技巧。强大的新武器从根本上使欧洲传统的历时数百年坚不可摧的城墙防御工事变得软弱无力。

至少从文艺复兴中期开始一直到19世纪末，任何一个欧洲国家都必须将自己的国家实力建立在火药之上。他们的攻城火炮、战舰、要塞和步兵每时每刻都在消耗大量的火药。如果没有这种特殊的"商品"，欧洲君主以及它们的军队都很难生存，更不必说争霸天下。

因此，可以毫不夸张地说，在欧洲民族国家竞争体系中，一个国家的火药储备直接决定了它的生存机会和它垄断欧洲与全球贸易的能力，从而也决定了它的富裕程度和维持其"战争⇄商业"循环加速器的能力。因为拥有贸易通道和殖民地财富的前提是拥有枪炮，而打响枪炮的前提是必须拥有大批量的火药储备。[378]

换句话说，自从欧洲进入热兵器时代，如果没有足够的火药储备，任何欧洲国家无论大小都不可能有国家安全。而如果没有硝石这种最关键的火药成分，就生产不出火药，从而就不可能赢得任何一场战争。

而正是几百年试图规模化生产硝石的国家需求和深刻理解火药燃烧机制的渴望，导致了拉瓦锡"化学革命"的爆发。

所以，自从火药—火炮从中国通过阿拉伯传入以后，就被各国视为欧洲"中原逐鹿"的核心技术，同时也是王室必备的生存之道；因此也获得了来自国王、女皇、公爵、土匪、教皇、民间的炼金术士和自然哲学家的特别青睐。以至于欧洲文

378　这一情况一直延续到19世纪末德国人发明出比火药的杀伤力还要猛烈几十倍的硝酸甘油炸药为止。

艺复兴后一代又一代炼金术士和自然哲学家，包括培根、波义耳、笛卡尔、牛顿，都在试图理解火药是如何燃烧的，以及为什么在燃烧时会产生"类似自然界最强烈的电闪雷鸣，发出山崩地裂般的巨大的吼声和光芒"，疑是"上帝的怒火"下凡，可以产生如此巨大的威力，将几十公斤重的沉重铁球以闪电般的速度抛出几千米远，冲破已知最厚的城墙，击沉已知最大的船只。

火药在千分之几秒内将其所有势能转换为发热的膨胀气体，很大一部分化学反应是在炮弹有机会移动之前发生的。炽热的气体充当了炮弹背后的强大弹簧，使铁球以最大的速度弹射出去。炮弹可以在不到十分之一秒的时间跑完整个炮筒的长度——而眨眼的时间是这个时间的9倍。在短暂的加速过程中，炮弹获得了全部速度，它出膛后在高温气体、烟雾和火焰的伴随下可以飞奔上千米或更长的距离。

总而言之，深刻理解"火药为什么会燃烧和爆炸"这个知识需求，从来没有像欧洲在进入16和17世纪以后那样强烈；因为经历几百年的火炮洗涤，当时舰载火炮和远洋海军在全球殖民争夺中的核心地位已经确立。从而在欧洲形成国家竞争体系以后的高频率和高烈度海上战争中，已经使得任何一个王室对火药的拥有量，直接决定了王室和它的国民经济的生死存亡概率。

硝石与国家安全 [379]

　　火药配方在14世纪时已在欧洲广为人知，它由硝石（硝酸钾）、硫磺和木炭组

---

[379]　本节的主要参考资料包括（英）David Cressy (2013), "**Saltpeter: The Mother of Gunpowder**"；（英）Haileigh Elouise Robertson (2015), "'Imitable Thunder': the role of gunpowder in seventeenth-century experimental science" PhD Thesis, University of York;（法）Patrice BRET (1994) "Lavoisier à la régie des poudres: Le savant, le financier, l'administrateur et le pédagogue"；（法）Mauskopf Seymour H. (1995) "Lavoisier and the improvement of gunpowder production" In: Revue d'histoire des sciences, tome 48, n°1-2, 1995;（美）Cornell University Library, The La Forte Collection, 1783—1797, Collection Number: 4711;（美）Seymour H. Mauskopf (1988) "Gunpowder and the Chemical Revolution" The Chemical Revolution: Essays in Reinterpretation (1988), Osiris, Vol. 4, pp.93—118; among others。

成。通过充分研磨和混合，可以使得最终产品的质量充分提高。木炭为燃烧过程提供持久的可燃物质，硫磺允许火药被立即点燃，相当于引燃物，而硝石为燃烧提供大量氧气。火药点燃以后周围空气迅速因高温加热而膨胀，同时产生大量二氧化碳和氮气。火药三种成分的比例随应用场景而变化，并随时间而变化，中世纪时期是每样三分之一，到16世纪末大多数英国大炮使用的火药粉末是六份硝石，三份硫磺和一份木炭，到了17世纪人们发现75％硝石，10％硫磺，15％木炭带来的爆炸威力最大。

火药材料中的硫磺和木炭是唾手可得的材料，但是硝石（硝酸钾）却是自然界十分稀有的材料。因此，任何国家想要大批量生产火药，必须具备大批量获得硝石的能力，这在当年的难度不亚于当代为了生产核武器而需要大批量提取放射性铀的难度。进入16世纪，也就是地理大发现时代，由于热兵器的迅速普及，民族国家的兴起，和对亚洲贸易垄断权的军事争夺战争已经开始变得白热化，整个欧洲的国家政府都已采取措施来寻找和开发硝石源。这在当时是一项比第二次世界大战以后全球各国竞相开发核武器还要紧迫的国家生存战略和要务。

比如前面提到，早在15世纪40年代，法国每年仅仅由于战争就需要消耗2万磅（将近10吨）火药，按当年的黄金价格折算，这相当于每年仅火药就得花费掉10万磅（将近50吨）黄金。而在16世纪末，这个数字翻了25倍，达到50万磅（约250吨），按1375年的黄金价格相当于250万磅（约1 250吨）黄金。如此沉重的军事开销和财政负担，必然改变战争的目标和性质，迫使每一个企图生存的欧洲国家大力提倡军火工业（包括火药研发、铸炮、冶金等），并出台国家主导的海外"打砸抢掠"殖民政策和重商主义发展战略，以补贴昂贵的军火工业，促成了"战争⇄商业"循环加速器和战争资本主义的形成与发育。

欧洲其他国家的状况当然与法国类似。比如从1500年到1650年，西班牙的财政支出翻了20倍，这个财政支出几乎完全是用于战争开销。仅在1621—1640年期间，西班牙的财政支出就有4亿杜卡特金币（文艺复兴时期1杜卡特相当于3.545克黄金，按照今天的价格相当于150美元）。也就是说，西班牙在不到20年期间的财政支出为142吨黄金，平均每年花费超过7吨黄金。[380]

又比如英国国王亨利八世是一位典型的"战争君主"和火药爱好者，英格兰的国家安全使得他对炮兵和弹道技术情有独钟。都铎王朝的枪支使用增加，导致对火药的需求相应增加。然而英格兰硝石的生产规模有限，这意味着必须通过从欧洲大陆进口来满足英国海外殖民和它快速发展的海军的需求。为减少对进口的依赖而采取的第一个尝试步骤是在1515年通过建立一家国内硝石企业启动的，当时授权德国人汉斯·沃尔夫（Hans Wolf）负责在英国国内任何地方搜集硝石。但是，到1558年伊丽莎白女王一世上位时，仍然有多达90%的英国硝石需要从国外（意大利和北欧地区）进口。

到了伊丽莎白时代，女王对"无限安全"这个国家安全战略的追求，更是促使英国在全世界到处寻找硝石和火药。伊丽莎白深知在欧洲这个充满宗教对立和好战精神的民族国家竞争体系中，一个脆弱的政权必须能够随时保卫自己。伊丽莎白的首席内政部长威廉·塞西尔（William Cecil）知道，英格兰的生存取决于火药。他向议会保证，"保障对硝石的充足供应"将为女王提供比黄金和财宝更重要和有价值的服务；为此他说道："2万英镑的硝石比10万英镑的黄金和珠宝更有利于女王。"[381]英格兰在全世界寻求硝石的战略被证明是非常英明和富有远见的，这在1588年一场与西班牙无敌舰队的决定英格兰国家命运的海战中获得了验证。因为严重依赖进口，女王特别担心硝石供应的中断，因此积极在北非和俄罗斯寻求新的硝石供给者，并提出了基于欧洲大陆的实践建立国营火药兵工厂以集中生产硝石和火药的详细计划。但最终，议会决定采用政府采购系统来满足英国广泛的硝石需求。

---

380 参见Thompson, I. A. A. (2018). "Money, Money, and Yet More Money!" Finance, the Fiscal-State, and the Military Revolution: Spain 1500—1650. In *The Military Revolution Debate* (pp.273—298). Routledge.

381 David Cressy, 2013, "Saltpetre: The Mother of Gunpowder," Chapter 3. Oxford University Press.

1642年英国内战的爆发，导致对硝石和其他军事物资的激烈争夺。在这场17世纪的英国内战中，保皇派和议会派都发现火药严重短缺，以至于寻找制造火药的关键成分——硝石——成为英格兰全国军民都不得不关心的事情。由于议会派控制了伦敦、朴茨茅斯和赫尔的火药厂而获得了直接的军事优势，但是战争的需求也很快导致了硝石提炼计划的恢复。相比之下，保皇派的地位要弱得多，因为硝石生产者只能满足其需求的一小部分，只有进口才使保皇党的战争努力得以维持。因而硝石供应的这种劣势很可能在保皇党的失败中发挥了作用。尽管提议建立集中式硝石工厂，但获得胜利的过渡政府最终还是决定依赖旧的政府采购制度和从国外进口来满足硝石供给。但是，事情到1660年发生了重大变化：英国东印度公司在印度发现硝石并开始从印度大量进口硝石。这解决了硝石的瓶颈问题，并为英格兰提供了进行帝国扩张的强有力手段。因此，不是1688年发生的光荣革命，而是1660年以后硝石供给问题的彻底解决，才是英国取代葡萄牙、西班牙、法国、荷兰而崛起为世界军事霸主和全球贸易垄断者的里程碑。

但是光荣革命对于英国的全球利益创造了更加有利的条件。以前曾被用来阻止荷兰人的商业限制与航海条例，现在被用来保护英国的海上供应和挫败法国的经济。作为新型盟友，英国人和荷兰人现在可以合作一致对付威廉国王的敌人。

通过"光荣革命"登上英国王位的威廉三世，让英国与法国的路易十四进行了不懈的战争，甚至因此耗尽了英国的火药储备。有三次情况下，英国的硝石储量都降至100吨（10万公斤）以下：1693年7月，1695年1月和1696年2月。英法两国于1689年至1697年再次处于战争状态，并于1702年至1713年在西班牙继承战争中再次决战。这些冲突都造成了对火药和硝石的巨大需求。

与法国的战争有时打乱了亚洲的运输，因此孟加拉硝石的年均收货量在17世纪90年代降至337吨以下。但是，可以通过从阿姆斯特丹硝石市场的采购来弥补不足，虽然阿姆斯特丹的火药质量不太好，但价格比伦敦便宜。比如18世纪中叶的英法7年战争（1756—1763）中，英国每年要消耗647吨火药。在18世纪接下来的几十年中，英国每年消耗火药1 600吨以上。

因此，是17世纪中叶由于对印度硝石矿产的全面控制才极大地提升了英国的战斗力。这为英国在接下来的全球殖民争夺和帝国崛起征途中起到了十分关键的作用。换句话说，大英帝国的硝石供给能力与它的全球力量成长成正比。

1757年在普拉西（Plassey）对法战争中获得胜利后，英国征服了孟加拉国，这意味着它能够获得全球硝石产量的70%，从此进一步夯实了大英帝国在全球的军事垄断地位和商业垄断地位。在1757年的普拉西战役失败后，法国被英国从印度硝石进口市场驱逐，法国被迫重组其国内的火药生产体系。法国人因此将他们在英法7年战争中的失败归因于硝石短缺。

1783年，老威廉·康格里夫（1742—1814）主掌英格兰皇家火药厂。他领导了一系列系统化的试验，建立了专门的试验场、硝石精炼厂和实验室。他有很多科学发现，其中之一是发现了用密封铁罐制造出的木炭可以产出更好的火药。在对付法国大革命和拿破仑战争期间，这种"铁罐火药"（cylinder powder）让英国火药闻名世界，效果比传统火药好1倍，还更不易受潮。

但是法国在著名化学家安东尼·拉瓦锡（Antoine Lavoisier）的有力指导下，其硝石产量从1775年的每年832吨增加到1784年的每年1 273吨，重新获得了与英国抗衡的本钱。这个巨大产能后来满足了法国大革命以后拿破仑与大英帝国作战的需要。因此，可以说法国是在英国的逼迫下才走上了一条独立自主的硝石生产道路的。我们将看到，法国在硝石生产方面的中央计划体制和自力更生道路，不仅改善了法国的火药生产技术，而且导致了一场化学革命。19世纪下半叶德国在实现统一和独立以后，在有机化学领域和化学炸药方面的革命性突破，与100年前发生在法国的化学革命有异曲同工之妙。

前面提到，火药的成分中硝石最为重要，也最为稀缺。直到19世纪，制造火药的硝石主要来自富含硝酸钾的人和动物的排泄物，尤其是酒窖和人畜茅坑四周堆积的富含微生物发酵的潮湿泥巴、粪土和尿液。因此当时的私人住宅里面的茅坑，教堂里面被尿液浸泡过的泥巴、粪土甚至座凳，都成为当年欧洲所有国家国防产业的最关键的"军工原材料"和涉及民族存亡的国家战略物资。

当时英国和法国都通过全民动员来收集人和畜的尿液和粪土。但是他们两国采取的是两种不同的模式来提高收集硝石的效率——英国主要是依靠政府采购和"市场力量"，法国主要是依靠国家直接的行政动员。其效果各异。

比如法国大革命期间，由于法国受到英国为首的君主制国家联盟的军事围剿，大规模火药生产再次提上议事日程。法国公共安全委员会将全国分为八个大区，进行全民动员以组织生产硝石。全国的化学家以及药剂师都被召集起来，分派到全国各地，深入城市尤其是乡下，为百姓提供指示。法国政府以拉瓦锡的科学方法为指南，吸引了6 000家新的硝石制造商投入到这项"保家卫国"运动中。全国各地的老百姓都被动员起来，到处都在挖茅坑、猪圈、鸡舍、牛圈、马圈，以寻找国家急需的重要国防原材料。该计划的成功令人震惊：1793年起不到1年，全国革命者将火药管理局的最佳硝石产量提高了4倍，并且新建了一个巨大的化学提炼厂，将收集到的粪土粪水转换为纯净的硝石，而且在巴黎市中心建立了一家同样庞大的火药制作工厂。尽管这家工厂很快就爆炸了，但充满活力的火药计划使法国度过了危机。[382]

与之对照，英国历来采用的是政府采购法。英国政府以高价在全国收购硝石，通过皇室颁发的"硝石掠取"特许证，发展出一大批民间"硝石采购人"或者"淘粪工"，硝石商被授予特权从任何可能的地方（主要是从马槽、鸽舍、猪圈、酒窖和茅坑中）提取硝石，专门闯入私人住宅的厕所茅房和圈养家禽的后院挖掘、偷窃粪土泥巴，搞得英国全国民怨沸腾，鸡犬不宁。以至于在17世纪初的一场全国性硝石采购运动中，由于"掏粪工"和"粪土采购商"对民舍专横跋扈的骚扰，成为17世纪上半叶英国内战的导火索之一。也由此才迫使英国政府最终通过东印度公司发现和开发了印度巨大的硝石矿产市场，从而解决了这个决定国家生存命运的战略物资瓶颈问题。

382　Kelly, Jack. 2004. *Gunpowder: alchemy, bombards, and pyrotechnics: the history of the explosive that changed the world*. p.169.

"燃素理论"与拉瓦锡的国家实验室

1775年迫于应对英国给法国国家安全造成的巨大军事压力，在杰出的化学家和行政管理官员拉瓦锡的指导下，法国建立了一个中央计划下的硝石产业体系和以科学实验为基础的国家实验室。正是在这个高度集中化的生产实践中和国家实验室里，拉瓦锡获得了一系列关键知识并完成了一系列关键的化学实验，为他推翻当时占统治地位的燃素说和提出燃烧的氧化理论奠定了基础。拉瓦锡的《关于建立硝石工厂和制造硝石的指导》以及《关于硝石形成和制造的备忘录》在英国皇家学会是根本没有对应物的，这也解释了为什么是法国而不是英国引领了这场"化学革命"。[383]

具体说来，除了在法国兵工厂的国家实验室中进行反复实验外，拉瓦锡还亲自

---

[383] 关于拉瓦锡的兵工厂化学实验室在这场化学革命中扮演的角色，我们可以从美国康奈尔大学图书馆保存的一个珍贵资料库（The La Forte Collection, 1783—1797, Collection Number: 4711）中一窥全貌。拉瓦锡正是在法国国家力量的支持下，利用法国火药局和国家实验室提供的研究环境和条件，开启了这场改变人类科技史的化学革命的。这个馆藏资料包含火药局和实验室的各种来信、指导材料、技术图纸、财务记录和其他官方文件，这些文件取自法国火药部专员。藏书的内容分为三大类：1784年至1797年的一般文件和手稿；从1786年到1793年的信件；以及从1793年到1797年的信件。在收藏的文件中，大部分都是从1793—1797年开始的，这是法国火药制造迅速改革和扩张的时期。涵盖的主题包括：火药的制造方法；技术改进和行政改革；生产结果；刺激生产方案；账户；采购原材料（尤其是硝石和可燃物）和设备的问题；确定硝石的价格的问题；工厂、精炼厂和车间的建设；违规行为，例如对硝石的秘密生产和私人销售问题；工伤事故；法国大革命对火药工业的影响（包括革命监督和对革命立法的反对）；巴黎政治流派；法国经济；向纸币中央金融的转变；工人的工资；以及工人中的不满情绪。其中有一本1785年的化学教科书，注释了有关火药制造的科学和技术的各个方面；以及一系列指令，可能是由拉瓦锡撰写的，还有他针对火药和硝石检查员的指令，在整个法国颁布和下达，涉及生产过程的各个方面。而美国对这些历史资料感兴趣也是因为美国18世纪末独立战争和建国初期与法国的关系密切。（Compiled with the aid of *French Books and Manuscripts: 1700—1830, An exhibition and Description of Collections in Cornell University Library honoring Arthur H. And Mary Marden Dean.* Ithaca: Cornell University Library, 1981.）

指导和管理了十几个法国城市的硝石提炼厂。他提出了一整套关于利用城市下水道收集、提取、制作硝石的流程，以减少不必要的损耗和质量破坏，并禁止法国人像英国"掏粪人"那样进入私人住宅掠取硝石粪土资源（英国的私有产权保护可见一斑）。通过行政管理和开创性科学工艺流程，拉瓦锡将法国硝石的产量从1775年的832吨提高到1777年的979吨，并在1784年提高到1 273吨，以至于法国当时的国家火药储备达到近2 500吨，而且质量是当时世界上最好的。这个硝石生产的工艺变革也恰好发生在美国独立战争时期，因此美国独立战争所需的大多数弹药都来自法国，以至于拉瓦锡在1789年完全正确地说，北美的自由解放得归功于法国的硝石和火药。[384]

恰好是法国的举国体制，使得火药从战场和普通人家的后院转移到了国营工厂和国家实验室，从而成为系统科学实验的对象，为化学革命创造了除战争之外的第二个条件：化学革命的第一个条件，也是最关键的条件，当然是基于火药的热兵器战争本身；战争促进了火药的大批量使用和研发，战争促进了国家力量对火药性质的研究。化学革命的第二个条件就是通过国家实验室这样的科研机构和国家财政力量来动员和组织科学家进行科学攻关。

但是当时的欧洲科学在化学方面仍然非常落后，还停留在炼金术的水平，虽然已经取得了物理学和数学方面的革命性突破，产生了牛顿三大定律和微积分，然而这些知识，包括古希腊平面几何，对于认识化学世界几乎毫无用武之地。这是为什么牛顿本人花了后半生经历专注于化学研究，也一事无成的原因，因为微观的化学世界与宏观的物理学世界背后的运动规律相差十万八千里。数学这个所谓的科学的皇后在化学世界几乎没有用武之地，这也是为什么像欧拉、高斯、拉格朗日、傅里叶、黎曼这样的伟大的数学家都对化学毫无贡献，然而他们却可以对天体物理学、光学和电磁学有巨大贡献。化学革命需要新的研究范式的突破，而这个范式与古希腊平面几何的推理方式是背道而驰的，需要的是归纳法而不是演绎法，需要的是大

384　Cressy, David. *Saltpeter: the mother of gunpowder*. Oxford University Press, 2013。

量的实验，而不是从公理出发的数学推导。因此，具备伟大数学头脑的牛顿在化学上一事无成，虽然他对炼金术非常痴迷而且穷其后半生研究炼金术，企图揭示化学世界的客观规律。其实，即便是物理学也是建立在大量实验基础之上的，但是化学突破需要更多的实验而不是更多的数学，尤其不需要人们想象中的牛顿和爱因斯坦这类坐在家里仅靠一支笔一张纸就能演绎出大自然"美学"规律的天才。

因为不像物理世界，化学世界涉及的不仅是"量"的变化，而且是"质"的变化，而事物的"质"是由它的微观"结构"决定的，结构不同，所表现出来的宏观性质就不同。稳定的微观结构，体现为稳定的宏观性质。而数学，比如微积分，是研究量变规律的，量的变化不会产生质的变化，因此可以研究数的各种排列组合和运算；对无限小的无限加和，对无限大的无限分割，都不会担心研究对象（数的王国）会因此而发生质的变化。然而化学世界不一样，量的变化会带来结构和质的变化，而恰好是这种"质"的变化不是数学工具所擅长的，因此数学不是一门适合研究化学的语言。这也是为什么仅仅依靠数学，人类推导不出火药爆炸的化学反应式，推导不出门捷列夫周期表，推导不出达尔文的进化论，推导不出人体的解剖结构和DNA基因结构，更推导不出社会经济结构演化的根本原因。

这也是为什么欧洲的化学革命比物理学革命晚了120多年，虽然都是来自火药—火炮的战争推动。而且化学革命爆发以后也比物理学革命花了更长的时间才完成。这是为什么物理学可以建立在古希腊数学的基础上，而且是由热爱数学的物理学家开创；但是化学只能建立在炼金术传统上，而且也是由炼金术士们开创。中国古代的炼金术大师们已经知道用什么样的天然物质以什么样的比例混合在什么样的温度下加热，可以"点石成金"，产生青铜、生铁、陶瓷、水银、火药这些大自然没有或很少见到的新物质和新能源，虽然他们并不具备（也不需要具备）古希腊的数学知识。

但是古代炼金术士无法解释为什么。对"为什么"这个自然现象背后第一性原理的回答，需要等到化学革命。

而化学革命所面临的中心问题，是回答"火药为什么燃烧和爆炸"以及"火药爆炸时产生的力量来自哪里"？只有回答了这些问题，处于亡国灭族压力之下的欧洲民族国家才能通过提高火药的产量、质量和发现新的爆炸物质，一劳永逸地解决"王室安全与国家生存"问题。这与二次世界大战以后所有国家，无论是发达的工业国还是落后的农业国，都纷纷筹建物理实验室，研制核武器，提炼放射性元素铀，普及高能物理学是同样的道理。而火药恰好就是15—19世纪所有处于高强度战争中的欧洲国家的"原子弹"，而其中的关键化学成分硝石（硝酸盐）就是其"铀元素"。虽然这个"原子弹"家喻户晓而且都能够制造，但是偏偏无法大规模制造，因为缺乏硝石。在欧洲国家竞争体系中，谁搞清楚了火药背后的化学反应机制，谁就有潜力"点石成金"获得无限制的火药与硝石供给，从而统治欧洲，垄断亚洲贸易，征服和殖民全世界。

而这些关于火药爆炸的中心问题又涉及更一般的物质燃烧机理问题，因为能够燃烧的物质并非火药一种，虽然很少物质在燃烧时发生爆炸现象。因此如果能够解释"为什么物质会燃烧"这个问题，那么"为什么火药在燃烧时会爆炸"这个问题或许会迎刃而解。但是火药提供了一个最直接、最显然的突破口和时代迫切性激励机制。不过后来人们发现除了火药里面的硫磺外，诸如磷这样的物质也是研究燃烧现象的很好实验材料。

火药对于化学革命的极端重要性来自火药爆炸时所披露的三个特殊自然现象：（1）剧烈燃烧；（2）空气受热膨胀（热能与机械能的转换）；（3）旧物质的消失和新物质的产生。这三种自然现象背后隐藏着三条最重要的自然法则（定律）——氧化反应，能量守恒，质量守恒。这三条自然定律为19世纪的自然科学发展奠定了坚实基础，其重要性远远超过了牛顿三大定律。

燃烧是一种氧化过程，而氧化反应是化学世界最为基本和普遍的化学变化。

空气加热以后膨胀，或者热胀冷缩，是燃烧过程中伴随的一个物理现象，但是只有把这个物理现象推向极端才有助于提高人们对于气体的物理性质（弹性）的认识。由于气体时常以单纯的化学元素存在，这对于发现化合物和化学元素是关键一环。况且气体受热膨胀体现了热能向机械能的转换，这个原理后来成为蒸汽机工作原理的基础，并导致热力学对"能量守恒"定律的发现。

燃烧前后物质化学性质的改变是化学运动与物理运动的本质区别，但是参与化学反应的物质的总质量却在反应前后保持不变。这个规律是通过对燃烧前和燃烧后的物质进行称重而发现的，从而导致了"质量守恒定律"的发现。

拉瓦锡的化学革命使人们认识到：（1）自然界的物质存在形式是单质与化合物（即原子和分子）；（2）这些单质与化合物服从一些基本化合规律，形成酸、碱、氧化物等，而且物理形态有固体、液体、气体；（3）燃烧现象是物质与氧气的结合所产生的氧化过程。

具体说来，在制造火药的三种成分中，木炭是最容易获得的。它是由木头在泥土或沙子的覆盖下燃烧而成，以便排除周围空气中的氧气进入燃烧过程。因此这是一个没有火焰的燃烧过程。但是木材和森林资源毕竟也是有限的。由于对木炭的巨大需求，到17世纪，英格兰的天然树林急剧减少，这导致英国王室出台国家政策，建立了可管理的人工培育树林，以提供专门用来烧制木炭的木材。因此煤矿在英国的大量使用和开采也是由于森林急剧减少的结果，是逼出来的。

火药里面的第二种成分是硫磺，尽管需要一些处理，硫磺也是自然界中一种相对常见的元素。将黄铁矿（硫化铁 Fe_2S_3）在没有氧气的情况下进行加热可以得到少量但可靠的硫磺。中世纪欧洲的炼金术士已经知道这种技术，而这个技术当时在中国已经流传了上千年。[385] 天然矿泉水也提供了现成的纯硫，通过蒸发可以获得。到18世纪，丹麦人每年从冰岛的温泉中可以获得300吨硫磺进口。但是，在整个15—19世纪期间，来自意大利西西里岛的天然火山硫矿是欧洲火药行业中该元素的主要来源。在露天和地下矿山中采集的硫矿，被沙子覆盖后让其无火焰燃烧（这个过程与制作木炭无异）。熔融的硫磺从烟囱底部流出，收集以后被做成巨大块状让其硬化。这些硫磺饼可以通过反复的熔化和固化过程进一步精炼，然后再进入整

---

385 东汉《神农本草经》曾提到纯硫磺的提炼法，记录中国人于公元2世纪就发明了纯硫提炼法。东晋《抱朴子》一书记载："以华池和丹，以曾青、硫黄末覆之荐之，内箭中沙中，蒸之五十日，服之百日。"东晋硫磺已经成为局方的一味药。

沉积在家禽粪便池或地窖墙壁上的天然硝石结晶。

个欧洲市场进行交易。

　　火药里面的第三种成分是硝石。硝石是火药三种成分中最稀有、最关键的成分。中国古代炼金术士在战国时代已经发现硝石及其医疗作用——这种物质秋天时从盐碱地上结霜而生，再经煎炼而得，它也常常结晶生成在盐湖岸边。中国古人还发现一种芒硝（其化学组成是硫酸钠），也是从盐碱地上离析出来的。[386]然而硝酸盐的性质和起源对于西方炼金术士来说相当长一段时期未能得到很好地理解。实际上，正是火药战争所引发的对硝石的研究和分析以及寻找合成方法的努力，成为推动近现代欧洲化学工业发展的主要动力。

　　硝石实际上是硝酸钾结晶体，其化学表达式为 KNO_3。它既可以作为天然结晶沉积物生长在洞穴和酒窖壁的表面，但也可以作为细菌对腐烂有机物（尤其是人或动物的粪便，蝙蝠和鸟的排泄物）作用所产生的副产物而产生。

386　参见赵匡华著：《中国古代化学》，山东教育出版社1991年，第95页。另外，早在春秋晚期（公元前6世纪），就有"石流黄出汉中""消石出陇道"的记载。石流黄就是硫黄；消石就是硝石，古时还称焰硝、火硝、苦硝、地霜等。早在商周时期，人们在冶金中已经广泛使用木炭。可见早在春秋战国时期，木炭、硫黄、硝石已经为人们所熟知。在中国第一部药材典籍汉代的《神农本草经》里，硝石、硫黄都被列为重要的药材。即使在火药发明之后，火药本身仍被引入药类。明代著名医药学家李时珍所著的《本草纲目》中，说火药能治疮癣、杀虫、辟湿气和瘟疫。

由于私人住宅的粪坑、粪堆以及动物棚和鸽子棚的木地板的含硝量非常高，因此这些平时被人讨厌和不值钱的废物在文艺复兴后的欧洲却具有极高的军事、经济、政治价值，受到国家力量的高度"青睐"和重视——这完全是出于热兵器战争的刺激和国家生存的需求。

再说一遍，硝石在整个欧洲崛起的几百年中，曾经比煤矿、钢铁、石油还重要，也更稀缺，因此火药的市场价值才胜过黄金。打仗就是大批量消耗硝石这种"黄金"。这本身就导致了重商主义国家发展战略的出台——没有商业，便不可能支撑欧洲长年累月的非常昂贵的热兵器战争。因此亚当·斯密才认为军事技术革命促进了欧洲的商业革命和国民财富的增长。

这也是为什么"战争:商业"循环加速器能够在近代欧洲出现和形成的根本原因，也是资本主义诞生在欧洲的根本原因。资本主义诞生在文艺复兴以后的欧洲，其实不是因为韦伯和流行历史观所说的古罗马法治传统，而是基于大批量火药（贵于黄金）、铸铁、青铜、森林的消耗的高烈度战争所推动的重商主义产业政策的产物，与政治制度没有丝毫关系。无论是封建制、君主制、君主立宪制还是共和制的欧洲国家，都需要打仗才能赢得生存，因此都需要大批量硝石来生产火药，需要大批量铜铁来铸造火炮，需要大批量木材和煤炭来冶炼金属。这才极大地推动了冶金工业、化学工业、枪炮工业、造船工业、木材加工业的发展与繁荣。而在当时硝石才是军火工业的王冠，可它根本无法被人工合成，必须严重依靠人工收集和国外进口。因此亚当·斯密才说只有富裕的国家才有资格打仗，也才能从战争中胜出；从而刺激欧洲国家出台重商主义的国家发展战略和积极参与对外殖民与打砸抢掠，形成"战争⇄商业"循环加速器。

前面提到过，在法国历史上，王室授予政府专员（"掏粪专员"）以行政特权，有权进入任何私有财产和住处（必要时可以使用武力）收集并带走他们发现的硝石资源（实际上就是粪土、尿液和鸽子屎）。在瑞典，农民被命令从自己的茅坑、地下谷仓壁和酒窖壁上收集富含硝石的泥巴，然后将其捐献给国家——交给在全国巡回的流动"皇室锅炉厂"，由他们就地进行提取和精制。

在英格兰，国家雇用私人承包商（称为硝石经纪人：saltpeterman）来搜寻和获得硝石。与法国一样，这些"硝石专员"被赋予在全国范围内进入任何私人住宅寻找和获取硝石原料的权力而不需地方法院或者议会批准。这些"掏粪专员"因行为粗鲁而且十分腐败而臭名昭著，它们经常可能被贿赂去挖邻居的茅坑和地窖，而不是自家的茅坑和地窖。这样一来有钱人家和富裕地主就可以免遭打扰。尽管如此，他们仍然被所有阶层的人公认为是令人讨厌的家伙，非常不受欢迎。

因此对硝石的追求，是15—19世纪期间欧洲所有国家的国家战略，就像进入核武器时代的20世纪各国对铀和放射性元素的追求一样——没有它就造不出原子弹。然而火药与原子弹的根本不同是它的技术门槛极低，只要掌握了配方，民间个体户都可以制造。这个技术性质上的区别和大众性质，导致欧洲当年的国家竞争体系不是冷战期间的恐怖平衡体系，而是基于常规战争的火炮平衡体系——需要大批量的火药与枪炮。但是这个常规战争平衡远比冷兵器时代形成的国家竞争体系更加富有张力和大规模杀伤力，从而更加需要系统化的实验科学、科研平台与国家力量来支撑军备竞赛，达到人类对于热兵器原理的理解——这才刺激了伽利略弹道学和拉瓦锡氧气燃烧理论的诞生。硝石这种白色晶体被所有王室视为"不可思议的宝藏"。从葡萄牙的第一次远航探险，到第一任都铎王朝亨利七世的成功，再到英国17世纪初的内战，再到美国的独立战争和南北战争，法国的拿破仑战争，一直到19世纪末，硝石都是对国家安全至关重要的特殊商品。[387]

纯净的硝石是白色晶体，有时可以直接从地窖的墙壁上刮下来。但是它通常必须从含粪的土壤或者干燥的粪便中提炼。这是一个多阶段的过程，可能需要一周或更长时间。制作过程是先将粪土放在大桶或容器中，然后将水缓慢渗入其中，形成

---

[387]　关于硝石在美国独立战争期间和南北内战期间的关键作用，参见Dick Jimmy (2013) "The Gunpowder Shortage." *Journal of the American Revolution* 9 (2013)。事实上，美国化学工业的发展与杜邦公司的火药制造密切相关。杜邦公司是美国最古老的化学公司，1802年7月在拉瓦锡支持下由法国火药专家和实业家杜邦在特拉华州威尔明顿成立，专门生产火药。杜邦后来一直是美国最大的化学公司，2014年按市值计算是全球第四大化工公司，按收入计算是全球第八大化工公司。2017年8月31日，它与陶氏化学公司合并。

| 17世纪的欧洲硝石作坊。

一种发酵的"硝石酒"。再将该液体通过石灰粉过滤以除去钙和其他化学杂质。然后将其倒在黄铜大锅中煮沸，去掉沉底的渣滓，最后将液体冷却并结晶。煮沸过程可能会重复几次，以获得纯度更高的硝石结晶。

硝石的国内来源不足可以通过国外进口供应来补充。在伊丽莎白女王统治下的英格兰与西班牙的战争中，信奉新教的英国人能够从北非的穆斯林那里进口大量硝石，英国用铁制炮弹与对方交换硝石。到17世纪50年代，荷兰东印度公司开始从印度的比哈尔邦和孟加拉邦进口大量硝石矿物原料，在下一个世纪，这些进口矿物增长成为世界上主要的硝石来源。英国和法国之间在争夺控制印度贸易方面的竞争，很大程度上取决于硝石贸易的战略意义，也就是争夺南亚国家的硝石矿产资源。1757年后英国最终取得对法国的胜利，并且英国东印度公司完全控制了孟加拉国这个硝石生产大国，这使英国控制了当时世界上约70％的硝石产量，奠定了英国的全球军事霸主地位。因为没有任何国家能够与英国在战争中比拼火药的后勤供应量，每一场战斗都是向敌方阵地倾洒贵如黄金的火药粉末。

为此，法国被英国逼上梁山，转向了化学这门系统的实验科学。法国国王路易十六决定动用国家力量扶持化学研究，以找到更加有效的硝石开采、提炼和生产的方法，并通过系统性实验找到提高火药爆炸威力与效率的最佳配方。1775年，天才化学家拉瓦锡临危受命，出任国家火药（硝石）制造局（Régiedes Poudres et Salpêtres）局长。这个机构以巴黎市的地下粪便污水排污管道系统作为硝石原料来源，建立规模化回收工厂，成立了微生物发酵下的"硝石种植园"，以从粪水中大规模提炼硝石。不久之后，法国每年就能够生产1 000吨硝石，这使得法国成为欧洲大陆的军事霸主和火药出口商，从而维持和提高了其在非洲、美洲、亚洲的地位。[388]

但是这个巨大成功并没有解决拉瓦锡头脑中的根本问题：火药燃烧的机制究竟是什么？为什么会有爆炸现象？火药中每一种成分的功能究竟是什么？为啥需要硝石、硫磺、木炭按照特定比例研磨混合才能产生最大爆炸效果？或者更一般地说，普通物质（比如木材）为什么也会燃烧？燃烧现象究竟是怎么发生的？

古希腊的数学家和哲学大师们从来没有对这些问题提供过答案。不像伽利略面临的物理学问题，至少古希腊平面几何或者亚里士多德的物理学可以派上用场。古希腊智者能够告诉17—18世纪化学家们的理论，是大自然所有物质都由"水、土、火、气"这四个元素组成，亚里士多德将其进一步表达为潮湿、干燥、炎热和寒冷四种性质来增强了这一思想。除此之外则不能提供任何思想了。

但是火药的神奇性质冲击了所有欧洲哲学家、数学家、神学家的神经，可惜自从13—14世纪传入欧洲以来，人们一直找不到答案，无论是哥白尼还是伽利略的研究纲领或者数学语言范式（圆周运动、速度、加速度、重力）都无法套在火药爆

388　参见Stephen Tempest (1985) "How was gunpowder produced on an industrial scale in the 17th century and onwards?"（https：//www.quora.com/How-was-gunpowder-produced-on-an-industrial-scale-in-the-17th-century-and-onwards）。

炸甚至燃烧这个神奇的自然现象上。物理学和数学大师牛顿也从事过长期的化学研究与实验，却同样是无功而返。在他看来，火药爆炸现象比他研究的天体运动和五颜六色的光学现象还要复杂和神奇，以至于他发现的微积分和力学三大定律毫无用武之地。

对火药爆炸机制的解释的突破，首先来自对木材和金属燃烧时发生的化学现象的解释。为了解释任何物质（尤其是火药）在常温下的燃烧机制，17世纪与牛顿几乎同时代的一位著名德国医师、美因茨大学医学教授、炼金术士、自然哲学家、投资家约翰·约阿希姆·贝歇尔（Johann Joachim Becher）（1635—1682）在他1667年出版的著作《地下物理学》中，描述了矿物质和其他物质的性质。他也谈到了金属的燃烧现象，但没有使用"燃素"一词，然而他关于燃烧、金属及如何从岩石中提取各种金属的想法后来成为燃素理论的基础。

贝歇尔认为，燃烧的材料必须包含可燃成分，即"土、气、火、水"四种元素中的"火元素"。不过他去除了"火"和"空气"这两种元素，取而代之的是他提出的三种形式的土元素：即岩石土（terra lapidea）、液体土（terra fluida）和油脂土（terra pinguis）。而油脂土是可燃性元素，他相信油脂土这个元素是燃烧的关键，并在燃烧时被释放出来，火焰是燃烧的信号。他坚信燃烧以后的残留物（例如草木灰）比燃烧前的原始材料"更轻"，他认为这个"证据"表明物质在燃烧过程中失去了某种东西，这就是由于"油脂土"在燃烧过程中的消失造成的。同样，在空气中煅烧金属以后会产生灰烬，由于相同的原因（即油脂土元素的消失），灰烬比加热前的金属更"轻"。

众所周知，贝歇尔与燃素说没有直接关系，但他对他的学生斯塔尔有很大的影响。1703年，也就是牛顿力学体系已经在欧洲知识界获得了科学王冠地位的年代，德国医学和炼金术教授格奥尔格·斯塔尔（Georg Stahl）扩展了贝歇尔理论，将"油脂土"更名为"燃素（phlogiston）"，源自希腊语φλογισ（燃烧）。斯塔尔的理论包括以下思想：(1) 所有可燃物质均含有燃素。(2) 物质中含有的燃素越多，其燃烧的效果越好，越完全。(3) 燃烧过程将燃素从物质中释放到空气中；火焰表明燃素在迅速逸出。（4）空气是燃烧所必需的陪伴品，因为它吸收了逃逸的燃素。在密闭容器中的燃烧很快就会停止，因为内部的空气被燃素饱和后变成了燃素化的空气。（5）同样，人体和动物呼吸也需要空气，这也是一个吐出燃素的过程；放置在密闭容器中的生物会死亡，因为空气有限无法吸收更多的燃素，因此不再能够维持生命。（6）燃烧后残留的物质称为灰烬。（7）在空气中煅烧（强烈加热）金属也会释放燃素，从而使金属的燃素消失。（8）此过程与燃烧相同，但需要更长的时间；金属煅烧过程中没有火焰，表明燃素是缓慢而逐渐地逸出。（9）由于失去了燃素，因此煅烧以后的金属灰烬比金属"更轻"（密度更小）。

这个理论因此也"解释"了火药爆炸现象：大批量的燃素以极高的速度逃逸进空气中，产生火焰，因此火药爆炸需要更多的空气陪伴以大批量吸收燃素。装在炮筒里面的火药奔腾而出的现象，说明火药燃烧时释放的大批量燃素急需寻求空气找到"出路"或者"回家"。

尽管燃素理论定性地解释了许多燃烧现象，但对于金属煅烧的解释仍存在问题。通过严格测量，人们意识到金属加热以后所生成的金属灰烬，其重量实际上比反应之前的原始金属重，而不是更轻。其实让·雷伊（Jean Rey）在1630年就已经发现了这一点，罗伯特·波义耳（Robert Boyle）在1673年也证实了这一事实。这个发现把天平称重这个关键环节带进了炼金术或者化学研究中，从而使得炼金术或者化学从此成为一门定量的科学。而只有通过定量测验，才能最终帮助拉瓦锡提出"物质守恒定律"，揭示化学反应的普遍规律。而且燃素理论对空气在燃烧过程中的作用的强调也非常重要，它导致了氧气这种独特化学元素的发现。

为了将金属燃烧以后重量加重而不是减轻这一事实与燃素理论相吻合，燃素被认为是具有"负重量"或"正轻度"的轻物质——这也可以解释为什么燃素在逃逸时使得火焰往上升，而不是被重力吸引往下降的现象。因此物质在燃烧以后，变得更重了，因为带有负质量的燃素被空气吸收了。

斯塔尔正式提出"燃素"理论的这一年，距离塔塔格利亚出版关于弹道学的《新科学》（1537）已经166年，离伽利略发表《关于两个主要世界体系的对话》

（1632）已经71年，离笛卡尔发表《方法论》（1637）和《哲学原理》（1644）已经60—70年，离牛顿发表《数学原理》（1687）已经将近20年，离莱布尼茨发明微积分（1674）已经30年。然而人类对化学现象的认识还处于茫茫黑暗之中。化学"燃素说"提出的这一年，离拉瓦锡发表他的革命性经典著作《化学原理》（1789）和提出氧气燃烧理论，还有将近一个世纪。

也就是说，燃素理论被科学界接受了100多年，因为即便在拉瓦锡提出并证明他的氧气燃烧理论以后，科学界并没有立即接受，而是继续相信燃素理论，而且还反过来用燃素理论攻击和驳斥拉瓦锡的氧气理论。

燃素理论的影响如此之大，如此根深蒂固，以至于英国著名化学家约瑟夫·普里斯特利（Joseph Priestley）在1774年发现氧气时，还居然将其称为"去燃素后的空气"。他是在用阳光加热氧化汞时制造和发现这种新气体的，但是却被他误认为是因为氧化汞在阳光下吸收了周围空气中的燃素，从而使得周围的空气变得更加纯净，变成更有助于燃烧的气体，因为去燃素化的空气被认为具备了更加强大的吸收燃素的功能和储备燃素的能力，因此更能够吸收燃烧过程中逃逸的燃素，发出更加猛烈的火焰。

其实，拉瓦锡只需要将这个理论从头到脚颠倒过来，假设一种相当于"反燃素"物质（氧气）的存在，就可以轻而易举地发现氧气燃烧理论，反驳燃素理论，因为正是燃烧时的氧化反应过程使得燃烧后的金属变重了（金属原子与空气中的氧原子结合产生了氧化物），而且物质在缺乏氧气的空气中无法燃烧。然而证实氧气和氧化才是一切物质燃烧的根本机制的过程，实际上非常艰辛，因为它需要建立在对各种不同的气体的认识上面，而当时的化学家或者炼金术士只知道空气，误以为空气是一种纯净的化学物质。而且提出氧气燃烧理论还需要具备关于化学元素（即纯物质）的概念、化合物概念以及酸碱中和反应的知识。这些革命性认识，在燃素理论的基础上，又花了炼金术士和自然哲学家将近100年才逐渐获得。而拉瓦锡则是一个站在同时代的实验化学巨人的肩膀上的一个集大成者。

培根实验哲学与拉瓦锡化学革命

促使拉瓦锡走上化学革命之路的，更多的是法国对硝石和火药的巨大需求，而非英国哲学家弗朗西斯·培根的哲学影响。

培根早在拉瓦锡提出燃烧的氧气理论将近一个半世纪前，就为英国皇家学会提出了野心勃勃的弄清楚火药燃烧和爆炸现象的研究计划，这个计划号召人们从大学的象牙塔里和数学推理的演绎法中走出来，向炼金术士和手工工匠们学习，用实验方法发现大自然的规律和秘密。这个科学研究纲领吸引了一大批优秀的医学家、炼金术士、博物学家和自然哲学家展开对火药的研究行动，这其中最著名的要数炼金术士罗伯特·波义耳（Robert Boyle）。

培根新方法的支持者们，以学术理论和实践研究相结合为特征，皆被火药的自然哲学潜力所折服。他们在实验中大量使用了它，并且对它进行了各种各样的推测和实用功能检验。火药具有体现广泛的实验追求并解决早期现代自然哲学中紧迫问题的能力，这意味着该物质在17世纪英格兰的实验哲学发展中起着重要而多方面的作用。

这样一种简单的混合而只添加一个火花就可以释放出如此巨大力量的物质，激发了炼金术士、物理学家、数学家、神学家和自然哲学家们的巨大好奇心和兴趣。火药既壮观又可怕，它激发了人们对自然力量的敬畏和钦佩，但同时又令人恐惧和惶恐。因此，欧洲智者们对它致以深切敬意。

培根和波义耳在使用火药提升知识方面各有不同的想法，而早期的皇家学会的许多成员则利用其地位和声望来促进实用和社会实用性计划。培根自己经常研究火药，但他没有实现任何实际的改进，无论是对火药的配方还是对火药爆炸机制的理解方面。因此，培根在关于火药的历史学中很少被提及。同样，在关于培根的其他文献中也没有提及火药，经常提到的仅仅是培根宣称"火药、指南针和印刷机是欧洲文明必不可少的基础和成就的象征"。

培根主要是希望他的实验方法能够导致对大自然秘密的系统的发现，而不是偶尔的发现。培根敦促学者们不要等待偶然的发现，告诫他们在研究中使用他的归纳方法，否则会浪费大量的时间。

波义耳的化学方法是建立在他以前接触过的炼金术基础上的。波义耳不拒绝炼金术，因为它是一门实用的艺术。然而，波义耳认为它缺乏系统性的哲学原理，缺乏产生真理所必需的思辨性质。因此波义耳希望改造炼金术，使之成为像物理学一样的严密科学，建立在公理和演绎逻辑的基础之上。

但是波义耳错了，化学不仅在当时而且直到目前也不可能成为一门演绎的科学，而只能是一门归纳的科学；只能从实践中来，到实践中去；如此循环往复一二百年，在收集大量实验事实的基础上，才可能产生一场拉瓦锡化学革命。牛顿本人或许正是因为企图把化学建立在演绎法和公理体系上，才遭遇他后半生在化学研究方面的一事无成。

火药对培根来说象征着大自然的无限奥秘与威力，等待人类去发现打开它的钥匙。他把火药视为大自然的伟大作品，象征隐藏在物质中的神奇力量。他认为"征服自然必须首先理解自然"。培根想将火药重新塑造为经验知识的基地。他认为由于崇尚演绎法的学院派的徒劳，火药一直只是自然奇迹的一个独特例子，但不是人们按照科学方式系统地发现的，而是偶然地发现的。他借助火药来阐述自己的自然哲学观和科学方法论，并对注重演绎法的象牙塔经院学术传统进行批评和攻击。培根对火药的制造或采购本身不是十分感兴趣；相反，他利用火药为自己的方法论自然哲学服务。培根想象，借助他所提倡的科学研究方法，火药作为大自然无限奥秘与各种神奇可能性的有力体现，它背后的秘密很快就会被揭开，而且还能由此帮助人类发现比火药更加神奇的超越目前人类能力和想象力的奇观。

其实，培根哲学的基本精神与传统炼金术大师是一致的，即都试图通过反复实践操作和实验找到打开大自然威力的钥匙，虽然培根本人对"点石成金"可能不感兴趣。只不过经过炼金术士几千年的经验积累，培根认为是到了发展出一种更加系统的实验方法来寻求大自然的奥秘，尤其是隐藏在火药爆炸这个神奇力量背后的奥秘的时候了。

可以想象，如果在培根所处的时代，人们偶尔发现某种"天然原子弹"，像石头一样往外一扔就可以升起一片蘑菇云，摧毁一座大山，那将激发出多少战争爱好者、军事家、政治家、自然哲学家对大自然神奇威力的好奇心？而且这种好奇心的强度，在一个到处都在用"天然原子弹"杀人并注重组织人力物力研究背后奥秘的国度，和在一个相对更加和平稳定、缺少战争的国度，肯定是很不相同的。换句话说，在到处都是城堡和攻城火炮的欧洲，出现培根这样的自然哲学家并提出对大自然威力进行系统性实验研究是很正常的，就像中国先秦战国时代出现墨子这样的自然哲学家和实验科学家一样。换句话说，火药在中国被当作烟花而在欧洲被当作大规模杀伤性武器，不是因为东方专制而西方自由，而是因为中国社会长期缺乏欧洲那样频繁的战争，那样强度的国家竞争，那样长期不断的军备竞赛。

可惜，培根本人和整个英国皇家学会在火药的研究方面没有产生任何实质性突破，也没有在化学革命中起到过重大作用，除了波义耳定律的发现以外。而以波义耳名字命名的波义耳定律根本不是化学定律，而是关于气体的体积、温度、压力之间关系的物理学定律。这个定律是在充分观察火药爆炸后在炮筒中产生的空气膨胀现象而得出的。但是这个著名的波义耳定律并没有为揭示火药的燃烧与爆炸性质提供实质性洞见，更没有为现代化学奠定基础。因此，纵然有了英国皇家学会和这个学会云集的一大批卓越实验物理学家的努力，化学革命没有爆发在英国，而是爆发在英国当时最强大的竞争对手法国。

其根本原因，恐怕一是因为有组织的大型化学实验室在英国的缺乏——化学研究不像物理学研究只需要很少的实验工具和资金，化学实验需要使用大批量的实验工具和特制仪器并且消耗大量资金和化学材料。物理学更像数学，通常依靠一支笔一张纸就可以从事研究；而化学却需要大量的实验和实验仪器，并消耗大量的实验材料和化学物质。这是为什么更加擅长中央集权和官办科研机构的法国，以及19世纪完成统一以后的德国，在化学研究上的科研成果远比更加依赖民间力量的英国和英国皇家学会更为出色的缘故。

二是因为英国科学家，尤其是皇家学会（包括波义耳），受英国的牛顿力学体系和科学研究的公理演绎传统影响太深，思考问题总是从"速度、加速度、向心力、离心力、重力、力的分解和叠加"等基本公理出发，动辄就套用公理—定理演绎法或微分方程描述自然现象，就像后来的麦克斯韦方程一样。然而，化学世界是一个与物理世界非常不同的王国，里面的规律是与"结构"紧密联系在一起的，而结构是由"比例""配方""空间造型"等规则所支配的世界，并不是微积分的用武之地。这也是为什么牛顿本人穷其后半生精力研究化学，却无功而返、铩羽而归的原因，他的思维方式被自己创立的力学体系研究范式的巨大成功而框死了。

化学革命需要新的研究范式。这个新的研究范式需要抛弃牛顿经典力学的成功所带来的思维模式的影响，对大自然物质的微观"结构"按照物质本身的性质去理解，就像新生婴儿对待一切事物那样不带任何成见和预设立场。而正是这个原因，导致培根提出新的科学研究方法，即归纳法和系统实验法。这个方法不寻求一个解释大自然的公理体系，而是寻求支配大自然现象背后的一些具体的因果律或因果机制，这个因果律不仅仅是能够解释世界，而且能够改造世界。因此对于培根来说，"知识就是力量"——就像火药爆炸时产生的威力一样。培根希望抓住这个力量，希望人类能够认识火药爆炸背后的因果机制，从而实现对自然力量的把握和充分利用。为此，培根借用他提出的一般科学研究纲领，向他所处时代的炼金术士和自然哲学家发出了类似希尔伯特在19世纪末向数学界发出的号召："我们一定要知道，我们一定能够知道！"

但是这个"新工具"哲学的洞见并没有给培根本人带来任何具体的研究成果。不过这一建立在炼金术基础上的实验哲学思想，却成为化学革命的基本方法论和指导思想，因而奠定了培根在科学史和哲学思想史上的地位，也因此而成为英国经验哲学传统的鼻祖。

其实培根的经验哲学思想与中国古代的科技发展轨迹以及道家和墨家的哲学思想非常相近，甚至可以说是一脉相承，而与古希腊演绎哲学思想相去甚远。培根当年激烈反对的大学"学术主义"和经院哲学传统，正是受古希腊演绎哲学的影响。

不过化学理论的革命性突破并非来自培根本人和他的方法论，而是来自有机会对火药和其他可燃物质的化学反应过程进行反复实验和化学分析的法国科学家安托万·洛朗·拉瓦锡（Antoine-Laurent Lavoisier）。拉瓦锡被公认为"现代化学之父"。拉瓦锡作为一名热爱化学实验和追求"第一性"原理的科学家，彻底改变了化学，将炼金术变成了科学。他的伟大成就包括建立了化学反应中最重要的自然定律——"质量守恒定律"，确立了物质的氧化燃烧理论，系统化了化学物质的分类和化学命名法，革命性地改造了化学语言，以及许多其他成就。

拉瓦锡（1743—1794）自幼喜欢炼金术、地质学、化学实验和自然哲学。1764年21岁时，他向法国科学院宣读了关于石膏的化学和物理性质的第一篇论文。1766年，他因撰写有关城市街道照明问题的论文而被国王授予金质奖章。1768年，他专注于设计渡槽的新项目，目的是将水从伊维特河引入巴黎，以便市民能够获得干净的饮用水。但是，由于该工程被停止，他转而专注于塞纳河水的净化问题。这个项目使拉瓦锡对水的化学性质和公共卫生职责感兴趣。1769年，他制作了第一张法国地质图。他还对空气质量感兴趣，并花了一些时间研究与火药爆炸后的浓烟对空气质量的影响有关的健康风险问题。拉瓦锡在1769年26岁时，即当选为法国科学院院士。1772年下半年，拉瓦锡将注意力转移到燃烧现象上，这是他未来对科学做出最重要贡献的话题。他在10月20日给科学院的一份报告中报告了他第一次燃烧实验的结果。他在报告中说，磷燃烧时与大量空气结合产生磷的酸性产物，而且燃烧后物质的重量增加。几周后，拉瓦锡在第二份报告中将他的实验和结论扩展到了硫的燃烧，并继续补充说："在硫和磷的燃烧中所观察到的重量增加情况，很可能发生在所有燃烧和煅烧过程中：我坚信金属钙煅烧后的重量增加也是由于相同的原因造成。"

1775年32岁时，由于他的化学实验和行政管理才华，拉瓦锡被任命为皇家火药和硝石管理局的局长，并在附近的巴黎兵工厂定居。在那儿，他动用国家资金配备了一个精良的大型化学实验室，吸引了来自欧洲各地的年轻化学家前来学习交流和探讨当时的前沿化学问题。

拉瓦锡上任以后直到去世的研究活动围绕三个主题 :（1）炮弹的弹道推进动力学的改进 ;（2）努力发展"人工"硝石生产并寻求火药配方的改良 ;（3）对硝酸钾的化学性质和火药的爆炸原理进行系统研究。

拉瓦锡作为火药科学家的许多活动都植根于当时的前沿化学实验成果和学术讨论中。贯穿18世纪的化学讨论特别涉及三个主题。第一是如何改善火药质量，这主要是让子弹和炮弹在枪管和炮筒内部的弹道冲力最大化。第二是确保硝石这个最难获取的火药成分的充分供给——而这也涉及化学工程问题和生产组织问题。第三是找出火药燃烧和爆炸背后的"第一性"原理。这些时代问题与拉瓦锡的研究活动完全重叠。拉瓦锡在火药局重点关注第一个和第二个问题，而在国家实验室重点关注第三个问题。他在实验室的研究成果也对第一个和第二个问题产生了很大影响。反过来，拉瓦锡对硝石供应的关注可能为他在18世纪70年代的一项重大成就（硝酸的分析）提供了一个背景。[389]

事实上，在整个17—18世纪的200年中，专门研究火药爆炸以后产生的气体弹性动力学——"气动化学"（pneumatic chemistry）是军事炮兵学和化学之间的一个很受重视的交叉学科。拉瓦锡一直致力于用一种统一的理论来解释与火药爆炸相关的所有物理学和化学现象。

火药的实际制造是一种古老的传统工艺，但在18世纪之前几乎没有任何"科学"地投入——即系统的理性思考和实验分析。但是，至少从17世纪中叶开始，自然哲学家和炼金术士（化学家）们开始不得不对火药爆炸过程中究竟发生了什么感兴趣，因为基于火药的战争几百年来一直是欧洲大陆和英国一个如此深入国家和民间的社会讨论主题，而长时间以来"科学团体"的注意力却一直是炮弹力学和与此相关的几何、代数、天体运动、胡克—牛顿的经典力学等。但是来自实验的物理数据是，在爆炸过程中，作为固体物质的火药通过产生某种弹性流体而膨胀到其

389　参见Seymour H. Mauskopf "Lavoisier and the improvement of gunpowder production," Revue d'histoire des sciences, Vol. 48, No.1/2, Débats et chantiers actuels autour de Lavoisier et de la révolution chimique (JANVIER-JUIN 1995), pp.95—121。

体积的许多倍。确切地说，弹性流体与原始固体火药的体积比究竟是多少，以及弹性流体（空气）本身的本质是整个17世纪后期和18世纪大部分时间的研究课题之一。[390]

这些研究和讨论有时似乎纯粹是出于基础科学问题而进行，但它们更多的是出于功利主义目的而进行的，而且常常是国家军备竞赛研究项目的重要组成部分。比如一个重要的弹道力学课题就是通过测定火药爆炸时弹道内部流体的弹性参数来提高火药的弹道力，使得子弹和炮弹能够获得更远的射击距离。这方面研究的集大成者是英国皇家学会著名化学家和炼金术士波义耳提出的一个经验近似定律——波义耳定律，即任何气体的体积与压力（弹性）成反比关系。[391]

在18世纪50年代的法国，有两项专门针对这一目标的研究：一项是在狄德罗的《大百科全书》中报道的；另一项则是在安托万·波美（Antoine Baume）的《实验和推理化学》中，更详尽地是在夏瓦利·达西的《炮兵理论随笔》中。[392]

前面提到，在磷和硫都容易燃烧的实验中，拉瓦锡表明，它们与空气结合会增加重量，而不是如燃素理论预测的那样会减少重量。尽管拉瓦锡现在意识到燃烧实际上涉及空气，但当时尚不清楚空气的确切组成。自古以来人们一直认为空气是一种单一物质。

1773年，拉瓦锡决定彻底审查有关空气的研究文献，特别是"固定空气"（后

390　Seymour H. Mauskopf, "Gunpowder and the Chemical Revolution," in Arthur Donovan (éd.), The Chemical Revolution: essays in reinterpretation, Osiris, 2nd series, t. IV (1988), 93—118.

391　波义耳定律，也称为波义耳—马里奥特定律（在法国被称为马里奥特定律），是由英国皇家学会理事会成员波义耳和法国科学院创始成员马里奥特先后在1662年和1676年独立发现的气体弹性定律，它描述了气体体积与气体压力的反比关系。

392　关于波美和达西两位法国化学家对火药最佳配方比例的研究成果和这些成果对拉瓦锡的影响，以及拉瓦锡自己对这些问题的研究，参见Seymour H. Mauskopf "Lavoisier and the improvement of gunpowder production," Revue d'histoire des sciences, Vol. 48, No.1/2, Débats et chantiers actuels autour de Lavoisier et de la révolution chimique (JANVIER-JUIN 1995), pp.95—121.

来被发现和命名为二氧化碳），并重复该领域其他工人的许多实验。他于1774年在一本名为《物理和化学论文》的书中发表了一篇评论性的文章。在审查前人工作的过程中，他对苏格兰化学家约瑟夫·布莱克（Joseph Black）的工作进行了首次全面研究，并对弱碱和苛性碱进行了一系列经典的定量实验。布莱克表示，轻度碱［例如粉笔（$CaSO_4$）］和它的苛性碱形式［例如生石灰（CaO）］之间的区别在于，前者包含"固定空气"而不是普通空气。这是一种独特的化学物质，现在被理解为二氧化碳（CO_2），它是大气的组成部分。拉瓦锡认识到布莱克的"固定空气"与用木炭还原金属钙时产生的空气相同，甚至暗示说，煅烧过程中与金属结合并增加重量的空气可能是布莱克的"固定空气"。

1774年春，拉瓦锡对密封容器中锡和铅的煅烧进行了实验，其结果最终证实了燃烧中金属重量的增加是由于与空气的结合。但是问题仍然在于它是与普通大气结合还是仅与大气中的某一部分结合？

对拉瓦锡影响较大的另外一位重要人物是英国炼金术士和著名化学家约瑟夫·普里斯特利（Joseph Priestley，1733—1804）。普里斯特利是拉瓦锡的同时代人。他通过大量化学实验发现了后来被拉瓦锡称为"氧气"的气体。

普里斯特利在18世纪70年代开始了有关气体的性质和特性的最著名的科学研究。当时他住在一家啤酒厂旁边，这为他提供了充足的二氧化碳气体。他还受一位植物学家的启发，研究如何在水上收集不同植物腐烂过程中发出的气体，开始研究这些不同物质释放的所有"空气"的性质。那个时代的许多人遵循亚里士多德的教导，相信宇宙中只有一种"空气"。但是通过巧妙的设备设计和精心的操作，普里斯特利分离出包括氧气在内的八种不同气体，这是化学史上的最高纪录。不过在拉瓦锡的化学革命之前，普利斯特利并不知道这些不同气体是否都是单一化学元素还是化合物。

1774年10月，普里斯特利去巴黎拜访了拉瓦锡（Lavoisier），并向他描述了如何加热汞渣（一种红色的含汞的粉末）会释放一种气体，这种气体可以使蜡烛在其中剧烈燃烧。普里斯特利当时不确定这种气体的性质，但他认为这是一种特别纯净的普通空气。[393]普里斯特利应用燃素理论解释这种被他称为"纯净空气"的气体，认为由于不含燃素，因而增强吸收燃素的能力，从而使蜡烛燃烧得更久。因此，他将这种新发现的气体命名为"去燃素后的空气"（dephlogisticated air）。而且讽刺的是，即便后来在拉瓦锡发表了自己的革命性的氧化理论以后，普里斯特利仍然顽固地坚持燃素理论，坚决反对拉瓦锡关于燃烧的氧化理论——氧化理论与燃素理论完全相反。

　　好奇的拉瓦锡在他的实验室对这种奇特的金属进行了自己的研究，重复了普里斯特利对汞的实验以及金属钙的实验。他最终得出结论，普通的空气不是简单的物

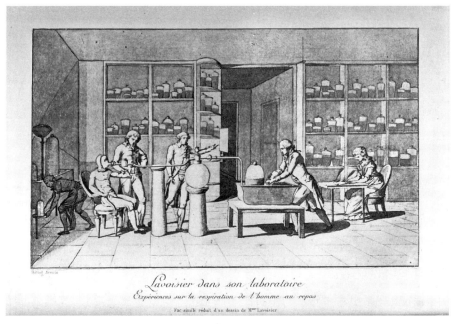

安东尼·洛朗·拉瓦锡在一间实验室利用人体呼吸来研究气体性质的变化（由拉瓦锡的妻子创作，她把自己画在桌子最右边的角落上）——当时很多人已经意识到空气被人或动物吸入后吐出来的是"固定空气"（二氧化碳）。图片来源：https：//www.sciencehistory.org/historical-profile/antoine-laurent-lavoisier。

393　从巴黎回到英国后，普里斯特利再次展开对水银化合物中所含空气的调查。结果表明，这种空气不仅是普通空气的一种特别纯净的形式，而且"比普通空气好五到六倍，从便于呼吸、燃烧和……其他所有使用普通空气的目的的角度来说"。

质。相反，他认为普通空气有两个组成部分：一个与金属相结合并支持人和动物的呼吸，另一个是既不支持燃烧也不支持呼吸的气体。结果就是他的回忆录《论金属的煅烧过程中结合并增加其重量的原理的本质》（通常称为《复活节回忆录》），于1775年4月26日向法国科学院宣读。在原始的回忆录中，拉瓦锡证明了汞是一种真正的金属，因为它可以用木炭还原，从而在过程中释放出布莱克的"固定空气"。在不使用木炭的情况下进行还原时，它散发出的空气可以增强呼吸和燃烧。他得出的结论是，这只是普通空气的纯净形式，并在煅烧过程中与金属结合在一起。

到1777年，拉瓦锡准备提出一种新的燃烧理论，将燃素排除在外。他说，燃烧是金属或有机物质与被他称为"极易呼吸"的那部分普通空气的反应。两年后，他在巴黎皇家科学院宣布，他发现大多数酸都含有这种可呼吸的空气。拉瓦锡将其命名为oxygène（氧气），这是两个希腊词汇构成的产酸剂的意思。

拉瓦锡因此放弃了关于"固定空气"（二氧化碳）是普通空气吸收燃素之后而形成的理论。事实上，他在1778年彻底放弃了燃素理论的核心宗旨，即木炭等固体易燃物是燃素的原始来源，而"固定空气"与普通空气或"可呼吸空气"（氧气）的区别在于前者是"燃素化"，后者是被"去燃素化"了的空气。相反，正是木炭本身是含有"固定空气"的一种化合物。

在拉瓦锡回忆录出版的第一版和第二版之间的三年期间，新发现和观念上的转变使拉瓦锡彻底改变了他对"固定空气"（二氧化碳）的性质及其如何在火药爆炸中被产生出来的看法。这种变化反映在他对第一版原始文本所做的修改中。他证明了固定在硝酸中并"丧失其膨胀性"的气体不是普通空气，而是"大气中可呼吸的部分"（即氧气），这也是回忆录第一版中提到的"特色气体"。因此，拉瓦锡意识到火药爆炸涉及"由大量可吸入的空气（氧气）向固定空气（二氧化碳）的转换"。[394]

---

394 对大自然的化学反应形成最早认知的文明之一是中华文明。中华文明从高温下金属性质的化学转变过程中（包括氧化和还原）发明了青铜、铁和其他多种金属，从而产生了极其发达的冶金工业、制陶工业、陶瓷工业和炼金术实践知识，并且发现了火药。这是为什么秦朝铸剑（转下页）

这是拉瓦锡在研究火药和弹性流体的性质期间在化学观点上发生革命性转变的一个例子。他开始接受存在许多独特的气体种类的事实。因此，他将回忆录第三版的最后一段修改为："由于木炭在汞渣还原成汞的过程中完全消失，并且在此操作中仅回收了汞和'固定空气'（二氧化碳），因此我们不得不得出结论，人们目前为止将其称为'固定空气'的原因是空气中极易呼吸的部分（氧气）与木炭相结合的结果。"

拉瓦锡于1783年开始对燃素理论发起全面进攻，声称德国炼金术士"斯塔尔的燃素是虚构的"。拉瓦锡将燃素称为"名副其实的古希腊海神，可在瞬间改变其形态"。他断言现在是"将化学引导回到更严格的思维方式"和"从系统和假设中区分出事实和观察结果的时候了"。作为起点，他提出了氧化燃烧理论，氧气在所有物质燃烧中起着至关重要的作用。

事实上早在普利斯特利发现"纯净空气"（氧气）之前的1766年，英国著名化学家亨利·卡文迪什（Henry Cavendish）就在实验中分离出一种特殊气体，他将其称为"易燃空气"（后来被证明为"氢气"），因为该气体很容易在空气中燃烧。卡文迪许指出，当"易燃空气"和普通空气在密闭容器中被火花点燃时，玻璃壁上会形成少量"露珠"。当他重复实验时，发现露珠实际上是水。卡文迪许用燃素对这个实验结果进行了解释，并假设在点火前两种空气中的每一种中都已经含有水，只不过在燃烧时被释放出来了。

对拉瓦锡来说，燃烧意味着与氧气结合。1783年6月，拉瓦锡使氧气与"易燃空气"（氢气）发生反应，获得了"纯净水"。他正确地得出结论，水不是单纯的化学元素，而是氧气和"易燃空气"的混合物。为了支持他的主张，拉瓦锡成功将水分解成了氧气和"易燃空气"，并将后者命名为"氢气"。既然知道了水的成分，燃

（接上页）用的金属组合远远高于同时期所有其他文明。可以说，在控制条件下将温度提到极高程度的能力直接反映了古代文明的高度。因为只有在高温下，很多化学反应才能够发生。然而要发现物质化学反应背后的客观机制，人类还需要走相当长的时间，这需要产生对单质和化合物以及分子和原子的认识。而这个突破的契机之一是拉瓦锡对火药的爆炸和燃烧现象的透彻研究。

素理论的最后一道防线就被攻破了。

对于拉瓦锡来说，硝酸的爆炸机制肯定已经变得十分清楚了，它的核心是释放含在硝酸中的"非常可吸入的空气"（不久后被拉瓦锡称为"氧气"）来燃烧木炭，从而生成"固定空气"（二氧化碳）。但是，这种化学基本概念上的澄清是有代价的：由于抛弃了关于固定空气如何形成的燃素说解释，发生猛烈爆炸的物理原因变得更加不明了，因为无法解释爆炸中刻画高温和空气膨胀的剧烈火焰是如何产生的。而按照燃素说，火焰是因为大量具有"负质量"燃素（古希腊的"火"元素）从火药粉末中窜出来进入空气的过程。

但是，由于拉瓦锡自己并没有提出这个问题，因此他当时是否意识到他的新理论在解释火药爆炸的物理性质方面存在问题，是一个有争议的问题。与此同时，提比略·卡瓦洛（Tiberius Cavallo）和克劳德·路易斯·贝特霍尔特（Claude-Louis Berthollet）的实验表明，火药爆炸后实际上产生了两种不同气体——"固定空气"（二氧化碳）和"Mophette Atmospherique"（氮气）。然而，爆炸时产生的高温是从哪里来的？这个问题仍然长期没有答案。

拉瓦锡始终如一地在他的研究过程中采用真正定量的化学实验方法。他用密封的玻璃容器观察化学反应，并在反应前后仔细称量反应物和化学反应的产物，并防止气体逸出。这是化学发展的关键一步。他在1774年证明，尽管物质可以在化学反应中改变状态和性质，但物质的总重量在每次化学变化开始时都与结束后相同。例如，如果一块木头被烧成灰烬，在包括气态反应物和产物的情况下，总质量保持不变。拉瓦锡从而提出了"质量守恒定律"。在法国，它被称为拉瓦锡定律（Lavoisier's Law）。他在1789年出版的《化学原理》中将其表述为"什么都没有丢失，什么都没有创造，但一切都改变了"。

拉瓦锡是站在他所处时代的巨人肩膀上的。如果没有其他炼金术士和化学家们的成就积累，拉瓦锡也不可能完成这场化学革命。其实质量守恒定律在拉瓦锡之前也有人注意到过，比如米哈伊尔·洛蒙诺索夫（Mikhail Lomonosov, 1711—1765）之前在1748年曾表达过类似的观点，并在实验中得到了证明。其他在拉瓦锡的工作之前就曾提出过类似想法的人还包括让·雷（Jean Rey，1583—1645），约瑟夫·布莱克（Joseph Black，1728—1799）和亨利·卡文迪许（Henry Cavendish，1731—1810）。

　　拉瓦锡还通过给化学物质命名来推动他的化学革命，因为这些新术语体系更加精确地表达了化学反应的基本原理。就氧气而言，拉瓦锡用希腊语意为"酸形成剂"来表达，即氧化反应是酸化原理。他将33种化学物质视为单一元素——根据他的定义，元素是无法通过化学分析进一步分解成为更简单实体的物质。具有讽刺意味的是，考虑到他对燃素理论的坚决反对，拉瓦锡认为这些物质都含有一种被他称为卡路里（caloric）的物质——"热质"，它和光一样是难以称量的物质，当添加到其他物质里时会导致其发热和膨胀。拉瓦锡提出"热质"理论是为了解释化学反应中的生热现象，尤其是火药爆炸时产生的剧烈高温。在那个时代，化学键、离子和带电原子核等微观结构还没有被人们认识，热的分子运动理论也还没有被发现。为了传播他的新化学理论和思想，拉瓦锡于1789年出版了他的革命性教科书《化学原理》，并创办了《化学年鉴》杂志，该杂志几乎只刊登有关新化学的研究报告和论文。

　　《化学原理》出版前两年，拉瓦锡以及其他几位化学家一起在1787年提交了一项新的化学命名制度改革计划[395]，因为当时还没有一套合理的化学命名制度。这项名为《化学命名法》的工作引入了一个新的化学物质命名和分类系统，该系统与拉瓦锡的新氧化学理论密不可分。这是因为氧化反应是大自然最常见的化学反应，因此氧化物遍地都是，但同时还存在各种其他物质，他们包括单质（元素）和化合物。这个新的命名法废弃了希腊古老的"土，气，火、水"经典元素自然观，取而代之的是暂时列出的约55种无法通过任何已知化学方法分解为更为简单的物质的物质。在这个命名法中有几大类：化学元素、酸的自由基、金属、金属氧化物、

395　他们是路易斯·伯纳德·盖顿·德莫沃（Louise-Bernard Guyton de Morveau），克劳德–路易·贝特霍莱特（Claude-Louis Berthollet）和安东尼·弗朗索瓦·德·富克罗（Antoine François de Fourcroy）。

碱、盐以及各类化合物。这个新系统可以用来在实验室改变、合成自然界的化学物质，并预测还没有发现的东西。因此这是真正的以分析科学为基础的"阴阳八卦图"——八卦图是古代中国最早提出的具有可操作性的逻辑体系。这张新的"八卦图"也是后来的元素周期表的基础。

《化学命名法》中的元素包括：光、热、氧、氢、氮、碳、硫、磷；酸类物质包括盐酸、硼酸和"氟"酸的"自由基"；另外有17种金属；5种"土"（主要是未知金属的氧化物，例如氧化镁，重晶石和锶）；3种碱（钾，苏打和氨水）；以及19种有机酸的"自由基"。在新的命名系统中将酸视为各种元素与氧的化合物，并赋予命名法，以表明所涉及的元素以及该元素的氧化程度，例如硫酸和亚硫酸，磷酸和亚磷酸，硝酸和亚硝酸，以"ic"结尾的酸表示其酸的氧含量要比以"ous"结尾的酸来得高。类似地，以"ic"结尾的酸生成的盐，其末端字母命名为"ate"，例如在硫酸铜中，而以"ous"结尾的酸生成的盐的后缀为"ite"，例如在亚硫酸铜中。

然而18世纪化学革命的爆发是以国家生存危机为契机的。在化学革命产生之前的知识水平下，纵然有了伽利略—牛顿经典力学革命，有了微积分，有了对天体运动规律的深刻认识和对环球航行的实现，甚至有了欧拉、拉普拉斯、高斯、拉格朗日等天才对数学和力学的历史性突破，人们对火药现象的理解仍然几乎是零。其实，即使是现代化学家也认为火药的"化学反应原理甚至在今天还没有被百分之百理解"。[396]

化学革命以后逐步建立的科学知识告诉我们，火药燃烧的简单化学反应式为：

$$2KNO_3+S+3C \rightarrow K_2S+3CO_2+N_2$$

396　参见 Tadeusz Urbanski, "Chemistry and Technology of Explosives", 3 vols. (New York, 1964—1967), vol. 3, 322—342; Seymour H. Mauskopf, "Bridging Chemistry and Physics in the Experimental Study of Gunpowder", in Frederick L. Holmes and Trevor H. Levere (eds.), Instruments and Experimentation in the History of Chemistry (Cambridge, Mass., 2000), 335—365。

即每2份硝酸钾配1份硫和3份碳，反应后会生成1份硫化钾，3份二氧化碳和1份氮气。

其实黑火药的燃烧过程并没有简单的方程式来表达，因为这个化学反应的产物种类繁多，比如每一份黑火药爆炸以后会产生大约55.91％的固体产物和42.98％的气体类产物。黑火药燃烧的产物大部分是二氧化碳和水，氮氧化物，还有少量碳酸钾、硫酸钾、硫化钾等。具体说来，按照副产品多少排列，爆炸以后产生的固体类产物包括碳酸钾（K_2CO_3）、硫酸钾（K_2SO_4）、硫化钾（K_2S）、硫（S）、硝酸钾（KNO_3）、硫氰酸钾（KSCN）、碳（C）、碳酸铵（NH_4CO_3）；气态（以及液态）产物包括二氧化碳（CO_2）、氮气（N_2）、一氧化碳（CO）、硫化氢（H_2S）、氢气（H_2）、甲烷（CH_4）和水（H_2O）。因此一个平衡的稍微复杂但仍高度简化的化学方程为：

$$10KNO_3+3S+8C \rightarrow 2K_2CO_3+3K_2SO_4+6CO_2+5N_2$$

尽管木炭的化学式各不相同，但常用的经验表达式为C_7H_4O。因此，普通黑火药爆炸的更精确一点的化学方程式可描述为：

$$KNO_3+C_7H_4O+2S \rightarrow K_2CO_3+K_2SO_4+K_2S+4CO_2+2CO+2H_2O+3N_2$$

因此，火药爆炸是一个相当复杂的化学反应过程。硝酸钾遇高温分解释放出的氧气，使木炭和硫磺剧烈燃烧，瞬间释放出大量的热，以及氮气和二氧化碳等气体。由于硝酸钾提供的氧才是燃烧的本质，这意味着火药无须暴露在空气中即可燃烧，这也是为什么即便产生令人窒息的浓烟也不会阻止黑火药继续燃烧的原因。木炭是燃烧的材料，尽管它实际上是纤维素的一种分解形式，其经验式近似为C_7H_4O。硫磺也可以用作燃料，但它的关键作用是降低燃点：硫在相对较低的温度下也会燃烧并释放大量的热（放热反应），从而大大降低了木炭的着火温度。由于周边空气体积在高温下急剧膨胀，压力猛烈增大，于是发生爆炸现象。大约每4克黑火药着火燃烧时，可以产生280升气体，体积可膨胀好几千倍。具体说来，火药爆炸所产生的气体在常温常压下是原来火药粉末体积的280倍，但在高温的作用下，这些气体可以膨胀为原来粉末体积的3 600倍，以至于在密闭的容器中产生的压力超过每平方厘米2 812公斤。这个压力下产生的膨胀系数相当于将一米的绳子突然拉伸到两公里长。火药爆燃瞬间温度可达1 000℃以上，破坏力极强。

火药敏感性强，易燃烧，火星即可将其点燃和引爆。在有限的空间和时间里的气体受热迅速膨胀，是爆炸现象产生的原因。在爆炸时，固体生成物的微粒（比如硫化钾）分散在气体里，所以产生大量的烟雾。这在古代烟花庆祝或者战争中是一种优势，象征一种超自然威力或者魔法。[397]但是由于规模化战争中需要密集地发射引爆火药，浓烟严重影响士兵的视线，以至于上级军官的信号和敌人的状况都无法看清，而自己也容易暴露目标。因此在19世纪末欧洲人终于在依赖火药四五百年以后发明无烟火药取代了黑火药。

火药的爆炸威力和爆炸方式不仅与三种成分的搭配比例有关，还与火药的制作过程密切相关。仅将这三种成分混合在一起不足以生产优质的火药。必须将它们彻底研磨、混合、润湿以后才能产生高质量反应性混合物。举一个尿素与亚硝酸钠的实验室操作过程和指南为例，说明即便知道了化学成分甚至化学反应公式，也不代表就知道具体的操作知识和能够制造出合格或者高质量的火药：

（1）化学反应机理：氯化铵＋亚硝酸钠＝氯化钠＋水＋氮气；

（2）化学反应式：$NH_4Cl+NaNO_2=NaCl+2H_2O+N_2\uparrow$（加热）；

（3）制备过程：① 往烧瓶内注入30毫升氯化铵饱和溶液，向分液漏斗加入30毫升亚硝酸钠饱和溶液。② 用酒精灯加热烧瓶，待烧瓶内溶液开始冒泡时（85℃左右）停止加热。③ 逐滴加入亚硝酸钠饱和溶液。当空气排尽之后，用排水取气法，收集氮气。

因此，如果没有拉瓦锡领导的化学革命，这些基本的化学反应机理、操作流程以及科学语言表达方式不可能被搞清楚，而是只能在黑暗中沿袭古代炼金术士的"金、木、

397　因此当代化学家们不得不佩服中国古人发明火药的智慧，它很难是偶然碰巧的结果，一定反映了中国炼金术士对自然化学本质的某种深刻认识，就像神秘的中医一样，在今天仍然无法破解，是一种高级文明的体现。可惜中国炼金术士一两千年前发明火药的机理、程序和方法已经彻底失传，无据可考。

水、火、土"和阴阳五行这类原始的哲学概念体系来理解和表达自然现象，因此人类也更不可能按照物质的化学规律来设计和创造新的人工合成材料以及化学炸药。[398]

化学革命使得欧洲的战争能力进入新时代

任何一场科学革命都以"语言"革命为先导。因为科学革命是世界观的改变，而语言是人类描述外部世界的工具。理解和表达的精确性与先进性，取决于所使用的语言体系的精确性与先进性。正如17世纪的经典力学革命提出了新的概念，如"速度、加速度、重力、引力、离心力、惯性、动量、势能"所构成的科学语言体系一样，18世纪的化学革命也需要一套新的概念体系才能精确表达其研究对象，从而对大自然进行"有效操作"。

因此当代哲学大师维特根斯坦才说："**语言的边界就是世界的边界**。"（"The limits of my language means the limits of my world"）"**凡是不可言说的，我们都只能保持沉默**。"（"Whereof one cannot speak, thereof one must be silent".）

也因此，中国古代哲学家老子在2 500年前就说："**道可道，非常道。名可名，非常名。无名天地之始。有名万物之母**。"拉瓦锡倡导的《化学命名法》，自然成了化学科学之母。

拉瓦锡不仅仅是一位杰出的化学家，还是一位杰出的行政管理者。另外，作为一名政治和社会活动家，拉瓦锡积极参与了导致法国大革命的一系列改革活动，并在其早期阶段草拟了计划和报告主张进行许多改革，包括建立统一度量衡体系。尽管他有出类拔萃的才华和他为科学与法国提供的卓越公共服务，但还是因为担任过路易十六的前农业税务总长而受到"贪污腐化"罪名的攻击，并于1794年被革命党砍头。著名法国数学家拉格朗日谈到这件事时悲愤地说道："**他们只用了一秒钟**

398　这也昭示给我们这样一个真理：如果中国古老的中医理论和实践知识要想有革命性突破，必须把中药配方和针灸疗法背后的机理研究得清清楚楚，而不能停留在古人留给我们的概念体系和语言系统里面，诸如"性温、性寒"和"奇经八脉"这样的古代术语里面。

就砍下了他的头，然而人类用一百年也不可能长出他这样一个头来。"

拉瓦锡开创了近代化学革命，但是这场革命远未完成。比如当时对"热"现象还不能理解和解释，这是为什么拉瓦锡《化学命名法》中将"热"列为一种单独的"元素"，这与中国古代的"金、木、水、火、土"概念体系和古希腊的"水、火、土、气"概念体系没有任何区别，说明"阴阳五行"学说和炼金术正是近代实验科学的鼻祖。

化学能量的释放对于燃烧和爆炸这两种表面上不同的现象都是至关重要的。在爆炸和燃烧中，当复杂分子分解成更简单的组成部分时，就会释放出能量。然而，如下所述，燃烧是一个慢得多的能量释放过程。低烈度炸药（如黑火药）是依靠燃烧来产生能量的。

燃烧是由氧气与某种燃料在高温下反应产生的。结果，燃烧反应的速度受燃料量和与之接触的氧气量的限制。如果燃烧反应必须依靠从周围大气中吸收氧气，它将非常缓慢。取而代之的是，大多数低烈度炸药都包括燃料和在加热时会释放氧气的氧化剂。

例如考虑黑火药这种最原始的火药形式和典型的低烈度炸药中，木炭和硫是燃料，而硝酸钾（KNO_3）是氧化剂。

而现代化学炸药的爆炸机理如下。下图中右边是八硝基硝基甲烷（一种美国陆军开发的炸药）的分子结构，左边是硝酸甘油的分子结构。爆炸是分子内部的裂解过程。它仅依赖于一种单一的爆炸材料和足够的能量来激发这种化学键的裂解。例如，八硝基硝基甲烷分子结构中有很多"碳—碳"化学键，它们在冲击波作用下瞬间断裂时会释放出大量能量。由于高烈度炸药爆炸时不需要氧气（或任何其他共反应物）在场，因此其化学键的裂解速度比黑火药这种低烈度炸药快得多和灵活得多。

高烈度炸药通常不能仅靠加热来引爆，因此需要雷管来引爆（通过传递冲击波或者电荷）。最早发明的高烈度炸药——硝化甘油，是与雷管一起包装的。炸药通过点燃一个简单的线形保险丝而引爆，该保险丝将火焰引导向装有低烈度爆炸性黑火药的小帽；黑火药点燃后会引起冲击波传到硝酸甘油，从而引发爆炸。

其他高烈度炸药包括:（1）苦味酸。这是1885年法国展示的第一种军用高烈度

430

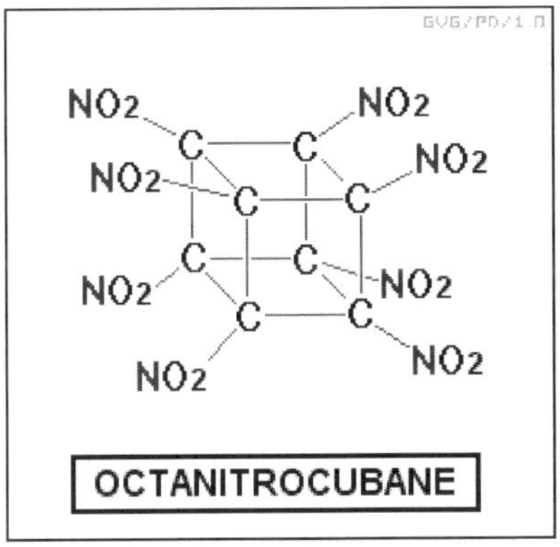

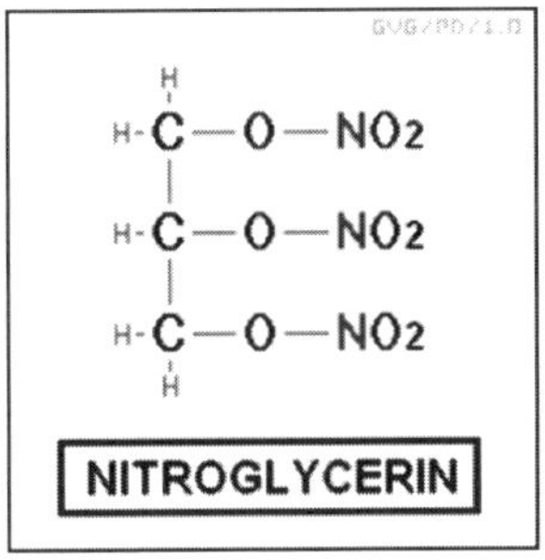

左边是八硝基硝基甲烷的分子结构；右边是硝酸甘油的分子结构。

炸药。但是这种炸药非常不稳定，极易发生偶然爆炸导致重大事故，因此很难运输和储存。（2）TNT。这是由著名爆炸学家和化学家阿尔弗雷德·诺贝尔（Alfred Nobel）在19世纪60年代开发，最早在1902年被德国投入军事应用的高烈度炸药。由于较高的稳定性，TNT在制造过程中非常容易把握；因此在整个第一次世界大战中被广泛使用。（3）RDX。这是由英国于1899年开发，但直到第一次世界大战后才投入使用的高烈度炸药。字母缩写RDX代表"研究所炸药"（Research Department Explosive）。RDX与TNT一样容易处理，但爆炸烈度比TNT更高。这三种炸药的分子结构分别如下图所示。

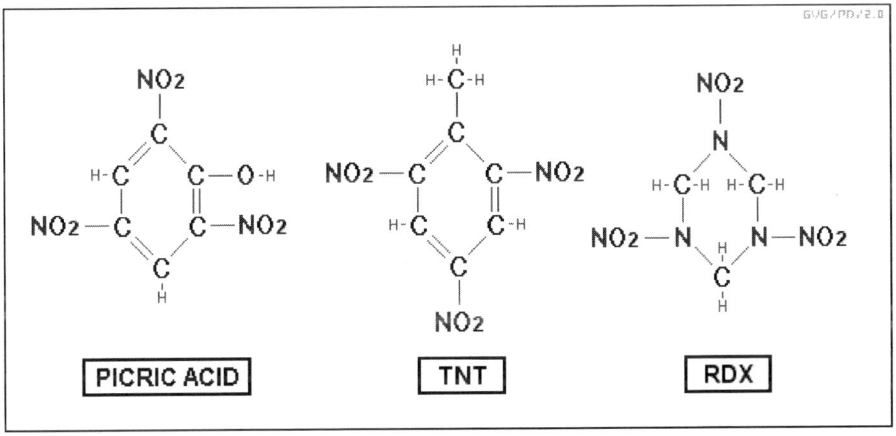

苦味酸、TNT和RDX的分子结构。

还有一种炸弹是燃烧弹。燃烧弹兼具爆炸性和燃烧性。燃烧弹这类高能炸药可在大范围内释放大量能量，同时它们还释放出大量极其易燃的材料（胶凝燃料混合物、镁、白磷等），立即形成巨大火焰。显然，燃烧弹的目的是以爆炸性方式起火。与简单的炸药相比，燃烧弹通常在摧毁目标方面更为有效。没有被最初的爆炸炸开的任何东西都可以被随后的大火吞噬。

燃烧弹爆炸以后会产生进一步的破坏作用：① 在地下设施和密封的掩体中，大火迅速消耗掉了所有可用的氧气，使任何潜在的敌人或幸存者窒息而死。② 大火的存在将敌人的资源和注意力勾引到灭火行动中，并使敌人更难以在轰炸现场及其周围进行机动、交流和搜集侦察等活动。③ 在大规模的燃烧弹袭击中，大火（通过空气对流）会产生向上的强大气流，导致空气从四面八方冲向爆炸的中心点奔来；这种迅速循环的空气为火焰提供了新鲜的氧气，增加了火焰的强度，进一步增加了气流的速度。这种积极的反馈回路（通常称为燃烧风暴）会造成特大而强烈的火灾。

科学可以因其对大自然普遍性原理的掌握而造福于人类。但是，由于科学革命本身是高烈度战争和国家间军备竞赛的产物，科学革命的成果也往往被自然而然地用于战争，成为率先掌握了科学技术的国家实行全球商业垄断甚至种族灭绝的手段——这个系统征服与摧毁异教徒文明的精神，起源于十字军东征，来源于西方。而基督教之外的其他文明，诸如伊斯兰教、儒教、印度教，由于不具备这种征服精神和基于这个精神而建立的国家竞争体系，从而在科学这门征服大自然和屠杀人类的学问方面大大落后于西方基督教世界。

基于拉瓦锡化学革命研发出来的TNT和燃烧弹就是典型例证。通过对火药燃烧和爆炸机理的正确理解和掌握，正如培根所预言的那样，欧洲人可以在实验室有系统地开发和合成出"超自然"（自然界不存在）的各种高烈度化学炸药。这些基于拉瓦锡的化学原理开发出的人工合成炸药，其杀人威力超过了中国人用来放烟花庆祝新年丰收与国泰民安的黑火药。

但是，**欧洲这场科学革命的"火种"，却是中国人"赠送"的**。这是比丝绸、陶瓷、茶叶、纸张、印刷术、指南针还更具"革命性"的礼物，却长期被人严重低估。

主流历史观，甚至包括今天很多接受过科学训练的科学家，一谈到"科学是什么"的时候，头脑里想到的科学范式一般就是伽利略和牛顿的物理学，而且喜欢将其追根溯源到古希腊，尤其是欧几里得平面几何与亚里士多德的形式逻辑和《物理学》，认为古希腊几何学家和哲学家才是科学的鼻祖。

其实这样的认识是非常错误的，因为**科学不只是物理学，它还是化学、生物学、医学，等等**。无论是化学、生物学还是医学都很少像物理学那样用到数学，但是并没有因为如此就不成其为科学。

每一年的诺贝尔自然科学奖是大量颁发给化学家、生物学家和医学家的，从来没有数学家获得过诺奖——因为**数学不是科学，只是物理科学的一种语言，而且并非普适性语言**。语言的边界在于它所描述的对象的性质。而化学的语言是非数学的，因为化学反应不适合用数学来描述，而且化学的基础恰好是炼金术，而不是古希腊平面几何或者亚里士多德三段论演绎法。人类古代炼金术最发达的文明恰好就是中华文明，这也是为什么火药是被中国炼丹术士发明的根本原因。人类古代最发达的医学知识体系也是诞生在中国，是中医。

通过探讨战争与科学革命的关系，我们可以说：火药—火炮对近代科学发展的贡献和推动作用——无论是伽利略—牛顿的经典物理学革命还是拉瓦锡的化学革命，一点也不亚于古希腊的数学和亚里士多德的形而上学对近代科学的贡献。只有那些把数学错误地等同于科学，以及那些只把物理学当成科学而把化学、生物学、植物学、医学无意中排除在科学之外的人，才总爱"言必称希腊"。如果反过来，把化学、植物学和医学当成科学的典范，那人们是否也会"言必称中国"或者至少是"言必称火药"呢？[399]

---

[399]　因此科学史学家迈克尔·怀特才毫不犹豫地说："如果没有火炮，工业革命和蒸汽机时代有可能迟到好些年。"参见迈克尔·怀特著，卢欣渝译：《战争的果实：军事冲突如何加速科技创新》，生活·读书·新知三联书店2009年，第60页。

第三节　国家赞助、科学家团体与军备竞赛

　　科学革命之所以爆发，一方面是热兵器战争所刺激出来的对弹道学、燃烧理论、航海等物理、数学、化学、天文知识的渴望与需求；另一方面也是热兵器战争所刺激出来的跨国军备竞赛，导致了社会精英与国家力量对科学研究活动的系统性投入和有意识扶持。也就是说，"科学研究"，作为一种特殊的人类集体活动，在文艺复兴时期以越来越有组织的形式——科学家团体与利益集团——登上历史舞台。只不过这种有意识的脑力分工和群体组织的出现也有一个演化与"胚胎发育"过程，而且这个过程自从文艺复兴以后开始大大提速了，并在17世纪以后进入高潮。

　　换句话说，科学家团体、科学家协会、科学院、国家实验室这类社会现象，是热兵器战争所产生的国家生存压力下，社会精英力量对"科学发明与应用效率"进行无限追求的结果。将整个大自然划分为不同的研究领域和科学学科（物理、化学、生物、天文、地理），通过脑力分工追求"科研效率"是现代科学活动与古代科学活动的根本区别。正如20世纪最伟大的数学家、哲学家罗素所说：**"科学技术需要有在单一的指导下组织起来的大量个人进行协作。所以它的趋向是反无政府主义、甚至是反个人主义的，因为它要求有一个组织坚强的社会结构。"**[400]

　　以下我们来详细考察（回溯）一下文艺复兴时期的科学活动和赞助模式，是如何与国家力量（统治精英）的积极参与密不可分的。正如战争史学家迈克尔·怀特所说：

　　　　军队出资，科学家出智慧，此二者结合，古已有之。……对于历史上许多伟大的思想家来说，军方的资助是他们至关重要的生存手段。阿基米德、布鲁内莱斯基、阿尔贝蒂以及后来的伽利略，全都把生存的希望寄托在他们

400　罗素著，马元德译：《西方哲学史》下卷，商务印书馆2008年，第6页。

富裕的东家好战的倾向上。实际上，和平主义者达·芬奇曾经被米兰公爵卢多维科·斯福尔扎和因残忍而臭名远扬的切萨雷·波吉亚两人作为军事工程师雇用了多年。

王公贵族们愿意出资，其主要的着眼点在于从军事上形成对邻国的优势。这也导致了最早的地图以及绘图学的诞生。实际上，可以毫不夸张地说，人类对战略优势的贪婪程度，足以和人类对黄金的贪婪程度相提并论。于是便有了西班牙、法国、葡萄牙、英国等国家投资的远洋出征。[401]

1605年，伽利略被聘为科西莫·德·美第奇（Cosimo de'Medici）的数学老师。1609年，科西莫成为托斯卡纳的大公科西莫二世。伽利略为了寻求现在已经升官发财的前学生科西莫以及他强大的家族的科研赞助，利用发现木星的卫星这个机会大献殷勤。以下是1610年2月13日伽利略写给大公的秘书的私信：

> 上帝通过这样一个独一无二的标志，使我向我的主显示我的奉献精神和我发自内心的愿望，使他的荣耀之名在天上的星体之间平等地存在。因为这取决于我作为这些新星的第一个发现者来为它们命名，我希望可以模仿那些把那个时代最优秀的英雄放在星星中的伟大圣人，用最圣洁的大公爵的名字来命名这些行星。[402]

伽利略问是否应该将木星的卫星命名为"科西莫星"，或者是"美第奇星"，这样将尊重美第奇家族中的所有四兄弟。秘书回答说后者最好。1610年3月12日，伽

401　迈克尔·怀特著，卢欣渝译：《战争的果实：军事冲突如何加速科技创新》，生活·读书·新知三联书店2009年，第5—6页。

402　Galileo Galilei: Sidereus Nuncius or the Sidereal Messenger, translated and prefaced by Albert Van Helden, Chicago & London: University of Chicago Press, 1989, pp.14—16；也参见 https：//en.wikipedia.org/wiki/Galilean_moons#cite_note-Galileo89-2。

利略致信给托斯卡纳的公爵，第二天就给大公送了一份副本，希望能尽快得到大公的经费支持。3月19日，他将他用来首次观察木星卫星的望远镜送给大公，并附上一份官方介绍副本，按照秘书的建议，将这四个卫星命名为美第奇星（代表他们家族的美第奇四兄弟）。在他的专属介绍中，伽利略写道：

> 你灵魂的不朽美德从来没有像这些明亮的星星在天堂中那样在地球上闪耀，它们将会像会说话的舌头一样，永恒地吐露并一直庆祝你最优秀的美德。因此，有四颗行星以您家族的名字命名……它们围绕着木星以天体惊人的速度进行着他们的旅程……就像同一个家庭的四个孩子一样……的确，这似乎是造物主通过明确的论据，告诫我用殿下的杰出名称在太空的众星面前称呼这些新行星。[403]

然而当时观察天体运动并发现木星卫星的并非伽利略一个人，虽然伽利略被公认为第一个发现者。其实那个时代有很多人竞争王公贵族的科研经费来从事这样的发现和发明。

1609年，伽利略通过亲自赠送自己改进的军事望远镜给威尼斯总督杜纳托，结果他拿到了1 000达卡特的酬金并被授予终身教授的职位。[404] 伽利略1616年还企图用自己发明的利用木星卫星来确定经度的仪器和方法，从西班牙国王那里获得巨额回报和被授予大公爵爵位，对方没有接受他的条件。他在给西班牙国王的信中这样说道：**"这是一个真正具有王者气派的伟大君王的事业。他通过对这件发明的赞助，可以期望为自己不朽的声名增光，让子孙后代看到自己的名字写在所有的海**

403　Galileo Galilei: Sidereus Nuncius or the Sidereal Messenger, translated and prefaced by Albert Van Helden, Chicago & London: University of Chicago Press, 1989, pp.14—16；也参见 https：//en.wikipedia.org/wiki/Galilean_moons#cite_note-Galileo89-2。

404　约翰·德斯蒙德·贝尔纳著，陈体芳译：《科学的社会功能》，商务印书馆1982年，第245页。

陆地图上。在今天世界中，再没有哪一个君王比西班牙国王更适于从事这项事业了。"[405]遭到拒绝后，伽利略又企图从荷兰王室那里获得赞助，但也没有成功。

随着科学家之间争夺王公贵族们的赞助的竞争程度的提高，他们用来从贵族那里换取"科研经费"的科学发现的"礼品质量"要求也越来越高，必须具有戏剧性和天赋，比如一项了不起的技术发明和科学创新。比如伽利略将他新发现的木星卫星作为"礼物"呈现给美第奇公爵，这个"礼物"实际上是在这个公爵所关心的世界之外（他对天文学毫无兴趣）。作为回报，这位科西莫大公给予伽利略"宫廷哲学家和数学家"（court philosopher and mathematician）的头衔和地位，使伽利略变得"高贵"。这与中国古代科举考试选拔人才的方式有异曲同工之妙，但是远远没有达到中国科举考试那种"非人格化"的程度，因此按照韦伯的制度衡量标准应该是不及格的。

如果礼物获得了王公贵族的青睐，礼物赠送者可能会像伽利略一样有幸获得对自己有意义的回报。然而礼品赠送者无法预测这个回报将采取何种形式，而且因为社会地位关系他们也不敢奢望，因此可能发现自己会为无法拒绝的"优惠"回报感到难堪。比如文艺复兴时期的丹麦伟大天文学家第谷·布拉赫（Tycho Brahe，1546—1601），就收到了一大堆来自王公贵族的回馈礼品，从富有异国情调的稀有动物，到私人岛屿，以换取他的天文学发现所带给这些王公贵族的名誉。

以瑞典发明家阿尔弗雷德·诺贝尔（Alfred Nobel）名义颁发的金质奖章。

作为科研赞助人的王公贵族经常用

---

405 约翰·德斯蒙德·贝尔纳著，陈体芳译：《科学的社会功能》，商务印书馆1982年，第246页。

印有自己头像的黄金像章作为奖励的一种形式，这种形式一直延续到今天的诺贝尔奖章。金牌奖章通常附在一条可以出售的金项链上，但金牌本身不能出售，以免冒犯赞助人的形象。

当时的一些发明和创新与战争似乎没有直接关系，但是政府官员及贵族们拿到这些发明以后就可以迅速将这种新的知识和技术用于他们自己擅长的商业与权力游戏中。比如英格兰国王詹姆斯一世打算将一个从自己赞助的发明家那里获得的机械自动装置机运往印度，在那里"征服"并"取悦"印度皇室成员，以便达成贸易协定，并宣称这个机械装置可以为莫卧儿皇帝的宫殿里面的污浊空气进行"冷却和清新"。这台装置是由工程师科内利斯·德雷贝尔（Cornelis Drebbel，1572—1633）设计和发明的，他因此而获得"宫廷工程师"这个职位。在获得这个职位的宫廷仪式上，德雷贝尔在宫廷上一出现就跪倒在地，向国王呈现了令所有在场的王子和贵夫人惊叹的自动机，从而赢得了自己的"宫廷工程师"头衔和位置。[406]

政府和科学家在17世纪早期都已经意识到依靠这样的送礼方式越来越不适合鼓励实验科学的发展。实验科学要求许多人花很长时间在不同地方收集大量数据，并由很多不同地方和时代的人完成。而礼物却强调"个人英雄"主义。因此，在科学家之间的合作和实验室工作变得越来越至关重要的时候，这种以王公贵戚的礼物作为奖励的方式就显得越来越不合时宜。

换句话说，在文艺复兴前后的科学发展初期，科学家们主要依靠教会或有权有钱的王公贵族的资助来从事科学研究，成果和名声都属于教会和这些国王或王子。随着国家间竞争的加剧和民族国家的形成，最终不同类型的激励措施，包括由中央政府和国家直接统一出台的公开奖项和奖励，以及拿薪水的高等研究院的学术职位，变得更加普遍，依靠贵族的青睐从事科学研究的重要性就下降了。

虽然科学家和发明家个人之间竞争有助于激发和推动科学发展，但过多的竞争

406　参见https：//theconversation.com/before-nobels-gifts-to-and-from-rich-patrons-were-early-sciences-currency-66360?xid=PS_smithsonian。

可能会导致夸大、炫耀和保密。最重要的是，人们担心那些个体户没有动机去从事或解决一个需要终生投入甚至都无解的科学问题或技术发明，即使有人这样做了，他们恐怕不愿意在死亡的时候把自己未完成的发现或发明公开出来，而是把秘密带进坟墓。

由于这些原因，欧洲国家的政府或为国家着想的"士大夫"们，开始将奖励机制的改革视为提高和推动科学发现的速度和规模的重要环节。例如，近代科学方法论鼻祖弗朗西斯·培根（1561—1626）强调，甚至没有完成的科学实验和尝试也是有意义的科学贡献。他希望，与其让他们花大力气去向赞助商解释他们未完成的工作和半成果，不如让研究人员详细写作和论述他们的研究课题并通过竞标来获得公共机构的公开赞助。[407]

培根创造了"愿景规划"（desiderata）一词，今天仍被研究人员用来表示长远研究目标和课题设计，类似于今天的科研经费申请报告。培根还提出了许多巧妙的方法通过刺激人类对名望的渴望来推进基础科学发现和技术发明。例如，建立一排庆祝过去历史上著名发明家的雕像和一排空位与之相对，以刺激研究人员想象有一天他们自己的半身像会出现在那里。

培根的建议激发了爱国博物学家塞缪尔·哈特里布（Samuel Hartlib，1600—1662）去收集许多改革与改进国家对科学研究和发明的激励机制的建议。在收集到的建议中，有人建议奖励不仅应该给那些成功人士，而且甚至是那些没有成功或还没有对科研问题找到答案的人，因为他们的错误会刺激其他"活跃的大脑在新发明中崭露头角"。哈特里布计划建立一个专门的国家部门来系统化资助和奖励那些"期望为国王或国家效劳"但却不知道去哪里寻找资金支持的人才。[408]

从17世纪中期开始，随着科学家之间的交流和思维碰撞的重要性的凸显，国

407　培根不仅是一位哲学家，而且是一位英国政治家和政治活动家，他曾担任英国司法部长和英格兰大法官。他的《科学方法论》一书的主要目的是为推动英国的科学研究服务。

408　参见https：//theconversation.com/before-nobels-gifts-to-and-from-rich-patrons-were-early-sciences-currency-66360?xid=PS_smithsonian。

家支持的由共同爱好和兴趣结成的各种科学家协会和团体开始远离王公贵戚的个体资助与要求而涌现。由这些科学协会出版的期刊开始为社会上那些雄心勃勃的研究课题和愿意接受智力挑战的科学爱好者们提供了一种新的媒介与平台。

科学学会将他们的期刊视为激励和吸引新发现的手段，而激励人们的主要是信誉和名声。比如德国国家科学协会"利奥波蒂娜"（Deutsche Akademie der Naturforscher Leopoldina）于1670年创立了它的期刊。这个成立于1652年的德国科学学会是欧洲历史最悠久的科学团体，比1666年由法国路易十四国王创立的法国科学院早了14年。根据其章程，那些可能没有其他渠道公布其研究结果的人可以利用这个期刊向世界展示他们的发明权和荣誉，这是建立科学发现标准和将科学引入规范化的重要一步。类似这样的制度创新迅速在欧洲被其他相互竞争的国家和皇室复制。

从功利主义和实用主义角度发展科学，是欧洲各国皇家科学院成立的宗旨。比如英国皇家学会成立的宗旨，就是从实践成果中提炼科学理论，并让科学理论反过来为现实生活服务、为英国国家利益服务、为提高商业技术与军事技术的效率服务。学会先是由民间个体于1631年发起，1666年被英国国王正式承认为皇家科学院。著名科学史专家贝尔纳说，英国皇家学会"**从一开始就具有……强烈的实用目的**"。[409]而且具有为国家利益服务的政治任务，正如皇家学会在呈报给查理二世国王的学会章程草案中所说的那样：

> ……我们明白，再没有什么比提倡有用的技术和科学更能促进这种政治的实现了。通过周密的考察，我们发现有用的技术和科学是文明社会和自由政体的基础。……通过把好几种技术和工业生产方法汇集起来，就可以……不仅使一个国家人丁兴旺，而且使它变得比一个人口较多但却较为野蛮的国家更为富强；可以增加人手，也可以通过技术改善劳动（效率），

409　约翰·德斯蒙德·贝尔纳著，陈体芳译：《科学的社会功能》，商务印书馆1982年，第60页。

两者效果一样。因此，我们的理智告诉我们，我们只有增加可以增进我国臣民的……有用发明，才能有效发展自然实验科学，特别是其中同增进贸易有关的部分；这项工作最好由有资格研究此学问的有发明天才的人组成的一个团体来进行。他们将以此事作为自己的主要工作和研究内容，并组成为**拥有一切正当特权和豁免权**的正式学会。[410]

用皇家学会秘书长、著名物理学家胡克的话说：皇家学会和学会会员科学研究活动的目的，"**在于减轻和加快人的手工劳动……（在于）从不失良机去把国外的罕见事物（知识）纳入自己的知识和实践范围。**"学会会员承认，"**最有用的知识来自普通事物，……他们并不完全抛弃单纯知识和理论性的实验，但是他们主要目的是研究应用后就能改善和促进目前手工工艺方法的事物。**""**的确，像他们所从事的这种事业往往得不到鼓励，因为人们一般都喜欢哲学中讲得天花乱坠、离题万里的部分，而不是喜欢哲学中实实在在的部分。**"胡克感谢商人们对学会的资助，因为这些商人认识到科学的价值：他们"**清楚地看到了：生活的技术因禁于机械匠自己的黑暗工场中时间过长了，要么由于无知，要么由于私利，它们在那里得不到发展。**"科学家需要"**勇敢地把它们从这些不利的条件下解放出来**"。[411]

事实证明，皇家学会成立以后的多数科研实验工作，是围绕与火药、火炮、军舰等战争工具或者英国的航海殖民探险密切相关的科学课题而展开的。

查理二世国王对批准皇家学会成立的圣旨中，也表明了他对这个"皇家特许"科学家协会与科研团体的**功利主义与实用主义目标**的赞赏：

朕获悉，一个时期以来，有不少一致爱好和研究此项业务的才智德行卓

410　约翰·德斯蒙德·贝尔纳著，陈体芳译：《科学的社会功能》，商务印书馆1982年，第60—61页。

411　约翰·德斯蒙德·贝尔纳著，陈体芳译：《科学的社会功能》，商务印书馆1982年，第387页。

著之士每周定期开会，习以为常，探讨事物奥秘，以求确立哲学中确凿之原理并纠正不确凿之原理，……朕且获悉他们已经通过各种有用而出色的发现、创造和实验，在提高数学、力学、天文学、航海学、物理学和化学方面取得了相当的进展，因此朕决定对这一杰出团体和如此有益且称颂之事业授予皇室恩典、保护和一切应有的鼓励。[412]

　　除了为科学家通过在各国皇家科学院的期刊上看到自己的名字而提供一种满足感以外，科学院还开始提供特定主题的论文奖，这种做法一直持续到今天。历史学家杰里米·卡拉多纳（Jeremy Caradonna）估计，自法国皇家科学院从1670年开始颁奖以来到1794年为止，法国一共有1.5万名此类比赛的参赛者。这些参赛者通常由许多或同一个赞助商资助，例如皇室和贵族，他们以前会作为直接赞助商资助科

路易十四国王于1667年接见和考查他亲自建立的法国皇家科学院的全体成员。从此以后，法国在科学领域方面才开始有条件奋起直追，直逼意大利和英国。而法国后来涌现出来的一大批数学家、物理学家、化学家、工程师都是路易十四建立的皇家科学院的成员。

412　约翰·德斯蒙德·贝尔纳著，陈体芳译：《科学的社会功能》，商务印书馆1982年，第61页。

学研究，但现在是通过科学院或科学团体这个社会平台间接这样做。[413]

欧洲各国政府也利用奖金这个激励机制向社会提出国家需要解决的科学技术难题，最著名的是英国海洋经度委员会于1714年开出的一个奖项，让科学家提供如何在海上航行中精确确定经度的解决方案。17世纪的一些人将这一长期得不到解决的问题比作世纪难题来极限挑战民间科学爱好者的智商。

事实上，欧洲自文艺复兴以后的数学和科学研究，绝大部分都是与实际生活中的应用问题紧密联系在一起的。比如以法国科学院成立后100年之内颁发的一项大奖为例。法国科学院由法国专制暴君路易十四国王在财政部长让-巴蒂斯特·科尔伯特（Jean-Baptiste Colbert）的建议下于1666年创立，旨在鼓励和保护法国的"科学研究精神"，它是欧洲最早的科学院之一。财政部长科尔伯特为法国制定了一系列重商主义的产业与贸易政策以促进法国的经济繁荣和在世界市场上的地位。他因为认识到科技对于法国商业和军事的重大意义而建议路易十四由国家财政资助成立法国科学院。该学院在成立的宗旨中明确指出科学院是非政治性的，不讨论宗教、政治和社会问题，而只专注于纯科学和工商业技术问题。科学院高薪聘请著名荷兰数学家和物理学家惠更斯出任首届院长，另外还聘请了杰出的意大利天文学家卡西尼执掌巴黎天文台。巴黎科学院在惠更斯和卡西尼的领导下，借助国家的财政和行政力量，迅速崛起成为欧洲的科学中心，并且建立起了一整套挖掘人才、培养人才的有效机制，以至于整个欧洲大陆的知名学者都喜欢云集巴黎科学院，即使是法国之外的异国学者，也可以通信院士的身份与巴黎科学院取得联系，交流自己的学术成果。理所当然地，法国科学院为法国的数学、物理、化学、生物、天文等一系列自然和工程学科在整个18—19世纪的迅速崛起立下汗马功劳，云集并培育出一大批世界一流的科学家、工程学家和数学家，包括被誉为"法国的牛顿"的风云人物拉普拉斯。

---

413 参见https：//theconversation.com/before-nobels-gifts-to-and-from-rich-patrons-were-early-sciences-currency-66360?xid=PS_smithsonian。

　　法国科学院设立了一门大奖赛，并成立了一个由知名专家组成的委员会来评判每场大奖赛的获奖者。多数时候，大奖赛的大奖授予了应用技术而不是纯数学或纯理论。比如1727年，布格（Bouguer）和加缪（Camus）由于他们提交的关于船舶桅杆的论文而分享了大奖。这一年著名数学家欧拉（Euler）还提交了一份关于应用数学问题的申请，但他只获得第三名。1729年，布格再次赢得大奖赛，这次是一篇关于观察海上恒星高度的文章。1731年，布格因为他在观察海上的磁偏角方面所做的工作赢得了他在法国科学院的第三次大奖。欧拉在1738年和1740年由于应用数学和物理方面的贡献两次分享了大奖。库伦（Coulomb）因为一篇关于磁罗盘的文章分享了1777年的奖项。他还由于一篇关于机械摩擦主要功能的文章赢得了1781年的大奖。[414]

　　1785年，作为法国科学院院长的化学家拉瓦锡对科学院组织结构实施了一系列重大改革，进一步引入应用性学科。改革过后数学和物理学两个部门的构架得以保留，但现在每一部门下都被分成四个新的组成部分。在原有数学学科中的几何学、力学和天文学基础上增加了"普通物理学"，包括光学、电学、磁学、声学和热学等主题，这些主题主要是实验性质的，但开始变得更具数学性质。化学、植物学和解剖学三个物理学科变成四个科目：化学和冶金学、矿物学和自然历史、植物学与农业，以及解剖学。法国科学院成立后的其中一任院长，著名数学家约瑟夫·傅里叶，研究了热传导的数学理论。他建立了热扩散过程的偏微分方程，并通过使用无限序列的三角函数来求解它。

　　正是这样一种始于欧洲宫廷的对科学发明实行奖励的竞争，成为一种强大的社会激励机制，为欧洲培育、造就、选拔了一大批卓越的科学家、数学家、天文学家和工程师，从达·芬奇到伽利略，从牛顿到拉普拉斯，从波义耳到拉瓦锡，从林奈到达尔文，从道尔顿到门捷列夫。[415]在欧洲，数学家可以被宫廷提拔

414　参见http：//www-history.mcs.st-and.ac.uk/Societies/Paris.html。

415　譬如达尔文在19世纪周游世界的生物考察航行是由英国政府资助的，当时英国政府出资为英国海军测试时钟并绘制全球军用地图。

为"御用科学家",科学家可以升官发财当"状元"。举国上下包括王公贵戚喜欢"圈养"科学家和在茶余饭后谈论数学、天文、物理。而且欧洲各国的科学家之间经常保持相互通信,探讨科研成果,各个国家的科学院在聘任科学家时都向外国科学家开放,也随时邀请他们前往做学术报告,在自己的刊物上发表他们的科研成果。

其实古代中华文明在过去几千年也何尝没有设计出一套类似的激励机制,为中华文明培育、造就、选拔了一大批卓越的诗人、词人、书法家、音乐家和画家。他们相互之间常有书信来往,分享琴棋书画、诗词曲赋方面的成果和心得,皇帝和王公贵族都参与民间艺术家的互动,官方和民间出版业也积极介入其中,传播中华艺术,除了科举考试之外,还让这些精神财富的创造活力和社会热情通过顺口溜的形式深入民间的早期教育之中。

可惜由于长期处于大一统和平状态的原因,中国历代王朝没有形成"战争⇄商业"这个循环加速器,通过持续几百年的内外拍打和刺激机制,去迫使王室提供展现科技数学思想的类似琴棋书画那样的"思想市场"和"传播平台",来奖励那些与战争、军事、武器、航海、工业、农业、医学等密切相关的科学技术和数学知识以及与此有关的科学家团体和个人。这是造成数学和科技知识在中国历代不受重视的根本原因,从而使得发明火药的中国与"军事革命"和"科学革命"无缘。

但是在人文学科的琴棋书画和唐诗宋词方面,中国古代的确是创造并提供了人类独一无二和举世无双的"思想市场"与"传播平台",民间诗人、画家和书法家有各种社团组织"以文会友",国家和民间都有专门的出版机构和出版商为他们提供"流芳百世"的传播工具;中国还专门设计了科举考试来选拔这类人文天才进入政界和国家学术管理机构,从而带来了中国人文学科的巨大繁荣,成为东方文明影响周边文化发展的巨大源泉。中国古人写诗赋词,包括唐宋八大家,没有听说过被人剽窃后冠以自己的名字到处流传。诗人们每写出一首诗词,可以放心地在民间传播而不用担心被人剽窃。这说明中国古代的相关知识产权保护有一套自己的机制和制度设计。

　　换句话说，因为战争、科学、技术同商业争霸之间可以高度互动的原因，尤其是因为火药—火炮这样的大规模杀伤性致命武器的传播和这类武器对国家组织与财政实力提出的要求，使得自文艺复兴后以"军事重商主义"立国的欧洲王室对科技和数学产生了浓厚的兴趣和"国家需求"，为科学与技术的发展提供了一个国家层面的"思想市场"及"传播平台"。国家力量的参与，也同时为满足王公贵族的审美需求，创造出了欧洲的艺术市场，比如油画、雕塑、歌剧、芭蕾、钢琴、提琴，等等。随着欧洲国家间竞争的深化，以及科学技术研究的合作性质及脑力劳动分工的要求，这种由统治城邦国家的贵族和王公贵戚提供知识产品市场与组织科技知识生产的方式，逐渐由完成中央集权政治变革的国家用正式的研究机构、大学和科学学会所替代。

　　而对于早就告别战国时代，进入铸剑为犁的大一统农耕定居文明的古老中华帝国来说，这种锤炼战斗民族的强大外部压力，即基于热兵器杀伤力和海上远距离火炮战争所造成的频繁战争压力，在中原与北方游牧民族之间的冲突中是缺失的，因而无法刺激中央王朝对火药—火炮和与之相关的冶金技术与数学知识的举国投资热情。这种压力，需要等到欧洲通过"军事革命""科学革命""工业革命"崛起之后发生的鸦片战争，清日战争，尤其是抗日战争才能到来。这是为什么中国的兵工厂、国家科研机构与军事院校是鸦片战争之后，尤其是到了民国和抗战时期才成立，对大批科学家的系统培养则要等到新中国成立以后。而真正对科学技术和军事技术的商业价值的全面重视和开发，要等到邓小平改革开放使中国重新进入与西方竞争的商业文明以后，不过这是一个拥有强大国家能力支撑的商业文明，与明清时代的商业文明有质的不同。[416]

　　艺术、音乐、诗词、数学和各种科技知识，在很大程度上都是社会性公共产

416　国立中央研究院于1928年6月在南京成立；黄埔军校1924年在广州成立；中国人民抗日军政大学，简称"抗大"，其前身是"西北抗日红军大学"，1936年6月1日在陕北瓦窑堡成立，1937年1月更名并迁到延安；中国科学院（Chinese Academy of Sciences）1949年11月在北京成立。

品，其本身并不能直接带来很多商业利益回报，因而它们的繁荣背后必有国家力量的扶持。因此，一旦欧洲在数学、工程、自然科学及军事技术方面遥遥领先世界其他地区和文明以后，越是后发的国家，越是需要在科技发展方面依赖于国家力量的直接推动才能追赶西方。比如18世纪远远落后于西北欧的俄罗斯，就通过动用举国体制来发展科学与数学，追赶上了法国和英国：自从彼得大帝向欧洲学习建立了俄罗斯皇家科学院以后，经过几代皇室的努力，尤其是19世纪至20世纪初，俄罗斯吸引和培育了一大批世界级的杰出数学家、物理学家、化学家和工程师；仅数学家就包括尼古拉·伯努利、丹尼尔·伯努利、欧拉、罗巴切夫斯基、切比雪夫、马可夫、李亚普洛夫、叶戈洛夫、柯尔莫戈洛夫等等。类似的，19世纪中期以后才实现统一的德国和明治维新以后才崛起的日本，也是通过举国体制实现在数学和科学技术方面的追赶。其实在今天，所有发达国家的大多数科学研究都由政府拨款（例如美国的国家科学基金会和国立卫生研究院等），何况发展中国家呢？

　　国家资助的科研项目将整个民族从危亡中拯救出来，历史上曾经有过很多这样的实例，比如二战期间美国的原子弹计划和新中国成立后的"两弹一星"工程。还有一个著名案例发生在第一次世界大战期间。1915年的德国政府意识到，氨的储备正在迅速减少，而大规模生产高爆炸药离不开氨。当年用于生产氨的原材料硝酸钾盐产自南美国家智利，由于英国海军的封锁，德国当时已经处于原材料断供状态。情急之中，德国人转而求助于科学。当时最著名的德国化学家弗利茨·哈伯（Fritz Haber）虽然已经有了一套可以在实验室合成氨的方法，不过产量极少。当时的德国政府意识到，战争的结果可能就维系在这项研究的成果之上；因此他们将资金和资源集中用于协助哈伯完善他的合成方法。1916年底，正当氨的储备消耗殆尽之际，哈伯找到了提高化学转换率的方法，而且开始了大规模地合成氨气；从此以后，德国使用的炸药全都是利用这一技术生产出来的。这一技术的成功使第一次世界大战延长了至少一年。哈伯的成就无疑导致成千上万的人死于非命。但是，他的方法在战后不仅仅用于制造高爆炸药，它还是多种化肥、消毒剂、强力洗涤剂、现代制冷剂的主要成分。时至今日，合成氨仍然沿用哈伯当年的方法。[417]

因此无论是艺术还是科学与技术的创新，都需要有社会压力和竞争来刺激需求，由国家力量来创造"平台"以提供精神上和物质上的奖励及回报。可惜受新自由主义和"西方中心论"影响的流行教科书把近代欧洲的艺术、科学和技术繁荣过于简单地归结为抽象的非功利主义的"自由意志"的活动，是对人类知识文化历史和近代欧洲科学、技术、艺术繁荣史的偏颇认知。这种偏颇的带有现代"普世价值"意识形态烙印的流行观念，使得发展中国家的一大批知识分子，误以为自己国家历史上由于没有思想自由，因此无法产生西方科学和艺术。事实上这些知识分子就像恩格斯批评的那样，整天自己说着和写着散文，却不知道散文为何物。比如中国自古以来的文学繁荣，包括琴棋书画，都是极大思想自由的体现。这种人类登峰造极的成就的出现，与培育这类思想产品的"思想市场"和"传播平台"这类公共品背后的国家力量的存在密切相关。中国没有产生近代科学，不是因为缺少"自由"，而是因为缺少足够频繁的对外战争，缺少来自对等实力国家间的激烈军备竞赛与残酷商业竞争，缺少"卧薪尝胆、枕戈待旦"的争霸意志。

总而言之，中国古代的国家力量长期侧重于人文、诗词和琴棋书画，而不是数学和物理学，这与中国自从秦始皇实现大一统以后长期处于和平统一、丰衣足食、厌恶战争、维系社会秩序的状态有关，与缺乏来自旗鼓相当、实力对等的国家竞争体系所不断产生的国家生存压力有关。正因为如此，中国古代辉煌的天文学成就，只与中国农业文明异常发达的农业经济需求密切相关，而与远洋探险和海洋争霸无关。其实西方近代天文学繁荣的原因，主要是因为海战和与垄断亚洲贸易相关的海洋争霸，从而进步更加神速。著名科学史专家贝尔纳指出：欧洲**"天文学在十七世纪具有巨大的经济重要性。环球航行，世界贸易，建立殖民地的事业都是方兴未**

417　迈克尔·怀特著，卢欣渝译：《战争的果实：军事冲突如何加速科技创新》，生活·读书·新知三联书店2009年，第7页。

艾。在这方面，天文学家的图表，物理学家的钟摆和平衡轮钟都意味着可以及时拯救船只和货物，可以征服远处海外的帝国。在英国，第一个受国家津贴的科学机构是格林威治的皇家天文台"。[418]

黑格尔在《法哲学原理》中清楚地阐述过长期的和平对于一个国家的极大危害性和对外战争对于一个国家的"机体健康"的必要性：

> 战争还具有更崇高的意义，通过战争，……各民族的伦理健康就由于它们对各种有限规定的凝固表示冷淡而得到保存，这好比风的吹动防止湖水腐臭一样；持续的平静会使湖水发生相反的结果，正如持续的甚或永久的和平会使民族堕落。……在和平时期，市民生活不断扩展；一切领域闭关自守，久而久之，人们堕落腐化了，他们的特异性愈来愈固定和僵化了。但是健康需要躯体的统一，如果一切部分各自变成僵硬，那就是死亡。[419]

长城是巨大的防御工事，而不是对外侵略工具。反过来，近代欧洲皇室由于频繁战争和民族国家生存的现实需要，把进攻当成最好的防御，创造出一种类似于中国科举制度一样的人才选拔和提携机制，把一大批擅长数学、物理和工程的人才选拔出来进入政府、军队、大学、科学院，并鼓励他们将所学到的知识及时应用于战争实践。只不过欧洲"科举制"下的"科举考试"试题，由"四书五经"和"唐诗宋词"换成了"数学物理"和"炸药枪炮"而已。设想中国古代的科举考试如果包括数、理、化和工程技术，并且常年处于对外商业扩张和对外战争的压力下，就像春秋战国时期或欧洲近代对外殖民时期，那么中国历史上或许就不会只有出产唐宋八大家和众多擅长吟诗作画的风流人物的社会氛围与国家政策，而且也会涌现出一

418　约翰·德斯蒙德·贝尔纳著，陈体芳译：《科学的社会功能》，商务印书馆1982年，第61—62页。

419　黑格尔著，范扬、张企泰译：《法哲学原理》，商务印书馆1979年，第341—342页。

大批数学家、物理学家和天文学家，因此中国古代也就或许会不拘一格向周边文明学习数学和自然科学，从而会有更多的像张衡、刘徽、张仲景、祖冲之、贾宪、毕昇、杨辉、秦九韶、僧一行、徐光启、方以智、宋应星、沈括、郭守敬、华佗、李时珍等这样的人才。

按照中国学者李晓鹏的研究[420]，早在1634年，获得崇祯皇帝信任的明朝内阁大学士（相当于今天的教育部部长）徐光启主持了《崇祯历书》的修编，这部集欧洲天文学所有经典为大成的文集包括了哥白尼的理论和著作。而在这一年前的1633年，伽利略被罗马教廷判处终身监禁。这些知识当时在欧洲还被宗教当局当成异端邪说予以禁毁，却已经写入了中国官方编写的历书，因此李晓鹏认为这可以说明朝崇祯皇帝对科学知识的支持超过同时代的欧洲。李晓鹏因此判断如果没有清军入关，中国会很早就开始在数学和科学方面追赶上欧洲。也许李晓鹏过于乐观了一点，其实当时中国并没有经常面临欧洲国家在"适者生存"的丛林法则状态下所产生的外部"拍打压力"和由于随时不断的热兵器战争与海外商业竞争所产生的巨大社会需求。只有这样的战争和商业竞争环境才能迫使中国必须随时"枕戈待旦"和"卧薪尝胆"，而不至于落得"清军一入关，明朝就顷刻灭亡了"的命运。相反，欧洲的众多小国家，是在不断地"生生灭灭"过程中，被"筛选"出来的"优良进化品种"，灭亡一个后还有别的马上跟上，总有替补队员。不具备战争能力的国家早就不复存在了。李晓鹏问道："日本明治维新追赶西方尚且都来得及，何况明朝呢？"但是李晓鹏没有追问：需要什么样的国际战争环境、军备竞赛条件和商业竞争压力所逼迫下的国家转型，明朝才能够愿意采纳军事重商主义的国家发展政策，成立科学家协会和"大明科学院"，以激励社会上对军事技术和军事科学的普遍热情？在当时条件下的答案也许应该是：学西方对外推行商业战争和海外殖民争夺，对内推动民间工商业的发展和对科技创新的奖励，就像后来日本明治维新以后所做

420　李晓鹏著：《从黄河文明到"一带一路"》第二卷，中国发展出版社2016年，第418—419页。

的那样。这也是为什么美国自建国以后，首先是利用军事重商主义完成对欧洲在商业和制造业方面的追赶并在19世纪末成为制造业大国以后，才开始在20世纪慢慢实现对欧洲在数学和科学理论方面的赶超。[421]

但是类似德国、日本和美国那样追赶欧洲列强的战争资本主义方式在今天已经过时，因此落后国家必须通过摸索走出一条适合当代工业文明和国际条件的科技发展之路。二战以后日本与德国重建和亚洲四小龙的崛起经验告诉我们，在和平条件下，如果没有参与全球商业竞争的决心和工商业的繁荣来刺激举国上下对科学的追求并维持国家对科学的扶持与奖励，就仍然不可能有科学的繁荣，因为工商业繁荣本身不等于科学繁荣。

与此同时，由于对西方的科学、技术、社会、政治制度等缺乏历史唯物主义的"胚胎发育与演化"的研究角度和视野，导致很多落后国家在西方崛起以后所爆发的来势凶猛的军事、商业和科技实力面前不知所措，陷入妄自菲薄甚至卑躬屈膝的认知陷阱，常常提出许多错误的理论，做出很多错误的决策，干出很多适得其反的事情。比如清朝末年在西方列强连绵不断的强势屈辱之下，以废除科举考试的方式来展示学习西方的决心，其实清朝应该做的是推行重商主义军事立国方针，实行"全民皆兵"和"全民皆商"的政策，换掉科举考试的内容（而不是废除科举考试本身），用数理化和实用工程知识代替四书五经，就像新中国成立以后实行的全国高考制度和技术人员选拔一样。当然，清政府不可能做到这一点，因此灭亡是必然的。

一个落后国家如何学习西方，以及能否实现对西方国家的追赶，涉及对西方为什么产生"科学革命"和"工业革命"背后的历史规律的正确理解。需求创造供给，实践出真知。西方在近代以来所取得的进步，无论是自然科学还是生产方式、社会制度、军事能力等，均是在与战争、商业和工业这类事物打交道过程中"困而

421　文一著：《伟大的中国工业革命——"发展政治经济学"一般原理批判纲要》第5章，清华大学出版社2016年。

知之"的结果。

因此有必要再次重复恩格斯关于时代需求如何创造时代英雄的话：**"社会一旦有技术上的需要，这种需要就会比十所大学更能把科学推向前进。"**

只有进入一个需要科学技术的时代，才能产生一大批卓越的科学家和工程师。而只有果断打开国门投入与西方资本主义国家竞争的历史洪流中，才能进入一个需要科学家而且能够大批量、系统性产生科学家的时代。中国自古以来不缺科技方面的千里马，缺的是选拔与培养这类千里马的机制。而这个机制的产生与完善，来自国家间的激励军备竞赛与商业竞争压力。今天的中国敢于面对来自超级大国美国的竞争压力，是中国必然崛起的外部条件。面对这种极限压力敢于维护中国的大一统和继续改革开放发展战略，是中国的规模经济对于美国的绝对竞争优势。

第四节　军火贸易与"战争⇄商业"循环加速器

自从火药由东方传入西方以后，欧洲国家的热兵器制造业经历了非凡的转型和增长。那么欧洲国家军工产业的技术升级动力来自哪里？是来自流行历史观所说的"民主、法治、自由、人权"吗？来自对知识产权的保护吗？来自古希腊和日耳曼人的理性思维传统吗？

科学与技术既密切相关，但又有很大区别。因为科学理论不仅更加具有普适性，而且具有更强的公共品性质。从而科学基础理论的创新与发现不可能仅仅是以利润为导向的市场机制的产物，而且还必须是国家力量激励下科学家团体共同协作的结果。相反，技术比科学具有即刻的应用性，而且在使用上也比科学更具保密性与排他性（比如同一部机器很难被两个不同工厂同时使用）。因此技术可以作为寻租和获取商业利益的工具，从而更加容易被利润导向的企业去发展出来。

但即便是这样，欧洲近代历史上的技术创新也与战争和国家力量的积极参与密不可分，尤其是军事技术。比如战争与科技史学家怀特在《战争的果实：军事冲突如何加速科技创新》一书中，列举了成百上千个近代西方最伟大的技术发明与战争之间的关系，从冶金到采煤，从铁路到蒸汽机，从甘油炸药到化肥，从无线电收音机到雷达，从眼角膜植入手术到战斗机飞行员的"超级视觉"仪，从人造卫星到高能激光技术，从计算机到等离子显示屏，从芯片到遥感器，从原子弹到核电站，从洗涤剂到制冷剂，从全新智能材料到数码技术，举不胜举，不一而足。以至于长期涉足科学和战争两个写作领域的朱克曼爵士曾经说过：**"各国政府为发展军事应用科学所动用的国家资源从数量上说往往比投入民用领域的资源多得多。"** [422] 为此，爱好和平的英国著名历史学家汤因比也不得不承认：**"纪元前五世纪，希腊哲学家赫拉克利特说过，战争是万物之母。的确，战争刺激了技术进步和经济成长。互相展开殊死的攻防战，最大限度地提高了国民的能力。因此交战国双方都高度发展了技术上的创造性和经济力量。"** [423]

历史学家彭慕兰和托皮克也说：

（战争）暴力不仅是全球贸易背景下积累财富的主要工具，战争还是发明之母。许多创新发明，例如合成硝酸盐、合成橡胶、人造纺织品（尼龙），都是战争催生出来的。食品的罐头制作，以及甜菜、草本代用咖啡等新食物，也是因战场需要而问世。新的机械技术（例如制造标准化零件的科特尔组装线），新式运输工具（例如潜水艇、飞机），它们的出现不仅是基于对科学发明的热爱，还同样基于强烈的摧毁欲望。[424]

422　参见迈克尔·怀特《战争的果实：军事冲突如何加速科技创新》，生活·读书·新知三联书店2009年，第8页。

423　池田大作、汤因比著，苟春生等译：《展望21世纪——汤因比与池田大作对话录》，国际文化出版公司1985年，第230页。

424　彭慕兰、史蒂文·托皮克著，黄中宪、吴莉苇译：《贸易打造的世界：1400年至今的社会，文化与世界经济》，上海人民出版社2018年，第180页。

对此我们还得加上："**战争也是科学之母。**"经典力学就是源于炮弹运动力学；经典化学就是源于火药燃烧爆炸学。[425]

近代西方的军事技术创新速度之快还有一个秘密，那就是将武器作为商品进行商业化运作。要知道武器研发的成本极其高昂，没有任何国家仅靠税收便可以长期扶持军火工业。因此资本主义的一大发明就是将武器商业化，将军火投放到市场，通过量化生产来降低每件武器的平均成本。而量化生产的产能只有通过市场量化出售才能赚钱和自负盈亏，才能减轻军火工业的财政负担。[426]

当一个国家的每一项军事发明都能及时转化为商业价值，而且每一项商业发明又都能反过来扩展其军事用途，那么资本主义的军备研发竞赛模式和"战争⇄商业"循环加速器就成型了。

但是这是一个双向博弈和多国博弈的游戏。如果把武器（甚至新式武器）卖给了自己的竞争者或者敌人，那岂不是"自相矛盾"和自取灭亡？

军火资本的运作逻辑，是不断更新武器的技术含量和产品质量，好的留给自己用，将过时的武器推向市场，再由市场获得的利润支撑新武器的研发，以此来保障本国军队在武器上的优势，和对敌国武器水平与国防能力的掌控。这样一种正向反馈的加速器原理是西方军事技术革命的内在逻辑。

因此，谁占领了军火市场，谁就有利润和财力继续研发和创新，谁就能掌控了全球军事动态和实力均衡。同样逻辑也在后来被应用于工业革命的大生产方式中。所以工业革命的量化生产原理最早来源于军火工业。

怀特在《战争的果实：军事冲突如何加速科技创新》一书中指出，在那个年

425　持同样观点的还有常征的《机器文明数学本质》《火药改变世界》。

426　本节主要参考资料：Jonathan Grant, "Merchants of Death The International Traffic in Arms." (http：//origins.osu.edu/article/merchants-death-international-traffic-arms); Brian DeLay, 2017, "How the US government created and coddled the gun industry," (https：// theconversation.com/how-the-us-government-created-and-coddled-the-gun-industry-85167). Satia, Priya. *Empire of guns: the violent making of the industrial revolution*. Stanford University Press, 2019.

代，军事需求对技术创新的影响力量"最强也最多样化"，**"产业先驱和金融先驱敢于冒险兴建规模庞大的产业链，不过是因为他们拿到了政府的合同，向军队供给制造大炮的金属"**。

这恰好是为什么欧洲列强当年的火药火炮技术能够迅速崛起和超越中国的原因。这也是欧洲在17世纪能够同时爆发"军事革命""科学革命""工业革命"这几场奠定西方霸主地位的革命的原因——因为科学技术、军事技术和工业技术之间的联系非常紧密，这种紧密联系自从青铜、铁器的冷兵器时代，到火药传入欧洲，再到后来的核武器、生化武器、电话与无线电通信、互联网、激光武器、芯片、超级计算机等，都是如此。

军备竞赛的需要，推动了军事科学的发展，军事科学的发展又反过来促进了一般基础科学的发展和武器技术的提高。在这个良性循环的基础上再加上商业（即军火贸易）这个要素，便形成了西方国家在军火工业方面的"战争⇄商业"循环加速器——它自文艺复兴以来一直推动着欧洲和西方军火工业的创新、研发、资金回笼，并由此引爆了军事科技革命（Military Science-Technology Revolution）。

前面反复提到，自火药传入"四分五裂、群雄争霸"的欧洲以后，就像干柴遇到火焰，国家力量对武器研发的投入便一直刺激着意大利城邦国家的军工产业和跨国军火贸易的繁荣发展。例如，威尼斯就是文艺复兴时期欧洲最大的军火商，以至于在同十字军的战争中，穆斯林武士萨拉丁惊讶地发现，好多意大利天主教城邦国家随时准备向他出售用于对抗十字军的高质量武器。

前一章已经谈到，威尼斯当时能够垄断地中海贸易，与它强大的海军密切相关。而威尼斯海军的强大离不开威尼斯政府对海军建设的巨大投入和对这种国家投资的商业化运作。**商业化运作并不一定等同于"以私有产权为基础的市场经济"**。威尼斯国营兵工厂是100%的"国企"，但它依靠庞大的海内外市场来支撑武器的规模化大生产和新武器的研发，从而能够长期保障威尼斯武器的低成本与高质量。威尼斯为了获得武器订单，不惜向自己（十字军）的敌人——穆斯林武装——推销自己的武器。而伽利略这位物理学大师正好是威尼斯兵工厂长期高薪聘请的私人科技顾问，专门负责对兵器和军舰的技术革新与改良。伽利略对于炮弹弹道学的痴迷和对真空中球体运动规律的认识来源于他的军事专业背景。

随着武器技术的每一次进步，国家与民间的军火商和军事精英都在寻找海外市场出售其技术上已经落后的旧武器，以便为赢得军备竞赛和战争腾出更加尖端的军事技术研发的空间，并维持本国部队在军事装备上的绝对领先优势。这种由于军备竞赛和市场竞争促成的军事技术进步，导致火枪和火炮的质量与型号的发展变化速度，远远超过世界上任何其他国家和地区。因此不出一二百年的军备竞赛，欧洲基督教世界对于东方文明的军事优势就变得不可逆转。

从大航海时期开始，欧洲军火商人便开始将被淘汰的武器贩运到非洲、美洲和亚洲。虽然一般来说，军事技术和枪械制作知识会慢慢泄露和普及，并且欧洲以外许多地方都发展了生产火药火炮的能力，但是在更大规模的"战争⇄商业"循环加速器和世界市场的支撑下，西欧国家迅速超过意大利城邦国家，成了横跨欧洲和全世界的主要武器供应商。

也就是说，西欧国家之所以超越意大利城邦国家，在全球军火贸易中夺得主导地位，除了规模更大的国家力量对枪支和火药技术进步的巨大投入以外，另外一个重要原因是因为它们通过远洋探险发展出了新兴的全球贸易网络。这个全球大市场是意大利城邦国家和阿拉伯国家所不具备的，它可以支撑更大规模的军工产品生产和军事研发投入，以更高的工资吸引欧洲各国的科学人才（正如葡萄牙海军所做的那样）。如果米兰公爵能够用高薪吸引达·芬奇为米兰研发先进武器，为什么葡萄牙国王不能如法炮制呢？特别是，文艺复兴后期才开始崛起的西欧国家，利用自己庞大的海外殖民地和武器的先进性，来增加他们在非洲奴隶贸易中的份额和利润，形成军火工业在非洲市场的战争⇄贸易循环加速器。

由葡萄牙海军开辟的独有的全球贸易路线，使得依靠举国体制从事远洋探险的葡萄牙在16世纪首先成了亚洲和非洲的主要武器供应商。尽管由于担心帮助穆斯林异教徒提高军事力量，罗马教皇禁止天主教国家向非基督徒出售武器，并多次重申，但葡萄牙人还是在16世纪展开了向非洲黄金海岸的武器贩运，这种贸易带来了丰厚的利润。[427]

到17世纪，通过学习葡萄牙和西班牙，荷兰也依靠自己在"战争⇄商业"循环加速器下形成的海军优势和对亚洲香料贸易的垄断，成为国际上主要的武器生产国和出口国，而阿姆斯特丹是欧洲的武器贸易中心。荷兰武器制造商的购买者来自邻近的欧洲国家，例如法国和英国，以及瑞典、俄罗斯、波兰、葡萄牙、威尼斯、摩洛哥和日本等更远地区的客户。

随着欧洲大陆枪支技术的变化，欧洲商人寻求在非洲和其他地方出售其较旧的，被淘汰了的，已经不太受欧洲人欢迎的武器。这些武器为非洲和全球的奴隶贸易提供了优质的"商品"。因为工业革命前的欧洲国家除了枪炮以外，几乎生产不出能够与亚洲商品竞争的高档商品，因此除了武器以外也提供不出非洲黑奴奴隶主和贩卖商所需要的东西，无论是棉布、丝绸、纸张、陶瓷等工业产品，还是茶叶、香料等农副产品。

在1650年至1700年期间，从欧洲军队手中被淘汰的老式火绳枪，大量涌入西非的黄金市场海岸和奴隶市场海岸，在18世纪初迅速蔓延至贝宁，并在18世纪50年代蔓延至尼日尔三角洲。

从武器经营的规模来衡量，1700年在非洲黄金海岸经销军火的荷兰经销商订购了6 000支卡宾枪。此外，英国皇家非洲公司在1701年至1704年之间向西非发送了3.29万支武器。1730年，黄金海岸和奴隶海岸一共从欧洲进口了18万支枪支。[428]

除了国家军火集团以外，到18世纪初，英国民间的商业业务和利益也深深地嵌入了非洲的武器贩运业务。17世纪90年代，英国东印度公司每年对外出口大约1 000吨重的枪支弹药。英国私人武器出口到西非始于17世纪90年代后期，在伦敦和伯明翰（稍晚一点）都设有枪支制造中心，伯明翰于1698年完成了第一笔"非

427　参见Jonathan Grant, "Merchants of Death The International Traffic in Arms,"（http：//origins.osu.edu/article/merchants-death-international-traffic-arms）。

428　参见Jonathan Grant, "Merchants of Death The International Traffic in Arms,"（http：//origins.osu.edu/article/merchants-death-international-traffic-arms）。

洲奴隶贸易枪支"订单。

18世纪下半叶，英国的武器出口激增，为英国工业革命助跑。在1750年至1807年之间，欧洲每年估计有28.3万—39.4万支枪支出口到西非，其中英格兰占约45％的份额。1754年，伯明翰一家公司独自就为西非市场生产了2.5万—3万支枪。

枪支是英国在西非海岸贸易活动的一个非常重要的部分，该贸易直到1807年都集中在奴隶贸易市场上，因此是英国人用来与非洲奴隶主交换奴隶的主要商品之一。非洲需求量很大的一个原因是，英国出售的枪支有效使用时间不长，寿命只有一年左右，届时必须换新才能拥有有效武装力量。1815年，英国海关报告称英国每年向南非出口枪支数量达到15.157 2万支。

当人们问英国武器出口商："出口枪支是明智的吗，我们会武装敌人以反对我们吗？"英国军火商的回答是："如果我们不向他们出售我们的枪支，法国人或其他人会向他们出售他们的枪支。而且如果你向某个部落出售武器或类似的东西，你也将获得他们的忠诚。因此这不仅是商业交易，也还是外交活动。"这个商业外交理念其实也是20世纪初美国政府统一将中国清朝的庚子赔款的一部分用于帮助中国建立大学背后的考量。

历史学家萨蒂亚（Priya Satia）在《枪支帝国：工业革命的暴力制造》中说，武器制造和军火贸易不仅是18—19世纪英国工业革命的主要推动力，而且还使得"英国军队、海军、雇佣军、商人、定居者和冒险家征服了全球的巨大领域"。她指出，在工业革命的鼎盛时期，英国处于"持续的战争"状态，当时该国几乎每一种工业"都在某种程度上为战争服务"。英国当时"知道武器制造业正在触发本国的工业革命"，因此终止和废除了其殖民地（比如印度）的武器制造行业，以防止军工生产在那些地区产生同样的推动作用。与此同时，英国"允许向殖民地出售大量枪支"。萨蒂亚将18世纪的英国称为"军事工业社会"——类似美国二战以后形成的军工复合体，英国的政治、经济、社会和工业的每个部门都受到武器制造和贸易的影响。[429]

429　Satia, Priya. *Empire of guns: the violent making of the industrial revolution*. Stanford University Press, 2019, pp.1—22.

到拿破仑战争结束时，英国已是全球最大的武器供应国，但也有来自欧洲的强大竞争对手。比如在19世纪末，比利时人在非洲武器市场上的销量已超过英国人。然后，美国人也成了真正重要的供应商，尤其是在19世纪中叶的内战之后，那时候赢得胜利的北方突然面临很大的武器产能过剩。

1860—1918年期间，随着欧洲其他地区工业化进程的加快，规模化大生产使得欧洲国家可以比以往更多更快地生产武器。规模化大生产和武器领域无止境的一系列技术进步，导致了越来越多的过时武器、陈旧武器和过剩产能需要向外倾销。

在这期间，欧洲以外地区的武器贩运的主要参与者是法国和比利时人，以及在一定程度上在东非做生意的意大利人。绝大多数情况下，出售的武器包括较旧的雷明顿和格拉斯步枪，而不是毛瑟枪和斯太尔生产的最先进的武器。

比如到19世纪末，比利时的列日市（city of Liège）已代替英国的伯明翰成为非洲市场枪支贸易主要供货商。到1907年，这个比利时城市的武器交易量约占非洲武器交易的67%。

19世纪下半叶，欧洲列强对非洲的争夺，使得东非崛起成为枪支贩运的主要目的地。19世纪80年代初，意大利人和法国人都开始向埃塞俄比亚兜售武器。作为其帝国扩张努力的一部分，意大利官员希望通过埃塞俄比亚国王梅尼勒克（Menilek）从非洲获得政治影响力，而法国的军火生意则更多来自国家鼓励的私人武器商人。

到1882年底，法国步枪开始从马赛抵达埃塞俄比亚。法国商人提供了过时的法国和比利时武器，并经常以超出市场价格400%至500%的加价出售给对方。意大利人交付了4 000支步枪，并答应在未来十年内交付5万颗雷明顿弹药和1 000万盒子弹。

从19世纪90年代下半截开始，比利时和法国公司在军火交易中占据重要地位。武器贸易成为欧洲普通工人的重要工作与经济收入来源。在比利时的列日市，有1万多名法国工人从事武器的制造和维修，其中约3 000名工人在赫尔斯塔尔的大型私营兵工厂工作，该工厂由比利时政府运作。

到1898年，比利时出口了不少于30万支枪。圣埃蒂安的一家法国公司为埃塞俄比亚提供了35万支卡宾枪，其中15万支于1900年3月运抵埃塞俄比亚。这些是法国炮兵部队最近淘汰的格拉斯·穆斯克顿式卡宾枪。

虽然经由吉布提进入东非的军火运输量最大，但从19世纪下半叶开始，另一条军火贩运路线从波斯湾进入南亚和中亚。

这条路线在波斯湾沿岸的各个地区（包括马斯喀特、巴林、科威特和阿拉伯半岛）运行。尤其是马斯喀特和阿曼曾是军火交易的中心。武器自由流入马斯喀特，从那里穿过波斯，从内陆到达巴基斯坦南部，再到北部阿富汗。

在中亚，当地对这些武器的需求强劲。新武器和弹药的涌入使那些能够使用它们的人不仅可以改变与其他地方集团的力量平衡，而且可以部分改变与欧洲殖民地力量的力量平衡。

与东非的贩运一样，法国马赛商人与比利时人一起向马斯喀特出口武器。即使在巴林、科威特和卡扎尔波斯，政府颁布了禁止武器贸易法令，该地区民间的非法武器贩运活动仍在增加。英国在印度的殖民当局估计，西北边境的9.4万个部落通过非法贩运获得了后膛步枪。

一旦货物过了波斯海岸，事实证明几乎不可能抓住将武器运送到内地的骆驼商队。波斯当地官员无力控制交通，因为参加武器走私的阿富汗人的武装几乎总是比波斯人能够应付的任何反对派都要好。

1908年，估计有3万支步枪和300万发子弹通过马斯喀特到达阿富汗，另外4万支步枪在1909年到达。来自英属印度的卧底特工在马斯喀特发现了多达25万支步枪。

阿富汗人从马斯喀特购买武器后，可以在将枪支运往乌克兰后的九周内在喀布尔市场上出售武器。最终，这些武器进入了阿富汗的部落领袖和地区强人的手中，影响了当地的权力斗争。

尽管二手武器贸易非常庞大，而且武器的非法贸易非常难以控制，但也有来自政府的购买新研发武器的巨额资金。在那个舞台上，主要的军工生产商和玩家是德国的克虏伯（Krupp）公司，法国的施耐德克雷索特（Schneider-Creusot）公司和英国的维克斯（Vickers）公司。

维克斯（Vickers）公司臭名昭著的销售代理人扎哈罗夫（Basil Zaharoff）爵士，可能是第一次世界大战期间世界上最著名的武器经销商。扎哈罗夫曾向伦敦的一家报纸吹嘘说："我刻意制造战争，以便可以向双方兜售武器。我一个人销售的武器比世界上任何其他国家都要多。"

中国明清两朝的武器装备无法实现自主研发和更新换代，其根本原因不是技术难度问题，而是因为缺乏"对武器实现量化生产，通过参与全球军火市场实现量化销售和资金周转"这样一种"毫无道德底线"的重商主义理念。就连欧洲那些缺乏竞争力的小国（比如比利时）都知道通过将劣质武器卖给非洲来实现资金周转和武器更新。

比如第二次鸦片战争后，由清政府出资、左宗棠创建的福州船政局，占地118英亩，共45座建筑，有工厂、车间、办公室、宿舍、工程学校，甚至有自己的轨道交通系统。在福州船政大臣沈葆桢（1820—1879）的具体领导下，系统地从西方引进科技，从科学原理到技术应用应有尽有，学员可以在那里学习到军工制造技术的各个方面。福州船政局不仅造枪炮、弹药，还造蒸汽船。蒸汽船初期是基本款的150马力（1马力 = 735.499瓦）的轮渡和80马力的炮舰，但质量上乘。一位英国商人记录道，这批船"极其紧固，尤其内舱和外壳。伦敦或者纽约的造船厂也不能做得更好了"。1873年，英国观察者说，福州造炮舰比同时代的英国同类舰更好："没有一支海军有更好的船了。"其他欧洲观察者也证实了这一判断。[430] 不幸的是，到了19世纪80年代末，福州船政局的财政出了问题。问题不仅出在缺少中央政府的专项资金的长期投入，也出在没有自己的资金来源。左宗棠建立船政局伊始，就从几省筹款，最大出资方就是船厂所在地福建。与之相比，欧洲兵工厂不仅有明晰的

430　欧阳泰著，张学铎译：《从丹药到枪炮：世界史上的中国军事格局》第十八章，中信出版社2019年。

政府专款源源不断地资助，而且能够通过向全球军火市场供货实现自负盈亏。而福州船政局后来则由于资金缺乏，到19世纪80年代末已经举步维艰。这不仅是因为整个大清王朝缺乏财政实力，而且由于中国所有兵工厂从创办伊始就没有打算加入全球军火市场，利用劳动力成本方面的比较优势，通过价格战与先进国家竞争，包括向落后国家兜售武器，实现从零部件到整件组装方面的量化生产来压低成本，从而实现自负盈亏和资本积累（包括人力资本的积累）。

所以，是传统道德原则捆绑和限制了中国近代的资本主义萌芽——这一点在郑和下西洋和清朝的国家发展战略中清楚地体现出来。日本在明治维新以后彻底接受了西方列强的帝国主义发展观和强盗逻辑，放弃了东方道德主义，从而得以崛起。[431]

美国也是这样，通过加入全球军火市场的竞争而实现军事工业的繁荣昌盛。在最近的研究中，布莱恩·德莱（Brian DeLay）发现，在美国独立革命之后，"**新美国的统治精英在两党之间达成共识，为了在一个强大的欧洲列强统治下的世界中生存和发展，美国必须迅速实现枪支和战争物资的自给自足。**"[432]联邦政府因此建立了国营兵工厂，并向私营制造商授予了合同和关税优惠。这很快使美国在武器制造方面实现自给自足。**流水线被认为是美国工业革命的真正的创新，实际上它确实始于美国枪支制造。**但是美国并没有满足于自给自足，而是一旦获得军工产能就立刻向全世界出口杀人武器。正在撰写有关武器制造业发展专著的安德鲁·法加尔（Princeton Univ.）说，美国很快从"很大程度上依靠武器和弹药的外国进口发展成为一个在1812年战争中基本上是自给自足和武器的净出口国。"[433]

从"美国独立战争"开始，美国军火工业与政府的紧密联盟就形成了，因此与

431　日本明治维新和20世纪针对中国蚕丝产业的打压、掠夺和武力摧毁，参见顾国达、王昭荣《日本侵华时期对中国蚕丝业的统制与资源掠夺》。

432　Brian DeLay, 2017, "How the US government created and coddled the gun industry,"（https：//theconversation.com/how-the-us-government-created-and-coddled-the-gun-industry-85167）。

433　Kritika Agarwal, "A World of Weapons Historians Shape Scholarship on Arms Trading".

美国这个国家的历史一样"古老"。由于一开始缺乏军事工业，乔治·华盛顿总统在独立战争期间被迫依靠进口外国武器，以确保军队的武器供给。受欧洲列强的启发，他和他的继任者们建立了用于生产枪支的国营企业。他们还开始向私营制造商发放利润丰厚的武器合同，由政府提供至关重要的启动资金、稳定的采购合同、对外国制造商的高关税、强有力的专利法保护以及来自联邦兵工厂的模具、工具专业人员和专门知识。

1812年的美英战争、与美洲原住民的永久性冲突以及美墨战争，都为美国军工行业的发展提供了不断的动力。到19世纪50年代初，通过"干中学"和军火市场竞争，美国已成为世界一流的武器生产国。甚至英国强大的枪炮制造中心也开始效仿美国兵工厂发明的"可互换零件"和机械化生产系统。

19世纪中叶的南北战争进一步助长了美国新兴的枪支产业。北方政府在武器采购中投入了大量资金，使得制造商能够将其投资于新的产能。例如，到1865年，雷明顿公司为北方联盟生产了价值将近300万美元的枪支。南方联邦由于工业基础薄弱，必须依靠进口获得绝大部分武器。

内战结束意味着好些枪支制造商的需求崩溃，从而导致破产。那些后来继续繁荣的企业，比如柯尔特、雷明顿和温彻斯特等，则是通过获得外国政府的合同，并将其国内一部分销售推向了美国西部牛仔市场。

虽然结束内战以后的和平一度剥夺了枪支制造商的政府采购资金，但它却给资本雄厚的经销商带来了意外的收获。那是因为在罗伯特·李将军（Robert E. Lee）宣布投降后的5年内，美国国防部将其大部分枪支退役并拍卖了134万件给私人武器经销商。这些西半球最大的私人军火商从美国政府那里回收了许多降价的步枪，并通过国外销售发了大财。

到19世纪末，美国在世界上的对外侵略性日益增强，从而确保了美国枪支制造商的稳定业务。与西班牙的战争带来了新的合同浪潮，接下来的两次世界大战、朝鲜战争、越南战争、阿富汗战争、伊拉克战争以及其他数十场美国在20世纪和21世纪初在全球范围内发动的较小冲突也给美国军工业带来了许多新的合同。二

一幅漫画描写代表美国的山姆大叔坐在餐厅里，看着象征殖民地国家的"古巴牛排""波多黎各猪""菲律宾群岛"和"三明治群岛"（夏威夷）的地图食谱说道："很难决定先吃哪个国家。"[434]

战结束以后，美国的大量军工企业得以保留，尤其是经历冷战的推波助澜，美国的军工企业从枪械、弹药、导弹，到火炮、坦克、战机、战舰等，门类齐全而且都是国际军火市场上的抢手货。随着美国建立起全球最强大的军事力量并在全球建立军事基地，武器合同的规模猛增至天文数字。

比如新罕布什尔州武器生产商西格·绍尔（Sig Sauer），它设计制造的MCX自动步枪制造了奥兰多夜总会的大屠杀。除了武装美国近三分之一的执法部门外，它还赢得了梦寐以求的美国陆军新标准手枪合同，最终价值3.5亿至5.8亿美元。柯尔

434　By Boston Globe — This image is available from the United States Library of Congress's Prints and Photographs division under the digital ID cph.3b46110 (https：//en.wikipedia.org/wiki/Spanish％E2％80％93American_War#/media/File:Well，_I_hardly_know_which_to_take_first!_5-28-1898.JPG).

特公司也许能够更好地说明公共资金对杰出的民用武器制造商的重要性。柯尔特制造了数十种用于民用市场的标志性枪支，其中包括1996年澳大利亚大屠杀中使用的AR-15卡宾枪，这促使澳大利亚颁布了全面枪支限制条例。从19世纪开始，柯尔特就一直非常依赖政府合同来生存和繁荣。越南战争开启了为美军制造M16型号步枪的漫长时代，随着美国的战争从东南亚转移到中东，该公司继续获得不间断的政府采购合同。但是柯尔特对政府采购的依赖如此之大，以至于它在2015年向联邦法院申请破产，部分原因是两年前它失去了M4步枪的军事合同。

总体而言，美国枪械制造商在2012年仍然有40%的收入依靠政府采购合同。而且对政府合同的激烈竞争促使制造商进行越来越致命的武器创新，例如发明连射12发或15发子弹的手枪。由于缺乏监管法规，这些创新品牌和广告出现在枪械爱好者期刊、体育用品商店和医院急诊室的墙上。

美国军工复合体发展到现在，已经成为渗透美国政治、经济、民生的庞然大物。大量的军工企业家进入美国政坛，而政客们又反过来通过"旋转门"进入军工企业任职，形成西方资本主义国家自文艺复兴以来就一直独有的繁荣昌盛的"资本—政治—军工"中枢神经系统。这个系统使得现代化战争可以随时降临地球上任何一个被不幸选中的"敌对"国家。

第五节 李约瑟之谜的答案找到了

中国人必须有勇气承认西方近代的辉煌崛起和对东方文明的超越。但是，只有在真正搞懂西方为什么能够崛起和超越时，才能真正读透西方并找到反超的道路。

无论是资本主义，还是科学革命与工业革命，都不是韦伯所说的日耳曼法律文化传统或基督教节俭精神的产物，也不是流行历史观所说的古希腊"民主、自由、人权"和理性思维习惯的产物。欧洲社会的法制与私有产权保护水平，从文艺复兴一直到工业革命，都是非常低下的，甚至无法与今天的好多发展中国家相比，古希腊的"水、土、火、气"元素论也不比古中国的"金、木、水、火、土"五行说高明。

正是十字军东征开启的去道德化运动和对人类所有道德原则的彻底背叛，导致了近代欧洲资本主义的萌芽。资本主义不是诞生于"民主法治"与"科学理性"的土壤，而是脱胎于"无法无天"的宗教狂热与国家主导的"打砸抢掠"竞赛。一旦欧洲封建城邦国家的海盗精神，能够在宗教最高组织的鼓动、培育和恩惠下，演变为欧洲民族国家间的国家竞赛和国家暴力比拼，便能在被"火药—火炮"时代激发的巨大生存压力和战争财政压力下，通过与重商主义和"赢者通吃"的海盗式商业竞争模式相结合，爆发出惊人的"野蛮扩张"的民族精神和"所向披靡"的"战争资本主义"能力。

而资本主义法律，不过是这种战争资本主义的产物。如果海盗们对外打劫必须与欧洲王室分红，国家力量就专门为他们提供"私掠执照"并创立分红的"会计准则"；如果海盗们对外屠杀需要良心安慰，国家力量就专门为他们制定赎罪的宗教条例并派遣随军神父；如果海盗们对外掠夺需要资金和私人武装，国家力量就专门让他们成立特许海外公司并提供枪炮采购合同；如果海盗们在殖民地需要强奸妇女并拥有三宫六妾，国家力量就专门为他们通过涉外婚姻法案或者创立"慰安妇"制度；如果海盗们为建立殖民地和垄断商业网点需要暗杀别国的国王，国家力量就专门为他们量身打造法规、成立法庭和雇佣律师辩护团。

这，就是15世纪以来西方法律制度起源和演化的秘密。

被新制度经济学家诺斯当作近代资本主义公司制度创新典范的荷兰东印度公司，不过是一群被国家力量组织起来并受国家力量保护的专业海盗和军事化准政府跨国垄断企业。这类"半国营"的由政府背书的企业在海外商业活动中所获取的巨额垄断利润，长期是英国进出口关税和财政收入的主要来源。不仅葡萄牙、西班牙海军和环球探险活动是建立在这类国家资助的海盗公司基础之上，而且后来的荷兰共和国和英国海军也都是建立在这类专业的海盗公司基础上的。这种由国家暴力来为其背书的"专业海盗"与"风险投资"公司制度与它们所具有的毫无道德底线的"十字军东征"精神，才是西方的海洋探险运动"胜过"中国明朝郑和舰队的地方；它体现的是西方不择手段发财致富的海盗文明与东方坚守道德底线的农商文明的区别。

而19世纪面对西方列强霸凌的亚洲国家中，只有具备与欧洲同样海盗精神的日本民族，才在日本天皇领导下心领神会地学到了欧洲崛起这个秘密，因此能够通过加入西方列强"打、砸、抢、掠"的行列而在19世纪末通过实施对亚洲国家的殖民主义战争和国家主导的重商主义军备竞赛及商业竞争而迅速崛起。[435]

正如日本著名思想家掘田善卫在为日本明治维新崛起时采用的帝国主义发展模式辩护时所说的：

> 如果不成为西欧帝国主义的追随者的话，怎样才能成为亚洲民族主义的先驱呢？……为了成为亚洲民族主义的先驱或盟友，在19、20世纪的弱肉强食的时代里，除了成为西欧帝国主义的追随者，（以）保持本国的独立以外，还有什么路可以走吗？
>
> 换言之，为了建设日本的近代化，我们就不得不学会近代西方逻辑——即19世纪至20世纪的弱肉强食时代的西欧帝国主义逻辑——此外别无他法。

因此，日本史学家野春浩一在谈到明治维新时期的日本思想家时说：

> 亚洲的近代可以说是因为近代欧洲的侵略而开始的。18、19世纪，西方诸列强的殖民地争夺战，其结果是将欧洲以外的世界——无论是愿意还是不愿意，都纳入了欧洲这个世界体系中。从某种意义上来说，亚洲是被欧洲强制性地拉入到欧洲世界中去的。所谓亚洲的近代，讲得极端一点，

---

[435] 日本民族近代崛起所具备的欧洲式"野蛮+科学"精神，充分体现在南京大屠杀和东北细菌武器实验室上面。

甚至可以说是欧洲近代的一个反射。从另外一个侧面来看，可以这么说，亚洲的近代即是近代西方逻辑在全世界被不断贯彻过程中的一环。……在19世纪到20世纪的弱肉强食的时代里，我国为了保全国家的独立，致力建设近代国家，从而成为亚洲的先驱，现实中也只能踏上成为西欧帝国主义的追随者这条道路，除此以外别无他法。

在这样的亚洲近代史中，形成了一个唯一的例外，不用说，这就是日本。明治以后的历史，显示了我国（作为）近代国家的形成、完善的全过程。也就是说，只有我国，才从沦为欧洲殖民地的危机中逃脱了出来，并且，虽然较欧洲迟了一步，但毕竟还是以一个近代国家的形象在世界历史舞台上登场了。正因为这个缘故，我国也就成了亚洲唯一的一个近代国家。[436]

因此就连西方中心主义者和历史学家尼尔·弗格森也承认：大英帝国工业化历史的序幕是由英国海盗通过"**令人瞩目的'打、砸、抢、掠'狂欢而拉开的，……大英帝国就是通过这种方式发家的：漂洋过海用暴力和掠夺的手段给当地人民带来灾难。……英国王室还给海盗们颁发了'武装民船'（私掠船）的执照，为他们提供了合法的身份，以便从他们的战利品中分得一杯羹。大英帝国的起家不仅靠官方的武装力量，也靠民间的武装力量。**"[437]

弗格森在《帝国》中的这段开场白，泄露了整个近代欧洲基督教文明崛起初期的原动力：欧洲基督教世界首先通过"一神教"意识形态组织起来的"宗教暴力"——即被宗教信仰包装起来的毫无道德底线的"圣战暴力"——开启了公开对外"打砸抢掠"的漫长征程，再通过国家暴力组织起来的航海探险活动，溜进了毫不设防和毫无国家暴力介入的亚洲贸易中心，用枪炮夺取和垄断了这个全球最发达

436　参见野春浩一著，张学锋译：《近代日本的中国认识》第一章，江苏人民出版社2014年，第4—5页。

437　尼尔·弗格森著，雨珂译：《帝国》第一章，中信出版社2011年，第3—4页。

的贸易体系而发迹。没有这种高度组织的国家暴力下攫取世界财富的国家能力，欧洲任何国家都不可能开启和完成它的资本主义原始积累过程，获得整个美洲大陆的白银资产和整个非洲大陆的廉价奴隶劳动力，并在这个基础上通过全球殖民体系创造出一个服务于欧洲制造业和金融业的世界统一大市场，并由这个统一大市场来支撑起工业革命所需要的规模化大生产模式。[438]

难怪著名军事历史学家帕克承认道：**"'西方的兴起'在很大程度上依赖于使用武力，……西方人在1500—1750年期间成功地创造出第一个全球帝国的要诀，恰恰在于改善了发动战争的能力，它一直被称为'军事革命'。"**[439]

而且与这场军事革命紧密相随的科学革命——即伽利略与牛顿的经典力学革命和拉瓦锡的化学革命——**同样是国家间军备竞赛的产物，是大规模杀伤性热兵器战争的产物。**

对于这一点，只需要想一想两次世界大战前后西方的国家力量对核物理与高能物理的理论研究与应用方面的高度重视，以及美苏冷战期间爆发出的惊人科技成就——原子弹、氢弹、核电站、人造卫星、航天器、阿波罗登月、太空竞赛、计算机、芯片、稀土开发、互联网等等——就不难理解了。即便不谈德国是如何在19世纪后半叶的欧洲军备竞赛中，依靠有机化学炸药和火箭动力学，垄断了欧洲科学界的专利发明和理论期刊文章的；哪怕是冷战时期，美国和苏联两个阵营都产生了一大批杰出科学家和科研成果。

比如互联网这个20世纪第三次工业革命的领军技术，本身就是从军事项目开始的。从20世纪60年代开始，美国国防部资助了一个名为ARPANET的项目，该

---

438 参见文一《伟大的中国工业革命》对西方国家市场经济发育演化规律的政治经济学分析。

439 Parker, Geoffrey. *The military revolution: Military innovation and the rise of the West, 1500—1800*. Cambridge University Press, 1996, p.4. 关于这场"军事革命"的其他文献，参见论文集"The Military Revolution Debate"，ed by Clifford J. Rogers (1995)。关于海军"军事革命"，参见Palmer, M. A. J. "The Military Revolution' Afloat: The Era of the Anglo-Dutch Wars and the Transition to Modern Warfare at Sea". War in history 4.2 (1997): 123—149。

项目的目的是开发允许多台计算机直接相互连接所需的技术和协议，这将使人们能够以前所未有的速度彼此共享信息。计算机网络还可以带来另一个好处：国家安全。通过建立一个健壮和灵活的网络，美国可以确保在发生灾难时，仍可以访问该国的超级计算机。ARPANET的协议允许信息跨不同的路径传播。如果计算机节点沿某条路径发生了故障，则信息可能会采用另一条路径到达正确的目的地。互联网的基础来源于ARPANET团队的设计。尽管没有直接发生战争影响互联网的发展，但未来大规模冲突的威胁却直接导致了互联网的产生与发展。今天，美国国防部继续不断地为许多跨学科的研究与开发项目提供巨额资金。

根据琼斯在《软件工程通史》中的统计，[440]在20世纪40年代，与军事和国防相关的软件应用数量，占据了整个市场的50%。另外，表面上还有38%是为科学研究服务的，不过那时候的科学研究也基本上是为国防服务的。可以说，工业软件产品就是美国国防部一手扶持起来的。同样，电子产业、半导体等诸多产业，都是如此。这些合作，让军方十分熟悉如何驾驭高校的资源，使得美国国防部在科技创新和工业领域方面与大学的合作几乎是做到了天衣无缝。军方不仅仅是提供科研资金和研究项目，更重要的是提供至关重要的国防需求和具体的应用场景。没有这些特殊的市场采购需求以及从预研到型号研制全过程的资金支持，基础研究成果很难最后被打造成实用的产品，因为私人公司再雄心勃勃的创新计划也常常会由于市场需求缺失或者资金链断裂而半途夭折。

美苏冷战以及随时爆发大规模战争的可能性所刺激出来的伟大技术创新的另一个例子，是太空竞赛。1957年10月4日，苏联成功向地球太空轨道发射了第一颗人造卫星。它激发了美苏两大阵营的科学家集团之间一个紧张而专注的创新时代。艾森豪威尔总统任命了自己的科学顾问，相继在政府最高层面成立了国家科技政策决策咨询和协调机构，包括总统科学顾问委员会（PSAC，后改为PCAST）、白宫科学技术办公室（OST，后改为OSTP）、联邦科学技术委员会（FCCSET，后改为

440　卡珀斯·琼斯著，李建昊等译：《软件工程通史》，清华大学出版社2017年。

NSTC）。与此同时，还成立了国家宇航局（NASA），负责制订和推动国家空间发展计划。国防部成立了高级研究计划署（DARPA），目的是确保开展先进的研究与发展（R&D）。同时改革组建了国立卫生研究院（NIH）、能源部、国家科学基金会（NSF）和农业部。近700个联邦实验室中的大部分也在此时期建立。国会通过《国家防卫教育法案》，奠定了美国大学STEM（科学、技术、数学）学科教育基本框架。在美国，太空竞赛项目研究的一部分进入了像ARPANET这样的研究机构。它的重点就是使美国的太空技术超越和领先于苏联。助长这场特大规模科技比赛和军备竞赛的重要因素，是对苏联科技力量的恐惧和担心——如果苏联可以将人造卫星大小的有效载荷的火箭或者导弹发射入太空轨道，那么它就可以在全球任何地方从外太空对美国发动导弹攻击。虽然太空竞赛是美苏两国之间的象征性冲突，但它已经给两国的科学家和工程师带来了巨大无比的创新压力，这种压力足以迫使竞赛双方都自然产生一种需求，即对将人类直接送入太空的系统工程与运载工具的需求。而且此类技术中的很多部分后来都可以演变为商业形式并最终被改造用于民用目的。

国家或者国家阵营间的军备竞赛，并非人类进入20世纪后的冷战时期才出现的社会动力学现象。它从文艺复兴时期就已经开始发育萌芽了。

虽然并非所有的科学理论和技术创新都一定是直接出于战争或出于对战争的恐惧而诞生的，但是17—18世纪欧洲科学革命的爆发最直接的激励与推力的确来源于欧洲的国家竞赛体系所面临的频繁战争威胁与巨大的民族存亡危机感。因为人类进入17世纪之后的科学创新活动，与早期的阿拉伯、古希腊、中国的科学创新活动最大的不同之处，就是它的系统性、组织性和举国动员体制特征，因此早已经不是中国古代那样依靠单个个体的好奇心所能完成的事业——虽然西方的媒体和宣传总是喜欢误导性地将近代科学的进步归功于科学家个人；而是必须依靠政府资助、社会资源的整体协作与国家宣扬的时代精神的分工合作事业。而刺激这种集体协作与时代精神合力的最大因素之一，就是国家与民族的生存危机。最具备组织这种社会协作和倡导这种时代精神的机构（制度），当然是国家本身。

另外一种能够通过推动社会资源的整体协作来实现科技发展的力量是商业竞争。但是这种规模化的、能够刺激近代科技进步的竞争性市场经济，也不是哈耶克式小农市场经济自发演化的产物，而是国家主导的重商主义跨国竞争的产物。这场国家主导的重商主义跨国商业竞争，也是文艺复兴以后才产生的，而且与国家间的贸易战和热兵器战争相伴相生。因此，即便是和平时期，科学与技术发展最快的国家和民族也恰好是国家组织能力最强的民族。[441]

冷战期间跨国军备竞赛的结果之一，是为美苏两大阵营产生了一大批杰出的科学家和数学家。

在17、18世纪之前，俄罗斯出产的数学家很少。虽然切比雪夫是这个时代最著名的俄罗斯数学家，从总体水平上讲，俄罗斯那个时代的数学根本无法与同时代的法国和德国相提并论。

俄罗斯盛产数学家的时代起步于苏联时期，比如康托诺维奇在集合论、半空间函数分析和函数近似计算方面作出了突出贡献；亚历山德罗夫对创立和发展集合论和拓扑理论作出了重大贡献；柯尔莫哥洛夫最初致力于三角级数、近似理论和测度理论的研究，而后涉及拓扑学、力学和逻辑学，最杰出的工作是概率论；马尔科夫研究了随机过程，并首次提出马尔科夫链，液体布朗运动中粒子的随机运动是马尔科夫随机过程的一个经典例子；柯尔莫哥洛夫于1939年将概率论公理化，并巧妙地将实变函数理论、皮肤测试理论和集合论应用于概率论的研究，柯尔莫哥洛夫还在极限定理和随机过程的研究方面也取得了巨大的成就；索博列夫在许多数学领域中都有重大的基础性贡献，包括由他的名字命名的索博列夫空间可以在一些增长性条件下定义于傅立叶变换上，索博列夫空间及其相关的嵌入定理在泛函分析中相当

441　关于国家主导的商业竞争如何引爆18—19世纪的工业革命这个话题，我们将在本书下集《国家与工业革命》一书中详细展开。作者已经完成出版的《伟大的中国工业革命》（清华大学出版社，2016）可以看成本书下集的中国一章。下集将会全面分析文艺复兴以来全球所有重要国家（包括拉美国家）的工业化成败原因，以及回答苏联阵营20世纪的经济改革为什么失败，并预测中国崛起以后的世界格局。

重要，另外广义函数论在1935年首次由索博列夫引进，广义函数的概念后来由洛朗·施瓦茨继续深入研究，索博列夫将古典的导数的概念予以抽象化，让牛顿与莱布尼兹的微积分技巧可以扩大其应用范围，他提出的分布理论被认为是当代的微积分。尤金·登金对概率论和代数作出重要贡献，特别是半单李群、李代数和马可夫过程。安德罗诺夫是自激振动理论的创始人之一，通过与列夫·庞特里亚金合作引入结构稳定性的概念，深入发展了动态系统的稳定性理论。月球上的安德罗诺夫环形山以他的名字命名。法捷耶夫最著名的成果有法捷耶夫—波波夫鬼和法捷耶夫方程，他的工作启发了量子群的发明，以规范场论中的法捷耶夫—波波夫量子化而闻名于世。柯尔莫哥洛夫对概率论公理化作出重要贡献。拉德任斯卡娅对于偏微分方程（特别是希尔伯特第十九问题）与流体力学有着重大贡献，给出了NS方程有限差分法收敛的严格证明，也证明了二维NS方程的整体适定性，曾被提名1958年的菲尔兹奖。那汤松是分析学中列宁格勒学派的代表人物，其专著《实变函数论》和《函数构造论》影响很广。佩雷尔曼对庞加莱猜想的证明作出了决定性的贡献。庞特里亚金在很多数学领域作出了巨大的贡献，包括代数拓扑与微分拓扑，1938年发表多篇重要论文，为傅立叶变换的抽象理论打下基础。希洛夫专精泛函分析，并于赋范环与广义函数两领域有重要贡献。吉洪诺夫1930年提出吉洪诺夫定理，对拓扑学、泛函分析、数学物理，以及非适定性问题都有重要贡献。维诺格拉多夫于1937年在无须广义黎曼猜想介入的情形下，直接证明了充分大的奇数可以表示为三个质数之和，也被称为维诺格拉多夫定理。吉米多维奇主要研究以下五个领域：具有积分不变量的动力系统，常微分方程的周期解和准周期解，适定与完全适定动力系统，微分方程的极限解和动力系统的稳定性理论；吉米多维奇同时也是杰出的数学教育家，出版了众多关于数学分析等领域的流行教科书，它们被翻译成多种语言，其中《数学分析习题集》至今仍被中国理工科学生广泛使用。

　　20世纪二三十年代被称为概率论的英雄时代，而苏联的概率学派为现代概率论的发展做了大量工作；第二次世界大战后，成立了三个概率论研究中心，苏联是当时最强的，另外两个分别在法国和美国。苏联的函数分析学派和代数学派做了杰出的工作。苏联数学家在数学的许多领域都作出了杰出的贡献，如提出了索波列夫空间，解决了希尔伯特第七个问题，研究了解析函数的边值理论，提出了偏微分方程的分类。

苏联时期的俄罗斯物理学家更是璀璨夺目：阿布里科索夫发现了第二类超导体，提出磁场线形成周期性的"格子"和"混合态"的理论并进行了解释，2003年获诺贝尔物理学奖。亚历山德罗夫开发出了耐磨合成橡胶，后被广泛应用于航空和火炮，在第二次世界大战期间研究舰船防磁雷系统，避免战舰受到德国磁性水雷的攻击，1943年加入苏联原子弹计划。巴索夫因在量子光学领域的重要贡献，1964年与汤斯和普罗霍罗夫同获诺贝尔物理学奖。阿尔费罗夫对半导体的异质接面结构和半导体技术具有重大贡献，获得2000年诺贝尔物理学奖。恰普雷金是苏联著名物理学家谢多夫的老师，数学上的恰普雷金方程和宇宙学中所假设的物质"恰普雷金气体"以他的名字命名。乌菲莫切夫是现代隐身飞机技术的创意推动者，在20世纪60年代开始研究简单二维物体的电磁波反射方程，1964年提出物体对雷达电磁波的反射强度和物体的尺寸大小无关，而和边缘布局有比例关系，说明了如何计算飞机表面和边缘的雷达反射面。基于他的理论，美国科学家提出了飞机"隐身"概念。切连科夫因发现切连科夫辐射而获得1958年诺贝尔物理学奖。奇比索夫是苏联—俄罗斯宇宙学家，最出名的工作是1981年关于宇宙密度扰动的量子涨落起源的论文，这是暴胀宇宙学研究中最早强调密度涨落起源的计算工作，也是2013年格鲁伯宇宙学奖获奖工作的一部分。季阿诺夫是光导结构理论、非线性纤维光学、激光玻璃物理学、纤维光学材料研究方面的专家，成功研制出用于信息传输系统和纤维光学传感器的光导族。弗廖罗夫是苏联原子弹之父，1939年测量了每个铀核裂变时释放的次级中子数为3±1个，1940年发现了自发裂变现象，1941年提出了"枪式"原子弹结构，2011年，114号化学元素以他的名字命名为铁。弗伦克尔是苏联国内第一部理论物理学教程的作者，在进行凝聚态分子理论的研究时引入了空穴这一概念，弗伦克尔缺陷是固体及液体理论的一个重要概念，他在20世纪30年代提出的弗伦克尔—康托洛娃—汤姆林森理论对于位错相关研究非常重要。金兹堡1950年同朗道一起在朗道二级相变理论的基础上提出了一个描述超导现象的模型（金兹堡—朗道方程），在这个模型的基础上，苏联物理学家阿列克谢·阿布里科索夫在1957年对II型超导体的特性做出了理论上的解释，为此他们二人与莱格特一道分享了2003年的诺贝尔物理学奖（以表彰其对超流理论的贡献）。此外，金兹堡对物理学的贡献还包括电磁波在等离子体中的传播理论、宇宙射线的形成理论。在20世纪50年代苏联研制氢弹的过程中，金兹堡也扮演了关键角色。亚伯拉罕·费多尔维奇·约费擅长于固态物理学和电磁学，建立研究实验室研究放射学、超导及核物理学，他的学生包括苏联核弹之父伊格尔·瓦西里耶维奇·库尔恰托夫。安巴楚勉是理论天文物理学的奠基者，他的研究主要是在恒星天文学和星云、恒星系统动力学、恒星与星系的天体演化学，并在数学物理上作出贡献，于1961到1964年担任国际天文联会会长，并曾经两次担任国际科学理事会会长，也担任过苏联科学院院士、英国皇家学会、美国国家学院和印度科学院外籍院士。彼得·卡皮察是苏联著名物理学家，超流体的发现者之一，获得1978年的诺贝尔物理学奖。库尔恰托夫是苏联核物理学家，其最著名的贡献是主导了苏联原子弹计划，与弗廖罗夫、萨哈罗夫等人由于在苏联核武开发上扮演了重要角色，被称为"苏联原子弹之父"，1950年与萨哈罗夫共同研究开发氢弹的第三方法，其他贡献还包括发展与装设苏联第一台回旋加速器、建设苏联第一座核电厂——奥布宁斯克核电厂、于1959年完成第一艘核动力船舰列宁号。列夫·达维多维奇·朗道是凝聚态物理学的奠基人，苏联科学界的领军人之一，同时在理论物理多个领域都有重大贡献，涵盖固体物理、金属物理、黏稠流体、超导物理、物态及相变、介观物理学、巨磁阻效应等多个大的子研究领域，其中有数项重要观点和概念都是朗道第一个提出的，由于在凝聚态物质方面的开创性理论而获得1962年的诺贝尔物理学奖。穆哈诺夫是苏联/俄罗斯理论物理学家和宇宙学家，他最知名的贡献是关于宇宙结构的量子起源理论。泊里雅科夫是苏联犹太裔理论物理学家，曾长期任职于莫斯科的郎道理论物理研究所，对物理问题具有无与伦比的洞察力，在非阿贝耳规范场论中的经典解（磁单极解和瞬子解）、二维共形场论、弦理论（泊里雅科夫作用量）、AdS/CFT

对偶等方面都做出了开创性的工作，是1986年狄拉克奖章的获得者。波梅兰丘克是苏联物理学家，粒子波梅子以他的名字命名，以他的名字命名的波梅兰丘克奖是一项理论物理学领域的国际奖项，由位于莫斯科的理论和实验物理研究所（ITEP）设立，自1998年起每年颁奖一次。普罗霍罗夫是苏联物理学家，于1964年获诺贝尔物理学奖。萨哈罗夫是苏联原子物理学家，闻名于核聚变、宇宙射线、基本粒子和重子产生等领域的研究，并曾主导苏联第一枚氢弹的研发，被称为"苏联氢弹之父"，著名人权运动领袖，在1975年获得诺贝尔和平奖。谢苗诺夫是苏联医生和化学家，最大贡献涉及化学连锁反应理论、热爆炸理论和气态混合物燃烧理论，1956年他与西里尔·欣谢尔伍德一起获得诺贝尔化学奖。什克洛夫斯基是苏联天体物理学家，1944年起任莫斯科史天堡天文研究所射电天文研究室主任，1966年当选为苏联科学院通信院士，1972年获得太平洋天文学会布鲁斯奖，小行星2849以他的名字命名。伊戈尔·叶夫根耶维奇·塔姆是苏联物理学家，由于在1934年发现契忍可夫辐射而在1958年获诺贝尔物理学奖，同时获奖的还有苏联科学家帕维尔·切连科夫和伊利亚·弗兰克。弗拉基米尔·亚历山德罗维奇·福克是苏联物理学家，对量子力学和量子电动力学做出了奠基性的工作。亚历山大·亚历山大洛维奇·弗里德曼是苏联数学家、气象学家、宇宙学家，1922年发现了广义相对论引力场方程的一个重要的解，即弗里德曼—勒梅特—罗伯逊—沃尔克度规，1924年发表论文阐述了膨胀宇宙的思想，称为弗里德曼宇宙模型，这一观点于1924年被美国天文学家埃德温·哈勃所证实。俄国另一位著名的宇宙学家乔治·伽莫夫是弗里德曼的学生。列别金斯基是苏联物理学家，主要工作是在天体物理、地球物理、空间探索和天文设备的建设领域，是磁流体力学的先驱之一，与古列维奇一起证明太阳风发电效应的可能性，调查了矮星因引力坍缩的热核爆炸所引发的超新星爆发模式，他也是苏联首批极光研究者之一。列夫·舒勃尼科夫是苏联实验物理学家，1930年与荷兰物理学家万德尔·德哈斯共同提出舒勃尼科夫—德哈斯效应，1935年发现第二类超导体。

这份名单还可以不断延长。但是，纵然出了这么多优秀科学家，苏联社会主义阵营出于共产主义意识形态的原因，没有注重将军事科技与商业科技和市场活动有机结合起来以实现"军民融合"，因此导致国防和军事科技研发成果的某种巨大浪费，没有像资本主义国家那样形成"战争↝商业"循环加速器，从而也没有为民用科技与经济带来同等速度的进步和增长。

其实，美国的基础科学发展情况最能说明问题。19世纪末美国第一任物理学会会长亨利·罗兰（1848—1901）在美国科学促进会（AAAS）年会上做过一次题为"为纯科学呼吁"的著名演讲。该演讲的文字后来发表在1883年8月24日出版的《科学》杂志上，并被誉为"**美国科学的独立宣言**"。[442]罗兰在演讲中提到："**为了应用科学，科学本身必须存在。假如我们停止科学的进步而只留意科学的应用，我们很快就会退化成中国人那样，多少代人以来他们（在科学上）都没有什么进步，因为他们只满足于科学的应用，却从来没有追问过他们所做事情中的原理。这些原理就构成了纯科学。**"

这篇演讲在网络上流传很广，而且加了一个醒目的标题："罗兰：假如我们停止科学的进步而只留意科学的应用，我们很快就会退化成中国人那样"。[443]虽然这个醒目标题的目的可能是希望中国重视基础科学研究，但是罗兰这篇演讲的内容所充分反映的历史事实，其实是美国建国以后科学精神的长期贫乏和匮乏——即美国自建国以后整整一百多年，由于独特的地缘政治安全和孤立主义发展战略，没有产生任何出色科学家的可悲现状，因此才导致罗兰在美国科学协会第一届年会上得大声呼吁，说美国不能只拥有繁荣的商业和卓越的应用技术，还必须拥有出色的基础科学。

其实罗兰本人在西方科学史上也是名不见经传，虽然号称19世纪末美国最知名的科学家。他的演讲所反映的事实充分说明公众舆论里流传甚广的一种偏见，误以为是美国的政治制度造就了美国在基础科学上的伟大。其实仔细读读罗兰这篇演

442　这篇英文演讲的中文译文首发于《科学新闻杂志》2005年第5期。

443　参见https：//mp.weixin.qq.com/s/1_8dsm3gc7sZ3x5i3tPP1A。

讲，就不难发现美国在整个19世纪的科研现状：那里没有任何科学精神，没有培养科学家的制度。科学家的培养必须有国家力量的介入，不是靠什么市场经济和三权分立就可以搞起来的。这是为什么罗兰在通篇演讲中总是赞扬当时德国的科学精神，可是那个"德国科学精神"只出现在德国实现国家统一以后，而且是在强大国家力量推动下才实现的。

美国要是没有20世纪初两次世界大战的刺激，和它所导致的国家力量的全面介入，那么它的基础科学研究，就会永远像罗兰在19世纪末所看见的那样——是一片荒芜，哪怕那时的美国已经在商业和工业生产总值方面超过了大英帝国。

人们因此应该问一问美国为什么从建国直到19世纪末，都一直没有科学精神和科学家？如果不能回答这个如此简单的问题，就不能指望能够很好回答"李约瑟之问"——美国人不是号称古希腊、古罗马的后代吗？为什么在哥伦布登陆以后的16、17、18世纪和独立建国后的整个19世纪缺乏科学精神和科学大师？

人们也应该继续问一问继承了日耳曼法律传统的德国人（尤其是韦伯先生），为什么德国要在19世纪下半叶实现统一以后，才开始大批量出产科学家？

法国为什么在路易十四建立法国科学院以后才开始大批量产生科学家？俄国为什么在彼得大帝建立俄国科学院以后才开始大批量产生科学家？

只有回答了这些问题，才能破解中国近代为什么没有产生现代科学这个李约瑟之谜——因为以经典力学为基础的现代物理学以及与此相关的一系列处理变量方程的数学（微积分），是基于火药—火炮的热兵器战争和以民族国家为单位的激烈军备竞赛的产物。统一之前的德国没有国家能力参与这种竞赛，因此只能成为欧洲大国争雄的战场和被宰割的对象（比如在"三十年战争"期间）；采纳孤立主义的美国没有国际压力和国家意志参与这种竞赛，因此出现罗兰描述的情况。中国的明朝和清朝也是同样道理，因此才产生"李约瑟之问"。

"李约瑟之问"来自英国生物化学家和著名科学史学家李约瑟。他在其浩瀚名著《中国科学技术史》中，对中国古代辉煌的科技水平表达了深深仰慕，同时也提出一个疑问：尽管中国古代对人类科技发展做出了很多重要贡献，但为什么科学革命和工业革命没有在近代的中国发生？这个问题后来被称为"李约瑟之谜"或"李约瑟之问"。

实际上"李约瑟之问"有多个版本。李约瑟最早在1943年写下的一份演讲提纲中包含了"李约瑟之问"的雏形，原文如下："Why, therefore, did modern science, i.e., our theoretical body of scientific thought, universally applicable to nature and commanding universal assent, develop in west Europe, not in China?"（"为什么近代科学，即我们普遍适用于自然并为普世所公认的科学思想的理论化体系，发展在西欧，而不在中国？"）李约瑟认为，古代和中世纪的中国哲学表明中国人对自然能做很好的推测，而且中国的很多经验性的发现（其中有很多改变了世界）表明中国人能做好的实验，可是为什么没有能够像欧洲16—17世纪的经典力学那样发展出一套近代科学理论体系？[444]

李约瑟在1954年出版的《中国科学技术史》第一卷第一章的"序言"中说道：

> 在科学技术发明的许多重要方面，中国人怎样成功地走在那些创造出著名"希腊奇迹"的传奇式人物的前面，和拥有古代西方世界全部文化财富的阿拉伯人并驾齐驱，并在3到13世纪之间保持一个西方所望尘莫及的科学知识水平？中国在理论和几何学方法体系方面所存在的弱点，为什么并没有妨碍各种科学发现和技术发明的涌现？中国的这些发明和发现往往远远超过同时代的欧洲，特别是在15世纪之前更是如此（关于这一点可以毫不费力地加以证明）。欧洲在16世纪以后就诞生了近代科学，这种科学已被证明是形成近代世界秩序的基本因素之一，而中国文明却未能在亚洲产生与此相似的近代科学，其阻碍因素是什么？另一方面，又是什么因素使得科学在早期社会中比在希腊或欧洲中古社会中更容易得到应用？最后，为什么中国在科学理论方面虽然比较落后，但却能产生出有机自然观？这种自然观虽然在

---

444 参见梅建军：《"李约瑟之问"不是伪问题》，《社会科学报》2020年第1733期第5版。

不同的学派那里有不同形式的解释，但它和近代科学经过机械唯物论统治三个世纪之后被迫采纳的自然观非常相似。[445]

对"李约瑟之问"的答案现在已经很清楚：因为中国自从秦始皇实现大一统以后，就铸剑为犁，不可能再面临春秋战国时代那种规模与对等级别的国家竞争体系了。处于这个战国竞争体系中的国家，无论在战争能力、国家构建、技术发明、经济规模等方面都几乎是对等和旗鼓相当的，因此在产生哲学家、纵横家、思想家、科学家、数学家、政治家、改革家、工程师、工匠的概率方面也都几乎同样是对等的和旗鼓相当的。处于这种竞争体系中的国家，可以长期相互模仿、学习、竞争、借鉴，甚至在王室之间通婚，因此在科技、情报、知识、人才、商贸、资源和信息等各方面都是既相互竞争又相互促进，既相互拆台又相互结盟的对立统一体，恰如文艺复兴时期的意大利城邦国家群——那里到处都是国王和城堡，从而到处都是攻城掠寨的火炮，更别说在这个基础上形成的更大规模的欧洲国家竞争体系和美苏冷战期间形成的超级大国竞争体系了。

由于科技创新的动力主要来源于战争和军备竞赛，因此在国家竞争体系的推动下才能高速发展。而这样一个国家竞争体系一旦实现大一统，就会变成一个像中华帝国那样的超大型国家和文明体，可以享受更多的和平、自由、琴棋、书画、诗赋之乐，享受"采菊东篱下，悠然见南山"的世外桃源生活；虽然几百年一次改朝换代和土地分配轮回，不过也很难再面临一个（或多个）在各方面与之对等的、旗鼓相当的、可以动辄兵戎相见和相互学习的激烈竞争对手了——"战国七雄"与"三国演义"的时代一去不复返。

而东临太平洋的秦汉帝国与西临大西洋的古罗马帝国，本可以成为这样的一对竞争对手；只是相隔太过遥远，无法形成频繁的互动、交流、贸易和文明间的对话。况且古罗马帝国早就在中国进入唐宋繁荣之前夭折了。

---

445 参见李约瑟著：《中国科学技术史》第一卷第一章"序言"，科学出版社1990年。

　　而中国西北方的草原游牧民族，虽然彪悍强大而且有时候可以推翻中原王朝，但并不是一个在文明构建、国家能力、文化格局、经济体量等方面与中原王朝对等的竞争对手和相互学习对象（这是为什么北方草原民族只能被中华文明同化而不是相反的原因）。

　　因此中国实现大一统以后的漫长历史上所面临的外部威胁，比如草原游牧民族的威胁和内部的农民起义，都不是一种对等意义上的军备竞赛和商业竞争，从而与14—15世纪的威尼斯、热那亚、米兰、佛罗伦萨之间形成的竞争体系，与16—17世纪的葡萄牙、西班牙、神圣罗马帝国、哈布斯堡王朝、奥斯曼帝国之间形成的竞争体系，与17—18世纪的西班牙、法国、荷兰、英国、丹麦、瑞典、普鲁士、奥地利、波兰之间形成的竞争体系，与19世纪的意大利、法国、英国、德国、俄国之间形成的竞争体系，以及与20世纪的美苏之间形成的那种竞争体系，是很不一样的。

　　"缺乏旗鼓相当和对等意义上的竞争对手"这种独特的地缘政治环境，注定了中华帝国2 000年文明的孤独、自我循环与孤芳自赏；难怪它虽然实现了农业文明铸剑为犁的大同理想，但在欧洲列强和殖民主义者眼里，一直都是一个安居乐业、非常不好战的道德型文明。

　　正如在中国生活了28年后于1610年在北京逝世的耶稣会传教士利玛窦所说：**尽管中国可以轻易征服邻国，但中国皇帝和中国官员对此都没有兴趣。"这与我们欧洲自己的国家大不相同"，因为欧洲国王们"受到不断扩大自己的统治疆域的永不满足的欲望驱使"。**[446]

　　因此，像中国这样**已经用战争消灭了战争**的超大型文明国家，只能依靠自身内部的张力和超大型基础建设来向前推进科技发展，不断追求琴棋书画、修身养性、

446　参见Hoffman, Philip T. "Why was it Europeans who conquered the world?" *The Journal of Economic History* (2012): 601—633. 在同一篇文章中，美国历史学家霍夫曼也说道："中国皇帝将重点放在和平建设并将使用武力仅仅作为最后的手段的意识形态，阻碍了中国去发展强大军事技术的愿望和努力。……非常了解中国的欧洲人可能会同意这一点。"

心学内省和精神内涵，却再也没有了秦汉雄风，没有了春秋战国时代所面临的军备竞赛和这种竞赛对于科技发展至关重要的爆发式推动力量。

但是，这样一个超大型的文明体，一旦在更加强大的外部战争压力下"苏醒"，便具备向一个统一的欧洲或者整个北美大陆这样体量的国家挑战的潜力——而这恰好就是抗日战争和解放战争结束后中国军队所形成的战斗力，就是自朝鲜战争以来美、苏这两个超级大国一直在欧亚大陆东边所面临的地缘政治力量。

换句话说，错过了科学革命和工业革命的中华文明，只有在抗日战争和面临美国这种体量的超级大国的挑战与竞争环境下，才可能在国家组织、国防工业、核心商业技术、科技教育等方面获得高速向前的推动力、加速度和科技爆发力。当然其前提是中国自己不能分裂，而且不能将自己孤立于西方的竞争体系。分裂以后的中国将会是一个像巴尔干半岛和穆斯林中东世界那样的火药桶和西方大国争雄的战场，而非能动参与者；而分裂以后的中国各个部分，由于已经错过了几百年的战争锤炼，并非个个都是有资格与西方国家单独对抗的竞争者和合格挑战者。中国的春秋战国时代早已成为过去式，再分裂成为多个相互竞争的小国从头开始演化，已经极其不适合于面对一个早已经通过热兵器竞赛完成了"科学革命"和"工业革命"的西方列强阵营。**而反过来，一个维持了"大一统"的中国恰好是它在今天的全球市场经济竞争中最大的"比较竞争优势"**。但前提是中国必须勇于打开国门，全面加入与西方竞争——包括商业竞争、科学技术竞争、制度竞争、文化竞争——的洪流之中。

一个开放的、自信的、敢于在国家力量主导下加入全球竞争的中国，才是好战的西方文明在21世纪必须感到畏惧的真正对手。

结束语

西方赢得世界不是通过其思想，价值观或宗教的优越，而是通过它运用有组织的暴力方面的优势。西方人常常忘记这一事实，非西方人却从未忘记。

———亨廷顿《文明的冲突》

目前处于中华"文艺复兴"时期的中国绝不是一个新手和外来者。而那些曾经在 19 世纪依靠暴力在全球和中国掠夺和发财的西方列强才是真正的新手和暴发户。然而随着中国的再次崛起，西方国家的好日子正在结束，至少在亚洲，甚至在全球。

Sprinkle and Thayer（美国《国家利益》杂志，2017 年 7 月 22 日）

美国被一个自己长期蔑视为颓废、软弱、腐败和笨拙的亚洲民族所取代，虽然不是在世界范围内而只是在西太平洋地区，这在情感上对美国来说仍是很难接受的。美国人的文化优越感将使这一调整变得尤为困难。

———新加坡资政李光耀[447]

447 格雷厄姆·艾利森著，陈定定、傅强译：《注定一战：中美能避免修昔底德陷阱吗？》第三部分第七章，上海人民出版社 2019 年。

国家竞争，一些国家胜利了，一些国家灭亡了。这就是历史，这就是五百年来的西方文明史。[448]

西方文艺复兴以来的全部科、技、工、商文明史，是一部以高度组织起来的民族国家为单位而展开的军事和商业竞争史。这场延续了500多年的国家竞争史，一直是以组织起来的国家暴力和"军事重商主义"的意识形态为其背书的。

正是十字军东征毫无道德底线的征服精神和意大利城邦国家军事重商主义的发财致富战略，开启了文艺复兴和地理大发现的时代。这个时代欧洲各国争先恐后的资源掠夺、商业竞争、军备竞赛、宗教战争、财政改革和全球殖民运动，为海外商业市场与原材料基地的开拓和国家主导的"打砸抢"和"赢者通吃"的社会达尔文主义行动，提供了新的意识形态支撑和社会规范；为科学革命提供了强大的激励机制和社会动力；为后起之秀的欧洲工场手工业繁荣创造了史无前例的廉价劳动力大军、奴隶贩卖市场、广阔的原材料供应链和具有规模效应的世界统一大市场。

正是欧洲国家竞争体系下的长期军备竞赛，引爆了科学革命。也正是殖民主义扩张下全球统一大市场的形成，支撑了欧洲日益精细的劳动分工、日益降低的技术吸收成本、日益扩大的小商品贸易和生产规模，从而在文艺复兴500年和哥伦布航海300年之后，引爆了一场基于"规模化大生产原理"的工业革命。

448　本章部分内容曾作为特约文章在《东方学刊》2019年第4期发表。作者在此再次感谢《东方学刊》编委的索稿和对原文的校阅工作。

正是由科学革命和工业革命所源源不断创造出来的新技术和大规模杀伤性武器，成为西方国家最终在19世纪完成由十字军东征开启的彻底征服和摧毁东方文明的重炮。

是的，很久很久以前，在那个以古丝绸之路为骨干的全球贸易体系1.0版时代，为商品流通日夜兼程的大漠驼铃和远洋白帆来自东方。世界物质财富的生产中心曾经在中国、印度或许还有后来的阿拉伯地区，而不在古希腊，也不在古罗马，更不在蛮荒的北欧和英伦诸岛。

然而，一个中华"文明复兴"的时期已经到来。随着中国的再次崛起，西方国家的好日子正在结束，至少在亚洲，甚至在全球。

的确，今天按照同样的"以规模化大市场支撑规模化大生产"这个工业革命原理所组织起来的中国经济，以其源源不断涌现出来的物美价廉产品和技术吸收能力，彻底撼动了文艺复兴500年来所形成的弱肉强食的西方世界秩序，使全球生产力和地缘政治力量的天平重新回归到亚洲；但却没有通过战争、殖民和对异教徒的杀戮来完成。

回首中世纪末期，经过十字军东征以及在古罗马废墟上延续多年的封建贵族之间的战争洗涤，在辽阔地中海海域这个埃及和希腊文明的发源地，忽然开始孕育出一种新型的高级社会"物种"——小型但高度组织起来的、以举国体制从事军事竞赛和商业活动的、具备有效中央集权和灵活战争能力的城邦国家。

这些微型国家以一种崭新的"全民皆兵＋全民皆商"国家组织动员模式和商业资源攫取功能，抢占地中海通往东方丝绸、陶瓷、香料的古老贸易通道和全球生产活动"食物链"的制高点；自古罗马帝国灭亡1500年之后，再次把触角伸向远东这个世界财富的中心，从而拉开欧洲近现代史的序幕，展开一部以国家主导的"打砸抢"为先导、以"战争⇌贸易"循环加速器为手段、以工商业资本积累为目的、以整个地球资源为舞台的"社会达尔文主义"新型竞争史——这是一部以民族国家为单位的国家组织竞争史。

在这个前所未有的社会组织高速裂变的激烈竞争过程中，创造性毁灭的巨大压力使得欧洲国家形态、战争机动能力和商业模式不断迅速演化，小国不断灭亡，新的更具经济规模效应的中央集权式重商主义国家不断脱离罗马天主教的控制而产生，逐渐导致国家争雄的战场，由深深刺入地中海海域的意大利半岛，向连接大西洋和欧洲大陆的伊比利亚半岛蔓延，并沿开阔大西洋海岸向欧洲北部和东北部腹地辐射，再分兵两路：一路向西横跨大西洋前往美洲大陆，一路南下绕过非洲好望角东进印度洋，从而完成一系列地理大发现的壮举，摆脱了伊斯兰世界对巴尔干半岛和整个古丝绸之路的军事和商业垄断。

由"战争⇄贸易"循环加速器创造的陆地和水路交通基础设施、巨大的资源空间和辽阔的农业、渔业与畜牧业地域，继意大利多个城邦国家崛起之后，孕育了一大批采纳军事重商主义国家发展战略的中大型单一民族国家，包括葡萄牙、西班牙、佛兰德斯、尼德兰、比利时、卢森堡、荷兰、英国、法国、德国、丹麦、挪威、普鲁士、奥地利、波希米亚、瑞典、波兰、罗马尼亚、保加利亚、俄罗斯等。

它们之间的激烈商业竞争和军备竞赛，是建立在一个吸收了中国的"造纸、印刷、火药和指南针"四大发明和一系列包括炼铁、纺织、印染、制陶在内的东方手工业技术，以及地中海域古希腊与伊斯兰文明所创造的天文、数学、航海、医学知识的基础上展开的。欧洲人采用了毫不尊重知识产权的"拿来主义"和"赢者通吃"的达尔文市场竞争原则，剽窃、山寨、学习和掌握了东方各种商品的生产技术，并利用国家海盗力量打造的贸易网络基础设施、规模化大市场和全球原材料供应链，大大降低了对各种技术的采纳、吸收、改进和创新成本，从而逐步实现了对全球几乎一切日用商品的量化生产和市场垄断。[449]

而欧洲的这一场军事重商主义的"中原逐鹿"，不过是建立在东方文明所创造的知识技术水平和古老全球贸易体系上，再现了二千年前东方春秋战国时代群雄争霸、百家争鸣的历史画卷。它将人类过去上千年孕育出来的陆上贸易通道，推向了占地球70%面积的更加宽阔的海洋，并将这个古代贸易网络上商品与金银流动的

449　参见约翰·霍布森《西方文明的东方起源》，尤其是第9章。

方向逐渐扭转，从而在这个过程中真正完成了使东方文明完全从属于西方的十字军远征。

这一切，依赖于欧洲各国在几百年连绵不断的宗教仇恨战争和国家争雄中所锤炼出来的强大军事组织和重商主义国家能力。战争创造国家，国家开拓市场，市场支付战争。

除这个"战争⇄商业"循环加速器之外，其他一切关于西方崛起是依靠所谓"民主、自由、人权"和"私有产权保护"，关于东方国家生产力落后是因为其攫取性东方专制主义的陈词滥调和历史观，都是西方工业化国家摧毁东方经济基础和文明自信后所重新塑造出来的欧洲中心主义神话。这个神话掩盖了文艺复兴和科学革命的本来面目，重建了西方崛起的历史和叙事方式，成为西方主导世界的话语权。

这种历史观背后的自古以来"西方民主、东方专制；西方清廉、东方腐败"的韦伯式逻辑，直接在十字军东征800年后的第一次世界大战中，再次暴露出它的破绽。

1871年普法战争结束时，有政治家预言这将是最后一场欧洲大国之间的战争，因为随着现代化热兵器军事技术的升级和战争规模的扩大，已经超越了任何一个欧洲民族国家经济和社会所承受的极限。到了19世纪后半期，欧美列强纷纷完成工业化，成功复制了由英国率先开启的工业革命。这场工业革命使得每一个成功实现工业化的欧洲国家，都像一部巨大的战争机器和"商品—能源"转化器，它既可以在一夜之间生产出蒙古铁骑和奥斯曼帝国10年所消耗的火药和大炮，也可以在1年之内生产出人类过去500年所生产的产品。以规模化大市场为基础的规模化大生产，使得欧洲各国对全球原材料与产品倾销市场的竞争达到了白热化的地步，甚至为了一小块非洲不毛之地，都可以争得头破血流。[450]

下图（照片）摄于1910年5月，当时所有的欧洲皇室云集在欧洲经济、文化、

---

[450] 非历史专业读者可以参见《一战爆发的原因——断人财路犹如杀人父母》对一战背景的政治经济学分析（https：//mp.weixin.qq.com/s/c1iRmq2Sm3z40ZzDTphO3Q）。

1910年英国爱德华七世葬礼上的9个欧洲国王（摄于1910年5月20日，https：//rarehistoricalphotos.com/nine-kings-one-photo/）。当时没人知道4年以后他们会兵戎相见，以一场人类历史上空前的高科技规模化战争血洗欧洲和全世界，并拉开更加血腥的第二次世界大战的序幕。

政治中心伦敦，参加英国国王爱德华七世的葬礼。送葬者包括9名在位的欧洲国王，他们个个身着戎装，英姿焕发。这是欧洲有史以来如此多的国王们在一起拍摄的唯一一张照片。4年之后，他们之间将拉开一场自14—15世纪英法百年战争以来最为血腥的相互屠杀。在战争中，图中的四个国王被废，一个被暗杀。

照片后排站立着的，从左到右分别是挪威国王哈康七世、保加利亚沙皇费迪南德、葡萄牙国王曼努埃尔二世、德国和普鲁士国王威廉二世、希腊国王乔治一世、比利时国王阿尔贝一世。前排坐着的，从左到右分别是西班牙国王阿方索十三世、英国国王乔治五世和丹麦国王弗雷德里克八世。

这张照片中有好几层家族亲缘关系。例如，丹麦国王（右下角）是挪威国王（左上角）的父亲；德国国王（后排右三）是英国国王（前排中）和挪威国王的妻子（即挪威女王莫德）的大堂兄；挪威女王莫德是英国国王的妹妹；而丹麦国王的妹妹亚历山德拉既是英国国王的母亲，也是挪威莫德女王的母亲，这意味着丹麦国王也是英国国王的叔叔。

换一个角度讲，刚去世的英国国王爱德华七世本人与在任的几乎所有其他欧洲君主之间都有亲戚关系，因此被尊称为"欧洲的大舅"。比如德国皇帝威廉二世和俄罗斯皇帝尼古拉二世是他的侄子；西班牙的维多利亚女王尤金尼亚、瑞典的公主玛格丽特、罗马尼亚的公主玛丽、希腊的索菲亚王储和俄罗斯的亚历山德拉皇后都是他的侄女；挪威国王哈康七世既是他的亲侄子又是他的女婿；丹麦国王弗雷德里克八世和希腊乔治一世是他的亲兄弟；比利时国王阿尔伯特一世，保加利亚国王费迪南德，以及葡萄牙国王查理一世和曼努埃尔二世都是他的（隔代）表兄弟；还有英国国王乔治五世是维多利亚女王和艾伯特王子的孙子，也是俄罗斯沙皇尼古拉斯二世和德国威廉二世的第一代堂兄。

这场隆重葬礼是这些欧洲君主在第一次世界大战之前最后一次见面。这场战争充分展现了欧洲自哥伦布大航海以来，尤其是1800年以来通过暴力和工业革命积累的全部军事化才智、国家能力和工业技术，它也将终结欧洲大部分国家过去400年来为本国工业革命立下汗马功劳的君主制，并通过战争以后才普遍实现的议会选举制度，为紧接着的下一场更加血腥的第二次世界大战做好国家行政和组织上的准备。

想象一下，在这次会面中，所有参与葬礼的人或许都意识到一场世界级的恶战即将来临，而且知道这场战争将在他们之间展开。因此他们都不约而同地披上戎装，欣然前往这场欧洲版的超级"鸿门宴"，犹如"扬眉剑出鞘"之前最后的礼貌一躬。

看着这张照片的确让人浮想联翩：究竟在多大程度上，第一次世界大战是催生欧洲资本主义大生产竞争模式背后的国家意志的逻辑演化结果，或在多大程度上是他们之前一系列战争所孕育的国家荣誉感和"公民责任感"的一种自然延伸？

早在战争爆发277年前的1637年，到中国传教的耶稣会士朱尔多·阿尔德尼就在一本欧洲出版的小册子中报道说，他的中国朋友经常问他一个关于欧洲的政治问题："如果欧洲有这么多国王，你们怎么能避免战争呢？"这位传教士（或出于天真或出于不诚实）回答说："欧洲的国王都是通过婚姻联系在一起的，因此各个国家间彼此可以和谐相处。即使万一发生战争，教皇就会介入，派使节出去警告交战各方停止战争。"言下之意是欧洲虽然不像中国实现了大统一，而是国家林立，但鲜有发生战争。[451]

这当然是谎言。本书第一章（"导论"）指出，14世纪的欧洲发生过至少44场大规模战争，平均每两年发生一次战争，其中包括著名的长达116年的英法"百年战争"（1337—1453）；15世纪欧洲一共发生过60场战争，几乎每年都处于战争状态；16世纪欧洲发生过62场战争，平均每次战争的延续时间超过8年，平均每年都有超过两场战争同时展开，延续时间超过8年的战争有15次之多。从1500年开启大航海到1700年工业革命前夜的整整200年期间，欧洲有95％的时间都处于战争状态。比如17世纪的著名战争包括三十年战争（1618—1648）、英国内战（1639—1653）、西葡战争（1640—1668）、法西战争（1648—1659）、英西战争（1654—1660）、三次英荷战争（1652—1654，1665—1667，1672—1674）、法荷战争（1672—1678）、神圣同盟战争（1683—1699），以及法国路易十四与欧洲神圣罗马帝国联盟之间的九年战争（1688—1697），等等。尤其是1700年之后，由于热兵器的极大改进，欧洲的战争规模越来越大，武器的大规模杀伤力愈来愈强，每次战争死伤的人数越来越多，一直到1900年后爆发两次世界大战，战争的规模和科技水平达到空前绝后、登峰造极的程度。

欧洲各国工业化完成之后爆发的第一次世界大战，经常被西方媒体和教科书描述为一场"兄弟间"意外的灾难。[452]但对于当年生活在欧洲帝国主义统治下的全

451　参见Tilly, Charles. *Coercion, capital, and European states, AD 990—1992*. Oxford: Blackwell, 1992, p.128（中文译本：查尔斯·蒂利著，魏洪钟译：《强制、资本和欧洲国家（公元900—1992）》，上海人民出版社2007年）。

452　这或许解释了为什么特朗普总统的国务院国际政策规划室主任凯润·斯金纳（Kiron（转下页）

世界殖民地人民来说，由这场战争带来的巨大恐怖绝不是哥伦布大航海以来的第一次，也不是最后一次。

这场世界大战由于对于人力物力的巨大需求，把世界上几乎所有殖民地国家的人民和宗主国国土上的"劣等"民族都卷了进来。种族主义者和著名社会学家马科斯·韦伯在1917年9月曾以鄙视的口吻表达他对落后民族的看法："在西部战线上，那里有一群非洲和亚洲野人以及世界上所有的盗贼和笨蛋。"韦伯指的是当时数百万被征召入伍来帮助英法联军打击德国及其盟军的印度人、非洲人、阿拉伯人、中国人和越南人。[453]

面对如此规模的战争所造成的人手短缺，英国招募了多达140万印度士兵，法国从非洲和印度支那的殖民地招募了近50万雇佣军，包括14万中国人，美国则招募了近40万本土非裔美国人和印第安人。正是工业革命以来频繁的规模化战争，欧洲白人种族主义者将眼里的各个"劣等"民族不断地以各种方式卷入了自己的生活。

这场战争总共造成3 000多万人伤亡，仅法国和德国就分别伤亡140万和200万，分别占当时两个国家男性人口的7%和6%、男性青壮年人口的14%和12%。由于战争中大批量青壮年男性死亡而降低的新生人口在法国高达140万，在德国高达320万。[454]因此，由于战争而"自然消失和衰减"的年轻人口（男性为主）在法

（接上页）Skinner）说当年冷战期间美国与苏联的冲突不过是高加索种族内部的"家庭矛盾"，而目前与中国的竞争才是真正的不同文明和不同种族之间的冲突（参见https：//www.washingtonexaminer.com/policy/defense-national-security/state-department-preparing-for-clash-of-civilizations-with-china）。不过斯金纳这个观点最早是由著名的英国历史学家汤因比提出来的，他在《历史研究》（下卷）中说道：**"因此，从一种观点来看，苏联和美国之间的关于世界霸权的竞争以及共产主义和自由主义之间的关于人类臣服的竞争，还可以被视为西方社会的家庭内部的争端。"**（《历史研究》（下卷）第180页。）

453　参见Pankaj Mishra, "How Colonial Violence Came Home: the Ugly Truth of the First World War", November 10, 2017.（https：//www.theguardian.com/news/2017/nov/10/how-colonial-violence-came-home-the-ugly-truth-of-the-first-world-war）

454　参见https：//voxeu.org/article/demographic-consequence-first-world-war；http：//www.cheminsdememoire.gouv.fr/en/1914-demographically-weakened-france。

国为280万，德国为520万，这造成欧洲国家在战后长期出现极其严重的男性劳动力短缺现象。

这场战争是欧洲文艺复兴600年（十字军东征800年）后，近代史上仅次于第二次世界大战的一场最血腥的战争。白人阵亡将士的墓地遍及欧洲最偏远村庄和山坡。在许多西方出版的书籍和电影中，战前一百年的岁月似乎是欧洲繁荣和满足的时代，而1913年夏天则是最后的黄金夏季。但是第一次世界大战恰好是欧洲数百年的十字军远征、军事重商主义、殖民主义、种族主义和民族国家主义战争登峰造极的结果。

也就是说，如果从公元1096年的第一次十字军东征算起，欧洲为这场战争已经足足反复"演练、准备"了800多年。这场延续800多年的宗教、军事与工商业竞争史，一直是以组织起来的国家暴力和大规模杀伤性武器的科学研发为背景的。这场史诗级的国家争雄和创造性毁灭运动，推动了西方科学技术的连环爆发式突破，并将欧洲原来的上千个城邦小公国和一盘散沙的基督教封建王朝，荡涤成二三十个高度集权的、强悍的、奉行军事重商主义意识形态的君主制民族国家，其中的每一个都比缺乏现代国家组织构建和军事技术研发机构的21世纪非洲国家和19世纪的大清王朝精干强大。而强大的国家组织能力、战争动员能力、全球市场开辟能力和"战争资本主义"强军富国战略，恰好是所有欧洲国家（包括后来的美国和日本）当年实现工业化的政治经济学前提和保障。

西方各国的政治制度与社会治理模式的演变，不过是随着国民财富的增长欧洲君主国内部国民收入分配矛盾所不断倒逼的产物。而所谓法治、知识专利保护、私有产权保护、自由贸易原则，都不过是欧洲列强实现富国强兵的国家意志在一系列你死我活的民族生存竞争中根据历史演变条件所不断发明和采用的与时俱进的手段而已。

换句话说，由欧洲封建君主国之间反复无常的背信弃义、诡计多端的跨国联姻、变幻莫测的军事结盟，以及长年累月的规模化战争所催生的中央集权，由中央集权所催生的财政税收制度变革，由"战争—财政"需求所催生的融资模式和重商主义产业政策，彻底导致了一盘散沙的牧歌式封建小农经济的瓦解，并由此才诱导出欧洲各国在军事化铜墙铁壁保护下的统一国内市场和基于其上的工场手工业繁荣、马路运河网络基础设施建设，以及对远距离贸易和自然资源的巨大需求。以这种广袤的市场繁荣为基础的体力与脑力劳动分工、跨国贸易、科学研究、军事扩张、国民经济体系管理、基础设施建设、产业政策制定，及这个国家能力主导下的全球殖民开拓与资源掠夺，才成为引爆欧洲"军事革命""科学革命""工业革命"的条件和催化剂；才成为欧洲各国政治制度和国家组织结构由罗马教皇支配下的封建贵族制，向君主独裁下的中央集权制，并由此再向王室和资本专业人士集团主导下的精英治国模式（君主立宪和议会制度）转变的背后推力与助产婆。

国家间频繁的规模化战争促进了热兵器和远洋炮舰的不断改良，促进了国家对海外掠夺的全方位投入，促进了商业贵族和中央皇室对设立大学与科学院的巨大热情及财政支持，由此才刺激了欧洲近代天文、地理、航海、矿物学、植物学、数学、物理学和化学的发展和对古代文明的超越。比如经典力学和万有引力定律的发现完全是建立在对炮弹轨迹精确性的数学研究基础之上，现代化学关于元素和氧气的理论则完全是因为对火药威力及其燃烧性质的大量实验研究的结果。

由商业利润支撑的战争机器和国家建设，由军事重商主义哲学指导的海外武装贸易和全球商业竞争，极大地刺激了欧洲本土与海外的市场发育、工场手工业和冶金工业的繁荣、社会各方面的劳动分工和区域产业链的形成，以及运河、港口、陆路基础设施及军事设施的完善。但是有限的国内人口和无节制的战争升级以及几乎无限的殖民地扩张和海外掠夺，迫使大大小小的欧洲国家采取"全民皆兵"的国家组织动员模式和"全民皆商"的资本主义竞争方式，以充分调动、吸收、发掘全国人力资源参与到国与国之间"你死我活"社会达尔文主义式的竞争活动中来，从而把"祖国、荣誉、忠诚、纪律、责任"这样的理念，提升成为近代欧洲国家普遍的国民意识，由此才推动了欧洲各个民族国家的形成以及各国内部公民意识和社会参与意识的形成和发展。然而这个以民族国家为竞争单位的民族主义"公民社会"意识流背后所隐藏的单一民族国家理念和商业竞争模式，却是直接建立在大规模对外战争、种族屠杀、外族奴役和全球殖民的基础上的；因而"殖民、杀戮、冒险、掠夺、投机、海外创业"才成为欧洲白人的"企业家精神"和对外宗教渗透与文化入侵的"力比多"冲动。

因此，欧洲民族国家对内的平等博爱"公民意识"和"天赋人权"的启蒙概念，与对外的种族屠杀、文化歧视及暴力资源掠夺，是近现代欧美文明演化的"双螺旋"文化基因结构和矛盾对立统一体，它们相互支撑并复制对方。比如美国国父们对白人精英群体的"自由、平等、人权"的执着和对印第安人的大规模土地掠夺和种族灭绝，德国大兵们对古典艺术的无限热爱和对犹太民族的无限仇恨，都不过是这一自相矛盾的双螺旋文化基因结构的具体体现。

这是为什么欧洲几个知识分子在18世纪开启的所谓"自由、平等、博爱"启蒙运动，丝毫不能阻挡欧洲列强的战车、欧洲皇室的奢华、欧洲商人阶级在国家力量扶持下对全世界的殖民掠夺、种族屠杀、奴隶贩卖和帝国主义侵略，但是却被二战（尤其是冷战）以后的欧洲文化大国沙文主义者和欧洲中心主义学者们赋予超时代的意义，向贫穷、落后、毫无组织及反抗能力的资源型农业国家兜售、炫耀，以瓦解他们独立自主的国家意志。殊不知把启蒙运动推向高潮的法国大革命，在白色恐怖和巴黎断头台鲜血所浸泡的社会动乱之中，遭到了以工业革命领头羊英国为首的欧洲君主国结成的"神圣同盟"的大规模军事围剿，分别导致了拿破仑称帝、路易十八上台和波旁王朝复辟。就连号称代表人类文明和民族解放潮流的美国国父和法国政客们，也拒不支持1791年按照美国白人自己的光鲜口号及法国大革命精神而武装起义的海地黑人运动，拒不承认海地黑奴们用鲜血和生命所换来的国家独立与民族解放。[455]

对于西方"战争资本主义"的本质，中国西学第一人和《天演论》翻译者严复

---

455 海地革命（1791—1804）经常被描述为"人类近代史上最大和最成功的奴隶叛乱"。黑奴在1791年发动了武装叛乱，1803年他们成功地结束了奴隶制和法国人的殖民统治。这场革命受到1789年法国大革命"自由、民主、人权"口号的影响，然而却不被极其虚伪的法国和刚刚以同样口号获得独立的美利坚合众国所承认。

在晚年就看得明明白白。他说："吾垂老亲见七年的民国，与欧洲四年亘古未有之血战，觉欧人三百年之进化，只做到'利己杀人，寡廉鲜耻'八个大字"。[456]

今天那些盲目相信"普世价值"是欧洲崛起的原因和缺乏这种价值是多数国家贫困根源的知识分子及新制度经济学家们，应该问一问19世纪的清朝如何以"民主、自由、平等、博爱"的廉价口号，向欧洲列强跪讨强加于中国亿万人头上的巨额战争赔款？问一问19世纪的美国印第安人如何以这个口号，向背信弃义的历届美国政府索回自己祖祖辈辈生死相依的土地？问一问在大规模杀伤性武器和皮鞭的奴役下被摧毁的1 000万—1 500万刚果黑奴们，如何以这个口号向20世纪初欧洲"文明时代"最残暴的比利时国王论证生存的权利？问一问第二次世界大战中顷刻间无声消失的30万南京生灵与600万犹太冤魂，又如何以这个口号让武装到牙齿的日本军国主义者和纳粹大兵们放下屠刀？

欧洲现代社会中的"民主、自由、人权""普世价值观"和普遍福利制度，不过是十字军东征400年后，加上300年（1500—1800）血腥的原始工业化积累，又经过1800—1900的百年殖民掠夺下的工业革命洗礼，尤其是经历了20世纪两次殖民宗主国之间相互摧毁的世界大战之后，由于欧美资本主义国家内部自身尖锐阶级矛盾调和的产物；是20世纪被欧洲殖民主义和帝国主义扩张所催生的共产主义和社会主义运动倒逼的结果，而绝不是西方列强当年崛起的原因和前提。

当代西方资本主义市场经济制度是由国家暴力所培育并创造出来的全球政治和经济秩序。[457]正因为如此，日本这个19世纪模仿西方"战争—商业"文明最惟妙惟肖和最"优秀"的亚洲学生，才能通过天皇"强军富国"的军国主义意识形态，并依靠军事重商主义、殖民主义和帝国主义而迅速崛起，在第二次世界大战前就成为在亚洲唯一能与欧美列强并驾齐驱的头号工业化强国。而统治中国的清王朝却不

456　引自余世存"偏激的严复"（http：//news.sina.com.cn/c/2006-06-29/155810287922.shtml）。

457　参见卡尔·波兰尼著，刘阳、冯钢译：《大转型：我们时代的政治与经济起源》，浙江人民出版社2007年。

具备这样的对外战争意志和国家动员能力。因为当年的大清帝国根本不是一个以参与国家竞争为治国哲学的所谓"民族国家"，无法在国家竞争中采纳"全民皆兵＋全民皆商"的国家动员模式。可惜被西方"普世价值"历史观所"洗礼"的新制度经济学家们，却把清朝的洋务运动失败简单归结为民主、法治、产权和知识专利保护的缺乏，把日本明治维新以后在军事重商主义发展战略下获得的经济奇迹，归功于日本独特的民族性格或者二战以后才被强加其头上的西方民主制度。[458]

其实，今天所有发达工业化国家的超一流军事投射力量、全方位的情报收集能力、高度机动的警察防暴体制、精准的产业政策和对全球产业链上游精密仪器的垄断、通过中央财政与中央银行实施的强大的宏观经济调控与逆周期操作能力、通过法律法规和其他监管系统对国内私营企业实现的全方位管控水平，以及政府对国防产业、全球军火市场、全球能源市场、全球金融交易系统的巨大操控能力，不应该让普世价值先生们感到惊讶。

由于对这些国家能力建设的巨大忽视，因此我们才看到新自由主义和华盛顿共识的空想市场主义影响下非洲难以逃离的贫困陷阱，拉丁美洲失去的年华和不断滋生的债务危机，东欧国家和俄罗斯在市场化改革后的发展困境与迷茫。这也解释了中国为何在违背几乎所有西方主流经济学教条下自1949年以后异军突起的秘密。

然而，由十字军东征的宗教暴力和文艺复兴的去道德化运动肇始的工业化历史并没有结束。

福山以"一人一票的民主自由选举制度"为人类历史终结的判断，既没有意识到西方民主制度本身的局限与危机，也没有意识到工业革命爆发250年后的今天，全球还有85％的人口没有实现工业化——它们都不过是西方资本主义生产力在全球化运动中产生的附属品。[459]而没有工业化基础的普选民主，不过是一种精神

458　参见David Landes "The Wealth and Poverty of Nations" 以及阿西莫格鲁和罗宾逊《国家为什么会失败》。

459　参见弗朗西斯·福山著，黄胜强、许铭原译：《历史的终结及最后一人》，中国社会科学出版社2003年。

鸦片，是新自由主义颁发给发展中国家**充饥的画饼；它既非提高落后国家工业化决策效率的手段，也非当年欧洲国家实现工业化的前提和原因；作为一种政治福利体制，它在发展中国家根本不具备支撑它所需要的经济基础**。正如李光耀先生所说："**一人一票的民主是福利拍卖会，即谁出价高，票就投给谁**。"[460]

落后国家实现工业化，需要强大的国家能力、国家凝聚力和民族主义的支持（与西方近代崛起的历史一样）。可惜这种来自发展中国家内部深处的国家力量和民族主义，恰好是那些垄断了全球金融与政治秩序的西方国家所不愿意接受和看到的（虽然欧洲、美国、日本当年正是依靠国家力量和民族主义而崛起的）。因此，在没有工业化的落后国家推广民主制度，实际上通过瓦解贫穷国家的国家能力，满足了发达国家制定全球秩序的需求，自然而然成为发达国家维持其垄断地位和实现全球政治战略的一部分。

与福山的"历史终结论"相反，美国政治学家亨廷顿担心由于冷战的结束，接踵而来的将会是一场大规模的"文明冲突"，因为落后文明没有忘记它们当年是如何被欧洲文明破坏和超越的。可是亨廷顿也没有直截了当地指出，正是西方的工业化经济基础决定了今天所谓西方文明的"独特性"与"优越性"——否则根本不会有什么"欧洲文明"可言。换句话说，在欧洲实现工业化之前，无论是以天主教、东正教还是新教（比如加尔文教派和路德教派）为代表的基督教文明，都比伊斯兰文明和儒家文明治下的经济体愚昧落后。因此亨廷顿所谓文明的冲突，不过是已经实现工业化的"西方文明"维持其工业技术垄断地位的企图，与全世界还没有实现工业化的其他文明的工业化企图之间的冲突。只要其他文明还没有实现工业化，亨廷顿所意识到的"文明冲突"就会长期继续。而一旦在这些"落后文明"地区实现工业化，无论是伊斯兰文明还是儒家文明都会比西方基督教文明更加包容。这从十字军东征抵达耶路撒冷屠城时发现那里的伊斯兰教徒、犹太教徒、基督徒都能和平

460　引自郑永年"西方误读中国，根源在哪里？"https：//mbd.baidu.com/newspage/data/landingsuper?context=％7B％22nid％22％3A％22news_9593594803392442997％22％7D&n_type=-1&p_from=-1。

友好相处这一事实就可以看出来，也更能够从中国历史上多个宗教和平相处的事实中看出来。地理大发现之前，伊斯兰文明和东方文明已经通过丝绸之路和印度洋建立的全球贸易体系友好交往上千年，并创造了伟大的艺术、科学、商业繁荣。而恰好是基督教自公元11世纪开启的十字军东征运动，挑起了近代几百年来频繁不断的宗教战争与文明冲突，包括对伊比利亚半岛和巴尔干半岛的犹太人和穆斯林的疯狂迫害，对美洲印第安人的大屠杀，对非洲黑人的全面奴役，对欧洲犹太人的大规模种族灭绝，以及对中国人的多次殖民主义战争。这场文明冲突在冷战以后又以新自由主义意识形态的方式继续瓦解着东方文明实现工业化的意志。

因此，所谓西方是靠"民主、自由、法治"崛起的理论，不过是一个被西方种族主义的"集体潜意识"所包装和炮制出来的巨大神话。恰如亨廷顿所坦承过的："**西方赢得世界不是通过其思想，价值观或宗教的优越（其他文明中几乎没有多少人皈依它们），而是通过它运用有组织的暴力方面的优势。西方人常常忘记这一事实，非西方人却从未忘记。**" [461]

言外之意，亨廷顿真正感到忧虑的，是一旦非西方国家获得了这种有组织的国家暴力并利用它与重商主义结合同西方展开商业竞争，西方文明的优越地位（以及依附在上的谎言）就会被剥夺，拿破仑曾经警告和担心的"睡狮"就会觉醒。而为了应对这个由于中国崛起已经变得不可避免的未来局面，亨廷顿主张重建美国的国家认同和恢复它19世纪实行的产业政策和李斯特工业化道路，放弃它在冷战以后为了维护美国霸权而为全世界落后国家开出的新自由主义和新制度经济学药方。他因此高瞻远瞩地反对他的学生福山继续在美国和全世界兜售"民主、自由"这帖普世价值药膏。 [462]

本书的历史分析所得出的一个自然逻辑结果便是：只有当全球每一个国家都通过国家主导的基于某种形式的"重商主义"国家发展战略，实现了工业化并进入

461　亨廷顿著，周琪等译：《文明的冲突》第二章，新华出版社2017年。

462　亨廷顿著，程克雄译：《我们是谁：美国国家特性面临的挑战》，新华出版社2005年。

由工业化支撑的福利社会，以人类基本道德为基础的全民平等参与的政治福利体系才变得具有现实的可能性。而这种人类命运共同体福利制度的建立，首先要求通过"否定之否定"的历史辩证法，消灭国家和国家边界这个工业化的强大工具和梯子，从而彻底终结战争资本主义萌芽以来所演化出来的跨国军备竞赛、恶性商业竞争和暴力国家资本主义。

也就是说，作为冷战结束以后的全球唯一超级大国的美国，如果希望继续引领人类21世纪的经济发展和文明进步，其自身的国家机器、"军工复合体"国家体制和国家边界，必须首先被自觉地放弃和摧毁，才是所有其他落后国家实现全面参与的国际"民主同盟"和命运共同体的前提。如果最先完成工业化的国家仍然保留当年促成他们实现工业化的战争资本主义国家形态，仍然因为先发优势而拥有对全球自然资源的垄断，对科学技术的垄断，对大众传播媒体的垄断，对全球金融体系的垄断，对军火贸易的垄断，对大规模杀伤性武器和情报技术的垄断，那么在这样的情况下让全世界所有落后国家实现西方式普选民主，将只能是落后国家的噩梦和西方彻底操控落后国家的阴谋。

因此，如果西方国家非要利用近代500年来所获得的军事优势、经济特权与国际秩序垄断权，将自己在几百年殖民掠夺以后才发展出来的民主政治制度和自己理解的"普世价值"强加给落后国家，那么全世界落后国家必须联合起来向西方提出一个对等条件，那就是：**所有西方国家必须彻底打碎、解散自己的国家机器，放弃对全球贸易规则、科学技术、大众传播媒体、金融体系、大规模杀伤性武器和情报体系的垄断，并对自己曾经通过殖民体系剥削压迫过的落后国家提供与自己对等的福利经济保障和战争掠夺赔款，允许人口、企业、科学技术与知识专利不分国家和种族在全世界自由地跨国流动。**

这，才是真正意义上的全球化和"历史终结"。这样才可以重建和提升自11世纪以来，被欧洲十字军东征运动破坏和摧毁的古老全球贸易体系和道德文明体系，实现"西方魔高一尺，东方道高一丈"的人类命运共同体。发达的西方国家如果不愿意接受这样的对等条件，那么就必须等待所有落后国家，凭借自身在对抗西方殖民主义战争中所锤炼出来的钢铁般国家意志，和符合自身历史文化传统的制度设计，完成自己的科技与工业革命以后，再邀请西方坐回到谈判桌来，讨论如何公平地结束这场自十字军东征以来已经耗时900多年的"文明冲突"吧。

致谢

在高度分工的当代工业化社会，没有任何人能够完全靠自身的努力独自完成一本书或专著，光是收集材料就会花掉一个人的大部分精力，更何况还需要不停地学习、借鉴别人的思想和吸收反馈。因此，这本书既是时代的产物，也是众多亲朋、良师、益友无私帮助下的产物。在此我首先要感谢不惜宝贵时间耐心阅读并为此书撰写推荐语的林毅夫、张维为、罗振宇、汪涛、赵建五位老师。我也要特别感谢曹莹作为此书主题的忠实听众与读者，自始至终为我不断提供有价值的参考文献。我还要特别感谢蔡蔚、王彦、李军博、李晓鹏、吴乐旻、彭波、夏春、文莉、金宝丽对本书初稿提出的反馈意见和建议，以及丁一凡、王苗、李波、兰小欢、蓝可、葛玉君、邓羽腾、朱云汉、高柏、常征、廖玮、姚洋、周建军、翟东升、范勇鹏、寇宗来等同仁和朋友对本书的关怀与帮助。最后，我要感谢李琳编辑和东方出版中心为此书早日出版所付出的巨大努力和他们的敬业精神。

503